Abkürzungen in Europa:

- A. = Albanien
- B. = Bosnien-Herzegowina
- Bel. = Belgien
- Bul. = Bulgarien
- Kro. = Kroatien
- Lux. = Luxemburg
- M. = Montenegro
- Ma. = Mazedonien
- Mol. = Moldawien
- Ndl. = Niederlande
- Öst. = Österreich
- Rum. = Rumänien
- S. = Schweiz
- Sk. = Slowakei
- Sl. = Slowenien
- Srb. = Serbien
- Tsch. = Tschechien
- Ung. = Ungarn
- Zyp. = Zypern

Abkürzungen in Afrika:

- Ä.Gu. = Äquatorial Guinea
- Be. = Benin
- Bu. = Burundi
- Ru. = Ruanda
- To. = Togo

Abkürzungen in Amerika:

- Dom. Rep. = Dominikanische Republik

Abkürzungen in Asien:

- Arm. = Armenien
- Aser. = Aserbaidschan
- Ba. = Bahrain
- Isr. = Israel
- Jord. = Jordanien
- K. = Katar
- Ku. = Kuwait
- Lib. = Libanon
- Syr. = Syrien
- V.A.E. = Vereinigte Arabische Emirate

1. Was die Menschen im Mittelalter voneinander wussten

2. Neue Welten – neue Horizonte

3. Europa wandelt sich

4. Imperialismus und Erster Weltkrieg

5. Die neuen Weltmächte Sowjetunion und USA

6. Nationalsozialismus und Zweiter Weltkrieg

7. Die Neuordnung Europas und der Welt nach 1945

8. Kommunikationsmedien gestern und heute

Anhang

Liebe Schülerin, lieber Schüler!

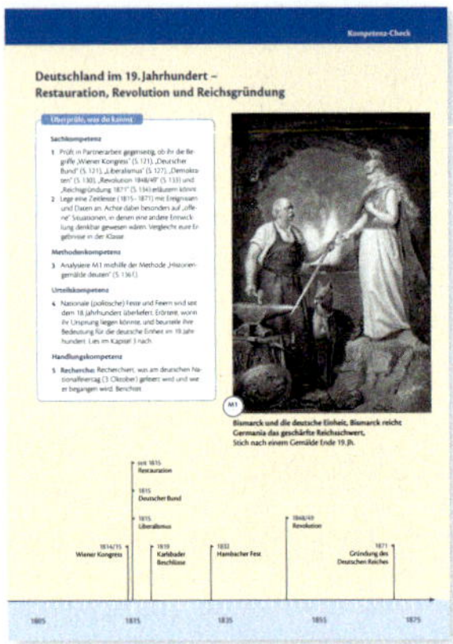

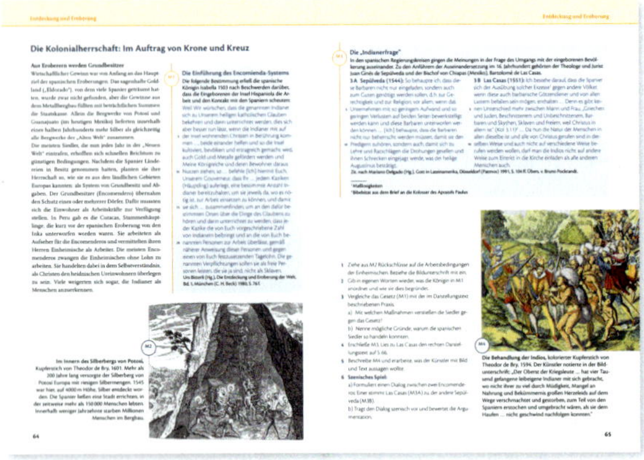

Vor dir liegt der zweite Band von **Forum Geschichte kompakt**, mit dem du in der nächsten Zeit arbeiten wirst. Die Verfasserinnen und Verfasser des Buches haben für dich viele Quellen und Informationen zusammengestellt. Diese geben Auskunft darüber, was Menschen vor langer Zeit bewegt hat und womit sie sich heute noch beschäftigen.

Auftaktseiten

Jedes Kapitel beginnt mit einer Auftaktdoppelseite. Bilder und Leitfragen geben dir eine erste Vorstellung von den Themen und Fragen, um die es in den folgenden Geschichtsstunden gehen wird.

Kompetenz-Seiten

Jedes Kapitel teilt sich in Themenabschnitte, die mit einer **Orientierungsseite** beginnen. Du findest hier eine Übersicht über die Fähigkeiten („Kompetenzen“), die du in diesem Abschnitt erwerben und anwenden kannst.

Der Themenabschnitt endet mit der **Kompetenz-Check-Seite**, auf der du deine Fähigkeiten überprüfen kannst.

Themenseiten

Die Themenseiten bilden den Kern des Kapitels. Meistens kannst du auf einer Doppelseite eine Themeneinheit zu einem wichtigen Problem aus der Geschichte erarbeiten. Dazu findest du Materialien wie schriftliche Quellen, Bilder, Karten, Schaubilder und Tabellen, die du mithilfe von Arbeitsaufträgen befragst und auswertest. Der Darstellungstext am Beginn der Themeneinheit vermittelt dir einen Überblick über das Thema. Er gibt dir einen roten Faden in die Hand, der dich durch die Arbeit mit den Materialien leitet.

Alle **Textmaterialien** sind in Hellblau unterlegt, ihre Materialpunkte haben unterschiedliche Farben: Gelb für Quellen aus vergangener Zeit, Rot für heutige Darstellungen, z. B. von Wissenschaftlern oder Journalisten. Alle übrigen Materialien haben einen blauen Punkt.

Methoden- und Werkstattseiten

In jedem Kapitel findest du Werkstattseiten und Methodenseiten. Auf den **Methodenseiten** kannst du lernen, mit welchem „Handwerkszeug" du aus den Materialien Erkenntnisse und Urteile gewinnst. Du findest hier Arbeitsschritte, mit deren Hilfe du zum Beispiel ein Bild, eine Karte oder eine schriftliche Quelle auswertest.
Auf den **Werkstattseiten** kannst du immer etwas selbst machen.

Überblick

Am Ende des Kapitels kannst du dir mithilfe eines längeren Textes und eines Schaubildes noch einmal die wichtigsten historischen Zusammenhänge verdeutlichen.

Anhang

- **Lexikon**
  Auf den Themenseiten sind manche Wörter mit einem * gekennzeichnet. Diese Begriffe werden im Lexikon erklärt.
- **Methodenübersicht**
  In der Methodenübersicht kannst du die Arbeitsschritte noch einmal nachschlagen, die du auf den Methodenseiten in Band 1 und 2 von Forum Geschichte kennen gelernt hast.
- **Historische Sachverhalte beschreiben und erörtern**
  Hier findest du Anregungen und Hilfen, wie du bei der Bearbeitung der Arbeitsaufträge historische Sachverhalte angemessen darstellen kannst.
- **Register**
  Das alphabetische Register am Ende des Buches hilft dir, Informationen über Personen, Ereignisse und wichtige Begriffe im Buch schnell zu finden.

Die **Kästen**, die mit einem blauen Balken gekennzeichnet sind, informieren dich über wichtige Personen, Begriffe oder Ereignisse. Sie geben dir aber auch Tipps für Bücher oder Internetseiten.

Die **Arbeitsaufträge** erkennst du an einer blauen Zahl. Wie die Materialien sind sie innerhalb einer Themeneinheit durchnummeriert. Einige Themen könnt ihr zu zweit oder in Gruppen erarbeiten. Darauf wirst du an entsprechender Stelle hingewiesen.

1
2
3

Vorschlag für eine Gruppenarbeit

1. Was die Menschen im Mittelalter voneinander wussten

Die große Weltkarte wird von der Figur des Christus gehalten. In ihrem Zentrum befindet sich der „Nabel der Welt": Jerusalem. Eine Karte, die nicht nach Norden ausgerichtet ist, sondern nach Osten – so erscheint uns heute die Weltkarte aus dem niedersächsischen Kloster Ebstorf ungewohnt und fremd. Sie ist im 13. Jahrhundert entstanden und gilt als die größte mittelalterliche Weltkarte. Vieles darüber, wie die Menschen damals die Welt gesehen haben, teilt sie uns mit. Manches bleibt rätselhaft, z. B. welchem Zweck sie dienen sollte.
Eine andere Art, sich im Mittelalter ein „Bild" von der Welt zu machen, war das Reisen: Christen pilgerten z. B. nach Jerusalem, Muslime nach Mekka. Mobil waren Menschen aber auch aus wirtschaftlichen Gründen, etwa als Händler in Asien. Aus allen Formen des Unterwegsseins ergaben sich vielfältige Kontakte mit anderen Menschen und Völkern. Nicht immer verliefen sie friedlich, manche waren von vornherein auf Eroberung angelegt.

Folgende Fragen leiten dich durch das Kapitel:

- ***Wie sahen die Menschen im Mittelalter die Welt?***
- ***Welche geographischen Kenntnisse hatten sie?***
- ***Gab es in verschiedenen Regionen der Welt unterschiedliche „Weltbilder"?***
- ***Was passierte, wenn Menschen aus unterschiedlichen Kulturen zusammentrafen?***
- ***Welche Bilder entstanden über den jeweils anderen und auf welchen Voraussetzungen beruhten sie?***

1 Beschreibt die Ebstorfer Weltkarte mithilfe der Umzeichnung und tragt zusammen, welche Vorstellungen von der Welt an der Karte deutlich werden. Vergleicht mit eurer Vorstellung von der Erde. Beachtet das Satellitenfoto.

2 Formuliert eine mögliche Erklärung zu der Ebstorfer Weltkarte, die der Kaufmann aus der Abbildung rechts gegeben haben könnte.

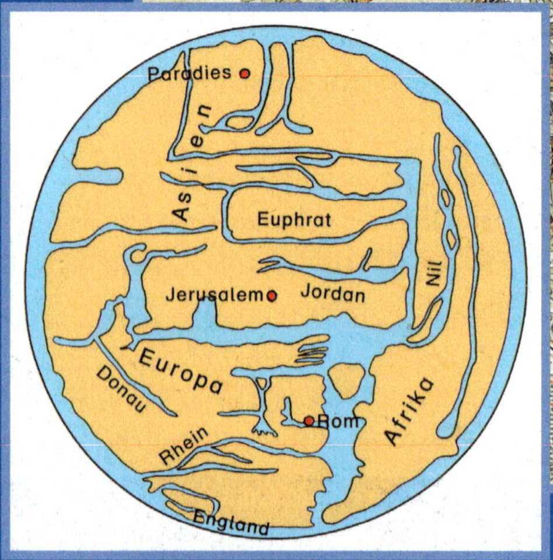

Moderne Umzeichnung der Ebstorfer Weltkarte

Satellitenaufnahme der Erde, Foto, 2004

Weltkarte aus dem Kloster Ebstorf, ca. 3,5 m Durchmesser, um 1250

Kaufmann auf einem mit Handelswaren beladenen Kamel, Terrakottafigur aus China (Tang-Zeit), 7.–10. Jahrhundert

Weltvorstellungen und geographische Kenntnisse

Wissen • Urteilen • Handeln • Methoden anwenden

Am Ende dieses Unterkapitels kannst du

- die Weltbilder, die Menschen in der Zeit des europäischen Mittelalters in verschiedenen Kulturen hatten, beschreiben
- die Voraussetzungen, auf denen ihre Weltvorstellungen beruhten, darstellen
- die Erkenntnisse, die sich aus den mittelalterlichen Weltbildern ziehen lassen, erklären
- **Methode** Historische Karten lesen und vergleichen

Weltreligionen im Mittelalter um 1500

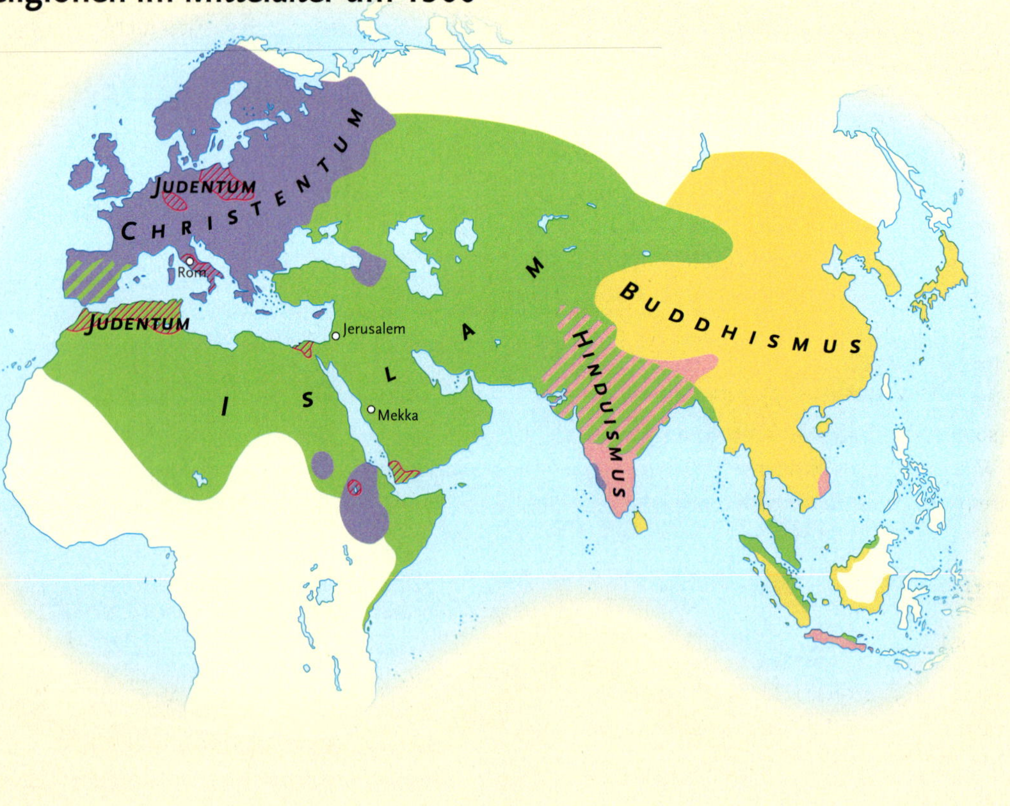

europäisches Mittelalter – 500 bis 1500

europäische Neuzeit – seit um 1500

Weltbilder in der Zeit des europäischen Mittelalters

Glaube und Naturbeobachtung

Als „Weltbild“ wird in unserer Zeit das geographische Wissen über die Welt und das Weltall zusammen mit der damit verbundenen Lebenswirklichkeit verstanden. Daneben wird der Begriff bedeutungsgleich mit „Weltanschauung“ verwendet und enthält dann Wertungen und Urteile darüber, wie jemand die Welt sieht.

Im europäischen Mittelalter (etwa 500–1500 n. Chr.) gab es nicht nur ein Weltbild, sondern unterschiedliche „Bilder“ von der Welt. Sie wurzelten in der Überlieferung durch das Alte Testament und in Vorstellungen aus der griechischen Antike, die ihre Erkenntnisse aus der Naturbeobachtung gewonnen hatte. Ebenso sind aus anderen Regionen der Erde Weltbilder überliefert, z. B. dem arabisch-islamischen Raum und China.

Weltbilder spiegeln sich in Weltkarten

Mittelalterliche Weltkarten zeigen, welche Vorstellungen die Kartenzeichner oder Auftraggeber von der Welt hatten. Sie können auf drei Verwendungsgebiete bezogen werden: zum religiösen oder wissenschaftlichen Gebrauch, zur Landvermessung und als Routenkarten für Seefahrer oder Pilger. Seekarten („Portolane“) stellen eine wichtige Sammlung der damaligen nautischen Kenntnisse* dar. In der neueren Forschung werden sie aber wegen ihrer ungenauen Angaben bei Größen und Distanzen als weniger bedeutend für die praktische Schifffahrt angesehen.

Die Weltkarten lassen sich in zwei Gruppen unterscheiden: in so genannte T-O-Karten und in Zonenkarten, die die Welt in kalte, gemäßigte und heiße bzw. bewohnbare und unbewohnbare Klimazonen einteilten.

Begriffe und Daten

Mittelalterliche Weltbilder

Vereinfacht gesehen, lassen sich im Mittelalter religiöse und naturkundliche Weltbilder unterscheiden. Die religiösen Weltbilder sehen die göttliche Schöpfung als den Ursprung der Welt. Die Weltbilder, die sich an den überlieferten Naturbeobachtungen antiker Gelehrter orientierten, stellten die Erde als Kugel oder Scheibe dar, die vom Saum des Ozeans eingeschlossen war und im Zentrum des Weltalls stand.

M1

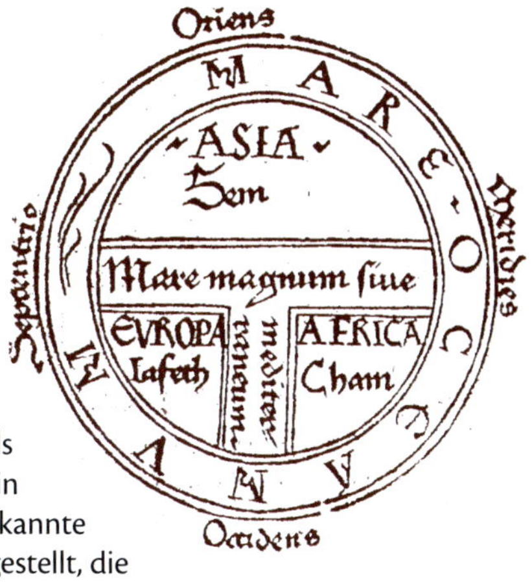

T-O-Weltkarte des spanischen Bischofs Isidor von Sevilla (ca. 560–636 n. Chr.). Die ca. 6,5 cm große Skizze erschien 1472 als erste gedruckte Karte in Europa. Die damals bekannte Welt ist O-förmig dargestellt, die Fläche des Festlandes ist durch das T-förmige Mittelmeer (die Flügel des T bilden die Flüsse Don und Nil) in die drei Kontinente Asien, Europa und Afrika unterteilt. Sem, Jafeth und Cham, drei Söhne Noahs, stehen nach biblischer Überlieferung als Urväter für die Besiedlung der Kontinente.

M2

„Die Leiden der Erde“

Der italienische Schriftsteller Giovanni Boccaccio (1313–1375) schrieb 1373:

Die Erde wird an ihrer Oberfläche von Hacken, Pflugscharen und Schaufeln umgegraben, ausgehoben und zerkleinert …; sie wird durch prächtige Tempel und üppige Bauwerke der großen Städte bedrückt, beladen und gepresst; sie wird von Tieren, Wagen und schwersten Lasten zerrieben und zerstampft; … sie wird durch Wälder und Gras und fortgesetzte Aussaaten ausgesaugt, ausgemergelt und ausgemolken … Wer könnte all die Belästigungen aufzählen, die sie unaufhörlich quälen und verletzen?

Zit. nach Hagen Schulze / Ina Ulrike Paul (Hg.), Europäische Geschichte, München (bsv) 1994, S. 657.

1 Erarbeite anhand des Darstellungstextes und des Kastens, wie sich Menschen im europäischen Mittelalter die Welt vorgestellt haben.

2 a) Beschreibe die Karte M1.
b) Handelt es sich eher um ein religiöses oder ein naturkundliches Weltbild? Begründe deine Antwort.

3 Äußere dich aus heutiger Sicht zu Boccaccios Weltbild (M2).

Historische Karten lesen und vergleichen

Das geographische Wissen vergangener Zeiten

In der Geschichtswissenschaft wird zwischen Geschichtskarten und historischen Karten unterschieden. Geschichtskarten zeigen heutige Ergebnisse der Geschichtswissenschaft. Historische Karten dagegen sind in der Vergangenheit entstanden. Sie geben uns als Quellen Aufschluss über das geographische Wissen vergangener Zeiten, über die technischen Möglichkeiten der Vermessung und über die Absichten der Auftraggeber und Kartenzeichner („Kartographen“). Dazu können historische Karten auch einen Einblick in das Weltbild vergangener Epochen geben, z. B. über das christliche Mittelalter in Europa. Beim Vergleich von historischen Karten können Veränderungen festgestellt und vielleicht auch neue Erkenntnisse gewonnen werden.

M1

Weltkarte aus einem englischen Gebetsbuch
(„Londoner Psalterkarte“), um 1260

Arbeitsschritte

1. Schritt: Jede Karte einzeln erschließen

- Was ist Thema der Karte (Inhalt, Raum, Zeit, Mittelpunkt)?
- Welche Informationen gibt die Bildunterschrift?
- Ist die Karte „genordet“?
- Welcher Raum ist dargestellt?
- Welche Zeichen, Symbole, Farben werden verwendet? Was könnten sie bedeuten?
- Zu welchem Zweck könnte die Karte angefertigt sein?
- Welche Aussage hat die Karte?
- Welche Rückschlüsse über Begegnungen zwischen verschiedenen Völkern und Kulturen kann man ziehen?
- Welche Fragen sind nur mithilfe weiterer Informationen zu beantworten?

2. Schritt: Gemeinsamkeiten und Unterschiede feststellen

- Welche Übereinstimmungen und Unterschiede gibt es, z. B. bei den Themen der Karten, bei der Genauigkeit geographischer Darstellung?
- Was ergibt der Vergleich der Zwecke, zu denen die Karten angefertigt wurden?
- Welche Erkenntnisse bringt ein erster Vergleich der jeweiligen Gesamtaussage der Karten?

3. Schritt: Ergebnisse auswerten

- Lässt der Vergleich zweier Karten Aussagen darüber zu, wie sich die Kenntnisse über die Welt verändert haben?
- Was bedeuten die Veränderungen für das Weltbild der damaligen Zeit?
- Welche Folgen hatte der veränderte Kenntnisstand, z. B. für die Politik, die Religion, die Wissenschaft, die Wirtschaft?
- Welche weiteren Informationen über die Karten hinaus sind noch vorhanden, z. B. in Begleittexten zu den Karten und in Sachbüchern?

M2

Katalanische Weltkarte („Mappa mundi“), um 1450.
Das Mittelmeerbecken und das Schwarze Meer sind genau wiedergegeben, doch Einzelheiten, die über diese bekannten Regionen hinausgehen, entspringen der Phantasie.

1 Bearbeite die Karten M1 und M2 mithilfe der Arbeitsschritte.

2 Sieh dir noch einmal die Karte M1 auf S. 13 an. Prüfe, welche der beiden Karten auf dieser Doppelseite dem Kartentyp von ihr entsprechen könnte. Begründe deine Entscheidung.

3 In der heutigen Kartographie werden Karten wie M1 als „Geschichtsgemälde“ bezeichnet. Nimm dazu Stellung.

4 Übe die Arbeit mit historischen Karten an der Abbildung der Kapitelauftaktseite (S. 10/11).

Weltbilder im christlichen Europa

Die Welt als Schöpfung Gottes

Das Alte Testament in der Bibel sieht die Welt als Schöpfung Gottes und teilt sie in drei Teile: das Himmelsgewölbe (Firmament), in dem Gott und die Engel wohnen, die Erdscheibe und die unterirdische Welt, in der Ungeheuer hausen und sich die verlassenen Menschenseelen befinden. An der antiken Vorstellung, dass sich die Erde als Kugel im Zentrum des Kosmos befände, wurde im Mittelalter nicht gezweifelt. Beispielhaft dafür, wie mittelalterliche Forscher christlichen Glauben und Naturbetrachtung miteinander verbanden, steht Hildegard von Bingen (ca. 1098–1179). Sie sah die Welt als Kunstwerk Gottes, in dem alles aufeinander bezogen war. Die Welt glich nach ihrer Vorstellung einem Ei mit Schale (= Himmel), Luftkammer (= Äther / Atmosphäre), Eiklar (= wirbelnde Luft / Wasser) und Dotter / Keim (= Erde).

M1 **Erdkugel**, nach dem „Liber divinorum operum" von Hildegard von Bingen, 1163–1174

M2

Begrenzte Horizonte

Der Historiker Arnold Bühler schrieb 2004:

Der Lebensraum der allermeisten Menschen bleibt zeitlebens das Dorf, der Weiler, das Gehöft, wo sie geboren wurden. Jenseits des Waldes liegt die unbekannte Ferne. Von dort haben die meisten nur ungewisse Kunde vom Hörensagen, und was man erzählen hört, von Dämonen, bösen Geistern, Zauberei, macht Angst …

Eng wie der Lebensraum ist auch der soziale Horizont. Wo Erfahrungen auf kleine Räume beschränkt sind, bieten überregionale, ethnische oder nationale Kategorien keine identitätsstiftenden [die Zusammengehörigkeit betreffenden] Merkmale.

Arnold Bühler, Von Dorf und Stamm zu Stadt und Staat. In: Ders. u. a., Das Mittelalter, Stuttgart (Theiss) 2004, S. 11.

M3

Gott als Baumeister

Die benediktinische Äbtissin Hildegard von Bingen schrieb im Jahre 1155:

Gott schuf auch die Elemente der Welt … Sie heißen aber: Feuer, Luft, Wasser, Erde. Diese vier Grundstoffe sind in sich selber dermaßen durchflochten und verbunden, dass keines vom anderen geschieden werden kann; und sie halten sich so im Gesamtverband zusammen, dass man sie das Firmament – das feste Gefüge des Weltalls – nennt. In diesem Weltgefüge ist die Sonne nahezu das Mächtigste: sie sendet über all dies ihren Glanz und ihre Glut … Die vier Hauptwinde [Ost, West, Süd, Nord] … sind die Flügel der Allmacht Gottes … Diese Winde sind unsichtbar, wie auch die Seele, die Gottes Geheimnis entstammt, nicht zu sehen ist … Das Firmament wird zusammengehalten durch die Sterne, damit es nicht auseinanderfallen kann.

Zit. nach Hagen Schulze / Ina Ulrike Paul (Hg.), Europäische Geschichte, München (bsv) 1994, S. 648 f.

1 Beschreibe M1. Ziehe M3 mit heran.

2 Erarbeite, wie bei Hildegard von Bingen christliche Glaubenslehre und Naturbeobachtung zusammenfließen (M1, M3).

3 Erkläre anhand von M2, inwieweit die mittelalterlichen Weltbilder durch das Leben der Menschen damals beeinflusst wurden.

Weltbilder im islamischen Orient

Die Welt als Schöpfung Allahs

Das Ziel religiöser Weltdarstellungen im Islam war nicht in erster Linie die genaue Kenntnis der Welt, vielmehr sollte die Allmacht Allahs, die sich in der Schöpfung zeigte, erfahrbar gemacht werden. Im Koran, dem heiligen Buch des Islams, finden sich nur wenige Angaben über die Erschaffung der Welt. Es ist von sieben Himmeln und einmal von sieben Erden die Rede, an anderer Stelle davon, dass der Himmel die Erde überwölbt und die Erde wie ein Teppich ausgebreitet und mit Bergen besetzt ist. Die Sterne dienen den Menschen als Wegweiser. Allahs Thron überspannt Himmel und Erde.

In der Tradition des Griechen Ptolemäus stellte man sich eine kugelförmige Erde in der Mitte des Weltalls vor, die von Himmelskörpern umgeben war. Die Erde sollte demnach zu drei Vierteln von einem Ozean bedeckt und die Nordhälfte der Erde festes Land sein.

Wie das Christentum nimmt auch der Islam ein Ende der Weltgeschichte an mit einem Gericht und der Unterscheidung von Guten und Bösen, von Paradies und Hölle.

Geographische Weltkarten aus dem islamischen Orient zeigen dagegen detaillierte Kenntnisse. Dies veranschaulicht die Weltkarte des Idrisi, die er auf der Basis eigener Reiseerfahrungen und der anderer Personen und Kaufleute zeichnete. In anderen orientalischen Karten wird Europa als der „Kleine Kontinent“, die Landmasse von Asien und Afrika als „Großer Kontinent“ bezeichnet und damit die europäische Dreiteilung in Europa, Asien und Afrika überwunden.

1 Beschreibe M1 mithilfe der Umzeichnung M2. Achte besonders auf die Art der Darstellung, die Form und den Rand der Erddarstellung.

2 Fasse die Informationen über das islamische Weltbild im Mittelalter zusammen (Darstellungstext und M1).

3 Ziehe aus der Karte M1 Rückschlüsse auf die Kenntnisse über andere Kulturen und die Begegnungen mit ihnen.

4 Vergleiche M1 mit der Erdkugel Hildegard von Bingens (S. 16) und der Ebstorfer Karte (S. 10/11). Nimm die Methode „Historische Karten lesen“ (siehe S. 14 f.) zu Hilfe.

M1 **Weltkarte des arabischen Kartographen Idrisi, 12. Jh.**
Ursprünglich war die Karte nach Süden ausgerichtet.

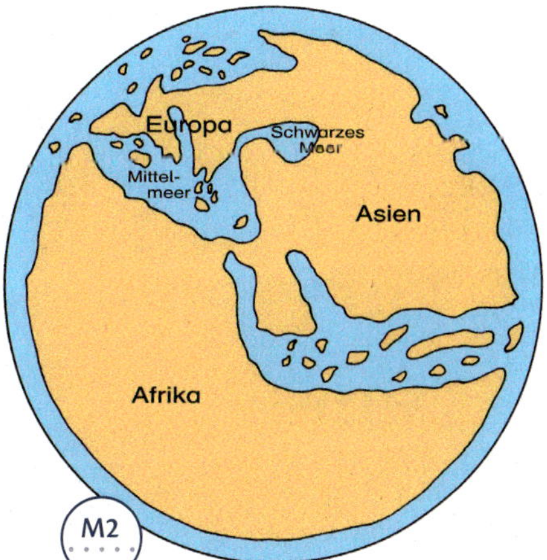

M2 **Weltkarte des Idrisi, 12. Jh.,**
Umzeichnung

Weltbilder in China

Die Erde als Quadrat

In der alten chinesischen Auffassung von der Welt wird der Himmel als rund, die Erde jedoch als quadratisch angenommen. Zusammengesetzte und ummauerte Quadrate stehen um einen Kern herum. Diese Sichtweise der Welt wurde auf die Städteplanung und den Städtebau übertragen. Der Plan einer Stadt sollte demnach das Abbild des Universums darstellen. Die ideale Stadt stellte ein Quadrat dar, von Mauern umgeben und mit zwölf Toren versehen, die der Zahl der Monate eines Jahres entsprachen. Ein solcher Grundriss findet sich bis heute in der Anlage chinesischer Städte und auch der Verbotenen Stadt in Peking wieder. Mauern gelten als Schutz und Kontrolle in der hierarchischen Rangabstufung der Gesellschaft und werden so zur Grenze zwischen Harmonie und Chaos, die Zivilisation von Barbarei scheiden sollte.

M2

Fremdbilder in China

Die Sinologin Ursula Ballin schrieb 1998:

Auch in China gibt es seit dem Altertum Fremdbilder von den … Randvölkern als Barbaren, die albern sprechen, sich grotesk kleiden und weder Sitte noch politische Ordnung (nämlich die chinesische) kennen. Wie im Westen sind solche Bilder durch politische Interessen gelenkt. Zwar schützt sich China gegen Invasionen im Norden durch die Große Mauer, doch ist es lange in den Grenzen seines … Selbstverständnisses weltoffen, treibt Überseehandel und nimmt kulturelle Fremdeinflüsse auf. Auch fremde Religionen (Judentum, … Christentum, Islam) werden toleriert. Erst seit der Ming-Zeit (1366 – 1644) verschließt sich das Reich der Mitte.

Ursula Ballin, Vorurteile und Illusionen: Europäische Chinabilder und Fremdbilder in China (1998), zit. nach http://www.dhm.de/ausstellungen/tsingtau/katalog/auf1_18.htm

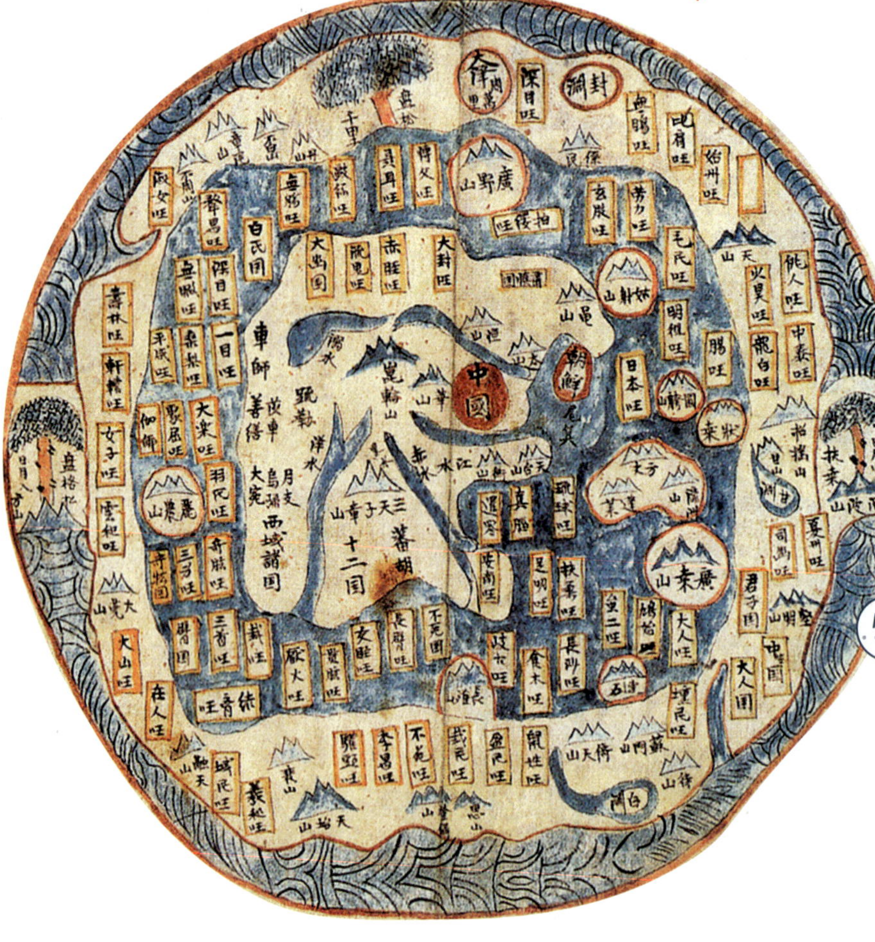

1 Untersuche M1 mithilfe der Methode „Historische Karten vergleichen“ (siehe S. 14 f.) und des Darstellungstextes.

2 Fasse mithilfe des Darstellungstextes, M1 und M2 zusammen, wie sich Menschen in China, die in der Zeit des europäischen Mittelalters lebten, die Welt und fremde Menschen vorstellten.

M1

Weltkarte aus dem alten China. Übernahme aus einem koreanischen Atlas von ca. 1700. Im Zentrum: China; Nachbarländer: Korea, Japan, Annam. Inseln und ein ringförmiger Kontinent im umgebenden unendlichen Ozean stellen mythische Reiche dar. Im Osten und Westen: Inseln mit den Namen von Bergen.

Weltvorstellungen und geographische Kenntnisse

Überprüfe, was du kannst

Sachkompetenz

1 Übertrage die Tabelle (M2) in dein Geschichtsheft und fülle sie aus. Vergleicht eure Ergebnisse in der Klasse und formuliert zusammenfassend, was sich daraus über das Weltbild der mittelalterlichen Menschen ableiten lässt.

2 Nenne Merkmale und Voraussetzungen a) religiöser und b) naturkundlicher (= naturwissenschaftlicher) Weltbilder im Mittelalter.

Methodenkompetenz

3 Untersuche M1 nach der Methode „Historische Karten lesen" (siehe S. 14 f.).

Urteilskompetenz

4 Diskutiert die folgende Behauptung: Die mittelalterlichen Weltbilder zeigen die Rückständigkeit der Menschen in der damaligen Zeit.

M1 **„Weltkarte" aus dem 13. Jahrhundert**

M2 **Weltbilder in der Zeit des europäischen Mittelalters**

	Europa	Arabien / islamische Welt	Asien / China
Übereinstimmungen			
Unterschiede			

Kulturelle Begegnungen und Konflikte

Wissen • Urteilen • Handeln • Methoden anwenden

Am Ende dieses Unterkapitels kannst du

- das Aufeinandertreffen der arabisch-islamischen Eroberer und der Einheimischen der Iberischen Halbinsel, des heutigen Spanien und Portugal, beschreiben
- das Zusammenleben zwischen Christen, Juden und Muslimen darstellen
- die Motive, die den Kreuzzügen zugrunde lagen, erklären
- die Gründe, die zur deutschen Ostsiedlung im Mittelalter führten, darstellen
- den Einfluss der Pilger- und Handelsreisen auf kulturelle Begegnungen erläutern
- die Entstehung und Bedeutung von Feind- bzw. Fremdbildern erörtern

Begegnungen und Konflikte im Mittelalter

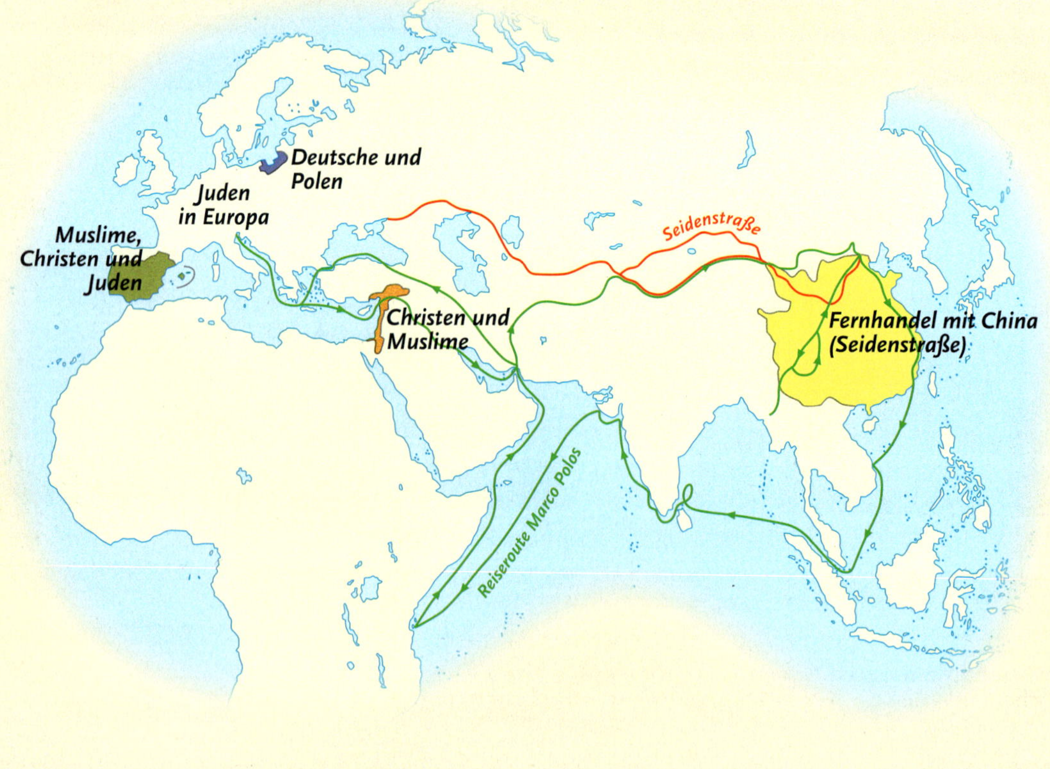

- Muslime erobern die Iberische Halbinsel — 8. Jahrhundert
- Juden siedeln in Europa — 9./10. Jahrhundert
- Deutsche Ostsiedlung — seit dem 11. Jahrhundert
- Kreuzzüge — seit dem 11. bis zum ausgehenden 13. Jahrhundert

Die islamische Welt und das mittelalterliche Europa

Der Aufstieg des Islams zur politischen Macht

Die Ausbreitung des Islams hatte nach 630 n. Chr. ihren Anfang in Mekka genommen. Den Nachfolgern Mohammeds (570–632) gelang es, in mehreren Eroberungswellen ihr Herrschaftsgebiet nach Osten und Westen zu erweitern. Zu Beginn des 8. Jahrhunderts hatten sie die Iberische Halbinsel weitgehend erobert. Mit der muslimischen und der christlichen Bevölkerung trafen zwei Religionen aufeinander, die beide Anspruch auf Absolutheit ihrer jeweiligen Glaubenslehre erhoben.

In der Zeit, als der fränkische König Karl der Große 800 n. Chr. in Rom zum Kaiser gekrönt wurde, teilte sich die Mittelmeerwelt in drei Machtbereiche: den griechisch-orthodoxen Osten mit dem byzantinischen Staat (324–1453), den lateinisch-römischen Westen mit dem fränkischen Reich (498–843) und die islamische Kalifendynastie der Abbasiden (750–1258). Doch trotz konfliktreicher und kriegerischer Phasen profitierte der Okzident vom Kulturaustausch mit dem Orient.

M2

Europa und die Welt des Islams

Der Historiker Paul Kennedy schrieb 1989:

Vor 1500 war die Welt des Islams Europa jahrhundertelang kulturell und technologisch überlegen gewesen. Die islamischen Städte waren groß, wohl beleuchtet und mit Abflusskanälen versehen, und einige von ihnen besaßen Universitäten, Büchereien und überwältigend schöne Moscheen. In der Mathematik, der Kartographie, der Medizin und vielen anderen Bereichen der Wissenschaft und Industrie – Spinnereien, Waffengießereien, Leuchttürme, Pferdezucht – waren die Moslems führend ... Die Toleranz gegenüber anderen ... hatte manchen talentierten Griechen, Juden und Heiden in den Dienst des Sultans gezogen.

Paul Kennedy, Aufstieg und Fall der großen Mächte, Frankfurt a. M. (Fischer) 1989, S. 39 f.

M1

Christlicher und muslimischer Ritter im Zweikampf, Buchmalerei, um 1340

1. Beschreibe deine Eindrücke von dem Zweikampf in M1.
2. Fasse mithilfe von M2 den kulturellen und technischen Stand des Islams im Mittelalter zusammen.
3. Vergleiche die Aussagen in M2 mit dem Darstellungstext. Achte auf die Rolle des Islams als politische Macht und die Wertung am Schluss des Darstellungstextes.

Muslime, Juden und Christen – das Beispiel Spanien

Arabische Herrschaft in Spanien

Im Jahre 711 setzte ein arabisches Kommando von Afrika auf die Iberische Halbinsel über und schlug die Truppen des Westgotenkönigs Roderich. In den folgenden Jahren eroberte eine arabische Armee fast die gesamte Halbinsel und den Südwesten Frankreichs. Die Ausdehnung der arabischen Herrschaft kam 732 zum Stillstand, als fränkische Heere unter Karl Martell die Sarazenen – so wurden die Araber von christlichen Europäern genannt – bei Poitiers schlugen.

Stammesrivalitäten und Sippenfehden bestimmten die ersten Jahrzehnte der arabischen Herrschaft in al-Andalus, dem islamischen Süden der Iberischen Halbinsel. Unter dem Kalifen Abd ar-Rahman III. (912–961) erlebte al-Andalus eine Blütezeit. Davon zeugt die Residenzstadt Córdoba mit der Mezquita-Catedral noch heute. Die politische und militärische Schwäche der christlichen nordspanischen Fürstentümer verhinderte zunächst eine Rückeroberung (span. Reconquista) muslimischer Gebiete. Erst 1212 wurden die arabischen Heere bei Las Navas de Tolosa von den Fürstentümern Léon, Kastilien, Navarra und Aragón besiegt, 1236 folgte die Eroberung von Córdoba und 1248 von Sevilla. Nur das Nasridenreich von Granada konnte sich bis 1491 halten.

Kampf der Kulturen?

In al-Andalus lebten unter arabischer Herrschaft Muslime, Juden und Christen zusammen. Ihre kulturellen Traditionen, wissenschaftlichen Kenntnisse und die am Glauben orientierten Wertvorstellungen verschmolzen im Laufe der Zeit. Das führte dazu, dass Kultur und Wissenschaften in al-Andalus viel weiter entwickelt waren als im übrigen Europa. Den größten Anteil daran hatte die islamische Kultur, die der abendländischen in vielen Bereichen der Philosophie, Medizin, Astronomie und Mathematik voraus war. Sie führten ein ausgeklügeltes Bewässerungssystem ein, machten Bodenprodukte wie Zuckerrohr, Baumwolle, Pfirsichbaum und Dattelpalme in Andalusien heimisch und trieben intensiven Handel mit dem afrikanischen Kontinent.

Bereits unter der arabischen Herrschaft traten Teile der christlichen Bevölkerung zum Islam über. Wer Christ blieb musste in eigens für Christen vorgesehenen Stadtvierteln leben. Als „Nichtgläubige" mussten sie – wie auch die Juden – eine Kopfsteuer zahlen. Unter dem Eindruck der Kreuzzüge verschärften sich die Gegensätze. Verfolgung und Vertreibung prägten zunehmend das Zusammenleben. Nach der Rückeroberung durch christliche Herrscher wurden Juden und Muslime zur Taufe oder zur Emigration gezwungen.

Lesetipp

Nabil Osman, Kleines Lexikon deutscher Wörter arabischer Herkunft, München (C. H. Beck) 2002.

M1

Blick in das Innere der Mezquita-Catedral in Córdoba, Foto, 1986. Córdoba war die Residenz der islamischen Machthaber von al-Andalus. Im hohen Mittelalter hatte die Stadt zeitweise 100 000 Einwohner. Die Mezquita (span. Moschee) wurde 786/87 erbaut und bis zum Ende des 10. Jh. erweitert. In der Mitte des Betsaals wurden nach der christlichen Rückeroberung 63 Säulen herausgebrochen, um darin die Kathedrale zu errichten.

M2

Arabisch-islamische Wissenschaften

Der Journalist Arnold Hottinger zum Ursprung des x-Symbols in der Mathematik (1995):

Die Araber haben Gleichungen ersten und zweiten Grades eifrig studiert und die Formeln, die sie aus der griechischen Mathematik hatten, ausgebaut und verfeinert. Sie benötigten solche Gleichungen für das persönliche, alltägliche Leben: für die komplexen [komplizierten] Erbteilungen, die in den arabischen Großfamilien mit mehreren Frauen und Kindern stets nach dem im Koran festgelegten Prinzip durchgeführt werden mussten ... Bei den Formeln ... verwendeten die Araber einen Buchstaben (= sch) für „Schay" (= Sache) in der Funktion unseres heutigen x. Das Altspanische und das Lateinische der Epoche pflegten ihrerseits den Buchstaben „x" für die Wiedergabe des arabischen „sch"-Lautes zu verwenden ... So kam es zu altspanischen Schreibungen wie ... Don Quixote ... für den heutigen Quijote ... Aus diesem Grunde war es auch logisch, dass die alten Spanier x für die arabische Abkürzung „Sch" in mathematischen Formeln setzten, und dieses Symbol ist dann weltweit gültig geworden

Arnold Hottinger, Die Mauren, München (Wilhelm Fink) 1995, S. 419.

M4

Geschichtsschreibung über al-Andalus

Der Historiker Gottfried Liedl schrieb 1993:

Auf ihrem Epitaph[1] aus dem 16. Jahrhundert werden die katholischen Könige als „prostratores"[2] und „extinctores"[3] der Mauren und Juden gerühmt. Eine ganze Chronistenzunft beteiligte sich am Geschäft dieses „Niederwerfens" und „Ausrottens" und produzierte eine Geschichte Spaniens, worin 800 Jahre Zugehörigkeit zum islamischen Kulturkreis einfach nicht stattgefunden haben sollten. So hatte schon im 15. Jahrhundert der Historiograph[4] Fernán Pérez de Guzmán – wenn man der Überlieferung Glauben schenken darf – die Geschichte der Araber Spaniens für ... nicht wert [gehalten], schriftlich bezeugt zu werden ... Dieser Wille zur Lücke ist bemerkenswert und findet sich nicht nur in der spanischen Geschichtsschreibung, sondern durchzieht die gesamte Historiographie des Abendlandes, wo die Jahrhunderte des Islams, wenn überhaupt, dann nur in seltsamen Verkleidungen Eingang in die Archive fanden.

Gottfried Liedl, Dokumente der Araber in Spanien, Bd. 2, Wien (Turia & Kant) 1993, S. 9 f.

[1] Grabinschrift [2] Vernichter [3] Auslöscher
[4] Geschichtsschreiber

M3

Arabische Wissenschaftler, türkische Buchmalerei, 16. Jh. Die Wissenschaftler benutzen verschiedene Messgeräte: beispielsweise Zirkel, Lineal, Globus, Sanduhr und diverse Winkelmesser. Die Astronomen rechts oben beschäftigen sich mit dem Astrolabium, einem scheibenförmigen Messgerät zur Bestimmung der geographischen Breite, das von den Arabern im 11. Jahrhundert in Europa eingeführt wurde und bis zur Erfindung des Fernrohrs in Gebrauch blieb.

1 Erstelle anhand des Darstellungstextes eine Zeittafel zu der Frage, wann und wie die Muslime die Iberische Halbinsel eroberten und wieder verloren.

2 Beschreibe mithilfe des Darstellungstextes (rechte Spalte) das Zusammenleben in al-Andalus.

3 Erstelle anhand von M1 bis M3 eine zweispaltige Tabelle: Kulturelle Leistungen der Araber / Nutzen.

4 a) Gib die Aussagen des Autors von M4 zur spanischen Geschichtsschreibung über al-Andalus mit eigenen Worten wieder.
b) Nimm Stellung zu dieser Art von Erinnerung.

Die Kreuzzüge

Krieg mit christlichen Motiven?

Im Herbst 1095 rief Papst Urban II. die „christliche Ritterschaft" zu einem Befreiungskrieg – einem Kreuzzug – gegen die muslimische Herrschaft über die Heiligen Stätten in Jerusalem auf. Aus mittelalterlicher christlicher Sicht waren Kriege dann gerechtfertigt, wenn ihnen als Motiv Liebe und Barmherzigkeit zugrunde lagen und die Angegriffenen damit zur „rechten Lehre" zurückgeführt wurden. Tatsächlich wurden viele von religiösen Sehnsüchten und Hoffnungen, darunter die Aussicht auf den Erlass aller Sünden, sowie sozialen und wirtschaftlichen Problemen in ihrer Heimat zum Zug nach Jerusalem motiviert. Die Menschen, die im Einsatz für den Glauben starben, bezeichnete die Kirche seit dem 9. Jahrhundert als „Märtyrer".

Vier Jahre nach dem Aufruf Urbans eroberten Kreuzritter Jerusalem und richteten ein Blutbad unter Muslimen an. Auch die anschließende Gründung von Kreuzfahrerstaaten im Nahen Osten forderte einen hohen Blutzoll unter der muslimischen Bevölkerung. Die Zeit der Kreuzritter währte allerdings nicht lange: Zwischen 1265 und 1291 wurden sie aus den Gebieten vertrieben.

Feindbilder und Erfahrungen

Während der Kreuzzüge dienten Feindbilder, sowohl auf christlicher als auch auf muslimischer Seite, dazu, Hass und Kampfbereitschaft zu schüren. So ist in zeitgenössischen muslimischen Quellen von „ungläubigen Franken" die Rede, denen man keine Achtung entgegenbrachte. Auf der anderen Seite sollen Christen für die Kreuzzugswerbung ein Bild des Messias (Jesus), der gerade von einem Araber erschlagen wurde, verwendet haben.

In den Kreuzfahrerstaaten kam es dennoch häufig zu Verträgen und friedlichen Kontakten, sogar engen Freundschaften zwischen Christen und Muslimen. Aber in den Quellen ist auch von unüberbrückbaren religiösen und kulturellen Gegensätzen die Rede.

Im Laufe der Kreuzzugsbewegung setzte sich in der Kirchenlehre die Auffassung durch, dass Muslime nicht allein wegen ihres Glaubens angegriffen werden dürften. Vielmehr ginge es um den Schutz der heiligen Stätten und den Einsatz für die Kirche.

M1

Der Aufruf zum Kreuzzug

Papst Urban II. (1088–1099) hielt 1095 in der französischen Stadt Clermont-Ferrand eine Rede. Ihr Inhalt wurde von dem Mönch Robert von Reims zwölf Jahre später aufgeschrieben:

Ihr Volk der Franken, ihr Volk nördlich der Alpen, ihr seid … Gottes geliebtes und auserwähltes Volk … Aus dem Land Jerusalem und der Stadt Konstantinopel kam schlimme Nachricht und drang schon oft an unser Ohr: Das Volk im Perserreich, ein fremdes Volk, ein ganz gottfernes Volk, eine Brut von ziellosem Gemüt und ohne Vertrauen auf Gott … hat die Länder der dortigen Christen besetzt, durch Mord, Raub und Brand entvölkert und die Gefangenen teils in sein Land abgeführt, teils elend umgebracht … Wem anders obliegt nun die Aufgabe, diese Schmach zu rächen, dieses Land zu befreien, als euch? Euch verlieh Gott mehr als den übrigen Völkern ausgezeichneten Waffenruhm, hohen Mut … Bewegen und zu mannhaftem Entschluss aufstacheln mögen euch die Taten eurer Vorgänger, die Heldengröße Karls des Großen, seines Sohnes Ludwig und eurer anderen Könige … Wenn euch zärtliche Liebe zu Kindern, Verwandten und Gattinnen festhält, dann bedenkt, was der Herr im Evangelium sagt: … Jeder, der sein Haus, Vater, Mutter, Gemahlin, Kinder und Äcker um meines Namens willen verlässt, wird Hundertfältiges erhalten und ewiges Leben haben … Kein Besitz, keine Haussorge soll euch fesseln. Denn dieses Land, in dem ihr wohnt, ist … von Meeren und Gebirgszügen umschlossen und von euch beängstigend dicht bevölkert. Es … liefert seinen Bauern kaum die bloße Nahrung. Daher kommt es, dass ihr euch gegenseitig beißt und bekämpft … Aufhören soll unter euch der Hass …! Tretet den Weg zum Heiligen Grab an, nehmt das Land dort dem gottlosen Volk, macht es euch untertan! … Jerusalem ist der Mittelpunkt der Erde, das fruchtbarste aller Länder … Der Erlöser der Menschheit hat es durch seine Ankunft verherrlicht, … durch sein Grab ausgezeichnet. Diese Königsstadt … erbittet und ersehnt Befreiung.

Zit. nach Arno Borst, Lebensformen im Mittelalter, Frankfurt a. M. / Berlin (Ullstein) 1979, S. 318 ff.

M2

Die Erwartungen der Kreuzfahrer

Für die Jahrbücher von Würzburg wurde 1146 von einem unbekannten Verfasser folgender Eintrag notiert:

Es erhoben sich nämlich einige falsche Propheten, die mit nichtigen Worten die Christen verführten und mit hohlen Predigten das ganze Menschengeschlecht antrieben, wegen der Befreiung Jerusalems gegen die Sarazenen zu ziehen. Ihre Predigt hatte so große Wirkung, dass sich Bewohner aller Regionen ... freiwillig zum gemeinsamen Opfergang anboten ... Aber ihre Absichten waren verschieden. Einige Neugierige zogen los, weil sie neue Gegenden besuchen wollten. Andere zwang die Armut; weil es bei ihnen zu Hause knapp zuging, kämpften sie, um der Armut abzuhelfen ... Andere wurden von Schulden bedrückt oder wollten die ihren Herren geschuldeten Dienste verlassen oder hatten wegen Verfehlungen Strafen zu erwarten.

Würzburger Annalen zum Jahr 1147, MGH SS 16, S. 3, Übers. d. Verf.

M3

Papst Urban II. predigt den Kreuzzug, kolorierter Holzschnitt, 1482. Auf dem lateinischen Spruchband steht: „Gott will es."

M1

Das Leben in den Kreuzfahrerstaaten

Der französische Geistliche Fulcher von Chartres schrieb 1110:

Wir, die wir Abendländer waren, sind Orientalen geworden. Wir haben schon unsere Geburtsorte vergessen ... Manche von uns besitzen in diesem Land Häuser und Diener, die ihnen gehören wie nach Erbrecht. Ein anderer hat eine Frau geheiratet, die durchaus nicht seine Landsmännin ist, eine Syrerin ..., die die Gnade der Taufe empfangen hat ... Sie sprechen verschiedene Sprachen und haben es doch alle schon fertiggebracht, sich zu verstehen.

Zit. nach Reinhard Barth, Taschenlexikon Kreuzzüge, München (Piper) 1999, S. 169.

Begriffe und Daten

Kreuzzug

Im weiteren Sinne ist unter einem Kreuzzug ein von der Kirche im Mittelalter geförderter Kriegszug gegen „Heiden" (Ungläubige) und Ketzer (vom rechten Glauben Abgewichene) zu verstehen. Ziel war die Ausbreitung oder Wiederherstellung des katholischen Glaubens. Vom Ende des 11. bis zum Ende des 13. Jahrhunderts waren die Kreuzzüge kriegerische Unternehmungen, um das Heilige Land zu erobern. In der Kreuzzugsidee verband sich der Gedanke der Pilgerfahrt und des Kampfes gegen die „Heiden" mit dem Ziel, das Heilige Grab in Jerusalem zu befreien. Militärische Gewalt und der „Opfertod" wurden dabei als Akt der Buße gerechtfertigt.

1 a) Untersuche M1. Stelle die Argumente Urbans zusammen.
b) Um seine Zuhörer zu überzeugen, verwendet Urban bestimmte sprachliche Mittel. Nenne Beispiele und erkläre, welchen Zweck Urban damit verfolgte (siehe Anhang „Historische Sachverhalte beschreiben").

2 Vergleiche die Aussagen in M1 mit M2.

3 Beschreibe M3. Welchen Eindruck vermittelt die Abbildung über den Aufruf und den Aufbruch? Achte auf die Datierung des Bildes.

4 a) Erarbeite aus dem linken Darstellungstext, wie Kreuzzüge gerechtfertigt worden sind.
b) Erläutere anhand des rechten Darstellungstextes und M4, ob die Feindbilder aus alltäglichen Erfahrungen herrührten.

Juden in Europa

Zusammenleben im frühmittelalterlichen Europa

Die ältesten Quellen jüdischer Ansiedlungen im Westen des mittelalterlichen Reiches, z. B. am Rhein, reichten in die Zeit der Römer zurück. Für eine Anwesenheit von Juden nach dem 5. Jahrhundert n. Chr. gibt es keine eindeutigen Quellen. Erst im 9. und 10. Jahrhundert ist bezeugt, dass sich im rheinischen Raum wieder Juden niederließen, wahrscheinlich Kaufleute und Fernhändler aus Spanien, Frankreich und Italien. Mainz war im 10. Jahrhundert mit der Gründung einer Hochschule zum Zentrum jüdischer Gelehrsamkeit geworden, dem später weitere in Speyer und Worms folgten. Am Anfang des 11. Jahrhunderts lebten etwa 5000 Juden im Deutschen Reich, 100 Jahre später waren es etwa 20 000. Die meisten von ihnen wohnten an den für Kaufleute wichtigen Wasserstraßen Rhein, Main, Donau, Elbe und Saale. Im Gegensatz zur Mehrheit der christlichen Bevölkerung konnten fast alle Juden, Männer wie Frauen, lesen und schreiben, einige beherrschten mehrere Sprachen. Im 11. Jahrhundert gab es noch keine Ghettos, die Juden von Christen trennten, keine Handelsbeschränkungen und keine gekennzeichnete Kleidung. Es bestanden viele private und berufliche Kontakte.

Der Weg in die Außenseiterrolle

Die bäuerlich-adlige Gesellschaft des frühen Mittelalters mit ihren kleinen familiären und dörflichen Einheiten achtete auf ihre jeweiligen Rechte und die engen Beziehungen zu den Nachbarn. Die oft weitgereisten, welterfahrenen Juden bildeten Brücken zwischen den zerstreuten Ortschaften. Die Begegnungen zwischen Juden und Christen waren bis zum Beginn des 11. Jahrhunderts unbefangen: Doch schon vor dem ersten Kreuzzug gab es eine prinzipielle Ablehnung von Juden durch die Kirche. Worin werden nach Erkenntnissen der Geschichtsforschung die Ursachen dafür gesehen? Zum einen begriffen sich die Christen seit den Kirchenreformen des 11. Jahrhunderts als einheitliches „Gottesvolk“ und grenzten sich damit von Juden und Muslimen ab. Zum anderen wurden wirtschaftliche und soziale Unterschiede deutlicher, als sich christliche Kaufleute und Handwerker in den neu entstehenden Städten im Wettbewerb mit jüdischen Unternehmungen sahen und diese als Konkurrenz betrachteten. Die Angehörigen der jüdischen Gesellschaft wurden mehr und mehr zu Außenseitern, die aus christlicher Sicht das Zusammenleben bedrohten. Einen Tiefpunkt bildeten die Zerstörungen jüdischer Gemeinden im Gefolge der Pest 1348/49. Den Juden wurde unterstellt, durch Brunnenvergiftung schuld daran zu sein. Mit der Vertreibung aus den Städten suchten sie sich Nischen in der ländlichen Wirtschaft. So breitete sich der Agrarhandel allmählich aus.

M1 **Wichtige jüdische Gemeinden und Siedlungsgebiete 100 bis nach 1400**

M2

Über den Umgang mit den Juden

In einem Brief an den französischen König Ludwig VII. schrieb der Abt Peter von Cluny über das Verhältnis von Kirche und Judentum (1146):

2 A Was nützt es aber, die Feinde des christlichen Glaubens in fernen Ländern aufzusuchen und zu bekämpfen, wenn die liederlichen und lästernden Juden, die weitaus übler als die Sarazenen sind, nicht in fernen Ländern, sondern in unserer Mitte so ungehemmt und so verwegen Christum … ungestraft schmähen, mit den Füßen treten, verächtlich machen? … Ich sage dies nicht, um das Schwert des Königs oder der Christen zu ihrem Tode zu schärfen … Gott will nämlich nicht, dass sie ganz getötet werden, … sondern dass sie zur größeren Qual und zur größeren Schmach … zu einem Leben schlimmer als der Tod bewahrt bleiben … Das Leben mag ihnen bewahrt bleiben, aber ihr Geld soll ihnen weggenommen werden, damit durch die Arme der Christen, die durch das Geld der lästernden Juden unterstützt werden, die Verwegenheit der ungläubigen Sarazenen bekämpft [wird].

Der Abt und Kirchenlehrer Bernhard von Clairvaux äußerte sich im selben Jahr:

2 B Nicht die Juden soll man verfolgen, nicht sie totschlagen, nicht einmal sie verjagen. Befragt darum die göttliche Schrift. Ich weiß, was man im Psalm prophetisch von den Juden liest: „Gott hat mich – so spricht die Kirche – über meine Feinde unterwiesen: töte sie nicht, damit meine Völker niemals vergessen." – Lebendige Zeichen sind sie uns, die Passion [Leiden] des Herrn darstellend. Deswegen sind sie in alle Gegenden verstreut; denn während sie gerechte Strafe für ihre Missetat leiden, sollen sie Zeugen unserer Erlösung sein … Ich schweige davon, dass, wo keine Juden sind, christliche Wucherer nur umso ärger die Juden machen, wenn man sie überhaupt Christen und nicht eher getaufte Juden nennen soll … Doch gehört es zur christlichen Milde, wie die Trotzigen niederzukriegen, so auch die Unterworfenen zu schonen.

M2 A und M2 B: Hagen Schulze / Ina Ulrike Paul (Hg.), Europäische Geschichte, München (bsv) 1994, S. 905 f.

M3

Kirche und Synagoge, symbolische Steinfiguren am Straßburger Münster, 13. Jh.

Lesetipp

Günther Bentele, Schwarzer Valentinstag: Ein Kriminalfall aus dem Mittelalter,
München (Bertelsmann) 2005.

1. Beschreibe anhand von M1, wo sich die Juden nach ihrer Vertreibung aus Palästina ansiedelten. Achte auf die zeitliche Abfolge (siehe Anhang „Historische Sachverhalte beschreiben").
2. Erarbeite anhand des Darstellungstextes, wie sich das Zusammenleben zwischen Juden und Christen im europäischen Mittelalter entwickelte.
3. Vergleiche anhand von M2A und M2B die Einstellungen gegenüber den Juden.
4. Kläre, welcher Phase des Zusammenlebens zwischen Juden und Christen die beiden Steinfiguren in M3 zugeordnet werden können. Begründe.
5. Bewerte das Verhalten von Christen und Juden.

Polen und Deutsche

Deutsche Siedler ziehen nach Osten

Als deutsche Fürsten im 11. Jahrhundert slawische Stämme, die seit dem 10. Jahrhundert zum polnischen Volk gehörten, zwischen Oder und Elbe unterworfen hatten, suchten sie für das neue Territorium des Reiches Siedler. Da in verschiedenen Gegenden des Reiches die Bevölkerung stark angewachsen und die Bauern gezwungen waren, schlechte Böden zu bewirtschaften, folgten viele ihrem Ruf. Zudem wurden Bauern, Handwerker, Kaufleute und jüdische Familien, die aus Westeuropa vertrieben worden waren, mit Sonderrechten angelockt. Siedlungsunternehmer organisierten den planmäßigen Aufbau von Dörfern und Städten „nach deutschem Recht". Dort lebten die Neuankömmlinge in enger Nachbarschaft mit den einheimischen Polen. Im Gegensatz zu den Neusiedlern blieben diese noch lange unfrei und waren mit hohen Abgaben und Diensten belastet.

Polen und Deutschland – ein schwieriges Verhältnis

Seit dem 12. Jahrhundert riefen auch die Herzöge des benachbarten Polen immer mehr Deutsche in ihr Land. Sie förderten die Gründung von Städten und Dörfern durch deutsche Kaufleute, indem sie günstige Privilegien verliehen. Das Verhältnis verschlechterte sich jedoch, als der Deutsche Orden* einen eigenen Staat gründete. Zwar trugen die Ordensritter zum Ausbau des Landes bei, ihre Eroberungspolitik führte aber zum militärischen Konflikt mit Polen und Litauen. Schließlich wurde der Orden 1410 bei dem Dorf Tannenberg von polnisch-litauischen Truppen besiegt. Diese Schlacht, die auf beiden Seiten mehr als 8000 Opfer forderte, hat das polnisch-deutsche Verhältnis nachhaltig belastet: Wenn die Polen vom Deutschen Orden sprechen, heben sie die blutige Unterdrückung hervor. „Kreuzritter" ist daher bis heute in Polen ein Schimpfwort. Auch später wurde Polen wiederholt das Opfer deutscher Eroberungspolitik, besonders in der Zeit des Nationalsozialismus (1933 – 1945).

M1 Die deutsche Ostsiedlung

M2

Die Ziele des Deutschen Ordens

Über die Eroberung des bereits christianisierten polnischen Herzogtums Pommerellen schrieb der Historiker Dieter Zimmerling 1988:

Der Einmarsch nach Danzig und Pommerellen markiert einen bedeutsamen Umschwung im Dasein des Deutschen Ritterordens. Es ist eine Wende zum Schlimmen ..., die ihn wegführt von seinen eigentlichen Aufgaben und Zielen, nämlich die Heiden zu unterwerfen und dafür zu sorgen, dass sie sich – wenn auch zwangsweise – zum Christentum bekennen.

Diese Ziele ... hat der Deutsche Orden in dem Augenblick verraten, als er das polnische Herzogtum Pommerellen annektiert[1]. Es ist der Verrat an Gesetzen, nach denen der Orden in Preußen angetreten ist und nach denen er ein Staatswesen begründet hat. Jetzt spätestens, in den Jahren 1308 und 1309, ... entlarvt er sich als ein Raubstaat – ein Raubstaat, der nicht davor zurückschreckt, christliche Völker zu unterjochen.

Dieter Zimmerling, Der Deutsche Ritterorden, Düsseldorf (Econ) 1988, S. 189 f.

[1] in Besitz nehmen

M3

Ein Krieg gegen Heiden

Der Historiker Hartmut Boockmann schrieb 1981 über den Krieg des Deutschen Ordens gegen die heidnischen Preußen:

Freilich hier ... kommt zur Schädigung der Lebensgrundlagen des Gegners die erklärte Absicht hinzu, die Männer zu töten – während man beim Krieg zwischen christlichen Gegnern dieses Ziel in der Regel nicht hatte: Der tote Gegner hätte ja kein Lösegeld gebracht. Zu dem normalen Typus des Krieges im Mittelalter kommen hier die Elemente des Heidenkrieges hinzu. Denn dass hier die Männer getötet werden sollen, erklärt sich daraus, dass sie Heiden sind und als Feinde des christlichen Glaubens angesehen werden. Nach dem Verständnis derer, die diese Kriege rechtfertigten und die Tötung der Gegner forderten, wurde dabei ein Lebenskampf zwischen Christentum und Heidentum ausgetragen. Es ging um Überleben oder Untergang der christlichen Religion.

Hartmut Boockmann, Der Deutsche Orden, München (C. H. Beck) 1981, S. 107.

M4

Ein Ordensritter überwacht Bauarbeiten, Gemälde, 16. Jh.

Begriffe und Daten

Deutsche Ostsiedlung

Deutsche Siedler folgten dem Ruf deutscher und polnischer Fürsten und gründeten seit dem 11. Jahrhundert Dörfer und Städte zwischen Elbe und Oder sowie auf polnischem Herrschaftsgebiet. Die gewaltsame Gründung eines deutschen Ordensstaates belastete die zumeist friedlichen Beziehungen zwischen Deutschen und Polen.

1 Erarbeite aus dem Darstellungstext und M1 Gründe und Verlauf der Ostsiedlung. Ziehe M4 heran.

2 Prüfe, wie der Verfasser von M2 die Motive des Deutschen Ordens bewertet.

3 Erläutere den Begriff „Heidenkrieg" (M3) und zeige, welche Auffassung vom Krieg zu erkennen ist.

4 Bewerte anhand der Informationen auf dieser Doppelseite die Begegnung zwischen Deutschen und Polen im Mittelalter.

5 **Recherche:** Im heutigen Polen lebt eine deutsche Minderheit. Erkundet, warum das so ist. Nutzt Internet, Lexika und Fachbücher und präsentiert eure Ergebnisse der Klasse.

Pilgerreisen im Mittelalter

Ziele und Motive der Pilger

Schon im Altertum bei vielen Stammeskulturen, später auch im Judentum, im Islam und Buddhismus, gehörten bzw. gehören Wallfahrten zu den überlieferten Glaubensgrundsätzen. Dabei geht der Pilger (lat. pelegrinus: Fremder, Wanderer) von der Hoffnung aus, dass sich an bestimmten, geheiligten Orten Gott offenbaren könnte. Jerusalem, Rom und das Grab des Apostels Jakobus im spanischen Santiago de Compostela zählten zu den bekanntesten Zielen der heiligen Stätten, zu denen Christen im Mittelalter pilgerten. Wallfahrtsorte können im Christentum auf die Verehrung Heiliger zurückgeführt werden, die für die Gläubigen als Mittler eine spürbare Nähe zu Gott herbeiführen sollten. Unglücke und Missgeschicke des Alltags wurden einzelnen Heiligen zugeordnet, die dem Volk als Bitt- und Hilfsadressaten dienten. Motive der Pilger waren beispielsweise der Dank für die Erfüllung eines Wunsches, die Errettung aus höchster Not, das Abgelten einer kirchlichen oder weltlichen Strafe, aber auch der Erwerb von Reliquien. Diese Erinnerungsstücke von Heiligen wurden für Kirchenbauten verwendet.

Aufbruch zur Pilgerreise, Fresko, spätes 11. Jahrhundert, Piemont. Ein Priester übergibt dem heiligen Eldrad vor seinem Aufbruch nach Santiago de Compostela Pilgerstab und Pilgertasche.

M1

Auf der Reise

Männer und Frauen, Gesunde und Kranke, Kleriker und Laien, Reiche und Arme, Fromme und Abenteurer pilgerten zu den Wallfahrtsorten. Sie setzten sich den Gefahren und Unwägbarkeiten einer weiten Reise aus: Hunger und Durst, Hitze und Kälte, Krankheit und Tod. Deshalb startete man – zu Fuß wie die Apostel – mit dem Gefühl, möglicherweise Haus und Heimat nicht wiederzusehen, bezahlte seine Schulden, bat Mitmenschen um Verzeihung für Unrecht und machte sein Testament. Mehr Sicherheit als das individuelle Reisen boten kleine Pilgergruppen. Auf Hilfe während der Reise waren alle Pilger angewiesen, die nicht zu den Reichen gehörten. Übernachtet wurde im Sommer im Freien, im Winter in Klöstern und Hospizen, deren Hilfsbereitschaft für das Erreichen des Pilgerziels unverzichtbar und hoch angesehen war. Informationen zur Vorbereitung der Reise gab es aus Erzählungen, Predigten und handgeschriebenen Pilgerführern.

M2

Die Aufforderung des Apostels Jakob

Im 12. Jahrhundert verfasste ein unbekannter Autor das Werk „Historia Karoli Magni", in dem Karl der Große als Beschützer des Jakobsweges verherrlicht wurde. Darin wird berichtet, wie der Apostel Jakob zu Karl im Traum sprach:

Ich bin der Apostel Jakobus, der Jünger Christi …, den König Herodes mit dem Schwert erschlug und dessen Leichnam vergessen in Galicien begraben liegt, das immer noch unter dem schmachvollen Joch der Sarazenen steht … Der Sternenweg, den du am Himmel gesehen hast, befiehlt dir, von hier aus nach Galicien aufzubrechen, mit einem großen Heer, um die treulosen Heiden zu unterwerfen und meinen Weg und mein Land zu befreien sowie meine Basilika[1] und mein Grab zu besuchen. Nach dir sollen sich alle Völker von Meer zu Meer auf Pilgerfahrt dorthin begeben, um den Herrn um Vergebung ihrer Sünden zu bitten und sein Lob, seine Macht und die Wunder, die er vollbracht, zu verkünden. Und sie werden pilgern von dieser deiner Lebenszeit bis zum Ende des Jahrhunderts.

Zit. nach Hans-Günther Kaufmann / Millán Bravo Lozano, Santiago de Compostela: Auf alten Wegen Europa neu entdecken, Wien (Tyrolia) 1992, S. 38.

[1] Kirche

M3

Pilger vor Santa Croce in Rom. Während im Vordergrund eine Gruppenführung stattfindet, ruht im Hintergrund ein Pilger. Gemälde von Hans Burgkmair, um 1500.

M4

Europäisches Bewusstsein?

Der Historiker Norbert Ohler schrieb 2005:

Pilger gehörten zu den Gruppen, die, aus vielen Völkern und Sprachen stammend, die abendländische Christenheit zusammenhielten. Fahrten an die Peripherie [Rand] der lateinischen Christenheit – man denke an Jerusalem, Bari, Santiago und Tschenstochau – haben Bindungen Süditaliens, Spaniens und Polens an das übrige Europa gefestigt ... In einer Zeit, da zentrifugale [auseinanderstrebende] Kräfte die Einheit des Reichs lockerten, sorgten Wallfahrer für ein Gegengewicht: Wer von Stettin nach Thann zog, entwickelte ein Wir-Gefühl, das die Menschen in Nordost- und Südwestdeutschland miteinander verband ... Es lassen sich sogar Ansätze zu einem gemeineuropäischen Bewusstsein erkennen. Dies konnte zur arroganten Abschottung gegen die „anderen" führen, seit dem Spätmittelalter vor allem gegen „die Türken".

Zit. nach Klaus Herbers u. a., Pilgerwege im Mittelalter, Darmstadt (WB) 2005, S. 25f.

1 Erstelle eine Mindmap, die über Ziele, Motive und Reisewege von Pilgern im Mittelalter informiert.

2 Erarbeite anhand von M1 und M3, wie die Künstler das Thema Pilgerreise dargestellt haben. Nimm die Methode „Bildanalyse" (siehe Anhang) zu Hilfe.

3 Erkläre mithilfe von M2, warum der Jakobsweg zu einer der wichtigsten Pilgerrouten wurde.

4 Untersuche M4 unter der Fragestellung, wie der Autor den Zusammenhang zwischen Pilgerreisen und europäischem Bewusstsein sieht. Nimm Stellung, indem du die Informationen auf dieser Seite mit heranziehst.

5 **Recherche:**
a) Sammelt Informationen über Wallfahrtsorte in Deutschland und Europa, ihre Geschichte und ihre heutige Bedeutung (Reisebüro, Kirche, Internet).
b) Diskutiert anschließend die Frage: „Wallfahrt – ein Geschäft?"

Handelsreisen – das Beispiel Seidenstraße

Fernhandel auf der Seidenstraße

Reisen im Mittelalter war beschwerlich. Nicht nur im christlich-europäischen, sondern auch im muslimischen und im asiatischen Kulturkreis. Dennoch haben Menschen – vor allem seit dem Spätmittelalter – aus unterschiedlichen Motiven immer wieder Reisen unternommen, um ihre angestammten Regionen zu verlassen und die damalige Welt zu erkunden. Pilgerwege, Fernhandels- und Kreuzzugsrouten dienten als Verbindungswege. Etappenstationen und Ziele waren oftmals die großen Städte.

Als der Berliner Geograph Ferdinand von Richthofen 1877 den Begriff „Seidenstraße“ prägte, meinte er damit eine Anzahl von Routen, die quer durch Innerasien führten und bereits im Mittelalter den Handel zwischen Europa und China ermöglichten. Haupttransportgut war Seide, eine chinesische Erfindung, die bereits im 5. Jahrhundert v. Chr. in einem keltischen Hügelgrab an der Donau nachweisbar ist. Neben Seide wurde mit Moschus, Diamanten, Jade, Perlen und Rhabarberwurzeln, die als Medizin dienten, gehandelt. Die Waren wurden nicht kontinuierlich transportiert, sondern gelangten über verschiedene Händler nach Europa.

Reisende auf der Seidenstraße

In den Jahren 1253–1255 unternahm der flämische Franziskaner Wilhelm von Rubruk im päpstlichen und königlichen Auftrag eine Gesandtschaftsreise an den Hof des Mongolenfürsten in die Hauptstadt Karakorum. In seinem Reisebericht beschrieb er Tempel, Märkte, Stadtmauern und getrennte Wohnviertel für Muslime und chinesische Handwerker sowie die für ihn überraschend weltoffenen Stadtbürger. Ein weiterer Franziskaner, Johannes von Montecorvino (1247 bis 1328), unternahm eine Reise nach China und ließ dort eine mit Glocken ausgestattete Kirche bauen. Zur selben Zeit soll sich auch der berühmteste Reisende der Seidenstraße in Peking aufgehalten haben: Marco Polo, der zwischen 1271 und 1295 über Konstantinopel auf dem Landweg ganz China, Tibet und das Grenzgebiet zu Burma bereiste. Marco Polos „Beschreibung der Welt“ ist in der neueren Geschichtsforschung in seinem Aussagewert vor allem wegen inhaltlicher Ungenauigkeiten und Widersprüche umstritten. Trotzdem gilt sie als nützliche Informationsquelle über das europäische Interesse an China und Zentralasien im späten Mittelalter.

M1 **Bedeutende Weltreisende,** 13. bis 15. Jahrhundert

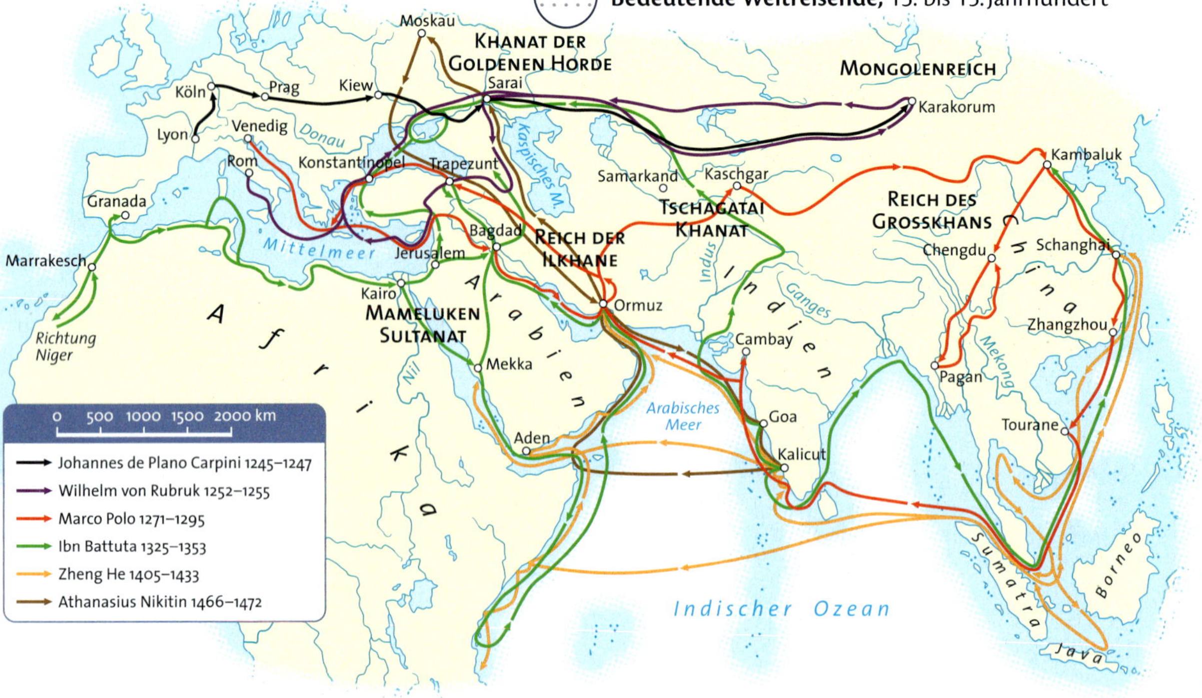

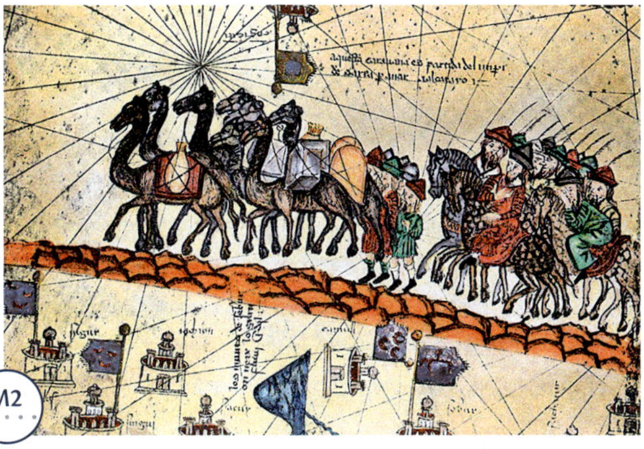

M2

Marco Polo während seiner Wüstendurchquerung, Ausschnitt aus dem Katalanischen Weltatlas, um 1375

M4

Lastwagenstau auf dem Karakorum-Highway zwischen Pakistan und China. Mann mit seinem Kamel auf der Seidenstraße zwischen Jalalabad und Kabul. Fotos um 2003

M3

Kultureller Austausch auf der Seidenstraße

Die englische Historikerin Frances Wood schrieb 2007:

Schon etwa 7000 Jahre bevor die Seidenstraße ihren Namen erhielt, wurde zwischen den Oasenstädten am Rand der zentralasiatischen Wüsten und China Handel getrieben. Eines der ersten Materialien, das … transportiert wurde, war Jade … Chinesische Seide scheint erstmals im 2. Jh. v. Chr. in das Mittelmeergebiet gelangt zu sein. Sie war somit der erste Handelsartikel, der vom Osten in den Westen exportiert wurde. Die Kenntnis der Römer über ihren Ursprung war allerdings sehr nebulös. Man bezeichnete daher nicht allein die Chinesen, sondern alle Bewohner des Fernen Ostens als „Seres" oder „Seidenmenschen" … Während der Tang-Zeit [7.–10. Jahrhundert] waren auch fremde Nahrungsmittel begehrte Importwaren. Damals gelangte der Kohlrabi erstmals … ins Land. Die Zuckerrübe … könnte durch Araber eingeführt worden sein. 647 n. Chr. sandte der König von Neapel verschiedene exotische … Gemüse nach China … Durch den Handel auf der Seidenstraße wurde u. a. auch das chinesische Arzneimittelangebot beträchtlich erweitert … Ein Importgegenstand, der sowohl die Kleidung als auch die Architektur und den Lebensstil der Chinesen nachhaltig verändern sollte, war der Stuhl … Der über die Seidenstraße nach China gelangte Glauben [Buddhismus] war von der Bevölkerung begeistert aufgenommen worden und hielt sich über Jahrhunderte.

Frances Wood, Entlang der Seidenstraße, Stuttgart (Theiss) 2007, S. 17 ff.

M5

„Eigentümlicher Brauch"

Marco Polo schrieb über die Menschen in der Provinz Zardandam:

Dieses Volk hat folgenden eigentümlichen Brauch. Wenn ein Weib ein Kind geboren, das Bett verlassen und den Säugling gewaschen und eingewickelt hat, so nimmt der Mann sogleich den Platz ein, den sie verlassen hat, und das Kind zu sich, das er vierzehn Tage lang nährt. In dieser Zeit besuchen ihn die Freunde und Verwandten der Familie und bringen ihm ihre Glückwünsche, während die Frau die häuslichen Geschäfte verrichtet, dem Mann Speise und Trank ans Bett bringt und den Säugling an seiner Stelle stillt.

Detlef Brennecke (Hg.), Marco Polo. Die Beschreibung der Welt 1271–1295, München (Frederking & Thaler) 2004, S. 219.

1 Verfasse mithilfe des Darstellungstextes einen Jugendlexikonartikel über die Seidenstraße. Gehe dabei auf den Begriff „Seidenstraße" ein und erläutere, warum sie als Beispiel für kulturelle Begegnungen gilt.

2 Vergleiche M2 und M4.

3 Nimm zu den Aussagen in M5 Stellung.

4 Prüfe mithilfe von M3 die Behauptung, dass der Handel auf der Seidenstraße zu einem kulturellen und religiösen Austausch führte.

5 **Präsentation:** Beschafft euch Informationen über die Biographien und Reisewege der in M1 genannten Weltreisenden. Berichtet in der Klasse.

Feindbilder – Fremdbilder – Erfahrungen

Das Eigene und das Fremde

Die Kontaktmöglichkeiten der Menschen im Mittelalter waren vorwiegend auf ihren unmittelbaren Lebensbereich beschränkt. Größere Mobilität war nur bei Fernhändlern, Diplomaten, Pilgern oder Kriegern zu finden. Für den Dorfbewohner, der in seinem Leben nicht oder nur selten seinen Ort verließ, waren die Einwohner des Nachbarortes die Anderen oder die Fremden, während der Reisende umfassende kulturelle und religiöse Unterschiede erlebte.

Das Andere konnte zum Feindbild werden, wie es sich beispielhaft an den Kreuzzügen, der Verfolgung der Juden und an al-Andalus zeigen lässt. Ein Gefühl der Bedrohung scheint im mittelalterlichen Europa besonders in Krisenzeiten, bei Missernten, Hungersnöten, Kriegen und Krankheitsepidemien, die Entstehung von Feindbildern verstärkt zu haben.

M2

Illustration auf einer Handschrift des Epos „Willehalm" von Wolfram von Eschenbach, um 1270. Dargestellt sind ein Kreuzfahrer, ein Muslim, ein Jude und der Dichter Wolfram.

M1

Kulturkontakt – Kulturkonflikt?

Der amerikanische Historiker Mark R. Cohen schrieb 2005:

In der islamischen Welt galten Juden und Christen, obwohl sie als „dhimmis" Schutz genossen, als Ungläubige und hatten Demütigungen und verächtliche Behandlung vonseiten der dominierenden Gruppe zu erdulden … Im wirtschaftlichen Bereich waren die Juden unter islamischer Herrschaft offenbar ihren Pendants [Gegenüber] in der islamischen umma [Gemeinschaft aller Muslime] gleichberechtigt … Im Bereich der Medizin … dürfte sich die lange vorislamische Tradition der Übermittlung griechischer medizinischer Kenntnisse durch nichtmuslimische (überwiegend christliche) Ärzte ausgewirkt haben. Außerdem überwanden die Muslime in dem Maße, in dem sie dank der neu übersetzten griechischen Literatur im Bereich der Medizin Ebenbürtigkeit erlangten, bereits sehr früh jegliche Minderwertigkeitsgefühle … Der Gegensatz zu Nordeuropa ist in dieser Hinsicht sehr ausgeprägt. Dort verlieh die allgemeine Rückständigkeit im Bereich medizinischen Wissens jüdischen Ärzten eine Überlegenheit, die bei Christen Neid und oft sogar den Verdacht hervorrief, sie bedienten sich bei der Behandlung christlicher Patienten feindlicher Praktiken …

Die Situation der jüdischen „Ungläubigen" im Bereich der lateinischen Christenheit … war … erheblich prekärer [schwieriger] als die Lage … unter islamischer Herrschaft. Im lateinischen Westen verstärkte … die jüdische Wirtschaftstätigkeit die antijüdischen Gefühle des Christentums … Der tief verwurzelte theologische Hass übte zudem eine zutiefst negative Wirkung auf das Recht und die Politik aus … In der „Verfolgungsgesellschaft" der Christenheit, um mit Robert Ian Moore zu sprechen, widersetzten sich die Juden ihrem entsetzlichen Schicksal mit einer kraftvollen antichristlichen Polemik [Feindseligkeit]. Unter der Herrschaft des Islams … nahmen die Juden eine ergebenere Haltung … ein.

Mark R. Cohen, Die Juden im Mittelalter, München (C. H. Beck) 2005, S. 197 ff.

1 Finde mithilfe des Darstellungstextes heraus, was die Menschen im Mittelalter als „fremd" oder „anders" ansahen.

2 Fasse zusammen, wie Cohen (M1) das Zusammenleben zwischen Juden, Christen und Muslimen beschreibt, und kläre den Begriff „Verfolgungsgesellschaft".

3 Erarbeite die Aussage der Abbildung M2. Ziehe Informationen über das Epos und den Dichter heran.

Kulturelle Begegnungen und Konflikte

Überprüfe, was du kannst

Sachkompetenz

1 „Kulturelle Begegnungen und Konflikte“: Erläutere diese Formulierung am Beispiel
a) der Kreuzzüge (S. 24/25) und
b) der deutschen Ostsiedlung (S. 28/29).

Urteilskompetenz

2 Beschreibe M1 und erörtere, was darin über die gemeinsame Geschichte von Polen und Deutschen ausgesagt wird (S. 28/29).

Handlungskompetenz

3 **Erkundung:** In der Gegenwart, vor allem seit dem islamistischen Terroranschlag gegen die USA vom 11. September 2001, sind in öffentlichen Medien wiederholt die Begriffe „Kreuzzug“ und „Heiliger Krieg“ zu lesen bzw. zu hören. Erkundet, was heute damit gemeint sein könnte. Lest noch einmal auf den Seiten 24/25 nach und erörtert, ob sich historische Begriffe in unsere Zeit übertragen lassen.

Denkmal zur Erinnerung an die Schlacht bei Grunwald (dt. Tannenberg) 1410, erbaut 1910 in Krakau. Das Reiterdenkmal zeigt den polnischen König Ladislaus II. Jagiello (1386–1434). Am Sockel steht der litauische Großfürst Witold über der Leiche des Hochmeisters (oberster Leiter) des Deutschen Ordens.

- 8. Jahrhundert
  Muslime erobern die Iberische Halbinsel
- 9./10. Jahrhundert
  Juden siedeln in Europa
- 9. bis 12. Jahrhundert
  Zusammenleben von Muslimen, Christen und Juden in al-Andalus
- 1095
  Papst Urban II. ruft zum Kreuzzug auf
- 10. bis 12. Jahrhundert
  Entstehung großer jüdischer Gemeinden im Deutschen Reich
- 1099
  Eroberung Jerusalems durch die Kreuzfahrer
- seit dem 11. Jahrhundert
  Deutsche Ostsiedlung
- seit dem 11. bis zum ausgehenden 13. Jahrhundert
  Kreuzzüge
- 11. bis 14. Jahrhundert
  Deutsche Ostsiedlung
- 1271 bis 1295
  Marco Polo reist nach China und Tibet
- 1410
  Schlacht bei Tannenberg

900 — 1000 — 1100 — 1200 — 1300 — 1400

Was die Menschen im Mittelalter voneinander wussten

Das Universum stellen wir uns heute als einen unendlichen Raum mit Sternen, Planeten, Asteroiden usw. vor. Es hat keine bestimmte Form und kein für uns erkennbares Ende. Wir wissen von den unvorstellbaren Entfernungen zu anderen Sternen und können die Abstände rechnerisch erfassen.

Im Gegensatz zu unserer Vorstellung sahen die Menschen im Mittelalter das Weltall als eindeutig begrenzt an. In vielen Darstellungen findet sich der Schöpfer der Welt thronend über der Erdkugel oder hält sie in seinen Händen.

Verschiedene Schichten, die „Sphären", umhüllten die Erde als Kern. Die äußerste Sphäre war das Licht, das Symbol des Geistes. Dieses „Modell" lag sowohl dem christlichen als auch dem islamischen Denken zugrunde. Die Erde stellte den Raum für Entstehung und Verfall, Geburt und Tod, Sorgen und Not dar. Die höheren Sphären standen für Stetigkeit und Dauer, Licht und Ewigkeit. „Himmlische" Körper bewegten sich auf perfekten, ewigen Bahnen.

Alle Teile dieser Hierarchie standen nach mittelalterlicher Auffassung miteinander in Beziehungen, wie z. B. die Jahreszeiten mit ihren vier Eigenschaften (heiß, kalt, feucht, trocken), mit den vier Elementen (Erde, Wasser, Luft, Feuer) und den vier Lebensaltern (Kindheit, Jugend, Alter, Zeit des Ablebens).

Die mittelalterlichen Geographen interpretierten die Bedeutung von Aussagen der Bibel oder des Korans und versuchten, ihre eigenen Beobachtungen damit in Einklang zu bringen, wie z. B. die Bemerkung Hiobs im Alten Testament der Bibel, dass die Erde an nichts hänge.

Mittelalterliche Weltbilder

Religiöse Weltbilder

- Die Welt ist die Schöpfung Gottes und das Zeichen seiner Allmacht.
- Gut und Böse, Paradies und Hölle werden unterschieden.
- Das Gericht Gottes ist das Ende der Weltgeschichte.

Christentum

- Bestandteile: Himmelsgewölbe, Erdscheibe, Unterwelt

Islam

- Der Himmel wölbt sich über der Erde.
- Die Erde wird als ein ausgebreiteter Teppich mit Bergen dargestellt. Sie ist kugelförmig, von Himmelskörpern umgeben.

Naturkundliche Weltbilder

- Die Grundlage sind antike griechische Überlieferungen. Im 8. Jahrhundert ist Bagdad das Zentrum der Übersetzung griechischer Schriften, die in Europa wenig oder nicht bekannt sind. Die Schriften erklären die Bewegungen von der Sonne, dem Mond, den Planeten und den so genannten Fixsternen.
- Die kugelförmige Erde ist das Zentrum, das von der großen Sphäre des Himmels umgeben ist.
- Planeten drehen sich in bestimmten Kreisbewegungen um die unbewegliche Erde.
- Man nimmt an, dass der Schöpfer die Naturgesetze eingerichtet hat.

Kulturelle Begegnungen und Konflikte

- Muslime, Juden und Christen lebten unter arabischer Herrschaft in al-Andalus zusammen. Während die verschiedenen Kulturen verschmolzen und es zu einer Blüte kam, wurden jedoch Juden und Christen, die nicht zum Islam übertraten, diskriminiert.
- Kreuzfahrerstaaten: Zusammenleben von Christen und Muslimen teils von friedlichen Kontakten, teils von Vorurteilen und Feindschaft geprägt.
- Juden im mittelalterlichen Europa: Das Zusammenleben mit der christlichen Bevölkerung verlief zunächst friedlich, seit Beginn des 11. Jahrhunderts wurden sie zunehmend in eine Außenseiterrolle gedrängt und sahen sich zahlreichen Verleumdungen ausgesetzt.
- Die deutsche Ostsiedlung: Die Eroberungspolitik des Deutschen Ordens führte zu Konflikten mit Polen und Litauen und mündete schließlich in die Schlacht bei Tannenberg, die tausende Opfer forderte.
- Pilgerreisen: Pilgerer durchquerten auf ihren Wallfahrten fremde Länder und trafen auf fremde Kulturen.
- Handels- und Entdeckungsreisen: Fernhandel mit China über die so genannte Seidenstraße, Entdeckungen von Reisenden wie Marco Polo.
- Feind- und Fremdbilder: begrenzte Kontakte lassen alles Unbekannte als fremd bzw. feindlich erscheinen.

Weltbilder im christlichen Europa

Viele Kenntnisse mittelalterlicher Geographen waren aus der Antike überliefert. Die Vorstellungen von der Erde als Kugel oder als Scheibe bestanden im Mittelalter nebeneinander.
Die T-O-Karte ist im Mittelalter das bekannteste Schema für die Darstellung der bewohnten Welt. Die Welt wurde O-förmig dargestellt und das Festland in die drei Kontinente Asien, Europa und Afrika unterteilt. Nach biblischer Tradition waren Karten grundsätzlich nach Osten ausgerichtet, weil dort die Sonne aufgeht, die Licht und Wärme bringt. Deshalb befindet sich nach christlicher Vorstellung dort das Paradies. Außerdem fuhr Christus nach der Bibel gen Osten in den Himmel.
Die Zonenkarten stellten die Erde in ihren Klimazonen dar. Die Begrenztheit des Raumes wurde durch einen Rand, z. B. um die Ozeane herum, angezeigt.
Verwendung fanden geographische Karten sowohl im religiösen als auch im wissenschaftlichen Bereich, z. B. in der Landvermessung und als Routenkarten für Seefahrer oder Pilger. Mittelalterliche Karten waren vor allem Weltkarten. Sie waren jedoch keine maßstabsgetreuen Abbildungen der realen Welt, sondern Versuche, das Universum aus religiöser und geschichtlicher Sicht zu erklären. Deshalb zeigen manche am östlichen Ende Adam und Eva bei der Vertreibung aus dem Paradies, dem Beginn menschlicher Zeitvorstellung und der „Eroberung“ des irdischen Raumes.

Weltbilder im islamischen Orient

Islamische Gelehrte des 9. Jahrhunderts hatten ihre Kenntnisse direkt aus wissenschaftlichen Schriften der Griechen, zum Teil in arabischer Sprache. Römische und frühchristliche Abhandlungen waren ihnen nicht zugänglich. Das führte z. B. dazu, dass T-O-Karten in der islamischen Kartographie nicht bekannt waren.
Im Gegensatz zu christlichen sind auf islamischen Karten keine religiösen Abbildungen zu finden, da nach dem Koran die bildliche Darstellung von Gott nicht üblich war. Obwohl sich im Koran Hinweise über die Erschaffung der Welt finden, war das Motiv für die Herstellung von Karten wohl vorrangig weltlich: Sie waren für praktische Zwecke gedacht, wie Handel, Reisen und Seefahrt.
Islamische Regionalkarten gab es in verschiedenen Typen: Ältere Karten stellten nur das islamische Reich dar, Entfernungen zwischen den Wegstationen wurden markiert und geographische Details der Erdoberfläche weggelassen. Jüngere Karten zeigen Zonen mit bestimmten Abschnitten und in stilisierter Form Flüsse und bedeutende Erhebungen. Andere enthalten Legenden und Begleittexte, die auf spezielle Kenntnisse, z. B. über das östliche Mittelmeer, schließen lassen.

Weltbilder in China

Ältere chinesische Weltbilder aus der Zeit des europäischen Mittelalters zeigen den Zusammenhang zwischen dem Weltbild und der Städteplanung bzw. dem Städtebau. Die Stadt sollte Abbild des Universums sein. Mauern dienten dem Schutz und der Kontrolle in der hierarchisch gegliederten Gesellschaft.

Kulturelle Begegnungen und Konflikte

Mittelalterliche Weltbilder erscheinen uns heute starr und unbeweglich. Tatsächlich können wir aber davon ausgehen, dass die Vorstellungen der Menschen durch vielerlei Begegnungen beeinflusst wurden – einerseits infolge von Konflikten und Kriegen, andererseits durch Reisen oder den Umzug in neue Siedlungsgebiete, wie die Ostsiedlung zeigt. Beispiele für konfliktreiche Begegnungen sind die Kreuzzüge des 11. bis 13. Jahrhunderts. Das Zusammenleben von Muslimen, Christen und Juden in al-Andalus verlief nur zeitweise friedlich, meist war es von Ausgrenzung bis hin zu Verfolgung geprägt. Auch die Begegnung von Christen mit den sich in Europa ansiedelnden Juden veränderte sich von friedlichem Zusammenleben bis zur Verfolgung und Gewalt gegen Juden durch Christen. Bilder von anderen wurden zu Feindbildern, die gewaltsame Konflikte auslösen konnten.
Obwohl das Reisen im Mittelalter zeitaufwendig und voller Risiken war, begaben sich Menschen in entfernte Länder und Regionen. Ein wichtiger Anlass waren Pilgerfahrten, z. B. zu den nächstgelegenen Wallfahrtsorten oder nach Jerusalem und Mekka. Ein weiterer wichtiger Grund zum Reisen war der Handel. Viele Informationen z. B. über den Handel auf der Seidenstraße, den Verkehr der Handelsschiffe auf dem Mittelmeer sowie von Messen, zu denen Kaufleute aus ganz Europa fuhren, sind überliefert. Das Weltbild der Menschen im Mittelalter erweiterte sich deshalb zunehmend.

2. Neue Welten – neue Horizonte

Zwei Männer, links ein Diplomat, rechts ein Gelehrter und Kirchenmann, wurden mit einer Anzahl von Gegenständen abgebildet: einem Kruzifix, einem Himmelsglobus, einer Sonnenuhr, einem Zirkel, einem Globus, einer Rechenlehre, einer Laute, Flöten und einem Gesangbuch. Im Vordergrund ist ein Totenschädel zu sehen – so verzerrt, dass man nur aus spitzem Winkel von links unten etwas erkennen kann.
Der Maler Hans Holbein der Jüngere stellte 1533 nicht zufällig diese Figuren und diese Gegenstände zusammen. Die Komposition kann als „Schlüssel" für eine neue Zeit gesehen werden, die im 13. Jahrhundert ihren Anfang nahm. Es ist eine Zeit der Entdeckung „neuer Welten" und „neuer Horizonte" mit abenteuerlichen Erfindungen und Erkenntnissen von Naturforschern, Astronomen, Medizinern, Künstlern und Seefahrern. Aber auch eine Zeit der Begegnung zwischen Menschen unterschiedlicher Kulturen sowie Konflikte und Kriege um Glaubensfragen.

Folgende Fragen leiten dich durch das Kapitel:

- ***Wo liegen die Ursprünge der „neuen" Zeit und welche Merkmale kennzeichnen sie?***
- ***Wie veränderte sich das Welt- und Menschenbild durch die Erfindungen und Entdeckungen?***
- ***Welche Ursachen und Folgen hatte die Spaltung der römischen Kirche?***

1 Erarbeite, welche Informationen über die „neue Zeit" den Abbildungen zu entnehmen sind. Zieht den Darstellungstext heran.

2 Diskutiert in der Klasse, ob sich in den Bildern etwas finden lässt, was ihr als „modern" bezeichnen würdet.

Die Gesandten, Gemälde (2 × 2 m) von Hans Holbein dem Jüngeren, 1533

Der Reformator Martin Luther, Altarbild von Lucas Cranach dem Älteren (Ausschnitt), um 1550

Fahnenträger des historischen „Bundschuh" im Bauernkrieg von 1525

Die Stadtgesellschaft als Ursprung von Renaissance und Humanismus

Wissen • Urteilen • Handeln • Methoden anwenden

Am Ende dieses Unterkapitels kannst du

- den Wandel der Gesellschaft in den italienischen Stadtstaaten im 14. Jahrhundert erläutern
- Merkmale der Renaissance nennen
- darlegen, inwieweit Leonardo da Vinci als Beispiel eines „Renaissancemenschen" gelten kann
- die Verbindung von politischer und wirtschaftlicher Macht am Beispiel der Republik Florenz erklären
- am Beispiel der Fugger Merkmale des Frühkapitalismus nennen
- Merkmale des Humanismus als geistige und kulturelle Bewegung der Renaissance erläutern
- **Methode** Bilder vergleichen

Italienische Stadtstaaten im 14. Jahrhundert

Mittelalter – um 500 bis 1500

Renaissance und Humanismus – um 1300 bis 1600

Neuzeit – seit um 1500

Städtische Herrschaft und Kultur in Italien

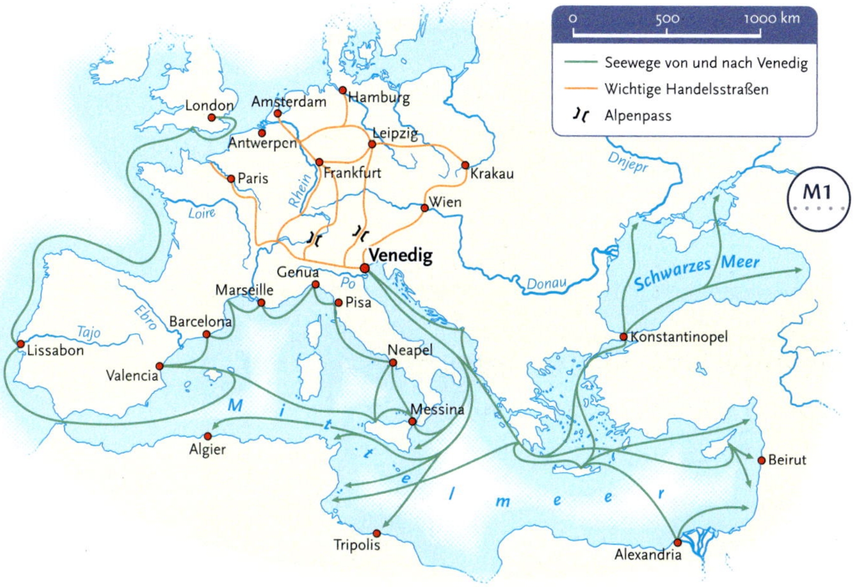

M1 **Handelsverbindungen Venedigs um 1500**

M2

Eine neue Gesellschaft?

Der Historiker Volker Reinhardt schrieb 1990 über die Entstehung der Renaissance in Italien:

Bereits im 14. Jahrhundert zeigen sich fundamentale [grundlegende] Veränderungen im Gefüge der Apennin-Halbinsel: … Obwohl uralte Lehnsgesetze Stadtrepubliken wie Florenz nach wie vor an den Kaiser binden, verwalten diese sich nunmehr weitestgehend selbst … Die städtische Elite steigt auf, wird reich und selbstbewusst … Intellektuelle [prägen] ein neues Bild vom Menschen … Gelehrte wie Francesco Petrarca schulen ihre Sprache am Latein Ciceros … Bald wird man sie Humanisten nennen, und sie prägen das Bildungsideal des Abendlandes bis heute … Die politischen Verhältnisse in der italienischen Staatenwelt stabilisieren sich … Im Zuge dieser Entwicklung bilden sich ab etwa 1430 Fürstenhöfe eines völlig neuen Typs … Die Höfe müssen Prunk und Glanz produzieren, um sich die nötige Legitimation [Rechtfertigung] zu verschaffen. Dazu werden alle verfügbaren Medien genutzt: … kunstvoll komponierte Fresken, monumentale Bauten und antikisierende Statuen … [Die Renaissance] formt eine neue Gesellschaft, … [in der] sich eine schmale … Oberschicht durch den Kult der schönen Dinge über das Volk erhebt, das es zu beherrschen gilt … Für die kleinen Leute aber gibt es keine Renaissance.

Volker Reinhardt, Aufbruch zu neuen Horizonten. In: Geo Epoche (19), 2005, S. 22 f.

Begriffe und Daten

Renaissance

(franz., nach ital. rinascimento = Wiedergeburt). Bezeichnung für die Wiederentdeckung der Epoche der Antike. Die Bewegung der Renaissance begann im ausgehenden 13. Jahrhundert in den italienischen Stadtstaaten und breitete sich über etwa 300 Jahre lang in ganz Europa aus. Diese Zeitspanne wird heute als der Übergang vom Mittelalter zur Neuzeit gesehen. Als wesentliche Merkmale der Renaissance gelten: ein Bewusstsein von der individuellen Persönlichkeit, ein neuer Kunststil in der Malerei, Bildhauerei und Architektur, ein verstärktes Interesse an den Naturwissenschaften und ein wirtschaftlicher Wandel (Entstehen großer Handelsgesellschaften und Bankhäuser, Entfaltung der Geldwirtschaft, Ausweitung der Handelsräume).

1 Liste die gesellschaftlichen Veränderungen auf, die der Autor von M2 nennt.

2 Prüfe, ob der Kasten ergänzende Merkmale zur Beschreibung der Renaissance enthält.

3 Beschreibe anhand der Karte auf S. 40, welche Länder es im 14. Jahrhundert in Italien gab.

4 Erkläre, ausgehend von M1, warum sich in den Stadtstaaten eine neue Oberschicht herausbilden konnte.

Bilder vergleichen

Bilder zeigen Veränderungen

Das Neue an der Malerei der Renaissance lässt sich gut erkennen, wenn sie mit einer Darstellung aus dem Mittelalter verglichen wird. Die Künstler der Renaissance verwendeten nicht nur andere Techniken als die Künstler des Mittelalters, sie verbanden mit ihrer Arbeit auch ein anderes Ziel: Jede Einzelheit ihrer Bilder sollte „für sich" sprechen, d.h. dem Betrachter über sich selbst und ihre Beziehung zu anderen Bildelementen Auskunft geben. Die Menschen sollten in ihrer realen Umwelt, die Figuren körperlich statt flächig dargestellt werden und der Raum „täuschend" echt erscheinen.

M1

Bernger von Horheim, mittelalterliche Illustration aus einer Sammlung von Minneliedern, 14. Jh. Der abgebildete Bernger von Horheim stand im Dienst der Staufer. Er gehörte zwischen 1180 und 1190 zum Kreis des Minnesängers Friedrich von Hausen, der zu den bekanntesten Dichtern des 12. Jahrhunderts zählte.

M2

Hochzeitsbild des Ehepaares Jakob Fugger und Sibylla Artzt, Gemälde von Thomas Burgkmair, 1498. Jakob Fugger war 39 Jahre alt, als er Sibylla Artzt heiratete. Ihr Geburtsdatum ist nicht urkundlich bekannt, aber man nimmt an, dass sie im Jahr 1480 geboren wurde. Sibylla war an Musik, Kunst und Wissenschaften interessiert. Sie stammte aus einer wohlhabenden Augsburger Patrizierfamilie. Die Ehe zwischen ihr und Jakob Fugger blieb kinderlos.

1 Vergleiche die beiden Paardarstellungen mithilfe der Arbeitsschritte. Achte bei Schritt 1 darauf, wie in den Bildern deutlich gemacht wird, dass die Personen ein Paar sind.

Arbeitsschritte

1. Schritt: Einzelheiten der Bilder erfassen

- Darstellung von Personen, Gegenständen und Umgebung: Wirken sie lebensecht? Gibt es Merkmale, die den Charakter, bestimmte Eigenschaften, Beruf oder die Vermögensverhältnisse erschließen lassen?
- Aufbau des Bildes: Wie wird der Blick des Betrachters auf das Bildzentrum gelenkt? Wie gestaltet der Künstler den Hintergrund des Bildes? Gibt es eine Verbindung zwischen Vorder- und Hintergrund, zwischen Mittelpunkt und Umgebung?

2. Schritt: Gemeinsamkeiten und Unterschiede erarbeiten

Notiere die Unterschiede, die du zwischen beiden Bildern gefunden hast, in einer Tabelle.

3. Schritt: Die Aussage der Bilder erschließen

- Wer sind die Personen, die dargestellt sind? Waren sie z. B. arm oder reich, unbekannt oder berühmt, machtlos oder mächtig?
- Wie zeigt sich die Einstellung des Künstlers zu den abgebildeten Personen?
- Lebten die abgebildeten Personen wirklich?
- Unter welchen Bedingungen sind die Bilder entstanden? Informationen über Künstler, Auftraggeber und Absicht findest du z. B. in der Bildlegende.

4. Schritt: Gesamtaussage vergleichen

Gib die Aussage der beiden Bilder wieder. Mache deutlich, was der Künstler jeweils ausdrücken wollte. Weise insbesondere auf Unterschiede zwischen beiden Bildern hin und finde eine Erklärung.

Leonardo – ein Mensch der Renaissance?

Ein Genie für alle Fälle

Studien über die Anatomie des Menschen, Landkarten, mathematische Formeln und viele Skizzen utopischer Objekte stammen aus der Hand des Italieners Leonardo. Sie erinnern an Segelflugzeuge, Hubschrauber oder Panzer. „Ein Genie für alle Fälle", ein „uomo universale" (ital. ein Universalgelehrter), so wird Leonardo da Vinci immer wieder genannt. Es wird berichtet, dass Leonardo, wenn er auf dem Gerüst an einer Wandmalerei arbeitete, den Pinsel von Sonnenaufgang bis Sonnenuntergang nicht aus der Hand legte. Manchmal soll er aber auch das Werk tagelang nicht angerührt haben, um stattdessen stundenlang in kritischer Versunkenheit die Figuren zu betrachten. 6000 Blätter mit Notizen und etwa 100 000 zum Teil winzige Skizzen sind erhalten geblieben.

Biographie

Leonardo da Vinci (1452–1519)

Der italienische Maler, Bildhauer, Architekt, Naturforscher, Ingenieur und Kunsttheoretiker gilt als Universalgenie. Er arbeitete am Mailänder Hof, in Florenz, Rom und Frankreich. Berühmt wurde Leonardo durch ungewöhnliche Beobachtungsschärfe, sensibles Naturgefühl und psychologisches Einfühlungsvermögen, wie sie in seinen Werken deutlich werden. Viele seiner Werke blieben unvollendet. Unklar ist auch, ob das abgebildete „Selbstporträt" nur eine Vorstudie für eine Gemälde-Figur ist.

M1

Mona Lisa (oder: La Gioconda), Gemälde von Leonardo da Vinci, 1503–1506

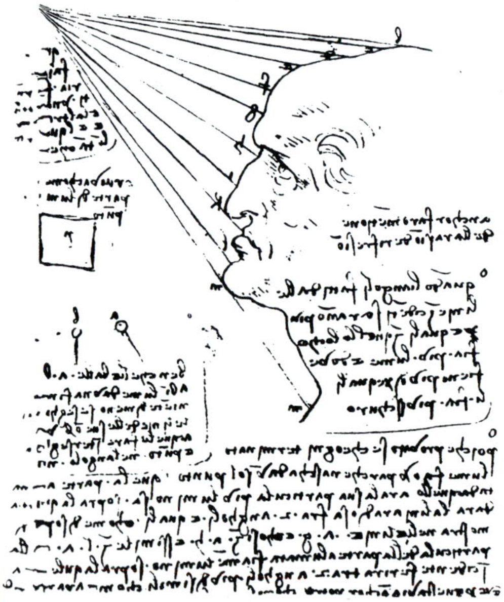

M2

Profilbild eines Mannes, Zeichnung von Leonardo da Vinci, 1490. Leonardo versah seine technischen Zeichnungen mit Spiegelschrift. Er notierte: „Da bewiesen ist, dass jedes bestimmte Licht von einem einzigen Punkt stammt oder zu stammen scheint, wird die von ihm beleuchtete Seite ihr hellstes Licht in dem Abschnitt haben, auf den die Linie des Lichtstrahls senkrecht fällt … und dieser Abschnitt der beleuchteten Seiten wird dort weniger hell sein, wo die Einfallslinie ihn zwischen zwei ungleichen Winkeln trifft."

M3

„Mailänder Abendmahl“, Wandgemälde von Leonardo da Vinci im Kloster Santa Maria delle Grazie in Mailand, 1495 bis 1497, 4,60 × 8,80 m. Leonardo verwendet die heute noch gebräuchliche Zentralperspektive. Diese Abbildungsart lässt durch das Vorhandensein eines Fluchtpunkts auf einer Fläche den Eindruck einer dreidimensionalen „Welt“ entstehen. Der Fluchtpunkt befindet sich beim Abendmahl in der Schläfe der Christusfigur im Zentrum des Bildes und ist zugleich der Punkt, in dem sich alle (perspektivischen) Strahlen treffen. Leonardo hat die Strahlen mittels eines Nagels und gespannter Schnüre ermittelt.

M4

„Die wahren Wissenschaften“

Leonardo da Vinci schrieb 1508:

Doch die wahren Wissenschaften sind diejenigen, die Dank der Erfahrung durch die Sinne gegangen sind … und die ihre Erforscher nicht mit Träumen abspeisen, sondern immer, aufgrund von ersten, wahren und bekannten Prinzipien, Schritt für Schritt fortschreiten mit wahren Folgerungen bis zum Ende, wie dies in den ersten mathematischen Wissenschaften offenbar ist, das heißt bei Zahl und Maß, genannt Arithmetik und Geometrie … Hier wird man nicht herumstreiten, ob zweimal drei mehr oder weniger als sechs ausmachen oder ob ein Dreieck weniger als zwei rechte Winkel hat, sondern mit ewigem Schweigen wird jeder Streit erstickt, und friedlich erfreuen sich (an diesen Wissenschaften) ihre Anhänger, was die lügnerischen, rein verstandesmäßigen Wissenschaften nicht erreichen können.

Zit. nach Hagen Schulze / Ina Ulrike Paul (Hg.), Europäische Geschichte, München (bsv) 1994, S. 663.

1 Untersuche M1 und M3 mithilfe der Methode „Bilder vergleichen“ (siehe S. 42 f.). Nenne Merkmale der Renaissance.

2 Erkläre, welche Absicht Leonardo mit der Zeichnung M2 verfolgte.

3 Untersuche, wie Leonardo in M4 die Rolle der Erfahrung bei der Gewinnung von wissenschaftlichen Erkenntnissen sieht. Nimm begründet dazu Stellung.

4 Erörtere: Leonardo – ein „Renaissancemensch“? (siehe Anhang „Historische Sachverhalte beschreiben“).

5 **Recherche:**

a) Sucht Beispiele für die Tätigkeiten Leonardos als Maler, Bildhauer, Naturforscher und Architekt. Stellt sie der Klasse vor (Lexika, Sachbücher, Internet).

b) Leonardos „Mona Lisa“ gehört zu den berühmtesten Gemälden der Welt. Recherchiert, warum das Bild eine solche Bedeutung erlangt hat.

Florenz – Stadt der Renaissance

Eine andere Renaissance?

Die oberitalienischen Stadtstaaten wie Genua, Mailand, Venedig und Florenz hatten sich im 12. und 13. Jahrhundert die Freiheit zur Selbstverwaltung erkämpft. Um 1300 zählte Florenz zu den nach Bevölkerungszahl und Wirtschaftskraft bedeutendsten Städten in Europa. Wollproduzenten, Großkaufleute und Bankiers förderten den Reichtum der Stadt. Politische Instabilität und soziale Spannungen beeinträchtigten jedoch ihren inneren Zustand. Politische Ämter konnten nur männliche Angehörige der Zünfte einnehmen. Innerhalb der gesamten Bevölkerung von etwa 60 000 waren das rund 4000. Da sieben der neun Mitglieder des obersten Rates aus den bedeutenderen Zünften der Bankiers und Großkaufleute kommen mussten, lag die Macht bei wenigen patrizischen Familien.

Im Kampf zwischen der städtischen Oberschicht („Optimaten") und den Vertretern des Volkes („Popolani") gelang es der Familie der Medici, einer Bankiersfamilie, die Macht in der Stadt zu übernehmen. Cosimo der Ältere (1389 bis 1464) lenkte die Politik der Republik – ohne eigenes Amt – durch ein enges Netz an Beziehungen und finanziellen Abhängigkeiten durch gezielte Kreditvergaben und Spenden. Da der oberste Rat über die Wahlausschüsse bestimmte, welcher Bürger von Florenz wählbar war und welche Namen überhaupt in den Losbeutel (Wahlbeutel) kamen, war es machtpolitisch am wichtigsten, einen Medici-freundlichen Rat zu schaffen. 1434 hatte es Cosimo geschafft: Für den Wahlbeutel kamen nur noch 50 durch ihn handverlesene Kandidaten in Frage. Lorenzo de Medici (1449–1492), Enkel Cosimos und Förderer von Architekten, Malern und Schriftstellern, festigte die Macht der Familie Medici mithilfe von Gesetzen und Steuern, die seine Gegner schädigten.

M1

Ansicht von Florenz, Darstellung aus der Werkstatt des Künstlers Francesco Roselli, 1490

M2

Lorenzo de Medici (1449–1492) war 1469 bis 1492 Stadtherr von Florenz. In seiner Zeit war Florenz Wirkungsstätte u. a. von Leonardo da Vinci, Michelangelo und Botticelli.

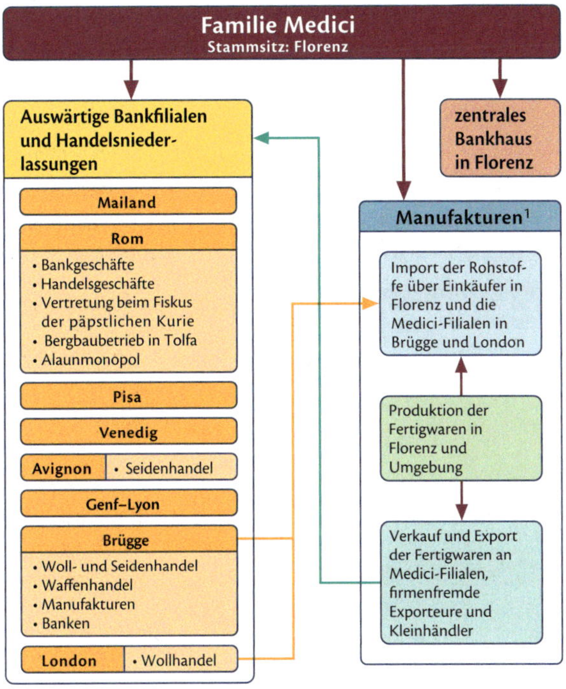

[1] Manufaktur: handwerkartiger Betrieb mit stärkerer Arbeitsteilung und Massenanfertigung

M3 **Das Handelshaus der Medici**

M4

Bewusstsein von einer „neuen Zeit"?

Der Historiker Volker Reinhardt schrieb 2007:

In den Aufzeichnungen des florentinischen Gewürzhändlers Luca Landucci zwischen 1450 und 1516 etwa ist so gut wie nichts vom Glanz des mediceischen Florenz, sehr viel dagegen vom Elend des Alltags eingefangen. Geschichte erscheint hier als Kreislauf von Krieg, Hungersnot, Überschwemmungen, Hinrichtungen und anderen Kalamitäten[1], die Gott als Strafe für die Sünden, speziell den Hochmut, des Menschen verhängt ... Die wahre Größe des Menschen aber ist die Demut vor Gott, der allein die Geschichte lenkt ...
Doch ist auch dieser prinzipienfeste Kleinbürger nicht völlig immun gegen deren Wirkungen, wie sein Nachruf auf Lorenzo de Medici im April 1492 zeigt. Bevor er sich über die Nichtigkeit irdischer Herrlichkeit ergeht, listet er nämlich die Erfolge des Verstorbenen in so hohen Tönen auf, dass dieser seine Freude daran gehabt hätte. Mit aller Vorsicht lässt sich dieses Beispiel verallgemeinern: Zwischen oben und unten findet, zumindest in den Städten, Kommunikation der verschiedenen Art, auch Austausch von Ideen und Wertbegriffen statt. Dabei treffen die kleinen Leute ihre Beobachtungen und ziehen ihre Schlüsse, die sie dann in ein sehr eigenständiges, traditionellen Werten verpflichtetes Weltbild ... einfügen.

Volker Reinhardt, Die Renaissance in Italien, 2. Aufl., München (C. H. Beck) 2007, S. 115 f.

[1] Notlagen

M5

Geld- und Wechselgeschäfte in einem Florentiner Bankhaus, später kolorierter Holzschnitt, 1490. Der Wechsel ist ein Wert-(Kredit-)papier, das eine Verpflichtung beinhaltet, eine festgelegte Geldsumme an einen bestimmten Inhaber des Wechsels, z. B. über eine Bank, zu zahlen.

1 Beschreibe M1 und nenne Merkmale, die an Florenz über den Eindruck einer mittelalterlichen Stadt hinausweisen könnten.

2 Stelle anhand des Darstellungstextes, M3 und M5 die politischen und wirtschaftlichen Aktivitäten der Medici zusammen und beurteile die Motive der Familie.

3 Lebten die Menschen in der Renaissance in dem Gefühl, dass ein neues Zeitalter angebrochen sei? Erarbeite, welche Position der Historiker Reinhardt (M4) zu dieser Frage einnimmt.

4 Beantworte die Frage in der Überschrift des Darstellungstextes.

Die Fugger: Von der Handelsgesellschaft zum Großunternehmen

Eine Ausbildung zahlt sich aus

Hans Fugger, ein Weber, war 1367 in die süddeutsche Stadt Augsburg gekommen. In kurzer Zeit erwarb sein Familienunternehmen durch Erfolge im Verlagswesen, im Fernhandel und durch Einheirat in die alteingesessenen Familien der Stadt Reichtum und Ansehen. Der Enkel, Jakob Fugger (1459–1525), erhielt in Italien seine Ausbildung zum Kaufmann. Von dort brachte er neue Methoden mit: Zum Beispiel erleichterte die doppelte Buchführung die Leitung des Unternehmens erheblich. Nach dem Tod seiner beiden Brüder übernahm Jakob Fugger die Firma. Er vervielfachte das Firmenkapital durch Gewinn bringende Handelsgeschäfte, vor allem mit Textilien, Metallen und Gewürzen, mit Bankgeschäften und im Bergbau. Seine Handelsgesellschaft hatte Niederlassungen unter anderem in Lissabon, Antwerpen, Rom und Krakau. Handel, Bankwesen und Politik waren durch ein enges Netz aus „silbernen Fäden" – Geld – miteinander verbunden.

Edelmetalle – Schlüssel zur Macht

Fürsten und Kaiser führten ein aufwändiges Leben und waren die Hauptabnehmer teurer Luxusartikel. Fast immer hatten sie Zahlungsschwierigkeiten, besonders durch die Kosten der Kriegsführung. Davon profitierte Jakob Fugger: Er gewährte ihnen Kredit und ließ sich als Sicherheiten deren Schürfrechte in Silber- und Kupferminen übertragen. Denn er hatte erkannt, dass die Ausweitung des Handels immer mehr Geld, d. h. Silbermünzen, notwendig machte. Auch Kupfer war als Rohstoff in der Silbergewinnung und Waffenproduktion sehr begehrt und brachte hohe Gewinne. Jakob Fugger ließ in seinen Bergwerken moderne Förderanlagen errichten und verfügte über große Mengen an Edelmetallen, die er zu günstigeren Preisen als alle anderen Handelsgesellschaften anbot. Bald beherrschte er als einziger Anbieter – in einer Monopolstellung – den europäischen Kupfermarkt. Zwar verabschiedete der Reichstag 1523 ein Monopolgesetz gegen zu große Handelsfirmen, doch Kaiser Karl V. (1519–1556) verhinderte dessen Anwendung.

M1 Aufbau einer Handelsgesellschaft um 1500

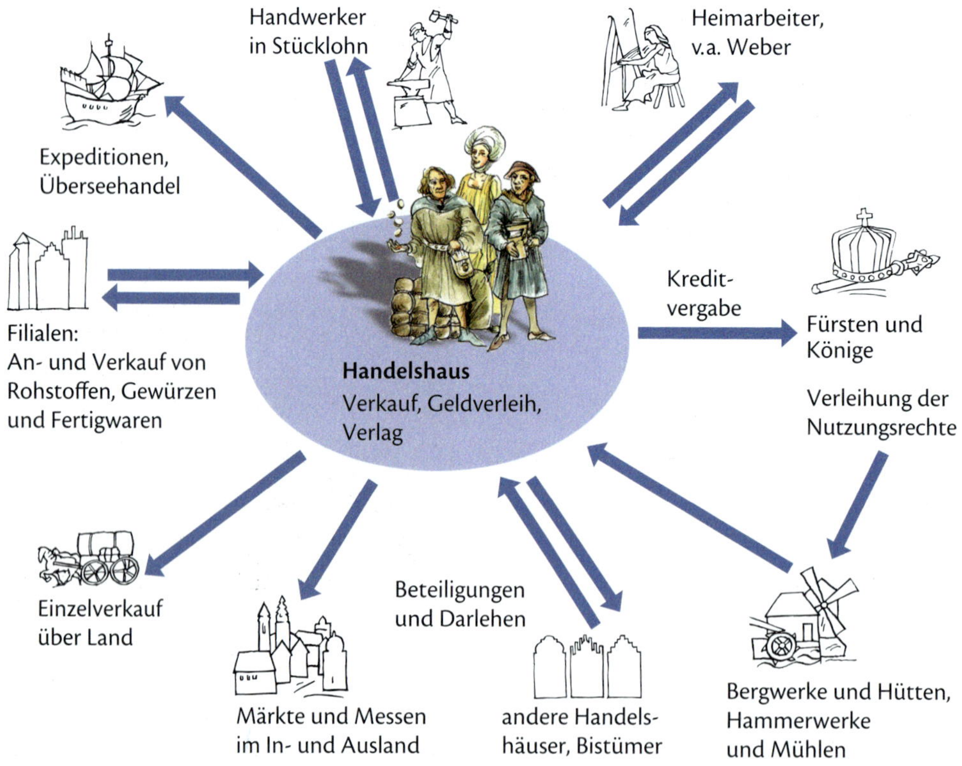

M2

Jakob Fugger schreibt an Kaiser Karl V.

1519 fiel die Wahl des deutschen Königs und erwählten römischen Kaisers dank eines Kredits von Jakob Fugger auf Karl I., ein Mitglied der österreichischen Fürstenfamilie. Karl hatte sich mit Fuggers Geld die Stimmen der Kurfürsten erkauft. Er bestieg als Kaiser Karl V. den Thron. Verlierer war der französische König Franz I. Jakob Fugger schrieb 1523 folgenden Brief an Karl V.:

Eure Kaiserliche Majestät tragen ungezweifelt gut Wissen, wie ich und meine Neffen bisher dem Haus Österreich zu dessen Wohlfahrt und Aufstieg in aller Untertänigkeit zu dienen geneigt sind. Deshalb haben wir uns auch mit … Kaiser Maximilian, Eurer Kaiserlichen Majestät Ahnherrn, eingelassen und zur Erlangung der römischen Krone für Eure Kaiserliche Majestät uns gegen etliche Kurfürsten verschrieben, die ihr Trauen und Glauben auf mich und vielleicht sonst niemanden setzen wollten. Auch haben wir … ein trefflich Summa Geldes dargestreckt, die ich nicht allein bei mir und meinen Neffen, sondern auch bei anderen meinen guten Freunden mit großem Schaden aufgebracht … So hab ich auch hierin meinen eigenen Nutzen nicht angesehen. Dann wo ich von dem Hause Österreich abstehen und Frankreich fördern hätte wollen, würd ich groß Gut und Geld, wie mir dann angeboten worden, erlangt haben. Was aber Eurer Kaiserlichen Majestät und dem Hause Österreich für Nachteil daraus entstanden wäre, das haben Eure Majestät aus hohem Verstande wohl zu erwägen … So ist an Eure Kaiserliche Majestät mein untertäniges Bitten, die wolle solche meine getreuen, untertänigen Dienste … gnädiglich bedenken und verordnen, dass mir solch mein ausliegend Summa Gelds samt dem Interesse ohne längeren Verzug entrichtet und bezahlt werde.

Zit. nach Jakob Strieder, Augsburger Wirtschaftsleben und Wirtschaftsgeist im Zeitalter der Fugger. In: Heinz F. Deininger (Hg.), Das reiche Augsburg, München (Duncker & Humblot) 1938, S. 77 f.

M3

Jakob Fugger und sein Hauptbuchhalter Matthäus Schwarz, Zeichnung, 1525. Die Fugger arbeiteten mit „doppelter Buchführung". Jeder Geschäftsvorgang wurde dabei auf zwei Konten verrechnet, einmal als Belastung und einmal als Gutschrift. So konnten Gewinne und Verluste einer Firma sofort erkannt werden.

Begriffe und Daten

Frühkapitalismus

Bezeichnung für die vom 15. bis zum 18. Jahrhundert in Europa bestehende Wirtschaftsform. Mit der Ausbildung der Stadtwirtschaft bildete sich neben der Landwirtschaft eine kapitalintensive Wirtschaftsweise heraus, in der das so genannte Verlagssystem bedeutend wurde: Einzelne Unternehmer oder Handelsgesellschaften (Verleger*) besitzen alle notwendigen Mittel zur Herstellung und zum Verkauf von Waren wie Geld, Gebäude, Werkzeuge und Rohstoffe. Den Personen, z. B. Handwerkern oder Heimarbeitern, die die Waren produzieren sollen, werden diese Mittel zur Verfügung gestellt. Die Bedingungen diktiert der Verleger* (z. B. Höhe des Lohns, Arbeitszeit, Preis des Produkts). Wichtige frühkapitalistische Produktionsbereiche waren der Bergbau, das Verlagswesen und ein sich erweiternder Fernhandel, in denen sich – zum Teil durch herrschaftliche Privilegien bedingt – Monopole bildeten, die den jeweiligen Markt als „Alleinanbieter" beherrschen konnten.

1 Stelle anhand des Darstellungstextes, M1 und M3 die wesentlichen Veränderungen in der Wirtschaft des 14./15. Jahrhunderts zusammen.

2 Erschließe aus dem Brief M2 die Beziehung zwischen dem Hause Fugger und Karl V. Berücksichtige den gesellschaftlichen Rang der beiden.

3 Erkläre den Begriff „Frühkapitalismus" (Kasten) an den Beispielen der Fugger und der Medici (S. 46–49).

Humanismus: Der Mensch im Mittelpunkt

Ein „neuer“ Mensch in einer „neuen“ Welt?

Der Humanismus als Teil der Renaissance-Bewegung hatte seinen Ursprung im 14. Jahrhundert, das Zeitgenossen als eine sehr unglückliche Zeit beklagten: Kriege, Verwüstung und Massensterben, wie z. B. durch die Pest, erschütterten Europa. In dieser Zeit prägten Gelehrte ein neues Bild vom Menschen: Auch außerhalb der Klostermauern sollten die Menschen in einer Welt des Friedens, zum Besten der Mitmenschen und der Gesellschaft ein gottgefälliges Leben führen.

M1

Optimismus für die Zukunft?

Der Humanist Erasmus von Rotterdam schrieb 1517:

Da ich sehe, dass die mächtigsten Fürsten der Erde ... alle Kriegsvorbereitungen von Grund aus aufgegeben und das Band des Friedens fest und ... unzerreißbar geknüpft haben, habe ich die bestimmte Hoffnung, dass nicht nur die guten Sitten und die christliche Frömmigkeit, sondern auch die geläuterte, echte Wissenschaft und die schönen Künste teils wieder aufblühen, teils in vollem Glanze sich zeigen.

Zit. nach Hagen Schulze / Ina Ulrike Paul (Hg.), Europäische Geschichte, München (bsv) 1994, S. 666.

M2

Womit sich Schüler beschäftigen sollen

In seinem Buch „Gargantua und Pantagruel“ gab der humanistische Schriftsteller François Rabelais (um 1494 bis 1553) den Brief eines Vaters an seinen Sohn wieder:

Alle Künste und Wissenschaften sind bei uns wieder heimisch, vorab das Griechische, ohne das kein Gelehrter bestehen kann, und mit ihm das Hebräische und das Lateinische ... Darum ermahne ich dich, geliebter Sohn, deine Zeit ersprießlichen Studien zu widmen, und wünsche mir, dass du diese Sprachen vollständig lernst. Im Griechischen bilde deinen Stil an Platon, im Latein an Cicero. Vervollkommne dich in Geometrie, Arithmetik und Musik, erforsche auch die Astronomie ... Vertiefe dich ernsthaft in die Naturkunde, damit dir kein Fisch, kein Gewässer, kein Vogel, Baum, Busch, Gesträuch, Metall und Edelgestein fremd bleibt.

François Rabelais, Gargantua und Pantagruel, München (Biederstein) 1955, S. 327.

M3

Sind Wissenschaften und Künste schädlich?

Der Naturphilosoph und Okkultist (Okkultismus = Lehre von vermuteten übersinnlichen Kräften) Agrippa von Nettesheim urteilte über Wissenschaften und Künste 1530:

Ich aber ... halte dafür, dass nichts Schädlicheres, nichts Giftigeres ... erfunden werden könne als eben die Künste und Wissenschaften ... Nun bedenke doch, wenn die Wissenschaften auf einen bösen Menschen fallen, so tut er Schaden ... Nichts aber ist unseliger als eine von Gottlosigkeit herrührende Kunst und Wissenschaft ... Denn nicht die Wissenschaft, sondern der gute Wille vereinigt den Menschen mit Gott, und die Wissenschaften, die äußerlich gebraucht werden, tun nichts anderes, als dass sie uns etlichermaßen Gelegenheit zu einem besseren Leben geben ... Aber darf ich mich erkühnen, die rechte reine Wahrheit zu sagen, so muss ich frei bekennen, ... dass es weit sicherer ist, nichts [zu] wissen, als was [zu] wissen ... [mit dem Prediger Salomo gesagt:] ... aber ein Mensch kann das Werk [Gottes] nicht finden, das unter der Sonne geschieht, je mehr der Mensch arbeitet zu suchen, je weniger er findet, wenn er gleich spricht: ich bin weise und weiß es, so kann er es doch nicht finden.

Zit. nach Hagen Schulze / Ina Ulrike Paul (Hg.), Europäische Geschichte, München (bsv) 1994, S. 669 f.

M4 **Humanistischer Schulunterricht,** Holzschnitt, 1496

M5

„Die Schule von Athen“, Ausschnitt aus einem Wandgemälde im Vatikan von Raffael, 1510. In der Mitte des Bildes sind die beiden bedeutendsten Philosophen der Antike, Platon und Aristoteles, dargestellt.

M6

Frauen als Künstlerinnen

Der italienische Kunsttheoretiker Giorgio Vasari schrieb 1550 über die Malerin und Dichterin Properzia de' Rossi (1491–1530):

Sicherlich hat man aber in keinem anderen Zeitalter dies besser erkennen können als in dem unseren, in welchem die Frauen sich größten Ruhm erworben haben, zunächst durch Beschäftigung mit der Literatur, wie es die Frauen Vittoria del Vasto, Veronica Gambara … und hundert andere getan haben, welche in der Vulgärsprache[1] sowohl als im Lateinischen und Griechischen von großer Gelehrsamkeit waren; aber auch auf allen anderen Gebieten haben sie sich hervorgetan. Als ob sie uns den Ruhm der Überlegenheit nehmen wollten, haben sie sich keineswegs geschämt, mit ihren zarten und weißen Händen die mechanischen Gewerbe, den rauen Marmor und das scharfe Eisen anzugreifen, um ihren Ehrgeiz zu befriedigen und Ruhm davonzutragen, so wie es in unseren Tagen Properzia de' Rossi aus Bologna tat …, sodass nicht nur die Frauen, sondern alle Männer gegen sie voller Neid waren.

Zit. nach Hagen Schulze / Ina Ulrike Paul (Hg.), Europäische Geschichte, München (bsv) 1994, S. 678.

[1] Volks-, Umgangssprache

Begriffe und Daten

Humanismus

(von lat. humanus = menschlich, menschenfreundlich, gebildet). Mit dem Begriff wird eine Lebensanschauung bezeichnet, die unter den Gelehrten im Zeitalter der Renaissance vorherrschte. Die Humanisten traten für eine umfassende Bildung des Menschen ein. Sie studierten die Quellen der antiken Schriftsteller und beschäftigten sich wissenschaftlich mit Sprachen, Geschichte und Philosophie. Der Humanismus hat seinen Ursprung im 14. Jahrhundert in Italien und breitete sich von dort im Laufe der beiden folgenden Jahrhunderte nach Europa aus.

1. Erarbeite anhand des Darstellungstextes M1 und M4, welche Vorstellungen aus Sicht der Humanisten das Leben bestimmen sollten. Vergleiche mit M3.
2. Werte M2 aus: Warum sollten sich Schüler in den genannten Fächern bilden?
3. Begründe, warum es sich bei M5 um ein typisches Bild aus der Zeit der Renaissance und des Humanismus handelt. Nimm den Kasten zu Hilfe.
4. Ordne M6 in die Renaissancebewegung ein.

Ein neues Bild vom menschlichen Körper

Auf dem Weg zu einer neuen Medizin

Seit der Antike machte die Medizin keine bedeutenden Fortschritte. Man begnügte sich mit dem Kopieren und Auslegen alter Schriften, hauptsächlich jener des griechisch-römischen Arztes Galen (129–199 n. Chr.), der das Wissen der Antike nahezu lückenlos zusammengefasst hatte. Es besaß im Mittelalter unangefochtene Autorität. Exakte Beobachtungen am Krankenbett oder auch Tierexperimente waren nicht üblich und verstießen gegen die traditionellen Lehrsätze. Erst in der Renaissance wurde dieses Denken durchbrochen. Andreas Vesal (latinisiert Vesalius; 1514/15–1564), ein flämischer Anatom deutscher Herkunft, erschütterte die Glaubenssätze Galens. Er forderte die Untersuchung der menschlichen Leiche als wichtigste Methode, Erkenntnisse über den Körperbau zu gewinnen. Seine Arbeit revolutionierte die Medizin und machte ihn zum Begründer der modernen Anatomie.

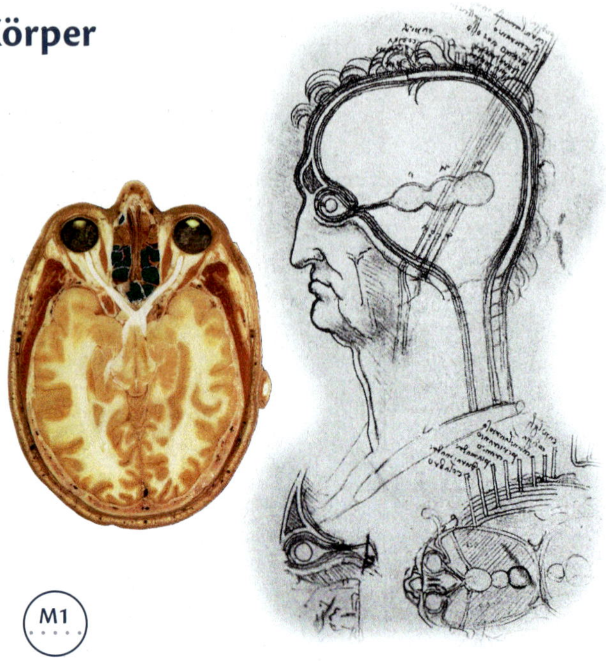

M1

Rechts: Anatomische Darstellung der Nervenleitungen des Auges zum Gehirn, Rötelzeichnung von Leonardo da Vinci, um 1510. Leonardo sezierte Leichen, um möglichst genaue Kenntnisse über den menschlichen Körper zu gewinnen. **Links: moderne Computergraphik von Augen und Gehirn, 1998.**

M2

Die Entdeckung des Blutkreislaufs

Der französische Mediziner Fabiani schrieb 2004:

Als der Engländer William Harvey (1578–1657) 1628 seine Theorie vom Blutkreislauf vorbrachte, stieß er auf heftigen Widerspruch, denn die Idee stand im Widerspruch zu den Lehren Galens ... Doch auch wenn einige ... Beobachtungen [Galens] richtig waren, erwiesen sich insbesondere seine Hypothesen zur Blutversorgung als falsch. Ein steter, von einer physiologischen Pumpe angetriebener Strom entsprach nicht seiner Vorstellungswelt. Vielmehr sollte das Blut in einem Organ entstehen und in anderen verbraucht werden ... Als Quelle sah er die Leber: Aus den Eingeweiden nehme sie verdaute Nahrung in Form von „Milchsaft" auf und verwandle sie in Blut ... Allerdings nahmen arabische Ärzte – vom Abendland nahezu unbemerkt – bedeutende Korrekturen vor. So beschrieb der 1211 in Damaskus geborene Ibn an-Nafis den kleinen Blutkreislauf, auch Lungenkreislauf genannt ... Nach Vesalius versuchten sich noch weitere Mediziner und Anatomen in der Beschreibung zumindest des kleinen Blutkreislaufs. Doch den entscheidenden Schritt vollzog William Harvey.
Als Versuchsobjekt dienten Harvey oft „Kaltblüter" wie Frösche, Schlangen und Fische, deren Herz von Natur aus langsamer schlägt, wodurch sie sich gut zur Beobachtung eignen. Er band zum Beispiel Hohlvene und Hauptschlagader ab, um so die Fließrichtung des Bluts zu ermitteln. Dabei erkannte der Forscher, dass das Herz als Motor des Kreislaufs dienen musste.

Jean-Noël Fabiani, Herz oder Leber? In: Spektrum der Wissenschaft Spezial, Nr. 4, 2004, S. 78 ff.

1 Beschreibe M1 und erarbeite, welche Absicht Leonardo da Vinci mit der Darstellung verfolgte. Nimm deine Kenntnisse über den Künstler (S. 44 f.) zu Hilfe.

2 Zeige anhand von M2, welche Bedeutung empirisches Vorgehen für Harvey hatte.

Die Stadtgesellschaft als Ursprung von Renaissance und Humanismus

M1

Krönung des Dichters Enea Silvio Piccolomini zum „poeta laureta", Fresko von Bernardino Pinturicchio, 1507. In der Renaissance wurde der antike Brauch, hervorragende Dichter mit einem Lorbeerkranz zu ehren, wieder aufgenommen.

Überprüfe, was du kannst

Sachkompetenz

1 Erläutere die Begriffe Renaissance (S. 41), Frühkapitalismus (S. 49) und Humanismus (S. 51).

Methodenkompetenz

2 Untersuche M1 und prüfe, ob die Merkmale eines Renaissancegemäldes erfüllt sind (S. 42–45).

Handlungskompetenz

3 In der Schule soll das Fach Humanismus eingeführt werden. Stelle zusammen, was Schülerinnen und Schüler in diesem Fach alles lernen sollten.

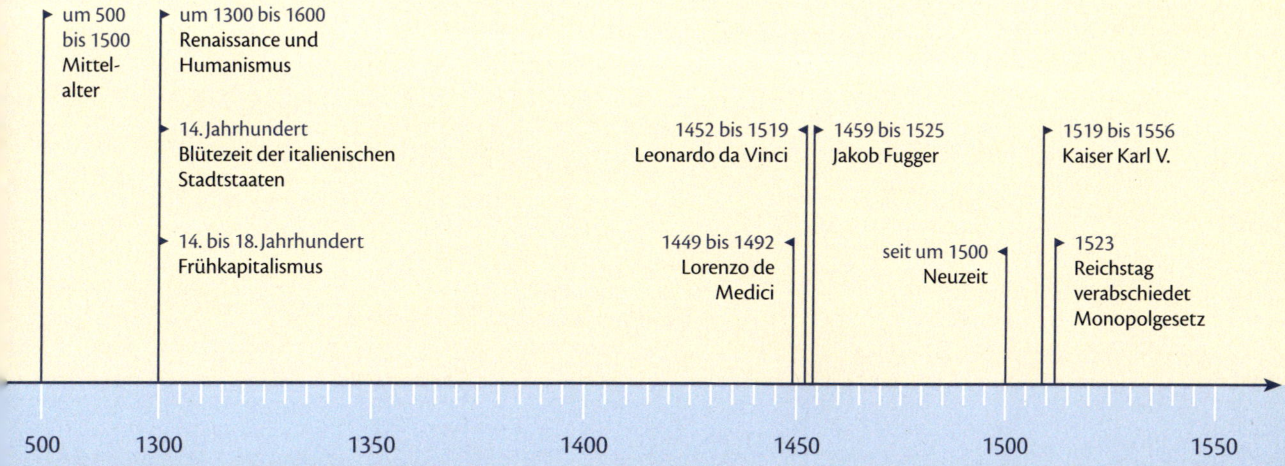

Entdeckung und Eroberung

Wissen • Urteilen • Handeln • Methoden anwenden

Am Ende dieses Unterkapitels kannst du

- die „empirische" Arbeitsweise Galileis nachvollziehen
- erklären, wie sich in der Frühen Neuzeit das Weltbild der Menschen veränderte
- Voraussetzungen und Folgen der Entdeckung Amerikas darstellen
- Methoden der Kolonisierung in Amerika im 15./16. Jahrhundert beurteilen
- Sichtweisen bei der Beurteilung von Entdeckung und Eroberung unterscheiden

Entdeckungsreisen im 15./16. Jahrhundert

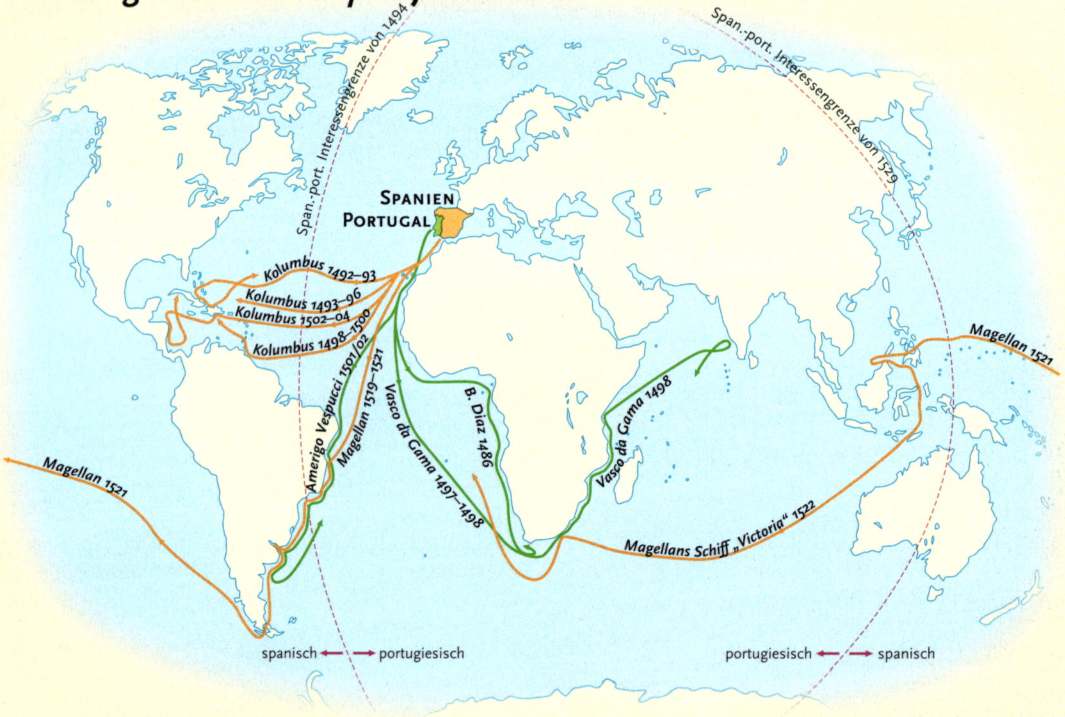

- **seit 1200:** Reiche der Inka und Azteken
- **seit 1492:** Eroberung und Kolonisierung Amerikas durch die Europäer

Galileo Galilei – Die Entdeckung des Experiments

Biographie

Galileo Galilei

Der Forscher (1564–1642) lehrte an der Universität von Padua Mathematik, als er 1610 seine astronomischen Beobachtungen veröffentlichte und damit heftige Diskussionen unter Wissenschaftlern und mit der Kirche auslöste. Fünf Jahre später wurde Galilei vom höchsten kirchlichen Gericht ermahnt, die Ansichten von der um die Sonne kreisenden Erde aufzugeben. Obwohl er immer wieder das Gespräch mit führenden Kirchenvertretern suchte, wurde Galilei 1632 nach Rom befohlen und dazu verurteilt, seinen „Ketzereien" abzuschwören. Unter Hausarrest gestellt hielt er trotzdem Briefkontakt zu anderen Wissenschaftlern im Ausland und veröffentlichte zwei wissenschaftliche Schriften. Erst 1979 zeigte sich die katholische Kirche bereit, Galileis Ansehen wiederherzustellen: Papst Johannes Paul II. würdigte ihn in einer Gedenkrede für Albert Einstein.

M1

Forschungsinstrumente des Galileo Galilei, 1. Hälfte 17. Jh., Foto, 1998

M2

Das Experiment der „schiefen Ebene"

In dem Roman „Sofies Welt" (1993) von Jostein Gaarder stellt der Philosophielehrer Alberto Knox dem Mädchen Sofie die Forschungen und Ergebnisse Galileo Galileis vor:

„Das Wichtigste aber war, dass Galilei das so genannte Trägheitsgesetz entdeckte ... ‚Jeder Körper verharrt im Zustand der Ruhe oder der gleichförmigen Bewegung in geradliniger Bahn, solange er nicht durch von außen wirkende Kräfte gezwungen wird, diesen Zustand zu ändern.'" [Alberto Knox holte eine Holzplatte, die am einen Ende einige Millimeter dick und am anderen ganz dünn war. Neben die Holzplatte legte er eine Murmel.] „Was, glaubst du, wird geschehen, wenn ich die Murmel hier oben loslasse, wo die Platte am dicksten ist?" Sofie seufzte. „Ich wette zehn Kronen, dass sie auf den Tisch hinunterkollert und am Ende auf den Boden fällt." ... Alberto ließ die Murmel los und sie verhielt sich genau so, wie Sofie prophezeit hatte ...

„Jetzt werde ich versuchen, die Murmel quer über die schiefe Ebene zu rollen", sagte er. „Sieh dir genau an, wie sie sich bewegt." Er bückte sich und zielte ... Er griff zu einem Filzstift und färbte die Murmel schwarz. Dann ließ er sie wieder rollen. Sofie konnte die Bahn der Murmel auf der schiefen Ebene genau erkennen, denn sie hatte eine schwarze Spur hinterlassen. „Diese Figur nennt man Parabel ... Warum bewegt sich die Kugel genau so?" Sofie dachte gut nach. Schließlich sagte sie: „Weil die Platte eine Neigung hat, wird die Kugel von der Schwerkraft zu Boden gezogen." „Ja ... du hast gesehen, was passiert, wenn zwei Kräfte gleichzeitig auf denselben Gegenstand einwirken."

Jostein Gaarder, Sofies Welt, übers. von Gabriele Haefs, München (Hanser) 1993, S. 245 ff.

1 Besorgt euch das in M2 beschriebene Material und gestaltet das Experiment nach.

2 Galileis Arbeitsweise wird oft als „empirische" (= auf Erfahrung beruhende) Methode bezeichnet. Erläutere den Begriff aufgrund deiner Erkenntnisse aus M2.

3 Stelle Vermutungen an, was Galilei mit seinen Werkzeugen (M1) erforscht haben könnte.

Himmelsbeobachtungen verändern das Weltbild

Das neue Denken – ein Angriff auf die Kirche?

Für uns scheint es heute selbstverständlich, dass wir Naturerscheinungen mit wissenschaftlichen Gesetzen erklären, die immer wieder überprüft und weiterentwickelt werden. Für die Menschen der Renaissance aber war es eine neue Erkenntnis, dass allein die eigenständige Beobachtung und Vernunft und nicht die kirchliche Obrigkeit ihr Handeln und Forschen bestimmen sollten. Der Astronom Nikolaus Kopernikus (1473 bis 1543) veröffentlichte kurz vor seinem Tod das Buch „Über die Kreisbewegung der Körper". Darin behauptete er, dass alle Planeten, also auch die Erde, die Sonne umkreisten. Deshalb spricht man von einem heliozentrischen Weltbild (griech. helios = Sonne). Ein halbes Jahrhundert später bestätigte der italienische Mathematiker und Physiker Galileo Galilei aufgrund eigener Arbeiten die Aussagen von Kopernikus. Galilei benutzte für seine astronomischen Forschungen ein extrem starkes Fernrohr, das er selbst entwickelt hatte. Er hatte dazu die Erfindung eines niederländischen Linsenmachers genutzt.

Die Argumentation der römischen Kirche

Die Kirche wertete Forschungen von Naturwissenschaftlern wie Kopernikus und Galilei als Angriff auf das geozentrische Weltbild der Bibel, nach deren Aussage sich die Erde im Mittelpunkt des Universums befindet (griech. ge = Erde). Vertreter der vatikanischen Glaubensbehörde argumentierten so, dass man mit der neuen Auffassung alle Philosophen und Theologen reize und dem Glauben schade, indem die Heilige Schrift als unwahr hingestellt werde. Selbst wenn ein tatsächlicher Beweis für die Sonne als Mittelpunkt der Welt vorliege, solle man bei den Bibelstellen, die das Gegenteil sagen, nicht behaupten, dass sie falsch seien, sondern dass wir sie nicht verständen. Die Bibel könne nicht lügen, wenn man ihren wahren Sinn erfasst habe.

M1

Neue Messinstrumente

In der Antike und im Mittelalter fuhren die Schiffe meist in Küstennähe. Die Entdeckungsreisen der frühen Neuzeit waren nur mit der Hilfe neuer Messinstrumente möglich:

1 A Mit einem Nocturnum (Nachtweiser) wurde in der Nacht die Ortszeit geschätzt. Der Polarstern wurde durch die Öffnung in der Mitte des Nocturnums angepeilt und der lange Zeiger des Instruments auf den umlaufenden Stern gerichtet. Die Zeit wurde auf der gezackten Stundenscheibe abgelesen.

1 B Der Seemann hielt ein Ende des Jakobsstabes an sein Auge und richtete das andere auf die Sonne oder einen Stern. Dann setzte er auf den Stab ein Querstück. Aus dem Winkel zwischen Stern und Horizontlinie errechnete er die Position des Schiffes.

1 C Der Quadrant (Höhenmesser) bestand aus einem aus Holz oder Messing ausgeschnittenen Viertelkreis. Eine Person peilte durch die Visierlöcher die Sonne oder einen Stern an, während eine zweite den vom Lot angezeigten Höhenwinkel ablas.

1 D Das Astrolabium wurde mit einer Kordel senkrecht zur Meeresfläche aufgehängt; dann peilte man durch zwei kleine Löcher in den Platten des verstellbaren Ableseschiebers einen Stern an. Die Höhe des Sterns wurde von der Gradeinteilung am Rand abgelesen.

Nach Richard Humble, Die Entdecker, übers. von B. Sauerwein-Reznicek, 4. Aufl., Amsterdam (Time-Life Books) 1987, S. 94 f.

M2

Positionsbestimmung auf See, Kupferstich, 1533.
Das Titelblatt des „Instrumentbuchs" von Peter Apian zeigt mehrere Verfahren, mit deren Hilfe Seefahrer prüften, ob ihr Schiff noch auf dem geplanten Kurs war.

M3

Ein neues Weltbild für „einfache Leute"?

Der deutsche Dramatiker Bertolt Brecht (1898 bis 1956) verfasste 1938 das Schauspiel „Leben des Galilei". Darin äußert ein Mönch gegenüber Galilei:

Ich bin als Sohn von Bauern … aufgewachsen. Es sind einfache Leute. Sie wissen alles über den Ölbaum, aber sonst recht wenig … Sie schöpfen die Kraft, ihre Körbe schweißtriefend den steinigen Pfad hinaufzuschleppen, Kinder zu gebären, ja zu essen aus dem Gefühl der Stetigkeit und Notwendigkeit, das der Anblick des Bodens, der jedes Jahr von neuem grünenden Bäume, der kleinen Kirche und das Anhören der sonntäglichen Bibeltexte ihnen verleihen können. Es ist ihnen versichert worden, dass das Auge der Gottheit auf ihnen liegt …, dass das ganze Welttheater um sie aufgebaut ist, damit sie … sich bewähren können. Was würden meine Leute sagen, wenn sie von mir erführen, dass sie sich auf einem kleinen Steinklumpen befinden, der sich unaufhörlich drehend im leeren Raum um ein anderes Gestirn bewegt? … Wozu ist die Heilige Schrift noch gut, die alles erklärt und als notwendig begründet hat, den Schweiß, die Geduld, den Hunger, die Unterwerfung, und die jetzt voll von Irrtümern befunden wird?

Bertolt Brecht, Leben des Galilei, 56. Aufl., Frankfurt a. M. (Suhrkamp) 1998, S. 63.

M4

Zwei Weltbilder, Kupferstich, 1700. Das Titelbild von Galileis Schrift „Dialog über die zwei Weltsysteme" zeigt in der Mitte den Astronomen Ptolemäus (um 100 bis 160 n. Chr.) mit einem Modell des geozentrischen Weltbildes, rechts Nikolaus Kopernikus mit einem Modell des heliozentrischen Weltbildes. Sitzend: der antike Philosoph Aristoteles.

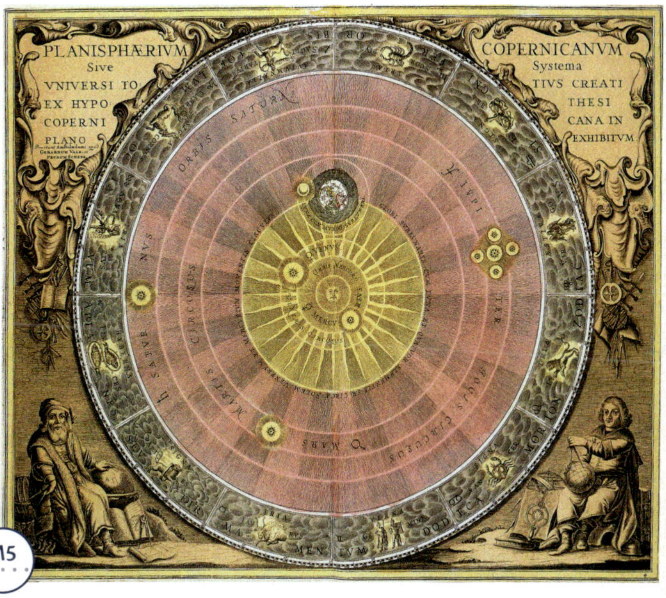

M5

Weltgebäude nach der Vorstellung von Nikolaus Kopernikus, Buchmalerei aus der „Harmonica Macrocosmica" des Andreas Cellarius, 1660

1 In M1 werden vier Messgeräte vorgestellt, von denen drei in M2 abgebildet sind.
a) Finde heraus, zu welchem Instrument welche Erläuterung passt.
b) Suche in Lexika oder in diesem Buch eine Abbildung des vierten Messgerätes.

2 Verfasse zu M3 einen Antwortbrief, den Galilei dem Mönch geschrieben haben könnte.

3 Vergleiche das in M5 dargestellte Weltbild mit dem mittelalterlichen Weltbild. Lies auf den Seiten 10 bis 18 nach.

4 a) Erstelle im Heft eine Skizze zum Bildaufbau von M4 und beschrifte die einzelnen Elemente.
b) Formuliere eine mögliche Aussage, die der Künstler mit diesem Bild machen wollte.

5 Beantworte die Frage in der Überschrift des Darstellungstextes. Nimm zur Argumentation der römischen Kirche begründet Stellung.

Christoph Kolumbus – eine Fahrt nach Westen

Die schnellste Route nach Asien?

Als Christoph Kolumbus am 3. August 1492 Kurs nach Westen nahm, hoffte er für das spanische Königspaar Isabella von Kastilien und Ferdinand von Aragon eine neue Route nach Indien zu finden. Denn die alten Wege waren durch die Ausdehnung des Osmanischen Reiches versperrt, und die Seewege um Afrika hatte Spanien 1479 Portugal zugesprochen. Als am 12. Oktober 1492 Land in Sicht kam, hatte Kolumbus jedoch nicht Indien erreicht, sondern eine der Bahama-Inseln, die in der Sprache ihrer Bewohner Guanahaní hieß. Kolumbus nannte sie zu Ehren Gottes San Salvador („Heiliger Erlöser"). Er ließ die spanische Fahne hissen und nahm das Land im Namen der spanischen Könige in Besitz. Die von ihm als „Indianer" bezeichneten Einheimischen waren ab sofort spanische Untertanen. Doch der aus Florenz stammende Seefahrer Amerigo Vespucci äußerte bald die Vermutung, dass es sich bei dem entdeckten Land nicht um Asien handeln konnte. Als der Spanier Vasco Núñez de Balboa 1513 über eine Landenge von Mittelamerika den Pazifik erreichte, wussten die Europäer es sicher: Kolumbus hatte einen unbekannten Kontinent entdeckt, der zu Ehren von Amerigo Vespucci „Amerika" genannt wurde.

M2

Brief des Toscanelli an Kolumbus

Der Gelehrte Paolo Toscanelli schrieb an Christoph Kolumbus (um 1480):

Unzweifelhaft ist die Reise ehrenvoll und vermag unberechenbaren Gewinn und höchsten Ruhm in der ganzen Christenheit zu bringen ... Eine derartige Reise führt zu mächtigen Königreichen, berühmten Städten und Provinzen, die alles im Überfluss besitzen, was wir benötigen, auch alle Arten von Gewürzen in reicher Fülle sowie Edelsteine in großer Menge aufweisen. Die Fürsten und Könige, zu denen man gelangt, dürften noch erfreuter als wir sein, dass sie mit Christen unsrer Länder in Verbindung kommen, da viele von ihnen Christen sind, und auch weil sie mit gelehrten, geistvollen Männern von hier über die Religion und Wissenschaft sich werden unterhalten können.

Zit. nach Eberhard Schmitt (Hg.), Dokumente zur Geschichte der europäischen Expansion, Bd. 2, Die großen Entdeckungen, München (C. H. Beck) 1984, S. 99.

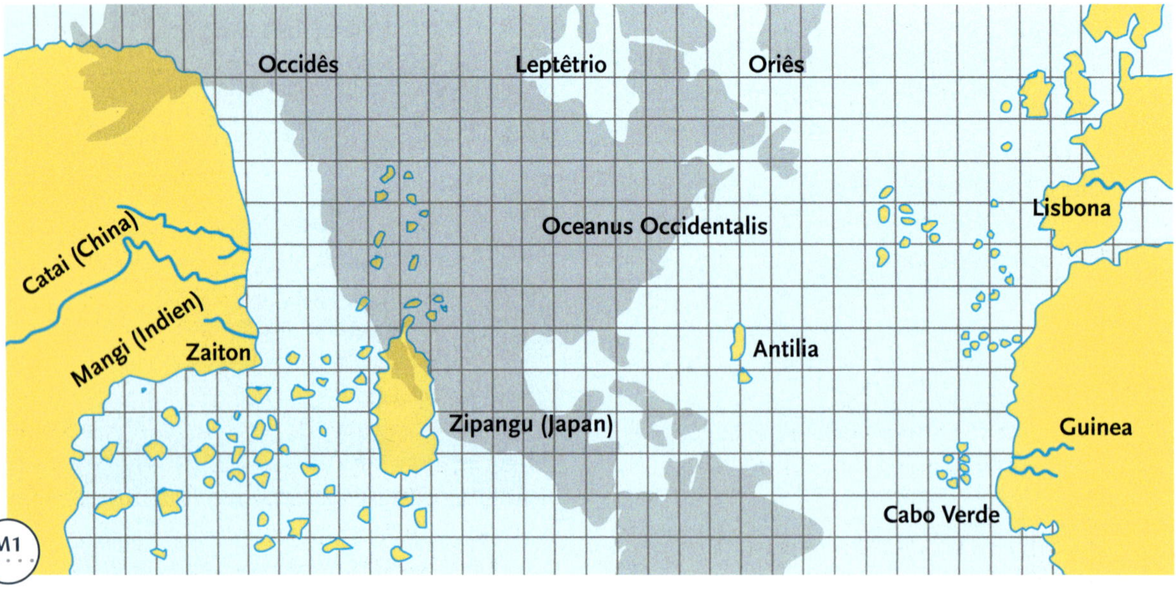

M1

Rekonstruktionszeichnung der Weltkarte von Toscanelli, um 1470. Die Umrisse Amerikas (grau) wurden nachträglich eingezeichnet.

M3

Die Begegnung der Einheimischen mit den Seeleuten

Von der Landung der Spanier auf Guanahani 1492 wissen wir nur aus dem Bordtagebuch des Kolumbus, mit dem er seine Auftraggeber über die Expedition informieren sollte. Der Portugiese Pero Vaz de Caminha berichtete 1500 als königlicher Chronist über seine Ankunft in Brasilien.

3 A Kolumbus (1492): Sie nahmen einfach alles und gaben bereitwillig von allem, was sie besaßen. Aber mir schien es, als seien sie in jeder Hinsicht außerordentlich arme Leute. Sie gehen allesamt nackt herum ... Ich sah keinen, der älter als dreißig Jahr gewesen wäre: Sie waren sehr gut gebaut, von sehr schöner Gestalt und sehr angenehmen Gesichtszügen; ihre Haare waren fast so dick wie die von Pferdeschwänzen und recht kurz. Sie tragen sie vorn bis zu den Augenbrauen, hinten lassen sie einige Strähnen länger wachsen, die sie niemals abschneiden ... Sie tragen keine Waffen und kennen sie auch nicht, denn ich zeigte ihnen Schwerter und sie fassten sie an der Schneide und schnitten sich aus Unwissenheit ... Sie sind sicher hervorragende Arbeitskräfte; sie haben einen aufgeweckten Verstand, denn ich sehe, dass sie sehr schnell alles nachsagen können, was man ihnen vorspricht. Außerdem glaube ich, dass man sie leicht zum Christentum bekehren könnte, denn es scheint mir, dass sie noch keine Religion haben.

3 B Vaz de Caminha (1500): Der Kapitän saß, als sie kamen, auf einem Stuhl ... Aber sie machten keine Ehrerbietungen, sie sprachen weder zum Kapitän noch zu jemand anderem. Einer warf jedoch den Blick auf die Kette des Kapitäns und begann, mit der Hand zum Land zu weisen und dann zur Kette, als wollte er sagen, dass es dort Gold gäbe. Er blickte auch zu einem silbernen Leuchter und zeigte gleichermaßen zum Land und zum Leuchter, als ob es dort auch Silber gäbe. Man zeigte ihnen einen grauen Papagei, den der Kapitän mit sich führte; sie nahmen ihn gleich in die Hand und winkten zum Land ... Man zeigte ihnen ein Schaf; sie kümmerten sich nicht darum. Man zeigte ihnen ein Huhn; sie hatten fast Angst davor: Sie wollten es nicht anfassen; später nahmen sie es und wirkten sehr erschreckt.

M3 A zit. nach Eberhard Schmitt (Hg.), Dokumente zur Geschichte der europäischen Expansion, Bd. 2, Die großen Entdeckungen, München (C. H. Beck) 1984, S. 113 f.
M3 B zit. nach Emir Rodriguez Mondegal (Hg.), Die Neue Welt, Frankfurt a. M. (Suhrkamp) 1982, S. 78 f.

M4

Die Landung des Kolumbus 1492, kolorierter Kupferstich von Theodor de Bry, 1594. Die Spanier nehmen die Insel Guanahaní in Besitz.

Begriffe und Daten

Entdeckungen

Die Entdeckungen 1492 und 1513 lockten nicht nur viele Europäer in die „Neue Welt", sondern sie führten auch zu politischen Spannungen zwischen Spanien und Portugal. Im Vertrag von Tordesillas (1494) wurde zwischen den beiden Mächten vereinbart und vom Papst bestätigt, die „Neue Welt" in einen spanischen und einen portugiesischen Einflussbereich zu teilen. Die Trennlinie verlief – von Pol zu Pol – 370 Meilen westwärts von den Kapverdischen Inseln (siehe Karte S. 54).

1 Schreibe eine Erzählung zu dem Ereignis, das der Kupferstecher in M4 darstellte. Lässt sich eine bestimmte Einstellung des Künstlers erkennen? Ziehe den Darstellungstext heran.
2 Untersuche, welche Erwartungen durch M1 geweckt werden.
3 Stelle einen Zusammenhang zwischen M1 und den von Toscanelli geäußerten Erwartungen in M2 her.
4 Notiere nach M3A und M3B, was über die Begegnung mit Einheimischen in Amerika jeweils überliefert wurde. Berichte.

Die Völker des altamerikanischen Kontinents

M1

Kulturformen auf dem amerikanischen Kontinent 1492

Alte Kulturen in der „Neuen Welt"

Die Spanier glaubten, dass sie die ersten Europäer wären, die auf dem amerikanischen Kontinent vor Anker gingen. Ausgrabungen beweisen jedoch: Bereits 1000 n. Chr. haben die Wikinger, Seefahrer aus Nordeuropa, Handelsfahrten an die Küste Neufundlands unternommen.

Auf Karten des 16. Jahrhunderts werden die entdeckten Gebiete als „Neue Welt" bezeichnet. Für die Spanier und Portugiesen war es tatsächlich eine „Neue Welt", die sie betraten und eroberten. Aber „neu" war dieser Erdteil natürlich nicht – und er war auch nicht von Fabelwesen bewohnt, wie es zeitgenössische Darstellungen den Menschen in Europa vermittelten. Während und nach der letzten Eiszeit (vor ca. 10 000 Jahren) waren Einwanderer aus Asien über die zugefrorene Beringstraße nach Amerika gekommen und in Gruppen von Norden nach Süden gezogen. Im Laufe der Jahrtausende war so eine Vielzahl von Völkern entstanden, die auf unterschiedliche Weise das Leben in ihren Gemeinschaften organisierten. Überlieferte Bilderhandschriften lassen erkennen, dass in den Hochkulturen der Maya, Azteken und Inka die Pflichten und Tätigkeiten des Einzelnen genau festgelegt waren.

M2

Tenochtitlán,
Wandgemälde (Ausschnitt) des mexikanischen Künstlers Diego Rivera, 1945. Rivera hat die Stadt so gemalt, wie sie zu Beginn des 16. Jh. ausgesehen haben könnte. Sie war damals mit ca. 300 000 Einwohnern die größte Stadt des amerikanischen Kontinents. Als Vorlage für sein Bild dienten Rivera zeitgenössische spanische Berichte.

Die Lebenswelt der Azteken

Zur Zeit der spanischen Eroberung hatten auf dem Gebiet des heutigen Mexiko die Azteken die größte Macht. Den Kern des Reiches bildete ein Dreistädtebund um die Hauptstadt Tenochtitlán. Um den Städtebund gruppierten sich zahlreiche Provinzen, die genau berechnete Tribute entrichten mussten: Gold, Waren und Menschen – zur Verstärkung der Truppen und als Opfer für den Sonnen- und Kriegsgott Huitzilopochtli. Um ihre militärischen Erfolge zu sichern, glaubten die Azteken, Huitzilopochtli milde stimmen zu müssen. Deshalb opferten sie in ihren pyramidenförmigen Tempeln unzählige Menschen, deren Herz und Blut dem Gott neue Kraft geben sollten. Die meisten der Getöteten waren Kriegsgefangene.

Die Grundlage der aztekischen Wirtschaft war der Feldanbau. Bohnen, Mais und Kürbis waren wichtige Anbauprodukte. Daneben war der Handel besonders bedeutend. Die Handwerker arbeiteten in Berufen, die Schulung und Fachkenntnis voraussetzten. Technische Geräte waren aus Holz oder Stein gefertigt, jedoch war Eisen ebenso unbekannt wie das Rad.

Die Lebenswelt der Inka

Das Reich der Inka erstreckte sich zu Beginn des 16. Jahrhunderts an der Westküste des südlichen Teils des Kontinents entlang. Die Bewohner des Inkareiches gehörten verschiedenen Volksgruppen an, die alle ihre eigene Sprache, Religion und Lebensweise hatten. Dies machte es nach Ansicht der Inka notwendig, das Reich straff zu organisieren. Sie bauten eine staatliche Verwaltung auf, die in ihrer Zeit einzigartig war. Durch ein dichtes Netz gepflasterter Straßen und Wege sorgten sie dafür, dass Nachrichten, Waren und Armeen in kurzester Zeit von einem Ort zum anderen gelangten. Entlang der Straßen standen Raststätten. Boten transportierten Befehle, Berichte, Abrechnungen und Bedarfslisten als verschlüsselte Botschaften in Form von Knotenschnüren („Quipu").

Die Verwaltung des Inkareiches war mit einer gelenkten Wirtschaftsform verbunden: Jede Arbeit war zentral organisiert. Alle Steuerzahler mussten beim Bau von Tempeln, Festungen und Städten helfen, in der Armee dienen, auf den Feldern und in den Bergbauminen des Herrschers arbeiten. Die Landwirtschaft unterstand ebenfalls staatlicher Kontrolle. Auch die Inka kannten weder das Rad noch Eisen.

M3

Der Markt von Tenochtitlán

Der spanische Hauptmann Bernal Díaz kam 1519 nach Tenochtitlán. Über den Markt der Stadt schrieb er:

Dort fanden wir eine unerwartet große Menge Menschen, zahlreiche Verkaufsstände und eine ausgezeichnete Ordnungspolizei ... Jede Warengattung hatte ihre Plätze. Da gab es Gold- und Silberarbeiten, Juwelen, Stoffe aller Art, Federn, Baumwolle und Sklaven ... Dann kamen die Stände mit einfacheren Waren, mit grobem Zeug, mit Zwirn und Kakao zum Beispiel. Ganz Neu-Spanien bot hier seine Erzeugnisse an ... Da gab es Sisalstoffe, Seile und Strickschuhe ... Es gab rohe und gegerbte Häute von Tigern, Löwen, Schakalen ... In den Ständen der Töpfer fanden wir von großen irdenen Gefäßen bis zum kleinsten Nachttopf alles. Wir gingen an den Verkäufern von Honig, Honigkuchen und anderen Leckereien vorbei, an Möbel-, Holz- und Kohlehändlern ... Ich [habe] das Papier, die Röhren mit dem flüssigen Eukalyptusöl und mit dem Tabak, die wohlriechenden Salben und die Hallen mit Heilkräutern gesehen ... Es gab übrigens auch eine Art Marktgericht mit ... drei Richtern und mehreren Gehilfen, die für die Warenschau verantwortlich waren.

Zit. nach Eberhard Schmitt (Hg.), Die großen Entdeckungen, Bd. 2, München (C. H. Beck) 1984, S. 328.

Lesetipp

John Tully, Das gläserne Messer, Weinheim (Beltz & Gelberg) 2004.
Tio ist auserwählt, um den Göttern geopfert zu werden. Die Geschichte führt ins Südamerika vor der Ankunft der Europäer.

1 Erkläre mithilfe von M1 den Zusammenhang zwischen der Lebensweise altamerikanischer Völker und den Bedingungen von Klima, Pflanzenwelt und Landschaft. Nimm gegebenenfalls einen Atlas zu Hilfe.
2 Vergleiche die Lebenswelt der Inka und der Azteken.
3 Verfasse anhand der Befunde, die du M2 und M3 entnehmen kannst, eine Reportage über die Stadt Tenochtitlán in der Zeit um 1500.
4 Prüfe die Behauptung, die Azteken- und Inka-Reiche seien „Hochkulturen" gewesen.
5 Beurteile anhand von M1 die im Darstellungstext genannte These von der „Neuen Welt".

Die Ankunft der „weißen Götter"

Konquistadoren – Freunde oder Feinde?

Sie wurden Konquistadoren, d.h. Eroberer (spanisch: Conquista = Eroberung), genannt und standen unter der Führung des spanischen Kommandanten Hernán Cortés. 1519 landete seine Flotte in Mexiko, dem Land der Azteken – mit dem Auftrag, das Gebiet zu erkunden und Handel zu treiben. Aber er hatte noch andere Motive: Er wollte das Reich der Azteken mit seinen unermesslichen Goldschätzen erobern.

Die Azteken, deren Herrschaft seit Jahrzehnten Angst und Schrecken unter den Völkern des mexikanischen Hochlandes verbreitete, zeigten sich bei dem Einmarsch der Fremden merkwürdig unentschlossen. Als Cortés' Truppen Tenochtitlán erreichten, empfing der aztekische Herrscher Moctezuma sie mit großen Ehren. Denn für ihn und sein Volk schien nun eine Voraussage in Erfüllung zu gehen: Die Götter, die nach alter aztekischer Überlieferung vor langer Zeit im Osten verschwunden waren, kehrten zurück. Tatsächlich hatten die spanischen Ankömmlinge Ähnlichkeit mit dem Bild, das sich die Azteken von ihrem Gott Quetzalcóatl machten: Er hatte weiße Haut und trug einen Bart. Die Spanier erreichten Tenochtitlán genau zu dem Zeitpunkt, an dem nach aztekischem Kalender mit der Rückkehr der Götter zu rechnen war.

Doch als die Spanier begannen, Tempel zu plündern, Götterbilder umzustürzen und dabei viele Azteken umbrachten, schlug die Stimmung unter den Einwohnern um. Wenige Tage nach seiner Ankunft ließ Cortés Moctezuma in dessen Palast als Geisel nehmen. Aber auch die aztekische Bevölkerung wandte sich gegen Moctezuma: Sie warf ihm Verrat an seinem eigenen Volk vor. Bei einem Angriff der Azteken gegen die Spanier kam er wenige Tage später ums Leben.

Je länger die spanische Besetzung Tenochtitláns dauerte, desto größer wurden die Spannungen zwischen den Einwohnern und den spanischen Besatzern. Im Juni 1520 gelang es den Azteken, die Spanier für einige Monate zu vertreiben. Cortés verstärkte sein Heer durch Soldaten aus nahen spanischen Kolonien und durch Hilfstruppen der verbündeten Stämme. Fast drei Monate lang belagerte er Tenochtitlán. Dann ergaben sich die Azteken – geschwächt durch Krankheiten, die die Spanier eingeschleppt hatten, ausgehungert und verzweifelt. Tausende Männer, Frauen und Kinder wurden getötet. Die Spanier machten die Stadt dem Erdboden gleich und bauten an gleicher Stelle Mexiko, die Hauptstadt von Neu-Spanien.

M1 **Die Konquistadoren ziehen nach Tenochtitlán, Bilderhandschrift, 16. Jh.**

M2

Quetzalcóatls Traum – ein Gedicht

Die 1948 in Nikaragua geborene Schriftstellerin Gioconda Belli beschäftigt sich in vielen ihrer Texte mit der Eroberung Lateinamerikas durch die Europäer. In einem Gedicht fragt sie nach den Folgen der Conquista für die Gegenwart:

Wer sind wir?
Wer sind diese Männer, diese Frauen ohne Sprache,
verspottet aufgrund ihrer Farbe,
ihrer Haut, ihrer Federn und ihres Schmuckes wegen?
Damit wir nur ihre Schriften lasen,
verbrannten sie die unseren auf hohen Scheiterhaufen.
Unsere Geschichte, unsere Dichtung,
die Annalen unserer Völker,
sie füllten mit Rauch uns die Höhlen der Augen,
sie füllten mit Tränen unsere Eingeweide.
Es brannten die Amátes[1], sorgsam von Schreibern bemalt.
Es brannten die Geschichten, die uns zu dem gemacht,
was wir waren.
Wie heulten die Alten auf den Plätzen,
als sie brennen sahen die Namen ihrer Väter im Feuer.
O lange Nacht, Noche Triste[2] der Asche.
Nacht, in der wir unsere Hände verloren,
unsere Sprache und unser Gedächtnis
verwandelt in Sklaven, nachtwandelnde Schatten.

Gioconda Belli, Wenn du mich lieben willst, Wuppertal (Peter Hammer Verlag) 1993, S. 13.

[1] Inka oder Maya schrieben ihre Geschichte, aber auch wissenschaftliche Erkenntnisse in Form von Bildern auf mit Kalk bestrichene Baumrinde oder auf Hirschleder. Ein großer Teil dieser Handschriften (Amátes) wurde auf Anordnung des spanischen Bischofs Diego de Landa verbrannt.

[2] Traurige Nacht

M3

Moctezuma und Cortés bei ihrer ersten Begegnung, mexikanische Darstellung auf einem Baumwolltuch, 1590

M4

Der Empfang der Spanier in Tenochtitlán

Der Geschichtsschreiber am spanischen Königshof, Peter Martyr von Anghiera, berichtete 1520 vom ersten Zusammentreffen Moctezumas mit Cortés:

[Moctezuma sprach:] „Alle Reiche, die wir besitzen, gehören euch. Wer immer du auch sein magst, der du als Führer hierhergeschickt worden bist, du sollst als Fürst über alle Reiche gebieten, die bislang mir untertan waren ... Meine Schatzhäuser bergen goldenen Schmuck. Der gehört dir ..." Als er geendet hatte, tröstete Cortés ihn und machte ihm Hoffnung auf einen guten Ausgang.

Hiernach verließ Moctezuma mit ziemlich heiterem Antlitz den Palast ... Ob man gewaltsam aufgedrängte Gäste gern aufnimmt, dazu mögen die etwas sagen, die darin Erfahrung haben ... Unter Tränen ... hatten sie [die Fürsten des Reiches] den Vorgang hingenommen.

Zit. nach Eberhard Schmitt (Hg.), Dokumente zur Geschichte der europäischen Expansion, Bd. 2, München (C. H. Beck) 1984, S. 326 f.

1 Beschreibe die Abbildung M1. Schildere, welche Eindrücke die abgebildeten Personen bei dir erwecken.

2 Vergleiche M4 auf S. 59 mit M1.

3 Beschreibe M3. Finde mithilfe des Darstellungstextes S. 62 heraus, was oben gezeigt wird.

4 Erkläre das Verhalten Moctezumas (M4). Beachte den Urheber (Autor) des Textes.

5 Erläutere anhand des Darstellungstextes Einstellung und Verhalten der spanischen Eroberer sowie die Erwartungen der Azteken.

6 Erörtert gemeinsam die Aussage des Gedichts M2. Welche Folgen hatte die Conquista nach Ansicht der Dichterin?

Die Kolonialherrschaft: Im Auftrag von Krone und Kreuz

Aus Eroberern werden Grundbesitzer

Wirtschaftlicher Gewinn war von Anfang an das Hauptziel der spanischen Eroberungen. Das sagenhafte Goldland („Eldorado"), von dem viele Spanier geträumt hatten, wurde zwar nicht gefunden, aber die Gewinne aus dem Metallbergbau füllten mit beträchtlichen Summen die Staatskasse. Allein die Bergwerke von Potosí und Guanajuato (im heutigen Mexiko) lieferten innerhalb eines halben Jahrhunderts mehr Silber als gleichzeitig alle Bergwerke der „Alten Welt" zusammen.

Die meisten Siedler, die nun jedes Jahr in der „Neuen Welt" eintrafen, erhofften sich schnellen Reichtum zu günstigen Bedingungen. Nachdem die Spanier Ländereien in Besitz genommen hatten, planten sie ihre Herrschaft so, wie sie es aus den ländlichen Gebieten Europas kannten: als System von Grundbesitz und Abgaben. Der Grundbesitzer (Encomendero) übernahm den Schutz eines oder mehrerer Dörfer. Dafür mussten sich die Einwohner als Arbeitskräfte zur Verfügung stellen. In Peru gab es die Curacas, Stammeshäuptlinge, die kurz vor der spanischen Eroberung von den Inka unterworfen worden waren. Sie arbeiteten als Aufseher für die Encomenderos und vermittelten ihren Herren Einheimische als Arbeiter. Die meisten Encomenderos zwangen die Einheimischen ohne Lohn zu arbeiten. Sie handelten dabei in dem Selbstverständnis, als Christen den heidnischen Ureinwohnern überlegen zu sein. Viele weigerten sich sogar, die Indianer als Menschen anzuerkennen.

M1

Die Einführung des Encomienda-Systems

Die folgende Bestimmung erließ die spanische Königin Isabella 1503 nach Beschwerden darüber, dass die Eingeborenen der Insel Hispaniola die Arbeit und den Kontakt mit den Spaniern scheuten:

Weil Wir wünschen, dass die genannten Indianer sich zu Unserem heiligen katholischen Glauben bekehren und darin unterrichtet werden, dies sich aber besser tun lässt, wenn die Indianer mit auf der Insel wohnenden Christen in Berührung kommen ..., beide einander helfen und so die Insel kultiviert, bevölkert und ertragreich gemacht wird, auch Gold und Metalle gefördert werden und Meine Königreiche und deren Bewohner daraus Nutzen ziehen, so ... befehle [Ich] hiermit Euch, Unserem Gouverneur, dass Ihr ... jedem Kaziken (Häuptling) auferlegt, eine bestimmte Anzahl Indianer bereitzuhalten, um sie jeweils da, wo es nötig ist, zur Arbeit einsetzen zu können, und damit sie sich ... zusammenfinden, um an den dafür bestimmten Orten über die Dinge des Glaubens zu hören und darin unterrichtet zu werden, dass jeder Kazike die von Euch vorgeschriebene Zahl von Indianern beibringt und an die von Euch benannten Personen zur Arbeit überlässt, gemäß näherer Anweisung dieser Personen und gegen einen von Euch festzusetzenden Tagelohn. Die genannten Verpflichtungen sollen sie als freie Personen leisten, die sie ja sind, nicht als Sklaven.

Urs Bitterli (Hg.), Die Entdeckung und Eroberung der Welt, Bd. 1, München (C. H. Beck) 1980, S. 76 f.

M2

Im Innern des Silberbergs von Potosí, Kupferstich von Theodor de Bry, 1601. Mehr als 200 Jahre lang versorgte der Silberberg von Potosí Europa mit riesigen Silbermengen. 1545 war hier, auf 4000 m Höhe, Silber entdeckt worden. Die Spanier ließen eine Stadt errichten, in der zeitweise mehr als 150 000 Menschen lebten. Innerhalb weniger Jahrzehnte starben Millionen Menschen im Bergbau.

M3

Die „Indianerfrage"

In den spanischen Regierungskreisen gingen die Meinungen in der Frage des Umgangs mit der eingeborenen Bevölkerung auseinander. Zu den Anführern der Auseinandersetzung im 16. Jahrhundert gehörten der Theologe und Jurist Juan Ginés de Sepúlveda und der Bischof von Chiapas (Mexiko), Bartolomé de Las Casas.

3 A Sepúlveda (1544): So behaupte ich, dass diese Barbaren nicht nur eingeladen, sondern auch zum Guten genötigt werden sollen, d. h. zur Gerechtigkeit und zur Religion, vor allem, wenn das Unternehmen mit so geringem Aufwand und so geringen Verlusten auf beiden Seiten bewerkstelligt werden kann und diese Barbaren unterworfen werden können ... [Ich] behaupte, dass die Barbaren nicht nur beherrscht werden müssen, damit sie den Predigern zuhören, sondern auch, damit sich zu Lehre und Ratschlägen die Drohungen gesellen und ihnen Schrecken eingejagt werde, was der heilige Augustinus bestätigt.

3 B Las Casas (1551): Ich bestehe darauf, dass die Spanier sich der Ausübung solcher Exzesse[1] gegen andere Völker, wenn diese auch barbarische Götzendiener und von allen Lastern befallen sein mögen, enthalten ... Denn es gibt keinen Unterschied mehr zwischen Mann und Frau, „Griechen und Juden, Beschnittenem und Unbeschnittenem, Barbaren und Skythen, Sklaven und Freiem, weil Christus in allem ist" (Kol 3,11)[2] ... Da nun die Natur der Menschen in allen dieselbe ist und alle von Christus gerufen sind in derselben Weise und auch nicht auf verschiedene Weise berufen werden wollen, darf man die Indios nicht auf andere Weise zum Eintritt in die Kirche einladen als alle anderen Menschen auch.

Zit. nach Mariano Delgado (Hg.), Gott in Lateinamerika, Düsseldorf (Patmos) 1991, S. 104 ff. Übers. v. Bruno Pockrandt.

[1] Maßlosigkeiten
[2] Bibelzitat aus dem Brief an die Kolosser des Apostels Paulus

1 Ziehe aus M2 Rückschlüsse auf die Arbeitsbedingungen der Einheimischen. Beziehe die Bildunterschrift mit ein.

2 Gib in eigenen Worten wieder, was die Königin in M1 anordnet und wie sie dies begründet.

3 Vergleiche das Gesetz (M1) mit der im Darstellungstext beschriebenen Praxis.
   a) Mit welchen Maßnahmen verstießen die Siedler gegen das Gesetz?
   b) Nenne mögliche Gründe, warum die spanischen Siedler so handeln konnten.

4 Erschließe M3. Lies zu Las Casas den rechten Darstellungstext auf S. 66.

5 Beschreibe M4 und erarbeite, was der Künstler mit Bild und Text aussagen wollte.

6 **Szenisches Spiel:**
   a) Formuliert einen Dialog zwischen zwei Encomenderos: Einer stimmt Las Casas (M3A) zu, der andere Sepúlveda (M3B).
   b) Tragt den Dialog szenisch vor und bewertet die Argumentation.

M4

Die Behandlung der Indios, kolorierter Kupferstich von Theodor de Bry, 1594. Der Künstler notierte in der Bildunterschrift: „Der Oberst der Kriegsleute ... hat vier Tausend gefangene leibeigene Indianer mit sich gebracht, wo nicht ihrer zu viel durch Müdigkeit, Mangel an Nahrung und Bekümmernis großen Herzeleids auf dem Wege verschmachtet und gestorben, zum Teil von den Spaniern erstochen und umgebracht wären, als sie dem Haufen ... nicht geschwind nachfolgen konnten."

Folgen der Eroberung

Die Lage der einheimischen Bevölkerung

Die harte Arbeit auf den Feldern und in den Bergwerken überforderte die Indios, die durch Krankheiten wie Masern, Pocken und Grippe geschwächt waren. So starben 1545 allein in der Umgebung Mexikos 400 000 Indios an den Pocken. Nach neuen Schätzungen lebten im Aztekenreich vor dem Einmarsch der Spanier ca. 25 Millionen Ureinwohner, 1568 waren es nicht mehr als drei Millionen. Ähnlich verhielt es sich in den anderen eroberten Gebieten. Der Dominikaner Bartolomé de Las Casas (1474–1566) – zunächst selbst ein Encomendero – richtete von 1514 an sein ganzes Wirken darauf, die Indios zu schützen und für ihre Rechte zu kämpfen. Auch Kaiser Karl V. verbot 1542, dass Indios zu Sklaven gemacht oder als solche gehalten würden. Als jedoch die Siedler protestierten, wurden die Bestimmungen zurückgenommen.

Afrikaner in der „Neuen Welt“

Las Casas’ Bemühen, die Lage der Ureinwohner zu verbessern, war vergebens. Tatsächlich hatte sein Einsatz für die Indianer schreckliche Folgen für die Bewohner des afrikanischen Kontinents: Las Casas behauptete, dass afrikanische Sklaven widerstandsfähiger wären und damit für die Arbeit besser geeignet als Indios. Diese Aussage trug gegen den Willen des Bischofs dazu bei, dass innerhalb der nächsten dreihundert Jahre mehr als 10 Millionen Sklaven von Afrika in die „Neue Welt“ gebracht wurden. Sie mussten nicht nur die Indianer ersetzen, sondern einen zunehmenden Bedarf an Arbeitskräften decken. Dieser ergab sich aus der Einführung der Plantagenwirtschaft: Großgrundbesitzer ließen auf riesigen Flächen Pflanzen anbauen, deren Produkte in Europa großen Gewinn versprachen, z. B. Zucker, Tabak, Kaffee und Kakao.

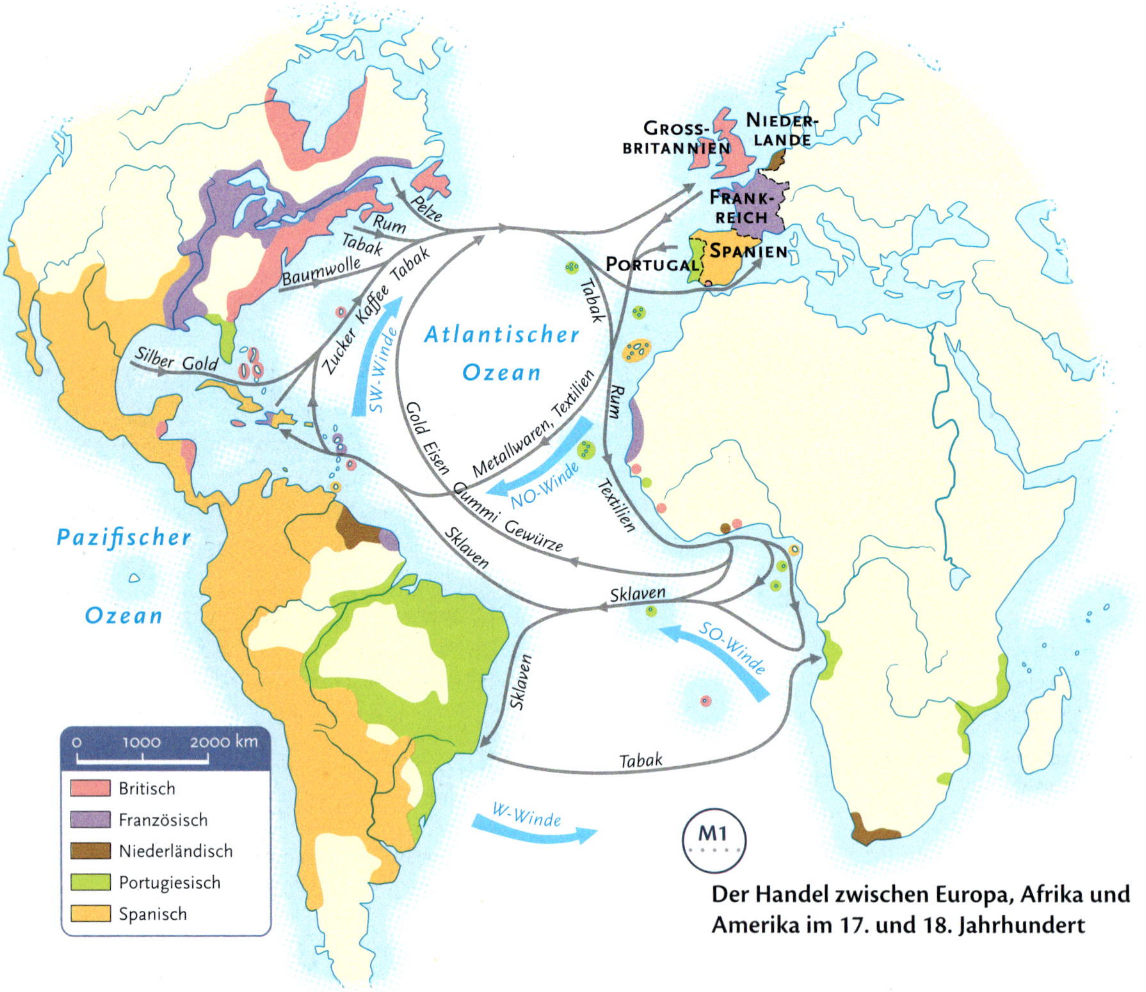

Der Handel zwischen Europa, Afrika und Amerika im 17. und 18. Jahrhundert

M2 Die Kolonialisierung im Urteil heute

Der Historiker Reinhard Wendt (2000):

2A Der Aufbau formeller Kolonialherrschaft wurde immer wieder von Widerstand begleitet. In den Kernzonen war er zwar nicht erfolgreich, doch das Schwarz-Weiß-Bild von den einheimischen Opfern, die der Willkür kolonialer Täter wehrlos ausgeliefert gewesen seien, lässt sich nicht aufrechterhalten. Manche Bevölkerungsgruppen entdeckten durchaus Vorteile in einer Kooperation mit den Europäern. Da die vorkoloniale Zeit keineswegs frei von Gewalt und Unterdrückung war, fanden Spanier und Portugiesen immer wieder Verbündete. Von den ökonomischen Möglichkeiten, die Kontakte mit dem Westen boten, profitierten auch Einheimische. Für manche mag das Christentum plausiblere Antworten auf geistliche Probleme gegeben haben als vorkoloniale Glaubensvorstellungen. Westliches Wissen erwies sich nicht selten auch für einheimische Interessen als nützlich … Am anderen Ende der Skala ist das Aussterben amerikanischer Völker zu beklagen, die dem Zusammenstoß mit den Europäern nichts entgegenzusetzen hatten.

Reinhard Wendt, Seit 1492. Begegnung der Kulturen. In: Anette Völker-Rasor (Hg.), Frühe Neuzeit, München (Oldenbourg) 2000, S. 81 f.

Die Historikerin Claudia Schnurmann (1998):

2B Der amerikanische Einfluss auf Europa erwies sich weniger spektakulär als die Aktionen, die Europäer in Amerika vollzogen hatten: Keine Indianer landeten in Sevilla oder London und suchten die Europäer zum Glauben an ihre Götter und Geister zu bekehren … Der Einfluss Amerikas auf Europa bediente sich europäischer Vermittlung, konzentrierte sich auf Naturstoffe und brauchte eine Weile, um sich durchzusetzen. Indigene [einheimische] amerikanische Nutzpflanzen wie Tabak, Mais oder Kartoffeln und in Amerika angebaute altweltliche Pflanzen wie Zuckerrohr, nach Europa gelieferte Waren wie Zucker, Reis und Kaffee veränderten Europa für immer. Der Anbau von Kartoffeln und Mais in Europa war von einschneidender Bedeutung für die Landwirtschaft … Sie verbesserten nachhaltig die chronisch prekäre [schwierige] Ernährungslage in Europa und damit die Leistungsfähigkeit der europäischen Arbeiter und Bauern, wodurch wichtige Grundlagen zu den agrarischen und industriellen Entwicklungsschüben des späten 18. und frühen 19. Jahrhunderts geschaffen wurden.

Claudia Schnurmann, Europa trifft Amerika, Frankfurt a. M. (Fischer) 1998, S. 225.

M3 Die Bevölkerung der Karibischen Inseln 1991 *(ungefähre Angaben in %)*

Insel	Schwarze	Mischlinge	Asiaten	Weiße
Jamaika	77	19	3	1
Dominica	90	10	–	0,03
Haiti	65	30	–	5[1]
Kuba	11	51	1	37[2]

[1] darunter Indios
[2] meist spanische Abstammung

Zusammengestellt nach Deutscher Bücherbund/ADAC (Hg.), Das Bild unserer Welt, Bd. 1: Amerika, München (ADAC) 1988 und Fischer Weltalmanach 2005, Frankfurt a. M. (Fischer) 2004.

1 Kläre anhand des Darstellungstextes
a) den Zusammenhang zwischen wirtschaftlichen Interessen und Unterdrückung,
b) die Folgen des Eintretens Las Casas' für die Rechte der einheimischen Bevölkerung.

2 Beschreibe mithilfe von M1 die Handelsströme zwischen Europa, Amerika und Afrika. Notiere diese in einer Liste.

3 Untersuche anhand von M3, inwiefern die Geschichte des Sklavenhandels die Bevölkerungsstruktur der Karibischen Inseln heute noch prägt.

4 a) Stelle die Aussagen aus M2A und M2B über die Folgen der Eroberung für Amerikaner bzw. Europäer zusammen.
b) Vergleiche die Positionen und nimm begründet Stellung zu den beiden Auffassungen (siehe Anhang „Historische Sachverhalte beschreiben").

Haben Chinesen Amerika entdeckt?

M1 **Die Reisen des Admirals Zheng He (1371–1433)**

M2

„1421 – als China die Welt entdeckte"

Aus einem Internet-Artikel des TV-Senders ProSieben vom 21. Mai 2006:

Alle Geschichtsbücher der Welt müssen umgeschrieben werden, wenn Gavin Menzies Recht hat. Er sagt: Nicht Christoph Kolumbus hat Amerika entdeckt, sondern ein Chinese. Zheng He, chinesischer Seefahrer und Nationalheld, soll schon 71 Jahre vor dem Seefahrer aus Genua die neue Welt betreten haben. Fest steht: 1421 führte Zheng He eine riesige Flotte mit 300 Schiffen und 28 000 Mann über die Weltmeere. Aber eine so große Flotte hinterlässt Spuren. Und einige davon findet Menzies 600 Jahre später in den Vereinigten Staaten. Akribisch dokumentiert er sie in seinem Bestseller „1421– Als China die Welt entdeckte". Sein wichtigstes Beweisstück ist eine chinesische Landkarte aus dem Jahre 1418 [angeblich als Kopie aus dem Jahre 1763]. Auf dieser Karte sind alle Kontinente der Erde verzeichnet – auch Amerika. Doch ist diese Karte echt? Stammt sie wirklich aus dem Jahr 1418? Angeblich haben alle Seefahrer nach Zheng He diese Karte für ihre Entdeckungsreisen benutzt – auch Kolumbus.

www.prosieben.de/lifestyle_magazine/www/themenarchiv/themen_1_n/25644 (Stand: 17. Juni 2007)

M3

Weltkarte, angeblich eine 1763 für den Kaiser erstellte Kopie der Karte von 1418. Die Kontinente und Ozeane sind vorhanden, die britischen Inseln fehlen, Kalifornien ist als Insel gezeichnet.

1 Recherchiere zur Frage der Entdeckung Amerikas durch China (Internet, neueste Fachliteratur). Unterscheide dabei nach gesicherten Kenntnissen, Behauptungen und offenen Fragen. Berichte in der Klasse.

2 Diskutiert, warum diese „historische Frage" heute als weltpolitisch wichtig angesehen werden könnte.

Entdeckung und Eroberung

M1 Karikatur von 1992

Überprüfe, was du kannst

Sachkompetenz

1 Stelle aus den Seiten 55 bis 61 Erfindungen und Entdeckungen zusammen, die das Weltbild der Menschen im Vergleich zum Mittelalter entscheidend veränderten.

2 Erkläre den Begriff „empirische Arbeitsweise" (S. 55–57).

Urteilskompetenz

3 Fasse schriftlich zusammen, wie sich für dich das Zusammentreffen der Kulturen der europäischen Eroberer und der altamerikanischen Völker darstellt. Beurteile Einstellung und Verhalten der Eroberer (S. 58–67).

4 Von manchen Geschichtswissenschaftlern wird das Verhalten der Europäer in der Frühen Neuzeit als „Kultur der Neugier" bezeichnet. Nimm begründet dazu Stellung.

Handlungskompetenz

5 Erschließe die Aussage von M1. Worin siehst du den „wahren" Kern, worin Übertreibung?

seit 1200
Reiche der Inka und Azteken

1200
Die Reiche der Inka und Azteken entstehen

1492
Entdeckung Amerikas durch Christoph Kolumbus

seit 1492
Eroberung und Kolonisierung Amerikas durch die Europäer

seit 1500
Eroberung und Kolonalisierung Amerikas durch die Europäer

1520
Gründung Mexiko-Stadt

1610
Galileo Galilei: Veröffentlichung zum heliozentrischen Weltbild

1200 1300 1400 1500 1600

Reformation: Glaubensstreit und Machtkampf

Wissen • Urteilen • Handeln • Methoden anwenden

Am Ende dieses Unterkapitels kannst du

- die Lehre Luthers von der der römischen Kirche unterscheiden
- Grundsätze und Folgen der Reformation nennen
- die Gegenreformation der Kirche erläutern und bewerten
- den Bauernkrieg von 1525 in die Zeit der Reformation einordnen
- die Folgen des Dreißigjährigen Krieges darstellen und seine Bedeutung für Europa bewerten
- die Hexenverfolgung und ihre wissenschaftliche Darstellung beschreiben
- **Methode** Informationen präsentieren

Konfessionen in Europa um 1570

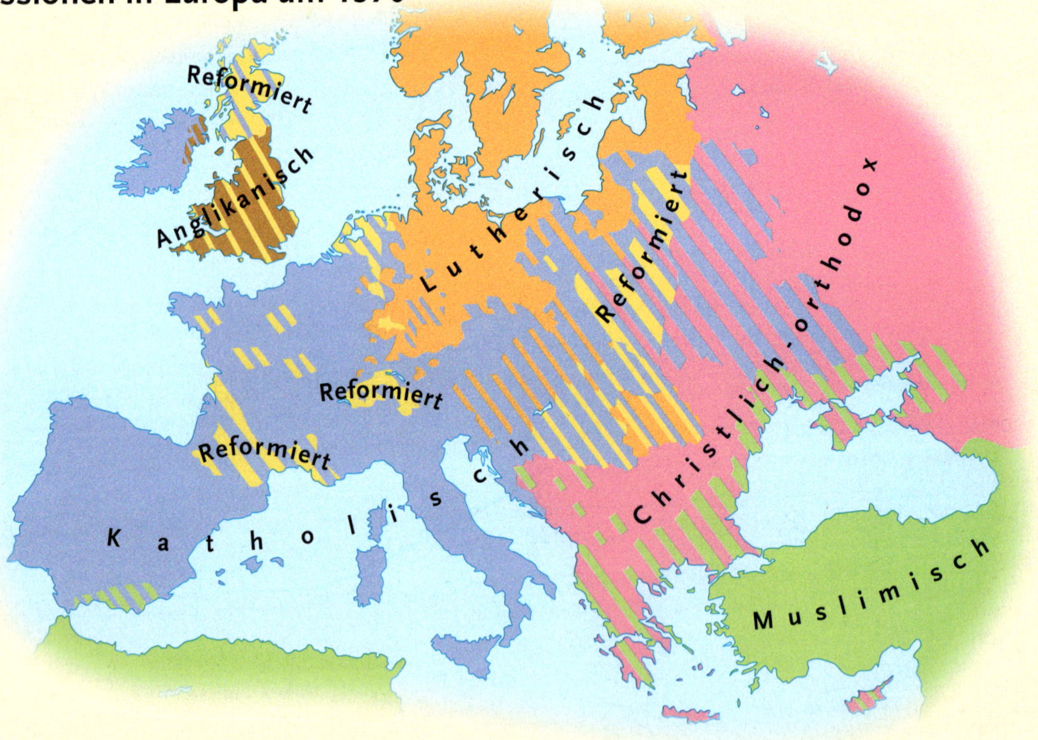

- Reformation – seit 1517
- Gegenreformation – seit 1545
- Dreißigjähriger Krieg – 1618 bis 1648

Martin Luther – Streit um den richtigen Glauben

Missstände in der römischen Kirche

Als im Jahr 1517 der Dominikanermönch Tetzel in der Gegend um Magdeburg so genannte Ablassbriefe verkaufte, stieß er in der Bevölkerung auf großes Interesse. Durch den Erwerb eines solchen Briefes konnte sich nämlich jeder von seinen Sünden und der zu erwartenden Strafe Gottes freikaufen. Tetzel machte ein gutes Geschäft und die Einnahmen kamen seinem Auftraggeber Kardinal Albrecht zugute. Der brauchte das Geld dringend, weil er sich mehrere Ämter gekauft hatte: Zunächst war er Bischof geworden, dann Erzbischof und schließlich Kardinal. Die Erlaubnis für diesen Ämterkauf hatte ihm Papst Leo X. erteilt, der sich dafür wiederum reichlich entlohnen ließ. Das Geld verwendete er für seine prunkvolle Hofhaltung und vor allem für den Bau der Peterskirche in Rom. Sie sollte die größte und prächtigste Kirche der Welt werden.

Gott

Papst (Stellvertreter Christi auf Erden)
Priester

Gläubige Laien
- Getaufte Gläubige
- Sündenvergebung durch Buße (Gebete/Fasten) und gute Werke
- Erlösung über die Kirche

Kirche (römisch-katholisch)

Gläubige
- Kein Mittler zwischen Gläubigen und Gott nötig
- Erlösung allein aus der Gnade Gottes und durch den Glauben
- Lehre vom „Priestertum aller Gläubigen“: Jeder Mensch wird durch die Taufe zum Verkünder von Gottes Wort.
- Richtschnur ist die Heilige Schrift

Luthers Lehre

M1 **Die Lehre Luthers im Vergleich zur spätmittelalterlichen Kirchenlehre**

Biographie

Martin Luther

Als in Wittenberg der Mönch und Theologieprofessor Martin Luther (1483–1546) von den Ablasspredigten Tetzels hörte, beschloss er, dagegen vorzugehen. Luther verfasste 95 Thesen (= Behauptungen), in denen er die Ablasspredigten als gottlos und ketzerisch verurteilte. Mit seiner Kritik wurde Luther zu einer Gefahr für die Herrschenden in der Kirche. Der Papst versuchte, Luther durch öffentliche Verhöre und Streitgespräche zum Einlenken zu bringen. Dieser widerrief seine Meinung aber nicht. Daraufhin entband der Augustinerorden Luther vom Mönchsgelübde.
1519 behauptete Luther bei einem theologischen Streitgespräch, Papst und Konzilien könnten sich irren, allein das Wort der Bibel sei verbindlich. Nun galt Luther als Ketzer. Wenig später drohte der Papst ihm den Kirchenbann an, d. h. den Ausschluss aus der Kirche, doch Luther verbrannte die päpstliche Drohbulle öffentlich.
Anfang 1521 wurde er gebannt und zum Reichstag nach Worms vorgeladen. Auch dort widerrief er seine Auffassung nicht und folglich stellte ihn Kaiser Karl V. (1519–1556) unter die Reichsacht*. Der Kurfürst Friedrich von Sachsen brachte ihn auf der Wartburg in Sicherheit. Hier übersetzte Luther das Neue Testament ins Deutsche. Nach seiner Rückkehr von der Wartburg heiratete Luther die frühere Nonne Katharina von Bora, mit der er sechs Kinder hatte.

1 Stelle begründet Vermutungen an, welche Veränderungen in Europa seit dem späten Mittelalter deutlich werden. Vergleiche dafür die Karten S. 70 und S. 12.
2 Erarbeite die Kritik Luthers an der Kirche und deren Reaktion darauf (Darstellungstext, M1 und Kasten).
3 Erörtere, warum gerade einfache Bürger und Bauern die Ablasspraxis kritisierten.

Vorschlag für eine Gruppenarbeit

Erarbeitet in fünf Gruppen die Seiten 71 bis 75. Jede Gruppe übernimmt eine Seite und fertigt mithilfe der Arbeitsaufträge einen Bericht für die Klasse an. Ihr könnt dabei die Arbeitsschritte „Informationen präsentieren“ (S. 78) nutzen.
- Diskutiert in der Klasse den möglichen Zusammenhang zwischen Glaubensstreit und politischem Machtstreben.

Die Reformation

Ausbreitung der Lehre – Spaltung im Reich

Luthers Schriften wurden mithilfe der neuen Buchdrucktechnik in der Bevölkerung verbreitet. Seine Ideen und Reformvorschläge fanden bei vielen Menschen Gehör. Manche verstanden sie auch als Aufforderung zum Widerstand gegen die verhasste Obrigkeit. An vielen Orten kam es zu Gewalttätigkeiten gegen Priester, Mönche und Nonnen. Luther lehnte solches Handeln jedoch ab und sprach sich gegen Gewalt aus. Die Reformation führte im Reich zu einer politischen Spaltung zwischen den katholisch und den reformatorisch orientierten Landesherren. In der Schweiz entstand eine reformatorische Bewegung um Jean Calvin (1509–1564).

M1

Die Reformation in Esslingen

Am 11. November 1531 beschlossen der Bürgermeister und der Rat der Stadt Esslingen, die Reformation einzuführen:

Der Rat als christliche Obrigkeit habe beschlossen, zu Lob, Ehre und Preis des allmächtigen Gottes, zur Förderung seines heiligen Namens und Glaubens, zum Seelenheil aller und zur Erhaltung von Frieden und Einigkeit das heilige, göttliche, klare, lautere und makellose Wort Gottes ohne menschliche Zusätze verkünden und unerschrocken predigen zu lassen, wie es ja schon seit einiger Zeit geschehe. Daraus erfolgt zwangsläufig die Notwendigkeit, dass alles, was von den bisherigen Kirchenbräuchen dem hellen, göttlichen Wort entgegensteht und sich mit der Schrift nicht beweisen lässt, wie die päpstliche Messe, die Heiligenbilder und anderes mehr, ganz und gar vernichtet und abgeschafft werden muss, um einen wahren, evangelischen und christlichen Gottesdienst wie zu Zeiten der heiligen Apostel abhalten zu können. Bevor von den Prädikanten[1] und Geistlichen zusammen mit dem kleinen und großen Rat eine für alle verbindliche Ordnung erlassen wird, sollen sämtliche Geistlichen der Stadt gehört werden und erklären, was vom alten Glauben aus ihrer Sicht in der heiligen Schrift gegründet ist.

Zit. nach 450 Jahre Reformation in Esslingen, Ausstellungskatalog, Stadtarchiv Esslingen (Hg.), Esslingen, 1981, S. 117 f.

[1] Prädikant: Hilfsprediger

M2

Titelblatt der Bibelübersetzung von Martin Luther, gedruckt von Hans Lufft in Wittenberg, 1541

Begriffe und Daten

Reformation

(lat. reformatio = Umgestaltung, Erneuerung). Religiöse Erneuerungsbewegung, die durch Martin Luthers Kritik am Ablasshandel der katholischen Kirche ausgelöst wurde. Ziel der Reformation im 16. Jahrhundert war es, die ursprüngliche Reinheit des Glaubens wiederherzustellen. Sie führte am Ende zu einer Spaltung der Kirche in zwei Konfessionen (lat. confessio = Bekenntnis): die katholische und die evangelische („Protestanten").

1. Zeige mithilfe des Darstellungstextes und M2, welche Folgen die Lehre Luthers im Reich hatte.
2. Formuliere mit eigenen Worten, wie der Esslinger Rat (M1) die Einführung der Reformation begründete.
3. Zeige inwieweit in der Reformation Religion und Politik miteinander verknüpft waren.
4. **Recherche:** Fragt beim Einwohnermeldeamt nach der Religions- bzw. Konfessionszugehörigkeit der Einwohner in eurer Stadt (Gemeinde).

Der Bauernkrieg

Luther und die Bauern

Verschlechterte Lebensbedingungen und Einschränkung alter Rechte wie Jagen und Brennholzsammeln in herrschaftlichen Gewässern bzw. Wäldern hatten im süddeutschen Raum schon Ende des 15. Jahrhunderts zu vereinzelten Auflehnungen der Bauern gegen ihre Herren geführt. Als die Botschaft Luthers in den Zwanzigerjahren des 16. Jahrhunderts zu den Bauern drang, glaubten sie, für ihre Beschwerden und Proteste Begründungen in der Bibel zu finden. Unterstützung fanden sie häufig bei Pfarrern. Im Frühjahr 1525 brach der Aufruhr am Oberrhein los und verbreitete sich schnell bis nach Thüringen. Die Gewalt und die schnelle Verbreitung der Unruhen führten dazu, dass man später von einem Bauernkrieg sprach.

Die Obrigkeit reagierte schnell und hart. Sie schlug den Aufstand nieder. Luther, der den Forderungen der Bauern anfangs positiv gegenüberstand, änderte seine Ansicht: Er lehnte es ab, politische Forderungen direkt aus dem Evangelium abzuleiten und sie mit Gewalt durchzusetzen. In Thüringen wurde der Aufstand von dem Pfarrer und einstigen Anhänger Luthers, Thomas Münzer (1490–1525), angeführt. Der Aufstand wurde im Mai 1525 blutig niedergeschlagen und Münzer hingerichtet. Der Bauernaufstand blieb ohne Erfolg.

M2

Aus den zwölf Artikeln der Bauern (1525)

Die aufständischen Bauern forderten unter anderem:

Art. 1: Die Gemeinde soll sich ihren Pfarrer selbst wählen dürfen.

Art. 2: Der Kornzehnt soll für die Bezahlung des Pfarrers genutzt werden; der Viehzehnt entfällt.

Art. 3: Die Bauern wollen der Obrigkeit Gehorsam leisten, aber nur als freie Menschen, nicht als Leibeigene.

Art. 4: Die Gemeinde soll das Recht der Jagd und des Fischfangs zurückbekommen.

Art. 6: Die Frondienste sollen verringert werden auf das Maß, das für die Eltern galt.

Art. 7: Abgaben und Dienste über das festgelegte Maß hinaus soll die Herrschaft selbst bezahlen.

Art. 8: Der Pachtzins soll gerecht festgelegt werden.

Art. 12: Die Grundlage der bäuerlichen Forderungen ist das Evangelium.

Zusammengestellt und bearbeitet nach Günther Franz (Hg.), Quellen zur Geschichte des Bauernkrieges, Darmstadt, 1963, S. 238 ff.

1 Erläutere die Forderungen der Bauern (M2).

2 Zeige anhand des Darstellungstextes und M1 Ursachen, Verlauf und Ergebnis des Bauernkrieges.

3 Erkläre die Verbindung zwischen Bauernkrieg und Reformation.

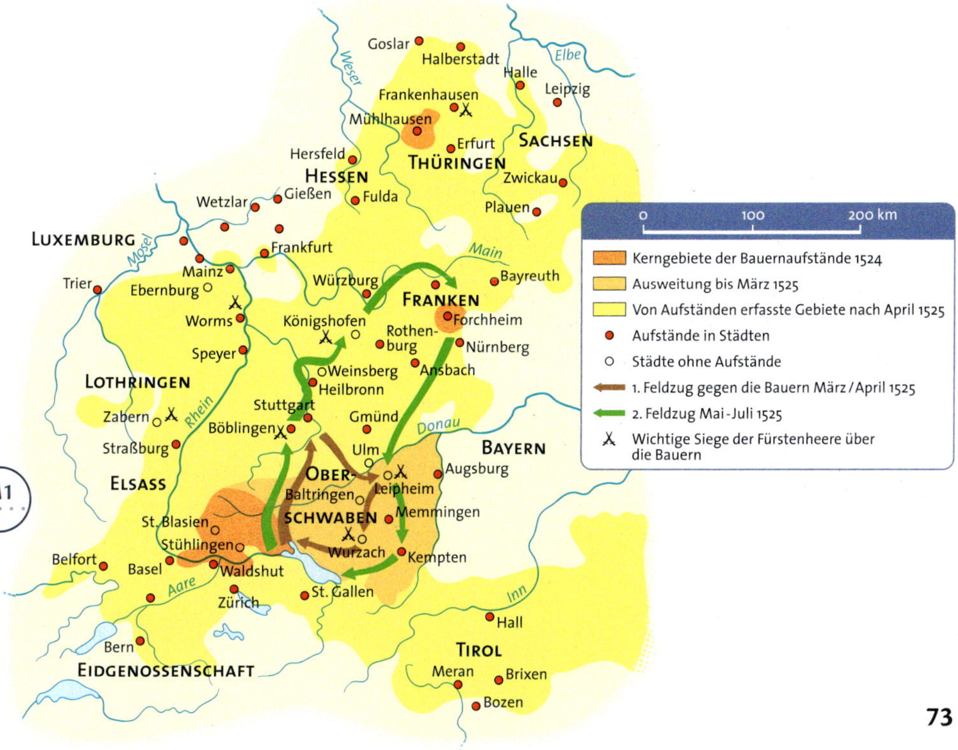

M1
Bauernaufstände und Bauernkrieg 1525

Die Gegenreformation der katholischen Kirche

Glaubensspaltung und Religionsfriede

Angesichts der wachsenden Zustimmung der Reformation bei Landesherren und Städten berief der Papst auf Druck des Kaisers 1545 ein Konzil in die italienische Stadt Trient. Dem Kaiser war an einem einheitlichen Glauben in seinem Reich gelegen, die Reichsfürsten der protestantischen Länder lehnten jedoch die Teilnahme am Konzil ab. Bereits 1531 hatten sie sich im Schmalkaldischen Bund (1531–47) zusammengeschlossen, um ihre Rechte als Landesherren und ihre Religionsfreiheit zur Not auch mit Waffen zu verteidigen. Im militärisch ausgetragenen Konflikt mit Kaiser Karl V. unterlagen sie zunächst, konnten sich aber mit einem Beschluss auf dem Reichstag in Augsburg 1555 gegen den Kaiser durchsetzen. Der so genannte „Augsburger Religionsfriede“ sah Folgendes vor:

- Das katholische und das lutherische Glaubensbekenntnis sind gleichgestellt.
- Mit seinem Bekenntnis legt der Landesherr die Konfession seiner Untertanen fest (lat. cuius regio, eius religio = wessen das Land, dessen die Religion).
- Untertanen, die nicht die Konfession ihres Landesherrn annehmen wollen, müssen auswandern.

„Rechter Glaube“ durch Bildung und Gewalt

Die Beschlüsse des Konzils von Trient wurden vor allem von den Mönchen des Jesuitenordens getragen. Durch Bildung sollten besonders junge Menschen dem katholischen Glauben zugeführt und vor den Irrlehren der „Heiden“ und „Ketzer“, wie den Protestanten, geschützt werden. Deshalb gründeten die Jesuiten in der ganzen Welt Schulen und Universitäten. Viele katholische Herrscher versuchten ihre Untertanen mit der Inquisition an die Kirche zu binden: Verfolgung, Folterung und Hinrichtung von Ketzern im Namen der Kirche. Dies löste einen langen Kampf aus, der u.a. 1588 zur Unabhängigkeit der nördlichen Provinzen von Spanien führte, womit die heutigen Niederlande entstanden. In Frankreich wurden die Calvinisten („Hugenotten“) Opfer blutiger Verfolgung. Schließlich verfügte König Heinrich IV. im Edikt von Nantes (1598), dass der Katholizismus Staatsreligion bleiben sollte, garantierte aber gleichzeitig den Hugenotten die freie Ausübung ihrer Religion.

M1

Das Licht ist auf den Leuchter gestellt, holländischer Kupferstich, 1617. Um den Tisch sitzen Reformatoren aus Europa: u.a. Jan Hus (A), Philipp Melanchthon (B), Martin Luther (C), Jean Calvin (D), Theodor Beza (E), John Wyclif (F) und (stehend) Huldreich Zwingli (G). Im „Atem“ der Figuren im Vordergrund steht: „Verkehrte Gelehrtheit“ und „Lügengeist“.

Begriffe und Daten

Konzil von Trient

Versammlung, die unter der Leitung des Papstes von 1545 bis 1563 tagte. Beschlossen wurde Folgendes:

- Grundlage des Glaubens ist nicht allein die Bibel, sondern auch die Überlieferung der Kirchenlehrer.
- Nur die Kirche hat das Recht, die Bibel auszulegen.
- Der Mensch verdient Gottes Gnade durch den Glauben und durch gute Werke.
- Der Missbrauch des Ablasses wird ebenso verboten wie der von Kirchenämtern.
- Latein soll Sprache der Liturgie und der Bibel sein.
- Nur der Papst ist berufen, die Kirche zu leiten.

1 Vergleiche das Ergebnis des Augsburger Religionsfriedens mit den ursprünglichen Zielen der Reformation.

2 a) Liste anhand des Darstellungstextes die Maßnahmen der katholischen Kirche bzw. Herrscher gegen die Glaubensspaltung auf.
b) Bewerte ihr Ergebnis und vergleiche mit der spätmittelalterlichen Kirche.

3 Untersuche M1 nach der Methode „Eine Bildquelle entschlüsseln“ (siehe Anhang).

4 **Recherche:** Informiere dich über Reformatoren (M1), die du nicht kennst (Lexika, Internet, Sachbücher). Berichte in der Klasse.

Der Dreißigjährige Krieg – ein europäischer Krieg

Ursachen, Anlass und Folgen

Der Augsburger Religionsfriede hatte die Spannungen zwischen katholischen und protestantischen Fürsten nicht beseitigt. Im Jahr 1608 schlossen sich die protestantischen Fürsten zu einem Bündnis, der „Union", die katholischen 1609 zu der „Liga" zusammen. Das „explosive Gemisch" aus konfessionellen und machtpolitischen Spannungen schwelte bereits, als 1617/18 der Habsburger Ferdinand II. König von Böhmen wurde. Er nahm die politischen und konfessionellen Freiheiten, die sein Vorgänger Rudolf II. den protestantischen Adligen in Böhmen eingeräumt hatte, wieder zurück. Daraufhin folgte ein Krieg, der sich über 30 Jahre hinzog. Am Ende hatten sich nicht nur die politischen Machtverhältnisse in Europa verändert, sondern es lagen auch unzählige Dörfer und Städte in Schutt und Asche, ganze Landstriche waren entvölkert. Der Friedensvertrag wurde über mehrere Jahre im katholischen Münster und im evangelischen Osnabrück ausgehandelt.

Begriffe und Daten

Westfälischer Friede 1648

Mit dem Friedensschluss wurde der Dreißigjährige Krieg beendet. Katholiken, Lutheraner und Calvinisten waren jetzt gleichberechtigt. Die Rangordnung der europäischen Mächte hatte sich zu Ungunsten des Deutschen Reiches verschoben: Innerhalb des Reiches bildeten die Reichsstände (Kurfürsten, weitere weltliche und geistliche Fürsten und Reichsstädte, die unmittelbar dem Kaiser unterstellt waren) ein starkes Gegengewicht zum Kaiser. Sie herrschten in ihren Territorien weitgehend selbstständig. Im „Immer währenden Reichstag" tagten die Ständevertreter seit 1663 in Regensburg.

1 Benenne anhand des Darstellungstextes Anlass und Ursachen des Dreißigjährigen Krieges.

2 Zeige den Gebietsstand nach dem Dreißigjährigen Krieg anhand der Karte M1.

3 Bewerte aus der Sicht des Kaisers und der Fürsten die Regelungen des Westfälischen Friedens (Kasten).

M1

Das Heilige Römische Reich nach dem Westfälischen Frieden

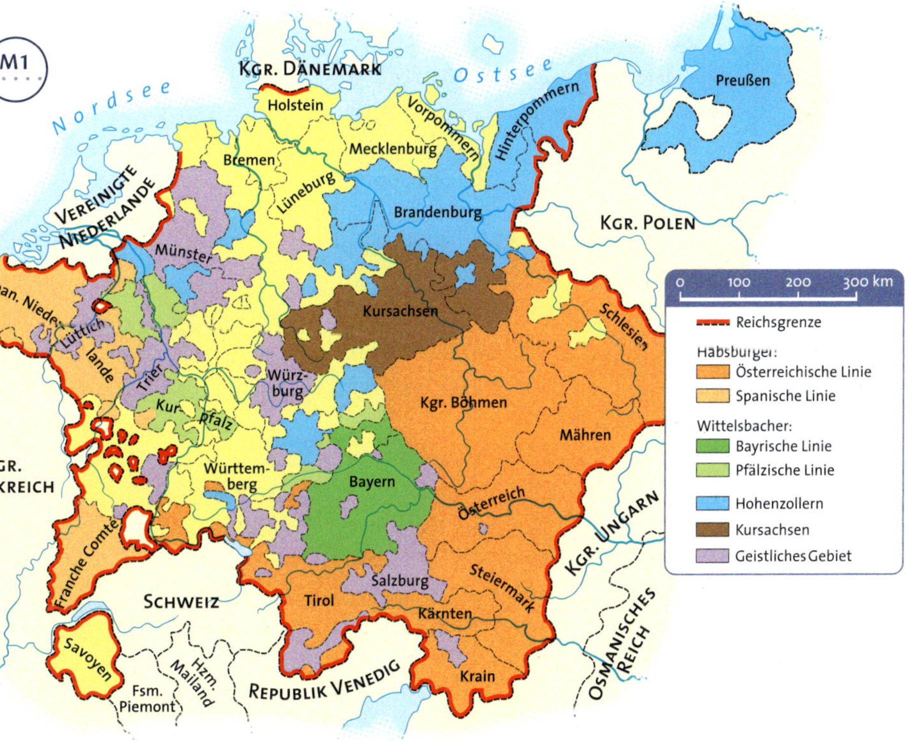

Hexenverfolgung in der Frühen Neuzeit

Der Hexerei verdächtigt – ein Todesurteil?

In einem Brief aus dem Gefängnis bittet die im Sommer 1626 wegen Hexerei inhaftierte Rastatter Kronenwirtin Katharina Huck verzweifelt ihren Mann und ihren Bruder, sich an das Reichskammergericht in Speyer zu wenden, um die Vollstreckung des Todesurteils zu verhindern. Immer wieder beteuert sie ihre Unschuld und bittet ihre Familie, sie nicht im Stich zu lassen. Ob sie gerettet wurde, ist nicht überliefert. Die Dokumente ihres Falls lassen jedoch erahnen, wie gering ihre Chancen und wie groß ihre Verzweiflung gewesen sein müssen. Sie war von zwölf Personen unter Folter angezeigt worden und hatte selbst ein Geständnis abgelegt.

Das Schicksal der Rastatter Kronenwirtin war eines unter Zehntausenden. Viele Frauen und Männer wurden in der frühen Neuzeit der Hexerei oder Zauberei angeklagt und zum Tode verurteilt.

M1

Foltermethoden und Strafen, Holzschnitt aus dem Augsburger Laienspiegel, 1512

Der Glaube an Zauberei war nicht neu

Der Glaube der Menschen an Zauberei und Hexerei entstand nicht erst im 16. Jahrhundert und war nicht auf Europa beschränkt. Bereits die Menschen in der Antike versuchten, Glück und Schaden mit magischen Kräften zu erklären.

1487 wurde in Deutschland der „Hexenhammer" herausgegeben, ein Handbuch, das den mit Hexenverfolgung befassten Personen helfen sollte, Verbrechen aufzuklären und die Verurteilten angemessen zu bestrafen. Seine Autoren, zwei Dominikanermönche, zählten als Straftaten unter anderem auf: Teufelspakt, Hexenflug und Schädigung von Menschen am Leib („Schadenszauber").

Hatte im Mittelalter die Kirche Hexerei bekämpft, weil sie darin Aberglaube und Ketzerei sah, waren es in der frühen Neuzeit vor allem Stadträte und Landesherren. Hexerei war nämlich nicht nur nach kirchlichem, sondern auch nach weltlichem Recht strafbar. Oft waren es Motive wie Neid und Streit, die jemanden veranlassten, Nachbarn oder sogar Familienangehörige der Hexerei oder Zauberei zu beschuldigen. Auch Gerüchte und Äußerungen von Kindern reichten aus, um eine Person vor Gericht zu stellen. Unter Folter gestand sie dann alles, was ihr zur Last gelegt wurde – auch wenn sie gar nicht schuldig war.

Wer wurde der Hexerei bezichtigt?

Hexerei wurde überwiegend Frauen zugeschrieben. Tatsächlich wurden seit dem 16. Jahrhundert mehr Frauen als Männer und Kinder Opfer der Hexenverfolgung. Man schätzt das Verhältnis auf 4:1. Vielfach unterschieden sich die Opfer durch ihre Lebensweise, ihr Verhalten, Aussehen oder bestimmte Fähigkeiten von den Menschen ihrer Umgebung.

Die Hexenforschung ist sich in vielen Fragen nicht einig: Ältere Forschungen behaupten, die meisten Verurteilten waren Witwen oder Unverheiratete, aber das trifft nicht zu. Einige Wissenschaftler kamen zu dem Schluss, dass vor allem arme Frauen die Opfer waren. Manche sagen, dass in den meisten Fällen Frauen verdächtigt wurden, die sich mit der Herstellung von Ölen und Salben aus Heilkräutern beschäftigten.

M2 Beschuldigungen gegen Katharina Huck

Am 26. September 1626 wurde die Rastatter Kronenwirtin verhaftet, nachdem zwölf Personen sie mit Zauberei in Verbindung gebracht hatten. Ihre Aussagen sind im Protokoll festgehalten:

Anna Pantelheide, Hausfrau, hat sowohl ohne als auch unter der Folter ausgesagt, dass Katharina, die Hausfrau des Kronenwirts Hans Huck, wie sie Gevatterin[1] sei. Sie hat dies in der Septimation[2] stetig wiederholt und ist dabei bis zu ihrem Ende geblieben …

Magdalena, Witwe des Claus Wagen von Kuppenheim, hat am 19. August ohne Folter gestanden, dann am Nachmittag des 9. September unter leichter Folter bestätigt …, dass Katharina … ihresgleichen sei, weil sie dieselbe neben anderen Gefährten an anderen Orten gesehen und sehr wohl erkannt habe …

Georg Hördt von Rastatt hat ohne Folter genügend bewiesen, dass Katharina, die Kronenwirtin, auch mit dem Laster der Zauberei behaftet sei. Und zwar hat er ihr auch vor sieben Zeugen in das Gesicht gesagt, dass sie bei seiner Hochzeit und anderen Tänzen gewesen sei. Ihr – Katharinas – Buhle[3] sei grün und sie mit einem schönen Federbusch und Männerhut als ihre [der Hexen] Obristin erschienen. Sie sei auch immer oben am Tisch gesessen.

Zit. nach Deutsche Rechtsgeschichte 1500–1800 im Spiegel der Bestände der Historischen Bibliothek der Stadt Rastatt, Stadtverwaltung Rastatt (Hg.) 1991, S. 402 ff., Transkr. von E. Senft.

[1] hier: Hexe [2] Überführung durch sieben Zeugen [3] Teufel

M3 Hexenverfolgung in der Frühen Neuzeit

Viele meinen, dass Hexenverfolgungen im Mittelalter stattgefunden hätten. Sie waren aber vor allem eine Erscheinung der Frühen Neuzeit. Ein Katalog anlässlich einer Hexenausstellung 1994 fasst Vermutungen zusammen:

Umgekehrt verstehen wir heute besser, warum gerade im späten 15. Jahrhundert und im Zeitraum zwischen 1560 und 1660 die Neigung anstieg, Hexenverfolgungen durchzuführen. Das gesellschaftliche Gefüge einer noch weitgehend statischen[1] Agrargesellschaft geriet unter Druck, weil bei einer zunehmenden Überbevölkerung eine zunehmende Existenzangst eintrat. Diese … muss auch vor dem Hintergrund der Hungerkrisen verstanden werden, die im Zuge einer weltweiten klimatischen Abkühlung, der so genannten kleinen Eiszeit, in immer kürzeren Abständen eintraten.

Agrarkrisen traditioneller Art (Unwetter – Missernte – Preissteigerung – Unterernährung – Epidemien – rapider Anstieg der Todesrate) waren für die zunehmende Hexereivorstellung in der Bevölkerung von zentraler Bedeutung, denn Hexen konnten sowohl für das Unwetter als auch für Krankheiten von Mensch und Vieh verantwortlich gemacht werden.

Hexen und Hexenverfolgung im deutschen Südwesten, Badisches Landesmuseum (Hg.), Ostfildern (Cantz) 1994, S. 131. Bearb. d. Verf.

[1] keine Entwicklung aufweisend

Biographie

Friedrich Spee

Der Theologe und Dichter Friedrich Spee (1591–1635) war der Beichtvater vieler Personen, die in Hexenprozessen zum Tode verurteilt wurden. Er war ein scharfer Gegner der Hexenverfolgung. In seiner Streitschrift „Cautio criminalis“ („Rechtliche Bedenken wegen der Hexenprozesse“) von 1631 kritisierte er besonders die Folter. Seiner Meinung nach würden sich alle Gefolterten angesichts der erlittenen Qualen schuldig bekennen. Deshalb sei Folter kein geeignetes Mittel, ein Geständnis zu erlangen.

1 Benenne die in M1 abgebildeten Foltermethoden und Strafen. Nimm dazu Stellung.

2 a) Formuliere anhand von M2 eine Anklageschrift gegen Katharina Huck und ein Plädoyer zu ihrer Verteidigung.
b) Trage die Schriften vor und beurteile deren Argumente aus damaliger und heutiger Sicht.

3 Fasse anhand von M3 die Gründe der Hexenverfolgungen in der Frühen Neuzeit zusammen.

4 Informiere dich über Friedrich Spee (Kasten) und entscheide, ob der Fall Katharina Huck ihn in seiner Meinung zu Hexenprozessen bestätigt hätte.

5 Hexenverfolgung – das gibt es heute nicht mehr. Diskutiert diese Aussage in der Klasse.

Informationen präsentieren

Sehen und besser verstehen

In eurem Unterricht wurden sicher schon Referate vorgetragen. Oft ist es nicht leicht, die neuen Informationen zu behalten. Das Verstehen fällt leichter, wenn verschiedene Medien eingesetzt werden. Ein Referat, bei dem Medien zur Veranschaulichung („Visualisierung") verwendet werden, wird Präsentation genannt.

1 Erstelle mithilfe der Arbeitsschritte eine Präsentation. Vorschläge für Themen:
- Die Reformation in Europa
- Der Westfälische Friede und seine Folgen
- Hexenverfolgungen – das Beispiel ... (Katharina Huck)

1. Einleitung
- soll Thema/Frage vorstellen, das/die geklärt werden soll
- soll deine Vorgehensweise zeigen

2. Hauptteil
- muss schlüssig sein und sich auf das Thema der Präsentation beziehen
- muss auf überzeugenden Aussagen und Beispielen aus den Quellen beruhen

3. Schlussteil
- fasst die wesentlichen Erkenntnisse zusammen
- nennt Fragen, die offen geblieben sind

M1

Der Aufbau einer Präsentation

Arbeitsschritte

1. Schritt: Thema, Ziel und Form des Vortrags klären
- Welches Ziel soll der Vortrag haben?
- Für wen wird präsentiert?
- Welche Informationen/Inhalte sollen dargestellt werden?
- Welche Medien können/sollen benutzt werden?
- Welche Zeitvorgabe muss beachtet werden?

2. Schritt: Informationen sammeln und ordnen
- Sammle Material zum Thema (Lexika, Internet)
- Wähle die Informationen aus, die die Vorgaben von Schritt 1 erfüllen.
- Ordne die Informationen so, dass die Zuhörer sie nachvollziehen und eigene Überlegungen anstellen können.
- Bilde Themenblöcke mit Behauptungen oder Fragen als Überschriften.

3. Schritt: Vortrag strukturieren
Jedes Referat, jede Präsentation hat eine Einleitung, einen Hauptteil und einen Schlussteil. Gliedere deine Präsentation nach den Vorgaben von M1.

4. Schritt: Visualisierung
- Notiere die wichtigsten Aussagen deines Vortrags.
- Welches Medium bietet sich an, um die Aussagen den Zuhörern zu verdeutlichen (z. B. Plakat, OHP-Folie, Beamer)?
- Gestalte die Visualisierung so, dass der Inhalt schnell erfasst wird (z. B. Grafik, Skizze, Symbole, Spiegelstriche).

5. Schritt: Präsentation vorbereiten
- Bevor du an die Öffentlichkeit trittst, solltest du die Präsentation üben. Suche dir dazu eine andere Person, die deine Präsentation vorher ansieht und dir noch ein paar Tipps für die Durchführung gibt. Stoppe die Zeit.
- Schreibe Stichwörter auf Merkzettel. Notiere auch, an welchen Stellen du etwas visualisieren möchtest.
- Überprüfe, ob Thema und Ziel deutlich werden.
- Plane genügend Zeit für Unterbrechungen oder Änderungen ein.
- Sorge dafür, dass alle Materialien und Geräte bereitstehen.

6. Schritt: Präsentation
- Prüfe, ob alle Medien und Materialien in der richtigen Ordnung sind.
- Trage deinen Vortrag möglichst ruhig vor und halte Blickkontakt mit den Zuhörern.
- Gib deinem Publikum Gelegenheit für Fragen oder für eine Diskussion.

Reformation: Glaubensstreit und Machtkampf

M1 **„Luther, des Teufels Dudelsack"**, Karikatur von Erhard Schoen, 1521

M2 **„Ich bin der Papst"**, Karikatur, 1500. Die Karikatur zeigt Papst Alexander VI. (1492–1503) mit der Tiara (= dreifache Papstkrone für feierliche Anlässe).

Überprüfe, was du kannst

Sachkompetenz

1 Fasse die Ergebnisse des Augsburger Religionsfriedens und des Konzils von Trient zusammen (S. 74).

2 Erläutere die Verbindung zwischen Reformation und Bauernkrieg (S. 71 bis 73)

Methodenkompetenz

3 **Präsentation:** Bereitet arbeitsteilig eine kurze Präsentation (S. 78) vor, indem ihr
a) M1 bzw. M2 untersucht,
b) die Aussagen, die M1 bzw. M2 enthalten, erläutert.
c) Vergleicht anschließend M1 und M2 und stellt einen Zusammenhang mit der Reformation (S. 72) und der Gegenreformation (S. 74) her.

Handlungskompetenz

4 Formuliere je einen Erlass eines katholischen bzw. protestantischen Fürsten, die die Ergebnisse des Westfälischen Friedens (S. 75) aus ihrer Sicht den Untertanen verkünden.

- seit 15. Jahrhundert Hexenverfolgung
- 1517 95 Thesen Martin Luthers
- seit 1517 Reformation
- 1525 Bauernkrieg
- seit 1545 Gegenreformation
- 1545 bis 1563 Konzil von Trient
- 1555 Augsburger Religionsfriede
- 1618 bis 1648 Dreißigjähriger Krieg
- 1648 Westfälischer Friede

1450 1500 1550 1600 1650

Neue Welten – neue Horizonte

Vom Ende des 13. bis zum 17. Jahrhundert fanden, ausgehend von den italienischen Städten, Veränderungen in ganz Europa statt, die die Stellung der Menschen in der Gesellschaft und das Weltbild der Menschen grundlegend veränderten. Diese Epoche, die auch als die Epoche der Renaissance und des Humanismus bezeichnet wird, kennzeichnet den Übergang vom Mittelalter zur Neuzeit. Dennoch war die Zeit nicht ohne Widersprüche: Während Gebildete in Europa versuchten, die Erscheinungen der Welt mit Vernunft zu erklären, lebten die meisten Menschen um 1500 überwiegend noch nach mittelalterlichen Regeln. In vielen Gegenden stieg z. B. die Zahl der Hexenprozesse gegen Frauen und Männer stark an. Warum es zu der Ausweitung der Hexenverfolgung kam, ist bis heute nicht geklärt.

Humanismus und Renaissance

Der Künstler und Forscher Leonardo da Vinci steht stellvertretend für die Veränderungen um 1500: In der Renaissance wurde der einzelne Mensch als etwas Einmaliges betrachtet, der aufgefordert war, auf vielfältige Weise sich und seine Umgebung zu erforschen. Die Idee von der Freiheit des Einzelnen erfasste alle Lebensbereiche, vor allem auch die Wirtschaft: Beispielhaft steht hier der mächtige Stadtstaat Florenz, in dem sich die Familie Medici die politische Macht sicherte. Geldverkehr, Fernhandel und die Nachfrage nach Luxuswaren führten dazu, dass Handel und Gewerbe in den Städten aufblühten. Auch außerhalb Italiens errangen große Handelsfirmen wie die der Fugger in Augsburg nicht nur eine marktbeherrschende Stellung, sondern großen politischen Einfluss. Zu den Verlierern dieser Entwicklung gehörten die im Verlagssystem tätigen Weber.

Frühe Neuzeit – ein neues Zeitalter beginnt

Humanismus und Renaissance

Anfänge
- Im 13./14. Jahrhundert erkämpft sich die Oberschicht der italienischen Stadtstaaten durch wirtschaftliche Erfolge politische Unabhängigkeit; eine einflussreiche, gebildete Oberschicht entsteht.
- Rückbesinnung auf antike Traditionen („Wiedergeburt“: Renaissance)

Merkmale
- der Mensch steht im Mittelpunkt der Welt; neuer Kunststil
- verstärktes naturwissenschaftliches und medizinisches Interesse
- wirtschaftlicher Wandel
- Forderung nach umfassender Bildung des Menschen

Wirkung
- Verbreitung der Ideen in ganz Europa; Entstehung eines Netzwerks im Handel und in der Wissenschaft

Entdeckung und Eroberung

Voraussetzungen
- Kopernikus erkennt, dass die Erde um die Sonne kreist (heliozentrisches Weltbild) und stellt damit das geozentrische Weltbild der Kirche infrage.
- Galilei entwickelt das wissenschaftliche Experiment.

Folgen
- Durch neue Messinstrumente werden genauere Himmelsbeobachtungen möglich: Immer mehr Entdeckungsfahrten führen zum Erfolg.
- Den Entdeckern folgen Eroberer, die die einheimische Bevölkerung, z. B. in Amerika, unterwerfen und Kolonien gründen.

Reformation: Glaubensstreit und Machtkampf

Auslöser
- Kritik am Ablasshandel führt zur Reformation (Martin Luther)

Glaubensspaltung
- Verbreitung der Ideen Luthers durch die neuen drucktechnischen Möglichkeiten im ganzen Reich
- Kirchenspaltung in ein katholisches und ein evangelisches/reformatorisches Glaubensbekenntnis
- Der jeweilige Landesherr bestimmt die Konfession seiner Untertanen.
- Bauernaufstände in Südwestdeutschland (1525)
- Gegenreformation

Dreißigjähriger Krieg (1618–1648)
- Spannungen zwischen katholischen und evangelischen Fürsten führen zu einem europaweiten Machtkampf; 1648 Westfälischer Friede

Entdeckungen und Eroberungen

Gelehrte wie Galilei und Kopernikus gingen bei ihren Untersuchungen über bisherige von der Kirche verkündete Erklärungen hinaus. Bei der praktischen Umsetzung ihrer Naturbeobachtungen entwarfen einige Gelehrte Maschinen, die uns heute noch sehr modern erscheinen. Wegweisende Ereignisse, wie die Erfindung des Buchdrucks durch Johannes Gutenberg (1455) und die Entdeckung Amerikas durch Christoph Kolumbus (1492), wären ohne Forschung und technische Erfindungen nicht möglich gewesen.
Die Entdeckung der „Neuen Welt“ durch die Europäer erwies sich für die einheimischen Völker wie Azteken und Inka als der Beginn einer langen Herrschaft durch die Kolonialmächte Spanien und Portugal. Die einheimische Bevölkerung wurde von den Encomenderos ausgebeutet und in ihrer Menschenwürde nicht geachtet.

Die Reformation führt zur Glaubensspaltung

Das 15./16. Jahrhundert war auch in der Kirche ein Jahrhundert grundlegender Veränderungen: Die Reformation, die Martin Luther (1483–1546) und andere Theologen anstießen, führte zur einer Glaubensspaltung der christlichen Kirche in katholische sowie evangelisch-lutherische und reformatorische Christen. Auslöser der Reformation war der seit dem späten Mittelalter übliche Ablasshandel mit begangenen Sünden: Diese konnten durch Stiftungen oder den Kauf von Ablassbriefen abgelöst werden. Kritik an diesem päpstlichen Ablasshandel übte Luther mit 95 Thesen, die er 1517 veröffentlichte. Er wurde daraufhin als Ketzer angeklagt. Viele Reichsfürsten und Reichsstädte stellten sich jedoch auf seine Seite. So wurde aus dem Streit um die Erneuerung der Kirche (Reformation) ein politischer Machtkampf zwischen Kaiser, Papst und Fürsten, der zur religiösen und politischen Spaltung des Deutschen Reichs führte. Im Augsburger Religionsfrieden (1555) wurde schließlich eine Gleichstellung des katholischen und des lutherischen Glaubensbekenntnisses vereinbart. Der Landesherr bestimmte über das Glaubensbekenntnis seiner Untertanen.
Seit etwa 1530 entstanden evangelische Landeskirchen, die von den Landesherren durch Landesbischöfe geleitet wurden. Die katholische Kirche versuchte seit den Reformen des Konzils von Trient (1545–1563), Einfluss zurückzugewinnen, z. B. durch die Gründung katholischer Bildungseinrichtungen (Jesuitenschulen).

Der Bauernkrieg

Bereits am Ende des 15. und in den ersten Jahrzehnten des 16. Jahrhunderts gab es vereinzelt Aufstände unzufriedener Bauern gegen ihre Herren. Mit den Freiheitsgedanken der Reformation verband sich für die Bauern die Hoffnung auf die Erneuerung des Glaubens mit Erwartungen auf die Verbesserung ihrer Lebensverhältnisse. 1524/25 kam es dann vor allem im Südwesten des Reiches zu einem gewaltsamen Aufstand der Bauern. Der lutherische Pfarrer Thomas Müntzer (1490 bis 1525) unterstützte die Bauern, Luther selbst dagegen lehnte den gewaltsamen Protest ab und rief die Herrscher auf, gegen die Aufständischen vorzugehen. Schließlich wurden die Bauern 1525 von den landesherrlichen Truppen besiegt.

30 Jahre Krieg verändern Europa

Aus der engen Verbindung von konfessionellen und politischen Spannungen entbrannte 1618 der Dreißigjährige Krieg. Auslöser war der „Prager Fenstersturz“, eine Protestaktion evangelischer Adliger in Böhmen gegen die Beschränkung ihrer Religionsfreiheit. Viele europäische Länder beteiligten sich am Krieg, bei dem weite Gebiete des Reiches schwer verwüstet wurden und die Bevölkerungszahl in vielen Regionen um die Hälfte zurückging. Anders als in den Schlachten des Mittelalters wurden in diesem Krieg alle Bevölkerungsgruppen für die Unterstützung der Armeen herangezogen. Auch die Ausdehnung des Krieges über ganz Mitteleuropa war für die Menschen neu.
Der Dreißigjährige Krieg wurde 1648 durch den Westfälischen Friedensvertrag beendet. Die Kriegsfolgen spürte die Bevölkerung noch viele Jahre lang. Die politischen Machtverhältnisse in Europa veränderten sich: Neue Staaten entstanden (Schweiz, Niederlande), und die Landesherren gewannen gegenüber dem Reich ihre weitgehende Unabhängigkeit.

3. Europa wandelt sich

Jean-Jacques Rousseau stellte im 18. Jahrhundert fest: „Der Mensch wird frei geboren und überall ist er in Ketten." Damit prangerte der Philosoph der Aufklärung das absolutistisch-monarchische Herrschaftssystem seiner Zeit an. Zwei Jahre vor seinem Tod 1778 konnte er noch erleben, wie die Ideen der Aufklärung in Nordamerika praktisch umgesetzt wurden. 1789 beseitigten die französischen Bürgerinnen und Bürger in einer für viele Zeitgenossen atemberaubenden Geschwindigkeit die alte staatliche und gesellschaftliche Ordnung. Die revolutionären Vorgänge in Frankreich hat ein Künstler auf dem Bilderbogen von 1790/91 festgehalten.
Danach schien sich vieles zu wandeln: In Deutschland entstanden revolutionäre Bewegungen, bei denen es allerdings nicht nur um Freiheit, sondern auch um die staatliche Einheit ging. Daneben war ein wichtiger Teil des Wandels die so genannte Industrielle Revolution. Sie breitete sich – ausgehend von England – im 19. Jahrhundert in Europa aus.

„Bilderbogen" von der Französischen Revolution, kolorierter Holzschnitt (54 × 74 cm), 1790/91

Folgende Fragen leiten dich durch das Kapitel:

- ***Welche Ideen führten zur Überwindung des Absolutismus?***
- ***Wie kam es zur Französischen Revolution? Welche Wirkungen hatte sie?***
- ***Welche Bedeutung hatte die Revolution 1848/49 für Deutschland?***
- ***Wodurch wurde die Industrialisierung in England ausgelöst und wie verlief sie in Deutschland?***

1 Beschreibe die Abbildungen und äußere Vermutungen, was sie verbinden könnte.
2 Fasse zusammen, wie sich der Wandel in Europa anhand der Bilder auf dieser Seite darstellt.

Barrikadenkämpfe in Berlin, 18./19. März 1848. Farblithographie von F. C. Nordmann, 1848

„A pithead" – Erster Einsatz einer Dampfmaschine im englischen Kohlebergbau, Gemälde von unbekanntem Maler, England, 1792

Absolutismus und Aufklärung – das Beispiel Frankreich

Wissen • Urteilen • Handeln • Methoden anwenden

Am Ende dieses Unterkapitels kannst du

- den Machtanspruch des „absolutistischen“ Herrschers darstellen und historisch einordnen
- Merkmale des zentralistischen Fürstenstaats nennen und einen Bezug zum modernen Staat herstellen
- die französische Gesellschaft und ihren Wandel im 17./18. Jahrhundert beschreiben
- die Funktion des Merkantilismus als Wirtschaftsform erklären und bewerten
- den Einfluss der Aufklärung in Europa darlegen und ihre Bedeutung für die Gegenwart beurteilen

Frankreich und seine Kolonien im 17./18. Jahrhundert

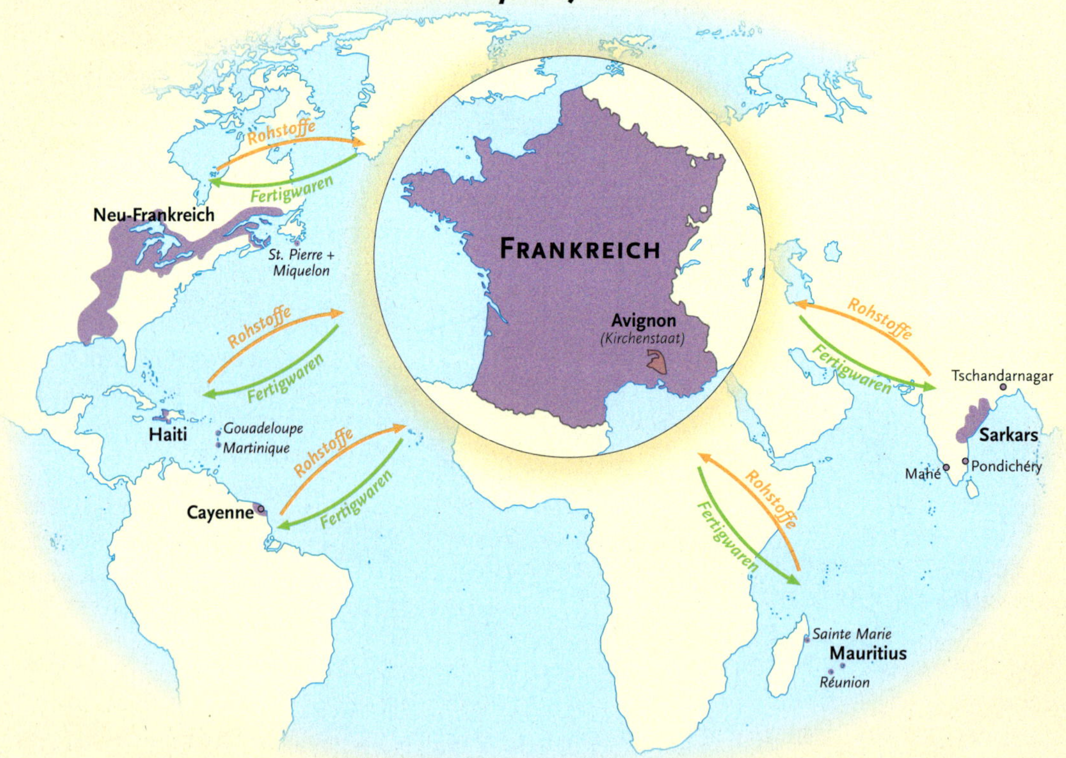

Absolutismus und Aufklärung

17. und 18. Jahrhundert

Der Machtanspruch Ludwigs XIV.

Der Hof und die Verwaltung

Paris war seit dem Mittelalter die Hauptstadt Frankreichs, aber nicht immer der Regierungssitz. Noch im 16. Jahrhundert waren die Könige quer durch das Land gezogen, um ihre Macht gegen innen- und außenpolitische Konkurrenten zu verteidigen.
König Ludwig XIV. (1638–1715) mochte Paris nicht. Deshalb befahl er 1661 den Bau eines Schlosses in der Stadt Versailles, die 20 Kilometer vor der Hauptstadt lag. Außerdem strebte er die Errichtung eines effektiven Behördenapparates an. Dieser sollte vor allem dafür sorgen, dass sein steigender Geldbedarf gedeckt wurde. Um seine Befehle vor Ort durchsetzen zu können, formte Ludwig die politische Landkarte Frankreichs um: Parallel zu den Provinzen entstanden neue Verwaltungsbezirke. Sie wurden jeweils durch einen Intendanten geleitet, der für die Steuereinziehung, die Gerichte, das Militär, die Polizei und den Straßenbau verantwortlich war.

Stützen des Zentralstaats

Im Mittelalter hatten die französischen Könige vor jedem Krieg die Adligen um die Bereitstellung von Soldaten, Pferden und Waffen bitten müssen. Um ihre Abhängigkeit vom Adel zu verringern, warben sie seit dem 15. Jahrhundert Söldner an, die für die Dauer eines Krieges bezahlt und danach wieder entlassen wurden.
Ludwig XIV. wollte eine Armee haben, die ihm direkt unterstand und über die er jederzeit verfügen konnte. Mit diesem Ziel ließ er ein so genanntes stehendes Heer aufstellen, dessen Soldaten auch in Friedenszeiten im Dienst blieben. Ab 1688 gab es in Frankreich erstmals wehrpflichtige Soldaten (Milizsoldaten).
Wie Verwaltung und Heer brachte der König auch die katholische Kirche in Frankreich unter zentrale staatliche Kontrolle („Nationalkirche"), allerdings gegen den Widerstand des Papstes und der Protestanten (Hugenotten), zu denen sich etwa ein Zehntel der Franzosen bekannte. Ludwig XIV. ging mit militärischen Mitteln gegen die Hugenotten vor und verbot 1685 den protestantischen Glauben ganz. In der Folge flüchteten etwa 250 000 Hugenotten aus Frankreich. Die „Nationalkirche" wurde zu einer wichtigen Säule der Königsherrschaft in Frankreich.

M1

Ludwig XIV., Gemälde von Hyacinthe Rigaud (277 × 194 cm), 1701. Ludwig XIV. war fünf Jahre alt, als er 1643 zum König gekrönt wurde. Die Regierungsgeschäfte führte zunächst sein Erster Minister, der Kardinal Jules Mazarin. Nach dessen Tod übernahm er 1661 selbst die Führung des Staates. Als Sinnbild seiner Herrschaft wählte Ludwig die Sonne, die den Planeten ihr Licht spendet. Er erhielt deshalb den Beinamen „Sonnenkönig".

1 Erläutere mithilfe des Darstellungstextes die Maßnahmen, mit denen der König seine Macht ausbaute.
2 Äußere deine Eindrücke von der Darstellung Ludwigs XIV. (M1). Begründe.
3 Verfasse einen Brief, mit dem der Auftraggeber den Künstler mit dem Porträt beauftragt haben könnte.
4 Sammle Informationen zu Ludwig XIV. unter der Fragestellung, welche Rolle Selbstdarstellung, Inszenierung und Machtanspruch für ihn spielten.

Ständestaat oder Fürstenstaat?

Die Monarchie als „absolute" Herrschaft

Zeitgenossen haben im 17. und 18. Jahrhundert immer wieder die Vielfalt der Herrschaftsformen in Europa hervorgehoben, wie z. B. fürstliche Territorien mit autokratischer (selbstherrlicher) Gewalt, aber auch aristokratische (adlige) oder republikanische Gemeinwesen. Dominant blieb in dieser Zeit jedoch die Königs- bzw. Fürstenherrschaft. Sie zog ihre Macht aus dem Glauben an „übermenschliche" Fähigkeiten des Monarchen, aus der Ableitung seiner Macht „von Gottes Gnaden" und aus einem gegenseitigen Schutz- und Treueverhältnis, wie es vom mittelalterlichen Lehnswesen bekannt ist.

Im 17. Jahrhundert begannen die französischen Könige und ihre Minister, die Zentralgewalt auf Kosten des Adels (Lehnsmänner) zu stärken. Das konnte nicht ohne Konflikte mit den Ständen* geschehen, die aufgrund ihres Reichtums, Ansehens oder ihrer Herkunft in ihrer Region politische Macht ausübten. Seit 1614 beriefen die französischen Könige die Generalstände* nicht mehr ein. Es gelang ihnen allerdings nicht, die Provinzialstände in den Regionen abzuschaffen. Die Ständevertreter wehrten sich gegen ihre Entmachtung und rebellierten 1648. Die „Fronde" (dt. Schleuder), wie dieser Aufstand genannt wurde, brach jedoch 1653 zusammen. In den folgenden Jahrzehnten konnte Ludwig XIV. seine Macht weiter ausbauen. Seit dem 19. Jahrhundert wird die von ihm begründete Herrschaftsform als „Absolutismus" bezeichnet.

M1

Medaille zur Erinnerung an die erste von Ludwig XIV. abgenommene Militärparade, 1666. Bei diesem viel beachteten Ereignis traten 18 000 Soldaten an. Die Übersetzung der Inschriften lautet: „Vorspiel zu Siegen" (oben) und „Wiederhergestellte Militärdisziplin" (unten).

M2

Das Selbstverständnis eines Königs

Ludwig XIV. schrieb über sein Amtsverständnis in seinen Memoiren, die der Erziehung seines Sohnes dienen sollten:

Denn schließlich, mein Sohn, müssen wir das Wohl unserer Untertanen weit mehr im Auge haben als unser eigenes. Man kann sagen, dass sie ein Teil unserer eigenen Person sind; wir sind gleichsam das Haupt des Körpers, dessen Glieder sie sind. Wenn wir ihnen Gesetze geben, so geschieht dies nur zu ihrem eigenen Nutzen; die Macht, die wir über sie haben, darf uns nur dazu dienen, mit umso größerem Eifer für ihren Wohlstand zu arbeiten. Wie schön ist es, wenn man es verdient, dass sie einen nicht nur als ihren Herrn, sondern auch als ihren Vater betrachten! Mögen wir auch kraft unserer Abstammung ihre Herren sein, darf doch unser Ehrgeiz kein schöneres Ziel kennen, als von ihnen Vater genannt zu werden. Ich weiß wohl, wie viel Mühe es macht, diesen schönen Titel zu erringen; aber wie bei allen Unternehmungen, die uns Ruhm und Ehre einbringen können, so darf uns auch hier keine Schwierigkeit aufhalten.

Ludwig XIV., Memoiren, zit. nach Wolfgang Hug (Hg.), Geschichtliche Weltkunde, Quellenlesebuch, Bd. 2, Frankfurt a. M. (Diesterweg) 1980, S. 74 f.

M3

Der König und die Stände

Nachdem die Provinzialstände der Provence 1671 die Bewilligung einer Steuer in Höhe von 500 000 Livres abgelehnt hatten, schrieb der Minister Colbert an den obersten Verwaltungsbeamten der Provence, François Grignan:

Ich habe dem König über das fortgesetzt schlechte Betragen der Ständeversammlung der Provence berichtet, und da Seine Majestät nicht länger geneigt ist, dies zu dulden, hat er die nötigen Befehle gegeben, sie nach Hause zu schicken und zugleich zehn Lettres de cachet[1] zu erlassen, um die am übelsten Gesinnten unter den Deputierten nach Grandville, Cherbourg, St. Malo, Morlaix und Concarneau[2] zu verschicken.

Zit. nach Geschichte in Quellen, Wolfgang Lautemann u. a. (Hg.), Bd. 3, 3. Aufl., München (bsv) 1982, S. 435.

[1] Haftbefehle
[2] Gefängnisse

M4

Der moderne Staat

Die Historiker Ruggiero Romano und Alberto Tenenti nennen 1967 die Voraussetzungen des modernen Staates:

In den Anfängen der Neuzeit [waren] zur Bildung eines echten Staates im modernen Sinne … folgende Faktoren von grundlegender Bedeutung:
a) eine gewisse territoriale Grundlage,
b) eine genügend starke Zentralgewalt,
c) Vernichtung oder zumindest drastische Einschränkung der alten Feudalmacht,
d) Schaffung einer soliden Infrastruktur, d. h. Verwaltung, Finanzen, Heer, Diplomatie.
Wo alle vier Faktoren zur Entwicklung gelangten, setzte der moderne Staat sich durch.

Ruggiero Romano / Alberto Tenenti, Die Grundlegung der modernen Welt. Spätmittelalter – Renaissance – Reformation, Frankfurt a. M. (Fischer) 1967, S. 300.

Begriffe und Daten

Absolutismus

(lat. legibus absolutus = von den Gesetzen losgelöst). Bezeichnung für eine Regierungsform, die ihren Höhepunkt im 17. und 18. Jahrhundert mit dem „Sonnenkönig" Ludwig XIV. hatte. Der Monarch beanspruchte die uneingeschränkte Macht ohne Mitwirkung der Stände, schuf eine zentrale Verwaltung, ein stehendes Heer, eine staatlich gelenkte Wirtschaftsordnung und band die (katholische) Kirche an seine Herrschaft. Die Bezeichnung „Absolutismus" für die Zeit des 17. / 18. Jahrhunderts ist heute in der Geschichtsforschung umstritten, weil der Begriff „nichtabsolutistische" Elemente nicht erfasse, wie den Einfluss der Provinzialstände, Stadträte, Dorfversammlungen und die Abhängigkeit der Fürsten von Geld- und Kreditgebern. Viele Historiker sprechen sich inzwischen dafür aus, auf den Begriff „Absolutismus" ganz zu verzichten.

M5

„Verwaltungskreislauf" in Frankreich im 17. / 18. Jahrhundert, englische Zeichnung, 1983.
1 der König – Herrscher von Gottes Gnaden, **2** der Minister: sieben insgesamt, vom König ernannt, **3** die Intendanten: 32 vom König ernannte Provinzbevollmächtigte, **4** die lokale Verwaltung, **5** die Provinzstände: Vertreter von Klerus, Adel, Großbürgertum, **6** die Kirche, **7** die Bauern, **8** Steuerbeamte: vom König ernannt. Sie legten die Steuern für die Provinzen ohne Ständevertretungen fest, **9** die Feudalherren, **10** die örtlichen Gerichte, **11** die Parlamente: 14 Provinzparlamente und das Parlament von Paris, dessen Rechtsbefugnis die aller anderen Parlamente übertraf. Verkündeten Gesetze des Königs, Kauf oder Erbe ihres Amtes, das mit dem Adelsstatus verbunden war, **12** die Berater: vier insgesamt, vom König ernannt.

1 Beschreibe M5 und kläre: Welche Rollen werden dargestellt? Was wollte der Zeichner aussagen?
2 Ordne M1 in die absolutistische Herrschaftsform ein.
3 Prüfe, welche der in M4 genannten Faktoren auf den „absolutistischen Staat" zutreffen. Begründe.
4 Bewerte anhand von M2 und M3 Anspruch und Wirklichkeit des Verhaltens Ludwigs.

Die französische Gesellschaft im 18. Jahrhundert

Wandel der Gesellschaft

Die mittelalterliche Ständegesellschaft mit dem Klerus (Erster Stand), dem Adel (Zweiter Stand) sowie den Bürgern und Bauern (Dritter Stand) prägte auch die französische Gesellschaft des 16. bis 18. Jahrhunderts. Die Herausbildung des „absoluten“ monarchischen Zentralstaates veränderte die Machtverhältnisse zugunsten des Monarchen. Gleichzeitig veränderte sich die Gesellschaft des 18. Jahrhunderts: Durch medizinische und hygienische Fortschritte stieg – wie im übrigen Europa auch – die Lebenserwartung der Bevölkerung, die Überlebenschancen der Kinder und die Geburtenraten stiegen an. Dazu verstärkte sich der Prozess der Verstädterung (Urbanisierung): Die junge, unversorgte und unverheiratete Landbevölkerung wanderte in die Städte, wo die Lebens- und Berufschancen größer waren. In Frankreich wuchs die Stadtbevölkerung zwischen 1740 und 1800 etwa fünfmal stärker als die Landbevölkerung.

M1 **Das Austernfrühstück,**
Gemälde von Jean Francois de Troy, 1734

M2 **„Sie verrichtet alle große und geringe Arbeit …“**

Sébastian Vauban, der berühmte Festungsbaumeister Ludwigs XIV., schrieb 1698 über die französische Gesellschaft:

Durch diese langjährigen Studien … bin ich zu der Wahrnehmung gelangt, dass in der letzten Zeit fast ein Zehntel der Bevölkerung an den Bettelstab gelangt ist und sich tatsächlich durch Betteln erhält; dass von den übrigen neun Zehnteln fünf nicht in der Lage sind, das erste Zehntel durch Almosen zu unterstützen, weil sie selber diesem Elendszustand um Haaresbreite nahe sind. Von den verbleibenden vier Zehnteln sind drei außerordentlich schlecht gestellt … In dem zehnten Zehntel, zu dem ich alle Angehörigen des Schwert- und Amtsadels …, Geistliche …, den ganzen Hochadel, den besseren Adel …, die Inhaber militärischer und ziviler Chargen[1], die Großkaufleute, die wohlhabendsten und von ihren Renten lebenden Bürger rechne, gibt es keine hunderttausend Familien, mit denen man rechnen könnte, und ich glaube …, dass es keine zehntausend … Familien gibt, von denen man sagen könnte, dass es ihnen wirklich gutgeht … Nun ist es aber die untere Schicht des Volkes, die durch ihre Arbeit, ihren Handel, ihre Abgaben den König und sein ganzes Reich emporbringt. Sie stellt Soldaten und Matrosen für Flotte und Heer, dazu zahlreiche Offiziere, alle Kaufleute und unteren Justizbeamten. Sie übt alle Künste und Gewerbe aus, sie betreibt den gesamten Handel und die Manufakturen des Königreiches, sie stellt die Arbeiter, Weingärtner und Tagelöhner auf dem Lande, sie pflegt und füttert das Vieh, sät und erntet das Korn, bestellt die Weingärten und keltert den Wein; mit einem Wort: Sie verrichtet alle große und geringe Arbeit in Stadt und Land.

Zit. nach Fritz Dickmann, Renaissance, Glaubenskämpfe, Absolutismus, München (bsv) 1966, S. 460 f. Übers. von F. Dickmann.

[1] Ämter

M3

Bauernfamilie,
Gemälde von Louis Le Nain, 1643

M4

Die Struktur der französischen Gesellschaft im 18. Jahrhundert

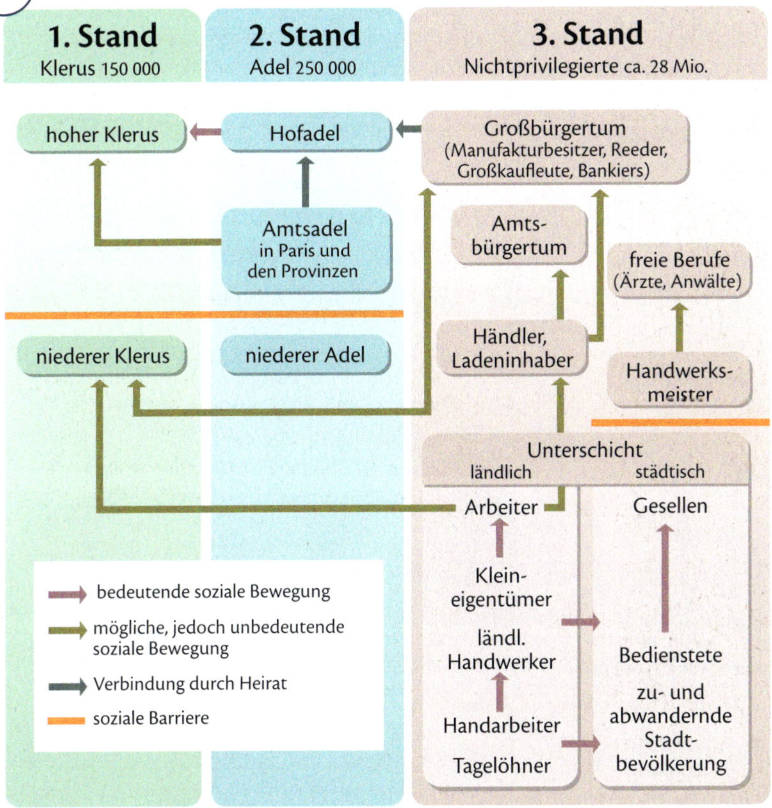

1 Beschreibe anhand von M4 und des Darstellungstextes die französische Gesellschaft im 18. Jahrhundert.

2 a) Analysiere M1 und M3 mithilfe der Methode „Bilder vergleichen" (siehe S. 42 f.).
b) Stelle fest, welcher Eindruck über die französische Gesellschaft jeweils vermittelt wird.

3 a) Fasse zusammen, wie Vauban (M2) die französische Gesellschaft beschreibt.
b) Prüfe, ob sich seine Ergebnisse in dem Modell M4 finden lassen.

4 **Erkundung:** Erkundet, welche Informationen über die Zeit des Absolutismus in eurer Region zu finden sind (Museum, Bibliothek). Berichtet in der Klasse.

Der Merkantilismus: staatlich gelenkte Wirtschaft?

Wirtschaftspolitik im Absolutismus

Der enorme Bedarf an Steuergeldern zwang die regierenden Fürsten Europas sich erstmals intensiv um den Bereich der Wirtschaft zu kümmern. In Frankreich unterstützte Jean Baptiste Colbert (1619–1683), Generalkontrolleur der Finanzen Ludwigs XIV., die Gründung von großen Betrieben, vor allem von Verlagen* und Manufakturen*. Die Landwirtschaft, in der mehr als zwei Drittel der Franzosen arbeiteten, interessierte ihn dagegen kaum. Die verschiedenen Maßnahmen seiner Wirtschaftspolitik werden unter dem Begriff „Merkantilismus“ zusammengefasst.

In der Geschichtsforschung wird ein Zusammenhang zwischen der Entstehung des „absolutistischen“ Staates und der merkantilistischen Wirtschaftspolitik gesehe: Einerseits mache sich die Staatsführung die wirtschaftlichen Kräfte nutzbar, um Reichtum und Macht des Staates zu vermehren, andererseits würden die wirtschaftlichen Gruppen den Staat für ihre Ziele einspannen.

Von der merkantilistischen Wirtschaftspolitik profitierten vor allem Kaufleute, Bankiers, Verleger und Manufakturbesitzer. Die Förderung dieser Gesellschaftsschicht war durchaus beabsichtigt, denn hier fanden sich die meisten Steuerzahler. Neben der Einkommensteuer bildete der Ämterverkauf an das wohlhabende Stadtbürgertum mit der Möglichkeit, in den Adelsstand erhoben zu werden, eine zusätzliche Einnahmequelle für den Staatshaushalt. Das Bürgertum wurde wirtschaftlich zur tragenden Kraft, politisch blieb es weitgehend ohne Einfluss.

Das Lohnniveau wurde niedrig gehalten mit dem Hinweis auf die Wettbewerbsfähigkeit der Exportgüter.

M1 Der französische Staatshaushalt
(in Livres = französische Währungseinheit)

Jahr	Einnahmen	Ausgaben	Defizit
1670	70 483 834	77 307 798	6 823 964
1690	106 642 985	149 319 381	42 676 396
1710	36 432 745	225 847 281	189 414 536

Zusammengestellt nach Alain Guéry, Les Finances de la Monarchie Française sous l'Ancien Regime. In: Annales. Economies – Sociétés – Civilisations, 33 (Arman-Colin) 1978, Tabelle 2.

M2 Die „Goldminen“ Frankreichs

Der Finanzminister Ludwigs XIV., Jean B. Colbert, schilderte 1664 die Grundsätze seiner Wirtschaftspolitik:

Ich glaube, man wird ohne weiteres in dem Grundsatz einig sein, dass es einzig und allein der Reichtum an Geld ist, der die Unterschiede an Größe und Macht zwischen den Staaten begründet. Was dies betrifft, so ist es sicher, dass jährlich aus dem Königreich einheimische Erzeugnisse (Wein, Branntwein, Weinessig, Eisen, Obst, Papier, Leinwand, Eisenwaren, Seide, Kurzwaren) für den Verbrauch im Ausland im Wert von 12 bis 18 Millionen Livres hinausgehen. Das sind die Goldminen unseres Königreiches, um deren Erhaltung wir uns sorgfältig bemühen müssen ... Je mehr wir die Handelsgewinne, die die Holländer den Untertanen des Königs abnehmen, und den Konsum der von ihnen eingeführten Waren verringern können, desto mehr vergrößern wir die Menge des hereinströmenden Bargeldes und vermehren wir die Macht, Größe und Wohlhabenheit des Staates.

Jean Baptiste Colbert, Denkschrift über den Handel. Zit. nach Geschichte in Quellen, Wolfgang Lautemann u. a. (Hg.), Bd. 3, 3. Aufl., München (bsv) 1982, S. 448.

M3 Modell des Merkantilismus

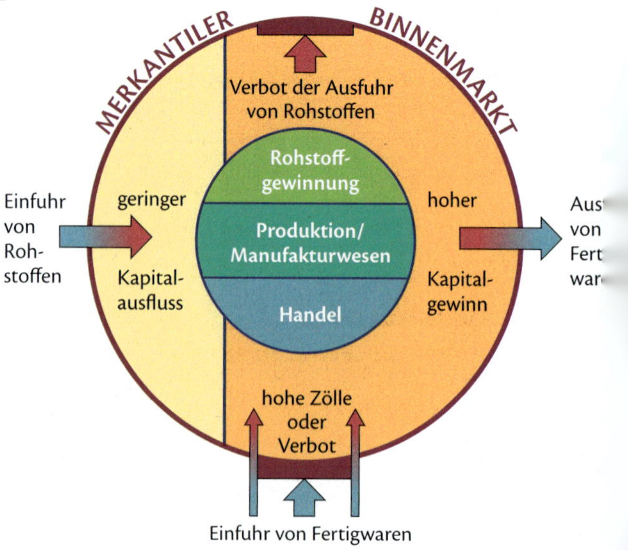

M4 **Colbert präsentiert dem König Ludwig XIV. einen Plan zum Bau des Canal du Midi,** kolorierte Lithographie nach einem Gemälde von Antoine Sergent-Marceau, um 1788. Der Kanal wurde 1667 bis 1681 gebaut und wird heute noch genutzt. Er verbindet das Mittelmeer mit der Garonne, die in den Atlantik mündet.

M5

Wie erfolgreich war der Merkantilismus?

Der Historiker Ilja Mieck beschreibt 1993 die kurzfristigen und langfristigen Wirkungen des merkantilistischen Systems:

Angesichts der hohen Investitionen[1] und des dahinter stehenden wirtschaftspolitischen Druckes ... ist es nicht überraschend, dass sich Erfolge einstellten. Ganze Gewerbszweige oder auch einzelne von den Fürsten besonders geschätzte Unternehmen erlebten regelrechte Blütezeiten, aber fast immer waren es Scheinblüten, die aus dem Sumpf des Subventionsbeetes[2] emporwuchsen und beim leisesten Windhauch einer freien Konkurrenz rasch verdorrten ... Außerdem funktionierte der merkantilistische Außenhandel nur, solange die dahinter stehende Idee neu war: Wollten erst einmal alle Staaten nur noch wertvolle Fertigwaren exportieren und lediglich Rohstoffe einführen, musste ... der Welthandel theoretisch zusammenbrechen.

Zit. nach Ilja Mieck, Wirtschaft und Gesellschaft Europas 1650–1850. In: Ders. (Hg.), Handbuch der europäischen Wirtschafts- und Sozialgeschichte, Bd. 4, Stuttgart (Klett-Cotta) 1993, S. 144.

[1] Kapital für die Produktion
[2] Subvention = staatliche Förderung eines Unternehmens

Begriffe und Daten

Merkantilismus

Der Merkantilismus (lat. mercatus = Handel) hatte das Ziel, die Ausfuhr des Staates zu erhöhen und die Einfuhr zu beschränken. Die Überschüsse aus dem Handel wurden als entscheidend für die Erhöhung des Reichtums des Staates betrachtet. Kritiker des Merkantilismus bemängelten die einseitige Ausrichtung auf den Export von Fertigwaren.

1. Formuliere anhand von M1 mögliche Folgen der finanziellen Situation des französischen Staates.
2. Erkläre das „System“ des Merkantilismus (M2, M3 und Kasten).
3. Fasse zusammen, wie der Autor von M5 die Wirksamkeit des Merkantilismus beurteilt.
4. **Gruppenarbeit:** Entwerft ein Gespräch: Ein französischer Beamter, ein Exporteur von Wolltuchen, ein Importeur von textilen Fertigprodukten und ein Manufakturarbeiter diskutieren über die Vor- und Nachteile des Merkantilismus.

Die Aufklärung: Gegenmodell zum Absolutismus?

Neue Erkenntnisse in Wissenschaft und Politik

Seit Anfang des 17. Jahrhunderts beschäftigten sich vor allem in Westeuropa Philosophen und Schriftsteller mit politischen Fragen. Sie lehnten es ab, die Herrschaft der Monarchen „von Gottes Gnaden“ und die Ständegesellschaft als „naturgegeben“ anzuerkennen. Auch in allen anderen Bereichen des menschlichen Lebens wollten die Gelehrten Vorurteile abbauen. Deshalb traten sie für die Freiheit und Gleichheit aller Menschen ein und forderten Toleranz gegenüber anderen Meinungen. Diese Geisteshaltung nannten sie „Aufklärung“. Mit dieser verband sich der Glaube an den Fortschritt, die Kraft der Vernunft und die Planbarkeit des politischen und gesellschaftlichen Lebens. Wie der deutsche Begriff „Aufklärung“ weisen auch der englische „enlightenment“ und der französische „lumières“ auf den Sieg des Lichts über die Dunkelheit hin.

Aufklärung – auch für das Volk

Nach Ansicht vieler Gelehrter sollte nicht nur der Adel, sondern auch das Volk die Ideen der Aufklärung kennen lernen. So entstand eine besondere Art von Literatur, die sich an die Landbevölkerung richtete, die mit Abstand größte soziale Gruppe im Staat. Besonders beliebt war das 1788 erschienene „Noth- und Hülfsbüchlein für Bauersleute“ des Schriftstellers Rudolph Zacharias Becker, das bis 1800 etwa 400 000-mal verkauft wurde. Es handelt von dem jungen Gutsherrn des Dorfes Mildheim, der seinen Bauern bei allen Fragen des täglichen Lebens – von Ackerbau und Viehzucht bis zu Kindererziehung und Krankenpflege – mit Rat und Tat zur Seite steht. Die kurzen Kapitel beginnen fast alle mit einem Bild und einem Merkspruch. Darin sollten den Lesern die neuen Vorstellungen von Staat, Familie und Kirche vermittelt werden.

M1

Was ist Aufklärung?

Unter diesem Titel veröffentlichte der Philosoph Immanuel Kant (1724–1804) 1784 einen berühmt gewordenen Aufsatz. Darin hieß es:

Aufklärung ist der Ausgang des Menschen aus seiner selbst verschuldeten Unmündigkeit. Unmündigkeit ist das Unvermögen, sich seines Verstandes ohne Leitung eines anderen zu bedienen. Selbst verschuldet ist diese Unmündigkeit, wenn die Ursache derselben nicht am Mangel des Verstandes, sondern der Entschließung und des Mutes liegt, sich seiner ohne Leitung eines andern zu bedienen … Habe Mut, dich deines eigenen Verstandes zu bedienen! ist also der Wahlspruch der Aufklärung.

Immanuel Kant, Beantwortung der Frage: Was ist Aufklärung? In: Berlinische Monatsschrift 4 (Haude und Spener) 1784, S. 481 f.

M2

Die Toleranz besänftigt den Streit der Religionen um die allein selig machende Wahrheit, Radierung von Daniel Nicolas Chodowiecki, 1791

M3

Merksprüche für Bauersleute

Aus zwei Kapiteln des „Noth- und Hülfsbüchleins“ von Rudolph Zacharias Becker (1788):

Für den Mann schuf Gott das Weib,
Ihn für sie nicht minder.
Eins fürs andere leben soll:
Beide für die Kinder.

Die Erd' ist groß und überall
Voll schöner Gottesgüter,
Und alle Menschen – Jud' und Türk
Und Christ – sind unsre Brüder.

Rudolph Z. Becker, Noth- und Hülfsbüchlein für Bauersleute, Leipzig, 1788. Nachdruck: Dortmund (Harenberg) 1980, S. 188 ff.

M4

Frauen an den Herd?

Die meisten Lesegesellschaften nahmen keine weiblichen Mitglieder auf. Frauen konnten sich deshalb nur im eigenen Haus weiterbilden. Die Schriftstellerin Christiane M. Ziegler ermunterte 1731 eine Freundin, sich gegen die Kritik der Familie an ihrer Leselust zu wehren:

Die Schwierigkeit, so man Ihnen ... machen will, rühret wohl am meisten von dem männlichen Geschlecht her; dieses will immer etwas Besonderes für sich alleine behalten und siehet gar nicht gerne, wann ihnen das weibliche Geschlecht nachklettern will ... Wir bringen ja eben sowohl fünf Sinne mit auf die Welt wie jenes; Verstand und Vernunft werden unter beiderlei Geschlechter von der Natur ausgeteilet ... Was aber den anderen Punkt anbelangt, da viele in den wunderlichen Gedanken stehen, das Frauenvolk wäre einzig und allein bloß deswegen in die Welt gestellt worden, damit sich selbiges in Haus und Küche täglich herumdrehte ..., so antwortet Ihr hierauf ..., dass sich ein jedwedes Frauenzimmer allerdings der Wirtschaft annehmen müsse ... allein, ... [d]er Tag hat viele Stunden und bei dem einen muss das andere nicht versäumet werden.

Zit. nach Frauenleben im 18. Jahrhundert, Andrea von Dülmen (Hg.), München u. a. (C. H. Beck) 1992, S. 143 f.

M5

Richters Caféhaus in Leipzig, Kupferstich, um 1795. 1792 veranstalteten Buchhändler erstmals eine Buchbörse. Der „Lesehunger“ führte zu einem Bücher-, Zeitungs- und Zeitschriftenboom. Es bildeten sich Lesegesellschaften und literarische Clubs.

Begriffe und Daten

Aufklärung

Bezeichnung für eine Denkrichtung in Europa im 17. und 18. Jahrhundert. Die Aufklärer wollten „das Licht der Vernunft“ gegen kirchliche, feudale und absolutistische Traditionen verbreiten. Zentrale Gedanken waren die Auffassung von der Freiheit und Gleichheit aller Menschen und von der Toleranz gegenüber anderen Meinungen. Mittel zur Durchsetzung der Aufklärung waren vor allem Wissenschaft, Bildung und Erziehung.

1 Zeige anhand von M1, was der Autor unter „Aufklärung“ versteht, indem du die gedanklichen Schritte Kants in eigenen Worten wiedergibst.

2 Erarbeite die Aussage der Radierung M2 mithilfe der Methode „ Bildquelle entschlüsseln“ (siehe Anhang) und des Darstellungstextes.

3 Formuliere M3 in deine eigenen Worte um. Nimm zu Beckers Ideen Stellung.

4 Stelle die Argumente zusammen, mit denen die Verfasserin von M4 ihre Freundin ermuntert (siehe Anhang „Historische Sachverhalte beschreiben“).

5 **Rollenspiel:** Die Mitglieder einer Männer-Lesegesellschaft (M5) diskutieren über den Antrag eines Arztes, Frauen aufzunehmen. Organisiert ein Rollenspiel.

Welchen Staat wollten die Aufklärer?

Kritik am Absolutismus

Die Kritik der Aufklärer an der Auffassung, dass die Macht des Herrschers gottgegeben sei, mündete in Vorschlägen, wie die staatliche Gewalt auf eine „vernünftige“ Grundlage gestellt werden konnte. Der englische Philosoph John Locke (1632–1704) ging in seiner Lehre vom Gesellschaftsvertrag davon aus, dass die frei geborenen Menschen sich den Regierenden freiwillig unterordneten. Daher sollten die Bürger das Recht haben, die Träger der Staatsgewalt abzuberufen und neu einzusetzen. Falls der Herrscher die Menschenrechte und den Willen des Volkes missachte, dürfe das Volk Widerstand leisten und den Herrscher absetzen.

Aufgeklärter Absolutismus in Preußen

Im deutschen Staat Preußen hatte König Friedrich II. (1712–1786) die Ideen der französischen Aufklärer gelesen und einige ihrer Gedanken in seine Regierungsweise übernommen. In der Geschichtswissenschaft wird sie als „aufgeklärter Absolutismus“ bezeichnet. Sie gründete sich nicht mehr auf das „Gottesgnadentum“, sondern auf einer rationalen (vernunftgeleiteten) Staatsverwaltung. Sie orientierte sich am Wohl des Gesamtstaates und seiner Untertanen. Das neue Herrschaftsverständnis führte aufgeklärte Monarchen und Aufklärer zusammen – oft gegen die reformunwilligen Stände, die im 18. Jahrhundert in ihren Territorien mitregierten. Der preußische König Friedrich II. gilt in der Geschichtswissenschaft als ein typischer Vertreter des „aufgeklärten Absolutismus“.

Vorschlag für eine Gruppenarbeit

Recherchiert zu den in M2 aufgeführten Personen weitere biographische Daten und stellt zusammen, welchen Beitrag sie zur Aufklärung geleistet haben. Nutzt Lexika, Internet, Fachbücher und berichtet in der Klasse. Jede Gruppe übernimmt eine Person.

M1

Staatstheorie vor der Aufklärung

Der Hofprediger Ludwigs XIV., Jacques-Bénigne Bossuet, war einer der wichtigsten Theoretiker des absolutistischen Staates. Er schrieb 1709:

Die königliche Gewalt ist erstens heilig, zweitens väterlich, drittens unumschränkt. Die Fürsten handeln als Diener Gottes und als dessen Stellvertreter auf Erden. Durch sie übt er seine Herrschaft aus … Der Fürst braucht niemandem Rechenschaft ablegen über das, was er verfügt … Wenn der Fürst gerichtet hat, gibt es kein anderes Urteil. Gott nur kann über die Entscheidungen der Herrscher und über ihre Person richten. Die Untertanen sind dem Fürsten unbedingten Gehorsam schuldig. Es gibt nur eine Ausnahme hinsichtlich des Gehorsams, den man dem Fürsten schuldig ist, nämlich wenn er etwas gebietet, was gegen Gott ist.

Zit. nach Quellen zur Geschichte der neueren Zeit, Gottfried Guggenbühl u. a. (Hg.), 2. Aufl., Zürich (Schulthess) 1956, S. 205 f.

M2

Aufklärer des 17./18. Jahrhunderts. Zeitgenössische Darstellungen. Obere Reihe von links: René Descartes (1596–1650); John Locke (1632 bis 1704); Voltaire (1694–1778); Immanuel Kant (1724–1804); Charles de Montesquieu (1689 bis 1755); Jean-Jacques Rousseau (1712–1778).

M3

Vom „absoluten" zum „aufgeklärten" Staatsgedanken

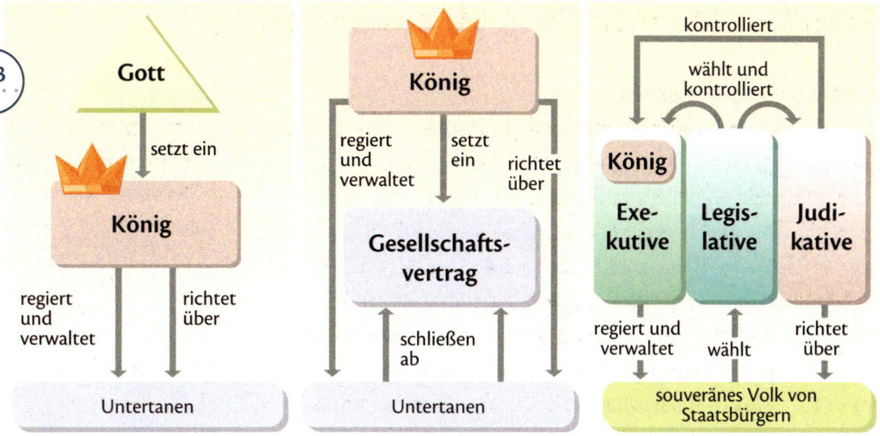

M4

Die drei Gewalten im Staat

Der französische Jurist und Aufklärer Charles de Montesquieu schrieb 1748 über die Verteilung der Macht in einem Staat:

Es gibt in jedem Staat drei Arten von Gewalt … Aufgrund der ersten erlässt der Herrscher … Gesetze auf Zeit oder für die Dauer, ändert geltende Gesetze oder schafft sie ab. Aufgrund der zweiten stiftet er Frieden oder Krieg, sendet oder empfängt Botschaften, stellt die Sicherheit her, sorgt gegen Angriffe vor. Aufgrund der dritten bestraft er Verbrechen oder sitzt zu Gericht über die Streitfälle der Einzelpersonen …

Alles wäre verloren, wenn ein und derselbe Mann folgende drei Machtvollkommenheiten ausübte: Gesetze erlassen, öffentliche Beschlüsse in die Tat umsetzen, Verbrechen und private Streitfälle aburteilen.

Charles de Montesquieu, Vom Geist der Gesetze (1748), hg. und übers. von Kurt Weigand, Stuttgart (Reclam) 1994, S. 216 f. Bearb. d. Verf.

M5

Über die Monarchie

Der aus Genf stammende Philosoph Jean-Jacques Rousseau übernahm viele Ideen von Montesquieu. Über die Regierung eines Staates schrieb er 1762:

Wenn es aber schon schwierig ist, einen großen Staat gut zu regieren, so ist es noch weit schwieriger, dass er von einem einzigen Mann gut regiert wird … Ein wesentlicher und unvermeidlicher Fehler, der die monarchische Regierung immer der republikanischen unterlegen machen wird, liegt darin, dass in der Letzteren die Stimme des Volkes fast immer einsichtige und fähige Männer in die höchsten Ämter einsetzt, welche diese ehrenvoll verwalten, während im Gegensatz dazu diejenigen, die in den Monarchien aufsteigen, in den meisten Fällen nur kleine Windbeutel, kleine Spitzbuben, kleine Ränkeschmiede sind.

Jean-Jacques Rousseau, Vom Gesellschaftsvertrag (1762). In: Ders., Sozialphilosophische und Politische Schriften, übers. von Garlieb Merkel, München (Winkler) 1981, S. 330.

Begriffe und Daten

Gewaltenteilung

Eine der Ideen der Aufklärung, nach der die staatliche Gewalt in gesetzgebende Gewalt (Legislative), ausführende Gewalt (Exekutive) und rechtsprechende Gewalt (Judikative) geteilt wird. Die Gewaltenteilung soll Machtkonzentration und Machtmissbrauch durch eine Person oder Institution verhindern. Sie ist eines der Grundprinzipien parlamentarisch-demokratischer Verfassungen.

1 a) Zeichne M3 ab und markiere, von wem in den Modellen jeweils die politische Macht ausgeht.
b) Erläutere, wie die Macht jeweils verteilt ist.

2 Lies M4 und ordne Montesquieus Auffassung einem der Schaubilder in M3 zu.

3 Untersuche, welche Position der Autor von M5 zur Frage der Staatsform einnimmt. Nimm Stellung.

4 Setze dich mithilfe des Darstellungstextes kritisch mit M1 auseinander. Entwirf eine Gegenschrift, wie sie ein Aufklärer verfasst haben könnte.

England: Alternative zum Absolutismus?

Der andere Weg Englands

Besucher vom Kontinent sahen im 17. Jahrhundert zumeist mit Erstaunen auf die Gesellschaft in England. Das Land hatte, abweichend von den monarchischen Staaten in Kontinentaleuropa, in seiner Entwicklung einen anderen Weg genommen. Anders als in den meisten europäischen Ländern konnte sich in England keine absolutistische Regierungsform durchsetzen: Nach zahlreichen Bürgerkriegen wurde England nach der „Glorious Revolution" 1688 eine konstitutionelle Monarchie*.

Nicht nur in der Politik, sondern auch in der Wirtschaft und der Gesellschaft wich das Land von den kontinentalen Verhältnissen ab. So waren hier die Unverletzlichkeit des Eigentums und die wirtschaftliche Freiheit des Einzelnen viel früher gesichert als auf dem Festland. Die Rangordnung der Stände spielte im 17. Jahrhundert zwar noch eine wichtige Rolle, doch zunehmende Möglichkeiten sozialen Aufstiegs durchbrachen die Standesgrenzen. Im Gegensatz zu Frankreich und dem Deutschen Reich waren alle Engländer und Engländerinnen persönlich frei. Die Leibeigenschaft war seit dem späten 16. Jahrhundert beseitigt worden.

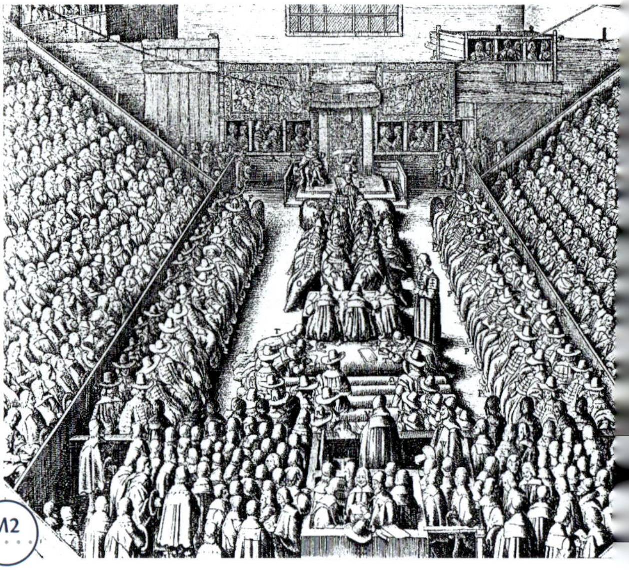

M2

Das englische Unterhaus 1641, Kupferstich, 17. Jh. Der König und seine Gefolgschaft verfolgen eine Gerichtsverhandlung von den Logen im Hintergrund aus. Die Mitglieder des Unterhauses (Abgeordnete der Städte und Grafschaften) sitzen auf den Bankreihen. Die Oberhaus-Mitglieder (hohe Geistliche und Adel) haben davor Platz genommen (mit Hüten).

M1

Der Blick auf das Fremde

Motraye, ein hugenottischer Emigrant (= Flüchtling), schrieb 1727:

In den zwei Kammern findet das Parlament statt, ... so sinnvoll gemäßigt durch das Monarchische im König, durch das Aristokratische in den Großen ... und durch das Demokratische im Volk, ohne die Nachteile eines jeden zu haben ... Diese Gesetze binden beidseitig den Herrscher und den Untertan, ohne der Ehre des ersten etwas zu entziehen. Sie haben nichts Bitteres oder Hartes für einen guten Herrscher und scheinen nur bestimmt, die Macht, Schlechtes zu tun, demjenigen zu entziehen, der so nicht ist. Wiewohl sie ihm kein despotisches Recht über die Güter oder das Leben seiner Untertanen geben, werden sie von diesen ebenso freigiebig wie freiwillig zum Gemeinwohl unterstützt, um zum Beispiel die Kosten und Gefahren eines Krieges zu bestreiten.

Zit. nach Sebastian Kühn, Der Blick auf das Fremde. In: Geschichte lernen, Heft 73, 2000, S. 48. Übers. von Sebastian Kühn.

Vorschlag für eine Gruppenarbeit

Recherchiert – ausgehend von den Informationen auf dieser Seite – in Gruppen zu den folgenden Themenvorschlägen. Nutzt Lexika, Fachbücher, Schulbücher und das Internet. Präsentiert eure Ergebnisse (siehe Methode S. 78).

Diskutiert eure Ergebnisse gemeinsam unter der Fragestellung, inwiefern die politische, gesellschaftliche und wirtschaftliche Entwicklung in England anders als auf dem Kontinent verlaufen ist.

Themen:

- Die „Magna Charta": Anfänge des Parlaments im Mittelalter
- Die englische Gesellschaft im 17. Jahrhundert im Vergleich zu Frankreich
- Von der Monarchie zur Republik: König und Parlament im 17. Jahrhundert
- „Glorious Revolution" und „Bill of Rights": England wird konstitutionelle Monarchie

Absolutismus und Aufklärung – das Beispiel Frankreich

M1

Modell zum Absolutismus

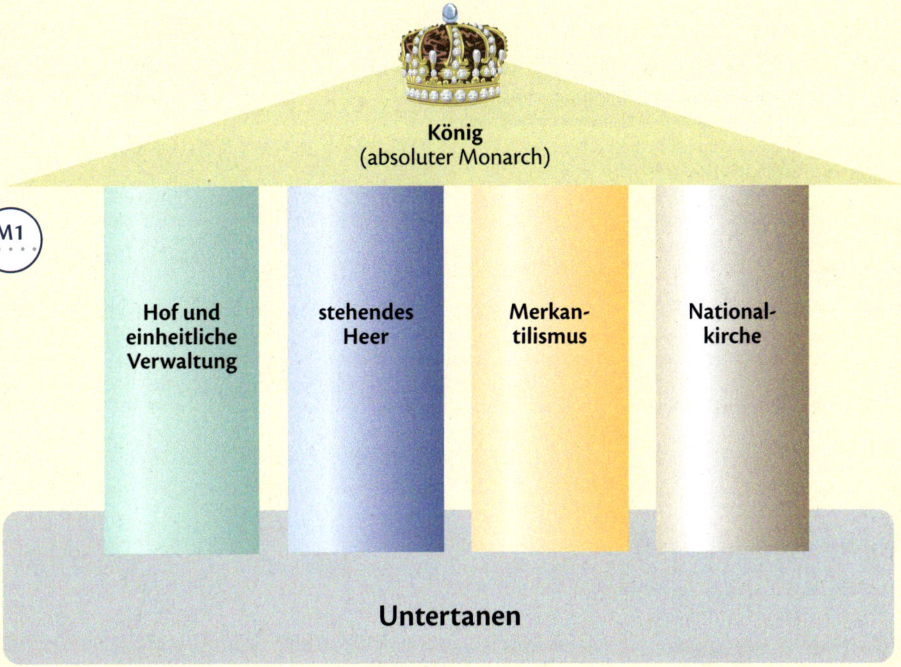

Überprüfe, was du kannst

Sachkompetenz

1 Kläre die folgenden Begriffe: Absolutismus (S. 87), Merkantilismus (S. 91), Aufklärung (S. 93), Gewaltenteilung (S. 95).

2 Vergleiche die wesentlichen Merkmale
a) des zentralistischen Fürstenstaates (S. 86 f.),
b) des aufgeklärten Absolutismus (S. 94) und
c) des englischen Parlamentarismus bis zum 18. Jh. (S. 96).

3 Nenne Ziele und Methoden der Aufklärung in Europa im 17./18. Jahrhundert (S. 92–95).

Urteilskompetenz

4 Setzt euch im Klassengespräch kritisch mit M1 auseinander, indem ihr Argumente für und gegen eine solche Darstellung sammelt.

Handlungskompetenz

5 Entwerft ein eigenes Modell des Absolutismus. Berücksichtigt dabei eure Ergebnisse aus Aufgabe 4.

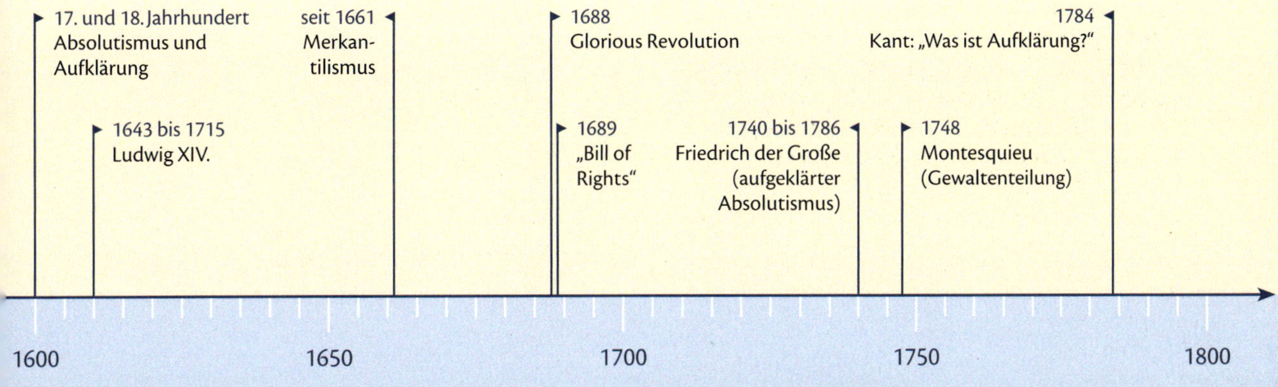

Die Französische Revolution und Europa

Wissen • Urteilen • Handeln • Methoden anwenden

Am Ende dieses Unterkapitels kannst du

- die amerikanische Unabhängigkeitsbewegung als „Vorbild" der Französischen Revolution beschreiben
- Merkmale der Krise des französischen Staates nennen
- die Revolutionen des Sommers 1789 erläutern und ihre Bedeutung für die weitere Entwicklung beurteilen
- die Menschen- und Bürgerrechte nennen und ihre Bedeutung für die Gegenwart bewerten
- die Radikalisierung der Revolution erläutern
- die Herrschaft Napoleons in Frankreich und Europa beschreiben und ihre Folgen bewerten
- **Methode** Karikaturen entschlüsseln
- **Methode** Ein Verfassungsmodell interpretieren
- **Methode** Eine Textquelle analysieren

Europa um 1789

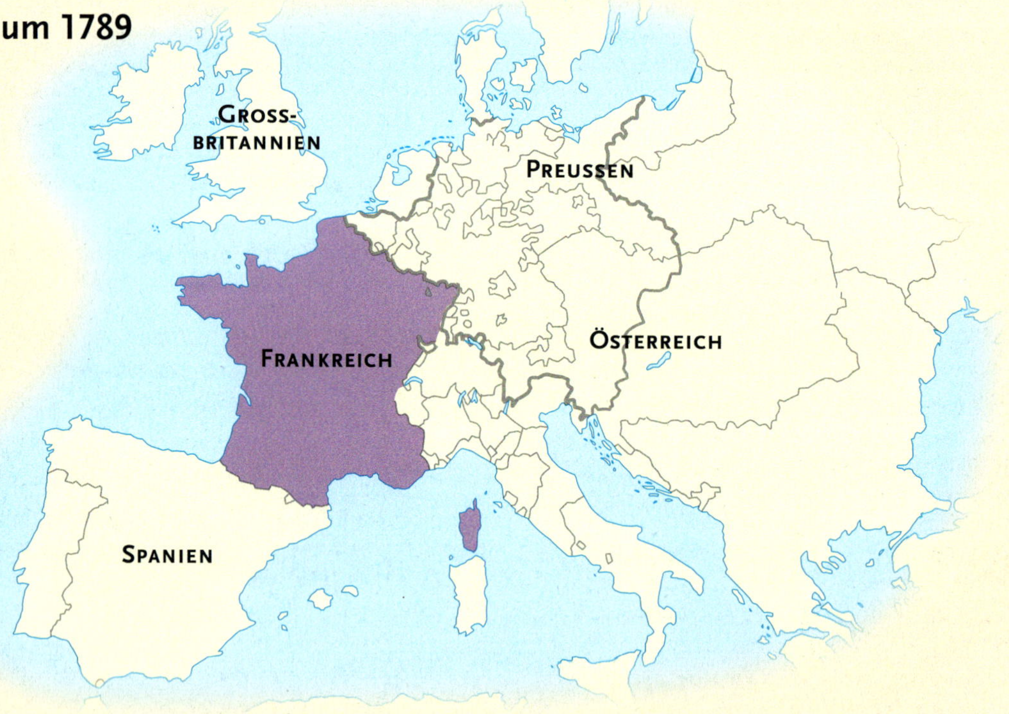

Die Amerikanische Revolution – Vorbild für Frankreich?

Englische Kolonien werden unabhängig

Die Ideen der Aufklärung wurden zuerst in Nordamerika politisch umgesetzt. Dort waren englische Kolonien entstanden, die sich am 4. Juli 1776 gegenüber ihrem Mutterland England für unabhängig erklärten. Diese Revolution war Ergebnis der Kolonialgeschichte: Zum einen entwickelten die Kolonisten ein starkes Gemeinschaftsgefühl als Amerikaner, zum anderen erforderte die große Entfernung vom Mutterland eine eigene Verwaltung. Aus einem Streit um Steuerzahlungen an England folgte schließlich die Loslösung. Die Verfassung der USA von 1787 gewährte ihren Bürgern umfassende politische Rechte. Frauen, Sklaven und Indianer waren jedoch ausgenommen.

M1

Die Unabhängigkeitserklärung (1776)

Auszug aus der Unabhängigkeitserklärung des Kontinentalkongresses vom 4. Juli 1776:

Wir halten diese Wahrheiten für in sich einleuchtend: dass alle Menschen gleich geschaffen sind; dass sie von ihrem Schöpfer mit gewissen unveräußerlichen Rechten ausgestattet sind, darunter Leben, Freiheit und Streben nach Glück; dass zur Sicherung dieser Rechte Regierungen unter den Menschen eingesetzt sind, die ihre gerechten Vollmachten von der Einwilligung der Regierten herleiten; dass, wenn immer eine Regierungsform diesen Zielen zum Schaden gereicht, es das Recht des Volkes ist, sie zu ändern oder abzuschaffen und eine neue Regierung einzusetzen, die sich auf solche Grundsätze aufbaut … wenn eine lange Kette von Missbräuchen und Anmaßungen, stets das gleiche Ziel verfolgend, die Absicht enthüllt, ein Volk unter den unbeschränkten Despotismus zu beugen, so ist es sein Recht, ist es seine Pflicht, eine solche Herrschaft abzuschütteln und sich neue Bürgschaften für seine zukünftige Sicherheit zu verschaffen … Im Namen und in Vollmacht des guten Volkes dieser Kolonien geben wir feierlich bekannt und erklären, dass diese vereinigte Kolonien sind und von Rechts wegen sein sollen freie und unabhängige Staaten.

Zit. nach Geschichte in Quellen, Bd. 4, hg. v. Wolfgang Lautemann u. a., München (bsv) 1981, S. 90 ff.

M2

Die amerikanische Freiheitsstatue, Foto, 2000. Die Statue wurde den USA 1886 von Frankreich geschenkt als Zeichen der Bewunderung für die friedliche Verwirklichung ihrer Freiheitsidee.

M3

Amerika und die Demokratie

Johann Christian Schmohl (1756–1784) verlor wegen politischer Schriften seine Stelle an der Universität Halle und musste fliehen. Über Amerika, wohin er auswandern wollte, schrieb er in einem Aufsatz:

Noch keine Regierung ist … dem Ideal der reinen Demokratie näher gewesen als die dreizehn Vereinigten Staaten von Amerika, wo jeder Bürger Kriegsmann ist und seine Stimme im Parlament hat; wo aus jeder Land- und Stadtschaft gleich viele Vertreter mit gleichen Rechten zum Provinzialkongress und von jedem Provinzialkongress gleich viele Vertreter mit gleichen Rechten zum Kontinentalkongress geschickt werden; wo jedes Familienoberhaupt, hat es Kräfte und Verdienste dazu, zum Ersten, zum Präsidenten des Kontinentalkongresses aufsteigen kann …

Sie haben bemerkt, was für eine Erschütterung das großartige Beispiel Nordamerikas in den europäischen Gemütern ausgelöst hat. Aus sich selbst heraus hat Europa nicht mehr Stärke genug, sich zu reformieren. Aber Beispiele … vermögen noch etwas. Amerika ist's, aus dem es seine Rettung empfangen wird.

Johann Christian Schmohl, Über Nordamerika und Demokratie, hg. v. R. Wild, St. Ingbert (Röhrig) 1992, S. 87 f. Bearb. d. Verf.

1 Schreibe für die Schülerzeitung einen Artikel über M1. Achte auf die Kernaussagen.

2 Erarbeite, welches Bild der Autor von der amerikanischen Demokratie entwirft (M3).

3 Erläutere die Aussageabsicht der Freiheitsstatue (M2) und stelle einen Zusammenhang zum Absolutismus in Frankreich her. Lies auf den Seiten 86 bis 95 nach.

Frankreich in der Krise

Staat und Politik

Wegen der hohen Schuldenlast aus Kriegen und des verschwenderischen Hoflebens drohte dem Staat gegen Ende des 18. Jahrhunderts der Bankrott. Die wachsende Bevölkerung konnte bei Missernten nicht mehr ausreichend versorgt werden. Steigende Preise trafen vor allem die unteren Schichten. Wie das Herrschaftssystem geriet auch das staatliche Wirtschaftssystem, der Merkantilismus, in eine tiefe Krise. In der Folge kam es immer wieder zu Hungerunruhen. Die Pläne König Ludwigs XIV., den Ersten und Zweiten Stand stärker zur Steuerzahlung heranzuziehen, scheiterten am Widerstand der Privilegierten. Allen drei Ständen gemeinsam waren die geringen politischen Rechte. Zwar gab es die Generalstände*, eine Versammlung von Vertretern der drei Stände, die den König beriet, doch diese war seit 1614 vom König nicht mehr einberufen worden.

Gesellschaft und Stände

Adel und hohe Geistlichkeit lebten von den Erträgen ihres Grundbesitzes – bei weitgehender Steuerfreiheit. Obwohl sie nur 2 Prozent der Bevölkerung ausmachten, verfügten sie über 35 Prozent des Grundbesitzes. Der Dritte Stand trug die Steuerlast fast allein, insbesondere die oberste Schicht des Bürgertums: Unternehmer, Bankiers, Ärzte und Juristen. Ihre Forderung nach Gleichbehandlung mit dem Adel wurde verstärkt durch die Ideen der Aufklärung und die amerikanische Unabhängigkeitsbewegung. Besonders belasteten die Steuern kleine Kaufleute, Handwerker und Bauern, die zusätzlich Frondienste für die Grundherren leisten mussten.

M1

Finanzen wiederherstellen – aber wie?

Der französische Finanzminister Charles de Calonne in einem aufrüttelnden Appell zur Rettung des Staates am 22. Februar 1787 vor der Versammlung der königlichen Berater („Notabeln") in Versailles:

Was bleibt, um das ersehnte Gleichgewicht im Staatshaushalt herzustellen? ... Was [brauchen] wir zur Wiederherstellung der Finanzen? ...
In den Missbräuchen findet sich ein Schatz von Reichtümern, die der Staat zurückfordern muss, um die Ordnung wiederherzustellen. Die Missbräuche werden verteidigt durch persönliche Interessen, Einfluss, Vermögen und alte Vorurteile. Die Missbräuche sind die, die auf der arbeitenden und erwerbenden Klasse lasten: Die Missbräuche der Geldprivilegien und all die ungerechten Bevorzugungen, die Ungleichheit in der Erhebung der Abgaben, das ungeheure Missverhältnis in den Leistungen und den Lasten der Untertanen. Wenn so viele Missbräuchen widerstanden haben, so rührt das daher, dass man durch einen teilweisen Eingriff erreichen wollte, was nur durch eine allgemeine Operation gelingen konnte, [die] allein den Körper des Königreiches neu beleben kann.

Zit. nach Irmgard und Paul Hartig, Die Französische Revolution, Stuttgart (Klett) 1966, S. 27 f.

M2

Die Beschwerden der Frauen

Im Frühjahr 1789 trugen Frauen in einem „cahier de doléances" dem König eine Reihe von Bitten vor:

Die Frauen des Dritten Standes werden fast alle ohne Reichtümer geboren; ihre Erziehung wird sehr vernachlässigt. Wir bitten für die Chancengleichheit der Frau im Alltagsleben. Wir bitten um Ausbildung und Beruf, nicht, um uns die Befugnisse der Männer anzueignen, sondern um von ihnen höher geachtet zu werden, und damit wir imstande sind, vor dem Elend geschützt zu leben. Wir bitten Euch inständig, Sire, kostenlose Schulen einzurichten, wo wir unsere Sprache von Grund auf erlernen können. Wir bitten darum, aus der Unwissenheit herauszutreten, um unseren Kindern eine vernünftige und angemessene Erziehung zukommen zu lassen.

Cahiers de doléances des femmes en 1789 et autres textes, zit. nach Landesregierung NRW (Hg.), Geschichte auch für Mädchen, 1992, S. 20 f.

M3

Die Beschwerden der Bauern

Das Beschwerdeheft der Gemeinde Letteguives vom 29. März 1789, ein Beispiel für die „cahiers de doléances" der Bauern:

2. Diese Großbauern werden auch Herren der Lebensmittelpreise und des Schicksals der Allgemeinheit und verkaufen ihr Getreide erst, wenn sie es mehrere Jahre aufbewahrt haben, und sie halten es sogar zurück, wenn sie können … Der hohe Preis ist die Ursache der Zerstörung des ganzen Handels, weil man keine andere Ware mehr kaufen kann, nachdem man Brot gekauft hat … Andere … sterben an Hunger …

8. Möge der König vor dem Bankrott bewahren, der den Handel noch ruiniert …

14. Dass die Salzsteuer abgeschafft werde und der Verkauf von Salz frei sei …

16. Die drei Stände mögen dem König im Verhältnis zu ihren Einkünften zahlen …

18. Der König wird demütig gebeten, die Generalstände alle fünf Jahre einzuberufen, um von unserem Unglück zu erfahren.

Zit. nach Wolf Dietrich Behschnitt, Die Französische Revolution, Stuttgart (Klett) 1983, S. 30.

M4

Nur eine neue Regierung?

Die Historiker F. Furet und D. Richet schrieben 1968:

Es geht nicht um eine neue Regierung des Staates, sondern um eine neue Gesellschaft. Da können die Privilegierten dieser zusätzlichen umwälzenden Neuerung, der Gleichheit, nicht auch noch ihre Zustimmung geben: Die allermeisten ihrer Hefte zeigen das deutlich. So beschreiben die Beschwerdehefte eine politische Dreieckssituation, die dem König von Frankreich durchaus noch Trümpfe belässt. Zwar ist er isoliert …, aber er bleibt zwischen Adel und Drittem Stand der Schiedsrichter in der Frage der Gleichberechtigung – hier sucht jeder in ihm die wichtigste Stütze. Er hat nicht in die … Abfassung der Beschwerdehefte eingegriffen, sondern dem Land die Möglichkeit gelassen, sich frei auszudrücken.

François Furet / Denis Richet, Die Französische Revolution, übers. v. Ulrich F. Müller, Frankfurt a. M. (Fischer) 1981, S. 88.

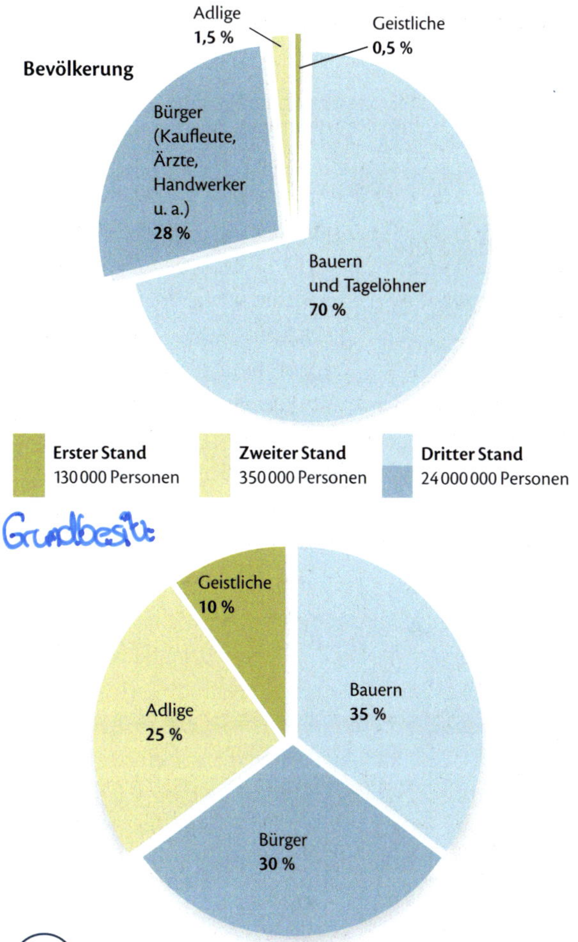

M5 **Die französische Ständegesellschaft**

1 Erarbeite anhand von M1, worin der Finanzminister die Gründe für die Probleme des Staatshaushalts sieht.

2 Erläutere die Kreisdiagramme in M5 mithilfe des Darstellungstextes.

3 Fasse die Beschwerden der Frauen (M2) und der Bauern (M3) in je einem Flugblatt zusammen.

4 Untersuche, ob sich die Aussagen von M4 in dem Beschwerdeheft (M3) belegen lassen. Begründe.

Karikaturen entschlüsseln

Karikaturen – nur zum Lachen?

Karikaturen kennst du aus Tageszeitungen oder Zeitschriften. Meist reizen sie spontan zum Lachen, obwohl beim Nachdenken über den Inhalt vielleicht gar kein Grund zum Lachen besteht. Karikaturen sind Bilder, die zu einem aktuellen Ereignis oder Problem Stellung beziehen. Sie arbeiten mit den Mitteln der Verzerrung, Übertreibung oder Verfremdung.
Karikaturen sind ein beliebtes Instrument zur Bloßstellung politischer Gegner oder der Kritik an gesellschaftlich fragwürdigen Zuständen. Sie wollen den Betrachter unterhalten, belehren oder zu einer eigenen Stellungnahme auffordern.

Karikaturen in der Französischen Revolution

Bereits in der Antike gab es Kritik, z. B. an römischen Kaisern, in Form von bildlichen Darstellungen. Im Verlauf der Französischen Revolution erhielten die Karikaturen eine besondere Bedeutung: Sie ließen sich preiswert herstellen und leicht verbreiten, vereinfachten Zusammenhänge und erreichten so auch die unteren Bevölkerungsschichten, die kaum lesen konnten. Karikaturen wurden damit zu Mitteln der Aufklärung und der politischen Einflussnahme.

M1

„Hoffentlich ist bald Schluss", kolorierte Radierung, 1789. Diese Karikatur war 1789 in Frankreich weit verbreitet.

Arbeitsschritte

1. Schritt: Den ersten Eindruck festhalten

Notiere, was dir bei der Betrachtung der Karikatur zuerst auffällt. Wie ist deine erste Reaktion?

2. Schritt: Ideen sammeln („Brainstorming")

Sammle alle Ideen und Gedanken, die dir beim Betrachten der Karikatur einfallen.

3. Schritt: Die Einzelheiten beschreiben

Welche Personen und Sachverhalte sind erkennbar? Achte auf Gesichtsausdruck, Körperhaltung, Kleidung und kennzeichnende Gegenstände. Welche Symbole werden verwendet? Achte auf einzelne Wörter und/oder die Bildunterschrift.

4. Schritt: Die Bedeutung klären

Welche Bedeutung haben die Personen und Gegenstände? Auf welche Bildteile bezieht sich der Text? (Evtl. in einer Tabelle notieren.)

5. Schritt: Die Aussage der Karikatur formulieren

Fasse in wenigen Sätzen zusammen: Auf welche Situation, auf welches Ereignis bezieht sich die Karikatur? Was sagt die Karikatur über das Thema aus? Wie beurteilt der Zeichner das Thema? Welche Wirkung könnte die Karikatur haben?

M2

„Ich wusste doch, dass wir auch einmal dran sein würden“, kolorierte Radierung, August 1789

M4

„Ich wusste doch, dass wir an die Reihe kommen“, kolorierte Radierung, August 1789

M3

Spottbilder und Karikaturen

Pariser Zeitungsmeldung vom 28. August 1789:

Bei all unseren Bildermachern, sowohl bei denen des Palais Royal wie in den Läden der Bilderhändler, sieht man Kupferstiche, an denen der Pöbel[1] das allergrößte Vergnügen hat und die ihn in seinem Hass gegen die Aristokratie bestärken; es sind Spottbilder oder symbolische Karikaturen, aber voller Ausdruckskraft. Ein Stich zeigt, wie ein alter Bauer gebückt auf allen vieren läuft und auf seinem Rücken einen Edelmann und einen Bischof trägt, was am unteren Rand der Karikatur mit den Worten kommentiert wird: „Soll das immer so weitergehn?“

Zit. nach Historisches Lernen mit Bildern und Karikaturen. Handreichung des ISB, Donauwörth (Auer) 2001, S. 119.

[1] abwertende Bezeichnung für das „einfache Volk“

1 Entschlüssle die Karikatur M1 mithilfe der Arbeitsschritte. Beziehe dabei auch M3 ein.

2 Übe die Entschlüsselung von Karikaturen an M2 und M4. Schreibe einen kurzen Text und nutze den Wortschatzkasten.

3 Erörtert gemeinsam, worin bei M1, M2 und M4 der „wahre Kern“ liegt bzw. worin Übertreibungen bestehen.

4 **Präsentation:** Sammelt aktuelle Karikaturen in Zeitungen oder Zeitschriften und entschlüsselt ihre Aussagen mithilfe der Arbeitsschritte. Stellt eure Beispiele in der Klasse vor.

Wortschatz

Wirkung erzielen	Figuren überzeichnen
Reaktion herausfordern	etwas verkörpern
sich auf ein Ereignis beziehen	

Die drei Revolutionen des Sommers 1789

Der Dritte Stand erhebt sich (1. Revolution)

Die Berater König Ludwigs XVI. (1754–1793) hatten zur Lösung der Finanzkrise empfohlen, die Generalstände einzuberufen. Im Februar und März 1789 wählten deshalb alle drei Stände ihre Abgeordneten, die sich am 5. Mai 1789 zur feierlichen Eröffnungssitzung in Versailles einfanden. In seiner Eröffnungsrede ging Ludwig jedoch nicht auf die umfassenden Beschwerden der französischen Bevölkerung ein. Nachdem die Generalstände einige Wochen erfolglos verhandelt hatten, verloren die Abgeordneten des Dritten Standes die Geduld und erklärten sich zusammen mit Gleichgesinnten aus dem Ersten und Zweiten Stand zur „Nationalversammlung". Als der König deswegen wenige Tage später ihren Versammlungsraum schließen ließ, wichen die Abgeordneten in das Ballhaus des Hofes aus. Dort schworen sie sich, solange nicht auseinanderzugehen, bis Frankreich eine Verfassung besäße. Durch diese Verfassungsrevolution erklärt sie den Ständestaat für beseitigt. Dem Zeremonienmeister des Königs, der die „verfassunggebende Versammlung" auflösen sollte, teilten die Abgeordneten mit: „Die versammelte Nation empfängt keine Befehle und weicht nur vor der Gewalt der Bajonette." Kurze Zeit später empfahl Ludwig XVI. den Delegierten von Adel und Geistlichkeit, sich ebenfalls der Nationalversammlung anzuschließen. Gleichzeitig aber ließ er etwa 20 000 Soldaten der Nationalgarde um Versailles und Paris zusammenziehen.

Die städtische Revolution (2. Revolution)

Während der Vorgänge in Versailles litt die Pariser Bevölkerung Hunger, denn Brot war knapp und teuer wie nie zuvor. Als die Menschen von den Truppenbewegungen rund um ihre Stadt hörten, gerieten sie in höchste Aufregung. Geschäfte und Adelshäuser wurden geplündert und viele Einwohner bewaffneten sich. Am 14. Juli stürmte eine Menschenmenge die Bastille, das königliche Gefängnis, wo sie glaubten, Waffen zu finden. Die Festung mitten in der Stadt galt als Symbol der absolutistischen Herrschaft. Zum Schutz von Paris bildeten die Einwohner eine revolutionäre Bürgerwehr, die „Nationalgarde". Auch in vielen anderen Städten verjagten die Bürger königliche Beamte und bestanden auf Selbstverwaltung. Damit hatte sich die Revolution von der Nationalversammlung auf die Straßen verlagert.

Die Revolution der Bauern (3. Revolution)

Die Nachricht von den Ereignissen in Paris lösten bei der Landbevölkerung Panik aus. Sie hatte Angst vor einer Verschwörung des Adels und zudem kursierten Gerüchte von plündernden Räuberbanden. Vergeblich hatten die Bauern seit Monaten auf die Beantwortung ihrer Beschwerdehefte gewartet. Jetzt erstürmten sie gewaltsam an vielen Orten die Schlösser oder Klöster ihrer Grundherren, um deren befürchteten Angriffen zuvorzukommen und die Urkunden über die verhassten Frondienste und Abgaben zu vernichten.

M1 **Die Eröffnung der Ständeversammlung am 5. Mai 1789,** Ölgemälde von Auguste Couder (1790–1873), Paris um 1840

M2

Schwur im Ballhaus am 20. Juni 1789, Kupferstich von Jean-Pierre-Marie Jazet nach einer Federzeichnung (datiert 1791) von Jacques Louis David, um 1820

M3

„Zu den Waffen!"

Ein Augenzeuge berichtete über den 14. Juli 1789:

Die Wut flammt auf. Nun gibt es in Paris nur noch einen Schrei: Zu den Waffen! ... Die Menge und die Verwegensten begeben sich zum Invalidenhaus; man verlangt Waffen vom Gouverneur ... Kaum hat man Waffen, so geht's zur Bastille. Der Kommandant, Graf de Launay, der gewiss überrascht war, hunderttausend Flinten mit Bajonetten zu sehen, muss sehr in Verwirrung gewesen sein. Man knallt ein oder zwei Stunden drauflos, man schießt von den Türmen herunter, was sich dort sehen lässt; Graf Launay ergibt sich; er lässt die Zugbrücke herunter, aber er zieht sie sofort wieder hoch und schießt mit Kartätschen drein ... binnen einer halben Stunde ist der Platz im Sturm genommen. Es grenzt ans Wunderbare, um halb drei Uhr war die Bastille schon genommen. Die Bastille hätte sich sechs Monate halten können, aber sie wurde von Bürgersleuten und führerlosen Soldaten genommen, ohne einen einzigen Offizier! ... Herrn de Launay macht man zum Gefangenen, führt ihn zum Stadthaus und schlägt ihn unterwegs halbtot. Man gibt ihm den Rest auf dem Grèveplatz und ein Schlächter schneidet ihm den Kopf ab.

Zit. nach Wolf Dietrich Behschnitt, Die Französische Revolution, Stuttgart (Klett) 1979, S. 44.

Lesetipp

Inge Ott, Freiheit!, Stuttgart (Freies Geistesleben) 1996. Roman über sechs Freunde, die sich während der Revolution verlieren und wieder finden.

1 Beschreibe M1 und M2 und vergleiche. Achte auf die Umgebung, die Personengruppen/Akteure und die Situation. Erschließe die Absicht des jeweiligen Künstlers.

2 Ordne M1, M2 und M3 mithilfe des Darstellungstextes in die politische Situation des Sommers 1789 ein.

3 Kläre anhand des Darstellungstextes die Begriffe „Generalstände", „ Nationalversammlung" und „Nation".

4 Begründe, warum die Einberufung der Generalstände als wichtiger erster Schritt der Französischen Revolution gilt.

5 Schreibe einen Brief, den eine 15-jährige Pariserin ihrer Cousine in der Provinz geschrieben haben könnte. Erzähle darin von den Ereignissen in Paris.

Die Revolution geht weiter

Die Nationalversammlung handelt

Die meist aus dem Bürgertum stammenden Abgeordneten der Nationalversammlung hatten kein Interesse daran, dass das Eigentum nichts mehr zählte und die Revolution zum Chaos führte. Sie mussten rasch handeln, um die Bauern zu beruhigen. In einer stürmischen Nachtsitzung am 4./5. August 1789 beschlossen sie daher u. a. die Abschaffung der Leibeigenschaft, das Ende der Steuerbefreiung für Adel und Klerus sowie die Zulassung aller Bürger zu Ämtern in Staat und Heer. Abgaben und Frondienste konnten durch Geldzahlungen abgelöst werden.

Die Krise bleibt

Die Beseitigung der Privilegien veränderte die Ständegesellschaft. Doch die Unruhen gingen weiter, denn die meisten Bauern hatten kein Geld, um sich aus den überlieferten Verpflichtungen freizukaufen. In Paris herrschte noch immer Hunger. Die Schuld dafür schob man dem König zu, der tatsächlich ungeachtet der Revolutionsereignisse sein luxuriöses Hofleben fortsetzte. Im Oktober 1789 war die Geduld vieler Pariser erschöpft: Tausende marschierten spontan nach Versailles und erzwangen die Übersiedlung der königlichen Familie und der Nationalversammlung nach Paris. Noch forderte niemand die Absetzung des Königs. Vielmehr erwartete man, dass er zusammen mit den Volksvertretern die Probleme des Landes lösen würde: die Hungersnot, die Finanzkrise und die Opposition der Adligen, die mit militärischen Mitteln und ausländischer Unterstützung die Revolution niederschlagen wollte.

M1 **Die Pariser Marktfrauen kehren aus Versailles zurück,** kolorierte Radierung, 1789

M2 **Der Marsch der Frauen nach Versailles**

Über die Ereignisse am 5./6. Oktober 1789 berichtete die Historikerin Susanne Petersen 1987:

Insgesamt wurde der Zug auf 8000 bis 10 000 Frauen geschätzt, die sich mit Piken, Stielen, Waffen und sogar mit einigen Kanonen auf den langen Marsch begaben ... Gegen 17 Uhr kam der Frauenzug völlig durchnässt in Versailles an. Derweil war es in Paris zu neuen Initiativen der Nationalgarde gekommen, die Frauen zu unterstützen. Während die Nationalgardisten im Anmarsch waren, wurde in der Nationalversammlung schon eine Abordnung von zwölf Frauen vorgelassen.

Die Angehörigen der Nationalversammlung signalisierten Wohlwollen und schickten dieselbe Abordnung mit ihrem Sitzungspräsidenten Mounier direkt zum König. Als die Frauenabordnung wieder zum Vorschein kam, gab sie bekannt, dass der König ausreichende Mehllieferungen und Festpreise zugesagt habe. Ein Teil der Frauen kehrte höchst zufrieden nach Paris zurück, diesmal im Wagen des Königs ... Als letzte Forderung hatten die Vertreter der 60 Pariser Bezirke auf ihrem Zettel: Der König solle mit nach Paris kommen ...

So kam es am frühen Morgen des 6. Oktober 1789 zu gewaltsamen Ausschreitungen im Schloss. Immer wieder erschallte der Ruf: „Nach Paris." In dieser Zwangslage willigten Ludwig XVI. [und die Nationalversammlung] ein. Gegen 13 Uhr marschierte ein bunt gemischter, mit vielen Zweigen und Broten geschmückter Zug im Triumph nach Paris zurück, zusammen mit „dem Bäcker, der Bäckerin und dem Bäckerburschen" [Ludwig XVI., Marie Antoinette und dem Thronfolger] als Garanten der Pariser Brotversorgung.

Zit. nach Susanne Petersen, Marktweiber und Amazonen, Köln (Pahl-Rugenstein) 1987, S. 65 ff.

M3

Die Nationalversammlung, kolorierter Kupferstich von Isidore Stanislas Helman, um 1791–1796

Begriffe und Daten

Die Ereignisse im Sommer und Herbst 1789

- **5. Mai:** Eröffnung der Generalstände in Versailles.
- **17. Juni:** Die Abgeordneten des Dritten Standes erklären sich zur Nationalversammlung.
- **20. Juni:** Die Mitglieder der Nationalversammlung schwören, nicht eher auseinanderzugehen, bis Frankreich eine Verfassung besitzt (Ballhausschwur).
- **14. Juli:** Eine wütende Menschenmenge stürmt die Bastille und trägt den Kopf des ermordeten Kommandanten jubelnd durch die Stadt.
- **16./17. Juli:** Der König zieht die Truppen um Paris wieder ab und heftet sich die Kokarde an den Hut.
- **4./5. August:** Privilegien des Ersten und Zweiten Standes fallen.
- **26. August:** Die Nationalversammlung verabschiedet die Erklärung der Menschen- und Bürgerrechte und bestimmt sie als Grundlage der neuen Verfassung.
- **5./6. Oktober:** Zug der Frauen nach Versailles. Die Königsfamilie zieht nach Paris um; die Nationalversammlung folgt einige Tage später.

Begriffe und Daten

Französische Revolution

Eine Revolution (lat. revolutio = Umwälzung) wird als ein absichtlicher, zeitweise gewaltsamer und rascher Umsturz der bestehenden politischen und gesellschaftlichen Ordnung verstanden.
In der Französischen Revolution werden folgende Entwicklungen unterschieden: 1. Die Bewegung der Aufklärer. 2. Die Gründung der Vereinigten Staaten von Amerika. 3. Die Krise des monarchischen Staates. 4. Die Revolution der Nationalversammlung, die die Bürger- und Menschenrechte erklärte, die Privilegien von Adel und Klerus aufhob und eine Verfassung ausarbeitete. 5. Die Revolution der „Massen von Paris" mit dem Sturm auf die Bastille. 6. Die Revolution der Bauern, die zum Ende der Leibeigenschaft führte.

1 Beschreibe M3 und ordne die Darstellung den Abbildungen auf den Seiten 104/105 zu.

2 Bewerte anhand des Darstellungstextes, welche Bedeutung die Revolutionsvorgänge für die Bauern hatten.

3 Untersuche die Motive und Forderungen der Frauen sowie ihre Aktion im Oktober 1789 (M1, M2).

4 **Erkundung:**
a) Erkundet, wie sich Bürger in der Demokratie heute beteiligen können. Berichtet in der Klasse.
b) Erörtert welche dieser Möglichkeiten ein „Erbe" der Französischen Revolution sind.

Menschen sollen frei und gleich sein

Ein Beschluss nicht nur für Frankreich

Zusammen mit der Beseitigung aller Privilegien für einzelne Stände durch die französische Nationalversammlung galt die „Erklärung der Menschen- und Bürgerrechte" vom 26. August 1789 als „Totenschein" des Absolutismus und als Ausdruck des neuen Selbstbewusstseins der Bürger. Bereits lange vor der Revolution, in der Zeit der Aufklärung hatten die Debatten über die Menschenrechte begonnen. Sie waren für die Amerikaner von Bedeutung, als sie 1776 ihre Unabhängigkeit von England erklärten. Die Menschenrechte sollten nach dem Willen der französischen Abgeordneten nicht auf ein bestimmtes Land begrenzt sein, sondern weltweit gelten.

Menschenrechte in der neueren Geschichte

Die „Erklärung der Menschen- und Bürgerrechte" hat alle modernen Verfassungen beeinflusst. Im 19. Jahrhundert lieferten die Menschenrechte Argumente für Reformen in den europäischen Monarchien. Nachdem im 20. Jahrhundert viele Diktaturen die Menschenrechte „mit Füßen traten" und es im Zweiten Weltkrieg (1939–1945) zu einem Völkermord ungeahnten Ausmaßes gekommen war, setzten sich die Vereinten Nationen (UNO) für eine Stärkung der Menschenrechte ein. In der „Allgemeinen Erklärung der Menschen- und Bürgerrechte" verpflichteten sich die Mitgliedsstaaten der UNO 1948, die Grundrechte weltweit zu verteidigen. Das Grundgesetz der Bundesrepublik Deutschland von 1949 hebt die Menschen- und Bürgerrechte in der Verfassung besonders hervor.

Weltweit finden täglich noch immer schwere Verstöße gegen die Menschenrechte statt, vor allem gegenüber Frauen, Kindern und Minderheiten, z. B. in Bürgerkriegen. Für den Schutz der Menschenrechte setzen sich international arbeitende Organisationen ein, wie z. B. „terre des hommes" und andere Menschenrechtsorganisationen.

M1

Die Erklärung der Menschen- und Bürgerrechte,
Ölgemälde von Jean Jacques Le Barbier d. Ä., 1789/90

Begriffe und Daten

Menschenrechte

Rechte, die jedem Menschen allein durch seine Geburt zustehen, unabhängig von seiner Herkunft, seiner Stellung in Staat, Gesellschaft, Familie und Beruf sowie seiner Religion und Kultur. Auch andere Merkmale, wie Hautfarbe, Geschlecht und Sprache, lassen die jedem zustehenden Menschenrechte unberührt.

M2

Der massenhafte Thronsturz, französische Karikatur, um 1800. Inschrift links oben: „Republikanische Elektrizität gibt den Despoten einen Stromstoß, der ihre Throne umstürzt." Inschrift auf der Scheibe: „Erklärung der Menschenrechte". Inschrift auf dem Kabel: „Freiheit, Gleichheit, Brüderlichkeit, unteilbare Einheit der Republik". Beschriftungen rechts: „Der Schelm Joseph, der holländische Statthalter, der feiste George, der kleine Papst, der spanische Despot, der Tyrann von Preußen, der Herumtreiber von Sardinien, die fette Katharina".

M3

Die Menschen- und Bürgerrechte

Die Menschen- und Bürgerrechte (17 Artikel) wurden am 26. August 1789 von der Nationalversammlung beschlossen und später der Verfassung von 1791 vorangestellt:

Präambel In der Überzeugung, dass die Unkenntnis, das Vergessen oder Verachten der Menschenrechte die alleinigen Ursachen der öffentlichen Missstände und der Verderbtheit der Regierungen sind, haben die in der Nationalversammlung vereinigten Vertreter des französischen Volkes beschlossen, in einer feierlichen Erklärung die natürlichen, unveräußerlichen und geheiligten Menschenrechte darzulegen …

Art. 2 Das Ziel einer jeden politischen Vereinigung besteht in der Erhaltung der natürlichen und unantastbaren Menschenrechte. Diese Rechte sind Freiheit, Eigentum, Sicherheit und Widerstand gegen Unterdrückung.

Art. 3 Die Nation bildet den hauptsächlichen Ursprung jeder Souveränität. Keine Körperschaft und kein Individuum können eine Gewalt ausüben, die nicht ausdrücklich von der Nation ausgeht.

Art. 4 Die Freiheit besteht darin, alles tun zu können, was dem anderen nicht schadet … Diese Grenzen können nur gesetzlich festgelegt werden …

Art. 8 … Niemand kann wegen eines Gesetzes bestraft werden, das nicht vor dem Tatmoment erlassen, verkündet und angewendet worden ist …

Art. 10 Niemand darf wegen seiner Meinung, selbst religiöser Art, belangt werden, solange die Äußerungen nicht die gesetzlich festgelegte Ordnung stören.

Art. 11 Die freie Mitteilung der Gedanken und Ansichten ist eines der kostbarsten Menschenrechte; jeder Bürger kann daher frei schreiben, reden und drucken, unter Vorbehalt des Missbrauchs dieser Freiheit in den gesetzlich festgelegten Fällen …

Art. 16 Eine Gesellschaft, in der die Garantie der Rechte nicht erfolgt und die Gewaltenteilung nicht festgeschrieben ist, hat keine Verfassung.

Art. 17 Da das Eigentum ein unverletzliches und heiliges Recht ist, kann es niemandem genommen werden, außer im Falle öffentlicher Notwendigkeit unter der Bedingung einer gerechten … Entschädigung.

Zit. nach Geschichte in Quellen, Bd. 4, hg. v. Wolfgang Lautemann u. a., München (bsv) 1981, S. 199 ff. Bearb. d. Verf.

1 Überprüfe, in welchen Punkten M3 im Gegensatz zur absolutistischen Herrschaft steht.

2 Beschreibe M1 und formuliere die mögliche Aussageabsicht des Künstlers.

3 Analysiere die Karikatur M2 mithilfe der Methode „Karikaturen entschlüsseln" (siehe S. 102 f.).

4 Überprüfe, an welcher Stelle des Grundgesetzes Gedanken aus der französischen Menschenrechtserklärung (M3) aufgegriffen wurden. Recherchiere dazu den Text des Grundgesetzes im Internet.

5 **Recherche:** Informiert euch über die Arbeit von Menschenrechtsorganisationen. Stellt zusammen, in welchen Staaten sie tätig sind und für welche Ziele sie sich dort einsetzen.

Von der konstitutionellen Monarchie zur Republik

Frankreich wird konstitutionelle Monarchie

Am 3. September 1791 trat die Verfassung in Kraft, an der die Nationalversammlung seit 1789 gearbeitet hatte. Sie begrenzte die absolute Macht des Königs. Nach dem lateinischen Wort für Verfassung „constitutio" hieß die neue Staatsform konstitutionelle Monarchie. Allen Bürgern garantierte die Verfassung Freiheit und Gleichheit vor dem Gesetz. Allerdings war zur Wahl der Nationalversammlung nur etwa ein Fünftel der 25 Millionen Franzosen zugelassen, da das Wahlrecht an Steuerleistungen gebunden war und zudem alle Frauen von der Wahl ausgeschlossen waren.

Die Hinrichtung des Königs und die Republik

Zur selben Zeit drohten Preußen und Österreich damit, das absolute Königtum in Frankreich mit militärischer Gewalt wiederherzustellen. In dieser Situation erklärte die französische Nationalversammlung am 20. April 1792 Österreich und Preußen den Krieg. Da die Pariser Bevölkerung jedoch den Verdacht hatte, dass Ludwig mit Frankreichs Feinden sympathisierte, verlor der König die Unterstützung der Nationalversammlung. Die Abgeordneten erklärten ihn für abgesetzt und klagten ihn wegen Hochverrats an. Gleichzeitig beschloss die Versammlung ihre eigene Auflösung, denn ein „Nationalkonvent" sollte nach seiner Wahl eine neue, republikanische Verfassung ausarbeiten und über Ludwig urteilen. Diesmal waren alle männlichen Franzosen wahlberechtigt. Am 21. September 1792 rief der Nationalkonvent die Republik aus. Die Abstimmung über das Schicksal Ludwigs XVI. fiel knapp aus: 387 Abgeordnete waren für, 334 gegen die Todesstrafe. Am 21. Januar 1793 wurde er auf dem Schafott hingerichtet.

Die Frauen und die Revolution

Von 1789 bis 1793 entstanden in Frankreich viele Frauenklubs, die für die volle politische Gleichberechtigung der Frauen eintraten. Sie beriefen sich dabei auf die Menschenrechte. Da jedoch Frauen nicht wählen durften, strebten sie mit anderen Mitteln nach politischem Einfluss: über Eingaben an den Nationalkonvent, als „aktive" Zuschauerinnen bei seinen Sitzungen oder durch Straßendemonstrationen. Die Schriftstellerin und Journalistin Olympe de Gouges verfasste 1791 die „Erklärung der Rechte der Frau und der Bürgerin", in der unter anderem stand: „Die Frau hat das Recht, das Schafott zu besteigen. Sie muss gleichermaßen das Recht haben, die Rednertribüne zu besteigen." Erfolge für die Frauen waren die Gleichstellung weiblicher und männlicher Erben und die Einführung der Zivilehe, die ihnen – im Gegensatz zur kirchlichen Eheschließung – die Scheidung ermöglichte. Das Wahlrecht erhielten die französischen Frauen allerdings erst 1944.

M1 **Ludwig XVI. bei seiner Verhaftung in Varennes am 20. Juni 1791 – nach einem gescheiterten Fluchtversuch nach Belgien,** Kupferstich, 1791

1 Schildere anhand von M1 deinen Eindruck von der Gefangennahme Ludwigs XVI. in Varennes. Nimm die Methode „Ein Bild entschlüsseln" (siehe Anhang) zu Hilfe. Welchen Standpunkt bezieht der Zeichner? Begründe.

2 Untersuche anhand des Darstellungstextes, wie innen- und außenpolitische Entwicklungen miteinander zusammenhingen.

3 Erörtert gemeinsam anhand des Darstellungstextes die politischen Aktivitäten von Frauen. Vergleicht mit der Gegenwart.

Ein Verfassungsmodell interpretieren

Die Verfassung als Schaubild

Gesetzestexte wie z. B. Verfassungen sind schwer zu erschließen, nicht nur aufgrund ihrer Ausdrucksweise, sondern weil sie komplizierte Sachverhalte enthalten. Schaubilder werden oft benutzt, um Zusammenhänge bzw. Formulierungen zu vereinfachen und zu verdeutlichen. Allerdings ist auch hier die Voraussetzung, dass du ihre „Sprache“ verstehst.

M1 Die französische Verfassung von 1791

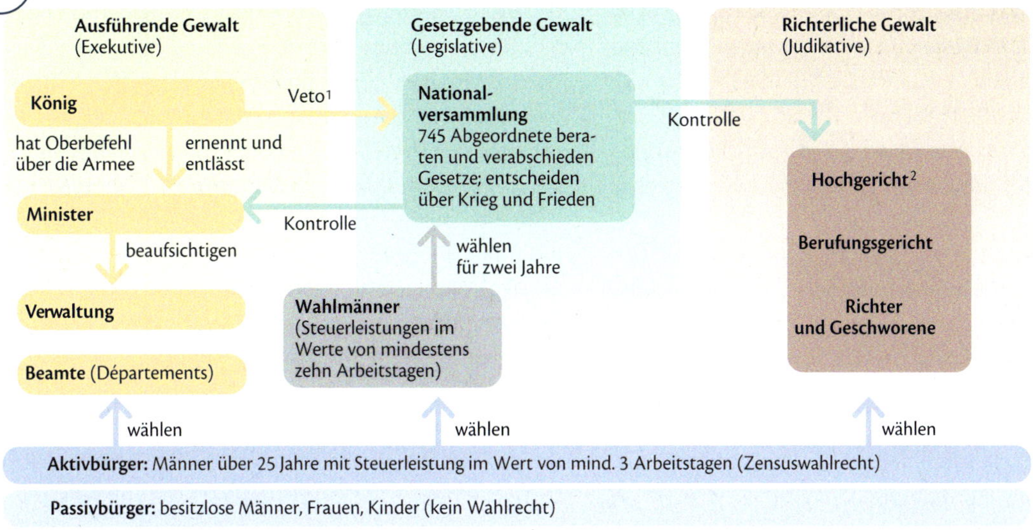

¹ Durch ein aufschiebendes Veto, d. h. Einspruchsrecht, konnte der König bis zu sechs Jahre verhindern, dass ein von der Nationalversammlung verabschiedetes Gesetz in Kraft trat.

² Für Anklage gegen Minister, hohe Beamte und Staatsverbrecher

Arbeitsschritte

1. Schritt: Einzelne Elemente des Schaubildes erfassen
- Welche (Fach-)Begriffe werden genannt?
- Welche Symbole sind zu erschließen (z. B. Farben, Pfeile)?

2. Schritt: Den Aufbau untersuchen
- Wie ist das Schaubild zu lesen: von unten nach oben, von links nach rechts – oder umgekehrt?

3. Schritt: Den Inhalt erschließen
- Welche Informationen enthält das Verfassungsschema?
- Gibt es Hilfen, um diese Informationen zu verstehen?
- Wird deutlich, wie die einzelnen Elemente der Verfassung in Beziehung zueinander stehen? Wer kann z. B. politisch (mit-)bestimmen und wie? Sind alle Elemente einander gleichgestellt oder gibt es z. B. ein „Oben“ und „Unten“? Welche Konsequenzen hat dies?
- Was bleibt unklar bzw. ungenau, sodass weitere Recherchen notwendig sind?

4. Schritt: Die Aussagekraft bewerten
- Lassen sich anhand des Schemas die Grundprinzipien der Verfassung formulieren?
- Ist es möglich, aus dem Schema „Stärken“ und „Schwächen“ der Verfassung zu erkennen?

5. Schritt: Den historischen Zusammenhang einbeziehen

Da ein Verfassungsschema keine Quelle, sondern deren wissenschaftliche Interpretation ist, muss es anhand von weiteren Informationen überprüft werden.

1 Analysiere M1 mithilfe der Arbeitsschritte.

2 Erläutere die Rolle des Königs und beurteile seine Macht nach der Verfassung.

Konflikte im Inneren und Krieg nach außen

Girondisten, Jakobiner und Sansculotten

Von Beginn an wurden die Debatten im Nationalkonvent von zwei politischen Gruppierungen beherrscht, und zwar von den „Jakobinern", die nach ihrem Versammlungsort, dem Jakobskloster, benannt waren. Diese Vereinigung, die seit 1789 für die Ablösung der Monarchie durch eine soziale Republik und direkte Volksherrschaft eingetreten war, hatte zunehmend an Einfluss gewonnen.

Auf der anderen Seite standen die „Girondisten", so genannt, weil ihre bekanntesten Redner aus der Landschaft Gironde in Südwestfrankreich kamen. Auch sie waren für die Republik, aber gegen direkte Volksherrschaft und radikale soziale Reformen. Sie traten für die Einhaltung der Verfassung und den Schutz der Grundrechte ein.

Die Jakobiner hatten mit dem Versprechen, eine Gesellschaft zu begründen, in der alle einen ungefähr gleichen Besitzstand hatten, viele Anhänger unter den Pariser Kleinbürgern gewonnen. Diejenigen unter ihnen, die aktiv für diese Ziele kämpften, nannten sich „Sansculotten", d.h. „Ohnehosen", weil sie nicht die Kniehose, das typische Kleidungsstück des Adels, trugen.

Das Land kommt nicht zur Ruhe

Auch nach der Ausrufung der Republik und der Hinrichtung des Königs gingen die Unruhen in Frankreich weiter. Nicht nur in Paris herrschte Hunger. Frankreichs Wirtschaft befand sich am Abgrund: Sowohl in der Landwirtschaft als auch im Gewerbe war die Produktion ins Stocken geraten; viele Menschen waren arbeitslos. Gerade sie trafen die hohen Lebensmittelpreise besonders hart. Gleichzeitig verlor das Geld immer mehr an Wert. Die staatliche Verwaltung war in vielen Landesteilen zusammengebrochen. Nicht nur in den unteren Bevölkerungsschichten herrschte angesichts dieser Zustände Unzufriedenheit. Vermögende Bürger, die um ihr Eigentum fürchteten, und Königstreue nutzten die chaotische Situation zu Aufständen.

Die Revolutionskriege

Durch die Kriegserklärung 1792 an Österreich und Preußen wollten die Girondisten einem drohenden Angriff der verbündeten Monarchien gegen das revolutionäre Frankreich zuvorkommen und zugleich durch den gemeinsamen Kampf gegen den äußeren Feind die inneren Konflikte im Land überwinden. Tatsächlich stärkte der Krieg trotz anfänglicher Niederlagen das Nationalgefühl der Franzosen, die die Ideen der Revolution an die noch unterdrückten Völker weitergeben wollten. Die Revolutionsheere errangen einen Erfolg nach dem anderen: Sie besetzten die Niederlande und das linke Rheinufer. Diese Eroberungspolitik und die Hinrichtung König Ludwigs XVI. ließen weitere europäische Fürsten wie den englischen und den spanischen König in den Krieg eintreten, sodass sich Frankreich im Jahre 1793 von Feinden umringt sah, während zugleich im Inneren weiter Aufstände tobten.

Radikalisierung der Revolution

Die Pariser Massen und die Jakobiner machten für diese gefährliche Entwicklung die Girondisten verantwortlich und warfen ihnen falsche Kriegsführung, ja sogar Zusammenarbeit mit dem Feind vor. Als die von den Sansculotten beherrschten Versammlungen der Pariser Stadtteile forderten, mit aller Härte gegen die so genannten „Feinde der Revolution" vorzugehen, schalteten die Jakobiner die Girondisten im Nationalkonvent aus: Die meisten wurden verhaftet und hingerichtet. Auf die äußere Gefahr reagierten die jakobinischen Machthaber mit der „Levée en masse" (Erhebung der Massen). Alle Kräfte des Volkes sollten für den Krieg mobilisiert werden, und in der Tat gelang es dem Volksheer, an den Fronten die Oberhand zu gewinnen. Im Inneren jedoch herrschten Chaos und Terror.

M1 **Guillotine (Modell),** 20. Jh. Die Guillotine wurde 1792 auf Vorschlag des Arztes Josephe Guillotin als einfaches und schnelles Hinrichtungsinstrument in Frankreich eingeführt. Während der Terrorherrschaft fanden durch sie etwa 17 000 Franzosen den Tod.

Der „Wohlfahrtsausschuss“

Angesichts der kritischen Situation, in der sich Frankreich befand, bildeten die Jakobiner eine „Revolutionsregierung“: Der Konvent legte alle Macht in die Hände von Ausschüssen, deren wichtigster der „Wohlfahrtsausschuss“ war. Zum Vorsitzenden des Wohlfahrtsausschusses wurde Maximilien de Robespierre gewählt. Er ließ z. B. Umzüge zu Ehren der Göttin „Vernunft“ veranstalten, die das Gemeinschaftsgefühl der Franzosen stärken sollten. Ein neuer Kalender ohne christliche Feiertage wurde eingeführt, und mit dem Tag der Ausrufung der Republik (21. September 1792) begann das Jahr 1 der neuen Zeitrechnung. Diese Neuerungen überschattete der Schrecken, den das Revolutionsgericht verbreitete. Es sollte alle „gegenrevolutionären“ Bestrebungen verfolgen. Seine Todesurteile standen oft schon vor der Verhandlung fest. Die Karren mit Verurteilten, die zur Guillotine rollten, gehörten in dieser Zeit zum gewohnten Stadtbild.

Das Ende des Schreckens

Angesichts des Schreckens protestierten gemäßigte Republikaner und sogar Sansculotten gegen die Politik Robespierres. Auch der Nationalkonvent akzeptierte die Gewaltherrschaft nicht mehr und beschloss die Hinrichtung Robespierres. Mit seinem Tod war die Terrorherrschaft in Frankreich beendet. Eine neue Verfassung brachte wieder die Gewaltenteilung und überließ die Exekutive einem fünfköpfigen „Direktorium“. Das Wahlrecht wurde wie 1791 an die Steuerleistung, den Zensus, gebunden. Wie am Anfang der Revolution standen sich Anhänger der Monarchie und kleinbürgerliche Massen der Hauptstadt gegenüber.

Biographie

Maximilien de Robespierre

Robespierre (1758–1794) war Rechtsanwalt und in der Nationalversammlung Abgeordneter des Dritten Standes. In seinen Reden vertrat er die Ideen der Aufklärung. Sein Name steht für die Zeit der Terrorherrschaft, die der „Wohlfahrtsausschuss“ unter seinem Vorsitz ausübte. Am 27. Juli 1794 wurde Robespierre von seinen engsten Freunden gestürzt und am folgenden Tag hingerichtet.

M2

Verhör vor einem Revolutionsgericht,
kolorierte Radierung, 1792

M3

Das Gesetz über die Verdächtigen

Am 17. September 1793 erließ der Wohlfahrtsausschuss folgendes Gesetz:

Art. 1 Sofort nach Verkündung des vorliegenden Dekrets werden alle verdächtigen Personen, die sich auf dem Territorium der Republik aufhalten und noch in Freiheit befinden, in Haft genommen.

Art. 2 Als verdächtige Personen gelten:
1. Alle, die sich durch ihr Verhalten ... oder durch ihre ... geäußerten Ansichten als ... Feinde der Freiheit zu erkennen gegeben haben;
2. Alle, die sich nicht auf die ... vorgeschriebene Weise über ihre Existenzmittel und die Erfüllung ihrer Bürgerpflichten ausweisen können; ...
5. Alle diejenigen vormaligen Adligen ..., die nicht dauernd ihre Verbundenheit mit der Revolution unter Beweis gestellt haben.

Zit. nach Geschichte in Quellen, Bd. 4, hg. v. Wolfgang Lautemann u. a., München (bsv) 1981, S. 377 f.

1. Erstelle anhand des Darstellungstextes und des Kastens eine Zeitleiste der Ereignisse von 1789 bis 1794.
2. Interpretiere M2 mithilfe der Methode „Bildquelle entschlüsseln“ (siehe Anhang).
3. „Die Revolution frisst ihre Kinder.“ Erkläre diesen Satz mithilfe deiner Kenntnisse über den Verlauf der Französischen Revolution.
4. **Gruppenarbeit:** Vergleicht M3 mit Artikel 10 und 11 der Menschenrechtserklärung S. 109. Diskutiert anschließend, ob in Notzeiten das Recht auf freie Meinungsäußerung und ein ordentliches Gerichtsverfahren aufgehoben werden dürfen.

Eine Textquelle analysieren

Den Text von verschiedenen Seiten betrachten

Anstelle der Arbeitsschritte findest du auf dieser Methodenseite ein Modell zur Analyse schriftlicher Quellen (M3). Eine bestimmte Schrittfolge bei der Bearbeitung ist nicht vorgegeben. Sinnvoll ist es aber, zunächst mit dem Autor und den Informationen zur Textquelle zu beginnen. Zu der Textquelle M1 sind einige Angaben als Lösungshilfe angeführt. Bedenke, dass nicht zu jedem Quellentext alle Fragen beantwortet werden können. Und selbst wenn du die Quelle zum „Sprechen" gebracht hast: Mit ihr kannst du nur einen kleinen Ausschnitt der Vergangenheit rekonstruieren.

Informationen über den Autor:
43 Jahre alt (1789), Pädagoge, Sprachforscher, Zeitzeuge

Lagebeschreibung:
trotz Anarchie und Brotknappheit noch ruhig (Z. 1–4)

Schlüsselbegriffe:
Volk
Anarchie (Gesetzlosigkeit)
Brotmangel
Zerrüttung der bürgerlichen Verhältnisse
neue Konstitution
Bedrohung durch Aristokraten und Volk, das unbändig und zügellos ist (Z. 5–30)

Schlüsselaussage Position des Autors:
Konstitution (Verfassung) größtes Denkmal unseres Jahrhunderts; positive Bewertung (Z. 22–23)

Schlüsselbegriffe:
Vernunft und Menschenrecht als Grundlage der Verfassung (Z. 24)

M1

Ein Brief aus Paris

Johann Heinrich Campe (1746–1818), deutscher Pädagoge und Sprachforscher, verfasste „Briefe aus Paris", die zuerst im „Braunschweiger Journal" veröffentlicht wurden. In einem Brief vom 14. August 1789 schrieb er:

In Paris ist unterdes nichts Neues vorgefallen. Das Volk hält sich, trotz der fortdauernden Anarchie und trotz des knappen Brotvorrats, kleine unbedeutende Auftritte abgerechnet, noch immer ruhig – zum Erstaunen aller, welche wissen, was die Worte Volk, Anarchie und Brotmangel in Verbindung miteinander zu bedeuten haben ... Ob indes dieser unerhörte Zustand von Mäßigung und Ruhe, bei fortwährender Gesetzlosigkeit und Zerrüttung der bürgerlichen Verhältnisse, noch lange andauern wird? ... Es kann daher und wird wahrscheinlich noch zu blutigen Auftritten kommen, weil es unmöglich scheint, dass die neue Konstitution so geschwind vollendet und an allen ihren Teilen an die Stelle der alten gesetzt werden könnte, als nötig wäre, wenn man jener Verwilderung zuvorkommen wollte. Unterdes werden die geheimen Bemühungen der Aristokraten, die neue Freiheit, wo möglich, in ihren Keimen zu zerknicken, fortdauern; unterdes werden der Adel und die Geistlichkeit, sowohl in der Nationalversammlung als auch im Lande, ihre letzten Kräfte aufbieten, um der Vollendung des größten Denkmals unseres Jahrhunderts, einer auf Vernunft und Menschenrecht gegründeten Konstitution, tausend Hindernisse und Schwierigkeiten in den Weg zu legen; unterdes wird das Volk immer argwöhnischer, immer eifersüchtiger auf seine neue Freiheit, an die es noch nicht gewöhnt ist, immer rascher in seinem Verfahren, immer unbändiger und zügelloser werden; und – der Menschenfreund wendet mitleidig seine Augen von den Gräueln weg, welche die Folge davon sein können! ...

Zit. nach Irmgard und Paul Hartig, Die Französische Revolution im Urteil der Zeitgenossen und der Nachwelt, Stuttgart (Klett) 1980, S. 6 f.

Quellenart:
zur Veröffentlichung bestimmter Brief

Adressat:
Leser in Deutschland; Einflussnahme auf die Einstellung der Öffentlichkeit zur Französischen Revolution?

Geschichtlicher Hintergrund:
Was geschah vor und nach dem 14. August 1789?
Mai: Generalstände,
Juni: Nationalversammlung,
14. Juli: Sturm auf die Bastille,
4. August: Abschaffung der Privilegien,
26. August: Erklärung der Menschen- und Bürgerrechte

Frage: Wie geht die Revolution weiter?

Prognose: wahrscheinlich „blutige Auftritte" (Z. 11–12)

Gegner (Feinde) der Revolution: Aristokraten (Adel und Geistlichkeit) (Z. 17–26)

Stimmung im Volk (Z. 26–30)

Sicht des Autors
Vorahnung: Gräuel

M2

Aus dem Tagebuch eines Kleinbauern

Der Kleinbauer und Garnhausierer Ulrich Bräker (1735–1798) entfloh 1756 einem preußischen Werbeoffizier und lebte später in seiner Schweizer Heimat. In Kenntnis der Briefe Campes schrieb er im März 1791 in sein Tagebuch über die französischen Zustände:

Und noch jetzt nicht könnt ich glauben, dass es mit Frankreichs Freiheit so ganz im Reinen wäre: in einem so weitläufigen Reich – wo so viele Millionen Menschen wohnen – mag es wohl auch heißen, viel Köpf viel Sinnen – zudem so starke Parteien von den Angesehensten im Reich – die immer offensichtlich und im Verborgenen gegen die Freiheit arbeiten. Der Adel und die Geistlichkeit sind allzu stark heruntergesetzt – als dass sie nicht sollten alles anwenden, ihre Vorrechte geltend zu machen …

Wie sehr fällt diese Nation von einem Extrem aufs andere. Vorher war der gemeine Haufen allzu sehr Sklav, der Adel und die Großen dieser Nation beherrschten den sonst souveränen König und übertrieben ihre despotische Macht bis zur Tyrannei. Man denke nur, wie eine solche Herabsetzung in die gemeine Bürgerklasse schmerzen müsse. Auch die Geistlichen werden es nimmermehr zugeben, da ihr Einkommen geschmälert und von den Ständen bestimmt werden soll. Diese Klasse ist der Nation die allergefährlichste, doch wenn nur die auswärtigen Mächte so menschlich gesinnt wären, keine Partei zu nehmen, sondern zu einem gütigen Vergleich die Hand bieten würden, dann möchts angehen. Aber wenn der Tanz angehen sollte, … dann würdest du sehen – Franzmann, welche Schlangen du in deinem Busen genährt – mir schaudert von den Ahnungen, wie es alsdann in deinen Eingeweiden hergehen möchte …

Es wird also erlaubt sein, dato noch an der Dauerhaftigkeit der französischen Freiheit zu zweifeln.

Zit. nach Praxis Geschichte, Französische Revolution, H. 1 (1989), S. 42.

M3

Modell zur Analyse von Textquellen

Geschichtlicher Hintergrund
- In welche geschichtliche Situation lässt sich die Quelle einordnen?
- Ist ein Vergleich mit anderen Quellen und Darstellungen möglich?
- Welche weiteren Informationen sind zum besseren Verständnis notwendig?

Autor
- Wer hat den Text verfasst?
- In welchem Verhältnis steht er zum Ereignis?
- Was konnte er wissen (nicht wissen)?
- Lässt sich ein bestimmter Standpunkt des Autors feststellen?

Textquelle
- Welche Quellenart liegt vor?
- Wie lautet die Datierung?
- Gibt es eine Überschrift (ein Thema)?
- Wie lässt sie sich gliedern?
- Was ist aus der Quelle zu erfahren?
- Wie lautet die Kernaussage?
- Lassen sich Schlüsselbegriffe finden?
- Werden die Aussagen begründet?
- Sind die Aussagen schlüssig/widersprüchlich?
- Ist die Quelle glaubwürdig?
- Für wen, in welcher Absicht wurde der Text verfasst?

Adressat
- An wen ist der Text gerichtet (Privatperson, Machthaber, Amt, Öffentlichkeit, Nachwelt)?
- In welchem Verhältnis steht der Adressat zum Autor?
- Könnte die Art des Adressaten Einfluss auf den Inhalt des Textes haben?

Fragestellung aus heutiger Sicht
- Auf welche Frage(n) suchen wir eine Antwort?
- Welches Wissen bringen wir in die Analyse und Beurteilung ein?
- Beeinflussen Faktoren unserer Zeit unser Urteil?

1 Erarbeite M1 mithilfe der Lösungsvorschläge und ergänze offene Punkte, wie zum Beispiel zu „Fragestellung aus heutiger Sicht" und zur „Textquelle".

2 Wende das Modell (M3) auf M2 an. Lege vorher fest, wie du vorgehen willst (z. B. Autor – Textquelle – Adressat usw.).

Die Alleinherrschaft Napoleons

Ein General wird „Kaiser der Franzosen"

Napoleon Bonaparte (1769–1821) stieg als Offizier während der Revolutionskriege in der Armee auf. 1799 verließ er nach einer Niederlage gegen die Engländer Ägypten und kehrte nach Paris zurück, wo er mithilfe der Armee die Direktoriumsregierung stürzte und das Parlament entmachtete. Noch im selben Jahr trat eine neue Verfassung in Kraft. Sie sah vor, dass Napoleon als „Erster Konsul" über die meiste Macht verfügte.
Neu in dieser Verfassung war das Plebiszit: die direkte Entscheidung des Volkes über Fragen, die ihm von Napoleon vorgelegt wurden. Er benutzte es als Instrument, um seine Alleinherrschaft zu festigen. 1802 ließ er sein Konsulat durch ein Plebiszit auf Lebenszeit verlängern. 1804 krönte er sich im Beisein des Papstes selbst zum „Kaiser der Franzosen". Nach militärischen Niederlagen in den Eroberungskriegen in Europa wurde Napoleon 1814 entmachtet und nach Elba verbannt. Er kehrte noch einmal für 100 Tage zurück, wurde aber 1815 in der Schlacht bei Waterloo endgültig besiegt.

Warum akzeptierte das Volk die Alleinherrschaft?

Verschiedene Erklärungen sind möglich: Zunächst hatte Napoleon die Gefahr beseitigt, von den europäischen Mächten besiegt zu werden. In der Innenpolitik gelang ihm geschickt der Ausgleich von Gegensätzen zwischen zurückkehrenden adligen Emigranten und dem Großbürgertum, das als Käufer von Grundbesitz Gewinn aus der Revolution gezogen hatte. Außerdem erreichte er die Versöhnung mit der katholischen Kirche. Zu den Erfolgen zählte sicherlich auch das neue Gesetzbuch aus dem Jahr 1804, der „Code civil" (auch „Code Napoléon" genannt). Es wurde zum Vorbild für Gesetzbücher in anderen Ländern. Im wirtschaftlichen Bereich gelang es Napoleon, die Geldentwertung zu beenden. Zu kurz kamen die kleinen Lohnempfänger, denen z. B. das Streikrecht genommen wurde. Damit in der Öffentlichkeit nur Zustimmung und Bewunderung zu hören waren, setzte er Pressezensur und Bespitzelung durch.

M1

Napoleon und die Republik

Aussagen Napoleons zu politischen Fragen:

1 A Tagesbefehl Napoleons (Italien, 14. Juli 1797): Soldaten, heute ist die Jahresfeier des 14. Juli … ich weiß, ihr seid tief betrübt über die Leiden, die dem Vaterland drohen; aber das Vaterland kann nicht ernstlich gefährdet werden. Hier stehen die Männer, die es zum Triumph über das verbündete Europa geführt haben. Berge trennen uns von Frankreich; ihr würdet sie mit Adlerflügeln überqueren, wenn es nötig sein sollte, um die Verfassung aufrechtzuerhalten, die Freiheit zu verteidigen … und die Republik zu schützen.

1 B Napoleon zu dem französischen Gesandten in der Toskana (1. Juli 1797): Glauben Sie vielleicht, dass ich eine Republik begründen will? … Das ist eine Wahnvorstellung, in die die Franzosen vernarrt sind, die aber auch wie so manches andere vergehen wird. Was sie brauchen, ist Ruhm, die Befriedigung ihrer Eitelkeit, aber von der Freiheit verstehen sie nichts. Blicken Sie auf die Armee! Die Triumphe … haben den wahren Charakter des französischen Soldaten wieder hervortreten lassen. Für ihn bin ich alles … Die Nation braucht einen Führer und keine Reden von Ideologien*, die die Franzosen … nicht verstehen.

M1A und M1B zit. nach Irmgard und Paul Hartig, Die Französische Revolution, Stuttgart (Klett) 1984, S. 112 f.

M2

Napoleon beim Übergang über den Großen St. Bernhard, Gemälde von Jacques-Louis David, 1800/1801

M3

Aus dem „Code civil"

Die neue Gesetzgebung, die unter Napoleon 1804 in Kraft trat und auch in den von Frankreich besetzten Staaten galt, legte unter anderem fest:

8. Jeder Franzose soll Civil-Rechte[1] genießen.
9. Wer in Frankreich von einem Fremden geboren ist, ist berechtigt, ... die rechtliche Eigenschaft eines Franzosen in Anspruch zu nehmen; nur muss er ... [in Frankreich] sein Domizil [aufschlagen] ...
144. Mannspersonen können nicht heiraten, ehe sie das achtzehnte Jahr, Frauenzimmer nicht, ehe sie das fünfzehnte Jahr zurückgelegt haben ...
146. Ohne Einwilligung gibt es keine Ehe.
147. Man kann keine zweite Ehe schließen, ohne dass die erste aufgelöst ist ...
165. Die Ehe soll öffentlich vor dem Civil-Beamten des Ortes ... geschlossen werden ...
213. Der Mann ist seiner Frau Schutz und die Frau ihrem Manne Gehorsam schuldig ...
215. Die Frau kann ohne die Autorisation[2] ihres Mannes nicht vor Gericht stehen, selbst dann nicht, wenn sie öffentlich in ihrem eigenen Namen Handelsgeschäfte treibt, mit ihrem Manne in keiner Gütergemeinschaft lebt oder ihr Vermögen ausschließlich für sich allein genießt.

Zit. nach Bernd Sösemann, Revolution und Reform, Stuttgart (Klett) 1997, S. 54 f.

[1] Bürgerrechte
[2] Erlaubnis

M5

Napoleon – Umgestalter Frankreichs

Der französische Historiker Jaques-Olivier Boudon schrieb 2004:

Sehr bald, schon am 17. Februar 1800, reformiert ein Gesetz die Verwaltung: Der Rahmen des Departements, ein Erbe der Revolution, wird beibehalten, aber an seine Spitze wird ein einzelner Repräsentant, der Präfekt, gestellt – die unverzichtbare Schaltstelle zwischen Regierung und Bürgern. Dieses Amt erweist sich als wesentliches Instrument der Zentralisationspolitik ... Der Staat braucht unbedingt gesunde Finanzen. Bonaparte schafft keine neuen Steuern, aber er rationalisiert das System der Steueraufteilung und -erhebung, damit die Steuern tatsächlich in die Staatskassen fließen ...

Von 1800 an beschäftigt Bonaparte ... Juristen mit der Herausgabe neuer Gesetze ... Mithilfe dieser Reformen installiert Bonaparte eine neue Gesellschaft, die endgültig mit der Ständegesellschaft ... bricht. Er fördert eine individualistische Gesellschaft, die sich auf Familie und Eigentumsrecht gründet. Das Modell des Bürgertums herrscht vor, das der patriarchalischen Familie, in der die Rolle der Frau unbedeutend ist, aber in dem die Kinder gleiches Erbrecht erhalten – das bedeutet das Ende des Rechts des Erstgeborenen.

Jaques-Olivier Boudon, Napoleon und seine Zeit. In: Praxis Geschichte, H. 6 (2004), S. 6 f.

M4

Napoleon überquert die Alpen,
kolorierter Kupferstich von Alphonse Francois, 1853 (Ausschnitt)

1 Stelle anhand des Darstellungstextes die Machtergreifung und Politik Napoleons in einer Zeitleiste dar.
2 Erschließe mithilfe von M1 die politischen Aussagen Napoleons und seine Einstellung zu den Idealen der Revolution.
3 Untersuche, ob sich Ideen der Französischen Revolution im Code civil widerspiegeln (M3).
4 Vergleiche M2 mit M4 und beschreibe, welche „Bilder" über den Herrscher vermittelt werden.
5 Erarbeite anhand von M3 und M5, welche Reformen Napoleon durchsetzte. Nimm begründet Stellung.

Wirkungen der französischen Vorherrschaft auf dem Kontinent

Eroberungskriege in Europa

Während es den französischen Truppen anfangs um die Landesverteidigung und die Ausbreitung der Ideen der Revolution gegangen war, führte Napoleon vor allem Eroberungskriege. Bis 1812 errichtete er eine Vormachtstellung Frankreichs auf dem Kontinent. Nur England konnte dem militärischen Druck standhalten.

Napoleon und Deutschland

Anders verhielt es sich mit der Beziehung zum „Heiligen Römischen Reich" unter der Führung des deutschen Kaisers. Die Eroberungspolitik Napoleons hatte die Situation in den einzelnen Staaten des Reiches tiefgreifend verändert. Bereits 1801 waren alle Länder links des Rheins von Frankreich besetzt worden und blieben bis 1813 Teil des französischen Kaiserreichs. Unter dem Druck Napoleons wurde das „Heilige Römische Reich Deutscher Nation" aufgelöst: 1806 legte der letzte Kaiser, Franz II., die Krone nieder. Nicht alle Fürsten der rechtsrheinischen Territorien sahen in dieser Entwicklung einen Nachteil: Um einen Schutzwall gegen Österreich zu errichten, bildete Napoleon nämlich aus kleinen und kleinsten Territorien eine Reihe neuer Staaten mittlerer Größe. Herrschaftsgebiete, die dem Kaiser direkt unterstellt gewesen waren, z. B. die Reichsstädte, wurden in größere Staaten eingegliedert (Mediatisierung). Geistliche Gebiete wurden aufgelöst und den größeren Staaten zugeschlagen (Säkularisierung). Auf diese Weise konnten z. B. die Landesherren von Bayern, Württemberg und Baden ihren Machtbereich vergrößern, und 1807 entstand aus kleineren hessischen, hannoverschen, sächsischen und preußischen Gebieten das „Königreich Westfalen".
Unter der Vorherrschaft Napoleons schlossen sich 16 deutsche Fürsten mit ihren neuen Gebieten zum so genannten Rheinbund zusammen (1806). Bayern und Württemberg wurden damals Königreiche – gleichzeitig standen sie weiterhin unter Napoleons direktem Einfluss und kämpften im Krieg an seiner Seite.

1 Beschreibe anhand des Darstellungstextes und M1 die Machterweiterung Frankreichs unter Napoleon.

2 Stelle Vor- und Nachteile der Neuordnung Deutschlands aus verschiedenen Perspektiven dar (z. B. Frankreich, kleinere und größere weltliche und geistliche Territorien).

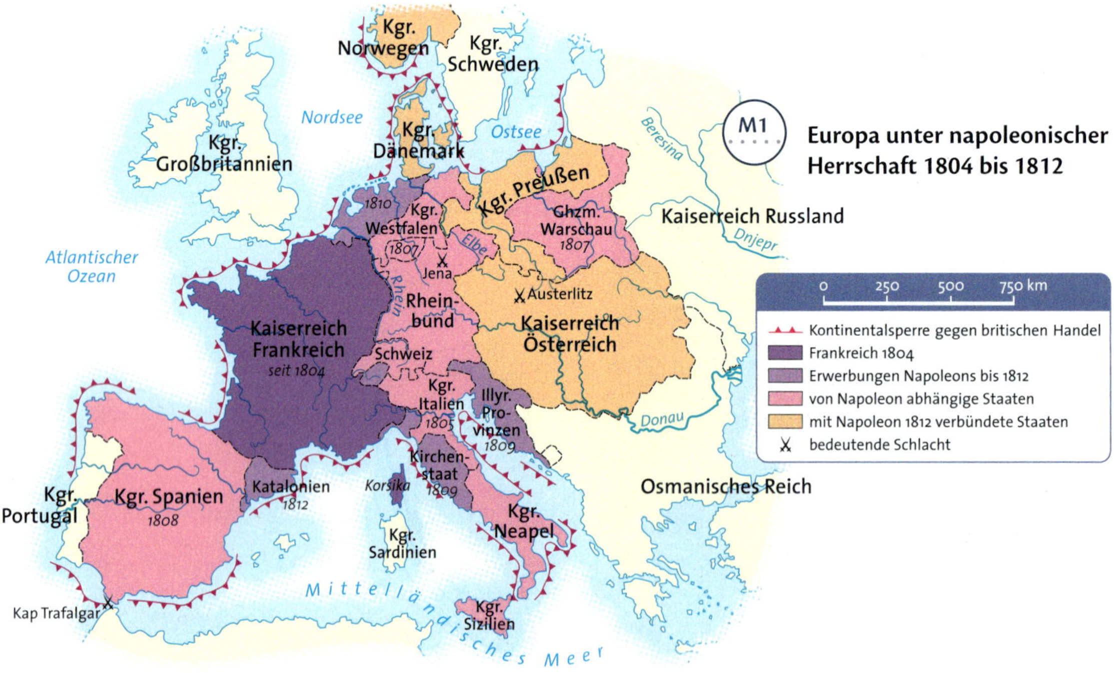

M1 Europa unter napoleonischer Herrschaft 1804 bis 1812

Die Französische Revolution und Europa

M1

Menschen aus verschiedenen Gruppen der Gesellschaft in der Französischen Revolution

Überprüfe, was du kannst

Sachkompetenz

1 Identifiziere die Figuren (M1) und ordne sie den Ständen bzw. gesellschaftlichen Gruppen zu. Tipp: Du findest alle im Kapitel wieder.

2 Skizziere die Figuren (M1) und formuliere in Sprechblasen, wie sie sich vorstellen und über ihre politischen Ansichten berichten.

Methodenkompetenz

3 Sieh im Kapitel nach, in welcher Abbildung die Figuren (M1) jeweils vorkommen. Entscheide, welche der Abbildungen du als Karikatur (siehe S. 112 f.) bezeichnen würdest? Begründe deine Meinung.

Urteilskompetenz

4 **Rollenspiel:** Die Figuren (M1) werden in einer Diskussionsrunde aufgefordert zur Französischen Revolution und deren Folgen Stellung zu beziehen.

Handlungskompetenz

5 Fertigt in Gruppen Plakate an, die die Figuren (M1) als Vertreter ihrer gesellschaftlichen Gruppe porträtieren. Achtet auf die Unterscheidung zwischen Entnahmen (Zitate o. Ä.) aus dem Kapitel und euren eigenen Formulierungen.

- 1776 Unabhängigkeitserklärung der USA
- 1789 Französische Revolution und Erklärung der Menschen- und Bürgerrechte
- 1791 Frankreich wird zur konstitutionellen Monarchie
- 1793/94 Schreckensherrschaft der Jakobiner
- 1799 bis 1814 Alleinherrschaft Napoleons
- 1801 bis 1813 Französische Vorherrschaft auf dem europäischen Kontinent
- 1804 Kaiserkrönung Napoleons und „Code civil“
- 1806 Ende des Heiligen Römischen Reiches Deutscher Nation und Rheinbund
- 1814 Entmachtung Napoleons

1775 | 1785 | 1795 | 1805 | 1815

Deutschland im 19. Jahrhundert – Restauration, Revolution und Reichsgründung

Wissen • Urteilen • Handeln • Methoden anwenden

Am Ende dieses Unterkapitels kannst du

- beschreiben, wie Europa nach dem Ende der napoleonischen Herrschaft neu geordnet wurde
- am Beispiel der Revolution von 1848/49 den Konflikt zwischen republikanisch-demokratischen und monarchischen Kräften darstellen und bewerten
- das Scheitern der Reformkräfte 1848/49 erklären und begründen
- die Reichsgründung 1871 als eine Variante der deutschen Einigung erläutern
- die historischen Schritte „Restauration – Revolution – Reichsgründung“ im Zusammenhang beurteilen
- **Methode** Politische Dichtung deuten und vergleichen
- **Methode** Historiengemälde deuten

Staatsformen in Europa nach 1815

- seit 1815: Restauration
- 1848/49: Revolution
- 1871: Gründung des Deutschen Reiches

Die Neuordnung Europas

Die Niederlage Napoleons

Das Ende der napoleonischen Herrschaft in Europa zeichnete sich ab, als Russland Handelsbeziehungen mit England aufnahm. Napoleon, der England mit einer Handelssperre zu isolieren versuchte, marschierte daraufhin im Sommer 1812 in Russland ein – mit katastrophalen Folgen: Von den 600 000 Soldaten seiner Armee kehrten nur 5000 in ihre Heimat zurück. Im Oktober 1813 besiegte eine Koalition aus mehreren europäischen Staaten das französische Heer endgültig in der „Völkerschlacht" bei Leipzig.
Der Kampf gegen die Herrschaft Napoleons hatte in den besetzten Ländern Europas dazu geführt, dass die Idee der politischen Freiheit und nationalen Unabhängigkeit zahlreiche Anhänger gefunden hatte.

Wiener Kongress und Deutscher Bund

Nach dem Ende der napoleonischen Herrschaft tagte in Wien 1814/15 ein Kongress, bei dem europäische Fürsten und Staatsmänner eine Neuordnung Europas beschlossen. Sie folgten dabei einem einfachen Prinzip: Die Herrschaftsverhältnisse aus der Zeit vor der Französischen Revolution sollten so weit wie möglich wiederhergestellt werden. Maßgeblichen Anteil an den Entscheidungen hatte der österreichische Außenminister Fürst von Metternich (1773–1859), dessen Politik der Restauration an das Gleichgewichtsprinzip unter den Großmächten anknüpfte. Um die neue Ordnung zu sichern und sich „bei jeder Gelegenheit Hilfe und Beistand" zu leisten, verbündeten sich Russland, Österreich und Preußen zur „Heiligen Allianz".
Schwieriger war die Entscheidung, was mit den deutschen Staaten geschehen sollte. Das alte Reich wurde nicht wiederhergestellt. Stattdessen unterzeichneten die Vertreter der deutschen Könige, Fürsten und Städte am 8. Juni 1815 die „Deutsche Bundesakte". Diese Vereinbarung schuf nicht die von vielen erhoffte nationalstaatliche Einheit, sondern nur ein lockeres Bündnis (Deutscher Bund) ohne gemeinsames Oberhaupt.

M1

Fahne der Jenaer Burschenschaft von 1816. Schwarz-Rot-Gold waren die Uniformfarben des „Lützow'schen Freikorps" in den Freiheitskriegen gegen Napoleon. Zahlreiche Gründer der Jenaer Burschenschaft waren zuvor Mitglied dieses Freikorps.

Begriffe und Daten

Wiener Kongress 1814/15

Drei Prinzipien bestimmten die Beschlüsse:
1. Restauration: Damit ist die Wiederherstellung der politischen Verhältnisse gemeint, wie sie vor der Französischen Revolution herrschten.
2. Legitimität: Damit versuchten die ehemaligen aristokratischen Herrscherhäuser, ihren Herrschaftsanspruch zu begründen.
3. Solidarität: Um gegen die neuen Ideen (Freiheitsstreben und Nationalismus) wirksam vorgehen zu können, schlossen sich die Fürsten zusammen („Heilige Allianz").

Deutscher Bund 1815

Lockerer Zusammenschluss der deutschen Staaten; es fehlte eine einheitliche Regierung und eine Verfassung. Zentrales Organ war die Bundesversammlung in Frankfurt, von der allerdings keine starke politische Wirksamkeit ausging.

1 Erkläre, warum die Zeit nach 1815 „Zeitalter der Restauration" genannt wird (Darstellungstext, Kasten).

2 Vergleiche die Fahne der Jenaer Burschenschaft (M1) mit unserer Nationalflagge und recherchiere, ob es einen historischen Bezug zwischen beiden gibt.

3 Die „Verfassungsfrage" wurde nach 1815 zu einem der wichtigsten Streitpunkte in der Öffentlichkeit. Erläutere anhand der Karte (S. 120), wie sie in den einzelnen europäischen Staaten „gelöst" war.

Demonstrationen für Einheit und Freiheit

Das Wartburgfest 1817

1815 schlossen sich unter dem Motto „Ehre, Freiheit, Vaterland“ Studenten zur „Allgemeinen Deutschen Burschenschaft“ zusammen. Ihre Ziele waren „Freiheit“ und „ein einiges Vaterland“. Als die „Burschenschaft“ im Oktober 1817 alle deutschen Studenten auf die Wartburg bei Eisenach einlud, folgten etwa 500 Studenten und Professoren sowie andere Interessierte dem Aufruf. In Reden wurde die verhasste Fürstenherrschaft kritisiert, Zöpfe, Uniformen und ein Polizeistock symbolisch verbrannt.

Die Karlsbader Beschlüsse 1819

Am 23. März 1819 erstach der Theologiestudent und Burschenschafter Karl Ludwig Sand in Mannheim den Schriftsteller August von Kotzebue, der in der Presse die Ziele der Burschenschaften öffentlich kritisiert hatte. Auf das Verbrechen reagierten die Vertreter der Landesregierungen des Deutschen Bundes mit den „Karlsbader Beschlüssen“, die eine strenge Überwachung aller Studenten und Professoren an den Universitäten vorsahen. Kritiker wurden als so genannte „Demagogen“ (= Volksverführer) verfolgt. Die Presse wurde durch eine strenge Zensur* kontrolliert. Manche flüchteten ins Ausland, einige zogen sich in das Privatleben zurück. Andere setzten sich jedoch erst recht für ihre politischen Ziele ein.

Das Hambacher Fest 1832

Die Journalisten Johann Georg August Wirth und Philipp Jakob Siebenpfeiffer luden mit einigen Gleichgesinnten zu einem „deutschen Nationalfest“ ein, das am 27. Mai 1832 auf der Schlossruine im pfälzischen Hambach stattfand. Mehr als 25 000 Menschen folgten dem Aufruf – Studenten, Bauern aus der Umgebung, Arbeiter, Bürger aus allen deutschen Staaten und aus dem Elsass. Die Teilnehmer der Veranstaltung forderten ein national geeintes Deutschland, Freiheit und Gerechtigkeit – für Männer und Frauen. Die Organisatoren des Festes wurden angeklagt und das Gericht gestattete ihnen, sich so zu verteidigen, wie es das – in der Pfalz seit der Herrschaft Napoleons geltende französische – Recht vorsah. In mehrstündigen Reden trugen Siebenpfeiffer und Wirth den Geschworenen und applaudierenden Zuhörern im Gerichtssaal ihre politischen Ideen vor. Der Prozess endete mit einem Freispruch. Doch beide wurden kurze Zeit später wegen Beamtenbeleidigung angeklagt und vor Polizeigerichte gestellt. Dort erhielten sie die Höchststrafe: zwei Jahre Haft. Siebenpfeiffer gelang die Flucht in die Schweiz, während Wirth seine Strafe verbüßte. Er zog anschließend nach Frankreich und danach in die Schweiz. 1847 kehrte er nach Deutschland zurück.

M1 **„Der Denkerclub“**, Karikatur, um 1820

M2 **Der Zug auf das Hambacher Schloss am 27. Mai 1832,** Radierung, 1832

M3

Zwei Reden auf dem Hambacher Fest

Aus der Rede Philipp Jakob Siebenpfeiffers:

3 A Und es wird kommen der Tag, ... wo der Deutsche vom Alpengebirg und der Nordsee, vom Rhein, der Donau und der Elbe den Bruder im Bruder umarmt, wo die Zollstöcke und die Schlagbäume, wo alle Hoheitszeichen der Trennung ... und Bedrückung verschwinden samt den Konstitutiönchen, ... wo der Beamte ... mit der Volksbinde sich schmückt ... Wo das deutsche Weib, nicht mehr die dienstpflichtige Magd des herrschenden Mannes, sondern die freie Genossin des freien Bürgers, unsern Söhnen und Töchtern schon als stammelnden Säuglingen die Freiheit einflößt ... Wo der Bürger ... dem Gesetze gehorcht und auf den Tafeln des Gesetzes den eigenen Willen liest und im Richter den frei erwählten Mann seines Vertrauens erblickt.

M3A und M3B zit. nach Johann Georg August Wirth, Das Nationalfest der Deutschen zu Hambach, Neustadt a. d. H., 1832, Nachdruck der Orig.-Ausg., Neustadt a. d. W. (Meininger) 1981, S. 34 f.

Aus der Rede Johann Georg August Wirths:

3 B Wenn ... die reinsten, fähigsten und muthigsten Patrioten über die zweckmäßigste Reform unsres Landes sich verständiget und zugleich sich verbunden haben, um durch eigene Journale die öffentliche Meinung des Gesammtvolkes ... zu gewinnen, ... wenn auch solche Männer den Nationalstolz, das Gefühl der Bürgerwürde und die Flamme der Freiheitsliebe durch die Gluth begeisternder Rede in allen deutschen Gauen erwecken, ... wenn endlich die guten Bürger in den lichtern Gegenden unseres Landes das Wirken solcher Männer durch die Verbreitung deren Schriften öffentlich und im Stillen unterstützen; ja, fürwahr, dann wird, dann muss das große Werk gelingen, die verrätherische Gewalt wird vor der Weihe der Vaterlandsliebe und der Allmacht der öffentlichen Meinung in den Staub sinken, Deutschland wird die Freiheit und den Frieden sehen, es wird zur herrlichsten Macht und Größe emporblühen.

1 Liste anhand des Darstellungstextes auf, welche politischen Forderungen 1817 und 1832 erhoben wurden.

2 Untersuche M1 mithilfe der Methode „Karikaturen entschlüsseln“ (siehe S. 102 f.).

3 Stelle anhand des Darstellungstextes und M2 den Verlauf des Festes dar und zeige die Machtverhältnisse zwischen den Organisatoren der Veranstaltung und der bayrischen Regierung.

4 Analysiere M3A und M3B mithilfe der Methode „Textquellen analysieren“ (siehe S. 114 f.). Ergänze die Liste aus Aufgabe 1.

Politische Dichtung deuten und vergleichen

„Politisch Lied, ein garstig Lied?"

Viele Künstler – ob sie schreiben, zeichnen oder komponieren – sehen den Wert ihrer Arbeit nicht allein darin, das Publikum zu unterhalten. Sie wollen auch bestimmte Botschaften vermitteln. Häufig enthalten ihre Werke politische Aussagen: über das Zusammenleben der Menschen, Werte, die den Künstlern besonders wichtig sind, gesellschaftliche Zustände oder Entscheidungen und Maßnahmen von Regierungen. Dadurch kamen Künstler in der Geschichte immer wieder mit Herrschenden in Konflikt. Andererseits gab und gibt es auch Fälle, in denen eine Kritik ohne jede Berechtigung formuliert wird und ausschließlich einer Rufschädigung dienen soll.

In der Zeit vor 1848/49 kämpfte eine Gruppe meist junger Literaten trotz der strengen Zensur mit ihren Dichtungen mutig gegen das herrschende System. Weil sie das bestehende, das alte Deutschland ablehnten, nannten sie sich das „Junge Deutschland" oder die „Jungdeutschen". Heinrich Heine und Georg Büchner waren herausragende Dichter dieser Zeit, doch ihre kritische Haltung führte sie ins Exil.

M1

Heinrich Heine,
Gemälde von Moritz Daniel Oppenheim, 1831

Arbeitsschritte

1. Schritt: Text in den historischen Kontext einordnen

- Welche biographischen Hinweise zum Dichter könnten wichtig sein?
- In welcher gesellschaftlichen Stellung befand sich der Autor?
- Wodurch ist die Entstehungszeit gekennzeichnet? (Frage nach wichtigen politischen Ereignissen.)

2. Schritt: Textinhalt erschließen

- In welche Sinneinheiten kann man den Text gliedern?
- Werden allgemeine Probleme oder Einzelheiten angesprochen?
- Welche historischen Hintergründe oder Einzelheiten müssen zum Verständnis geklärt werden?

3. Schritt: Politische Zielrichtungen und Absichten klären

- Gegen wen richten sich die einzelnen Aussagen?
- Mit welchen (sprachlichen) Mitteln (siehe Anhang „Historische Sachverhalte beschreiben") wird der Gegner attackiert?
- Welche Wirkung soll von dem Text ausgehen? Welche Adressaten sind angesprochen?

4. Schritt: Versuch einer kritischen Textbewertung

- Handelt es sich um einen typischen Text der Zeit bzw. des Autors?
- Sind die kritischen Vorwürfe berechtigt?
- Weist der Text über die Problematik der Zeit hinaus?

M2

Die armen schlesischen Weber (1844)

Heinrich Heine (1797–1856) kritisierte in vielen Gedichten die Politik und Kleingeistigkeit seiner Zeit. 1831 ging er als Journalist nach Paris und blieb aus politischen Gründen dort bis zu seinem Tod. Das folgende Gedicht verfasste Heine für ein Flugblatt:

Im düstern Auge keine Träne,
Sie sitzen am Webstuhl und fletschen die Zähne:
Altdeutschland, wir weben dein Leichentuch,
Wir weben hinein den dreifachen Fluch –
Wir weben, wir weben!

Ein Fluch dem Gotte, dem blinden, dem tauben,
Zu dem wir gebeten mit kindlichem Glauben;
Wir haben vergebens gehofft und geharrt,
Er hat uns geäfft und gefoppt und genarrt –
Wir weben, wir weben!

Ein Fluch dem König, dem König der Reichen,
Den unser Elend nicht konnte erweichen,
Der uns den letzten Groschen erpresst,
Und uns wie Hunde erschießen lässt –
Wir weben, wir weben!

Ein Fluch dem falschen Vaterlande,
Wo nur gedeihen Schmach und Schande,
Wo nur Verwesung und Totengeruch –
Altdeutschland, wir weben dein Leichentuch,
Wir weben, wir weben!

Zit. nach Heinrich Heine, Sämtliche Gedichte in zeitlicher Folge, 5. Aufl., Frankfurt a. M. (Insel) 1997, S. 466 f.

M3

„Friede den Hütten! Krieg den Palästen!"

Georg Büchner (1813–1837) gilt als eines der größten Genies der deutschen Geistes- und Literaturgeschichte. Schonungslos geißelte er die Missstände seiner Zeit. 1835 verbreitete er mit Friedrich L. Weidig die Flugschrift „Der Hessische Landbote". Der Untertitel dieser Schrift lautet „Friede den Hütten! Krieg den Palästen!":

Das Leben der Vornehmen ist ein langer Sonntag, sie wohnen in schönen Häusern, sie tragen zierliche Kleider, sie haben feiste Gesichter und reden eine eigene Sprache; das Volk aber liegt vor ihnen wie Dünger auf dem Acker. Der Bauer geht hinter dem Pflug, der Vornehme aber geht hinter ihm und dem Pflug und treibt ihn mit dem Ochsen am Pflug; er nimmt das Korn und lässt ihm die Stoppeln. Das Leben der Bauern ist ein langer Werktag; Fremde verzehren seine Äcker vor seinen Augen, sein Leib ist eine Schwiele, sein Schweiß ist das Salz auf dem Tisch des Vornehmen … Wer sind denn die, welche diese Ordung gemacht haben, und die wachen, diese Ordnung zu erhalten? Das ist die Großherzogliche Regierung. Die Regierung wird gebildet von dem Großherzog und seinen obersten Beamten. Die anderen Beamten sind Männer, die von der Regierung berufen werden, um jene Ordnung in Kraft zu erhalten. Ihre Anzahl ist Legion: Staatsräte und Regierungsräte, Landräte und Kreisräte, Geistliche Räte und Schulräte, Finanzräte und Forsträte usw. mit ihrem Heer von Sekretären usw. Das Volk ist ihre Herde, sie sind sein Hirte, Melker und Schinder …

Sehet an das von Gott gezeichnete Scheusal, den König Ludwig von Baiern, den Gotteslästerer, der redliche Männer vor seinem Bild niederzuknien zwingt, und die, welche die Wahrheit bezeugen, durch meineidige Richter zum Kerker verurteilen lässt; das Schwein, das sich in allen Lasterpfützen von Italien wälzte, den Wolf, der sich für seinen Hofstaat für immer jährlich fünf Millionen durch meineidige Landstände verwilligen lässt, und fragt dann: „Ist das eine Obrigkeit von Gott zum Segen verordnet?"

Zit. nach Georg Büchner, Werke und Briefe, Münchner Ausgabe, München (Hanser) 1988, S. 39 ff.

1 Bearbeitet in Gruppen die Texte von Heine und Büchner (M2 und M3) nach den Arbeitsschritten. Zieht M1 (S. 126) heran.

2 Stellt fest, welche Schwierigkeiten dabei auftauchten und welche Hilfen ihr in Anspruch nehmen musstet.

3 Geht in einer Diskussionsrunde der Frage nach, welcher der beiden Texte wohl eine größere Wirkung hervorrief. Begründet.

Die Krise des monarchischen Systems

Die politische Krise

Nach dem Kampf gegen die Burschenschaften bemühten sich Metternich und seine Anhänger, dem Liberalismus entgegenzuarbeiten, der Verfassungen zur Beschränkung der monarchischen Macht forderte. Doch der Gegensatz zwischen der staatlichen Obrigkeit und der liberalen Verfassungsbewegung konnte durch Unterdrückungsmaßnahmen nicht aus der Welt geschafft werden. Als die Bundesverfassung nicht weiterentwickelt wurde, blieben den liberalen Politikern nur die süddeutschen Kammern (Parlamente) als Plattform, um ihre Ziele zu verfolgen. Daneben machten Schriftsteller und Lyriker die Frage der deutschen Einheit zum Thema. Das „System Metternich" gefährdete gerade durch seine Politik des Abblockens die Stabilität des monarchischen Systems.

Die soziale und wirtschaftliche Krise

In der Zeit der beginnenden Industrialisierung* kam es zu einer Verstärkung der sozialen Gegensätze. Während eine kleine Schicht von Fernhandelskaufleuten, Bankiers und Fabrikherren immer größere Gewinne erzielte, mussten viele Handwerker ihre Werkstätten, oft sogar auch ihren Beruf aufgeben und als lohnabhängige Arbeiter in Fabriken oder als Heimarbeiter ihren Lebensunterhalt verdienen. Technische Erfindungen hatten es möglich gemacht, Waren, die bisher von Handwerkern hergestellt worden waren, maschinell in großer Stückzahl zu produzieren. Von der Konkurrenz durch billige amerikanische Baumwolle waren vor allem Textilarbeiter betroffen. Auch auf dem Land gab es keine soziale Gleichheit. Wenigen wohlhabenden Großbauern standen viele Kleinbauern gegenüber, deren Höfe nicht genügend Erträge abwarfen, um eine Familie ernähren zu können. Dazu gab es die Besitzlosen, die von Gelegenheitsarbeiten abhängig waren. Nach den Missernten in den Jahren 1845 und 1847 stiegen die Preise für die Grundnahrungsmittel um ein Vielfaches. Ein großer Teil der Bevölkerung konnte sich nicht mehr mit dem Notwendigsten versorgen. Diese Massenarmut nennt man Pauperismus*.

M1

Das Elend in Schlesien, Karikatur aus der Münchener Zeitschrift „Fliegende Blätter", 1848.
Besonders schlimm war die Lage der Weber in Schlesien: Hier nutzten viele Unternehmer das Überangebot an Arbeitskräften und die Situation auf dem Warenmarkt, um immer niedrigere Preise für die handgewebten Waren zu zahlen. Im Juni 1844 brach in Schlesien ein Aufstand aus: Mehrere tausend Weber schlossen sich zusammen und gingen mit Gewalt gegen die Fabrikanten vor. Schließlich griff das preußische Militär ein. Viele Weber wurden verhaftet und zu langen Zuchthausstrafen verurteilt.

M2

Die Lebenssituation der „untern Klassen"

Der Unternehmer Friedrich Harkort beschrieb 1844 Erscheinungsformen des Pauperismus*:

Der Staat muss einschreiten, um fernerem Verderben zu wehren, damit der Strom des Pauperismus* nicht unaufhaltsam wachsend die gesegneten Augen des Vaterlandes unheilbringend überschwemme … Vom Staate verlangen wir, dass er nicht alleingebietend, sondern auch helfend und fördernd einschreite.

Zunächst muss die Regierung mit aller Strenge das Gesetz hinstellen und handhaben: dass durchaus keine Kinder vor zurückgelegter Schulzeit in Fabriken angestellt werden dürfen. Den Eltern muss unerbittlich das Recht genommen sein, ihre Kinder als Sklaven an die Industrie zu verkaufen … So wie die Sachen jetzt stehen, werden die Kinder benutzt, um die Löhne der Erwachsenen zu drücken; lasst die Unmündigen ausscheiden aus dem Kreise der Dienstbarkeit und die Älteren finden eine bessere Vergütung für die Arbeit ihrer Hände. Selbst gehöre ich zu den Leitern der Industrie, allein von Herzen verachte ich jede Schaffung von Werten und Reichtümern, die auf Kosten der Menschenwürde, auf Erniedrigung der arbeitenden Klassen begründet ist … Lasst die Kinder in die natürliche Stellung zurückkehren, gebt ihnen die von Gott verliehenen Rechte der Jugend, Freuden, Gespielen, Bewegung, Himmel und Erde zurück.

Zit. nach Ernst Schraepler, Quellen zur Geschichte der sozialen Frage in Deutschland 1800–1870, Bd. I, Göttingen (Musterschmidt) 1960, S. 87 f.

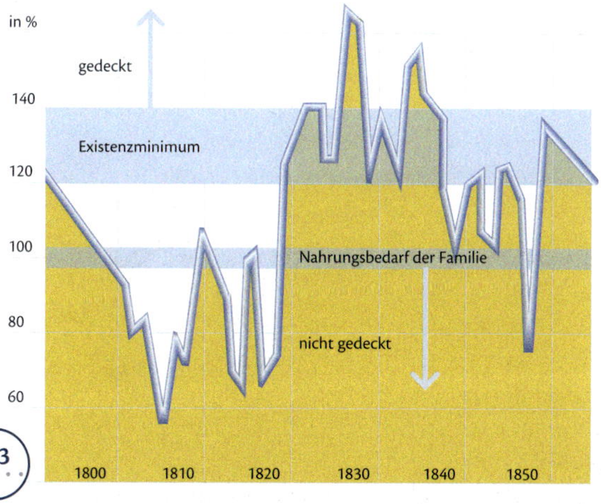

M3

Die Kaufkraft der Bauarbeiterlöhne in Leipzig 1800 bis 1850. Der Prozentsatz gibt an, in welcher Höhe der Jahreslohn eines Zimmergesellen den Nahrungsbedarf einer fünfköpfigen Familie deckte.

M4

Der Aufstieg des Bürgertums

Der Historiker Thomas Nipperdey schrieb 1991:

Nimmt man die Jahrzehnte seit 1815 im Ganzen ins Auge, so ist das eigentliche Tiefenphänomen [Phänomen = Erscheinung] doch zunächst der Aufstieg des Bürgertums: die Entfaltung einer bürgerlichen Kultur … Die Bürger herrschen nicht, aber sie bestimmen Stil und Richtung, ihre Werte und Normen setzen sich durch: Autonomie und Individualität, Leistung und Wettbewerb, Eigentum und Arbeit, Begabung und Bildung, Diskussion und Öffentlichkeit, Privatheit und Freiheit, und ihre neue Form gemeinsamer Lebensbewältigung und Lebensfreude, der Verein. Das Bürgertum wird … die gesellschaftlich führende Kraft. Darum stellt es, je mehr sich seine Basis verbreitert, den Anspruch auf politische Herrschaft oder doch Mitherrschaft, gegen Adel und Militär, Bürokratie und monarchische Autokratie …

Thomas Nipperdey, Deutsche Geschichte 1800–1866, 5. Aufl., München (C. H. Beck) 1991, S. 400 f.

Begriffe und Daten

Liberalismus, Liberale

Mit dem Begriff Liberalismus wird eine politische Bewegung bezeichnet, die sich in Deutschland nach dem Wiener Kongress herausbildete. Das zentrale Anliegen war die Sicherung der Freiheitsrechte des Einzelnen – gegen jede Bevormundung durch den Staat. Die Liberalen forderten eine Verfassung, in der die Grundrechte verbrieft sein sollten. Im Laufe des 19. Jahrhunderts spielten die Liberalen in den politischen Auseinandersetzungen eine wichtige Rolle, ohne jedoch ihre Ziele vollständig durchsetzen zu können.

1 Fasse zusammen, worin die Krise des monarchischen Systems vor 1848 bestand (Darstellungstext).

2 Untersuche anhand von M1 und M2 (S. 125) Ursachen und Verlauf des Weberaufstandes. Stelle fest, wie sich der Weberaufstand in ihnen spiegelt.

3 Werte M3 aus und stelle die Aussage in ihren historischen Zusammenhang.

4 Erschließe und bewerte die Absichten Harkorts (M2).

5 Erarbeite die Kernaussage Nipperdeys (M4).

1848 – die „Märzrevolution"

Die Revolution beginnt in Frankreich

Ausgangspunkt der revolutionären Ereignisse des Jahres 1848 in Europa war Paris. Seit der Julirevolution in Frankreich 1830, in deren Folge das Bürgertum wieder die Macht ergriff, regierte der so genannte Bürgerkönig Louis Philippe, der auf ein gewähltes Parlament Rücksicht nehmen musste. Allerdings waren nur 0,8 Prozent der Bevölkerung wahlberechtigt, denn sie zahlten einen hohen Steuersatz. Da eine Reform des Wahlrechts vom Parlament abgelehnt wurde, kam es Ende Februar 1848 zu Straßenschlachten; die neue Losung lautete: „Es lebe die Republik!" Nach dem Sturm des Regierungssitzes blieb dem König nur die Abdankung und die Flucht ins Ausland. Nach allgemeinen Wahlen wurde Frankreich Republik.

„Auf die Barrikaden!"

Die Pariser Vorgänge wirkten wie ein Funke, der in ein Pulverfass fliegt. Ende Februar begannen die Liberalen, Versammlungen abzuhalten, um ihre Forderung nach einer freiheitlichen Verfassung für ganz Deutschland in die Öffentlichkeit zu tragen.

In vielen Staaten blieben gewaltsame Zusammenstöße die Ausnahme. Gewaltsam jedoch verlief die Revolution in Österreich und Preußen. Am 13. März löste in Wien eine Demonstration von Studenten, liberalen Bürgern und notleidenden Menschen Straßenkämpfe aus und führte zum Rücktritt der Regierung: Staatskanzler Metternich floh verkleidet aus der Stadt.

Viele der süddeutschen Landesherren wichen nun dem Druck der Bevölkerung und erfüllten die wichtigsten Forderungen. Friedrich Wilhelm IV., der preußische König, blieb dagegen hart. Erst nachdem er erfahren hatte, dass Metternich geflohen war, stellte er eine Verfassung für Preußen in Aussicht. Doch als sich am 18. März etwa 10 000 Menschen vor dem Schloss in Berlin versammelten, um dem König zu danken, fielen zwei Schüsse. Die Menge fühlte sich verraten und griff zu den Waffen. Es entbrannte ein Barrikadenkampf zwischen Bürgern und Soldaten, der zahlreiche Todesopfer forderte. Tags darauf lenkte der König ein. Er versprach Pressefreiheit und sagte zu, dass Preußen die Idee einer nationalen Einheit unterstützen werde. Außerdem berief er eine „preußische Nationalversammlung" ein, die eine Verfassung ausarbeiten sollte.

M1

Barrikadenkämpfer 1848, zeitgenössische Frankfurter Farblithographie

M2

Der König und die Toten

Am 19. März musste Friedrich Wilhelm IV. sich dem Druck beugen und den toten Aufständischen die letzte Ehre erweisen. Ein Zeitzeuge erinnerte sich 1852:

Zuerst wurden sechs bis sieben Leichen von der Breiten Straße her nach dem Schloss angefahren. Die blutigen Wunden aufgedeckt, bekränzt mit Blumen und Laub. Die begleitende Volksmenge sang Lieder und schrie. Der König solle die Leichen sehen, hieß es. Auf den ... Ruf erschien der König auf dem Altan [Balkon], der nach dem Schlossplatz hinausführt ... Alles hatte den Kopf entblößt, nur der König die Mütze auf. Da hieß es gebieterisch: „Die Mütze herab!", und er nahm sie ab. Die Leichen wurden dann durch das Schloss nach dem Dom gefahren. Alle folgenden ebenso, diese aber machten auf dem inneren Schlosshof Halt, und hier musste der König ebenfalls wiederholt auf der Galerie erscheinen, die Leichen grüßen und vieles anhören. Endlich wurde ein geistliches Lied angestimmt, ... die ganze Volksmenge sang mit und schien versöhnt. Der König durfte sich erschöpft und vernichtet zurückziehen.

Zit. nach Hans Bentzien, Unterm roten und schwarzen Adler, Berlin (Volk und Welt) 1992, S. 225.

M3

Was die Arbeiter wollen

Viele Arbeiter und Handwerker kämpften auf den Barrikaden, aber ein politisches Programm hatten sie zu Beginn der Revolution nicht. Was sie motivierte, sich in die Kämpfe einzumischen, formulierte am 8. April 1848 die „Deutsche Arbeiter-Zeitung":

Was ... die Arbeiter wollen, ist: Menschen sein – Menschen im wahren Sinne des Wortes, Menschen in geselliger und politischer Hinsicht, die arbeiten, aber auch genießen wollen. Schauet auf die Arbeiter und sehet, dass so viele von ihnen gedrückter und übler dran sind als die Negersklaven in den Kolonien. Arbeiten, schwer arbeiten, sechs Tage in der Woche, Woche für Woche, Monat für Monat, Jahr für Jahr, bis Körper und Seele verkümmert ist, und was dafür? – Dafür: Kaum Sattessen, kaum ordentliche Bekleidung, eine dürftige, ungesunde, elende Wohnung, keine ordentliche Erholung, wenig oder gar keine Mittel zur ordentlichen Kindererziehung – und wenn dann das Alter kommt, früher wie bei anderen Menschen durch Anstrengung, Sorge und Not herbeigeführt, oder wenn Siechtum oder sonst ein Unfall bei der Arbeit den Arbeiter zum Krüppel gemacht, – dann keine Zuflucht, keinen Ort, wo der Abgequälte sein Haupt ruhig hinlegen kann – keine andere Lebensaussicht für Weib und Kind als – elende Armenunterstützung.

Deutsche Arbeiter-Zeitung, Nr. 1 (8. April 1848). Zit. nach Jürgen Bergmann, Wirtschaftskrise und Revolution, Stuttgart (Klett-Cotta) 1986, S. 74 f.

M4

Forderungen von Bauern im Odenwald

1847 verbreitete angeblich der Seifensieder Adam Stoll aus Mudau im Odenwald ein Flugblatt mit dem Wortlaut:

Darum hat Gott den Hunger unter die Menschen geschickt, damit das Volk aufwache und sich einander liebe wie Brüder und auch wie Brüder miteinander und einer für den anderen streite; wir wollen auch nur sagen, weswegen die Revolution entstehen soll:

1. Der Adel muss vernichtet werden.
2. Die Juden müssen aus Deutschland vertrieben werden.
3. Müssen alle Könige, Herzöge und Fürsten weg.
4. Müssen alle Beamten gemordet werden.

Dann wird es wieder gut in Deutschland.

Zit. nach Friedrich Lautenschlager, Die Agrarunruhen in den badischen Standes- und Grundherrschaften im Jahre 1848, Heidelberg 1915, Nachdruck: Nendeln (Kraus) 1976, S. 37.

M5

Seine Majestät Friedrich Wilhelm IV., König von Preußen, verkündet in den Straßen seiner Hauptstadt die Einheit der deutschen Nation (21. März 1848), kolorierte Zeichnung, 1848

M6

Frauen fordern Rechte

Die Mitbegründerin der Frauenbewegung in Deutschland, Louise Otto (1819–1895), schrieb am 8. September 1849:

An dem ganzen Elend ist doch nur die ganze verkehrte Erziehung, die gänzliche rechtlose Stellung der Frauen schuld. Dürften sie mehr lernen und würden sie nicht nur auf die Ehe als ihre einzige Bestimmung hingewiesen, sondern würden sie vor allen Dingen gelehrt und würde ihnen Gelegenheit gegeben: sich selbst durchs Leben zu helfen und ihren Lebensunterhalt wenigstens so lange zu verdienen, bis ein geliebter Mann ihnen diese Sorge abnähme ..., so würde die Ehe aufhören zu einer „Versorgungsanstalt" herabgewürdigt zu werden.

Frauen-Zeitung, Nr. 21, 8. Sept. 1849, zit. nach Ute Gerhardt / Elisabeth Hannover-Drück / Romina Schmitter (Hg.), Dem Reich der Freiheit werb' ich Bürgerinnen. Die Frauen-Zeitung von Louise Otto, Frankfurt a. M. 1980, S. 143 f.

1 Schildere, welche Eindrücke die Barrikadenkämpfer (M1) auf dich machen.

2 a) Skizziere anhand des Darstellungstextes, M2 und M5 die Vorgänge in Paris, Wien und Berlin. Halte die Ergebnisse in einer Tabelle fest (Ort / Beteiligte / Verlauf / Ziele / Ergebnisse).
b) Vergleiche und bewerte die Haltung der verantwortlichen Regierungen und des Militärs.

3 Vergleiche Motive und Ziele von M3, M4 und M6.

Die Nationalversammlung arbeitet die Verfassung aus

Eine „Versammlung von Träumern"?

Die Fürsten aller deutschen Einzelstaaten hatten den Märzforderungen der Revolutionäre nachgegeben, Liberale in die Regierungen aufgenommen und Verfassungen versprochen. Doch eine Forderung, vielleicht die wichtigste, war noch offen: die nationale Einheit – repräsentiert durch ein gesamtdeutsches Parlament. Um die Wahl der Nationalversammlung vorzubereiten, kamen 500 angesehene Männer und Abgesandte der Volksvertretungen aller deutschen Staaten nach Frankfurt. Sie beschlossen, dass alle erwachsenen männlichen Deutschen, die eine selbstständige Tätigkeit ausübten, die Volksvertreter geheim und direkt wählen sollten. Allerdings hielten sich nur wenige Einzelstaaten daran. In Bayern z. B. war die Wahl nicht geheim. Parteien, wie wir sie heute kennen, gab es 1848 nicht. Deshalb war nicht eine Parteienzugehörigkeit der Kandidaten ausschlaggebend für ihre Wahl, sondern ihre Bekanntheit bzw. ihr guter Ruf.

„Professorenparlament", eine „Versammlung von Träumern" – so bezeichneten viele Kritiker die Frankfurter Nationalversammlung, die im Mai 1848 zum ersten Mal zusammentrat. Der Historiker Wolfram Siemann widerspricht diesen Urteilen: „Aus vielen spricht bare Unkenntnis über die tatsächliche Arbeit dieses ersten deutschen Parlaments."

Eine Verfassung für alle Deutschen

Die zentrale Aufgabe der ersten deutschen Nationalversammlung, die wegen des Versammlungsortes auch „Paulskirchenparlament" genannt wird, war die Ausarbeitung einer Verfassung. Dafür galt es zunächst zu klären: Sollte das geeinte Deutschland Monarchie bleiben oder Republik werden? Wer sollte in Zukunft das Recht haben zu wählen: Männer und Frauen? Nur Männer? Oder nur Bürger? Und wie sollten die Machtverhältnisse im künftigen Deutschen Reich geregelt werden: Welche Rechte blieben den Einzelstaaten, welche mussten sie der neuen Zentralregierung übertragen? Auch das Gebiet des neuen Staates war noch festzulegen: Sollten die deutschsprachigen Gebiete des Habsburgerreichs dazugehören („großdeutsche Lösung") oder nicht („kleindeutsche Lösung")?

Nach langen Debatten wurde am 28. März 1849 die Verfassung des Deutschen Reiches verabschiedet – und zwar auf der Grundlage der „kleindeutschen Lösung" und unter Beibehaltung der Monarchie. Der preußische König Friedrich Wilhelm IV. war zum Reichsoberhaupt gewählt worden und sollte Kaiser werden.

Begriffe und Daten

Demokraten

Die Demokraten wollten die Mitbestimmung aller Staatsbürger an politischen Entscheidungen, und zwar „radikaler" als die Liberalen: Allein der Wille des Volkes sollte die Politik bestimmen – entweder direkt (z. B. durch Volksentscheide) oder indirekt, durch die Stimmen von Abgeordneten. Die meisten Demokraten waren Kleinbürger, Handwerker, Arbeiter, Dienstboten und andere Berufsgruppen mit geringem Einkommen.

M1 **Einzug der Mitglieder des Vorparlaments in die Frankfurter Paulskirche,** kolorierte Lithographie von Jean Nicolas Ventadour, 1848

M2

Die geplante Reichsverfassung 1849

In der Verfassung, die die Frankfurter Nationalversammlung am 28. März 1849 verabschiedete, die jedoch nie in Kraft trat, fanden sich u. a. folgende Regelungen:

1. Das deutsche Reich, für das die Verfassung gelten soll, besteht aus dem Gebiet des bisherigen Deutschen Bundes.
2. Das deutsche Reich soll ein Zoll- und Handelsgebiet bilden; alle Binnenzölle entfallen.
3. Reichsoberhaupt wird einer der regierenden deutschen Fürsten. Der Titel des Reichsoberhauptes lautet: Kaiser der Deutschen.
4. Der Reichstag besteht aus dem Staatenhaus und dem Volkshaus: Das Staatenhaus wird gebildet aus den Vertretern der deutschen Staaten, die durch die Regierung und die Volksvertretung der betreffenden Staaten ernannt werden. Das Volkshaus setzt sich aus gewählten Vertretern des deutschen Volkes zusammen.
5. Der Reichstag beschließt die Reichsgesetze und legt den Reichshaushalt fest.
6. Das Wahlrecht haben alle deutschen Männer über 25 Jahren, die einer selbstständigen Tätigkeit nachgehen. Ausgeschlossen sind Empfänger von Armenunterstützung, Dienstboten, Handwerksgehilfen, Fabrikarbeiter und Tagelöhner.

Grundrechte des deutschen Volkes:

Vor dem Gesetz gilt kein Unterschied der Stände. Der Adel als Stand ist aufgehoben. Alle Standesvorrechte sind abgeschafft … (§ 137)
Die Freiheit der Person ist unverletzlich … (§ 138)
Die Wohnung ist unverletzlich … (§ 140)
Jeder Deutsche hat das Recht, durch Wort, Schrift, Druck und bildliche Darstellung seine Meinung frei zu äußern. (§ 143)
Die Deutschen haben das Recht, sich friedlich und ohne Waffen zu versammeln; einer besonderen Erlaubnis bedarf es nicht. (§ 161)

Zusammengestellt nach www.dokumentarchiv.de

M3

Medaille zur Eröffnung der Nationalversammlung am 18. Mai 1848, Silber, 1848.
Auf der Münze ist eine Schwurszene abgebildet. Die Umschrift lautet: „Vereint, vereint, bis zum Meeresstrand / ein Volk, eine Sprache, ein deutsches Land."

M4

Die Berufe der Abgeordneten

Die Abgeordneten der Frankfurter Nationalversammlung gehörten folgenden Berufsgruppen an:

173 Verwaltungsbeamte
124 Lehrer und Professoren
110 Richter und Staatsanwälte
106 Rechtsanwälte
56 Unternehmer und Kaufleute
43 adlige und bürgerliche Großgrundbesitzer
35 Akademiker ohne Berufsangabe („Schriftsteller")
29 Offiziere und Diplomaten
23 Ärzte
20 Journalisten
16 evangelische Pfarrer
4 Handwerkermeister
3 Bauern
(44 können nicht zugeordnet werden)

Nach Hans-Ulrich Wehler, Deutsche Gesellschaftsgeschichte. Bd. 2, 2. Aufl., München (C. H. Beck) 1989, S. 739 f.

1 „Professorenparlament" – überprüfe anhand von M4 und des Darstellungstextes, ob diese Kennzeichnung der Nationalversammlung zutreffend ist.

2 Skizziere die Medaille M3 und deute die Darstellung.

3 Nenne Bevölkerungsgruppen, die ihre Märzforderungen in der Verfassung von 1849 (M2) verwirklicht bzw. nicht erfüllt sahen. Ziehe M3, M4 und M6 auf S. 129 hinzu.

Ist die Revolution gescheitert?

Die Fürsten schlagen zurück

Während in der Frankfurter Paulskirche die Abgeordneten über die Ausgestaltung einer Verfassung stritten, fanden in den Straßen der Hauptstädte erbitterte Kämpfe statt. Die radikalen Kräfte wollten die Revolution vorantreiben, was den gemäßigten Kräften widerstrebte. Auch die bisherigen Machthaber erinnerten sich ihrer Stärke und setzten das Militär ein.

Zuerst kam in Wien die Gegenrevolution in Gang. Die Macht wurde durch die Reaktionäre zurückerobert. Mehrere tausend Tote und Verwüstungen in der Stadt waren die bitteren Begleiterscheinungen.

Auch in Berlin gewannen im Herbst 1848 die monarchischen Kräfte wieder die Oberhand. Preußische Soldaten sorgten dort, wo sich revolutionäre Kräfte regten, für eine „Kirchhofsruhe“: Aufständische Republikaner, die schließlich in Sachsen, in der Pfalz und in Baden mit Gewalt für die revolutionären Ideen eintraten, sahen sich preußischen Bajonetten gegenüber, mit denen der „revolutionäre Spuk“ beendet wurde.

Der König will nicht Kaiser werden

Nach langem Ringen hatte sich die Mehrheit in der Paulskirche dafür entschieden, König Friedrich Wilhelm IV. von Preußen als dem künftigen Reichsoberhaupt die Kaiserkrone anzutragen. Als er das Angebot ablehnte, weil er nicht von seinesgleichen ausersehen, sondern nur von „revolutionären Parlamentariern“, war die Katastrophe der Paulskirche perfekt: Der mühsam errungene Kompromiss erwies sich als nicht tragfähig. Die meisten Abgeordneten gaben jetzt auf. Etwa 100 republikanisch Orientierte flohen nach Stuttgart und bildeten dort ein „Rumpfparlament“. Doch im Juni 1849 musste es dem Militär weichen. Diejenigen, die sich für Freiheit und Einheit eingesetzt hatten, sahen sich harten Verfolgungen ausgesetzt. Viele landeten in Gefängnissen, Tausende wanderten in die Schweiz, nach England oder in die USA aus. 1850 vereinbarten die preußische und die österreichische Regierung, den alten Deutschen Bund wiederherzustellen.

M1

's ist wieder März geworden

Das Scheitern demokratischer Aufstände war das Thema vieler Volkslieder:

's ist wieder März geworden –
Vom Frühling keine Spur!
Ein kalter Hauch aus Norden
Erstarret rings die Flur.
…
Der März ist wohl erschienen.
Doch ward es Frühling? – nein!
Ein Lenz kann uns nur grünen
Im Freiheitssonnenschein.

Seht hier den „Wütrich“ thronen,
Beim „Tausendguldenkraut“,
Dort jene „Kaiserkronen“ –
Die „Königskerze“ schaut!

Wie zahlreich die „Mimosen“,
Das „Zittergras“, wie dicht. –
Doch freilich „rote Rosen“ –
Die kamen diesmal nicht.

Zit. nach Zupfgeigenhansel: Volkslieder 3, Dortmund (pläne) 1977, S. 26.

Friedrich Wilhelm lehnt die Krone ab.
Karikatur aus den „Satyrischen Zeitblättern“, 1849.
Die Unterschrift lautet: „Soll ich? – Soll ich nich? – Soll ich?! – Knöppe, ihr wollt! – Nu jerade nich!!“

M2

M3

Folgen der Revolution

Der Historiker Ernst Engelberg urteilte 1998 über die Revolution von 1848/49:

Die Niederlage von 1848/49 ließ viele demokratisch gesinnte Menschen resignieren oder emigrieren. Manche passten sich den alten Ordnungen wieder an und übernahmen geistige Leitbilder, die nichts gemein hatten mit dem Optimismus der Vormärzsituation … Doch trotz des politischen Sieges der traditionellen Mächte – so leicht war es nicht, den Geist der Heiligen Allianz wiederaufleben zu lassen … Immerhin hatte die Revolution so viele Kräfte in Bewegung gebracht, dass selbst nach dem politischen Rückschlag vieles, vor allem der ökonomische Fortschritt, nicht aufzuhalten war. Auch um seinetwillen musste das Testament der Revolution von 1848 verwirklicht werden: die nationale Einheit und die Befreiung von nationaler Unterdrückung. Diese Ziele erreichten Deutschland, Italien und Ungarn in den Jahren 1864 bis 1871 durch die von Preußen ausgehende Revolution von oben.

Ernst Engelberg, Sturm über Europa. In: ZEIT Punkte Nr. 1, 1998, S. 11.

M4 **Gedenkblatt für das Jahr 1848,** kolorierte Zeichnung, Nürnberg, 1849

Begriffe und Daten

Revolution von 1848/49

Bei den revolutionären Unruhen im März 1848 in Wien und Berlin starben bei Barrikadenkämpfen zahlreiche Revolutionäre, die sich für Freiheit und nationale Einheit einsetzten. Der Versuch der Paulskirchenversammlung, eine Verfassung durchzusetzen und die Einzelstaaten zu einer Einheit zusammenzuführen, scheiterte. Der als Staatsoberhaupt für eine konstitutionelle Monarchie vorgesehene preußische König lehnte die ihm angetragene Kaiserkrone ab. Die alten Herrschaftsträger konnten durch den rücksichtslosen Einsatz des Militärs ihre Macht zurückerobern. Es gab aber keine Rückkehr zum starren Metternich-System. Vielmehr verstärkten die Revolutionsereignisse von 1848/49 den Druck zur Modernisierung in Politik, Gesellschaft und Wirtschaft. Die Opposition von Liberalen und Demokraten meldete sich in den folgenden Jahren zurück. Die Frage der nationalen Einheit und der politischen, rechtlichen und sozialen Gleichheit der Deutschen blieb ungelöst.

1 Suche anhand des Darstellungstextes nach Gründen für die Reaktion Friedrich Wilhelms IV. Ziehe M2 heran.

2 Fasse mithilfe von M3 zusammen, welche Folgen das Scheitern der Revolution nach sich zog.

3 Interpretiere M1. Ziehe die Methode „Politische Dichtung" (siehe S. 124 f.) heran.

4 Erschließe die Aussage von M4. Nimm die Methode „Symbole und Gesten deuten" (siehe Anhang) zu Hilfe.

Die Reichsgründung 1871

Deutsche Einheit – „von oben“?

Beim Ringen um die Vorherrschaft zwischen Preußen und Österreich suchte Preußen eine militärische Entscheidung. Im Juni 1866 wurden die österreichischen Truppen nach nur wenigen Wochen besiegt. Eine „großdeutsche Lösung“ der Einheitsfrage war nun unmöglich geworden. Auf Drängen Preußens wurde am 1. Juli 1867 der Norddeutsche Bund gegründet, dazu wurde der Deutsche Zollverein* von 1834 erweitert. Zwischen den Staaten des Norddeutschen Bundes und den süddeutschen Staaten waren nun alle Zollgrenzen gefallen. Den deutsch-französischen Krieg von 1870/71 nutzte Bismarck unter dem Eindruck des sich abzeichnenden Sieges dazu, am 18. Januar 1871 die Gründung des Deutschen Reiches im Spiegelsaal von Versailles auszurufen. König Wilhelm I. von Preußen wurde zum deutschen Kaiser ernannt. Bismarck wurde Reichskanzler (bis 1890). Innerhalb der Grenzen des Deutschen Reiches mit 22 monarchischen Staaten, drei republikanischen Stadtstaaten und dem Reichsland Elsass-Lothringen lebten etwa 42,5 Millionen Einwohner. Darunter waren 3 Millionen Polen, 0,2 Millionen Dänen und 1,5 Millionen Franzosen in Elsass-Lothringen.

M1

Bismarck und der Reichstag,
Karikatur aus Ungarn, 1879

Die Verfassung des Kaiserreichs

Das Deutsche Reich von 1871 war nach dem Vertrag der Fürstentümer und Freien Reichsstädte ein Bundesstaat*. Die Verfassung war jedoch unter der Regie des preußischen Ministerpräsidenten Bismarck entworfen worden. Sie sollte die Monarchie sichern, das demokratisch gewählte Parlament als Machtfaktor weitgehend ausschalten und einen liberalen Nationalstaat verhindern. Der preußische Teilstaat umfasste etwa zwei Drittel des Reichsgebietes und stellte für das Reichsheer zwei Drittel der Soldaten. Im Bundesrat, der Vertretung der Regierungen aller Mitgliedsstaaten des Reiches, hatte Preußen 17 von 58 Stimmen. Überstimmt werden konnte es nur, wenn mehrere Mittelstaaten sich zusammenschlossen. Folglich war die Reichsverfassung nicht gegen den Willen Preußens zu verändern.
Wenn auch die Einzelstaaten nicht mehr souverän waren, so besaßen sie doch eigene Hoheitsrechte, z. B. im Justiz- und Schulwesen, in der Steuer- und Finanzpolitik sowie in Verfassungs- und Gesetzgebungsangelegenheiten. Da das Reich kein Staatenbund* mehr war, rangierte das Reichsrecht vor dem Landesrecht: Reichsrecht „brach“ Landesrecht.
Gegenüber der Verfassung von 1848/49 enthielt die Reichsverfassung keine Grundrechte, die den Einzelnen vor staatlicher Willkür schützten. Die gab es nur in einzelnen Länderverfassungen. Weitere Schwachpunkte der Verfassung waren die kaum kontrollierte Macht des Kaisers und das Übergewicht Preußens.

Biographie

Otto von Bismarck

Bismarck (1815–1898) entstammte einer alten preußischen Landadelfamilie und wurde im Sinne konservativer, monarchisch geprägter Werte erzogen. Als konservativer Abgeordneter im preußischen Landtag tat er sich dort als Kämpfer gegen die Revolution von 1848 hervor. 1862 berief ihn König Wilhelm I. zum preußischen Ministerpräsidenten. Bismarcks aggressive Kriegspolitik nach außen und seine geschickte Diplomatie gegenüber den deutschen Fürsten führten 1871 zur Gründung des Deutschen Kaiserreichs, dessen Politik er als Reichskanzler bis 1890 bestimmte.

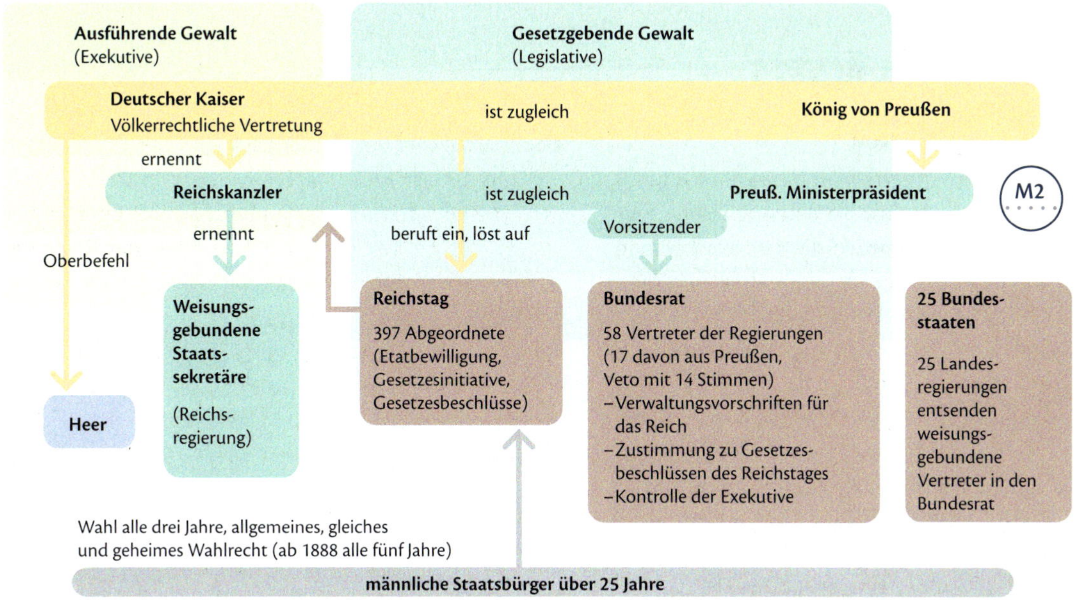

M2 **Die Verfassung des Deutschen Reiches von 1871**

M3

Stimmen zur Reichsgründung

Tagebucheintrag der Baronin Spitzemberg über die Stimmung in Berlin, 3. März 1871:

3A Und was für ein Friede für uns Deutsche! … Vereint zu einem Reiche, dem größten, mächtigsten, gefürchtetsten in Europa, groß durch seine physische Macht nicht allein, größer noch durch seine Bildung und den Geist, der das Volk durchdringt! … Möge Gott den Geist meines Volkes also lenken, dass seine Entwicklung eine friedliche und zivilisatorische bleibe, sein Reich ein Reich des Lichts, der Freiheit, der wahren, christlichen Gesinnung sei!

Der Abgeordnete der Sozialdemokratischen Arbeiterpartei, August Bebel, schrieb 1874 in einer Wahlkampfbroschüre:

3B Als am 3. März 1871 unter dem Glockengeläute und Kanonendonner für den Versailler Frieden dieser Reichstag gewählt wurde, gab es wohl viele, die hoffnungsselig ihm entgegensahen. Aber das durch „Blut und Eisen" mühsam zusammengeschweißte „Reich" ist kein Boden für bürgerliche Freiheit, geschweige für die soziale Gleichheit. Staaten werden mit den Mitteln erhalten, durch die sie gegründet wurden. Der Säbel stand als Geburtshelfer dem „Reich" zur Seite, der Säbel wird es ins Grab begleiten.

M3A: Zit. nach Geschichte in Quellen, Bd. 5, hg. von Wolfgang Lautemann u. a., München (bsv) 1980, S. 370.
M3B: August Bebel, Die Sozialdemokratie im deutschen Reichstag, Bd. 1, Berlin (Vorwärts) 1909, S. 3 f.

M4

Preußen und das Reich

Freiherr von Mittnacht vor dem württembergischen Parlament am 7. Dezember 1899:

Preußen ist für sich allein eine Großmacht, der König von Preußen ist zugleich deutscher Kaiser, der preußische Ministerpräsident zugleich Reichskanzler. Preußen wird und kann niemals die politische Führung im Reiche in wichtigen Angelegenheiten, vielleicht in Lebensfragen der deutschen Nation aus der Hand geben. Wir leben … in einem Bundesstaat, in welchem ein Einzelstaat eine ganz überwiegende Macht und Bedeutung hat, und diesem Staat die Führung und Initiative in Reichsangelegenheiten zu entwinden, das möge man sich nicht zu leicht vorstellen.

Verhandlungen der Württembergischen Kammer der Abgeordneten auf dem 34. Landtag in den Jahren 1899/1900. Protokoll-Band III, Stuttgart, 1900, S. 2141.

1 a) Untersuche M2 mithilfe der Methode „Ein Verfassungsmodell interpretieren" (siehe S. 111).
b) Bewerte die Verfassung aus der Sicht eines Abgeordneten von 1849 (M2, S. 131). Ziehe den rechten Darstellungstext und M1 heran.

2 Kläre mithilfe des Darstellungstextes die Machtverhältnisse im Deutschen Reich. Ziehe M2 heran.

3 Beurteile, welche Rolle Otto von Bismarck im Prozess der Reichsgründung spielte (Kasten).

4 Beurteile die Überschrift des linken Darstellungstextes. Ziehe M3 und M4 heran.

Historiengemälde deuten

Bild, Absicht und Wirklichkeit

Historienbilder sind „Geschichtsbilder“. Oft stellen sie einen besonders Aufsehen erregenden Moment der Vergangenheit dar. In der Regel sind Historiengemälde als Auftragsarbeiten mit einer Zielsetzung entstanden. Im Mittelpunkt steht meistens eine große, handelnde Einzelpersönlichkeit, die in einem bestimmten Licht erscheinen soll. Die Erinnerung an das abgebildete Ereignis oder an die Person soll Handlungen in der Gegenwart rechtfertigen.

Historiengemälde verraten uns deshalb oft mehr über die Zeit, in der sie entstanden sind, als über das abgebildete Ereignis selbst. Deshalb sind sie nicht als objektive Quelle anzusehen, sondern vielmehr als Darstellung und Deutung der behandelten Zeit bzw. der Personen, indem sie etwas Symbolhaftes, überzeitlich Bedeutsames zu zeigen versuchen.

M2

Die Gefühle des Kaisers

Wilhelm I. schrieb am 18. Januar 1871 aus Versailles an seine Gemahlin:

Eben kehre ich vom Schlosse nach vollbrachtem Kaiserakt zurück! Ich kann Dir nicht sagen, in welcher morosen[1] Emotion ich in diesen letzten Tagen war, teils wegen der hohen Verantwortung, die ich nun zu übernehmen habe, teils und vor allem über den Schmerz, den preußischen Titel verdrängt zu sehen! In einer Konferenz gestern mit Fritz [dem Kronprinzen], Bismarck und Schleinitz [Minister des Königlichen Hauses] war ich zuletzt so moros, dass ich drauf und dran war, zurückzutreten und Fritz alles zu übertragen! Erst nachdem ich in inbrünstigem Gebet mich an Gott gewendet habe, habe ich Fassung und Kraft gewonnen!

Briefe Kaiser Wilhelms des Ersten, hg. von Erich Brandenburg, Leipzig (Insel) 1911, S. 254.

[1] mürrischen

M1

Die Proklamation des Deutschen Kaiserreichs im Spiegelsaal zu Versailles am 18. Januar 1871, Gemälde von Anton von Werner, 1877. Der Künstler nahm im Auftrag des Hofes an der Zeremonie in Versailles teil. In den folgenden Jahrzehnten erarbeitete er vier Fassungen des Gemäldes. Das 4,30 × 7,30 m große Bild (1. Fassung) schenkten die Fürsten Wilhelm I. zum 80. Geburtstag. Es wurde bei einem Angriff auf das Berliner Schloss im Zweiten Weltkrieg zerstört.

M3 **Die Proklamation des Deutschen Kaiserreichs im Spiegelsaal zu Versailles am 18. Januar 1871,** Gemälde von Anton von Werner, 1885. Das 1,70 × 2,00 m große Bild (3. Fassung) war ein Geschenk Kaiser Wilhelms I. an Bismarck zu dessen 70. Geburtstag. Es hängt heute im Bismarck-Museum in Friedrichsruh. Die weiße Uniform hat Bismarck am 18. Januar 1871 nicht getragen.

Arbeitsschritte

1. Schritt: Das Bild beschreiben
- Welches Ereignis ist dargestellt?
- An welchem Ort spielt sich das Geschehen ab?
- Welche Personen sind zu sehen? Welche stehen im Mittelpunkt?

2. Schritt: Die Entstehung des Bildes untersuchen
- Wer hat es gemalt?
- Wer hat es in Auftrag gegeben?
- Für welchen Zweck wurde es geschaffen?
- Welcher Zeitraum liegt zwischen dem Ereignis und der Entstehung des Bildes?
- Hat der Maler das Geschehen selbst miterlebt?

3. Schritt: Bild und Wirklichkeit vergleichen
- Suche nach Abbildungen (Fotos, Gemälden, Zeichnungen usw.), die das gleiche Ereignis zeigen.
- Ziehe gegebenenfalls schriftliche Informationen und Quellen heran.

4. Schritt: Die Aussage des Bildes erschließen
- Was wollte der Maler dem Betrachter zeigen? Berücksichtige, ob es Abweichungen zwischen Bild- und weiteren Quellenaussagen gibt.
- Welche Wirkung wollte der Künstler beim Publikum erreichen?
- Welche Informationen erhalten wir über das zentrale Thema des Bildes hinaus, die z. B. Aufschluss geben über politische, gesellschaftliche Verhältnisse oder über die Kultur (zur Zeit des dargestellten Ereignisses bzw. des Künstlers)?

1 Analysiere anhand der Arbeitsschritte M1 und M3.
2 Vergleiche M1 mit M3 und stelle Unterschiede fest. Konzentriere dich dabei auf die Personen Wilhelm I. und Bismarck.
3 Suche nach Erklärungen für die von dir notierten Unterschiede. Berücksichtige dabei die Textquelle M2.
4 Diskutiert in der Klasse die Frage, ob man Historienbilder als Fälschungen bezeichnen kann.

„Was ist des Deutschen Vaterland?“

Die Frage nach der „Nation“

„Was ist des Deutschen Vaterland?“ Das war die Ausgangsfrage des Schriftstellers Ernst Moritz Arndt (1769–1860) für ein „vaterländisches“ Gedicht. Arndt setzte sich für die „nationale Erhebung“ gegen Napoleon ein und forderte die Einheit Deutschlands. 1848/49 war der Versuch, einen demokratischen Nationalstaat zu gründen, am Widerstand der monarchischen Obrigkeit und des Adels gescheitert. 1871 gelang die Gründung eines deutschen Nationalstaates – allerdings ohne demokratisch-parlamentarische Grundlage. Die Frage nach dem „Vaterland“, der „Nation“, stellte sich daher für die Mehrheit der Bevölkerung weiterhin. Auch während der deutschen Teilung (1945–1990) war sie aktuell. Ist sie heute „gelöst“?

M2

Welcher Aussage stimmen Sie am ehesten zu:

	West	Ost	18–24 Jahre	25–29 Jahre	30–44 Jahre	45–59 Jahre	ü. 60 Jahre
„Ich bin stolz, ein Deutscher zu sein.“	31	27	7	9	23	34	45
„Ich freue mich, Deutscher zu sein, aber ich bin nicht stolz darauf.“	34	39	24	48	37	40	31
„Es ist mir unangenehm, als Deutscher gesehen zu werden.“	2	1	9	2	2	–	1
„Diese Frage beschäftigt mich nicht.“	27	26	57	32	35	22	12

Stolz auf Deutschland?
Befragung von 1000 Personen im März 2001, Angaben in Prozent

M1

„Schwarz-Rot-Gold“

Karl Heinrich Schnauffer, ein bürgerlicher Liberaler, schrieb 1848:

Schwarz, Rot und Gold, das sind die Farben,
Die stolz der deutsche Bürger trägt;
Schwarz, Rot und Gold, das sind die Farben,
Für die er sich im Kampfe schlägt.

Das Schwarz, das ist die Warnung denen,
Die Deutschlands Freiheit noch bedrohn.
Das Rot, das ist das Blut von jenen,
Die für die Freiheit fielen schon.

Das Gold, das ist der Freiheit Segen,
Wenn Männer ihre Pflicht getan,
Drum schlagt auf Wegen und auf Stegen
Die heiligen drei Farben an.

Schwarz, Rot und Gold, das sind die Farben,
Drauf stolz das deutsche Auge sieht;
Schwarz, Rot und Gold – das sind die Garben,
Darin die Ernte Deutschlands blüht!

Zit. nach Peter Alter (Hg.), Nationalismus, München (Piper) 1994, S. 93 f.

M3

Die Nation nach der Einheit 1990

Der Sozialwissenschaftler Ralf Dahrendorf (1990):

Wie man sich auch dreht und wendet, ja windet, die Nation ist wieder da und der Nationalstaat mit ihr, und zwar hier, mitten in Europa, in Deutschland … Die Frage ist nur, was denn Nation und Nationalstaat am Ende des 20. Jahrhunderts sinnvoll bedeuten können und wo ihre Grenzen liegen … Nun haben die Autoren, denen die Nation Angst macht, … sich dabei ja etwas gedacht. Sie halten die Nation nicht nur für antiquiert [veraltet], sondern für bedrohlich … Insoweit Nationalstaat Rechts- und Verfassungsstaat heißt, liegt darin kein Grund zur Klage oder Sorge … Es geht vor allem um Bürgerrechte, und diese verlangen verlässliche Institutionen … Sie verlangen selbstbewusste Nationalstaaten in einem kooperativen Europa, das … aktiv mitwirkt an der Schaffung einer internationalen Ordnung des Rechts.

Ralf Dahrendorf, Die Sache mit der Nation, zit. nach Peter Alter (Hg.), Nationalismus, München (Piper) 1994, S. 304 ff.

1 Erschließt in Partnerarbeit M2 und formuliert Fragen zu diesem Thema, die für euch wichtig sind.
2 Erarbeite mithilfe des Darstellungstextes sowie M1, wie die „Nation“ im 19. Jahrhundert gesehen wurde.
3 Stelle zusammen, welche Möglichkeiten und Grenzen Dahrendorf (M3) für die „Nation“ sieht.
4 Nimm begründet Stellung: Was eine „Nation“ ist, kann eindeutig und dauerhaft beantwortet werden.
5 Diskutiert in der Klasse, was für euch Begriffe wie „Vaterland“, „Nation“ und „Stolz auf Deutschland“ bedeuten. Zieht eure Fragen aus Aufgabe 1 und den letzten Satz des Darstellungstextes heran.

Deutschland im 19. Jahrhundert – Restauration, Revolution und Reichsgründung

Überprüfe, was du kannst

Sachkompetenz

1 Prüft in Partnerarbeit gegenseitig, ob ihr die Begriffe „Wiener Kongress“ (S. 121), „Deutscher Bund“ (S. 121), „Liberalismus“ (S. 127), „Demokraten“ (S. 130), „Revolution 1848/49“ (S. 133) und „Reichsgründung 1871“ (S. 134) erläutern könnt.

2 Lege eine Zeitleiste (1815–1871) mit Ereignissen und Daten an. Achte dabei besonders auf „offene“ Situationen, in denen eine andere Entwicklung denkbar gewesen wären. Vergleicht eure Ergebnisse in der Klasse.

Methodenkompetenz

3 Analysiere M1 mithilfe der Methode „Historiengemälde deuten“ (S. 136 f.).

Urteilskompetenz

4 Nationale (politische) Feste und Feiern sind seit dem 18. Jahrhundert überliefert. Erörtere, worin ihr Ursprung liegen könnte, und beurteile ihre Bedeutung für die deutsche Einheit im 19. Jahrhundert. Lies im Kapitel 3 nach.

Handlungskompetenz

5 **Recherche:** Recherchiert, was am deutschen Nationalfeiertag (3. Oktober) gefeiert wird und wie er begangen wird. Berichtet.

M1

Bismarck und die deutsche Einheit, Bismarck reicht Germania das geschärfte Reichsschwert,
Stich nach einem Gemälde Ende 19. Jh.

1814/15 Wiener Kongress

seit 1815 Restauration

1815 Deutscher Bund

1815 Liberalismus

1819 Karlsbader Beschlüsse

1832 Hambacher Fest

1848/49 Revolution

1871 Gründung des Deutschen Reiches

1805 – 1815 – 1835 – 1855 – 1875

Die Industrialisierung und ihre Folgen

Wissen • Urteilen • Handeln • Methoden anwenden

Am Ende dieses Unterkapitels kannst du

- erklären, warum die Industrialisierung in England begann
- Faktoren der Industrialisierung in Deutschland nennen und ihre Auswirkungen bewerten
- die Industrialisierung in Rheinland-Westfalen aus wirtschaftlicher, technischer und sozialer Sicht beschreiben
- Merkmale frühindustrieller Arbeits- und Lebensbedingungen nennen und beurteilen
- die Bezeichnung „soziale Frage" erläutern und ihre Antworten bewerten
- **Methode** Statistiken auswerten und graphisch umsetzen
- **Methode** Fotos analysieren

Zentren der Industrialisierung 1800 bis 1900

um 1770 – **Beginn der Industriellen Revolution in England**

um 1840 – **Beginn der Industriellen Revolution in Deutschland**

Die Industrialisierung – eine Revolution der Lebensweise?

Gerät die Welt „aus ihren Fugen“?

„Die Teilung der Arbeit, die Benutzung der Wasser- und besonders der Dampfkraft und der Mechanismus der Maschinerie – das sind die drei großen Hebel, mit denen die Industrie seit der Mitte des vorigen Jahrhunderts daran arbeitet, die Welt aus ihren Fugen zu heben.“

Dies war eine der Erkenntnisse, die der Fabrikantensohn Friedrich Engels 1845 niederschrieb, als er die Verhältnisse in England bei einem Besuch in Manchester kennen gelernt hatte. Wie Engels erkannten auch andere Beobachter in seiner Zeit, dass die Industrialisierung eine grundlegende Umwälzung der Arbeits- und Lebensbedingungen auslöste. Heute wissen wir, dass die Industrialisierung einen ähnlichen Einschnitt in der Geschichte der Menschheit darstellte wie die Neolithische Revolution, als Jäger und Sammlerinnen vor etwa 10 000 Jahren von der jagenden und sammelnden zur sesshaften Lebensweise der Viehzüchter, Bauern und Bäuerinnen übergingen. Zu erkennen ist heute auch, dass die Industrialisierung offensichtlich bis in unsere Gegenwart hinein keine abgeschlossene Epoche ist, sondern weiterhin anhält. Sie wird unser Leben auch in Zukunft beeinflussen.

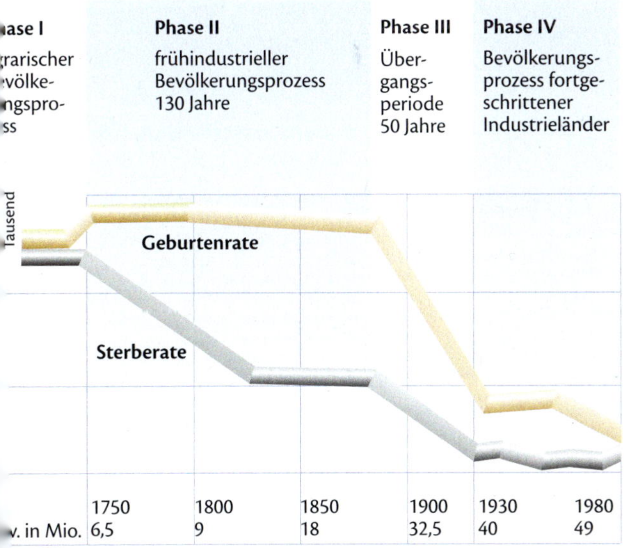

M1 **Geburten- und Sterberate in England und Wales 1750 bis 1980**

Faktoren der Industrialisierung in England

England wird in der Geschichtsforschung übereinstimmend als das Land betrachtet, in dem die Industrialisierung begann. Umstritten ist aber, welche Faktoren den Vorgang der Industrialisierung auslösten und welche Bedeutung sie jeweils haben.

Vier Thesen zu diesem Problem kannst du auf den Seiten 142 bis 145 überprüfen. Möglich ist das auch als Gruppenarbeit (siehe Kasten).

1. Faktor: Raum und Bevölkerung. England wies besonders günstige geographische, geologische und klimatische Bedingungen auf. Hinzu kam ein schneller Anstieg der Bevölkerung.

2. Faktor: Wirtschaft. Die englische Landwirtschaft hatte einen Vorsprung in Europa. Genügend Kapital und marktwirtschaftliches Denken waren Grundlagen für eine neue Wirtschaftsweise.

3. Faktor: Technik. Die Industrialisierung wurde entscheidend durch technische Erfindungen, vor allem durch die Spinn- und die Webmaschine sowie die Dampfmaschine, ausgelöst.

4. Faktor: Bildung. Die Industrialisierung wurde durch eine hohe Alphabetisierung der Bevölkerung möglich. Dadurch erst gab es genügend Arbeitskräfte, die Maschinen konstruieren, bauen und bedienen konnten. Grundkenntnisse wurden bereits im 18. Jahrhundert in englischen Schulen vermittelt.

1 Beschreibe anhand der Karte S. 140 die Verteilung der frühen Industriegebiete in Europa. Stelle einen Bezug zum Darstellungstext her.

2 Beschreibe mithilfe von M1 die Bevölkerungsentwicklung in England und Wales. Formuliere Vermutungen über die Ursachen der veränderten Bevölkerungsentwicklung.

Vorschlag für eine Gruppenarbeit

Die Seiten 142 bis 145 könnt ihr in Gruppen erarbeiten. Jede Gruppe übernimmt die Bearbeitung eines Faktors der Industrialisierung in England und trägt ihre Ergebnisse der Klasse vor. Geht von den Faktoren im Darstellungstext aus.

Faktoren der Industrialisierung – das Beispiel England

1. Faktor: Raum und Bevölkerung

Ermöglichten die vorteilhafte Insellage, gute Transportwege, günstige klimatische Bedingungen, zum Beispiel für die Baumwollverarbeitung, eine frühe Industrialisierung in England? Welche Bedeutung hatte das schnelle Wachstum der Bevölkerung im 18. Jahrhundert für den Beginn der Industrialisierung? Welche Rolle spielten solche „äußeren" Faktoren?

M1

Bedingungen der Industrialisierung

Der britische Historiker Eric J. Hobsbawm schrieb 1968:

Beruft man sich auf Großbritanniens reiche Kohlevorkommen, um seinen Vorsprung zu erklären, so bliebe immerhin zu bedenken, aus welchen Gründen sein vergleichsweise spärlicher Bestand an anderen industriellen Rohstoffen (z. B. Eisenerz) diese Entwicklung nicht behindert hat ... Wenn das feuchte Klima von Lancashire die Konzentration der Baumwollindustrie dort erklären soll, dann sollten wir auch fragen, warum die Konzentration nicht auch in anderen feuchten Gegenden der britischen Inseln stattgefunden hat ... Klimatische Faktoren, Geographie, die Verteilung natürlicher Ressourcen wirken sich immer nur innerhalb eines gegebenen wirtschaftlichen, sozialen und institutionellen Kontexts [Zusammenhang] aus; dies gilt sogar für den gewichtigsten Faktor dieser Art: die Verbindungswege zum Meer oder zu nutzbaren Flüssen, die billigsten, gebräuchlichsten und für Massengüter einzig wirtschaftlichen Transportwege des vorindustriellen Zeitalters.

Eric J. Hobsbawm, Industrie und Empire, Bd. 1, 5. Aufl., Frankfurt a. M. (Suhrkamp) 1975, S. 35 f.

1 Notiere die Faktoren, die in M1 als günstig für eine Industrialisierung bezeichnet werden.

2 Erläutere, welchen Zusammenhang die Autorin von M2 zwischen Bevölkerung und Produktion herstellt. Ziehe M3 heran.

3 Prüft, ob die Informationen zum 1. Faktor eure Vermutungen aus Aufgabe 2 (S. 141) bestätigen oder widerlegen.

4 Fasse zusammen, welche Bedeutung der Faktor „Raum und Bevölkerung" für die Industrialisierung hatte.

M2

Bevölkerungswachstum und landwirtschaftliche Produktion

Die britische Wirtschaftshistorikerin Phyllis Deane, 1977:

Der Anstieg der Bevölkerung und der Produktion scheint in den Vierzigerjahren des 18. Jahrhunderts eingesetzt zu haben ... Der entscheidende Bruch gegenüber der Vergangenheit war die Tatsache, dass diese Wachstumsrate sich in den 1750er-Jahren auf 7 Prozent erhöhte und in den 1760er- und 70er-Jahren diesen Durchschnitt hielt. Ein solcher Bevölkerungszuwachs hätte in einer vorindustriellen Wirtschaft normalerweise zu einem Absinken des Pro-Kopf-Einkommens geführt, da die Bevölkerung dann schneller gewachsen wäre als das Sozialprodukt [Summe aller Güter und Dienstleistungen in einer Volkswirtschaft]. In Wirklichkeit war es aber so, ... dass jetzt das Sozialprodukt mit dem Bevölkerungszuwachs Schritt zu halten vermochte. Das verdankte man jedoch nicht in erster Linie der Industrieproduktion, sondern der landwirtschaftlichen Produktion ... Das Vorhandensein eines Nahrungsüberschusses, verbunden mit der Fähigkeit der Landwirtschaft, ihre Produktion der vermehrten Nachfrage anzupassen, bedeutete, dass die Bevölkerung wachsen konnte.

Phyllis Deane, Die Industrielle Revolution in Großbritannien 1700–1880. In: Carlo M. Cipolla / Knut Borchardt (Hg.), Europäische Wirtschaftsgeschichte, Bd. 4, Stuttgart / New York (G. Fischer) 1977, S. 4 f. Übers. von Anjuta Aigner-Dünnwald.

M3

Bevölkerungswachstum in England und Wales 1750 bis 1900

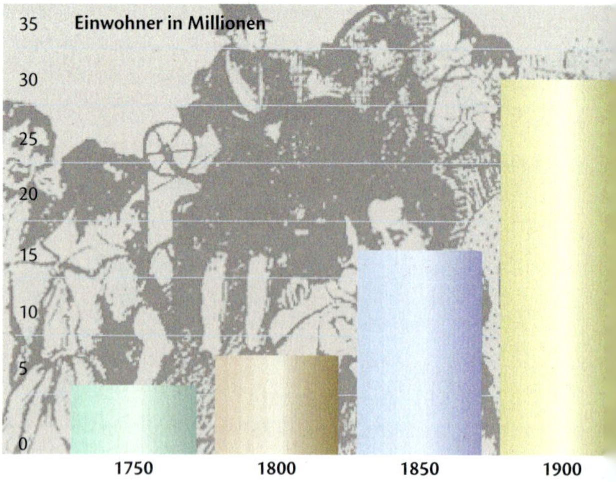

2. Faktor: Eine neue Wirtschaftsweise

Der Faktor „Wirtschaft“ gilt als ein weiterer Grund für den Beginn der Industrialisierung in England. Es entstand eine neue Art zu wirtschaften, die als „Liberalismus“ (von lat. liber = die Freiheit betreffend) bzw. „Kapitalismus“ (Kapital = Geld, das der Unternehmer in Form von Rohstoffen oder Maschinen in den Betrieb investiert) bezeichnet wird.

Nach der Theorie des Liberalismus steht die Freiheit des einzelnen Menschen im Mittelpunkt des politischen, gesellschaftlichen und wirtschaftlichen Zusammenlebens. In der Wirtschaft soll sich der Staat zurückhalten („Laisser-faire-Prinzip“), Gewerbefreiheit und Privateigentum garantieren und schützen sowie die „Marktkräfte“ frei spielen lassen.

Das Prinzip dieser neuen Wirtschaftsweise entwickelte sich in Ansätzen bereits in der englischen Landwirtschaft und schuf so die Voraussetzungen dafür, die Produktion schnell der vermehrten Nachfrage anzupassen. Welthandel, Kolonien und die britische Seemacht stützten die Bereitstellung von Kapital für die neuen Wirtschaftszweige.

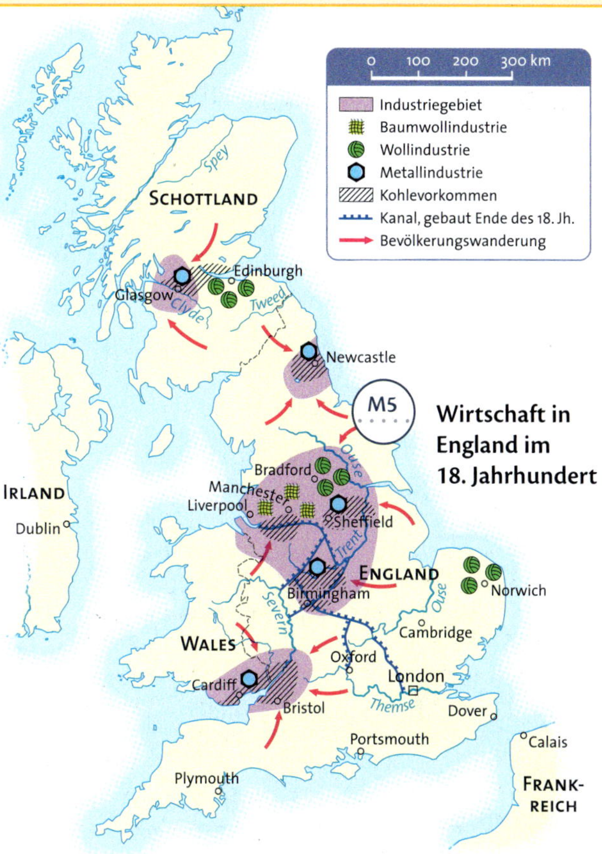

M5 Wirtschaft in England im 18. Jahrhundert

M4 Wie wurde das Kapital eingesetzt?

Der schottische Philosoph und Volkswirtschaftler Adam Smith (1723–1790) schrieb 1776:

Der Einzelne ist stets darauf bedacht herauszufinden, wo er sein Kapital ... so vorteilhaft wie nur irgend möglich einsetzen kann. Und tatsächlich hat er dabei den eigenen Vorteil im Auge und nicht etwa den der Volkswirtschaft. Aber gerade das Streben nach seinem eigenen Vorteil ist es, das ihn ... dazu führt, sein Kapital dort einzusetzen, wo es auch dem ganzen Land den größten Nutzen bringt ... Der Einzelne vermag ganz offensichtlich aus seiner Kenntnis der örtlichen Verhältnisse weit besser zu beurteilen, als es irgendein Staatsmann oder Gesetzgeber für ihn tun kann, welcher Erwerbszweig im Lande für den Einsatz seines Kapitals geeignet ist und welcher einen Ertrag abwirft ... Ein Staatsmann, der es versuchen sollte, Privatleuten vorzuschreiben, auf welche Weise sie ihr Kapital investieren sollten, würde sich damit nicht nur, höchst unnötig, eine Last aufbürden, sondern sich auch gleichzeitig eine Autorität anmaßen.

Adam Smith, Der Wohlstand der Nationen, hg. von Horst Claus Recktenwald, 5. Aufl., München (dtv) 1990, S. 369 ff.

M6 Woher kam das Kapital?

Der Wirtschaftshistoriker Christoph Buchheim, 1994:

Es herrschte kein Kapitalmangel ... So wurde ja bereits auf den vergleichsweise kapitalintensiven Charakter der britischen Landwirtschaft hingewiesen. Die Verkehrsinfrastruktur in Form von schiffbaren Flüssen, von Kanälen und von Privatstraßen war gut ausgebaut ... Den Großteil des ... Kapitals stellten die Rohstoffvorräte, Fertigwarenlager und Kundenforderungen dar ... Für das weitere Wachstum war die Selbstfinanzierung aus den erwirtschafteten Gewinnen die wichtigste Quelle des langfristigen Kapitals.

Christoph Buchheim, Industrielle Revolutionen, München (dtv) 1994, S. 59 ff.

5 Beschreibe anhand von M5 den Stand der englischen Wirtschaft im 18. Jahrhundert.

6 Gib die Auffassung von Adam Smith (M4) in eigenen Worten wieder und nimm dazu Stellung.

7 Liste auf, woher nach M6 das Kapital kam.

8 Fasse zusammen, welche Bedeutung der 2. Faktor für die Industrialisierung hatte.

3. Faktor: Technik – Motor der Industrialisierung

In der Geschichtswissenschaft wird den technischen Neuerungen, die wirtschaftlich angewandt werden, eine große Bedeutung für den Industrialisierungsvorgang zugeschrieben. Gab es so genannte „Schlüsseltechnologien“, die die Industrialisierung auslösten? In welchen Wirtschaftsbereichen begann sie?

M7 **Dampfmaschine von James Watt,**
Modellzeichnung, 2001

M8 **Wachstum der englischen Baumwollindustrie**
Ausfuhren von Baumwolltextilien und Prozentsatz am Gesamtexport.

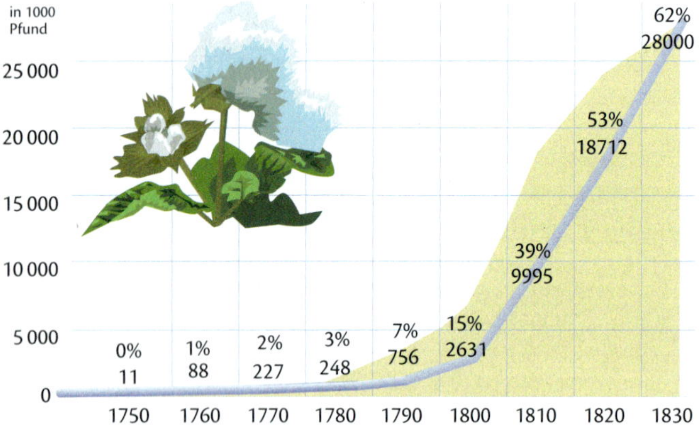

M9 **Die englische Baumwollspinnerei**

Der Schweizer Christian Bernoulli schrieb 1827:

Eine der ersten, unmittelbarsten Folgen, welche die Erfindung der Spinnmaschinen hatte, war ohne Zweifel der fabrikmäßige Betrieb des Baumwollspinnens. Die Einführung großer Maschinen veränderte notwendig die Verhältnisse ganz. Sie erforderten große und dazu besonders eingerichtete Gebäude, große Kapitalien, Tiere oder Elementarkräfte zum Betrieb, Arbeiter, die ausschließlich diesem Gewerbe … sich ergaben, eine gehörige Verteilung und Anordnung aller Operationen usw. Mit dem Aufkommen des Maschinenspinnens ergab sich daher auch der fabrikförmige Betrieb dieser Industrie … Die Arbeit der Spinner wurde ungleich produktiver. Keine Wirkung ist wohl auffallender als diese und bei keiner Erfindung war dieses Ergebnis so erstaunenswürdig; sehen wir, was jetzt 100 oder 200 Menschen in einer mechanischen Spinnerei zu produzieren vermögen und wie viel dieselbe Anzahl ehemals liefern konnte. Viele geben diese Steigerung der Produktivität wenigstens auf das 100- oder 120-Fache, manche sogar auf das 150-Fache an.

Zit. nach Wilhelm Treue / Karl-Heinz Manegold, Quellen zur Geschichte der industriellen Revolution, Göttingen (Musterschmidt) 1979, S. 103 f.

Begriffe und Daten

Technische Entwicklungen in England

- **1709–1712** Thomas Newcomen baut eine Dampfmaschine für den Pumpenantrieb (Bergbau).
- **1733** John Kay verbessert den Webstuhl.
- **Um 1764** James Hargreaves baut eine Spinnmaschine („Spinning Jenny“) für das gleichzeitige Spinnen vieler Fäden.
- **1769** James Watt meldet eine weiterentwickelte Dampfmaschine zum Patent an. Richard Arkwright entwickelt eine durch Wasser- und Dampfkraft angetriebene Spinnmaschine.

9 Beschreibe M7 und ziehe zur weiteren Information Lexika heran. Stelle fest, welche Bedeutung die Dampfmaschine für die Entwicklung von Technik und Wirtschaft hatte.

10 Informiere dich über die frühe Technik (Kasten) und benenne mithilfe von M8 und M9 die wirtschaftlichen Folgen.

11 Fasse zusammen, welche Bedeutung der 3. Faktor für die Industrialisierung hatte.

4. Faktor: Industrialisierung und Bildung

In der Landwirtschaft und im Handwerk wurden Techniken und Fertigkeiten meistens durch „Vormachen“ der Älteren im Arbeitsgang gelernt. Langjährige Erfahrung war dabei entscheidend.

Die industrielle Arbeit an und mit den neuen Maschinen wurde in zeitgenössischen Berichten als monoton und geistig wenig fordernd beschrieben. Dabei setzte sie jedoch technische Kenntnisse, Sorgfalt, hohe Aufmerksamkeit und Geschick voraus. War Industrialisierung ohne Bildung, zumindest in den Grundfertigkeiten wie Lesen, Schreiben und Rechnen, überhaupt denkbar?

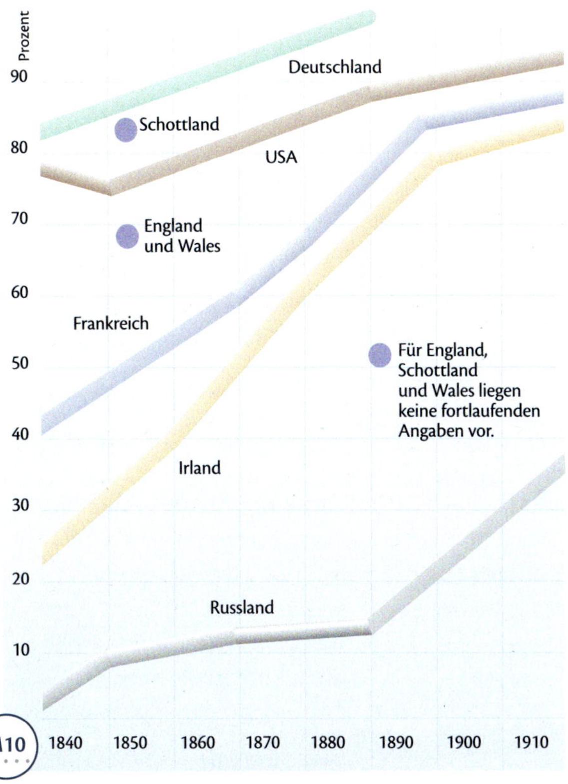

M10 **Anteil der Lese- und Schreibkundigen an der erwachsenen Bevölkerung 1840 bis 1910**

M11

Bildung und Industrialisierung

Der Historiker Hubert Kiesewetter schrieb 1996 über den Zusammenhang von Industrialisierung und Bildung:

Wie wenig es gerechtfertigt ist, Bildung als einen Faktor der europäischen Industrialisierung zu vernachlässigen, wird deutlich, wenn wir einen Zusammenhang herstellen zwischen dem Bildungsniveau unterentwickelter Staaten und ihrer Produktivität. Selbst im Mutterland der Industrialisierung, in England, war Bildung und Wissenschaft eine Voraussetzung der ökonomischen Modernisierung ... In der europäischen Industrialisierung seit dem späten 18. Jahrhundert lässt sich ... nachweisen, dass es zumindest langfristig einen engen Zusammenhang zwischen der Erweiterung der Bildungsmöglichkeiten, vor allem im technischen und wissenschaftlichen Bereich, und dem Wirtschaftswachstum der Volkswirtschaften gegeben hat. Bereits im Jahr 1800 stellte eine Wetzlarer Schulkommission fest, dass das Schulwesen „die sicherste Stütze von Staatenglück und Privatwohl“ sei.

Hubert Kiesewetter, Das einzigartige Europa, Göttingen (Vandenhoeck & Ruprecht) 1996, S. 166 ff.

Begriffe und Daten

Industrialisierung

Als Industrialisierung (lat. industria = Fleiß) werden tiefgreifende technische, wirtschaftliche und soziale Veränderungen bezeichnet, die in der zweiten Hälfte des 18. Jahrhunderts in England und im übrigen Europa im 19. Jahrhundert begannen. Wichtige Merkmale waren der Einsatz von Maschinen, die Arbeitsteilung und die Massenproduktion in den entstehenden Fabriken (lat. fabrica = Werkstätte). Der Begriff „Industrielle Revolution“ wird für die Anfangsphase der Industrialisierung verwendet – wegen des für zeitgenössische Beobachter sehr schnellen Verlaufs und der drastischen Veränderung der Arbeits- und Lebensweise vieler Menschen.

12 Formuliere anhand von M10 Aussagen über die Alphabetisierung in Europa. Ziehe aus der Grafik Rückschlüsse auf die Möglichkeit einer Industrialisierung der dargestellten Länder.

13 Erläutere die in M11 aufgestellte These, dass die Industrialisierung einen hohen Bevölkerungsanteil mit schulischer Bildung voraussetze.

14 Fasse zusammen, welche Bedeutung der 4. Faktor für die Industrialisierung hatte.

15 Entwerft in Partnerarbeit ein Schaubild, in dem ihr die vier Faktoren im Zusammenhang darstellt.

Statistiken auswerten und graphisch umsetzen

Können Zahlen „sprechen"?
Zustände und Bedingungen, unter denen Menschen leben, oder längerfristige Entwicklungen lassen sich oft in Zahlen beschreiben. Die Häufigkeit von Beschäftigten und Arbeitslosen, Angaben über Einkommenshöhen und wirtschaftliche Entwicklungen z. B. lassen sich nur mithilfe von Zahlenangaben verdeutlichen.
Statistiken sind unter bestimmten Gesichtspunkten zusammengestellte Mengen von Zahlenwerten. Sie stellen in der Geschichtswissenschaft eine eigenständige Form der historischen Quelle dar. Sie sind allerdings selten „fertig" vorzufinden, sondern von Historikerinnen und Historikern erst „herzustellen", indem sie Zahlen nach ihrer Frage- oder Problemstellung sammeln, ordnen, auswerten und als Tabellen oder graphisch als Diagramme darstellen.
Den Umgang mit statistischen Daten, ihre Auswertung und Darstellung, sowie ihre begrenzte Aussagekraft kannst du hier erarbeiten. Dabei geht es um wirtschaftliches Wachstum und den Wandel der Beschäftigtenstruktur in der Zeit der Industrialisierung.

M1 Industrieproduktion in West- und Mitteleuropa 1800 bis 1840
(in Millionen Pfund Sterling)

Jahr	Großbritannien	Frankreich	Deutschland	Russland
1800	230	190	60	15
1820	290	220	85	20
1840	387	264	150	40

Zahlen nach Praxis Geschichte 1, Industrialisierung, H. 1, 1988, S. 9.

Wortschatz

in absoluten Zahlen
in relativen Werten
ein Hoch – ein Tief
fallend – steigend
flach – steil
Anteil in Prozent
verhältnismäßig hoch, niedrig, gering, stark
die Statistik zeigt, veranschaulicht
anhand des Diagramms wird deutlich, wird sichtbar, erkennt man

Arbeitsschritte

1. Schritt: Formale Analyse
Zuerst muss nach der Echtheit des Zahlenmaterials und seiner korrekten „Überlieferung" gefragt werden. Im Unterricht wird – abgesehen von eigenen Archivarbeiten – meistens bereits bearbeitetes, d. h. ausgewähltes und gedrucktes Material vorgelegt. Deshalb kann sich die Analyse darauf beschränken, Vollständigkeit und erstes Verständnis der Daten in der Darstellung zu überprüfen.

2. Schritt: Inhaltliche Analyse
- Was ist Thema der Statistik?
- Wie ist sie aufgebaut?
- Was ist im Einzelnen dargestellt?
- Welche Aussagen lassen sich formulieren?
- Sind sie untereinander stimmig? (Durch Rundungen können sich Differenzen ergeben.)
- Lässt sich eine „Hauptaussage" finden?
- Bleiben Fragen offen?

3. Schritt: Historischer Zusammenhang
Ausgehend vom Thema der Statistik erfolgt eine Einordnung in den geschichtlichen Zusammenhang.
- Gibt es einen Bezug zu anderen Informationen (Materialien)?
- Ergänzen oder widersprechen sie sich?
- Welche weiteren Informationen werden benötigt?

4. Schritt: Bewertung der Aussagekraft
- Ist der Ausschnitt der statistischen Daten zu gering?
- Wird der Sachverhalt zu stark vereinfacht, verzerrt oder vielleicht verfälscht?
- Ist die graphische Darstellung angemessen?

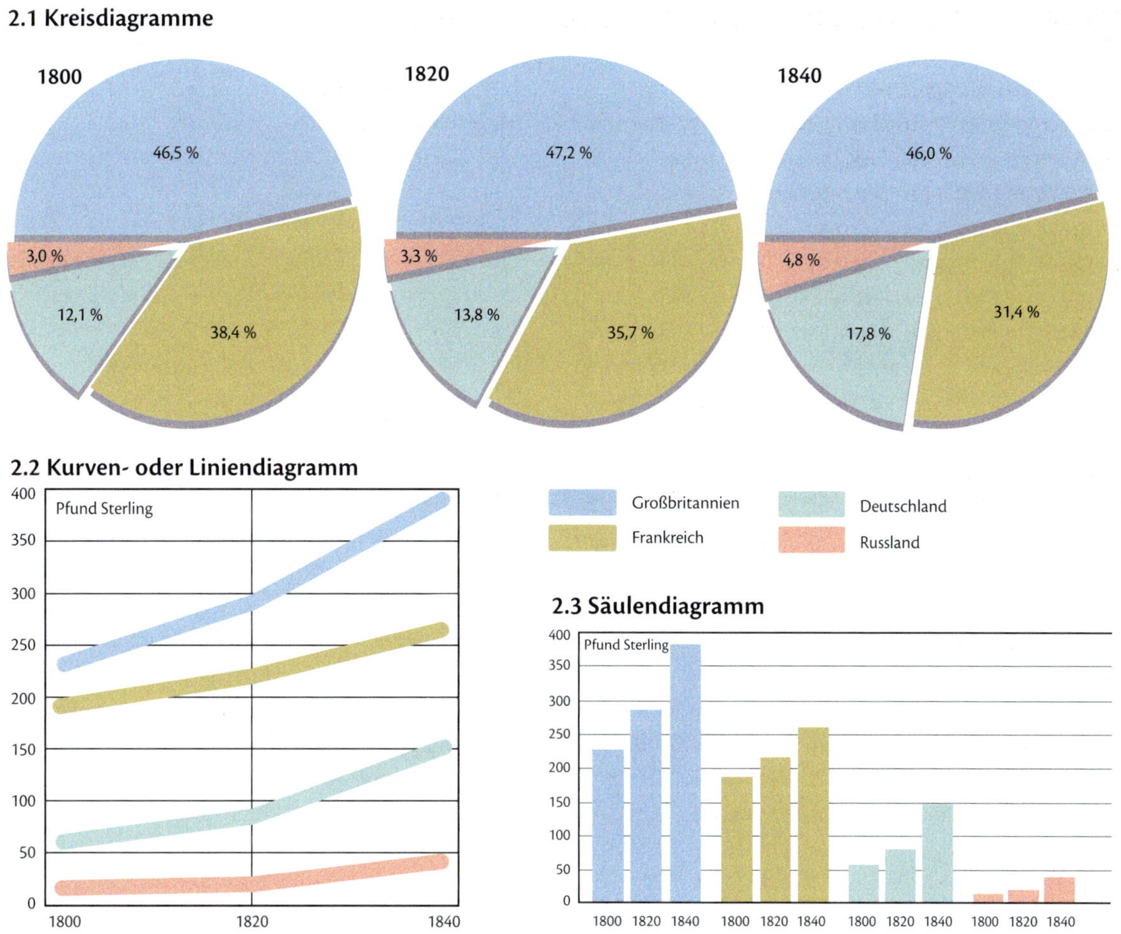

M2 **Möglichkeiten graphischer Darstellung von Statistiken am Beispiel von M1**

M3 **Beschäftigtenanteile in Großbritannien 1801 bis 1911**
(in Prozent aller Beschäftigten)

Jahr	Landwirtschaft, Forstwirtschaft, Fischerei	Bergbau und Gewerbe	Handel und Transport	Häusliche Dienstleistungen	Öffentliche Dienstleistungen
1801	35,9	29,7	11,2	11,5	11,8
1861	18,7	43,6	16,6	14,3	6,9
1911	8,3	46,4	21,5	13,9	9,9

1 Erarbeite M1 mithilfe der Arbeitsschritte.

2 Beschreibe die Darstellungsformen M2.1 bis M2.3 und vergleiche sie unter der Fragestellung, wie der Sachverhalt optisch am überzeugendsten dargestellt ist.

3 Wende die Arbeitsschritte auf M3 an.

4 Stelle aus M3 ausgewählte Daten anhand der Modelle in M2 graphisch dar.

5 Formuliere zu M1 und M3 jeweils zusammenfassende Aussagen zur Wirtschafts- bzw. Beschäftigtenstruktur. Nimm den Wortschatz-Kasten zu Hilfe.

Faktoren der Industrialisierung in Deutschland

Anfänge der Industrialisierung

Deutschland war um 1800 kein einheitlicher Staat wie England oder Frankreich, sondern ein Gebilde aus einer Vielzahl unterschiedlich großer Territorien mit vorwiegend landwirtschaftlicher Struktur. Mit den Agrarreformen in Preußen seit 1807 und später in anderen deutschen Ländern wandelte sich die Landwirtschaft in Richtung Marktwirtschaft und Kapitalorientierung. Eine „vorindustrielle“ Struktur war bereits in einigen Gewerberegionen zu finden. Textil- und Eisenwaren wurden in viele Gegenden Europas geliefert. Nach dem Wiener Kongress von 1814/15 bildeten 39 souveräne deutsche Teilstaaten unter der Führung Österreichs den politisch unbedeutenden „Deutschen Bund“. Es gab kein erkennbares nationales Zentrum wie London und Paris. Der „Wirtschaftsraum Deutschland“ war aufgespalten in viele Teile, die durch Zollgrenzen abgeschirmt waren.

Die kostengünstigeren und massenhaften Produkte der englischen Textil- und Eisenindustrie bildeten auf den deutschen Märkten eine überlegene Konkurrenz. Ansätze eines einheitlichen Binnenmarktes entstanden erst mit dem preußischen Zollgebiet 1818 und der Gründung des Deutschen Zollvereins* 1834.

Das Bevölkerungswachstum führte zu einem Überangebot an Arbeitskräften in Deutschland. Niedrige Löhne bremsten die Massenkaufkraft und schwächten die inländischen Absatzmärkte.

Während sich in Großbritannien der Staat weitgehend aus dem Prozess der Industrialisierung heraushielt, unterstützte er in Preußen, dem politisch mächtigsten deutschen Teilstaat, und in anderen deutschen Ländern die industrielle Entwicklung: Handelsgesetze, die Zulassung von Aktiengesellschaften, die Verbesserung der Infrastruktur (Kanal- und Straßenbau), Unternehmeraktivitäten des Staates im Bergbau, in der Hüttenindustrie, der Rüstungsindustrie und im Maschinenbau schufen günstige Voraussetzungen für die Industrialisierung. Das Gleiche gilt für die Vergabe von Krediten und Subventionen an Unternehmer.

Ein genaues Jahr für den Beginn der Industrialisierung lässt sich nicht nennen. Für Preußen werden in der Geschichtswissenschaft die späten 1840er-Jahre genannt. Antriebskräfte der Industrialisierung waren in Deutschland der Steinkohlenbergbau und die Eisen- und Stahlindustrie – und hier besonders ein neues Produkt, das einen neuen Markt schuf: die Eisenbahn.

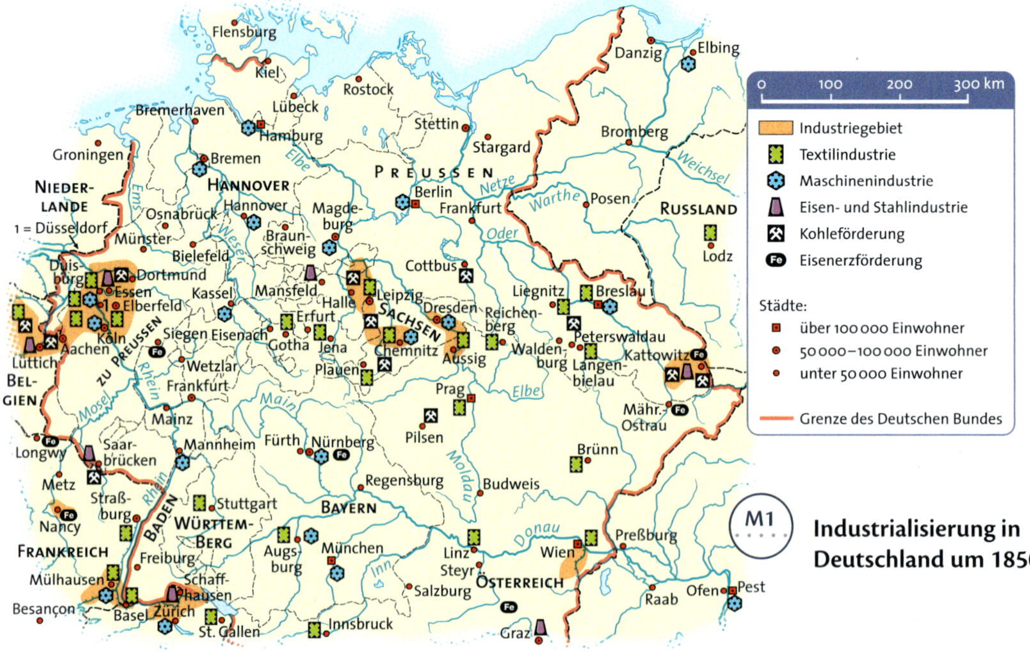

M1 **Industrialisierung in Deutschland um 1850**

M2 Kopie der englischen Entwicklung?

Der Wirtschaftshistoriker Toni Pierenkemper schrieb 1998 zur Frage des „Techniktransfers“:

Hinsichtlich der Nutzung neuer Technologien in der Textilindustrie beschränkte man sich in Deutschland weitgehend auf die Übernahme und Nachahmung des englischen Vorbilds ... In der Eisenindustrie war das ganz anders ... In Deutschland wählte man ... den Weg einer Teilmodernisierung der Eisenindustrie, indem man neue Techniken mit alten kombinierte, etwa moderne Wiedererhitzer an Holzkohlehochöfen anbaute ... Der Steinkohlenbergbau ... baute zum einen auf traditionellen bergmännischen Techniken auf und folgte zum anderen englischen Vorbildern. Zum Teil entwickelte er außerdem eigene Problemlösungen ... [Die Dampfmaschine] wurde alsbald in Deutschland nachgebaut und weiterentwickelt. Ähnlich war es bei den Lokomotiven für den Eisenbahnverkehr: Auch diese stammten bereits zehn Jahre nach ihrer Einführung aus heimischer Produktion.

Toni Pierenkemper, Umstrittene Revolutionen, Frankfurt a. M. (Fischer) 1989, S. 118 ff.

M3 Massenproduktion ohne Eisenbahn?

Der Wirtschaftshistoriker Knut Borchardt schrieb 1977 über die Bedeutung der Eisenbahn für die Industrialisierung:

Wollte man dem 19. Jahrhundert einen kennzeichnenden Begriff geben und dabei den Ausdruck Industrialisierung vermeiden, so müsste man es als das „Jahrhundert der Kommunikationsrevolution“ feiern. Mehr noch als die Sachgüterproduktion, deren Wachstum gewiss eindrucksvoll war, ist die Verkehrsleistung für Güter, Personen, Nachrichten, Zahlungsmittel, Kapital gestiegen. Die Märkte dehnten sich regional aus, und es traten Personen miteinander in Leistungsbeziehungen, die nie zuvor füreinander erreichbar gewesen sind. Dies ist nicht eine Nebenwirkung der großen Produktivitätssteigerung [= Leistungssteigerung] des 19. Jahrhunderts; man kann es umgekehrt als eine ihrer Voraussetzungen bezeichnen ... Ohne die Fortschritte der Sachgüterproduktion keine Eisenbahn, Dampfschiffe, Telefone etc. – aber ohne diese auch keine Massenproduktion mit Massenabsatz.

Knut Borchardt, Die Industrielle Revolution in Deutschland. In: Carlo M. Cipolla / Knut Borchardt (Hg.), Europäische Wirtschaftsgeschichte, Bd. 4, Stuttgart / New York (Fischer) 1977, S. 187.

M4 Steinkohlenförderung 1860 bis 1910
(in Mio. Tonnen)

Jahr	Ruhrgebiet	Deutschland	Großbritannien
1860	4,4	12,3	81,3
1870	11,8	23,3	112,2
1880	22,5	42,2	149,3
1890	35,5	64,4	184,5
1900	60,1	109,3	228,8
1910	89,1	151,1	268,7

Zusammengestellt nach Wolfgang Köllmann, Die Industrielle Revolution, 5. Aufl., Stuttgart (Klett) 1970, S. 17.

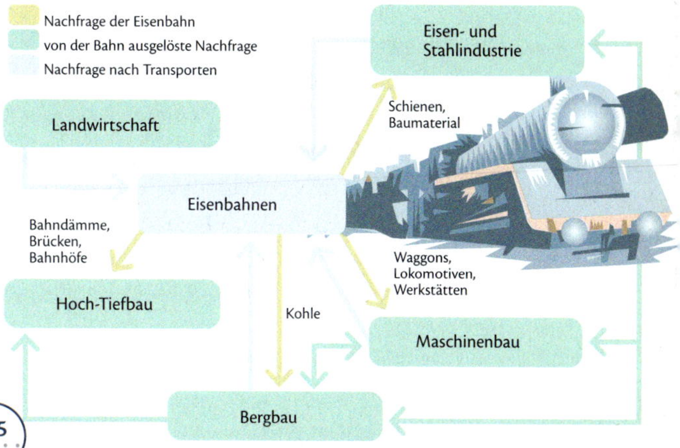

M5 Wirtschaftliche Wirkungen des Eisenbahnbaus 1860–1900

1 Beschreibe anhand von M1 den Stand der Industrialisierung in Deutschland um 1850. Vergleiche mit M5, S. 143.

2 Untersuche, welche Informationen der Darstellungstext zu den vier Faktoren (S. 142–145) bietet. Trage deine Ergebnisse in eine Tabelle ein.

3 Erarbeite, wie der Autor von M2 die Frage der „Übernahme und Nachahmung“ der Technik beantwortet.

4 Kläre den Begriff „Kommunikationsrevolution“ (M3).

5 Formuliere eine Antwort zur Überschrift von M3. Ziehe M4 und M5 mit heran.

6 Überprüfe mithilfe der Materialien dieser Seite, ob die Aussage, die deutsche Industrialisierung sei von der englischen „abgeleitet“ worden, zutrifft.

Industrialisierung in Rheinland-Westfalen

Voraussetzungen der Ruhrindustrie

Das Ruhrgebiet gehörte zu Beginn des 19. Jahrhunderts in Teilen zu Preußen, daneben existierten selbstständige Territorien, wie das Herzogtum Berg, die Reichsstifte Essen und Werden (= geistliche Territorien), das Bistum Münster und die Freie Reichsstadt Dortmund. Durch die Beschlüsse des Wiener Kongresses 1815 gelangte Preußen in den alleinigen Besitz dieses Raumes und gründete die Provinzen Rheinland und Westfalen. Wirtschaftlich lassen sich folgende Gewerberegionen unterscheiden:

- die Gewerbelandschaft im Siegerland mit Eisenbergwerken und Schmelzhütten,
- kleine Manufakturen zur Eisenverarbeitung im märkischen Raum (nördlich um Lüdenscheid und Hagen),
- das nördliche Bergland mit Leinengewerbe im Verlagssystem, Baumwollverarbeitung und städtischem Tuchgewerbe,
- die agrarwirtschaftliche Region um Paderborn und Münster mit Ackerbau, Viehzucht und Holzwirtschaft.

Die Gewerbe produzierten vorwiegend für die regionalen Märkte, Handels- und Wirtschaftsverbindungen zwischen den Gewerberegionen waren eher selten. So wurde zum Beispiel die für die Eisengewinnung notwendige Holzkohle in den waldreichen Gebieten des Siegerlandes selbst produziert.

Um 1740 gab es etwa 100 kleine Betriebe, so genannte „Kohlenpötte“, die im Stollenabbau an den Hängen des Ruhrtals betrieben wurden. Nach 1815 förderte der preußische Staat in seinen Provinzen Rheinland und Westfalen den Steinkohlenbergbau. Als es zu Beginn der 1830er-Jahre gelang, durch den Einsatz von Dampfmaschinen im Schachtbau in größere Tiefen vorzudringen, nahm der Steinkohlenbergbau einen starken Aufschwung. Dazu trugen vor allem bei: technische Neuerungen bei Abbau und Förderung der Kohle, der Ausbau der Transportwege (Straße und Wasser) und die Gründung von Aktiengesellschaften zur Bereitstellung des Kapitals.

Leben zwischen Förderturm und Kohlenhalde

Um die Mitte des 19. Jahrhunderts war das Ruhrgebiet noch geprägt von kleinen, zumeist bäuerlichen Dörfern mit wenigen hundert oder tausend Einwohnern. Die Ruhrindustrie mit Zechen, Eisen- und Stahlwerken breitete sich von Süden nach Norden aus. Mit dem wirtschaftlichen Wachstum stieg auch der Bedarf an Arbeitskräften, der sehr schnell nicht mehr aus der Umgebung gedeckt werden konnte. Seit den 1870er-Jahren wurde versucht, den Arbeitskräftebedarf zunehmend durch Zuwanderung, vor allem aus den östlichen Provinzen Deutschlands, zu decken. Der Zuzug ließ die Einwohnerzahlen vieler Orte des nördlichen Ruhrgebiets explodieren. Die Wohnungsnot wurde zu einem Dauerproblem. Die traditionelle Siedlungsform im südlichen Ruhrgebiet, das kleine Bergmannshaus (Kate oder Kotten), wurde mehr und mehr abgelöst durch ein- oder mehrstöckige Häuser in der Nähe der Zechen (Zechenkolonien) und Männerheime (Schlafhäuser). Der größte Teil der Bevölkerung lebte um 1890 in Mietwohnungen, als „Einlieger“ zur Untermiete oder als so genannte Schlafgänger in einer Familie.

M1

Schachtbau im Ruhrgebiet,
Foto, um 1900

M2

Die Lendersdorfer Hütte, Gemälde von Carl Schütz, 1838. In der Lendersdorfer Hütte wurde das in England entwickelte Puddelverfahren, eine Technik der Stahlerzeugung u. a. durch Umrühren (Puddeln) der Schmelzmasse, erstmals in Deutschland angewandt.

M3

„Man muss ins Ruhrgebiet gehen!"

Aus der Firmenfestschrift „Aufbruch ins Revier. Hoesch 1871–1961" aus dem Jahr 1962:

Als Berthold Schwarz das Schießpulver erfand, sind die Hoeschs noch Bauern und leben in der Gegend von Eupen. Mit Jeremias Hoesch, der Gelbkupfer machte, wenden sie sich in der zweiten Hälfte des 16. Jahrhunderts zum ersten Mal den Metallen zu. Im Dreißigjährigen Krieg sind sie in der Nordeifel in der Eisenherstellung führend … In der Gegend von Monschau betreibt dann Eberhard Hoesch einen Hochofen und einen Hammer … Seine Söhne Eberhard und Wilhelm erben das Unternehmen … Eberhard … erwirbt 1819 ein kleines Hüttenwerk bei Lendersdorf und stellt mit 22 Arbeitern im Jahr etwa 230 Tonnen Gussstahl und 175 Tonnen Stabeisen her … 1839 … werden in Lendersdorf Schienen für die Rheinische Eisenbahn gewalzt, es ist der erste auf dem Kontinent von einer deutschen Firma ausgeführte Schienenauftrag … Von Jahr zu Jahr ist der Bedarf an Kohle gewachsen. Bei Eschweiler … liegen die nächsten Steinkohlegruben, die zum Teil Hoesch gehören. Hoesch geht zum ersten Mal zur Kohle. Als Eberhard 1852 die Augen schließt, übernimmt sein zweiunddreißigjähriger Neffe Leopold … die Geschicke der Werke. Ihm liegt zwei Jahrzehnte später das Schicksal auf, den folgenreichsten Schritt in der Geschichte des Geschlechtes Hoesch seit den Tagen des Mittelalters zu tun. Denn so ziemlich alles, worauf sich die Eisenindustrie in der Eifel gründete, bricht, in wenigen Jahren von Zeit und Technik überholt, zusammen. Holzkohle und Wasserkraft haben sich überlebt, sind Steinkohle und Dampfkraft gewichen, und die Erzvorkommen in der Eifel sind erschöpft. Durch die gestiegenen Transportkosten für Rohstoffe und Absatzprodukte ist man nicht mehr konkurrenzfähig mit Unternehmungen, die verkehrsmäßig günstiger liegen. Die Täler der Eifel, des Bergischen Landes und des Sauerlandes veröden. Auch die Hoeschs müssen sich fügen, müssen, ob sie wollen oder nicht, dorthin, wo das Herz der Zeit schlägt. Wer Eisen herstellen will, muss zur Kohle, muss sich ins Netz der Straßen stellen, die den Anschluss an die Wirtschaft der Welt garantieren. Man muss ins Ruhrgebiet gehen.

Zit. nach Jürgen-Wolfgang Goette u. a., Die Industrielle Revolution, Stuttgart (Klett) 1982, S. 134.

1 Begründe, inwiefern die drei Gewerbelandschaften des Ruhrgebiets Voraussetzungen für die Industrialisierung boten (Darstellungstext).

2 Beschreibe anhand des Darstellungstextes den Wandel der Siedlungs- und Wohnformen im Ruhrgebiet.

3 Stelle mithilfe von M3 die unternehmerischen Aktivitäten der Familie Hoesch zusammen und erkläre, warum „man" ins Ruhrgebiet gehen musste. Ziehe M2 mit heran.

Leben und Arbeiten im „Ruhrpott“

M1

Arbeiten in „Kameradschaften“

Der Historiker Jochim Varchmin schrieb 1991 über die Bergarbeit im 19. Jahrhundert auf der Zeche Hannover bei Bochum:

Die Arbeit vor Ort, die Gewinnung der Kohlen, wurde in kleinen Gruppen, in so genannten „Kameradschaften“, geleistet. Die Zusammensetzung solch einer Kameradschaft war nicht fest vorgegeben, sondern wurde jeweils durch die Aufgaben bestimmt, die gemeinsam, selbstständig und eigenverantwortlich zu leisten waren ... Je nach den örtlichen Verhältnissen waren ein oder zwei Schlepper für den Abtransport der gewonnenen Kohlen zuständig ... In jeder Kameradschaft wurde ein Mitglied von seinen Kollegen zum „Ortsältesten“ bestimmt ... Die Arbeit unter Tage war anstrengend und gefährlich. Die meisten Bergleute ... waren zuvor Tagelöhner oder Landarbeiter gewesen. Gerade für die neuen Bergleute bäuerlicher Herkunft konnte darüber hinaus die Umstellung auf einen von der Tages- und Jahreszeit unabhängigen, gleichförmigen Arbeitsrhythmus Probleme bereiten.

Jochim Varchmin, Die Zeche Hannover 1847–1914, Hagen (v. d. Linnepe) 1991, S. 55.

M2

Unfallgefahren im Steinkohlenbergbau

Ursachen tödlicher Unfälle im Ruhrbergbau 1896 bis 1908 (in Prozent)

Ursache	Prozent
Stein- und Kohlenfall	38
Förderung	20
Absturz	19
Gas- und Kohlenstaub-Explosionen	10
Maschinenbetrieb	9
Sprengarbeit	4

M3

Steinkohlenabbau 1894, 1920, 2000 (von oben nach unten), Fotos

M4
Zechenkolonie in Gelsenkirchen mit Stallungen und Freiflächen für Nutzgärten,
Foto, um 1959

M5
Aus dem Leben einer Bergmannsfrau

Eine Bergmannsfrau (geboren 1903) erzählte:

1923, ich war noch keine 20 Jahre, da habe ich geheiratet. Denn ich war in keiner Krankenversicherung, und wenn ich krank wurde, musste das bezahlt werden ... Und wir hatten kein Geld. Meinen Mann habe ich mit 17 kennen gelernt ... Nach 2 ½ Jahren haben wir dann geheiratet. Ich hatte einen Schwager ... Der hat uns die Möbel gemacht. Meine Schwester war schon verheiratet. Die hatte ein Zimmer – und ein Kind. Dann habe ich geheiratet – ich hatte das andere Zimmer. Da standen dann nur die Küchenmöbel drin und ein Bett.

Das war bei meinen Eltern im Haus auf der Kohlenstraße. Meine Eltern waren dann unten, und wir haben dann auch im Sommer gekocht auf einem Herd ... Im Winter brauchten wir den Herd oben zum Heizen. Und alles musste durch die Küche. Es war schon sehr beengt. Meine Mutter bestand darauf, dass Hochzeit gefeiert wird. Ich habe gesagt, gib uns doch lieber das Geld, dass wir uns was anschaffen können. – „Nein, es wird Hochzeit gefeiert, du bist die Jüngste!" ... Die Eltern waren oft froh, wenn die Töchter geheiratet haben, damit sie versorgt waren, auch was die Versicherungen, wie eben z. B. die Krankenversicherung anging. Bei uns war das bestimmt so. Wir mussten ja auch das Geld, das wir verdienten, zu Hause abgeben.

Anke Schiller-Mertens, Frauen vor Ort, Essen (Klartext) 1990, S. 42 f.

M6
Bergarbeiterfrauen warten auf ihre Männer,
Foto, 1931

1 Erarbeite, welche Schlüsse sich aus M1 bis M3 über die Arbeitsbedingungen im Steinkohlenbergbau ziehen lassen. Achte auf die Datierung der Abbildungen.

2 Schildere anhand der Materialien auf dieser Seite deinen Eindruck vom alltäglichen Leben in einer Zechenkolonie.

3 Eine Historikerin bezeichnete die Aufgabe der Bergarbeiterfrauen als „die andere Arbeit für den Bergbau". Erläutere diese Aussage.

Frühindustrielle Arbeits- und Lebensbedingungen

Arbeit und Lebensweise verändern sich

Neben der Arbeit der Männer hatte es auch in der „alten“ Wirtschaftsgesellschaft Frauen- und Kinderarbeit gegeben. Unter harten Bedingungen mussten Arbeiten in der Landwirtschaft, im Heimgewerbe und in häuslichen Diensten geleistet werden. Hier arbeiteten die Beschäftigten jedoch in Familien oder familienähnlichen Verhältnissen. Wohnung und Arbeitsplatz befanden sich meistens unter einem Dach. Die eigentlich neue Erfahrung für die Beschäftigten in der Industrie war die Arbeit in der Fabrik und damit vor allem die Trennung des Arbeitsplatzes von der Wohnung, wenngleich versucht wurde, durch den Bau von Arbeitersiedlungen für Großbetriebe die Nähe zum Arbeitsplatz herzustellen. Erst die Industrialisierung machte das Arbeiten nach der Uhr verbindlich. Die Gewöhnung der Arbeiterinnen, Arbeiter und Kinder an feste Arbeitszeiten dürfte den Beschäftigten entgegen ihren Gewohnheiten im Heimgewerbe, in der Landwirtschaft und im Handwerk nicht leicht gefallen sein. Durch Fabrikordnungen, Glocken, Sirenen und Strafkataloge sollte – nach englischem Vorbild – eine militärähnliche Disziplin in den Fabriken sichergestellt werden.

M1 **Kinderarbeit in einer englischen Baumwollspinnerei,** Stahlstich von Th. Onwyn, 1840

M2 Kinderarbeit um 1830

Aus dem Parlamentsbericht von 1833 über Kinderarbeit in englischen Fabriken. Aufgrund der Berichte erließ das Parlament das Fabrikgesetz von 1833, in dem die Beschäftigung von Kindern unter 9 Jahren verboten wurde.
Für 9- bis 12-Jährige wurde die Arbeitszeit auf 9 Stunden, für 13- bis 18-Jährige auf 12 Stunden täglich festgesetzt:

Bin 12 Jahre alt. Bin 12 Monate in der Spinnerei gewesen. Anfang um 6 und Feierabend um ½ 8. Durchschnittlich über 12 ½ Stunden Arbeit. Habe zwei oder drei Wochen hindurch Überstunden gemacht. Arbeitete während der Frühstücks- und Teepause und ging erst um 8 Uhr weg ... Habe hier 2 Jahre gearbeitet, bin jetzt 14, arbeite 16 ½ Stunden am Tag. Kürzlich war ich krank und bat, um 8 Uhr aufhören zu dürfen, und man sagte mir, wenn ich ginge, brauche ich nicht zurückzukommen.

Zit. nach Wolfgang Köllmann, Die Industrielle Revolution, Stuttgart (Klett) 1970, S. 34.

M3 Kinder- und Jugendarbeitsschutz

Auswahl aus gesetzlichen Regelungen in Deutschland (tägliche Arbeitszeit):

1839 Preußisches Regulativ: Verbot unter 9 Jahren, ab 9 Jahren 10 Stunden (keine Beschränkung bei Heim- und Landarbeit)

1853 Ergänzungsgesetz: Verbot unter 12 Jahren, ab 12 Jahren 6 Stunden (keine Beschränkung bei Heim- und Landarbeit)

1891 Gewerbeordnungsnovelle: Verbot unter 13 Jahren, 6 Stunden ab 13 Jahren (keine Beschränkung bei Heim- und Landarbeit)

1903 Kinderschutzgesetz: wie 1891 (Heimarbeit: Verbot unter 10 Jahren, ab 10 Jahren 3 Stunden. Landarbeit: keine Beschränkung)

1976 Jugendarbeitsschutzgesetz: Verbot von Arbeit unter 15 Jahren (Ausnahme bei Landarbeit, Sport-, Musik-, Theaterveranstaltungen, Zeitungen austragen u. Ä.)

Zusammengestellt nach Jugendarbeitsschutzgesetz – eine Information für Jugendliche, Arbeitgeber, Lehrerinnen und Lehrer, hg. v. Sozialministerium Baden-Württemberg, 2004.

M4

In einer Baumwollspinnerei um 1850

Der Historiker Karl Emsbach schrieb 1982 über die Arbeitsbedingungen in einer rheinischen Baumwollspinnerei:

Auch der Geräuschpegel in den frühindustriellen Spinnereien war sehr hoch. Die rasselnden und kreischenden Maschinen verursachten einen Lärm, „der für den Neuling ganz unerträglich scheint". In den Dämmerungs- und Nachtstunden machte sich die unzureichende Beleuchtung nachteilig bemerkbar. Wegen der großen Brandgefahr wurden Öllampen, die ohnehin ein mattes Licht abgaben, in möglichst geringer Zahl aufgestellt. – Die sanitären und hygienischen Verhältnisse spotteten jeder Beschreibung. An die Errichtung von Umkleide-, Wasch- oder Speiseräumen wurde kein Gedanke, erst recht kein Ziegelstein verwendet. – Bei diesen Arbeitsbedingungen nimmt es nicht wunder, dass man die Baumwollspinnerei ... zu den gesundheitsgefährdendsten Berufen überhaupt zählte. Schwindsucht, Tuberkulose, Katarrhe der Augen, Nasen, des Kehlkopfes und der Lungen sowie Geschwüre an den Beinen waren häufige und typische Berufskrankheiten. Hauptursachen waren die starke Staubentwicklung, die schwüle Atmosphäre in den Sälen und die ständig stehende Arbeitsverrichtung ... Die rohen, unverkleideten Maschinen ... bildeten eine ständige Quelle der Unfallgefahr.

Zit. nach Jürgen Kocka, Arbeitsverhältnisse und Arbeiterexistenzen, Bonn (Dietz) 1990, S. 457.

M5

Umzug eines Arbeiterhaushaltes im Scheunenviertel, Berlin, Foto von Heinrich Zille, um 1901. Heinrich Zille (1858–1929), der als Maler und Fotograf das Leben der „kleinen Leute" darstellte, fertigte Fotos meistens als Erinnerungsstützen für seine Skizzen an.

M6

Mietskasernen, Foto, um 1900

1 Notiere, welche Merkmale der Industriearbeit der Dartellungstext nennt, und grenze sie von der vorindustriellen Arbeit ab.

2 Beschreibe die Arbeitsbedingungen von Kindern in der Textilindustrie des 19. Jahrhunderts (M1, M2) und nimm Stellung. Nimm M3 zu Hilfe.

3 Untersuche M4:
a) Liste die Arbeitsbedingungen und die gesundheitlichen Folgen auf.
b) Benenne das Quellenmaterial, das dem Historiker zur Verfügung gestanden haben muss.

4 Verfasse eine Bildunterschrift, die Heinrich Zille zu seinem Foto M5 notiert haben könnte. Ziehe M6 mit heran.

Fotos analysieren

Fotografie als historische Quelle

Ein Foto kann zeigen, was zum Zeitpunkt der Aufnahme vorhanden war. Aber wie etwas aufgenommen wurde, wann und unter welchen Umständen es entstand, was nicht auf dem Bild zu sehen ist und vor allem, ob es möglicherweise verändert (retuschiert, manipuliert) wurde, das kann besonders wichtig sein, wenn eine Fotografie als historische Quelle verwendet werden soll. Denn dabei geht es um eine möglichst wirklichkeitsgetreue Wiedergabe historischer Ereignisse, Zustände und Verhältnisse.

Wie Fabriken, Häuser, Wohnungen, Einrichtungsgegenstände, Kleidung in einer bestimmten Zeit aussahen, lässt sich an einzelnen Bildern meistens ganz gut erkennen. Allerdings reicht ein Foto nicht aus, um allgemeinere Aussagen zum Beispiel zu Wohnverhältnissen in der Zeit der Industrialisierung zu machen. Dafür wären ganze Serien von Fotos notwendig, dazu auch schriftliche Quellen, um gesicherte Aussagen formulieren zu können. Fotos können also nie ganz „objektiv" die Wirklichkeit wiedergeben. Den methodischen Umgang mit Fotos kannst du auf dieser Doppelseite an Fotografien aus der Zeit der Industrialisierung am Beispiel „Wohnen" erarbeiten. Nicht alle Schritte und Fragen lassen sich für jedes Foto und ohne weitere Informationen beantworten.

M1

Mietskaserne, Foto, um 1900

Arbeitsschritte

1. Schritt: Fragen zum Fotografen klären
- Wer hat das Foto angefertigt?
- Lässt sich ein bestimmer Anlass, ein Motiv für die Aufnahme feststellen?
- In wessen Auftrag wurde fotografiert?

2. Schritt: Fragen zum Foto
- Wann ist es entstanden?
- Was ist auf dem Bild dargestellt? Welche Details (Lupe!) könnten wichtig sein?
- Lässt sich ein bestimmtes „Thema" erkennen? Gibt die Bildunterschrift Hilfen?
- Welche Bildtechnik ist zu erkennen (Perspektive, Brennweite, Komposition, Entfernung, Ausschnitt)?
- Wurde das Bild bearbeitet (Montage, Beschnitt, Retusche)?
- Welche Informationen sind zur weiteren Analyse notwendig?

3. Schritt: Aussage und Deutung
- Wie ist der erste Eindruck?
- Welche Gesamtaussage (Deutung) lässt sich formulieren?
- Welche Fragen bleiben offen?

M2

Die Familie von Bohlen und Halbach und Dienstboten in ihrer Villa in Badenweiler, Foto, Anfang der 1880er-Jahre

M3

Die Wohnverhältnisse in Mietskasernen

Aus einem Bericht über das Wohnungselend rheinisch-westfälischer Industriearbeiter von 1908:

Wir betreten eine der berüchtigten Mietskasernen, welche im hiesigen Industriegebiet in so großer Anzahl vorhanden sind und noch täglich allerorts wie Pilze aus der Erde hervorschießen, eine natürliche Folge tatsächlichen Wohnungsmangels und das Produkt wahnsinniger Bodenspekulation ... Fast 40–50 Prozent aller Arbeiterwohnungen bestehen aus 2 Zimmern, werden bewohnt von Familien, die 6–10 Köpfe stark sind und ... noch 2–3 Kostgänger beherbergen. In gesundheitlicher Beziehung jeder Beschreibung spottend, wie den elenden, krankhaft aussehenden Insassen unschwer anzusehen ist ... In einem Schlafraum mit zwei Bettgestellen ausgestattet, der nie gelüftet, noch seltener gereinigt wird und dessen Bettzeug daher einem Haufen stinkender Lumpen ähnlich ist, kampieren oft bis 10 Personen, vier Kinder in einem Bette, zwei am Kopf und zwei am Fußende, ohne Rücksicht auf Alter und Geschlecht. Wie viele Schlafräume gibt es außerdem, wo es sogar an diesem notwendigsten Hausrat völlig mangelt. Man schläft dann auf Dielen, auf ausgebreiteten Strohsäcken, die größtenteils durch allzu reichliche Benutzung und seltene Erneuerung, durch Ungeziefer weit eher einem Misthaufen ähneln denn einer Lagerstätte für Menschen.

Zit. nach Hermann de Buhr / Michael Regenbrecht, Industrielle Revolution und Industriegesellschaft, Frankfurt a. M. (Hirschgraben) 1987, S. 46.

1 Bearbeite mithilfe der Arbeitsschritte die Fotos auf dieser Doppelseite und fasse deine Ergebnisse unter der Überschrift „Wohnen um 1900" zusammen. Beziehe auch die Fotos auf S. 155 und 159 in deine Überlegungen ein.

2 Stelle einen Zusammenhang zwischen M3 und den Fotos her. Nimm Stellung zu der im Text vorgenommenen Bewertung der Wohnsituation.

3 **Recherche:** Sammelt Informationen (Lexika, Fachbücher, Internet) zur Geschichte der Fotografie und berichtet in der Klasse darüber. Versucht, etwas über den Begriff „Sozialfotografie" herauszufinden.

Die soziale Frage in Staat und Gesellschaft

Was war die „soziale Frage"?

„Die Arbeitszeit währte 14 bis 16 Stunden. Mittagspause gab es nicht. An eine Maschine gelehnt oder auf eine Kiste gekauert, verzehrte mein Vater sein Mittagessen aus dem Henkeltopf mit aller Hast, um mir dann den Topf geleert zurückzugeben und sofort wieder an die Arbeit zu gehen." So schilderte der Physiker Ernst Abbé (1844–1905), Mitinhaber der Zeiss-Werke in Jena, die Arbeitsbedingungen in der Zeit seiner Kindheit um 1850.

Der tiefgreifende Wandel der Lebens- und Arbeitsverhältnisse während der Industrialisierung hatte viele Menschen aus ihren traditionellen Bindungen in der Landwirtschaft, im Handwerk und im Heimgewerbe gelöst. Stärker als früher waren sie jetzt allein auf sich gestellt, wenn es darum ging, für Arbeitslosigkeit, Krankheit, Unfall und Alter vorzusorgen. Die katastrophalen Arbeitsbedingungen in den Fabriken, die Abhängigkeit von der Lohnarbeit, die Unsicherheit des Arbeitsplatzes in wirtschaftlichen Krisenzeiten, die schlechten Wohnbedingungen in den schnell wachsenden Industriestädten und fehlende soziale Sicherheit führten zu Diskussionen in Staat und Gesellschaft über die so genannte „soziale Frage", wie die Folgen der Industrialisierung für die Arbeiterschaft zusammenfassend genannt wurden.

Ansätze zur Lösung der sozialen Frage

Motive und Ziele, die den Lösungsversuchen zugrunde lagen, unterschieden sich vor allem dadurch, welche Einstellung die jeweiligen Vertreter zur bestehenden Staats- und Gesellschaftsordnung einnahmen. Während die sozialpolitischen Ansätze des Staates, die kirchlich-seelsorgerischen Hilfen und die betrieblichen sozialpolitischen Maßnahmen sich innerhalb der bestehenden Gesellschaftsordnung bewegten, gab es in der entstehenden „Arbeiterbewegung" Bestrebungen nach grundlegenden wirtschaftlichen und politischen Veränderungen.

1. Die Christliche Sozialbewegung

Die Versuche der evangelischen und der katholischen Kirche, Not und Elend zu lindern, blieben zunächst Einzelaktionen. Im Jahre 1833 gründete Johann Hinrich Wichern (1808–1881) in Hamburg das „Rauhe Haus", in dem obdachlose Kinder wohnten und in Lehrwerkstätten ausgebildet wurden. 1885 rief der evangelische Pfarrer Friedrich von Bodelschwingh (1831–1910) den „Verein Arbeiterheim" ins Leben, der den Erwerb von Besitz für eigentumslose Arbeiter unterstützte.

1846 wurde in Elberfeld von Adolf Kolping (1813–1865) der erste katholische Gesellenverein gegründet. In den Häusern des „Kolpingwerks" sollten unverheiratete Gesellen ein christliches Zuhause finden. Der „Arbeiterbischof" Wilhelm Emmanuel von Ketteler (1811–1877) forderte 1869 eine „dem wahren Wert der Arbeit entsprechende Erhöhung des Arbeitslohnes" und „dass die menschliche Arbeit nicht wie eine Ware behandelt ... werde".

2. Sozialreform und staatliche Sozialpolitik

Aus liberaler politischer Sicht lautete die Antwort auf die soziale Frage: Sozialrefom. Damit meinten Vertreter dieser Richtung bessere Bildungschancen für Arbeiterkinder und Selbsthilfe-Einrichtungen wie Konsum- und Versicherungsvereine.

Die staatliche Sozialgesetzgebung sollte die soziale Frage grundlegend lösen. Die von Reichskanzler Otto von Bismarck (1815–1898) zwischen 1883 und 1889 in mehreren Schritten durchgesetzten Sozialgesetze zur Kranken-, Unfall- und Rentenversicherung milderten die sozialen Notlagen, konnten sie aber nicht beheben. Mit einer geringen Altersrente ab 70 Jahren waren Arbeiter weiter auf Nebenverdienste oder auf Unterstützung durch ihre Kinder angewiesen.

Lesetipp

Max von der Grün, Irrlicht und Feuer,
Reinbek (Rowohlt) 2002.

M1 **Arbeiterfamilie,** Foto, 1907. Der Mann und das älteste Mädchen (14 Jahre) fehlen auf dieser Aufnahme. Mutter und Großmutter sind anwesend. Die Aufnahme entstand im Rahmen einer Wohnungsuntersuchung, die die Berliner Ortskrankenkasse von 1901 bis 1920 bei ihren Patienten durchgeführt hat. Ziel war es, durch wissenschaftlichen Nachweis und Veröffentlichung des längst erkannten Zusammenhangs zwischen Wohnen und Krankheit zu einer Veränderung der Verhältnisse beizutragen.

3. Die Arbeiterbewegung

Die „Selbstorganisierung“ der Arbeiterschaft spielte in der zweiten Hälfte des 19. Jahrhunderts in Deutschland eine wichtige Rolle. Dabei kann grob zwischen reformerischen und revolutionären Bestrebungen unterschieden werden. Schon vor der Industrialisierung wehrten sich Gesellen und Handwerker gegen niedrige Löhne und schlechte Arbeitsbedingungen, indem sie ihre Arbeit niederlegten (streikten) oder Protestumzüge veranstalteten. Sie schlossen sich aber nicht dauerhaft zusammen.

Für die Industriearbeiter waren Streiks ein wirksames Mittel, um ihre Interessen gegenüber dem Fabrikbesitzer zu vertreten. Arbeitsniederlegungen stärkten das Zusammengehörigkeitsgefühl und führten zu dauerhaften Zusammenschlüssen, die allerdings in einzelnen deutschen Staaten erst ab 1861 erlaubt waren, in ganz Deutschland erst ab 1872.

Erst durch die Gewerkschaften wurde die Arbeiterbewegung zu einer Massenbewegung. Als „soziale Bewegung“ umfasste sie im weiteren Sinne aber nicht nur gewerkschaftliche, sozialdemokratische und sozialistisch-kommunistische Organisationen, sondern auch christlich-soziale Bewegungen. Dass die Gewerkschaften sich für den Weg der Reformen entschieden, wird unterschiedlich erklärt: Manche beurteilen den gewerkschaftlichen Weg als bittere Konsequenz aus dem Scheitern revolutionärer Bestrebungen am Widerstand des monarchischen Staates. Andere sehen in der Gewerkschaftsbewegung einen eigenständigen Weg, auf dem sie schrittweise die „Klassengegensätze“ abbaute und den modernen Sozialstaat vorbereitete. Aus gewerkschaftlicher Sicht war der Reformweg keine Schwäche, sondern eine Etappe zur Emanzipation* der Arbeiterschaft, die zu einer rechtlichen und sozialen Verbesserung beitrug.

Erste politische Aktivitäten von Frauen gab es in den 1840er-Jahren des 19. Jahrhunderts. In „Frauenerwerbsvereinen“ organisierten sich vor allem Dienstmädchen, Näherinnen und Arbeiterinnen. Sie setzten sich für höhere Löhne, eine geringere tägliche Arbeitszeit und eine Beseitigung der Nacht- und Sonntagsarbeit ein. Das preußische Vereinsgesetz von 1850 hatte den Frauen aber jede politische Betätigung verboten. Deshalb wurden viele Arbeiterinnenvereine von der Obrigkeit wieder aufgelöst. Erst 1903 fielen die Beschränkungen des Vereinsgesetzes von 1850. Die „Männer-Gewerkschaften“ sahen in den Frauen noch um 1900 lohndrückende Konkurrentinnen.

1 Werte die Darstellungstexte aus. Lege dazu eine Tabelle an, in der du die drei Ansätze zur Lösung der sozialen Frage stichwortartig notierst, vergleichst und jeweils bewertest.

2 Untersuche M1. Gehe auf Anlass und Deutungsmöglichkeiten des Fotos ein.

Sozialismus und politische Praxis

Sozialismus – Lösung der sozialen Frage?

Einen der geschichtlich wirkungsvollsten und auch folgenreichsten Lösungsvorschläge für die „soziale Frage" formulierten der Philosoph und Nationalökonom Karl Marx (1818–1883) und sein Mitstreiter, der Kaufmann, Philosoph und Politiker Friedrich Engels (1820–1895). Sie erklärten den Sozialismus, der die bürgerliche Gesellschaft mit ihren kapitalistischen Produktionsbedingungen ablösen sollte, zum politischen Ziel. Sie sahen im Kapitalismus mit seiner Garantie des Privateigentums an Produktionsmitteln wie Gebäuden, Maschinen und Werkzeugen die Ursache des sozialen Elends der Industriearbeiterschaft oder – wie sie formulierten – der „Arbeiterklasse". Allerdings war die Auffassung von Marx und Engels von Anfang an in der Arbeiterbewegung umstritten.

M1

Der Streik, Gemälde von Robert Koehler, 1886

Internettipp

www.germanhistorydocs.ghi-dc.org/home.cfm
(Suchbegriff „Koehler"),
Informationen über den Maler Robert Koehler und sein Gemälde „Der Streik".

M2

Das Kommunistische Manifest

Aus dem Programm von Karl Marx und Friedrich Engels (1848):

Diese Arbeiter, die sich stückweise verkaufen müssen, sind eine Ware wie jeder andere Handelsartikel und daher ... allen Schwankungen des Marktes ausgesetzt. Die Arbeit der Proletarier hat durch die Ausdehnung der Maschinerie und die Teilung der Arbeit allen selbstständigen Charakter ... verloren ... Die Geschichte aller bisherigen Gesellschaften ist die Geschichte von Klassenkämpfen. Freier und Sklave, Patrizier und Plebejer, Baron und Leibeigener, Zunftbürger und Gesell, kurz, Unterdrücker und Unterdrückte standen in stetem Gegensatz zueinander, führten einen ununterbrochenen ... Kampf, der jedes Mal mit einer revolutionären Umgestaltung der ganzen Gesellschaft endete oder mit dem gemeinsamen Untergang der kämpfenden Klassen ... Unsere Epoche, die Epoche der Bourgeoisie*, zeichnet sich ... dadurch aus, dass sie die Klassengegensätze vereinfacht hat. Die ganze Gesellschaft spaltet sich mehr und mehr ... in zwei große, einander direkt gegenüberstehende Klassen: Bourgeoisie und Proletariat*.

Dieter Dowe / Kurt Klotzbach (Hg.), Programmatische Dokumente der deutschen Sozialdemokratie, Berlin/Bonn (Dietz) 1973, S. 52 ff.

M3

Marx und Engels – vom Wandel überholt?

Eduard Bernstein (1850–1932), Schriftsteller und SPD-Politiker, 1899:

Die Zuspitzung der gesellschaftlichen Verhältnisse hat sich nicht in der Weise vollzogen, wie sie das „Manifest" schildert ... [Die Bourgeoisie] weicht in allen vorangeschrittenen Ländern (Länder mit demokratischem System) Schritt für Schritt demokratischen Einrichtungen ... Fabrikgesetzgebung, die Demokratisierung der Gemeindeverwaltungen ..., die Befreiung des Gewerkschafts- und Genossenschaftswesens von allen gesetzlichen Hemmungen ... kennzeichnen diese Stufe der Entwicklung ... Je mehr aber die politischen Einrichtungen der modernen Nationen demokratisiert werden, umso mehr verringern sich die Notwendigkeiten und Gelegenheiten großer politischer Katastrophen.

Eduard Bernstein, Die Voraussetzungen des Sozialismus und die Aufgaben der Sozialdemokratie (1899), Nachdruck der 2. Aufl., 1921, Berlin, 1973, S. 6 ff.

Begriffe und Daten

Sozialismus

(lat. socius = Genosse) Sozialismus wurde als politisches „Gegenmodell" zum „bürgerlichen Liberalismus" entworfen und stellt die Interessen der Gemeinschaft und Gesellschaft über die Rechte des Individuums. An die Stelle des Privateigentums an Produktionsmitteln tritt das Volkseigentum. Die Gleichheit aller Menschen innerhalb der Gesellschaft gilt als eines der obersten Ziele. Sozialistische Ideen wurden als Ziele der europäischen Arbeiterbewegung des 19. und 20. Jahrhunderts aufgenommen, z. B. in der Sozialdemokratie und den Gewerkschaften, jedoch mit der Idee der Demokratie verbunden. Die Verwirklichung sozialistischer Ideen in Herrschaftssystemen im 20. Jahrhundert (z. B. in der Sowjetunion) scheiterte vor allem an mangelnder Freiheit für die Menschen und an wirtschaftlicher Ineffektivität. Als Kommunismus* wurde – vereinfacht formuliert – die „Endstufe" der sozialistischen Gesellschaft verstanden.

Soziale Frage

Unter sozialer Frage wird die wirtschaftliche und soziale Notlage der entstehenden Industriearbeiterschaft in der frühen Industrialisierung verstanden, vor allem: unsichere Arbeitsplätze, häufige Arbeitslosigkeit, niedrige Löhne, überlange Arbeitszeiten, fehlende soziale Sicherung und Wohnungselend.

Arbeiterbewegung

Gesamtheit der Organisationen der Industriearbeiter, die mit der Industrialisierung und dem kapitalistischen Wirtschaftssystem seit Beginn des 19. Jahrhunderts in Europa entstanden. Die Arbeiterbewegung entwickelte sich zu einer Massenbewegung mit Arbeiterparteien und Gewerkschaften. Hauptziele der Arbeiterbewegung waren die Verbesserung der wirtschaftlichen und sozialen Lage der Arbeiterschaft sowie die politische Mitsprache in einem demokratischen Staat.

Der Weg zur Arbeiterpartei

1863 Gründung des Allgemeinen Deutschen Arbeitervereins (ADAV) unter Führung des Journalisten Ferdinand Lassalle (1825–1864)

Ziele und Grundsätze
- Wahlrecht für Arbeiter
- Verwaltung der Fabriken durch die Arbeiter
- kein Frauenwahlrecht
- keine Mitgliedschaft von Frauen

1869 Gründung der Sozialdemokratischen Arbeiterpartei (SDAP) durch August Bebel (1840–1913) und Wilhelm Liebknecht (1826–1900) in Eisenach

Ziele und Grundsätze
- Wahlrecht für alle Männer ab 20
- Vorschlags- und Verwerfungsrecht des Volkes bei der Gesetzgebung
- Schaffung eines demokratischen Staates

1875 Vereinigung von ADAV und SDAP in Gotha zur Sozialdemokratischen Arbeiterpartei Deutschlands; seit 1891 Sozialdemokratische Partei Deutschlands (SPD) genannt

Ziele und Grundsätze
- Wahlrecht für Männer und Frauen
- direkte Gesetzgebung durch das Volk
- Rechtsprechung und Entscheidung über Krieg und Frieden durch das Volk

M4 **Traditionsfahne der SPD,** 1873

1 Beschreibe M1 und ordne das Bild in den Zusammenhang der Arbeiterbewegung ein. Lies auf S. 159 nach.
2 Fasse die Vorstellungen von Marx und Engels (M2) mit eigenen Worten zusammen und vergleiche mit M3. Ziehe den Darstellungstext mit heran.
3 Beschreibe anhand des Kastens oben die Entwicklung zur SPD.
4 Erläutere, worauf sich die Sozialdemokraten mit ihrer Fahne berufen (M4).
5 **Erkundung:** Erkundet, ob die Begriffe „soziale Frage", „Arbeiterbewegung" und „Sozialismus" heute noch gebräuchlich sind. Nutzt Auskünfte von Parteien, Gewerkschaften sowie das Internet und Lexika.

Industriegesellschaft – wohin?

Ende der „Arbeitsgesellschaft“?

Mühsal, Maloche, Plackerei – so empfanden nach Untersuchungen von Arbeitswissenschaftlern viele Arbeiterinnen und Arbeiter ihre Tätigkeit in der Zeit der Industrialisierung im 19. Jahrhundert und zu Beginn des 20. Jahrhunderts. Doch in den vergangenen einhundert Jahren haben sich die Arbeit und die Arbeitsbedingungen in der Industriegesellschaft stark gewandelt: Die Beschäftigten wurden durch Maschinen und automatisierte Arbeitsgänge von schwerer körperlicher Arbeit entlastet. Lärm, Staub und schädliche Stoffe sind weitgehend aus den Produktionsstätten verbannt worden. Die Arbeitszeiten wurden kürzer und die Einkommenslage hat sich verbessert. Trotz Arbeitszeitverkürzung und mehr Freizeit nimmt die Arbeit weiterhin eine zentrale Stellung im Leben der Menschen ein. Der Wandel der Arbeitswelt in unserer Zeit lässt Branchen schrumpfen, andere wachsen oder neue entstehen. Die „Zukunft der Arbeit“ ist ungewiss.

1 Kennzeichne in M1 die Stufen des Wandels der Arbeitswelt in Deutschland.

2 Beantworte die Frage in der Überschrift von M2 und notiere Textstellen, die deine Antwort belegen.

3 Nenne jeweils drei heutige Berufe aus den in M1 angeführten Wirtschaftsbereichen.

4 Erläutere den Schlusssatz des Darstellungstextes mithilfe von M1 und nenne mögliche Folgen für deine spätere Berufswahl.

M2

Computer – „Revolutionär“ der Arbeit?

Der Kulturhistoriker Wolfgang Ruppert schrieb 2005 über den Stand der Industrialisierung in der Gegenwart:

Die Mechanisierung der Arbeit durch Maschinen bildet einen Grundtrend des Wandels der Industrieproduktion … In den 1970er-Jahren begann zudem eine weitere … Industrialisierungsphase, die bis zur Gegenwart anhält. Sie beruht auf der Halbleitertechnik und der Herstellung von Chips, die die Grundlage der digitalen Revolution darstellen. Sie wurden zunächst in Konsumprodukte wie Taschenrechner, Uhren oder auch Waagen eingebaut, oder sie dienten der Steuerung von Maschinen. Der Bau von Computern als Massenprodukt beruht hierauf. Seither hat die Computerisierung der Technik die gesamte Arbeitswelt erfasst … Besonders deutlich ist die Revolution der Computerisierung am Einzug der „PCs“ als industrielles Massenprodukt an nahezu jedem Arbeitsplatz zu beobachten … Mit der Etablierung des Internets als internationale Datenautobahn wurde Mitte der 1990er-Jahre ein zusätzliches Kommunikations- und Informationsmedium mit neuen Formen der computerbezogenen Arbeit geschaffen.

Wolfgang Ruppert, Werkbank – Fließband – Roboter. Zum Wandel der Arbeit im Industriezeitalter. In: Praxis Geschichte, H. 5, 2005, S. 7 f.

M1

Der Wandel der Arbeitswelt in Deutschland

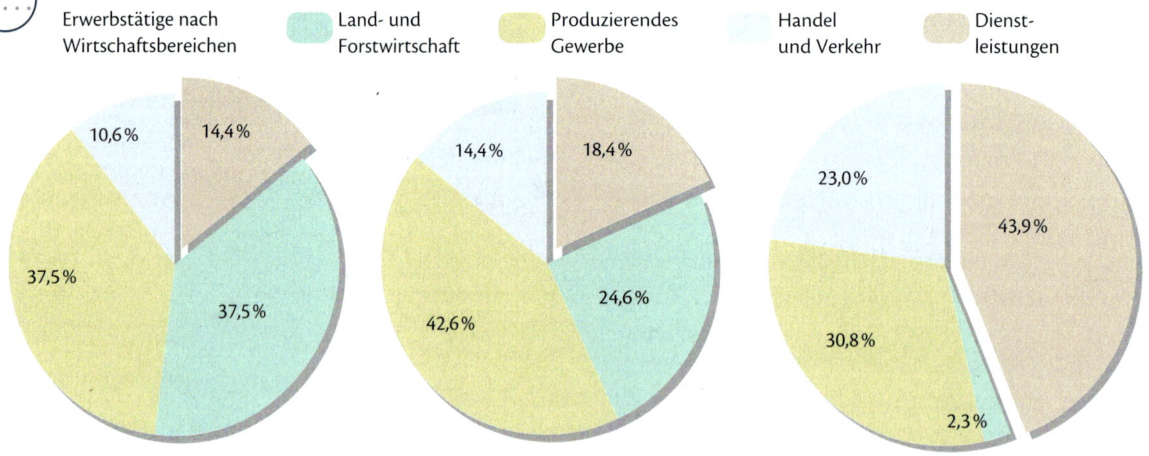

Deutsches Reich 1895
22,1 Mio. Erwerbstätige

Westdeutschland 1950
20,4 Mio. Erwerbstätige

Deutschland 2004
35,7 Mio. Erwerbstätige

Die Industrialisierung und ihre Folgen

M1

Zehnstundentagkämpferinnen im Streik, Foto, 1904

Überprüfe, was du kannst

Sachkompetenz

1 Nenne und erläutere die Faktoren, die zur Industrialisierung in England führten (S. 142–145).

2 Zeige am Beispiel Rheinland-Westfalens den Zusammenhang zwischen industriellen Arbeits- und Lebensbedingungen (S. 150–153).

3 Kläre die folgenden Begriffe: Industrialisierung (S. 145), Industrielle Revolution (S. 141), soziale Frage (S. 158, 161), Arbeiterbewegung (S. 159, 161) und Sozialismus (S. 161).

Methodenkompetenz

4 Fertige zu M1 eine Bildanalyse an. Nimm das Unterkapitel und die Methode „Fotos analysieren" (siehe S. 156 f.) zu Hilfe.

Urteilskompetenz

5 Formuliere eine Stellungnahme zu folgender Behauptung: Die Fabrik nahm dem Handwerker das Brot.

um 1770
Beginn der Industriellen Revolution in England

19. Jahrhundert
Beginn der Arbeiterbewegung

1830
Einsatz von Dampfmaschinen im Ruhrgebiet

1834
Deutscher Zollverein

um 1840
Beginn der Industriellen Revolution in Deutschland

1848
K. Marx und Fr. Engels: „Kommunistisches Manifest"

1863
Gründung Allgemeiner Deutscher Arbeiterverein

1869 bis 1891
Entstehung der Arbeiterpartei

1891
Gründung Sozialdemokratische Partei Deutschlands

1775 1800 1825 1850 1875 1900

Europa wandelt sich

Im 18. und 19. Jahrhundert erlebten die Menschen in Europa einen tiefen Wandel. In vielen Bereichen, wie der Politik, der Wirtschaft und der Technik bis hin zum Alltagsleben, veränderten sich die Lebensbedingungen so schnell, dass auch von einem Zeitalter der Reformen und Revolutionen gesprochen wird. Im Rückblick wird deutlich, dass in diesen beiden Jahrhunderten vieles entstand, was uns heute begleitet und beeinflusst: der moderne Staat und seine Verwaltung, die Verfassung als Grundordnung für Staat und Gesellschaft, Menschenrechte, Demokratie und Gewaltenteilung, Parteien als „Bündelung“ politischer Meinungsvielfalt und die industrielle Gesellschaft.

Absolutismus und Aufklärung

In Frankreich, dem „Modell“ des Absolutismus in Europa, bildete sich unter König Ludwig XIV. ein Herrschaftssystem heraus, das die staatliche Gewalt in der Hand des Herrschers konzentrierte. Die Stände wurden weitgehend entmachtet. Der moderne Staat entstand mit einer zentralen Regierung und Verwaltung, einem stehenden Heer und – zumindest in Frankreich – der Kirche als weiterer Säule der Macht.
Um den steigenden Finanzbedarf des absolutistischen Staates zu decken, wurde in der Wirtschaft die Einfuhr von Fertigwaren durch Zölle erschwert, die Ausfuhr dagegen erleichtert. Kredite und Monopole für Verlage und Manufakturen sollten die Wirtschaft stärken und damit die Staatseinnahmen erhöhen. Nutznießer dieser Wirtschafsform, des Merkantilismus, war das Wirtschaftsbürgertum, das jedoch weiter ohne politische Rechte blieb.
Vertreter der Aufklärung, wie z. B. Montesquieu, Rousseau, Voltaire und Kant, übten Kritik am Machtanspruch der absolutistischen Herrscher. Sie erhoben die Vernunft zum Maßstab aller Dinge und verwiesen auf die natürlichen Rechte der Menschen. Die Aufklärung erreichte aber auch die Fürsten. Friedrich II. (1740 bis 1786) war einer von vielen Herrschern seiner Zeit, die einzelne Ideen der Aufklärung aufgriffen.

Europa im 18./19. Jahrhundert

Wege in die moderne Welt

Absolutismus
- Ludwig XIV.: „Der Staat bin ich.“
- Entstehung staatlicher Strukturen
- Gesellschaft: Ständegesellschaft mit geringen Rechten der Stände
- Alternative England: Stärkung und Sicherung der Rechte des Parlaments gegenüber dem König (konstitutionelle Monarchie)
- Merkantilismus: Die Einfuhr von Waren wurde beschränkt, die Ausfuhr erhöht, um den Gewinn des Staates zu steigern. Von dieser Wirtschaftspolitik profitierten v. a. Kaufleute, Bankiers und Verleger.

Aufklärung
- Kritik am Absolutismus: Gewaltenteilung (Montesquieu) und Volkssouveränität (Rousseau)
- jeder Mensch ist von Natur aus frei; jeder Mensch ist mit Vernunft begabt
- zentrale Ideen: Freiheit, Gleichheit, Toleranz

Politische Umbrüche

Die Französische Revolution
- Antriebskräfte: Ideen der Aufklärung, amerikanische Unabhängigkeit, Krise des Absolutismus
- Verlauf: gewaltsame Entmachtung des Königs und konstitutionelle Monarchie, Erklärung der Menschenrechte, Republik, Jakobinerherrschaft, Herrschaft Napoleons
- Ergebnisse: Nationalstaat statt Ständestaat, Anfänge des Verfassungs- und Rechtsstaats, politische Neuordnung Europas

Deutschland im 19. Jahrhundert
- Restauration
- nationale, liberale und demokratische Bewegungen
- Scheitern der Revolution 1848/49
- 1871 Gründung des Deutschen Kaiserreichs

Die Industrialisierung

Faktoren in England:
- 1. räumlich-klimatische Bedingungen
- 2. „moderne“ Landwirtschaft
- 3. technische und arbeitsorganisatorische Neuerungen
- 4. verbesserte Bildung

Nachfolgende (abgeleitete) Industrialisierung in Europa
- Wandel in Gesellschaft und Politik: Entstehung des „Industrieproletariats“, Gründung von Arbeiterbewegungen: Gewerkschaften, Parteien
- Umwälzung der Arbeits- und Lebensverhältnisse, Verstädterung, soziale Frage
- Entstehung des Sozialstaats

Die Französische Revolution

Vor 1789 verschärften sich in Frankreich die Probleme der Ständegesellschaft: Die Privilegierten, Klerus und Adel, wehrten sich gegen Reformen, kritisierten aber ihre eigene politische Bedeutungslosigkeit. Bauern und Bürger fühlten sich benachteiligt und forderten unter dem Eindruck der Aufklärung, der Amerikanischen Revolution und der wirtschaftlichen Krise mehr Rechte und bessere Lebensbedingungen. König Ludwig XVI. gelang es nicht, die Krise zu bewältigen.

Nach dem Scheitern der Versammlung der Generalstände im Mai 1789 erklärten sich die Vertreter des Dritten Standes zur verfassunggebenden Nationalversammlung. Kurz darauf beschloss die Nationalversammlung die Abschaffung aller Privilegien für Klerus und Adel und verkündete die Menschen- und Bürgerrechte. Die Verfassung von 1791 mit Gewaltenteilung und Grundrechten scheiterte am Einfluss der radikalen Jakobiner, unterstützt von vielen Pariser Kleinbürgern (Sansculotten), die seit 1792 die Politik bestimmten. Auf Druck der Sansculotten wurde König Ludwig XVI. abgesetzt und die Republik ausgerufen. Bald nach der Hinrichtung des Königs kam es zur Schreckensherrschaft des „Wohlfahrtsausschusses“ unter Robespierre (Juni 1793 bis Juli 1794), die mit der Entmachtung und Hinrichtung Robespierres endete. Eine neue Verfassung sah wieder die Gewaltenteilung vor. Die Regierungsmacht übernahm ein „Direktorium“, das jedoch 1799 durch den militärisch erfolgreichen, jungen General Napoleon Bonaparte gestürzt wurde, der auch das Parlament entmachtete.

Das Kaisertum Napoleons und Folgen für Europa

Mit seiner Krönung zum Kaiser 1804 beendete Napoleon den republikanischen Weg Frankreichs. Er erneuerte die Monarchie und ließ sich seine Kaiserwürde durch eine Volksabstimmung bestätigen. Sein Ansehen stärkte er durch innen- und außenpolitische Taten, wie die Schaffung des „Code civil“ und die Vorherrschaft auf dem Kontinent, die besonders für Deutschland folgenreich war: Das Heilige Römische Reich wurde 1806 aufgelöst und der französisch beherrschte Rheinbund gegründet. In Preußen wurden grundlegende Reformen durchgeführt.

Deutschland im 19. Jahrhundert

Nach Napoleons Niederlage bemühten sich die europäischen Großmächte auf dem Wiener Kongress 1814/15 um eine Wiederherstellung der alten politischen Ordnung (Restauration). Das alte Deutsche Reich wurde jedoch nicht wieder errichtet. An seine Stelle trat ein lockerer Staatenbund, der Deutsche Bund. Doch der Wunsch nach Freiheit und Einheit ließ sich langfristig nicht unterdrücken. Seit den 1830er-Jahren verschlechterten sich die sozialen Verhältnisse. Die politische Lage spitzte sich zu. Im März 1848 kam es in Berlin, Wien und anderen Residenzstädten zu Barrikadenkämpfen. Zwei Monate nach den Märzaufständen trat in der Frankfurter Paulskirche das erste gesamtdeutsche Parlament zusammen, das nach langen Diskussionen im März 1849 eine Verfassung verabschiedete. Diese scheiterte jedoch am Widerstand der Fürsten. Im Juni 1849 wurde das Parlament gewaltsam aufgelöst. Die monarchischen Regierungen vereinbarten, den Deutschen Bund in der alten Form wiederherzustellen.

Erst 1871 wurde in der Folge des Deutsch-Französischen Krieges unter der Führung Preußens das Deutsche Kaiserreich ausgerufen. Der monarchische Obrigkeitsstaat erfüllte jedoch nicht die Forderungen von 1848/49.

Die Industrialisierung und ihre Folgen

Die Industrielle Revolution begann in England. Als Erklärung dafür können verschiedene Faktoren herangezogen werden (siehe Schaubild S. 164). Die Industrialisierung im übrigen Europa wird als „nachfolgende“ oder auch „abgeleitete“ Entwicklung bezeichnet. Der industrielle Wandel veränderte die Lebensbedingungen grundlegend. Das Arbeitsverhältnis wurde zu einem „reinen“ Lohnarbeitsverhältnis. Die Fabrikarbeit trennte Wohnung und Arbeitsplatz. Niedrige Löhne, lange Arbeitszeiten, strikte Fabrikordnungen und große Wohnungsnot in den wachsenden Industriestädten führten zu politischen Diskussionen über die „soziale Frage“. Lösungsansätze der sozialen Probleme kamen von der christlichen Sozialbewegung, von Sozialreformen des Staates (Sozialgesetzgebung) und der Arbeiterbewegung. Frauen organisierten sich zuerst in „Erwerbsvereinen“. Insgesamt verbesserten sich die Arbeits- und Lebensverhältnisse.

4. Imperialismus und Erster Weltkrieg

Die Zentrumspartei warnte auf der Rückseite der hier abgebildeten Postkarte „Verzichtet Deutschland auf die Erweiterung seines Wirtschaftsgebietes, so heißt dies: Deutschland kann nicht nur als politisch maßgebendes Land abdanken, sondern es geht auch wirtschaftlich zurück". Die USA wie die europäischen Industriestaaten setzten sich jeweils zum Ziel, ein Weltreich (lat. imperium) zu errichten, und brachten deshalb Gebiete in Asien und Afrika unter ihre Herrschaft. Der Wettkampf um ein möglichst großes Stück vom „Kuchen" verschärfte sich seit dem letzten Viertel des 19. Jahrhunderts. Dass dieser Wettlauf um die Vorherrschaft und die traditionellen Spannungen in Europa in den Ersten Weltkrieg (1914–1918) münden würden, war vorher nicht erkennbar und auch nicht zwangsläufig. Rivalitäten und Misstrauen zwischen den großen Mächten wuchsen jedoch bis 1914 so stark an, dass ein Funke das „Pulverfass" zur Explosion bringen konnte. Genau das geschah im Sommer 1914.

Werbepostkarte der Zentrumspartei zur Reichstagswahl 1912. Die SPD-Politiker Liebknecht und Ledebour hindern Deutschland daran, an der „Aufteilung der Erde" teilzunehmen.

Folgende Fragen leiten dich durch das Kapitel:

- ***Welche Motive und Ziele waren mit dem Imperialismus verbunden?***
- ***Welche Folgen hatte die imperialistische Politik?***
- ***Was bedeutete der Erste Weltkrieg für die Menschen und die Staaten?***

1 Beschreibe die Abbildungen und nenne mögliche Zusammenhänge.

Afrikanische Kolonial-Arbeiterinnen, Postkarte aus Deutsch-Ostafrika, 1906

Erster Weltkrieg, Schlacht um Verdun, Foto, 1916

Von der Vorherrschaft Europas zum Ersten Weltkrieg

Wissen • Urteilen • Handeln • Methoden anwenden

Am Ende dieses Unterkapitels kannst du

- Ziele, Motive und Methoden imperialistischer Politik an Beispielen darstellen und vergleichen
- am Beispiel Ruandas Folgen des Kolonialismus in Afrika erklären und bewerten
- Ursachen und Folgen des Ersten Weltkrieges erläutern und bewerten
- **Methode** Sachtexte exzerpieren
- **Methode** Kriegerdenkmäler erkunden

Die Kolonialmächte der Welt um 1914

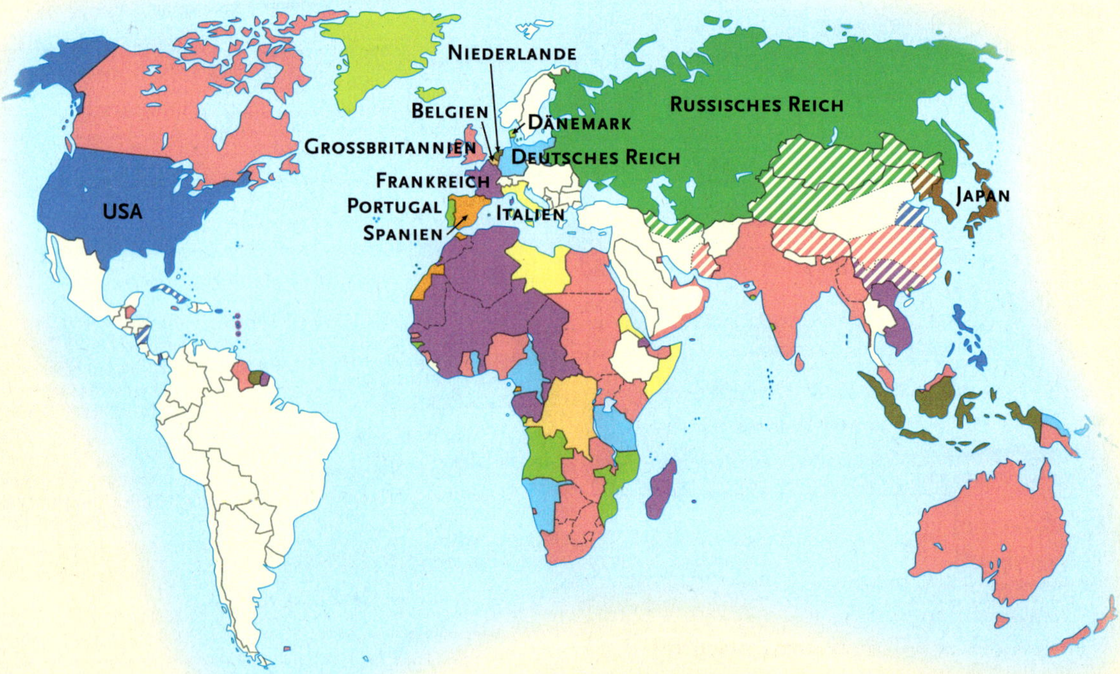

Imperialismus – 1880 bis 1918

Erster Weltkrieg – 1914 bis 1918

Der Imperialismus – Lernen an Stationen

Imperialismus am Ende des 19. Jahrhunderts

Bereits seit Ende des 15. Jahrhunderts hatten Spanien, Portugal, Holland, Frankreich und England Kolonien in Übersee erworben, um sie Gewinn bringend auszubeuten. Bis in die 1870er-Jahre hinein beschränkten sich diese Besitznahmen in Asien und Afrika allerdings auf die Küstenregionen und erfolgten meist durch Handelsgesellschaften, nicht durch die Regierungen. Dies änderte sich zu Beginn der 1880er-Jahre: Die europäischen Staaten erklärten es zum offiziellen politischen Ziel, ihre Kolonialgebiete auszudehnen. Mit allen Mitteln konkurrierten sie um die noch „unverteilten" Gebiete der Welt.

Was waren ihre Motive und mit welchen Mitteln setzten sie ihre imperialistische Politik durch? Diese Fragen kannst du auf den folgenden Seiten anhand von acht Stationen erarbeiten.

Lernen an Stationen

1. Schritt: Vorbereitung und Planung
- Überblick über das Thema, Problemstellung
- Entscheidung über die Arbeitsform (z. B. Einzel-, Partner-, Gruppenarbeit)
- Aufbau der Stationen, evtl. von Zusatzstationen
- Vorbereiten der „Laufzettel"

2. Schritt: Durchführung
- selbstständige Arbeit an den Stationen
- eventuell Zwischenberichte oder -auswertungen
- Festhalten der Arbeitsergebnisse und Erfahrungen mit eigenen Worten (paraphrasieren)

3. Schritt: Auswertung
- Ergebnisse zusammentragen, vergleichen, bewerten
- Erfahrungen vortragen, Probleme klären
- Erkenntnisse für die Weiterarbeit austauschen

„Laufzettel" mit Arbeitsaufträgen

Station 1: Was ist imperialistische Politik?
- Nenne Ursachen und Motive, die imperialistischer Politik zugrunde lagen.
- Erkläre, welche Rolle der Sozialdarwinismus im Imperialismus spielte.

Station 2: Britische Kolonialherrschaft
- Nenne Ziele und Methoden britischer Kolonialherrschaft.
- Bewerte das Vorgehen der britischen Regierung.

Station 3: Französische Kolonialherrschaft
- Nenne die Ziele, die die Regierung mit der Kolonialpolitik verfolgte.
- Erkläre, welche Rolle das „Konkurrenzprinzip" spielte.

Station 4: Russische Kolonialherrschaft
- Beschreibe die zeitliche und räumliche Ausdehnung der russischen Kolonialherrschaft.
- Nenne die Gründe, die die russische Regierung für ihr Auftreten in Kleinasien angab.
- Erläutere, welche Motive die Regierung leiteten.

Station 5: Kolonialherrschaft der USA
- Erkläre das „Prinzip der offenen Tür".
- Nenne mögliche Probleme, die sich aus dieser Politik ergeben konnten.

Station 6: Deutsche Kolonialherrschaft
- Nenne die Gründe, warum Deutschland eine Weltpolitik betrieb.
- Liste mögliche Probleme auf, die die Flottenrüstung nach sich ziehen konnte.
- Beurteile die Ziele der kaiserlichen Regierung im Hinblick auf ihr Verhältnis zu den anderen europäischen Kolonialmächten.

Station 7: Konflikte in Kolonien – das Beispiel China
- Erkläre, inwiefern der „Boxer"-Aufstand den Grundkonflikt zwischen Kolonie und Kolonialmacht widerspiegelt.
- Formuliere zur Rede Wilhelms II. eine Gegenrede.

Station 8: Folgen der Kolonialherrschaft in Afrika – das Beispiel Ruanda
- Erkläre den Ausdruck „Gegenwart des Vergangenen" am Beispiel Ruanda.

Sachtexte exzerpieren

Texte erfassen: Lesen – Markieren – Exzerpieren

Zur Anfertigung eines Referates oder ähnlicher Arbeiten ist es notwendig, Fachbücher zu lesen und auszuwerten. Die Texte in solchen Büchern und Zeitschriften werden Sachtexte genannt. Bevor du an Sachtexte herangehst, solltest du dir einen Überblick über das Buch verschaffen (z. B. das Inhaltsverzeichnis ansehen), um herauszufinden,

- mit welchem Thema sich das Buch beschäftigt,
- wer der Autor / die Autorin ist,
- welcher Fragestellung (Leitfrage) er/sie nachgeht und
- zu welchem Ergebnis er/sie kommt.

Wenn du beim Lesen Begriffe, Zitate, Beispiele, Argumente und Gedankengänge herausschreibst, wird das „Exzerpieren" genannt.

Du solltest nach dem Lesen eines Absatzes oder eines Kapitels mit dem Exzerpieren beginnen. Dafür sind Karteikarten (z. B. im Format A5 oder A6) besonders geeignet, denn sie ermöglichen es, für jeden neuen Gedanken oder Begriff eine neue Karte anzulegen. Diese kann an geeigneter Stelle eingeordnet und bei Bedarf wieder umsortiert werden. Längere, durchgehende Exzerpte geben den Gedankengang eines Textes geschlossen wieder, haben aber den Nachteil, nicht umgruppiert werden zu können. Fotokopien können gute Dienste leisten, wenn Leihbücher durchgearbeitet werden sollen.

Vorschläge für Randzeichen und Markierungen

wichtig: !
zentraler Gedanke: |
unverständlich: ?
unklarer Gedanke: ⦚
nachschlagen: Lex.
Literaturangabe: Lit.
Verweis: S. xx

Definitionen (Def), Argumente (Arg) und Thesen (T) können z. B. durch Unterstreichungen (Linie, Schlangenlinie, doppelte Unterstreichung) im Text hervorgehoben, am Rand markiert und dann herausgeschrieben werden.

1 Arbeite die zu M1 angebotenen Elemente eines Exzerpts, das unter der Frage nach Anfängen und Motiven eines deutschen Imperialismus angelegt ist, durch.

2 Fertige mithilfe der Arbeitsschritte ein Exzerpt vom Darstellungstext S. 172 an.

Arbeitsschritte

1. Schritt: Überblick gewinnen

- Bibliographische Angaben des Textes (Buches) festhalten: Autor/Herausgeber, Titel, Erscheinungsort, Erscheinungsjahr, ggf. Auflage, Fundort (Bibliothek und Signatur). Angaben auch auf Kopien notieren!
- In einem ersten Leseschritt klären, ob der Text für die eigenen Zwecke geeignet ist.
- Das Thema des Textes (Absatzes) feststellen – gegebenenfalls den Text ein zweites Mal lesen.

2. Schritt: Textstellen markieren

- Zentrale Begriffe
- Gedanken und Ideen
- Zusammenhänge
- Widersprüche
- Sprachliche Auffälligkeiten, z. B. Schlagwörter, Metaphern, Ironie
- Verweise auf andere Texte (Textstellen)

3. Schritt: Exzerpieren

- Die markierten Textstellen und Notizen am Textrand oder auf einem Extrablatt festhalten. Unterscheide dabei:
- a) wörtliches Zitat (auf wörtlich genaue Übernahme achten, da später das Original oft nicht mehr zur Verfügung steht),
- b) sinngemäßer Auszug (Paraphrase), bei dem du den Inhalt (Gedanke) in knapper Form festhältst.

M1

Deutscher Imperialismus?

Der folgende Sachtext ist ein Auszug aus dem Buch „Über alles in der Welt. Deutscher Imperialismus im 19. und 20. Jahrhundert" des Historikers Dirk van Laak, erschienen 2005:

Das „größere Deutschland"

Schon in der Mitte des 19. Jahrhunderts waren die Elemente des deutschen Imperialismus fast vollständig vorgezeichnet. Manches spricht dafür, dass eine 1848/49 vollzogene Reichseinigung auch bereits eine begleitende deutsche „Weltpolitik" in Gang gesetzt hätte. Die in der Nationalversammlung vorgebrachten Argumentationen stimmten mit der Kolonialpropaganda der 1870er-/80er-Jahre weitgehend überein. Auch die Argumente für den Aufbau der deutschen Flotte waren schon präsent. Möglicherweise hätte eine deutsche Kolonialpolitik also schon ein Menschenalter früher begonnen. Nach dem Scheitern der bürgerlichen Revolution war die Reichseinigung jedoch vorerst noch einmal vertagt … Der Zusammenhang von weltpolitischem und sozialimperialistischem* Denken war in diesen Debatten stets mit Händen zu greifen. Meist übertrug man die in der Heimat gemachten Erfahrungen recht schematisch auf die Fremde. So bildete etwa der Deutsche Zollverein das Muster für Versuche, darüber hinausgehende, „großdeutsche" Kooperationseinheiten zu etablieren. Preußen und Österreich als die am stärksten industrialisierten Länder sollten dabei in einem Zollverband die Hegemonie über ein Gebiet übernehmen, das in seiner weitesten Ausdehnung von der Nordsee bis zum Schwarzen Meer oder, wie es gelegentlich hieß, von der Elbe bis zum Euphrat reichte. Den Ländern Ost- und Südosteuropas wurde der Status von Agrar- und Rohstoffproduzenten zugeschrieben. Gleichzeitig sollten sie als deutsche Absatzmärkte und als Handelsbrücken in den Nahen Osten dienen. Als Grundlage der wirtschaftlichen Durchdringung weiter Teile Ost- und Südosteuropas galt – neben der Kontrolle der Donau – der Bau von Eisenbahnlinien, den preußische und österreichische Kapitalgeber in dieser Periode bereits vorantrieben … Solche Konstruktionen eines „Großraums" bzw. „Großwirtschaftsraums", in denen sich eine gleichsam natürliche Arbeitsteilung zwischen „führenden" und „rückständigen", industriellen und agrarischen Ökonomien herausbilden sollten, wurden zu einer der prägenden Zukunftsvisionen für eine künftige Weltordnung.

Dirk van Laak, Über alles in der Welt. Deutscher Imperialismus im 19. und 20. Jahrhundert, München (C. H. Beck) 2005, S. 53–55.

Markierungen/ Randnotizen

These (T)

Begriff klären

T

Vermutung

Lex.

Lex.

Beispiele für das Vorgehen

zentraler Gedanke der imperialen Ansätze

Elemente eines Exzerpts

Wörtliches Zitat: „Schon in der Mitte des 19. Jahrhunderts waren die Elemente des deutschen Imperialismus fast vollständig vorgezeichnet." (van Laak, S. 53)

Paraphrase I (ausführliche Umschreibung):
Der Autor vertritt die Auffassung, dass bereits in der Mitte des 19. Jh. die Elemente eines deutschen Imperialismus und Argumente für den Aufbau einer Flotte (gemeint: Kriegsflotte) vorhanden waren. Verantwortlich für die Verzögerung sei das Scheitern der deutschen Einheit 1848/49.

Nach dem Muster des Deutschen Zollvereins sollten Preußen und Österreich die Hegemonie über Gebiete in Ost- und Südosteuropa übernehmen, denen lediglich der Status von Agrar- und Rohstoffproduzenten zugedacht war und die zugleich als deutsche Absatzmärkte und Handelsbrücken (Naher Osten) dienen sollten. Grundmodell in der Vorstellung war ein „Großwirtschaftsraum" (Z. 36 f.) mit einer als natürlich angesehenen Arbeitsteilung zwischen „führenden" und „rückständigen" Ökonomien (Volkswirtschaften).

Paraphrase II (Stichworte):
- deutscher Imperialismus und Kriegsflotte bereits Mitte des 19. Jh. möglich gewesen
- verhindert durch gescheiterte Einheit 1848/49
- Zusammenhang imperialistisches und sozialimperialistisches* Denken
- gemeinsame Hegemonie Preußens u. Österreichs in Ost- u. Südosteuropa (Großwirtschaftsraum nach Dt. Zollverein)
- „natürliche" Arbeitsteilung: industrielle agrarische Volkwirtschaften als künftiges Modell einer Weltordnung

Eigene Anmerkungen zum Text:
- Autor spielt den Gedanken „Was wäre gewesen, wenn …" durch. Belegt seine Darstellung mit Beispielen.
- Die Darstellung bleibt im Bereich der Hypothesen (begründete Vermutungen).
- Einsichtig ist, dass es offensichtlich Vorstellungen und Pläne für eine frühere Weltmachtrolle Preußens/Österreichs gegeben hat.

Station 1: Ziele und Methoden imperialistischer Politik

Das „Imperium“ als globales Ziel

Seit der Gründung des Deutschen Reiches 1871 wuchs der neue Staat schnell zum Konkurrenten der anderen europäischen Mächte heran. Das beunruhigte vor allem Großbritannien und Frankreich, denn politische Kräfte in beiden Ländern hatten sich zum Ziel gesetzt, die eigene Macht zu vergrößern: „Greater Britain“, „Empire Français“, so lauteten die häufigsten Schlagwörter. Begründet durch den Sozialdarwinismus, wurden in politischen Debatten jener Zeit die Begriffe „Imperialismus“ und „imperialistische Politik“ wie selbstverständlich und wertneutral verwendet. In unserer Zeit haben sie eine negative Bedeutung, weil sie mit Eroberung und Herrschaft eines stärkeren über einen schwächeren Staat verbunden werden.

Der „Wettlauf“ um Kolonien

Der Kolonialismus*, der sich seit dem 16. Jahrhundert herausgebildet hatte, änderte sich zu Beginn der 1880er-Jahre so massiv, dass die Zeitgenossen die neue Politik als „Scramble“, als Wettlauf um die noch unverteilten Gebiete auf der Welt, bezeichneten. Die Kolonialmächte nutzten ihre alten Handelsstützpunkte und Kolonien als Ausgangspunkte für viel umfangreichere Eroberungen. Im Vergleich zum alten Kolonialismus* hatte der neue „Imperialismus“ eine wesentliche Triebkraft in der Industrialisierung. Diese bewirkte eine dynamisch steigende Wirtschaftskraft, eine technische und militärische Überlegenheit der europäischen Staaten gegenüber den nicht industrialisierten Ländern. Aber auch Staaten wie Japan und die USA und das noch wenig industrialisierte Russland machten seit etwa 1880 eine imperialistische Ausdehnung zum Ziel ihrer Außenpolitik. Deutschland begann erst 1890 unter Kaiser Wilhelm II., Ansprüche auf Kolonien zu erheben.

Begriffe und Daten

Imperialismus

Die Epoche des Imperialismus umfasst den Zeitraum zwischen 1880 und 1918. Während dieser Zeit betrieben die Großmächte eine Politik des aggressiven Nationalismus und der Expansion. Als Imperialismus wird die Herrschaft eines weiterentwickelten, industrialisierten Staates über weniger entwickelte Länder bezeichnet. Imperiale Herrschaft wurde „direkt“ (Besetzung und Einrichtung einer Kolonialregierung) oder „indirekt“ (Kontrolle über die eingesetzte einheimische Regierung) ausgeübt.

Sozialdarwinismus

Der britische Naturforscher Charles Darwin (1809 bis 1882) lehrte, dass die natürliche Auslese im „Kampf um das Dasein“ Entstehung und Entwicklung der Arten verursacht (Evolutionstheorie). Die vereinfachte Übertragung dieser Theorie auf die menschliche Gesellschaft nennt man Sozialdarwinismus. Er wird dazu benutzt, um soziale Ungleichheit und Rassismus* zu rechtfertigen. Aus dieser Theorie wird auch abgeleitet, dass ein Volk untergehen müsse, wenn es nicht in der Lage sei, erfolgreich Kriege zu führen.

M1 Triebkräfte der imperialistischen Expansion

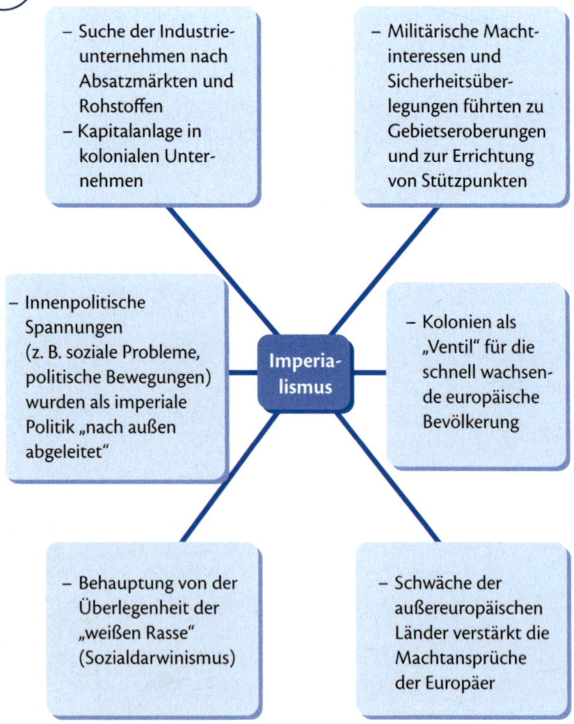

Station 2: Großbritannien – Handel und indirekte Herrschaft

M1

Gründe für eine Kolonialpolitik Großbritanniens

Der konservative Politiker Benjamin Disraeli (britischer Premierminister 1874–1880) in einer Rede in London (1874):

1A Wenn ich „konservativ" sage, so gebrauche ich das Wort in seinem reinsten und erhabensten Sinn. Ich will damit sagen, dass das englische Volk und besonders die arbeitenden Schichten Englands stolz … sind, zu einem Imperium zu gehören, und entschlossen sind, ihr Imperium, wenn sie können, aufrechtzuerhalten – dass sie überhaupt glauben, dass die Größe und das Weltreich Englands den altehrwürdigen Institutionen des Landes zuzuschreiben sind.

Wenn es das erste Ziel ist, die Institutionen des Landes aufrechtzuerhalten, so ist es meiner Meinung nach das zweite, das englische Empire zu stützen. Wenn Sie auf die Geschichte dieses Landes seit dem Aufstieg des Liberalismus – vor vierzig Jahren – blicken, so werden Sie finden, dass keine Bemühung … von so viel Energie unterstützt und mit so viel Fähigkeit und Scharfsinn vorangetrieben worden ist, wie die Versuche des Liberalismus, die Desintegration [Auflösung] des englischen Empire zu erreichen …

Nun, was war das Ergebnis dieses Versuchs …? Er ist gänzlich gescheitert. Aber warum ist er gescheitert? Dank der Sympathien der Kolonien mit dem Mutterland. Sie haben entschieden, dass das Empire nicht zerstört werden soll, und meiner Meinung nach wird kein Minister in diesem Land seine Pflicht tun, der eine Gelegenheit versäumt, so weit wie möglich unser koloniales Weltreich wieder aufzubauen und jenen Sympathiebekundungen aus der Ferne zu entsprechen, die die Quelle unschätzbarer Stärke und Beglückung für dieses Land werden können.

Der britische Außenminister Lord Robert Salisbury wies den Generalkonsul von Ägypten folgendermaßen an (1879):

1B Das Hauptziel unserer ägyptischen Politik ist die Erhaltung der Neutralität dieses Landes, d. h. die Erhaltung einer Situation, in der dort keine Großmacht mächtiger sein kann als Großbritannien … Wir haben … keinen Anlass, eine formelle Änderung des Status und der politischen Institutionen Ägyptens zu wünschen … Unsere Repräsentanten in Ägypten sollen deshalb alles in ihrer Macht Stehende tun, um die einheimische Regierung … zu unterstützen … Es hat sich bereits zur Genüge gezeigt, dass die Muselmanen nicht bereit sind, einer Regierung zu gehorchen, die nominell europäisch ist bzw. deren maßgebende und herausragende Elemente europäisch sind … Es ist deshalb von besonderer Bedeutung, der einheimischen Regierung zum Erfolg zu verhelfen. Aus diesem Grund sollte sie in ihrem eigenen Interesse weitgehend Europäer beschäftigen bzw. dazu gezwungen werden, wenn sie in dieser Beziehung ihre eigenen Interessen verkennt. Allerdings sollten die Europäer so weit wie möglich im Hintergrund bleiben … Um die Stellungen, die den größten Einfluss ausüben und den geringsten Neid erwecken, sollten sich die Europäer bemühen.

M1A und M1B zit. nach Wolfgang Mommsen, Imperialismus, Hamburg (Hoffmann und Campe) 1977, S. 47 ff.

M2

„So kolonisiert der Engländer", Karikatur von Th. Th. Heine in der deutschen satirischen Zeitschrift „Simplicissimus", 1905

Station 3: Frankreich – Kolonialismus als „Zivilisierung"

M1

Die Bedeutung von Kolonien für Frankreich

Jules Ferry (Ministerpräsident Frankreichs 1883–1885) äußerte sich 1882 folgendermaßen:

1 A Wenn die Republik nicht darauf verzichten kann, in Europa, im Orient und im Mittelmeerraum politisch wirksam zu werden, dann bedarf sie auch … einer Kolonialpolitik: Das bedeutet, dass man in dieser Hinsicht weder vergesslich noch unaufmerksam sein darf, sei es aus Geringschätzung oder aus Trägheit; man muss wachsam, aktiv und dazu bereit sein, alle notwendigen Opfer für die Bewahrung alter und neuer Besitzungen zu bringen, welche in unterschiedlichem Maße und in den verschiedenen Teilen der Erde dazu beitragen, den Namen Frankreichs in der Welt zu verbreiten … Die Konkurrenz zwischen den europäischen Nationen wird immer heftiger im Streit um diese weit entfernten Absatzmärkte, diese Niederlassungen an den Toren zur Barbarei, welche ein sicherer Instinkt dem alten Europa als Brückenköpfe der Zivilisation und als Wege in die Zukunft anweist. Die Bedürfnisse einer ständig wachsenden industriellen Produktion, … die Suche nach unerschlossenen Märkten, … die durch das moderne Leben so rasch entwickelten Tendenzen, die einzelne Völker veranlassen, ihren Blick über die Heimat hinauszurichten; die Wissenschaft, welche die äußersten Enden der Erde in wenige Stunden Entfernung von London, Berlin oder Paris rückt; die sichtbaren Fortschritte der europäischen Gesellschaft und der Friedensidee; all dies drängt die zivilisierten Nationen dazu, ihre alten Rivalitäten auf das ausgedehntere und fruchtbare Feld weit entfernter Unternehmungen zu verlagern.

M1A und M1B zit. nach Wolfgang Mommsen, Imperialismus, Hamburg (Hoffmann und Campe) 1977, S. 84 ff.

Eugène Etienne, Vorsitzender der französischen „Kolonialpartei", auf einem Empfang der „Vereinigung französischer Industrieller in Indochina" in Rouen (1889):

1 B Frankreich kann stolz darauf sein, dass es in der Vergangenheit seine Tore weit geöffnet hat, … dass es den Reichtum seiner Nachbarn geschaffen hat. Heute aber darf es nicht ignorieren, was in seinem Umkreis geschieht … Amerika, das seine Industrie hinter sorgsam verschlossenen Toren aufgebaut hat, plant nunmehr die Errichtung eines „Zollvereins", der allein für amerikanische Erzeugnisse geöffnet ist. Heute also muss Frankreich darum besorgt sein, sich seinen eigenen Markt zu bewahren … Es gibt ein Land, das wir als Erste erforscht und kolonisiert haben, nämlich Afrika. Alle europäischen Nationen stürzen sich auf dieses Land, sogar diejenigen, die sich noch vor kurzer Zeit verachtungsvoll gegen koloniale Unternehmungen aussprachen … Frankreich muss nach Afrika und nach Indien gehen … Wir müssen von dort aus nach China vorstoßen und verhindern, dass uns ein Volk zuvorkommt, das niemals zögert und niemals pausiert, nämlich die Engländer, welche mit Siam und Burma über zwei Zugänge nach China verfügen.

M2

Frankreich wird Marokko Kultur, Wohlstand und Frieden bringen können,
Titelseite der französischen Zeitschrift „Le Petit Journal", 19. November 1911

Station 4: Russland – Kolonialismus als kontinentale Expansion

M1

Russlands Rolle in Zentralasien

Der Außenminister Russlands, A. M. Gortschakow (1798–1883), schrieb über die Motive russischer Expansionspolitik am 3. Dezember 1864 an die europäischen Großmächte:

1 A Die Situation Russlands in Zentralasien ist die aller zivilisierten Staaten, welche sich in Kontakt mit nomadisierenden, halbwilden Völkerschaften ohne feste Organisation befinden. Die Sicherheit der Grenzen und des Handels verlangt in solchem Falle, dass der zivilisierte Staat ein gewisses Übergewicht über seine Nachbarn ausübe. Zunächst sind ihre Einfälle und Plünderungen zurückzuweisen. Um denselben ein Ende zu machen, ist man genötigt, die Grenzbevölkerung zu einer mehr oder minder direkten Unterwerfung zu zwingen. Ist dies Resultat erreicht, so nehmen die Grenzbewohner ruhigere und sesshaftere Gewohnheiten an, dafür werden sie nunmehr von ferner lebenden Stämmen beunruhigt. Der Staat ist verpflichtet, jene zu schützen, diese zu züchtigen.

M1A und M1B zit. nach Peter Alter, Der Imperialismus, Stuttgart (Klett) 1989, S. 40 ff.

Motive russischer imperialer Politik

Der russische Politiker Sergej Witte (1849–1915), Finanzminister und Initiator der transsibirischen Eisenbahn, schrieb 1893 an Zar Alexander III. (1845 bis 1894):

1B Wenn Russland im Besitz der Länder zwischen den Ufern des Pazifik und des Himalaja ist, wird es nicht nur die Geschichte Asiens, sondern auch die Europas bestimmen. Russland steht am Rande dieser beiden so verschiedenen Welten und verkörpert deshalb eine Welt für sich … Diese Entwicklung ist das Ergebnis der lebendigen gegenseitigen Beeinflussung und der harmonischen Verbindung von drei Elementen, die ihre volle schöpferische Kraft nur in Russland entfaltet haben. Diese Elemente sind: erstens, die Rechtgläubigkeit, die den wahren Geist des Christentums rein erhält und die Grundlage aller Erziehung ist; zweitens, die Autokratie[1] als die Grundlage des staatlichen Lebens; drittens, das russische Nationalgefühl als Grundlage für den inneren Zusammenhalt des Staates.

[1] Alleinherrschaft

M2

Das russische Imperium

Station 5: USA – Kolonialismus als Prinzip der „offenen Tür"

M1

Welthandelsmacht USA?

Der amerikanische Politikwissenschaftler Albert J. Beveridge (1899–1911 US-Senator) sprach im April 1889 bei einer politischen Veranstaltung in Boston über die Zukunft der USA:

1 A Amerikanische Fabriken stellen mehr her, als für die Versorgung des amerikanischen Volkes notwendig ist. Die amerikanische Erde erzeugt mehr, als es verzehren kann. Das Schicksal hat uns unsere Politik vorgeschrieben: Der Handel der Welt muss und wird unser sein. Und wir werden ihn bekommen, da unser Mutterland England uns den Weg dazu gewiesen hat. Wir werden in der ganzen Welt Handelsniederlassungen als Umschlagplätze für amerikanische Waren gründen. Unsere Handelsflotte wird bald über den ganzen Ozean fahren. Wir werden eine Kriegsmarine aufbauen, die unserer Größe entspricht. Aus unseren Handelsniederlassungen werden Kolonien erwachsen, die sich selbst regieren, unsere Flagge führen und mit uns Handel treiben … Und das amerikanische Recht, die amerikanische Ordnung, die amerikanische Zivilisation und die amerikanische Flagge werden an bis dahin blutigen und unkultivierten Ufern Fuß fassen, Ufern, die … von nun an schöner und zivilisierter werden … Im Pazifik liegt das eigentliche Feld unserer nächsten Aufgaben.

Nach der Eroberung Kubas, Puerto Ricos und der Philippinen im spanisch-amerikanischen Krieg schrieb der amerikanische Präsident Wilhelm McKinley 1898 den Gesandten, die die USA bei den Friedensverhandlungen in Paris vertreten sollten:

1 B Der Verzicht Spaniens auf die westliche Hemisphäre war eine unerlässliche Notwendigkeit. Indem wir diese Forderung aufstellten, erfüllten wir nur eine allgemein anerkannte Pflicht … Mit den Philippinen verhält es sich jedoch anders … Wenn wir uns auch nach wie vor zu den Zielsetzungen bekennen, die unsere Bemühungen geleitet haben, … so dürfen wir dennoch nicht vergessen, dass der Krieg uns gegen unseren Wunsch und unsere Absichten neue Pflichten und Verantwortlichkeiten auferlegt hat, denen wir uns stellen müssen, wie es einer großen Nation geziemt … Zudem eröffnet der Besitz der Philippinen uns neue wirtschaftliche Möglichkeiten … Es ist nur billig, jedes legitime Mittel zur Erweiterung des amerikanischen Handels zu ergreifen; jedoch suchen wir im Fernen Osten keine Vorteile, die nicht allen Nationen gleichermaßen zugänglich sein sollen. Da wir für uns nur eine Politik der „offenen Tür" verlangen, sind wir auch bereit, diese anderen ebenfalls zuzugestehen.

M1A und M1B zit. nach Wolfgang Mommsen, Imperialismus, Hamburg (Hoffmann und Campe) 1977, S. 211 f.

M2

„Der Schutzmann der Welt", amerikanische Karikatur auf Theodor Roosevelts imperialistische Außenpolitik („Big-Stick-Policy"), 1905

Station 6: Deutschland – Streben nach Weltmacht

Deutschland betreibt Weltpolitik

Hatte sich die Außenpolitik Bismarcks im Wesentlichen auf Europa beschränkt und sein Engagement in der Kolonialpolitik darauf, das Vorgehen privater Kolonialgesellschaften zu unterstützen, so wurden nach Bismarcks Rücktritt (1890) die Forderungen lauter, das Deutsche Reich müsse Weltmacht werden und Kolonien haben. Wichtigster und engagiertester Förderer der Weltmachtidee war der Kaiser selbst: Wilhelm II. (1888–1918). Das Deutsche Reich hatte seiner Meinung nach Anspruch auf einen „Platz an der Sonne" und damit das Recht bzw. die Pflicht, imperialistische Politik zu betreiben. Diese Auffassung fand in den Parolen des neu gegründeten „Alldeutschen Verbands" besonderen Ausdruck. Der deutsche Flottenbau wurde öffentlichkeitswirksam vermarktet. Allerdings führte diese Politik zu erheblichen Spannungen mit den anderen Großmächten. Im deutschen Volk selbst traf sie – bis auf wenige Ausnahmen, z. B. die Anhänger der Sozialdemokratischen Partei – auf breite Zustimmung.

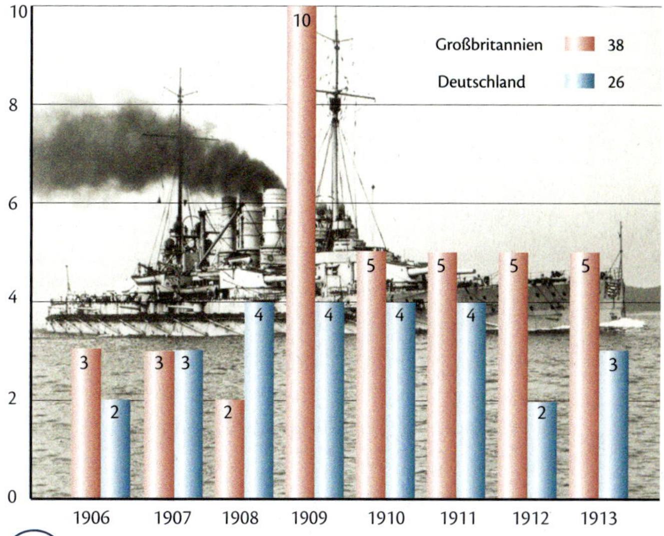

M2 **Bau von Großkampfschiffen 1906 bis 1913**

M1 Aus einer Rede Wilhelms II.

Kaiser Wilhelm II. sagte anlässlich des Stapellaufs des Kriegsschiffes „Kaiser Karl der Große" in Hamburg am 18. Oktober 1899:

Es ist ein feierlicher Akt, dem wir soeben beigewohnt, als wir ein neues Stück schwimmender Wehrkraft des Vaterlandes seinem Element übergeben konnten … Blicken wir um uns her, wie hat seit einigen Jahren die Welt ihr Antlitz verändert. Alte Weltreiche vergehen und neue sind im Entstehen begriffen. Nationen sind plötzlich im Gesichtskreis der Völker erschienen und treten in ihren Wettbewerb mit ein … Dadurch sind die Aufgaben für unser Deutsches Reich und Volk in mächtigem Umfange gewachsen und erheischen für Mich und Meine Regierung ungewöhnliche und schwere Anstrengungen, die nur dann von Erfolg gekrönt sein können, wenn einheitlich und fest, den Parteiungen entsagend, die Deutschen hinter uns stehen. Es muss dazu aber unser Volk sich entschließen, Opfer zu bringen.

Zit. nach Ernst Johann (Hg.), Reden des Kaisers, München (dtv) 1966, S. 82 ff.

M3 Die Stimme eines Diplomaten

Friedrich von Holstein, 1876–1906 Vortragender Rat im Auswärtigen Amt, schrieb an den ehemaligen Gesandten in Peking, Maximilian von Brandt (1906):

Ich glaube mich zu erinnern, dass wir in der Flottenfrage einer und derselben Ansicht waren, nämlich 1. je [mehr] wir zur See rüsten, desto fester drücken wir England an Frankreich heran; 2. wir können, selbst wenn wir die Steuern verdreifachen, niemals eine Flotte herstellen, die der englisch-französischen, ja auch nur der englischen allein gewachsen ist; 3. in einem Krieg gegen Frankreich allein spielt, wie das Jahr 70 zeigt, die Flotte eine Nebenrolle; 4. es ist eine Bedrohung und Herausforderung Englands, dass der Flottenverein es seit Jahren bei jeder neuen Flottenforderung offen ausspricht, die Rüstungen seien gegen England gerichtet …
Die Gefahr wird dadurch vergrößert, dass beim Schiffbau (Panzerplatten etc.) ungezählte Millionen zu verdienen sind, viel mehr als bei den Kolonien … Die Flotte vermehrt die Zahl unserer Feinde, wird aber niemals stark genug sein, um sie zu besiegen.

Werner Frauendienst (Hg.), Friedrich von Holstein. Die geheimen Papiere, Bd. 4, Göttingen (Musterschmidt) 1961, S. 401.

Station 7: Konflikte in Kolonien – das Beispiel China

Der „Boxer“-Aufstand

Das chinesische Kaiserreich hatte aufgrund seines Bevölkerungsreichtums, seiner Größe und seiner unsicheren politischen Lage seit Mitte des 19. Jahrhunderts das Interesse der europäischen Großmächte auf sich gezogen und Gebiete an sie verloren. Die Forderung der USA (1899), dass alle Mächte das Recht haben sollten, China wirtschaftlich zu nutzen (Politik der „offenen Tür“), führte zu heftigen Rivalitäten zwischen den Kolonialmächten. Dies führte dazu, dass China – im Netz von Verträgen gefangen – auch politisch abhängig wurde. Gegen Ende des Jahrhunderts versuchten politische Kräfte in China, durch eine Modernisierung einen höheren Wirtschaftsstandard zu erreichen, um den Ansprüchen der Kolonialmächte Europas besser widerstehen zu können. In den politischen Wirren gewann der chinesische Geheimbund der „Boxer“, der die Rückkehr zu alten Traditionen forderte und sich gegen die europäisch orientierte Modernisierung wandte, an Einfluss. Im Sommer 1900 kam es zu Mordanschlägen auf Europäer und auch zu Militäraktionen des Kaiserhofs. Die Großmächte schlugen gemeinsam – unter der selbsternannten Führung Wilhelms II. – den Aufstand nieder und forderten von China hohe Entschädigungszahlungen.

M2

Die Haltung Kaiser Wilhelms II.

Im Juni wurde der deutsche Gesandte von Ketteler vom Geheimbund der „Boxer“ ermordet. Das Gesandtschaftsviertel in Peking wurde anschließend 55 Tage lang durch chinesische Aufständische belagert. Eine internationale Truppe sollte Peking befreien und „die Ordnung“ wiederherstellen. Kaiser Wilhelm II. verabschiedete am 27. Juli 1900 die Truppen, die nach China geschickt wurden:

Das Deutsche Reich hat seinem Charakter nach die Verpflichtung, seinen Bürgern, wofern diese im Ausland bedrängt werden, beizustehen ... Das Mittel, das ihm dies ermöglicht, ist unser Heer ... Eine große Aufgabe harrt eurer: Ihr sollt das schwere Unrecht, das geschehen ist, sühnen ... Pardon wird nicht gegeben, Gefangene werden nicht gemacht ... Wahrt die Manneszucht, der Segen Gottes sei mit euch, die Gebete eines ganzen Volkes, meine Wünsche begleiten euch, jeden Einzelnen: Öffnet der Kultur den Weg ein für alle Mal!

Zit. nach Michael Balfour, Kaiser Wilhelm II. und seine Zeit, Berlin (Ullstein) 1973, S. 240.

M1

China und Japan von der Mitte des 17. Jahrhunderts bis 1912

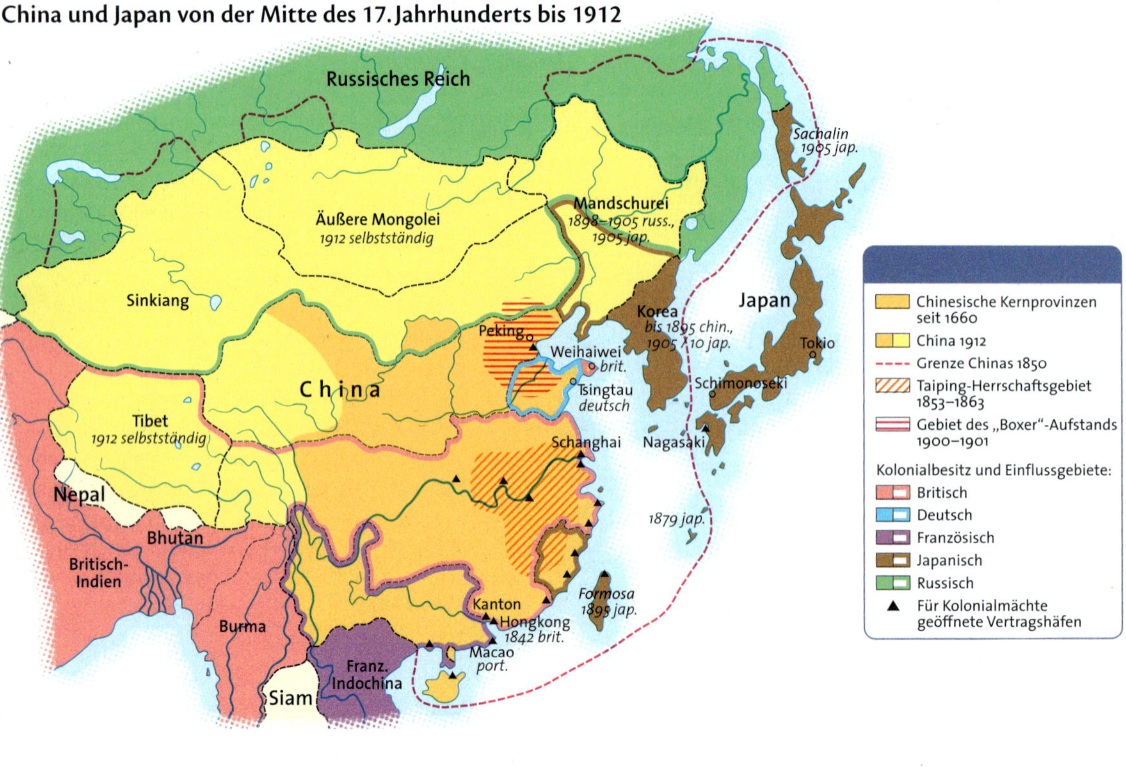

Station 8: Folgen der Kolonialherrschaft in Afrika – das Beispiel Ruanda

Die Gegenwart des Vergangenen

Ruanda (Rwanda), ein Binnenstaat in Ostafrika, war 1885 bis 1919 unter deutscher und belgischer Kolonialherrschaft, danach unter belgischem Völkerbundmandat und wurde 1962 unabhängig. Nach dreijährigem Bürgerkrieg zwischen den Bevölkerungsguppen der Hutu und der Tutsi verübten Hutu-Milizen 1994 unvorstellbare Massaker an den Tutsi. In der Folge kamen mehr als 800 000 Menschen auf beiden Seiten ums Leben und die Hälfte der Bevölkerung war auf der Flucht. Bis heute ist umstritten, welche Rolle die Kolonialzeit als „Wurzel" des Völkermordes spielt.

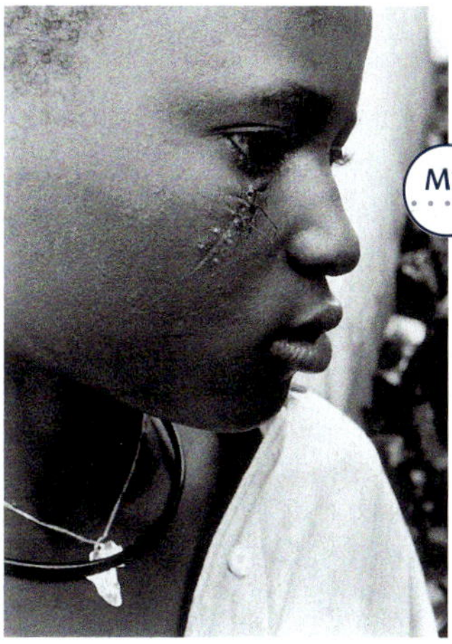

M2 **Narben prägen die Menschen nach dem Krieg.** Matias Costas Foto von einem etwa zehnjährigen Kriegswaisen in Kigali, der Hauptstadt Ruandas, wurde zum Unicef-Kinderfoto 2000 gewählt.

M1

War der Völkermord eine Folge der Kolonialzeit?

Der ruandische Historiker Célestin Muyombano (1995):

1 A Vor der Kolonisation gab es keine ethnischen Konflikte in Ruanda. Die drei Volksgruppen – Hutu, Tutsi, Twa (Pygmäen) – verwalteten das Land gemeinsam, jede in dem wirtschaftlich-sozialen Bereich, in dem sie vorwiegend tätig war: in der Landwirtschaft, der Viehzucht, der Metallverarbeitung oder der Töpferei.
Die Keime des ruandischen Konflikts sind schon lange vor der Unabhängigkeit gesät worden. Maßgebend war der Einfluss des belgischen Kolonialherrn auf die politische Entwicklung des Landes. Die Deutschen hatten die vorgefundenen sozial-politischen Einrichtungen nicht angetastet. Um ihre Autorität zu behaupten, beeilten sich aber ihre Nachfolger, die Belgier, die dreifache Verwaltung aufzulösen, indem sie die ethnischen Gruppen gegeneinander ausspielten.
Die belgische Kolonialverwaltung betrachtete die Tutsi als Menschen mit großem Organisationstalent. Sie wurden als Instrument der belgischen Machthaber verwendet und dienten als Treibriemen zwischen dem Volk und den Kolonialherren, indem sie deren Befehle ausführten, Strafen verteilten etc.
Später trennte sich der belgische Kolonialherr von seinem „befehlsausführenden" Organisationstalent – den Tutsi – und erhob das „ausgebeutete Kind" – die Hutu – auf den Thron.

Célestin Muyombano, Ruanda. Die historischen Ursachen des Bürgerkriegs, Stuttgart (S. Naglschmid) 1995, S. 75 ff.

Die deutsche Völkerkundlerin Anna Kreuzer (1997):

1 B Das Gemisch aus vermeintlich wissenschaftlichen Erkenntnissen, der ruandischen höfischen Geschichtsschreibung und der (gegen Ende des 19. Jahrhunderts) am Königshof herrschenden Machtverhältnisse führte dazu, den unterschiedlichen Gruppen auch unterschiedliche … Eigenschaften zuzuschreiben. Dementsprechend galten die Tutsi als die „intelligentesten", Hutus galten als „arbeitswillig" und „mäßig intelligent". Auf unterster Stufe wurden die Twa, „eine alte, müde Menschenrasse, die dem baldigen Untergang entgegengeht …" angesiedelt …
In der Folgezeit wurden die angeblichen Unterschiede der Bevölkerungsgruppen durch den eingeschränkten Zugang zu Schulen, Verwaltungs- und Regierungsposten usw. verfestigt. Das in den ruandischen Schulen vermittelte Geschichtsbild entsprach der Betrachtungsweise der europäischen Kolonialmächte.
Dementsprechend fanden und finden sich von Ruandern geäußerte ethnische Vorurteile vor allem in Bevölkerungsschichten, die während der belgischen Kolonialzeit westliche Schulbildung erhalten haben … Die Bezeichnungen „Hutu", „Tutsi" und „Twa" waren in vorkolonialer Zeit eher soziale denn ethnische Zuordnungen. So konnten Hutu durch Heirat, Viehbesitz usw. Tutsi werden und umgekehrt Tutsi zu Hutu. Die Twa waren am ehesten eine in sich geschlossene Gruppe.

Anna Kreuzer, Landwirtschaft und Sozialstruktur in Ruanda, Pfaffenweiler (Centaurus) 1997, S. 27 f. Bearb. d. Verf.

Stimmen zum Imperialismus – gestern und heute

M1

Standpunkt eines Zeitgenossen

August Bebel, Führer der Sozialdemokraten im Kaiserreich, sagte am 28. Januar 1889 im Reichstag:

Nun, wer ist denn diese Ostafrikanische Gesellschaft? Ein kleiner Kreis von Großkapitalisten, Bankiers, Kaufleuten und Fabrikanten, d. h. ein kleiner Kreis von sehr reichen Leuten, deren Interessen mit den Interessen des deutschen Volks gar nichts zu tun haben, die bei dieser Kolonialpolitik nichts als ihr eigenes persönliches Interesse im Auge haben, die … nur den Zweck hatten, aufgrund größerer Mittel gegenüber einer schwächeren Bevölkerung sich auf alle mögliche Weise zu bereichern. Einer solchen Kolonialpolitik werden wir nie unsere Zustimmung geben. Im Grunde genommen ist das Wesen aller Kolonialpolitik die Ausbeutung einer fremden Bevölkerung in der höchsten Potenz[1]. Wo immer wir die Geschichte der Kolonialpolitik in den letzten drei Jahrhunderten aufschlagen, überall begegnen wir Gewalttätigkeiten und der Unterdrückung der betreffenden Völkerschaften, die nicht selten schließlich mit deren vollständiger Ausrottung endet. Und das treibende Motiv ist immer, Gold, Gold und wieder nur Gold zu erwerben. Und um die Ausbeutung der afrikanischen Bevölkerung im vollen Umfange und möglichst ungestört betreiben zu können, sollen aus den Taschen des Reichs, aus den Taschen der Steuerzahler Millionen verwendet werden, soll die Ostafrikanische Gesellschaft mit den Mitteln des Reichs unterstützt werden, damit ihr das Ausbeutegeschäft gesichert wird. Dass wir von unserm Standpunkt aus als Gegner jeder Unterdrückung nicht die Hand dazu bieten, werden Sie begreifen.

Stenographische Berichte über die Verhandlungen des Reichstags. VII. Leg. Per. IV. Sess. 1888/89, Erster Band, Druck und Verlag der Norddeutschen Buchdruckerei und Verlags-Anstalt Berlin, 1889, S. 628.

[1] Leistungsfähigkeit

M2

Europäische Kolonien und antikoloniale Aufstände in Afrika vor 1914

M3

Eine ökonomische Theorie

Der englische Ökonom und Publizist John A. Hobson (1858–1940) formulierte seine Thesen 1902:

Der neue Imperialismus ist für die Nation ein schlechtes Geschäft; er ist aber ein gutes Geschäft für bestimmte Klassen und Gewerbe innerhalb der Nation. Die riesigen Rüstungsausgaben, die kostspieligen Kriege, die schweren Risiken und Störungen für unsere Außenpolitik, die Behinderung sozialer Reformen in Großbritannien selbst sind von großem Schaden für die Gesamtheit … Die ökonomische Sachlage bildet die Hauptwurzel des Imperialismus. Doch wenn das konsumierende Publikum in unserem Lande seinen Konsumtionsstandard derartig steigern würde, dass er mit jeder Steigerung der Produktivkräfte Schritt hielte, dann könnte es gar keinen Überschuss an Waren, könnte es gar kein Kapital geben, das laut nach dem Imperialismus ruft, damit er ihm Absatzgebiete verschaffe … Imperialismus ist das Bestreben der großen Industriekapitäne, … für Waren und Kapitalien, die sie zu Hause nicht absetzen oder anlegen können, Märkte und Anlagemöglichkeiten im Ausland [zu] suchen.

John A. Hobson, Imperialism; dt.: Der Imperialismus, hg. v. Hans-Christian Schröder, Köln/Berlin, 1968, S. 67 ff.

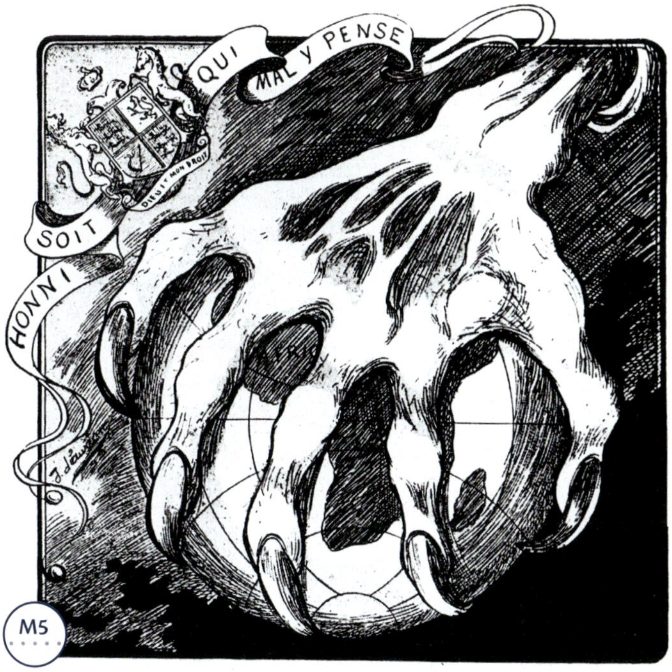

M5

Französische Karikatur von Laurian, 1899. Auf dem Spruchband die französische Inschrift des englischen Hosenbandordens: „Ein Schuft, wer Böses dabei denkt."

M4

Eine politische Theorie

Der Historiker Wolfgang J. Mommsen (1930–2004) schrieb 1969:

Schon in den diplomatischen Krisensituationen der Achtzigerjahre [des 19. Jh.] trat die explosive Kraft dieses Nationalismus deutlich zutage. Entscheidend für die geschichtliche Entwicklung Europas aber wurde es, dass sich dieser Nationalismus binnen weniger Jahre zum Imperialismus steigerte. Nationale Geltung nur im Rahmen des europäischen Staatensystems war den Völkern nun nicht mehr genug; man wollte auch in Übersee eine Macht werden … Die politische und wirtschaftliche Durchdringung der noch unentwickelten Gebiete des Erdballs galt als die große nationale Aufgabe des Zeitalters.

Wolfgang J. Mommsen, Das Zeitalter des Imperialismus, Frankfurt a. M., 1969, S. 15ff.

M6

Eine pluralistische[1] Theorie

Der englische Historiker James Joll (1918–1994) vertrat 1973 die folgende Auffassung:

Keine einzige der bekannten Imperialismustheorien vermag alle Fälle imperialistischer Expansion erklären, und allein mit wirtschaftlichen Faktoren lässt sich kein Beispiel ausreichend verständlich machen … In der imperialistischen Expansion lassen sich neben den ökonomischen Motiven eine ganze Reihe anderer Motive nachweisen. Der Drang nach wissenschaftlichen Entdeckungen und der Erforschung unbekannter Länder trug zur Erschließung Afrikas bei. Der Wunsch christlicher Missionare, die Heiden zu bekehren, führte zur Errichtung von Stützpunkten … Alle diese Motive vermischen sich miteinander und auch mit weniger ehrenwerten Motiven … Handel, missionarische Tätigkeit und wissenschaftliche Erforschung waren untrennbar miteinander verquickt.

Zit. nach Peter Alter, Der Imperialismus, Stuttgart (Klett) 1989, S. 102f.

[1] (lat. plures = mehrere), vielfältig

1 Erkläre, welche Prinzipien der Kritik Bebels (M1) zugrunde liegen.

2 a) Nenne Merkmale der drei Imperialismustheorien (M3, M4, M6).
b) Diskutiert: Welche der Theorien ist am überzeugendsten?

Imperialismus multiperspektivisch gesehen

Ein Rollenspiel organisieren

Das Rollenspiel stellt eine Möglichkeit dar, eine Situation oder Positionen von Menschen oder Gruppen spielerisch zu verdeutlichen. In Bezug auf die Geschichte kann z. B. eine vergangene Begebenheit oder eine Situation durch ein erfundenes Nachspielen veranschaulicht werden. Andererseits kann durch eine lebendige Darstellung eine wesentlich größere Aufmerksamkeit erreicht werden als durch „tote“ Quellen. Das Rollenspiel bleibt jedoch immer nur der Versuch einer Annäherung an die Wirklichkeit.

Im Gegensatz zum Stegreifspiel, in dem die Spieler spontan Dinge erfinden, muss ein Rollenspiel gut vorbereitet werden, damit man der Wirklichkeit möglichst nahekommt. An folgenden Hinweisen könnt ihr euch orientieren:

1. Um welches Thema geht es?
- Welche Sachzusammenhänge sollen verdeutlicht werden?
- Welche Einzelinformationen wollt ihr vermitteln?
- Welche Materialien sollen die Grundlage sein: historische Quellen oder eigene Formulierungen? Wer besorgt sie? Wer wählt sie aus?

2. Wie soll das Spielkonzept aussehen?
- Wer tritt in Erscheinung? Welche Texte werden den einzelnen Darstellern zugeteilt? (Rollenkarten: s. unten)
- In welchem Rahmen soll das Spiel ablaufen?
- Welche dramaturgischen Möglichkeiten bieten sich an, um das Spiel interessant zu machen?

3. Probenarbeit und Aufführung
- Wer ist für welche Rolle geeignet? Welche Voraussetzungen müssen erfüllt werden, um eine Rolle zu übernehmen?
- Welche Belastungen kommen durch die Vorbereitung auf euch zu?
- Unter welchen Umständen werdet ihr vorspielen? Welche Vorbereitungen müssen getroffen werden?

Ein Rollenspiel zum Thema „Imperialismus“ organisieren

Orientiert euch bei der Vorbereitung und Durchführung an den oben formulierten Hinweisen. Was die inhaltliche Ausgestaltung betrifft, könnt ihr durch die Herausstellung klarer Positionen gute Voraussetzungen für ein interessantes Spiel schaffen. Sinnvoll ist die Anfertigung von Rollenkarten wie rechts als Beispiele abgebildet.

Denkbar wäre eine Konferenz, auf der Vertreter der imperialen Mächte auftreten, dazu Kritiker und Theoretiker des Imperialismus.

Alle Materialien dieses Kapitels könnt ihr als Fundgrube für euer Spiel nutzen. Lasst euch z. B. von den Karikaturen auf der Auftaktdoppelseite inspirieren.

Rollenkarte 1

Wilhelm II.

Er will das Deutsche Reich zu einer Weltmacht machen, weil auch die Deutschen das Recht auf einen „Platz an der Sonne“ hätten und damit die Pflicht, imperialistische Politik zu betreiben. Deshalb will er den Flottenbau verstärken und öffentlichkeitswirksam „vermarkten“.
Weitere Informationen: siehe S. 177 f.

Rollenkarte 2

August Bebel

Der Führer der Sozialdemokraten ist gegen eine imperialistische Politik, da sie lediglich der Bereicherung der Großkapitalisten, Bankiers und Fabrikanten diene. Er will diese Ausbeutung der afrikanischen Völker nicht unterstützen.
Weitere Informationen: siehe S. 180.

Europa – noch im Gleichgewicht?

Militärische Aufrüstung und politische Krise

Die Machtkämpfe der imperialistischen Staaten um Gebiete in Afrika und Asien belasteten das politische Klima in Europa. Die Finanzhaushalte der Staaten litten erheblich unter dem Wettrüsten. Vor allem zwischen dem Deutschen Reich und Großbritannien entwickelte sich ein verbitterter Rüstungswettlauf um die Vorherrschaft auf den Weltmeeren. 1913 hatte die deutsche Kriegsmarine fast das angestrebte Verhältnis von zwei Schiffen seiner Flotte zu drei der britischen erreicht.

Großbritannien empfand den Aufbau der deutschen Seestreitmacht als direkte Bedrohung und Beweis für den Versuch, die britische Überlegenheit zur See infrage zu stellen. Tiefes Misstrauen gegenüber der deutschen Politik war die Folge. Auch die Stärke der Landstreitkräfte wurde von einem Land nach dem anderen hochgeschraubt. Rüstungsprogramme und -ausgaben stießen in den Parlamenten kaum auf nennenswerten Widerstand. Allerdings gab es kritische Zeitgenossen, die den Rüstungswettlauf als gefährlich und sinnlos anklagten. Als 1889 das Buch „Die Waffen nieder!“ der Österreicherin Bertha von Suttner erschien, verbreitete sich der Titel weltweit wie ein Lauffeuer. Dass das Wettrüsten den Frieden gefährden könnte, fühlten offenbar viele Menschen. Die Mehrheit der Politiker blieb jedoch dem durch Nationalismus und Imperialismus bestimmten Denken verhaftet.

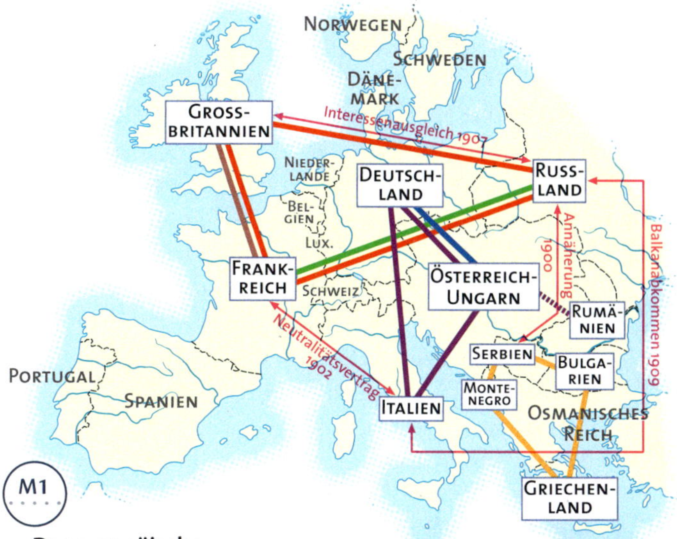

M1

Das europäische Bündnissystem vor dem Ersten Weltkrieg

1 Erarbeite anhand von M1 die Bündnisstruktur vor dem Ersten Weltkrieg. Lege eine Liste an und stelle einen Zusammenhang zu M2 her.

2 Prüfe, welche Informationen der Darstellungstext zusätzlich zu M1 und M2 enthält.

M2

„Deutschland im europäischen Gleichgewicht“. Die Postkarte von 1914 zeigt Personen, die jeweils ein Land vertreten: auf der linken Waagschale Österreich und Deutschland, auf der rechten Frankreich, England, Russland und Belgien, Japan und China (hängend), auf dem Balken Serbien, in der Mitte Türkei, USA und Italien.

Der Weg in den Weltkrieg

Der Balkan als „Pulverfass“

Das von Nationalismus und Imperialismus bestimmte Denken in Europa führte auf dem Balkan zu großen Problemen. Zum einen, weil in dieser Region eine einzigartige Vielzahl von Völkern und Sprachen anzutreffen war. Zum anderen, weil drei Großmächte vorherrschten, die als „Schutzpatrone“ kleinerer Völker hier ihre Herrschaftsinteressen verfolgten: Österreich-Ungarn, Russland und das Osmanische Reich. Österreich und Russland wiederum waren in verschiedene Bündnissysteme eingebunden.
Mit der nationalen Bewegung Serbiens, die seit dem 19. Jahrhundert unter dem Schlagwort „Großserbien“ auftrat, spitzte sich die Lage zu. Denn die Nationalbewegung richtete sich auf der einen Seite gegen Österreich-Ungarn und das Osmanische Reich und wurde auf der anderen Seite von Russland unterstützt. Zwei Balkankriege, 1912/13 und 1913, zeigten deutlich die Gefahren.

Der Anlass des Ersten Weltkriegs

Als am 28. Juni 1914 das österreichische Thronfolgerpaar, Erzherzog Ferdinand und seine Frau, Sarajewo besuchten – die Hauptstadt des 1908 von Österreich gewaltsam angeeigneten Bosnien-Herzegowinas – wurden sie bei einem Anschlag ermordet. Österreich verdächtigte sofort serbische Nationalisten. Der deutsche Kaiser Wilhelm II. schrieb an den Rand des ersten offiziellen Berichts aus Wien vom 30. Juni 1914: „Mit den Serben muss aufgeräumt werden, und zwar bald.“
Deutschland sicherte Österreich-Ungarn bedingungslose Unterstützung zu, Russland stellte sich hinter Serbien und Frankreich stand zu seinem Bündnis mit Russland. Zwar erfüllte Serbien weitgehend die Forderungen Österreichs, sodass in Europa viele überzeugt waren, dass der Kriegsgrund damit entfallen sei. Doch Österreich hielt an seiner kriegerischen Absicht fest und erklärte Serbien am 28. Juli 1914 den Krieg. Als Russland seine Truppen mobil machte, griffen die Bündnisverpflichtungen und es gab kein Halten mehr: Am 1. August erklärte Deutschland Russland den Krieg, am 3. August Frankreich. Großbritannien folgte am 4. August mit Kriegserklärungen an Deutschland und Österreich. Aus der „Balkankrise“ wurde ein „europäischer Krieg“.

M1

Attentat auf den österreichischen Erzherzog Franz Ferdinand, Lithographie vom Juni 1914, Collage mit Zeitungsschlagzeilen. Täter waren serbische Nationalisten; die serbische Regierung wusste von den Plänen.

M2

Die Haltung Deutschlands

Graf von Szögyényi, 1892 bis 1914 österreichisch-ungarischer Gesandter in Berlin, telegraphierte am 5. Juli 1914 an seinen Außenminister über eine Unterredung mit Wilhelm II.:

Als ich nochmals den Ernst der Situation mit großem Nachdruck betonte, ermächtigte mich Seine Majestät, unserem Allergnädigsten Herrn zu melden, dass wir … auf die volle Unterstützung Deutschlands rechnen können … Russlands Haltung werde jedenfalls feindselig sein, doch sei er hierauf schon seit Jahren vorbereitet, und sollte es sogar zu einem Krieg zwischen Österreich-Ungarn und Russland kommen, so könnten wir davon überzeugt sein, dass Deutschland in gewohnter Bündnistreue an unserer Seite stehen werde. Russland sei übrigens … noch keineswegs kriegsbereit und werde sich noch sehr überlegen, an die Waffen zu appellieren. Doch werde es bei den anderen Mächten der Tripelentente[1] gegen uns hetzen … Er begreife sehr gut, dass es Seiner Majestät bei seiner bekannten Friedensliebe schwerfallen würde, in Serbien einzumarschieren; wenn wir aber die Notwendigkeit einer kriegerischen Aktion gegen Serbien erkannt hätten, so würde er es bedauern, wenn wir den jetzigen, für uns so günstigen Moment unbenützt ließen.

Zit. nach Asmut Brückmann, Die europäische Expansion, Stuttgart (Klett) 1993, S. 143.

[1] Großbritannien, Frankreich, Russland

M3

Mächtegruppen im Ersten Weltkrieg

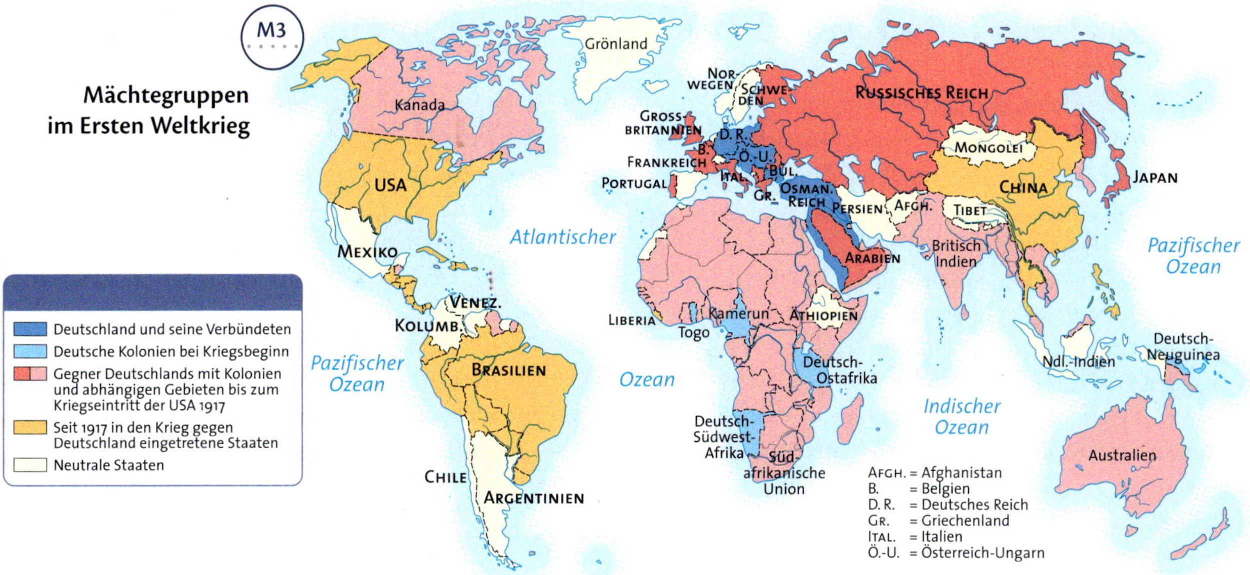

M4

Die Haltung Großbritanniens

Der britische Staatssekretär im Außenministerium, E. A. Crowe, schrieb im Juli 1914:

Worauf es ankommt, ist, ob Deutschland zu diesem Krieg jetzt absolut entschlossen ist oder nicht ... Wenn Seiner Majestät Regierung in dem Augenblick, wo entweder Österreich oder Russland zu mobilisieren beginnen, Befehl erteilt, unsere ganze Flotte unverzüglich auf Kriegsfuß zu setzen, so mag dies ... Deutschland die Augen über den Ernst der Gefahr öffnen, der es ausgesetzt wäre, wenn England am Kriege teilnähme ... Sollte der Krieg ausbrechen und England unbeteiligt bleiben, dann muss sich Folgendes ergeben: a.) Entweder siegen Deutschland und Österreich, sie erdrücken Frankreich und demütigen Russland. b.) Oder Frankreich und Russland siegen. Wie werden sie sich dann gegen England verhalten? ... In diesem Kampf, der nicht um den Besitz Serbiens geht, sondern bei dem es sich um das Ziel Deutschlands, seine politische Vorherrschaft in Europa zu errichten, und um den Wunsch der Mächte handelt, ihre individuelle Freiheit zu erhalten – in diesem Kampf sind unsere Interessen mit denen Frankreichs und Russlands verknüpft. Wenn wir dazu beitragen können, den Konflikt zu verhüten, ... dann wäre es falsch, diesen Versuch nicht zu machen.

Zit. nach Asmut Brückmann, Die europäische Expansion, Stuttgart (Klett) 1993, S. 147.

Begriffe und Daten

Kriegsziele (September 1914)

Deutschland

- Sicherung des Reiches nach Ost und West
- Schwächung Frankreichs durch Gebietsabtretungen
- Belgien wird „Vasallenstaat" (d. h.: abhängig); militärische Nutzung von Hafenplätzen

Frankreich und Verbündete

- Herrschaft Deutschlands brechen
- territoriale Veränderungen nach Nationalitäten
- Gebietsabtretungen Polens an Russland, Entschädigung Polens mit deutschen Gebieten
- Elsass-Lothringen und eventuell weitere Teile des Reiches an Frankreich, Gebietszuwachs für Belgien
- Kriegsentschädigung von Deutschland und Österreich

1 Erarbeitet in Partnerarbeit anhand der Informationen auf dieser Doppelseite:
a) Ursachen, Anlass und Folgen des Attentats von Sarajewo,
b) die deutsche und die britische Position zur Krise,
c) die Mächtegruppen und deren Kriegsziele am Beispiel Deutschlands und Großbritanniens.

Der Krieg des Industriezeitalters

Die Front – Materialschlachten prägen den Krieg

„Ein merkwürdiger Krieg: ... Flieger, Autos spielen eine ungeahnte Rolle, wie überhaupt die Technik, Brücken und Tunnels, deren Bau sonst Jahre gedauert hat, werden in vierzehn Tagen hergestellt."

Diese Beobachtungen schrieb Großadmiral von Tirpitz am 11. Oktober 1914 in sein Tagebuch. Der Krieg, der erst gut zwei Monate gedauert hatte, war offenbar ein ganz neuer, so nicht erwarteter Krieg. Im 19. Jahrhundert hatten nur selten Heere von mehr als 500 000 Mann gegeneinander gekämpft, nun waren es mehrere Millionen. Mit modernen Waffen (Maschinengewehren, Hand- und Giftgasgranaten, Flammenwerfern, Minen, Panzern und Flugzeugen) setzte eine beispiellose Materialschlacht ein. Die Industrie machte sie mit ihrer nahezu ununterbrochenen Waffenproduktion möglich.

Die „Hölle von Verdun" wurde zum Inbegriff dieses Materialkrieges. Bei der französischen Festung Verdun sollte nach den Plänen der deutschen Obersten Heeresleitung die Hauptmacht des französischen Heeres vernichtet werden. Die Schlacht wurde mit gewaltigen Opfern bezahlt: 240 000 Deutsche und 275 000 Franzosen sind vom Februar bis Juni 1916 hier gefallen, wurden verwundet oder blieben vermisst. Der Krieg wurde dabei nicht entschieden.

Die „Heimatfront" – Der Krieg bestimmt den Alltag

Der anhaltende Stellungskrieg führte zu Versorgungsproblemen: Zum einen musste der Nachschub für die Truppen an den Fronten bewerkstelligt werden, zum anderen wurde durch die „Hungerblockade" (Blockade der Nordsee durch Großbritannien) die Situation der Zivilbevölkerung im Reich verschärft. Seit 1915 schränkte die Regierung zunehmend den freien Lebensmittelverkauf ein und regelte vor allem die Brot- und Getreideversorgung über Lebensmittelkarten. Da die Mengenzuweisungen nicht ausreichten, versuchten sich die Menschen selbst zu versorgen: So legten sich viele Städter Kleingärten oder „Fensterplantagen" zu, hielten (zum Teil in Wohnungen!) Hühner, Kaninchen oder Schweine. Auch die Versorgung der Truppen mit Waffen bereitete zunehmend Schwierigkeiten, da in den Rüstungsbetrieben Arbeitskräfte fehlten. Um dieses Problem zu lösen, wurden immer mehr Arbeiterinnen eingesetzt. Viele Frauen waren auf solche Verdienstmöglichkeiten angewiesen. Sie mussten, da ihre Männer an der Front kämpften, ihre Familien allein ernähren. Im „Kohlrübenwinter" 1916/17 verhungerten in Deutschland Hunderttausende. 1917 betrug die Getreideernte nur noch 50 Prozent der Vorkriegsjahre. Trotzdem hielten die kriegführenden Staaten an ihren Zielen fest.

M1

Frauen müssen ihren Lebensunterhalt verdienen, Postkarte, 1917

M2

Die Realität des Krieges

In dem Roman „Im Westen nichts Neues" schilderte der Schriftsteller und Kriegsfreiwillige Erich Maria Remarque 1929 die Situation in den Schützengräben:

Unsere Gesichter sind verkrustet, unser Denken ist verwüstet, wir sind todmüde: Wenn der Angriff kommt, müssen manche mit den Fäusten geschlagen werden, damit sie erwachen und mitgehen: Die Augen sind entzündet, die Hände zerrissen, die Knie bluten, die Ellbogen sind zerschlagen. Vergehen Wochen – Monate – Jahre? Es sind nur Tage ...

Haie Westhus wird mit abgerissenem Rücken fortgeschleppt; bei jedem Atemzug pulst die Lunge durch die Wunde. Ich kann ihm noch die Hand drücken: „Is alle, Paul", stöhnt er und beißt sich vor Schmerz in die Arme. Wir sehen Menschen leben, denen der Schädel fehlt; wir sehen Soldaten laufen, denen beide Füße weggefetzt sind; sie stolpern auf den splitternden Stümpfen bis zum nächsten Loch.

Erich Maria Remarque, Im Westen nichts Neues, Berlin (Ullstein) 1972, S. 98 ff.

M3

In Gedenken an den 4. August 1914

1917 fand im Reichstag eine Gedenkveranstaltung statt, bei der Reichskanzler Georg Michaelis eine Rede hielt:

Wir stehen unter dem Eindruck der Größe des Tages, an dem vor drei Jahren das Volk aufstand, um in begeisterter Einmütigkeit den Riesenkampf aufzunehmen, der uns aufgezwungen worden war. Der 4. August wird in der Geschichte des deutschen Volkes zu allen Zeiten sein der Tag höchster vaterländischer, todesmutiger und siegesgewisser, entschlussfreudiger Bereitwilligkeit gegenüber der größten Gefahr, die je auf ein Volk hereinbrach ... Heute kommt es darauf an, die Leuchtfeuer hell auflodern zu lassen, ein Ziel, ein Wille, ein Vaterland! Und dieses Vaterland ist größer und wichtiger als unser Einzelleben! Je größer die Opfer, desto herrlicher der Lohn. Wir geloben dem Kaiser und dem Reiche die Treue und was uns das Herz frei macht, das rufen wir aus: Vaterland, Kaiser und Reich hurra, hurra, hurra!

Zit. nach Jeffrey Verhey, Der „Geist von 1914", Hamburg (Hamburger Edition HIS) 2000, S. 287. Übers. v. J. Bauer / E. Nerke.

M4

Kriegsverletzte des Ersten Weltkriegs, Foto, um 1918. Zur erschütternden Bilanz des Krieges gehören Millionen von Verwundeten und Kriegskrüppeln, deren Verletzungen meist durch Granatsplitter verursacht wurden.

Lesetipp

Erich-Maria Remarque, Im Westen nichts Neues, Berlin (KiWi), 1998. Der Autor erzählt aus der Perspektive eines Soldaten, der von der Schule direkt auf das Schlachtfeld geschickt wird.

1 Vergleicht in Partnerarbeit den Alltag an der Front mit dem der „Heimatfront", indem ihr arbeitsteilig
a) anhand des Darstellungstextes links und M4 einen Brief eines Soldaten an seine Familie schreibt und
b) anhand des Darstellungstextes rechts und M1 einen Brief einer Ehefrau an ihren Mann an der Front schreibt.

2 Untersuche, wie Remarque (M2) seine Kriegserlebnisse literarisch umsetzte, und stelle einen Bezug zu M4 her.

3 Setze dich unter dem Aspekt des „Kriegsalltags" kritisch mit den Behauptungen des Redners von M3 auseinander.

4 Beurteile: Erster Weltkrieg – „Schrittmacher" der Frauenemanzipation?

Das Ende des Ersten Weltkriegs

Kriegseintritt der USA

Die Vereinigten Staaten von Amerika hatten sich bei Kriegsbeginn für militärisch neutral erklärt, lieferten jedoch kriegswichtige Güter an die Alliierten Großbritannien und Frankreich. Um den amerikanischen Nachschub zu unterbinden, setzte die deutsche Militärführung eine neuartige Waffe ein: U-Boote. Nach scharfem Protest der USA wurden die U-Bootangriffe 1916 aber beendet. Nach der Stagnation im Landkrieg und dem Fehlschlag in der Skagerrak-Schlacht wurde am 1. Februar 1917 – durch Entscheidung der Obersten Heeresleitung (OHL) – der „uneingeschränkte" U-Bootkrieg wieder aufgenommen. Die USA brachen daraufhin am 3. Februar ihre diplomatischen Beziehungen zum Reich ab und erklärten am 6. April Deutschland den Krieg. Als Motive für das Verhalten der US-Regierung werden in der Geschichtsforschung gesehen:

- die Verletzung des Völkerrrechts und der militärischen Neutralität der USA durch Deutschland,
- die Gefahr einer deutschen Hegemonie in Europa,
- die Vermeidung einer Niederlage der Alliierten, um die Kriegskredite später wiederzubekommen, und
- die Durchsetzung der amerikanischen Grundüberzeugung, für Freiheit und Demokratie zu kämpfen.

M1 **Allegorie* auf den gemeinsamen Kampf der Alliierten gegen Deutschland,** Zeichnung, 1917

Alliierte Überlegenheit und Waffenstillstand

Der Eintritt der USA in den Krieg und von den Briten eingesetzte Panzer („Tanks") verschoben die Gewichte eindeutig zugunsten der Alliierten. Die neue weltpolitische Rolle der USA zeigte sich, als der amerikanische Präsident Wilson im Januar 1918 ein 14-Punkte-Programm verkündete, das künftig den Weltfrieden sichern sollte. Gefordert wurden u. a.: Demokratie, Achtung des Selbstbestimmungsrechtes der Völker und ein Völkerbund, der zugleich Schlichter in Konflikten zwischen den Nationen sein sollte.

Angesichts des bevorstehenden militärischen Zusammenbruchs forderte die OHL am 29. September 1918 sofortige Waffenstillstandsverhandlungen. Die deutsche Regierung setzte große Hoffnungen in die Initiative Wilsons, der einen gegenseitigen Verzicht auf Gebietsabtretungen und Kriegskostenentschädigungen vorgeschlagen hatte. Wilson wollte damit künftig gewaltsame, durch Rache motivierte Auseinandersetzungen verhindern.

Misserfolge an der Front und Forderungen des US-Präsidenten führten im Oktober 1918 im Deutschen Reich zur Änderung der Verfassung. Auch die OHL sprach sich für eine Regierung aus, die nicht dem Kaiser, sondern dem Parlament verantwortlich sein sollte. Der Regierung gehörten der neue Reichskanzler Max von Baden und Vertreter mehrerer Parteien an. Als die Vertreter der deutschen Übergangsregierung in Nordfrankreich am 11. November 1918 das Waffenstillstandsabkommen unterschrieben, wurden die harten Bedingungen der Alliierten bereits erkennbar: sofortige Räumung der besetzten Gebiete, Abgabe des größten Teils der Kriegswaffen und der gesamten Hochseeflotte. Dass man den Waffenstillstand als Atempause nutzen könnte, um die Kämpfe wieder aufzunehmen, erwies sich schnell als Illusion. Enttäuschung und Selbstzweifel bestimmten das Klima in Deutschland. Im Herbst 1918 war klar: Deutschland und seine Verbündeten hatten den Krieg verloren. Das Kaiserreich war am Ende.

M2

Die Beweggründe der USA

Aus der Rede des US-Präsidenten Wilson vor dem Kongress am 2. April 1917:

Der gegenwärtige deutsche Unterseebootkrieg gegen den Handelsverkehr ist ein Krieg gegen die Menschheit. Er ist ein Krieg gegen alle Nationen … Unser Beweggrund soll nicht Rachsucht … sein, sondern allein die Vertretung des Menschenrechtes, für das wir nur ein einzelner Streiter sind … Unser Ziel ist, die Grundsätze des Friedens und der Gerechtigkeit im Leben der Welt gegen selbstsüchtige und autokratische Macht zu verteidigen … Wir haben keinen Streit mit dem deutschen Volke. Wir haben gegen dieses nur ein Gefühl der Sympathie und der Freundschaft. Seine Regierung hat nicht auf sein Betreiben gehandelt, als sie in den Krieg eintrat … [Wir werden kämpfen] … für Demokratie, für das Recht derer, die einer Obrigkeit untertan sind, … für die Rechte und Freiheiten der kleinen Nationen.

Zit. nach Geschichte in Quellen, Bd. 6, bearb. v. Günter Schönbrunn, München (bsv) 1961, S. 57 f.

M3

Die so genannte Friedensresolution

Am 19. Juli 1917 verabschiedete der Reichstag mit 212 gegen 126 Stimmen bei 17 Enthaltungen die so genannte Friedensresolution. Dafür stimmten Zentrum, Mehrheitssozialdemokratie, Fortschrittliche Volkspartei, dagegen waren Konservative, Nationalliberale, Unabhängige Sozialdemokratie.

Wie am 4. August 1914 gilt für das deutsche Volk auch an der Schwelle des vierten Kriegsjahres das Wort der Thronrede: „Uns treibt nicht Eroberungssucht." Zur Verteidigung seiner Freiheit und Selbstständigkeit, für die Unversehrtheit seines territorialen Besitzstandes hat Deutschland die Waffen ergriffen. Der Reichstag erstrebt einen Frieden der Verständigung und der dauernden Versöhnung der Völker. Mit einem solchen Frieden sind erzwungene Gebietserwerbungen und politische, wirtschaftliche oder finanzielle Vergewaltigungen unvereinbar … Der Reichstag wird die Schaffung internationaler Rechtsorganisationen tatkräftig fördern … Solange jedoch die feindlichen Regierungen auf einen solchen Frieden nicht eingehen, solange sie Deutschland und seine Verbündeten mit Eroberung und Vergewaltigung bedrohen, wird das deutsche Volk wie ein Mann zusammenstehen.

Zit. nach Geschichte in Quellen, Bd. 5, bearb. v. Günter Schönbrunn, München (bsv) 1961, S. 93 f.

M4

Der Moloch spuckt Kriegsmaterial aus,
Karikatur aus dem „Simplicissimus", 1917

Begriffe und Daten

Erster Weltkrieg 1914 bis 1918

Der Erste Weltkrieg unterschied sich grundlegend von bisherigen Kriegen durch: die Zahl seiner Opfer (etwa 10 Millionen Tote, 20 Millionen Verwundete und Invaliden), das Ausmaß der Zerstörung, die militärisch-territoriale Ausdehnung, den Einsatz von Millionenheeren und einer gewaltigen Militärmaschinerie mit Luft- und Panzerwaffen. Unmittelbarer Kriegsanlass war das Attentat von Sarajewo. Ursachen des Krieges liegen in machtpolitischen Gegensätzen und Interessenkonflikten im europäischen Staatensystem und Rivalitäten, die sich aus der imperialistischen Politik jener Zeit ergaben.

1 Erarbeite die Bildaussage von M1.

2 Skizziere anhand des Darstellungstextes stichwortartig den Eintritt der USA in den Krieg.

3 Nimm zu den Motiven der USA für den Kriegseintritt Stellung. Ziehe M2 und M4 mit heran.

4 Bewerte die Aussage von M4. Berücksichtige deine bisherigen Ergebnisse zur Rolle der USA in der Zeit des Imperialismus (siehe S. 176).

5 Untersuche M3 und beurteile die Ziele und die Argumentation der Resolution.

Kriegerdenkmäler erkunden

An Opfer erinnern

Ausdruck des ungeheuren Schocks, den der Erste Weltkrieg für alle Beteiligten bedeutete, ist die große Zahl der Totendenkmäler, die in allen Ländern nach Kriegsende errichtet wurden. Allein in Frankreich entstanden 30 000 Kriegsdenkmäler.
Neben großen Gedenkstätten wie z. B. in Verdun sind es vor allem kleinere dörfliche Erinnerungsstätten, die zumeist auf Initiative der Gemeindevertretungen errichtet wurden. Auch in Deutschland gibt es zahlreiche Kriegerdenkmäler aus der Zeit, die bis heute an die Opfer erinnern, die aber damals auch die Betrachter auffordern sollten, dem Beispiel der „Helden für das Vaterland" zu folgen.

1 Finde heraus, ob es in deiner Heimatstadt oder in der Nähe ein Kriegerdenkmal gibt und untersuche es mithilfe der Arbeitsschritte. Präsentiere deine Ergebnisse in der Klasse.

M1 **Langemarck-Denkmal in Rheine,** Schülerinnen vor dem Kriegsdenkmal, das zu Ehren der Gefallenen in der Schlacht bei Langemarck (Belgien) im Ersten Weltkrieg errichtet wurde, Foto, 1998

Arbeitsschritte

1. Schritt: Die Bedeutung klären und Einzelheiten beschreiben

- Stellt fest, warum das Denkmal errichtet wurde: zur Mahnung, als Aufforderung zur Nachahmung, zur Verherrlichung der „Kriegshelden"?
- Schreibt dazu die Inschriften auf dem Denkmal ab oder fotografiert sie. Beachtet, aus welchem Material das Denkmal ist und welche Symbole verwendet wurden (Adler, Stahlhelme, Waffen, Ölzweig, Taube etc.).
- Beachtet ferner, wie die Figuren dargestellt wurden: sterbend, in aufrechter Haltung usw.
- Klärt, ob das Denkmal nach seiner Aufstellung verändert wurde (Restaurierung, Umsetzung, Verunstaltung usw.).
- In welchem Zustand befindet sich das Denkmal? Wird die unmittelbare Umgebung gepflegt oder bepflanzt? Wenn ja, durch wen?

2. Schritt: Details festhalten

Häufig findet sich auf diesen Denkmälern auch ein Verzeichnis aller Gefallenen dieses Ortes. Dann könnt ihr zusätzlich noch folgende Fragen beantworten:

- Wie viele Männer dieses Ortes starben als Soldaten im Krieg?
- Wie alt war der Jüngste, wie alt der Älteste?
- Wenn auf dem Denkmal angegeben ist, wo die Soldaten gefallen sind, fertigt eine Karte an und tragt die Orte ein.

Von der Vorherrschaft Europas zum Ersten Weltkrieg

M1

Karikatur zu den Folgen des Imperialismus, anonym, 1975

M2

Wilhelm II. auf einer Postkarte des Jahres 1914

Überprüfe, was du kannst

Sachkompetenz

1 Kläre die folgenden Begriffe: Imperialismus (S. 172), Sozialdarwinismus (S. 172), Erster Weltkrieg 1914–1918 (S. 189).

2 Unterscheide beispielhaft verschiedene Motive, Ziele und Methoden imperialistischer Politik (S. 172–177).

Urteilskompetenz

3 Untersuche und beurteile M2 auf der Grundlage deiner Kenntnisse aus dem Kapitel.

Handlungskompetenz

4 a) Erschließe die Aussage von M1.
b) Zeichne – ausgehend von M1 – eine eigene Karikatur zum Thema „Folgen des Imperialismus“.
c) Organisiert eine kleine Ausstellung eurer Entwürfe.

- 1880 bis 1918 Imperialismus
- 1884/85 bis 1890 Das Deutsche Reich erwirbt Kolonien
- 1890 Beginn des Wettrüstens zwischen dem Deutschen Reich, Großbritannien und anderen europäischen Großmächten
- 1900 „Boxer“-Aufstand in China
- 1914 bis 1918 Erster Weltkrieg
- 1914 Attentat auf das österreichische Thronfolgerpaar in Sarajewo
- 1916 Schlacht von Verdun
- 1917 Kriegseintritt der USA

1880 | 1890 | 1900 | 1910 | 1920

Imperialismus und Erster Weltkrieg

In der Geschichtsforschung wird die Industrialisierung als wesentliche Grundlage für eine imperialistische Politik gesehen, die seit der zweiten Hälfte des 19. Jahrhunderts bis zum Ersten Weltkrieg 1914 die Politik der Großmächte bestimmte. Ideologische, politische, militärische und wirtschaftliche Interessen trieben den Imperialismus an.

Triebkräfte des Imperialismus

Als „Antrieb“ des Imperialismus gelten folgende Faktoren:

- Industrieunternehmen suchten nach Rohstoffen und Absatzmärkten.
- Die Kolonien boten Siedlungsraum für die schnell wachsende Bevölkerung in Europa.
- Militärische Interessen und Sicherheitsbedürfnisse gegenüber den anderen Großmächten verstärkten den Eroberungsdrang.
- Innenpolitische Spannungen wurden in nationalistische und imperiale Ziele „nach außen“ abgeleitet.
- Die Behauptung von der Überlegenheit der „weißen Rasse“ verstärkte die Einstellung der Europäer, die „armen Wilden“ religiös missionieren und von der „Höherwertigkeit“ der Kultur der Europäer überzeugen zu müssen.
- Staatliche, militärische und wirtschaftliche Schwächen der außereuropäischen Länder bzw. Völker verstärkten die Herrschaftsansprüche der Europäer.

Imperialismus und Erster Weltkrieg

Imperialismus

Triebkräfte

- Ideologische, politische, militärische und wirtschaftliche Motive und Interessen liegen dem Imperialismus zugrunde.

Methoden der Kolonialherrschaft

- Formen direkter und indirekter Herrschaft
- europäische Verwaltungs- und Leitungstrukturen in den Kolonialgebieten
- folgenreiche Eingriffe der Europäer in die Lebensbedingungen und Lebensräume der einheimischen Völker

Folgen des Imperialismus

- Bürgerkriege, u. a. durch künstliche Grenzziehungen der Kolonialmächte
- Eingriffe in kulturelle und politische Traditionen und wirtschaftliche Lebensbedingungen

Erster Weltkrieg

Ursachen

- äußerer Anlass: Attentat auf das österreichisch-ungarische Thronfolgerehepaar (Juni 1914)
- globale Rivalitäten der imperialistischen Großmächte
- verschärfte Spannungen in Europa (z. B. Nationalitätenkonflikte)
- Rüstungswettlauf

Verlauf

- erster „industrieller Krieg“
- Materialschlacht ohne schnelle militärische Enscheidung
- negative Auswirkungen auf die „Heimatfront“
- Auswirkungen auf den Kriegsverlauf und das Ende des Krieges durch den Kriegseintritt der USA

Ergebnisse und Folgen

- Große Menschenverluste und hohe Kriegskosten für alle Beteiligten
- Niederlage Deutschlands und seiner Verbündeten (November 1918)
- Gründung des Völkerbundes

Herrschaft in den Kolonien

Die Grenzen der eroberten Gebiete wurden zumeist nicht mit den Einheimischen abgestimmt, sondern in Verhandlungen der Kolonialmächte untereinander festgelegt. Traditionelle Rechte, Besitzungen von Volksgruppen und Großfamilien sowie kulturelle Bindungen blieben unberücksichtigt. Aufstände, z. B. der „Boxer“-Aufstand, wurden mit militärischer Gewalt niedergeschlagen.

Sowohl Formen direkter als auch indirekter Herrschaft zielten auf eine „effektive Nutzung“ der Kolonien und ihrer Bewohner ab. Verwaltungsapparate wurden von europäischen Beamten geleitet, die zum Teil von Einheimischen, die Achtung und Ansehen in der Bevölkerung genossen, unterstützt wurden.

Die Folgen der massiven Eingriffe in Gesellschaft, Kultur, Wirtschaft, Lebens- und Naturräume waren so schwerwiegend, dass sie die ehemaligen Kolonien teilweise noch heute prägen, z. B. durch Bürgerkriege infolge „künstlicher“ Grenzziehungen.

Konflikt- und Schlachtfeld Europa

Die Rivalitäten der imperialistischen Staaten um Gebiete in Afrika und Asien verstärkten die Spannungen in Europa. Vor allem Großbritannien und das Deutsche Reich sahen sich als direkte Konkurrenten und begannen einen erbitterten Rüstungswettlauf. Dazu kam das durch den Krieg von 1870/71 schwer belastete deutsch-französische Verhältnis. Die Politik Kaiser Wilhelms II. führte Deutschland immer mehr in die Isolation und die anderen Großmächte – in wechselnden Partnerschaften – enger zusammen.

Die Lage in Europa verschärfte sich außerdem durch die Nationalitätenkonflikte auf dem Balkan. Als im Juni 1914 das österreichisch-ungarische Thronfolgerehepaar in Sarajewo einem Attentat zum Opfer fiel und Österreich Serbien am 28. Juli den Krieg erklärte, schloss sich sein Bündnispartner, das Deutsche Reich, an. Machtpolitische Gegensätze und Interessenkonflikte im europäischen Staatensystem führten im August 1914 zum Ersten Weltkrieg.

Der Krieg verändert die Welt

Bald zeichnete sich ab, dass der Krieg zu einer langwierigen, mörderischen Materialschlacht werden würde, die keiner schnell gewinnen konnte. Auch die verlustreichen Schlachten im Westen (1916) brachten kaum Geländegewinne und keine militärische Entscheidung. An der „Heimatfront“ forderte die katastrophale Versorgungslage große Opfer.

Der Kriegseintritt der USA am 6. April und die Oktoberrevolution in Russland machten das Jahr 1917 zu einem „Epochenjahr“. Beide Ereignisse veränderten die Kräfteverhältnisse in Europa und der Welt grundlegend. Die USA, durch deren wirtschaftliche und militärische Überlegenheit der Krieg entschieden wurde, beanspruchten nun, bei politischen Entscheidungen in Europa mitzubestimmen. Bereits im Januar 1918 hatte der amerikanische Präsident Wilson in 14 Punkten ein Programm verkündet, das nach Kriegsende verwirklicht werden und einen Verständigungsfrieden auf der Basis des Selbstbestimmungsrechts der Völker ermöglichen sollte. Ein „Völkerbund“ sollte zur Befriedung der Staatenbeziehungen beitragen.

Im November 1918 musste Deutschland, das der militärischen Übermacht der Kriegsgegner im Westen nicht mehr widerstehen konnte, die Kapitulationsurkunde unterschreiben.

5. Die neuen Weltmächte Sowjetunion und USA

Im Ersten Weltkrieg wurden nicht nur Millionen Menschen entwurzelt, traumatisiert, verstümmelt oder getötet. Die Wirtschaft aller europäischen Kriegsparteien war zerrüttet und weite Landstriche waren zerstört. Das Kriegsende ermöglichte zugleich radikale gesellschaftliche und politische Umwälzungen. So hatten in Russland 1917 kommunistische Revolutionäre unter der Führung Lenins gewaltsam die Macht ergriffen. Ihre Ziele waren Frieden herzustellen und eine neue Herrschafts- und Gesellschaftsform aufzubauen. Ebenfalls 1917 waren die USA, die zur Weltmacht aufgestiegen waren, in den Krieg eingetreten. Sie kämpften für demokratische und liberale Gesellschaftsordnungen. Damit hatten zwei neue Mächte die „Bühne" betreten, die in den folgenden Jahrzehnten des 20. Jahrhunderts die Weltpolitik bestimmten.

Folgende Fragen leiten dich durch das Kapitel:

- ***Warum kam es in Russland zum Sturz der Zarenherrschaft und zum Aufbau einer neuen Gesellschaftsordnung?***
- ***Welche Ergebnisse hatte die Russische Revolution 1917 und wie lassen sie sich beurteilen?***
- ***Welche Faktoren begünstigten den Aufstieg der USA zur Weltmacht?***
- ***Wie ist ihre Rolle in der Weltpolitik in den ersten Jahrzehnten des 20. Jahrhunderts zu bewerten?***

„Prosperity", Plakat zur Präsidentschaftswahl, 1896. Der Kandidat William McKinley steht auf einer Dollarmünze, die von Männern unterschiedlicher sozialer Herkunft getragen wird.

1 Beschreibt beide Abbildungen und vergleicht die Aussagen.

2 Tauscht eure Kenntnisse über die Weltmächte Russland bzw. die Sowjetunion und die USA aus.

„Unter der Führung des großen Stalin vorwärts zum Kommunismus", Lithographie von Boris F. Berezovskij und Michail Solovjov, 1951

Die Sowjetunion: Aufbau einer kommunistischen Gesellschaft

Wissen • Urteilen • Handeln • Methoden anwenden

Am Ende dieses Unterkapitels kannst du

- Merkmale der Krise Russlands um 1900 nennen
- die politische Organisierung der Opposition gegen die Zarenherrschaft und ihre Wirkung bewerten
- Verlauf und Ergebnis der Russischen Revolution 1917 sowie die Motive der oppositionellen Kräfte darstellen
- die Differenz zwischen Revolutionsanspruch und Wirklichkeit der revolutionären Verhältnisse bewerten
- den Weg in den Stalinismus erläutern
- die Ergebnisse der Revolution beurteilen
- die Manipulation von Fotos und Bildern als ein Merkmal des stalinistischen Systems erkennen

Die Sowjetunion 1922 bis 1991

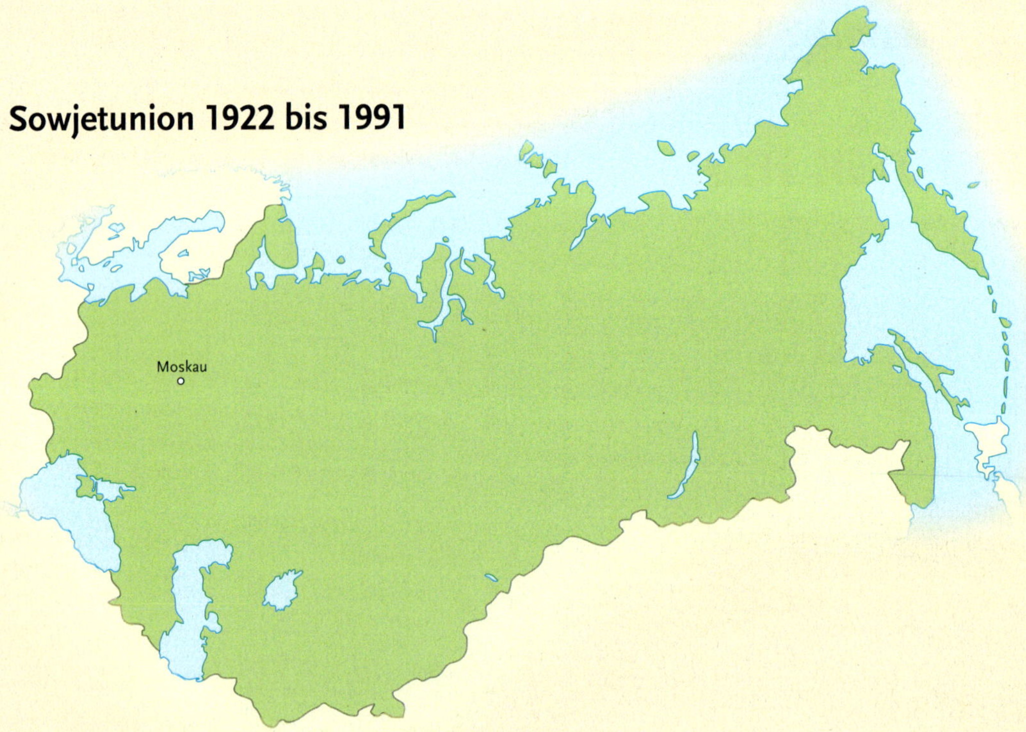

Russische Revolution – 1917

Sowjetunion (UdSSR) – 1922 bis 1991

Russland vor der Revolution

Russland in der Krise

Die Krise der Landwirtschaft hatte zwei Ursachen: Zum einen waren 1861 die Bauern (etwa 80 Prozent der Bevölkerung) von der Leibeigenschaft befreit worden. Ausgestattet mit Freiheitsrechten, aber ohne Besitz, zogen viele in die neuen Industriezentren Petrograd und Moskau. Folglich fehlten diese Arbeitskräfte der Landwirtschaft. Zum anderen blieb die Zahl konkurrierender bäuerlicher Betriebe gering, da trotz Reformen die Mehrzahl der Ländereien in den Händen adliger Großgrundbesitzer war.

Auch in der sich entwickelnden Industrie zeigten sich Probleme: Die Schwerindustrie dominierte alle anderen Industriezweige. Das Kapital vieler Betriebe stammte überwiegend – in manchen Branchen bis zu 80 Prozent – von ausländischen Investoren. Außerdem fehlte ein finanzkräftiges Bürgertum, das Interesse gehabt hätte, Betriebe zu gründen und gewinnorientiert auszubauen.

Wesentlichen Anteil an diesen Zuständen hatte der „Zarismus". Der Zar herrschte aus eigener Machtvollkommenheit, die er mithilfe der Geheimpolizei und der orthodoxen Kirche aufrechterhielt. Für liberal oder demokratisch orientierte politische Gruppen war in diesem Machtgefüge kein Freiraum vorgesehen. Trotzdem protestierten v. a. Intellektuelle (unter ihnen Studenten, Professoren, Schriftsteller) gegen die rückständige Politik des Zaren. Aus den Reihen der radikalen Oppositionellen bildeten sich die ersten Parteien Russlands: 1898 die Sozialdemokratische Arbeiterpartei und 1901 die Partei der Sozialrevolutionäre, die sich für die Bauern einsetzte. Nach der Revolution wurden zwar Reformen in Landwirtschaft und Industrie eingeleitet, sie blieben aber wegen der fehlenden Modernisierung des politischen Systems ohne größere Wirkung.

Vorschlag für eine Gruppenarbeit

Die Seiten 197 bis 201 lassen sich in Gruppen erarbeiten. Jede Gruppe bearbeitet eine Seite und stellt ihre Ergebnisse in der Klasse vor. Nutzt die Arbeitsaufträge.

1 Beschreibe M1 und ziehe aus den Tätigkeiten der Bauern Rückschlüsse auf ihre Lebensverhältnisse.
2 Erarbeite anhand des Darstellungstextes, worin die Krise in Staat und Gesellschaft Russlands bestand.
3 Erörtere den Zusammenhang zwischen den Lebensbedingungen in Russland und der Gründung von Parteien.

M1 **Beim Korbflechten,** Foto, um 1900. Die russische Landbevölkerung stellte zusätzlich zur Feldarbeit Waren her, die sie auf den örtlichen Märkten verkaufte. Das Foto wurde im Auftrag der Regierung aufgenommen.

Die Russische Revolution 1917

Die Bolschewiki ergreifen die Macht

Der für Russland ungünstige Verlauf des Ersten Weltkriegs führte in der Bevölkerung zu Kriegsmüdigkeit. Dazu kam die schon länger andauernde Unzufriedenheit der Menschen wegen fehlender Reformen. Hungerrevolten und Streiks waren die Folge. Auch die im März 1917 nach der Abdankung des Zaren gebildeten bürgerlich-demokratischen Regierungen konnten die Lage nicht stabilisieren. Deshalb nutzten die sozialistisch-kommunistischen Bolschewiki* unter der Führung Lenins und Trotzkis den Rückhalt bei den revolutionären Massen und ergriffen im Oktober 1917 in einem bewaffneten Putsch die Macht. Sie versprachen einen schnellen Friedensschluss und verstaatlichten Grund und Boden sowie Banken, Handels- und Wirtschaftsbetriebe.

M2

W. I. Lenin ruft die Sowjetmacht aus (25. Oktober 1917. Zweiter Allrussischer Sowjetkongress), Gemälde von Wladimir Serow, 1947

M1

Lenins Aprilthesen

Nach seiner Rückkehr aus dem Exil trug Wladimir I. Lenin (1870–1924) seinen Genossen zehn Thesen zur Politik der Bolschewiki vor:

2. Die Eigenart der gegenwärtigen Lage in Russland besteht im Übergang von der ersten Etappe der Revolution, die infolge des ungenügend entwickelten Klassenbewusstseins und der ungenügenden Organisiertheit des Proletariats* der Bourgeoisie die Macht gab, zur zweiten Etappe der Revolution, die die Macht in die Hände des Proletariats und der ärmsten Schichten der Bauernschaft legen muss ...
3. Keinerlei Unterstützung der Provisorischen Regierung ...
4. Anerkennung der Tatsache, dass unsere Partei in den meisten Sowjets* der Arbeiterdeputierten in der Minderheit ... ist gegenüber dem Block aller kleinbürgerlichen ... Elemente ...
5. Keine parlamentarische Republik ..., sondern eine Republik der Sowjets* der Arbeiter-, Landarbeiter- und Bauerndeputierten im ganzen Lande, von unten bis oben.

Prawda vom 7. April 1917, zit. nach Wladislaw Hedeler u. a. (Hg.), Die Russische Revolution 1917, Berlin (Dietz) 1996, S. 231 f.

M3

Aufruf an die Bewohner von Petrograd

Der Petrograder Arbeiterrat verkündete am 28. Februar/13. März 1917:

Das alte Regime hat das Land ruiniert und der Bevölkerung die Hungersnot gebracht. Es war unmöglich, sie länger zu ertragen ... Der Kampf hat begonnen und muss bis zum Ende durchgekämpft werden. Das alte Regime muss vollständig beseitigt und der Weg für eine Volksregierung frei gemacht werden. Das ist die Rettung für Russland. Um in diesem Kampf um die Demokratie erfolgreich zu sein, muss das Volk sein eigenes Regierungsorgan wählen. Gestern ... wurde in der Hauptstadt ein Sowjet* der Arbeiter-Deputierten gebildet, der aus Vertretern der Fabriken, der Werkstätten, der meuternden Truppen und aus demokratischen und sozialistischen Parteien und Gruppen besteht. Der Sowjet*, der einen Sitz in der Duma hat, hat sich selbst zur Aufgabe gemacht, die Volkskräfte zu organisieren und für die Sicherstellung der politischen Freiheit und eine Volksregierung zu kämpfen.

Manfred Hellmann (Hg.), Russische Revolution 1917, München (dtv) 1964, S. 128 f.

1 Stelle fest, welche Vorstellungen Lenin zur weiteren Entwicklung in Russland hatte (Darstellungstext, M1 und M2).

2 Beurteile, ob aus Sicht Lenins alle Bevölkerungsschichten an Entscheidungen der Regierung teilhaben sollten (M1, M3).

Die sozialistische Idee wird Wirklichkeit

Bürgerkrieg und Kriegskommunismus

Gegen die Machtübernahme der Bolschewiki* bildete sich eine breite politische Opposition. Ihr schlossen sich enteignete Großgrundbesitzer und ausländische Investoren an. Der Konflikt entwickelte sich schnell zu einer militärischen Auseinandersetzung. Nichtrussische Völker nutzten die Situation, um ihre Unabhängigkeit von Russland zu erkämpfen. Die westeuropäischen Verbündeten des Zaren, die USA und Japan unterstützten die von zaristischen Militärs geführten Truppen („die Weißen"). Gegen sie bauten die Bolschewiki die „Rote Armee" auf, verstaatlichten alle Betriebe und zwangen die Bauern, fast die ganze Ernte abzuliefern. Die Verteilung der knapp werdenden Lebensmittel und Brennstoffe übertrugen sie staatlichen Stellen. Dieser so genannte Kriegskommunismus hatte katastrophale Folgen: Millionen Menschen verhungerten und viele flohen ins Ausland.

M2

Bewaffnete Arbeiter werden aufs Land geschickt, um die staatlich festgesetzten Getreidemengen einzuziehen, Foto, 1919

M1

Verraten die Bolschewiki die Revolution?

Am 28. Februar 1921 revoltierten die Kronstädter Matrosen, die wesentlich zum Sieg der Oktoberrevolution beigetragen hatten. In ihrem Programm erklärten sie die Gründe ihres Aufstands, der von den Bolschewiki blutig niedergeschlagen wurde:

Als die Arbeiterklasse die Oktoberrevolution machte, hoffte sie, ihre Befreiung zu erlangen. Das Resultat war aber eine noch größere Versklavung der menschlichen Persönlichkeit … Nach langen Jahren des Kampfes und der Leiden erhielten die Arbeiter Sowjetrusslands nur freche Befehle, Bajonettstiche und Kugeln der Tscheka-Kosaken[1] … Es … wird jetzt offensichtlich, dass die Kommunistische Partei nicht, wie sie vorgab, die Werktätigen verteidigt. Die Interessen der Arbeiterklasse sind ihr fremd. Nachdem sie die Macht ergriffen hat, kennt sie nur eine Sorge: sie wieder zu verlieren …

Hier in Kronstadt wurde der Grundstein zur dritten Revolution gelegt, die die letzten Ketten des Arbeiters zerbrechen und ihm den neuen und breiten Weg des sozialistischen Aufbaus eröffnen wird.

Zit. nach Hans-Joachim Lieber / Karl-Heinz Ruffmann (Hg.), Der Sowjetkommunismus. Dokumente, Bd. 1, Köln (Kiepenheuer & Witsch) 1963, S. 160 ff.

[1] Im Dezember 1917 gegründete bolschewistische Geheimpolizei zur Bekämpfung der Konterrevolution

M3

Energie der Zukunft

Lenin sagte am 22. Dezember 1920 vor dem VIII. Sowjetkongress, auf dem der erste langfristige Gesamtwirtschaftsplan vorgelegt wurde:

Kommunismus – das ist Sowjetmacht plus Elektrifizierung des ganzen Landes. Sonst wird das Land ein kleinbäuerliches Land bleiben … Erst dann, wenn das Land elektrifiziert ist, wenn die Industrie, die Landwirtschaft und das Verkehrswesen eine moderne großindustrielle technische Grundlage erhalten, erst dann werden wir endgültig gesiegt haben … Man muss jedoch wissen und darf nicht vergessen, dass die Elektrifizierung nicht mit Analphabeten durchzuführen ist … Wir brauchen Menschen, die nicht nur des Lesens und Schreibens kundig sind, sondern kulturell hochstehende, politisch bewusste, gebildete Werktätige …

Wenn Russland sich mit einem dichten Netz von elektrischen Kraftwerken und mächtigen technischen Anlagen bedeckt haben wird, dann wird unser kommunistischer Wirtschaftsaufbau zum Vorbild für das kommende sozialistische Europa und Asien werden.

Wladimir I. Lenin, Werke, Bd. 31, Berlin (Dietz) 1979, S. 513 ff.

1 Stelle in einer Tabelle die Ziele Lenins und der Bolschewiki der tatsächlichen Entwicklung im Land gegenüber. Vergleiche und formuliere einen Ergebnissatz.

Der Weg in die Diktatur

Sozialismus durch Zwang?

Der Bürgerkrieg in Russland hinterließ ein wirtschaftlich ruiniertes Land und eine durch Gewaltaktionen der „Weißen" und „Roten" traumatisierte Bevölkerung. Bauernaufstände und Arbeiterstreiks waren die Folge. Auch in der Kommunistischen Partei der Sowjetunion (KPdSU) – so nannten sich die Bolschewiki seit 1918 – wurde Kritik laut. Darauf reagierte die Regierung mit äußerster Härte: Kritiker wurden von der Ende 1917 gegründeten Geheimpolizei (Tscheka) verfolgt sowie oppositionelle Gruppierungen wie die Menschewiki* und die Sozialrevolutionäre verboten.

Nach dem Tod Lenins (1924) baute Josef W. Stalin (1878–1953) systematisch seine Stellung als Generalsekretär der Partei zur Alleinherrschaft aus. Bis 1928/29 hatte er erreicht, dass in den Entscheidungsgremien von Partei, Wirtschaft und Staat nur Personen saßen, die ihm ergeben waren. Millionen von Menschen wurden seit Mitte der 1930er-Jahre durch die Geheimpolizei verhaftet, in Arbeitslager verschleppt oder ermordet. Soziale Gruppen wie die Kulaken (Mittel- und Großbauern), die in Stalins Aufbauprogramm „störten", wurden als „konterrevolutionäre Klassenfeinde" angeprangert, viele von ihnen nach Sibirien deportiert oder hingerichtet.

Fortschritt durch zentrale Planung?

Um die wirtschaftliche Rückständigkeit des Landes zu beseitigen, beschloss die KPdSU tiefgreifende Reformen: Seit dem Parteitag von 1927 wurden landwirtschaftliche Betriebe gezwungen, den Besitz in Kollektive zu überführen: entweder in große landwirtschaftliche Spezialbetriebe (Sowchosen*) oder in Kolchosen*, bei denen Boden, Vieh und Geräte Gemeineigentum waren und der einzelne Bauer nur ein kleines Stück Land und wenig Vieh zur eigenen Bewirtschaftung behielt.

In der Industrie wurde unter dem Motto „Maschinisierung, Motorisierung, Elektrifizierung" 1928 der erste Fünfjahresplan umgesetzt. Das ehrgeizige Ziel, die Industrieproduktion innerhalb weniger Jahre um ein Vielfaches zu steigern, erforderte hohe Investitionen und enorme Arbeitsleistungen. Um diese zu erreichen, wurde ein System von Gewalt (z. B. Zwangsarbeit von Gefangenen), Druck und Anreizen (Auszeichnungen wie z. B. „Held der Arbeit") entwickelt und propagandistisch umgesetzt. Doch trotz dieser Anstrengungen wurden die Ziele der Fünfjahrespläne bereits unter Stalin nicht erreicht.

M1

„Der Morgen unseres Vaterlandes",
Gemälde von Fjodor S. Schurpin, 1946 bis 1948

M2

„Vater, Lehrer und Führer!"
Aus der sowjetischen Zeitschrift „Bolschewik" (1941):

Stalin ist unser Vater, Lehrer und Führer! Denn er hat zusammen mit Lenin den gequälten Völkern des alten Russlands den Weg in eine neue, nie geschaute Welt – die Welt der Freiheit und des Glücks – gewiesen. Stalin führte die Regimenter der Roten Garde zum Sturm auf die alte, verfaulte Ordnung ... So zu sein wie Stalin – das ist das brennendste und leidenschaftlichste Streben des Sowjetmenschen. Heimat und Volk so zu lieben wie Stalin. Keine Schwierigkeiten zu fürchten, sie zu überwinden, fest und unerschütterlich, weise und kühn zu sein wie Stalin!

Zit. nach Erwin Oberländer, Sowjetpatriotismus und Geschichte, Köln (Verlag Wissenschaft und Politik) 1967, S. 71.

1 Erstelle eine Zeitleiste mit den Maßnahmen und Methoden Stalins auf dem Weg in die Diktatur (Darstellungstext).

2 Erarbeite M1 und M2 mit den entsprechenden Methoden „Bildanalyse" (siehe Anhang) bzw. „Textquellenanalyse" (siehe S. 114 f.). Achte auf die Datierungen und nimm begründet Stellung.

Stalinismuskritik

M1

Gewalt als politisches Instrument?

Auf dem XX. Parteitag der KPdSU in Moskau (1956) leitete Nikita Chruschtschow, der aus dem Kampf um die Nachfolge Stalins als Sieger hervorgegangen war, mit der folgenden Rede die so genannte Entstalinisierung ein:

Zu Lenins Lebzeiten war das Zentralkomitee der Partei der echte Ausdruck der kollektiven Führung der Partei und der Nation. Als aktivistischer, revolutionärer Marxist, der in Prinzipienfragen allzeit unbeugsam blieb, drängte Lenin seinen Mitarbeitern doch niemals gewaltsam seine Ansichten auf. Er versuchte vielmehr, sie zu überzeugen ...
Stalin hielt sich nicht damit auf, die Menschen zu überzeugen, aufzuklären und geduldig mit ihnen zusammenzuarbeiten, sondern er zwang anderen seine Ansichten auf und verlangte absolute Unterwerfung unter seine Meinung ... Er stützte sich bei seinen Aktionen in zunehmendem Maße und mit wachsendem Starrsinn auf die Straforgane und verletzte dabei häufig alle bestehenden Normen der Moral und des sowjetischen Rechts ...
Unsere Partei kämpfte für die Verwirklichung der Pläne Lenins, für den Aufbau des Sozialismus. Das war ein ideologischer Kampf ...
Außergewöhnliche Maßnahmen hätte man dann nur gegen jene ergriffen, die wirklich verbrecherische Handlungen gegen das Sowjetsystem begangen hatten ... Stalin dagegen griff zu radikalen Methoden und zu Massenunterdrückung in einer Zeit, als die Revolution schon siegreich und der Sowjetstaat gefestigt war ... Es ist klar, dass Stalin sich hier in einer ganzen Anzahl von Fällen als intolerant und brutal erwies und dass er seine Macht missbrauchte ... Es hat sich erwiesen, dass viele Aktivisten der Partei, der Sowjets und der Wirtschaft, die in den Jahren 1937 bis 1938 zu „Volksfeinden" gestempelt worden waren, in Wirklichkeit niemals Feinde, Spione, Schädlinge und so weiter waren, sondern immer nur aufrechte Kommunisten ... Sie wurden nur als Feinde gebrandmarkt und bezichtigten sich oft selbst, weil sie die barbarischen Folterungen nicht mehr länger ertragen konnten ..., aller möglichen Verbrechen.

Zit. nach Reden, die die Welt bewegten, 10. Aufl., Stuttgart (Mundus) 1989, S. 510 ff.

M2

Demontage eines Stalin-Denkmals, Foto, um 1990

Begriffe und Daten

Russische Revolution 1917

Die Russische Revolution stellt einen bedeutenden Einschnitt in der Geschichte des 20. Jahrhunderts dar. Sie führte zum Sturz des Zaren, zu einer radikalen Umwälzung der Machtverhältnisse und schließlich zur bolschewistischen Einparteienherrschaft. Die Revolution wird als Ausgangspunkt des späteren Ost-West-Konflikts gesehen.

Stalinismus

Das von Stalin nach dem Tod Lenins (1924) geprägte Herrschaftssystem der Sowjetunion war eine Alleinherrschaft Stalins, gestützt auf den Partei-, Staats- und geheimdienstlichen und militärischen Apparat, abgesichert durch Personenkult und Terror.

1 Liste die Vorwürfe Chruschtschows gegen Stalin auf (M1).

2 Nimm zu Chruschtschows Behauptungen kritisch Stellung. Achte darauf, wie er insgesamt zum „Sowjetsystem" stand (siehe Anhang „Historische Sachverhalte beschreiben").

3 a) Informiere dich über die Biographien von Lenin, Stalin und Trotzki (Lexika, Internet).
b) Erkunde, in welcher Phase der UdSSR das Foto (M2) entstand, und stelle einen Zusammenhang mit M1 her.

Wenn Bilder lügen

M1

Originalaufnahme, Foto, 1920. Die Aufnahme des Fotografen G. P. Goldstein entstand am 5. Mai 1920 in Moskau, als Lew Trotzki, Lew Kamenew (beide auf der Holztreppe) und Lenin Soldaten der Roten Armee verabschiedeten, die in den Bürgerkrieg zogen.

Original, Fälschung oder Bearbeitung?

Nicht erst seitdem es möglich ist, Bilder digital zu bearbeiten, werden auf Fotos festgehaltene Szenen verändert. Aus der Geschichte totalitärer Staaten wie der Sowjetunion unter Stalin sind viele Fälschungen bekannt: Personen, die politisch in Ungnade gefallen waren, „verschwanden" von öffentlich verbreiteten Bildern. Szenen wurden retuschiert, verschiedene Fotos zu einem neuen zusammenmontiert oder Aufnahmen zu Propagandazwecken verwendet.

Stalin schuf und pflegte bis in die frühen 1930er-Jahre einen Personenkult um Lenin, den er dann durch seinen eigenen ersetzte. Andere bekannte Persönlichkeiten, die ihn störten, sollten aus dem „öffentlichen Gedächtnis" verschwinden.

1 Untersuche die Materialien M1 und M2 mithilfe der Methode „Fotos analysieren" (siehe S. 156 f.).
2 Vergleiche jeweils Original und Fälschung hinsichtlich ihrer Aussage.
3 Nenne Bereiche, in denen Fotos heute mit bestimmten Absichten bearbeitet bzw. gefälscht werden.
4 Erstelle selbst eine Fälschung. Nimm dazu ein Foto, das du mithilfe eines Bildbearbeitungsprogramms oder manuell veränderst. Präsentiere Original und Fälschung der Klasse.

M2

Fälschung, retuschiertes Foto, nach 1927. Ein unbekannter Fotograf machte wenige Sekunden später eine Aufnahme der gleichen Szene wie in M1.

Die Sowjetunion: Aufbau einer kommunistischen Gesellschaft

Überprüfe, was du kannst

Sachkompetenz

1 Erläutere, woran die Krise in Russland vor der Revolution von 1917 zu erkennen ist (S. 197).

2 Erkläre die Begriffe „Russische Revolution" und „Stalinismus" (S. 201).

Methodenkompetenz

3 Fertige von M1 zwei Bildanalysen anhand der Methode „Fotos analysieren" (siehe S. 156 f.) an:
a) ohne Kenntnis der abgebildeten Personen und ohne Bildunterschrift,
b) mit der angegebenen Bildunterschrift und deinen Kenntnissen aus dem Unterkapitel.

Urteilskompetenz

4 Erörtere, ob auf M1 die Bezeichnung „Wenn Bilder lügen" zutrifft.

Handlungskompetenz

5 Nimm zu folgender Behauptung begründet Stellung: Die Methoden Stalins sind auch heute in manchen Staaten zu finden.

M1

„In Stalins Armen", Foto, 1936. Das berühmt gewordene Foto zeigt Stalin mit der Tochter eines burjatisch-mongolischen Kommunisten, eines leitenden Parteifunktionärs, auf dem Arm. Es wurde noch verbreitet, nachdem Stalin den Vater des Mädchens als „Volksfeind" hatte erschießen lassen. Von der Propaganda wurde das Foto begeistert aufgegriffen – als Unterstützung des Mythos vom „guten Väterchen Stalin". Es fand sich millionenfach verbreitet in Geschäften, Krankenhäusern und Büros.

1898 Gründung der Sozialistischen Arbeiterpartei in Russland

1901 Gründung der Partei der Sozialrevolutionäre

1917 Russische Revolution

1918 bis 1921 Bürgerkrieg

1921 Revolte der Kronstädter Matrosen

1922 bis 1991 Sowjetunion (UdSSR)

1924 bis 1953 Stalinismus

seit 1927 Zwangskollektivierung und Fünfjahrespläne

1890 — 1900 — 1910 — 1920 — 1930

Die USA: Aufstieg zur Weltmacht

Wissen • Urteilen • Handeln • Methoden anwenden

Am Ende dieses Unterkapitels kannst du

- die Frontier-Bewegung und ihre Problematik für die indianischen Völker beschreiben
- die Einwanderung in die Vereinigten Staaten darstellen und den Begriff „Schmelztiegel" problematisieren
- Voraussetzungen für den Aufstieg der USA zur Weltwirtschaftsmacht erklären
- die Expansion der USA nach Übersee beschreiben und Merkmale der „Open door policy" darstellen
- die Rolle der Vereinigten Staaten in der Zwischenkriegszeit aus weltwirtschaftlicher Sicht bewerten
- **Methoden** Eine politische Rede untersuchen

Besiedlung der USA 1750 bis 1890

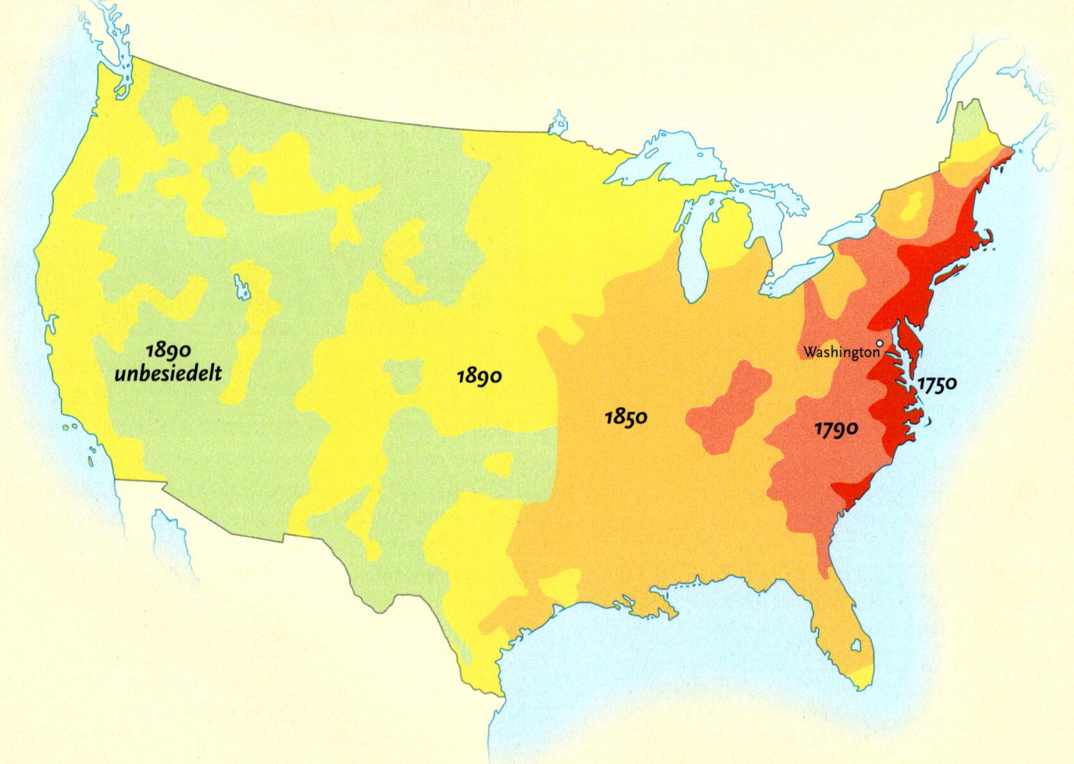

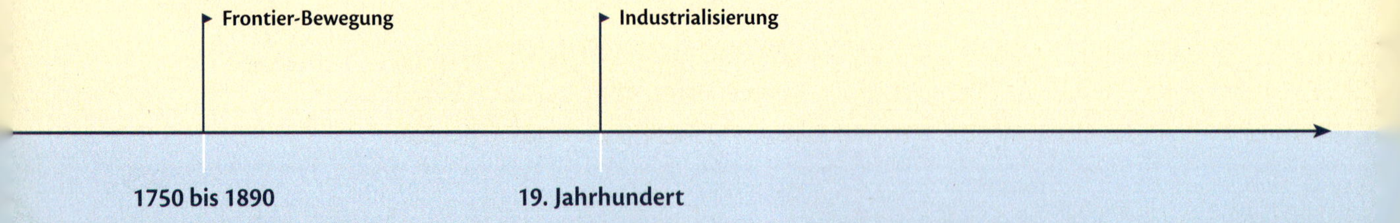

Die Erschließung des „Wilden Westens"

Die Frontier-Bewegung im 19. Jahrhundert

Seit der Unabhängigkeitserklärung von 1776 war die Entwicklung der Vereinigten Staaten von Amerika gekennzeichnet von der Erschließung und Besiedlung durch die Kolonisten nach Westen bis zum Pazifik. Innerhalb von einhundert Jahren wurde der Kontinent in mehreren Wellen erobert. Die dort lebenden Indianerstämme wurden einem Verdrängungsdruck ausgesetzt. Gekennzeichnet wird diese Bewegung mit dem Begriff „Frontier". Aus amerikanischer Sicht ist darunter mehr als nur die Grenze zwischen zwei Ländern zu verstehen: Sie markierte das Gebiet zwischen dem nach Ansicht der Weißen unbesiedelten Land und der nach Westen sich ausdehnenden Siedlung der weißen Bevölkerung. Die Frontier mit ihren Holzfällern, Fallenstellern, Pionieren, Viehzüchtern, Händlern, Handwerkern und Städtebauern formte die Nation der Amerikaner. 1890 endete die Frontier mit der Flucht von 300 Sioux in South Dakota, die am Fluss Wounded Knee niedergeschlagen wurden. Insgesamt fielen der Frontier-Bewegung 750 000 von einer Million Indianern zum Opfer.

Vorschlag für eine Gruppenarbeit

Die Seiten 205 bis 209 könnt ihr in Gruppen erarbeiten. Jede Gruppe übernimmt eine Seite. Stellt eure Ergebnisse in der Klasse vor. Die Arbeitsaufträge könnt ihr als Hilfen nutzen.

1 Beschreibe anhand der Karte (S. 204) die territoriale Ausdehnung der USA im 19. Jahrhundert.
2 a) Kläre mithilfe des Darstellungstextes den Begriff „Frontier-Bewegung".
b) Zeige, welche Problematik in der Erschließung des Westens der USA damit verbunden ist.
3 Analysiere M1 mithilfe der Methode „Historiengemälde deuten" (siehe S. 136 f.). Berücksichtige den Titel des Gemäldes.
4 Informiere dich im Internet über Begegnungen und Konflikte zwischen den Weißen und den indianischen Völkern während der Frontier-Bewegung.

M1 **Der Fortschritt Amerikas,** Ölgemälde von John Gast, 1872

Internettipp

www.historyguide.de
http://usa.usembassy.de/geschichte.htm

Die USA als Einwanderungsland

Die Vereinigten Staaten – ein „Schmelztiegel"?
Was lockte so viele Menschen nach Amerika? Die Motive waren unterschiedlich: Zum Beispiel wanderten bis 1865 aus deutschsprachigen Gebieten vor allem Kleinbauern- und Handwerkerfamilien aus, um in den USA Land zu erwerben. Nach 1900 kamen mehrheitlich Männer und Frauen, die in den Industriezentren der USA auf mehr Verdienst hofften.

Anfang der 1890er-Jahre ordnete die amerikanische Bundesregierung den Bereich Einwanderung in ihre Zuständigkeit und zentralisierte die Überprüfung der Ankommenden. Als die Zahlen weiter stiegen – 1905 wurde erstmals die Millionengrenze in einem Jahr überschritten –, kam es aufseiten alteingesessener Amerikaner und Minderheiten immer öfter zu Protesten und fremdenfeindlichen Reaktionen.

Damit sahen sich nicht nur Einwanderer aus Südost- und Osteuropa konfrontiert, sondern auch so genannte „Bindestrichamerikaner", die seit Generationen in den USA lebten. Sie pflegten auch die Traditionen ihrer Herkunftsländer, wie z. B. die Deutsch-Amerikaner.

Das Selbstverständnis der Vereinigten Staaten bestand seit der Gründung darin, die vielfältigen ethnischen und nationalen Zuwanderergruppen in die Gesellschaft ihrer neuen Heimat zu integrieren, sie zu „Amerikanern" werden zu lassen. In der neueren Forschung wird die These vom „Schmelztiegel" jedoch zunehmend infrage gestellt. Die Einheit der Nation wird als Ideal, als etwas Anzustrebendes, nicht als tatsächlich Vorhandenes, gesehen. Nach dieser Auffassung zeigt sich vielmehr eine starke Gliederung der Gesellschaft in „Unternationalitäten", die sich aus der zeitlich, räumlich und ethnisch unterschiedlichen Zuwanderung ergab. Sie ließ regionales und lokales Bewusstsein, z. B. Nachbarschaftsinseln, entstehen, in denen Menschen gleicher ethnischer Herkunft und vergleichbar ähnlichen Wohn- und Einkommensverhältnissen leben. Andererseits wird die Nation offensichtlich vor allem durch die Verehrung ihrer „Gründungsväter", den Respekt vor der Verfassung, eine gemeinsame (Zuwanderer-)Geschichte, nationale Symbole und Rituale zusammengehalten.

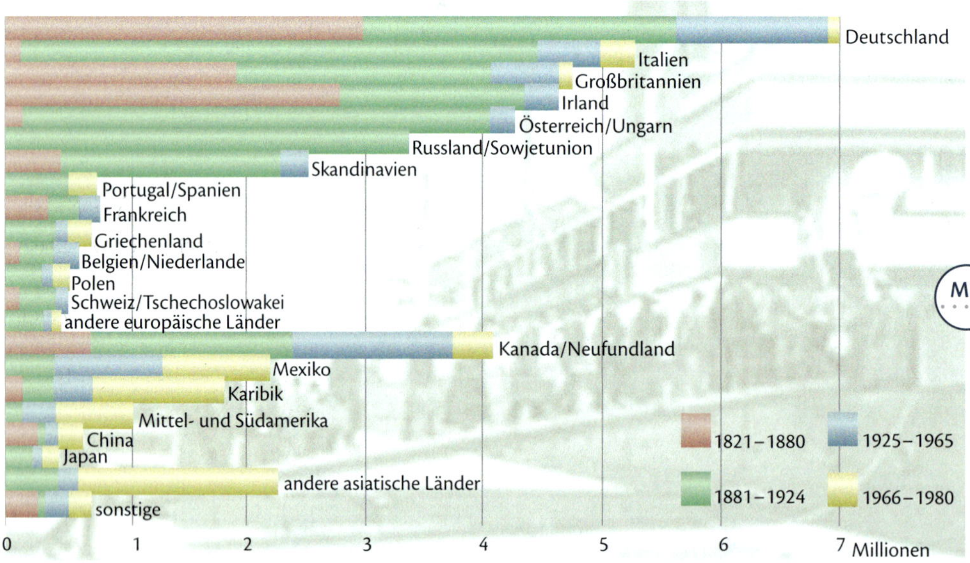

M1 **Einwanderung in die USA 1821 bis 1980** (ausgenommen als Sklaven ins Land gebrachte Afrikaner)

1. Beschreibe anhand von M1 den Verlauf der Einwanderung (Immigration) in die USA.
2. Informiere dich über die Geschichte deutscher Auswanderer unter www.deutsche-auswanderer-datenbank.de.
3. Beantworte die Frage in der Überschrift des Darstellungstextes.
4. Beurteile die Behauptung des Politikwissenschaftlers Peter Lösche, Amerika bestehe aus „Nachbarschaftsinseln", deshalb mache ein sozialer Aufstieg einen Umzug notwendig.

Der Aufstieg zur Weltwirtschaftsmacht

Günstige Voraussetzungen in den USA

Die wirtschaftliche Entwicklung der USA wurde in mehrfacher Hinsicht begünstigt: Die Siedlungsgebiete boten große Flächen unbebauten Landes, ein geeignetes Klima für den Anbau von Rohstoffen (z. B. Baumwolle), große Vorkommen an Bodenschätzen (z. B. Erze) und Brennstoffe im Überfluss (Holz, Kohle). Dazu kam – vor allem an der Ostküste – die Wasserkraft.

Die Industrialisierung der USA im Laufe des 19. Jahrhunderts steht im engen Zusammenhang der Entwicklung eines marktwirtschaftlichen Systems. Deren Anfänge liegen schon in der Kolonialzeit, als Farmer, Handwerker und Händler Absatzmöglichkeiten für ihre Produkte über den lokalen und regionalen Markt hinaus suchten. Sie ergänzten die agrarische durch die frühindustrielle Produktion. Daraus entwickelte sich die so genannte „amerikanische Produktionsweise“: die Herstellung standardisierter (Massen-)Artikel mit hoher Maschinisierung und Arbeitsteilung. Kanal-, Dampfschiff- und Eisenbahnbau förderten die Entstehung größerer Märkte.

M2

„Das Vierfache leisten“

Das Modell T (20 PS, 4 Zylinder, Höchstgeschwindigkeit 40 Meilen pro Stunde) wurde das erfolgreichste Auto des Autoproduzenten Henry Ford (1863–1947). Über die Prinzipien seines Unternehmens schrieb er in seinen Memoiren 1922:

Der Ford-Wagen besteht aus rund 5000 Teilen ... Bei den ersten Wagen, die wir zusammensetzten, begannen wir, das Fahrzeug an einem beliebigen Teil auf dem Fußboden zusammenzufügen, und die Arbeiter schafften die dazu erforderlichen Teile in der Reihenfolge zur Stelle, in der sie verlangt wurden – ganz so, wie man ein Haus baut ... Der erste Fortschritt in der Produktion bestand darin, dass wir die Arbeit zu den Arbeitern hinschafften, statt umgekehrt ... – einen Arbeiter wenn irgend möglich niemals mehr als nur einen Schritt tun zu lassen ... Ungefähr am 1. April 1913 machten wir unsern ersten Versuch mit einer Montagebahn ... Kurz ausgedrückt ist das Ergebnis Folgendes: Mithilfe der Ergebnisse wissenschaftlicher Experimente ist ein Arbeiter heute imstande, das Vierfache von dem zu leisten, was er vor noch verhältnismäßig wenigen Jahren zu leisten vermochte.

Henry Ford, Erfolg im Leben. Mein Leben und Werk, München (List) 1963, S. 49 f.

M1

Industrieproduktion 1880 bis 1938
(Großbritannien 1900 = 100)

Land	1880	1900	1913	1928	1938
Großbritannien	73	100	127	135	181
USA	47	128	298	533	528
Deutschland	27	71	138	156	214
Frankreich	25	37	57	82	71
Russland	25	48	77	72	152
Österreich-Ungarn	14	26	41	–	–
Italien	8	14	23	37	46
Japan	8	13	25	45	88

1 Nenne anhand des Darstellungstextes Merkmale und Voraussetzungen der US-Wirtschaftskraft.

2 a) Beschreibe anhand von M2 die neue Art der Produktion und Arbeitsorganisation bei Ford.
b) Ziehe Rückschlüsse, welche Folgen sich für die Arbeiter ergeben konnten.

3 Kläre den Begriff „Fordismus“ und berichte in der Klasse (Lexika, Internet).

4 Vergleiche anhand von M1 die Industrieproduktion der USA mit den wichtigsten Industriemächten um 1900 und im weiteren Verlauf.

Die Expansion nach Übersee

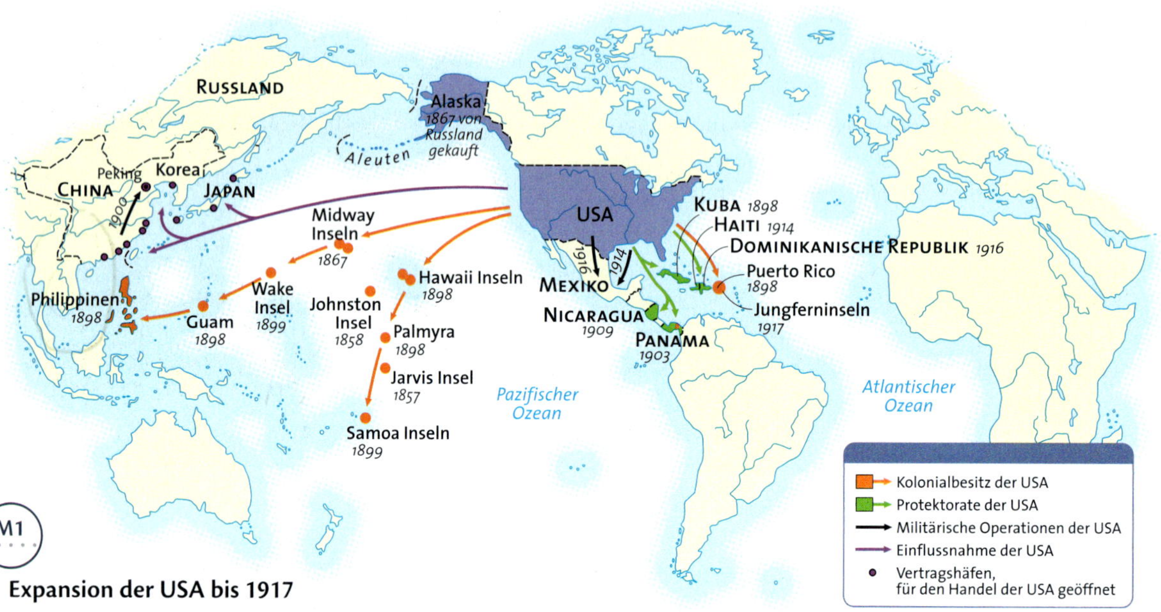

M1

Expansion der USA bis 1917

M2

Motive der „Open Door Policy"

Aus einem Schreiben von Theodore Roosevelt (Präsident der USA 1901–1909) vom 12. Dezember 1910 über seine Erfahrungen in der Fernostpolitik:

Unser vitales Interesse ist es, Japan von unserem Land fern zu halten und gleichzeitig seinen guten Willen zu erhalten. Das vitale Interesse Japans dagegen liegt in der Mandschurei und Korea. Es ist deshalb von besonderem Interesse für uns, in Sachen Mandschurei keine Schritte zu unternehmen, die Japan ... das Gefühl geben könnten, dass wir dem Land gegenüber feindselig eingestellt sind oder dass wir, wenn auch nur eine geringfügige Gefahr für seine Interessen darstellen.

Ein Bündnis mit China bedeutet angesichts der absoluten militärischen Hilflosigkeit des Landes für uns keine zusätzliche Stärke, sondern eine zusätzliche Verpflichtung, die wir uns aufbürden; und da ich die Politik des Bluffs völlig ablehne, sowohl in der nationalen als auch in der internationalen Politik als auch im Privatleben, und es auch ablehne, die alte Grenzerregel „Zieh nie [den Colt], wenn du nicht schießen willst" zu verletzen, halte ich es für falsch, Positionen zu beziehen, die wir nicht verteidigen können ...

Die Politik der „offenen Tür" in China war eine gute Sache, und ich hoffe, sie wird es in Zukunft bleiben, solange sie durch allgemeines diplomatisches Übereinkommen gesichert werden kann; aber wie die Geschichte der Mandschurei sowohl unter Russland als auch unter Japan gezeigt hat, verschwindet die ganze Politik der „offenen Tür" de facto völlig, wenn eine mächtige Nation entschlossen ist, sie zu missachten, und lieber ein Kriegsrisiko eingeht als ihre Absichten aufzugeben.

Zit. nach Detlef Junker, Power and Mission. Was Amerika antreibt, 2. Aufl., Freiburg/Breisgau (Herder) 2003, S. 36 f.

1 Partnerarbeit: a) Erarbeitet die Hauptstoßrichtungen der Expansion der USA (M1).
b) Aktualisiert die Karte: Welchen Status haben die Expansionsgebiete heute (souveräner Staat, Abhängigkeiten, Zugehörigkeit zu einem anderen Staat)? Zieht Atlanten, Lexika, Fachbücher und das Internet heran. Entwerft eine neue Kartenskizze.

2 Untersuche M2 mithilfe der Methode „Textquellenanalyse" (S. 114 f.) und formuliere zusammenfassend die Merkmale der Politik der „offenen Tür". Ziehe Seite 176 heran.

3 Diskutiert gemeinsam die These: Die Politik der „offenen Tür" zeigt gleichzeitig Stärke und Schwäche der US-amerikanischen Außenpolitik.

Krise und Reform in der Zwischenkriegszeit

Wirtschaftskrise und „New Deal“

Nach dem Ersten Weltkrieg hatten die USA einerseits als größter Geldgeber der Welt vom Kapitalbedarf des kriegsgeschädigten Europas und seinen Zinszahlungen profitiert. Andererseits führte die nach dem Ersten Weltkrieg vermehrte Produktion von Konsumgütern wie elektrischen Haushaltsgeräten und Autos bald zu einer Absatzkrise, weil der Bedarf gedeckt war. Hohe Kreditaufnahmen der privaten Haushalte und in der Wirtschaft verschärften die Lage. Verunsichernd wirkten sich auch die Reparationenszahlungen der Verlierermächte und die Schuldenlast der amerikanischen Alliierten in Europa aus. Am 25. Oktober 1929 kam es zum Zusammenbruch der New Yorker Börse. Die Aktienkurse fielen um bis zu 90 Prozent. In der Folge schrumpfte die Industrieproduktion drastisch, Massenentlassungen waren die Folge. Die wirtschaftliche Krise („Great Depression“) erschütterte das Land auch in seinen traditionellen Grundanschauungen. Die Mehrzahl der Wähler glaubte nicht mehr an den Liberalismus, das „freie Spiel der Kräfte“. Sie gab 1932 ihre Stimme dem Präsidentschaftskandidaten der Demokraten, Franklin D. Roosevelt (1882–1945, Amtszeit 1933 bis 1945). Er hatte seinen Wahlkampf mit einem Wirtschafts- und Sozialprogramm geführt, das den Namen New Deal (= Neuverteilung der Spielkarten) trug und dem Staat die Verantwortung für die allgemeine öffentliche Wohlfahrt zuwies.

Begriffe und Daten

New Deal
Maßnahmen der US-Regierung unter Präsident Roosevelt gegen die Wirtschaftskrise, u.a. staatliche Aufsicht über Banken und Börsen, Garantie kleiner Bankguthaben, Hilfe für landwirtschaftliche Betriebe, Wettbewerbsregeln für die Industrie, Einrichtung einer Sozialversicherung und Arbeitsbeschaffungsprogramme.

1 Nenne Ursachen und Folgen der Wirtschaftskrise (Darstellungstext). Stelle einen Zusammenhang mit M1 her.

2 Untersuche M2 mithilfe der Methode „Eine politische Rede untersuchen“ (siehe S. 210).

M1

„There´s no way like the American Way“ – Schwarze warten auf die Lebensmittelzuteilung, Foto, 1937

M2

Die Freiheit erhalten, um Gleichheit zu wahren?

Der republikanische Präsidentschaftskandidat Herbert Hoover (1874–1964, Amtszeit 1929–1933) sagte am 22. Oktober 1928 während einer Wahlveranstaltung:

Selbst wenn ein Tätigwerden des Staates im wirtschaftlichen Bereich die Leistungsfähigkeit steigern könnte, so würde der grundlegende Einwand dagegen doch unverändert und unvermindert gelten. Es würde die politische Gleichheit zerstören. Es würde Missbrauch und Korruption eher vergrößern als verkleinern. Es würde Unternehmungsgeist und Erfindungskraft ersticken ... Es würde Gleichheit und Chancen vernichten. Es würde den Geist der Freiheit und des Fortschritts austrocknen ...
Unser Land ist nicht nur wegen seines natürlichen und industriellen Reichtums zum Land der großen Möglichkeiten für jene geworden, die ohne Erbschaft geboren wurden, sondern eben wegen dieser Freiheit der Initiative und des Unternehmertums ... Durch die Einhaltung der Grundsätze der dezentralisierten Selbstverwaltung, der geordneten Freiheit, der Chancengleichheit und der Freiheit des Individuums hat unser amerikanisches Experiment auf dem Gebiet der Wohlfahrt ein Maß an Wohlergehen erbracht, das auf der ganzen Welt ohne Beispiel ist. Es ist der Beseitigung der Armut, der Beseitigung der Furcht vor Not näher gekommen, als es der Menschheit jemals zuvor gelang.

Richard Hofstadter, Great Issues in American History, Bd. 2, New York, 1982, S. 111 f. Übers. d. Verf.

Eine politische Rede untersuchen

Reden und überzeugen

Politische Reden sind mit einer bestimmten Zielsetzung verbunden. Redner suchen Applaus, Unterstützung oder auch Gefolgschaft des Publikums. Historische Reden liegen überwiegend schriftlich vor. Ihre Eigenarten werden so nur zum Teil erfasst, denn Faktoren wie die Vortragsweise des Redners, sein Auftreten, die Atmosphäre des Raumes oder die Reaktion des Publikums können daraus nicht erschlossen werden.

Arbeitsschritte

1. Schritt: Den Text untersuchen
Gehe nach dem Modell zur Textquellenanalyse (siehe S. 114 f.) vor.

2. Schritt: Die Argumentation herausfinden
Notiere die zentralen Aussagen, stichwortartig verkürzt, gemäß ihrer Reihenfolge untereinander. Skizziere dann in Worten oder als Zeichnung den Gedankengang des Textes.

3. Schritt: Die Wirkung der Rede ermitteln
Schreibe alle Begriffe und Passagen auf, die du für wichtig hältst, z. B. Metaphern, Vergleiche, Wortwiederholungen, „unechte" Fragen und Appelle. Lies sie halb laut vor dich hin. Welche Bilder oder Gefühle entstehen beim Zuhören?

4. Schritt: Die Absicht erschließen
Versuche anhand der bisherigen Ergebnisse herauszufinden, wovon der Redner bzw. die Rednerin die Zuhörer überzeugen will.

M1

Wo die Regierung einschreiten muss

Franklin D. Roosevelt, Präsidentschaftskandidat der Demokraten, trug am 23. September 1932 vor Unternehmern in San Francisco sein wirtschaftspolitisches Programm vor:

Unser industrieller und landwirtschaftlicher Apparat kann genug und übergenug produzieren. Unser … Regierungssystem ist jedem einen Weg schuldig, sich durch seine eigene Arbeit in den Besitz einer Portion von diesem Überfluss zu setzen, die für seine Bedürfnisse genügt.

Jedermann hat ein Recht auf sein eigenes Eigentum; was ein Recht bedeutet, so weit wie möglich der Sicherheit seiner Ersparnisse gewiss zu sein … [Die] Forderung ist, in kurzen Worten, dass die Häupter von Finanz und Industrie, anstatt je für sich zu handeln, zusammenarbeiten müssen, um das gemeinsame Ziel zu verwirklichen. Sie müssen, wo nötig, diesen oder jenen privaten Vorteil opfern und … nach einem gemeinsamen Vorteil suchen. Hier ist es, wo die formelle Regierung – die politische Regierung, wenn Sie wollen – hereinkommt … Sollte die Gruppe je ihre kollektive Macht entgegen der öffentlichen Wohlfahrt gebrauchen, muss die Regierung schleunigst einschreiten und das öffentliche Interesse schützen. Die Regierung sollte die Funktion wirtschaftlichen Regulierens nur übernehmen als ein äußerstes Mittel, das erst dann ausprobiert werden soll, wenn die Privatinitiative, angeregt durch hohe Verantwortlichkeit, mit aller Unterstützung und allem Ausgleich, die die Regierung zu geben vermag, am Ende doch versagt.

Zit. nach Erich Angermann, Die Vereinigten Staaten von Amerika als Weltmacht, Stuttgart (Klett) 1987, S. 33 ff.

1 Erarbeite M1 mithilfe der Arbeitsschritte.

2 a) Formuliere die Rede Roosevelts (M1) von der wörtlichen Rede in die indirekte Rede (siehe Anhang „Historische Sachverhalte beschreiben") um.
b) Vergleicht eure Ergebnisse.

3 a) Trage M1 in der Klasse als Rede vor. Achte dabei auf Schlüsselbegriffe und wichtige Passagen, die du durch Redemittel (Tempo, Lautstärke und Pausen) hervorhebst.
b) Tausche dich anschließend mit deinen Mitschülerinnen und Mitschülern darüber aus, wie der Vortrag auf sie gewirkt hat.

Die USA: Aufstieg zur Weltmacht

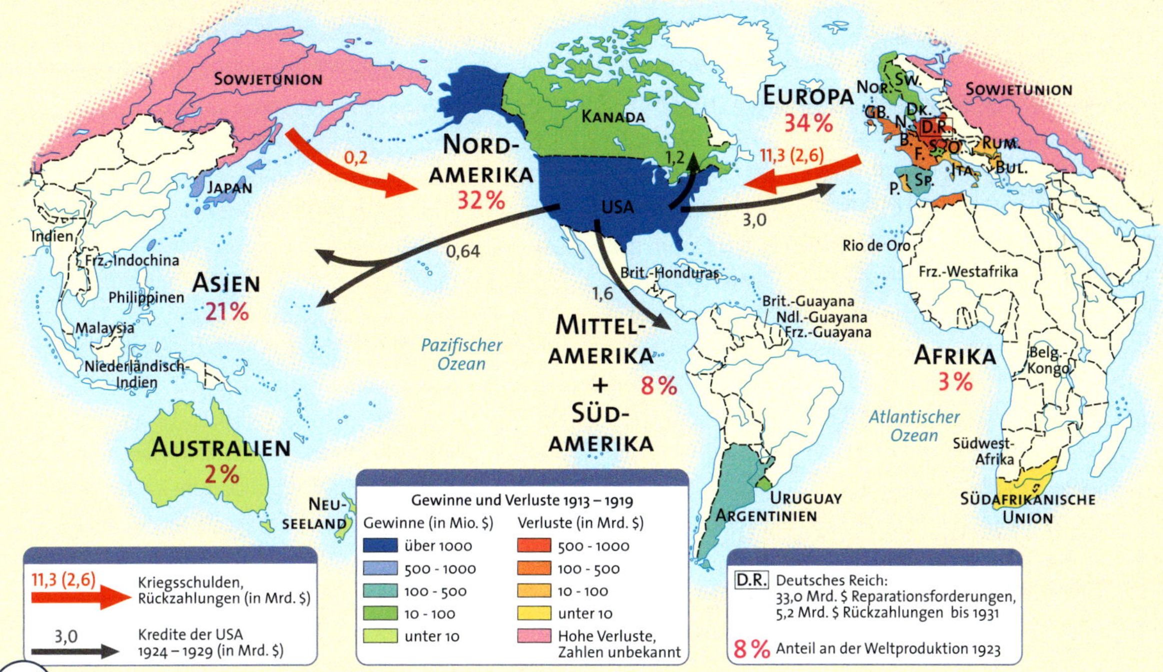

M1 Die USA und die wirtschaftlichen Folgen des Ersten Weltkriegs

Überprüfe, was du kannst

Sachkompetenz

1 Erstelle eine Zeitleiste der Schritte zur Weltmacht USA (S. 205–208).

Methodenkompetenz

2 Erarbeite aus der Karte M1 die wirtschaftlichen Beziehungen zwischen den Staaten. Beachte die Position der USA und die Art der Weltdarstellung. Nimm die Methode „Mit einer Geschichtskarte arbeiten" (siehe Anhang) zu Hilfe.

Urteilskompetenz

3 Vergleiche die Entwicklung der USA mit der der UdSSR vom Ende des 19. Jahrhunderts bis etwa 1930 und beurteile beide Gesellschaftsmodelle unter den Gesichtspunkten Freiheit, Gleichheit, Demokratie und Modernisierung.

Handlungskompetenz

4 **Recherche:** Recherchiert nach historischen Reden zum Thema „Weltmacht USA" auf www.americanrhetoric.com und wählt jeweils eine Rede aus. Untersucht sie mithilfe der Methode „Eine politische Rede untersuchen" (S. 210).

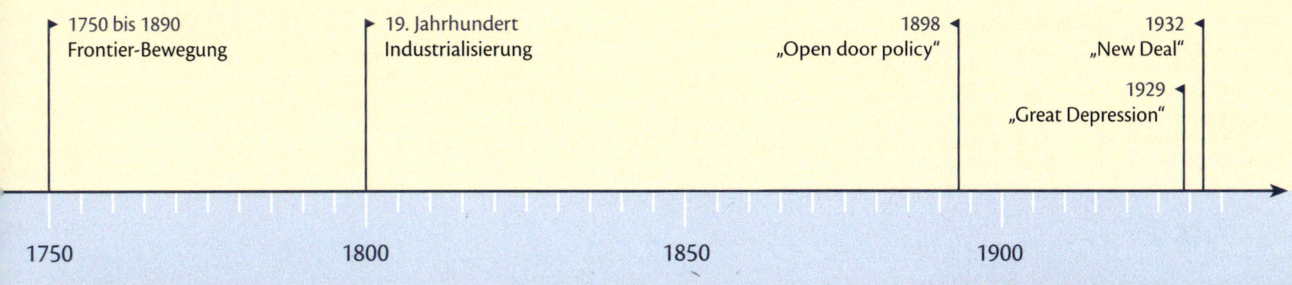

Die neuen Weltmächte Sowjetunion und USA

Gegen Ende des Ersten Weltkrieges wurden durch zwei weltgeschichtliche Ereignisse im Jahre 1917 Weichen für die Zeit nach den kriegerischen Auseinandersetzungen gestellt: In Russland wurde die Zarenherrschaft mit einer Revolution endgültig beseitigt. Aus dem Machtkampf zwischen demokratisch-parlamentarischen und kommunistischen Kräften gingen die Bolschewiki unter ihrem Führer Lenin durch ihr gewaltsames Vorgehen als Sieger hervor. Die kommunistischen Machthaber bestimmten mit ihrer diktatorischen Herrschaft fortan die Politik der Sowjetunion bis zu ihrer Auflösung 1991.

Auf der Seite der westlichen Alliierten traten die USA in den Ersten Weltkrieg gegen Deutschland ein und entschieden ihn zu ihren Gunsten.

Die USA und die Sowjetunion unterschieden sich in ihren politischen, gesellschaftlichen und wirtschaftlichen Systemen grundlegend. In hohem Maße beeinflussten sie die Weltpolitik im 20. Jahrhundert.

Die Sowjetunion: Aufbau des Kommunismus

Im Ersten Weltkrieg weiter geschwächt, geriet das nahezu reformunfähige Zarenregime 1917 in eine Existenzkrise. Große Versorgungsprobleme, der ungewisse Kriegsausgang, wachsende Kriegsmüdigkeit und die zunehmende Unzufriedenheit mit den Eigentumsverhältnissen im Agrarstaat Russland verdichteten sich zu einer für den Zaren ausweglosen Situation. Die nach Abdankung des Zaren im März 1917 gebildete bürgerlich-demokratische Regierung konnte die Lage nicht entscheidend stabilisieren. Die Bolschewiki, an ihrer Spitze Lenin, nutzten die perspektivlose Lage des Landes und ergriffen im Herbst 1917 gewaltsam die Macht. „Alle Macht den Räten!", forderten sie und brachten mit ihrer Losung „Frieden, Land und Brot" diejenigen hinter sich, die von der Februarrevolution das Ende von Krieg und Hunger erhofft hatten. Diese Versprechen sollten durch die ersten Maßnahmen des „Rats der Volkskommissare" nach der Oktoberrevolu-

Entstehung neuer Weltmächte: USA und Sowjetunion

Sowjetunion: Staatsgründung durch Revolution

Ursachen

- Krise der Zarenherrschaft
- Folgen des Ersten Weltkrieges
- Schwäche der demokratischen Kräfte
- fehlender Konsens zwischen demokratisch-parlamentarischen und revolutionär-kommunistischen Gruppierungen

Folgen

- Polarisierung und militärische Auseinandersetzungen zwischen „Roten" und „Weißen" (Bürgerkrieg)
- „Kriegskommunismus": Verstaatlichungen und staatliche Lenkung in Wirtschaft und Gesellschaft
- Aufbau der „Sowjetmacht" unter Führung der Kommunistischen Partei
- zentrale Planung und Durchführung der Industrialisierung
- Kollektivierung der Landwirtschaft
- Ausschaltung und Vernichtung der Regimegegner
- „Entstalinisierung" unter Chruschtschow (seit 1956)
- Dauer der kommunistischen Herrschaft bis 1991

USA: Aufstieg zur Weltmacht

Voraussetzungen

- Frontier-Bewegung als „innere" Expansion: Erschließung, Besiedlung der von indianischen Völkern bewohnten Gebiete mit vernichtenden Folgen für die einheimische Bevölkerung
- Herausbildung eines „amerikanischen" Nationalbewusstseins
- kein „Schmelztiegel" der Bevölkerung, eher „Internationalitäten" in parallelgesellschaftlichen Gruppen

Expansion und Krise

- Begünstigung der Weltmachtrolle durch Industrialisierung und marktwirtschaftliches System (Liberalismus)
- „amerikanische" Produktionsweise
- auf demokratischen Werten und nationalem Bewusstsein beruhende Vision eines „amerikanischen Wegs"
- Einfluss auf die Weltpolitik durch die „Open Door Policy"
- Politik der USA ab 1917: Kriegseintritt, um die Welt sicherer für die Demokratie zu machen; Einflussnahme auf Europa; Gründung des Völkerbunds; Wirtschaftskrise; New Deal

tion eingelöst werden (Friede von Brest-Litowsk, Dekret über Grund und Boden). Gegen die Machtübernahme der Bolschewisten bildete sich eine breite Opposition – sowohl aus den eigenen Reihen, wie bei den Kronstädter Matrosen, als auch im Lager der „Klassengegner", wie Großgrundbesitzern und Fabrikanten. Der Aufbau einer „Roten Armee" gegen die von Militärs geführten „Weißen" führte zusammen mit den Maßnahmen des „Kriegskommunismus" (Verstaatlichung von Betrieben, Abgabezwang für die Bauern, staatliche Verteilung von Lebensmitteln und Brennstoffen) zu einer Verschärfung der elenden Verhältnisse.

Der Weg in die Diktatur

Kritik und Widerstand gegen die sozialistische Umgestaltung des Staates und den Aufbau der Sowjetmacht ließen die Bolschewiki nicht zu: Davon zeugen der Kriegskommunismus, die unzähligen Opfer während des Bürgerkriegs und vor allem der Ausbau der Parteidiktatur. Die Kommunistische Partei bestimmte zunehmend das Leben in allen Bereichen. In Städten und Dörfern, Fabriken und Schulen besetzten Mitglieder der Partei die Entscheidungspositionen. Nach Lenins Tod bestimmte ab Mitte der 1920er-Jahre Stalin als Generalsekretär die Parteilinie und baute seine Stellung zur Alleinherrschaft aus. Er forcierte die wirtschaftliche Entwicklung des Landes durch Kollektivierung der Landwirtschaft und zentral geplante Industrialisierung. Drastischer als Lenin ging er gegen Kritiker vor: Unzählige Menschen wurden in Arbeits- und Straflager verbannt oder ermordet. Somit kamen Millionen Menschen durch die stalinistische Terrorpolitik zu Tode. Die Zahl der Opfer ist bis heute nicht genau zu ermitteln.

Das Herrschaftssystem Stalins wurde nach seinem Tod von der sowjetischen Führung unter Chruschtschow auf dem XX. Parteitag der Kommunistischen Partei der Sowjetunion (KPdSU) 1956 scharf kritisiert. Anschließend leitete er eine Politik der „Entstalinisierung" ein, die zu einer kurzen „Tauwetterperiode" in der Sowjetunion und den von ihr abhängigen Staaten führte. An der Diktatur der kommunistischen Parteien in der UdSSR und den osteuropäischen Staaten änderte sich jedoch nichts.

Die USA: Aufstieg zur Weltmacht

Der Rolle der USA als Weltmacht im 20. Jahrhundert ging die „Frontier"-Bewegung des 19. Jahrhunderts voraus, d. h. die Eroberung, Erschließung und Besiedlung des nordamerikanischen Kontinents durch die „weißen Kolonisten". Die Folge war eine brutale Dezimierung der einheimischen indianischen Bevölkerung. Die Frontier-Bewegung trug zur Entstehung eines „Nationalbewusstseins" bei, sich trotz unterschiedlicher Herkunft als „Amerikaner" zu fühlen. Die These vom „Schmelztiegel USA" wird heute allerdings zunehmend kritischer gesehen und von der Auffassung abgelöst, die amerikanische Gesellschaft zeige eher eine gegliederte, aus „Unternationalitäten" bestehende Struktur.

Expansion und Krise

Die Industrialisierung und ein marktwirtschaftliches System führten in den USA zur „amerikanischen" Produktionsweise: der Herstellung standardisierter Massenartikel und der Konzentration von Kapital und Wirtschaftsmacht in Großkonzernen. Große freie Landflächen und ein günstiges Klima förderten diese Entwicklung.

Das einflussreiche „Big Business" berief sich auf Werte und demokratische Freiheiten, die im nationalen Selbstverständnis der USA verankert waren, und auf die Millionen von Einwanderern bei ihrer Einreise „eingeschworen" wurden. Unter diesen Zielen erfolgte auch die Expansion der USA im pazifischen Raum („Open Door Policy").

Diese Werte waren es auch, mit denen Präsident Wilson den Eintritt der USA in den Ersten Weltkrieg begründete: Die Welt sollte sicher gemacht werden für die Demokratie. Wilson setzte sich für die Gründung des Völkerbunds ein, stieß aber mit dieser Vorstellung im eigenen Land auf große Widerstände, und die USA traten dem Völkerbund letztlich nicht bei. In den folgenden Jahren beschränkte sich das Engagement der USA für und in Europa im Wesentlichen auf Exporte und Kredite. Die amerikanische Wirtschaft profitierte zugleich von Schutzzollbestimmungen und der großen Nachfrage nach Konsumgütern im Land. Jedoch spätestens die Weltwirtschaftskrise entlarvte die Blüte der 1920er-Jahre als „Scheinblüte". Die „große Depression" erfasste das ganze Land. Erst der von Präsident Roosevelt initiierte New Deal führte aus der Krise.

6. Nationalsozialismus und Zweiter Weltkrieg

Der Erste Weltkrieg war im Herbst 1918 für Deutschland und seine Verbündeten verloren und das Kaiserreich am Ende. Danach schien die Macht „auf der Straße" zu liegen. Demokratische Kräfte in der Arbeiterbewegung und im Bürgertum ergriffen die Chance. Unter ihrer Führung kam es zur ersten demokratischen Staatsgründung in Deutschland, von dem gescheiterten Versuch 1848 einmal abgesehen. Dass die Weimarer Republik bereits nach 14 Jahren zerstört wurde, erscheint im Rückblick nicht überraschend, war aber nicht zwangsläufig. Die durch die Weltwirtschaftskrise begünstigten Gegner der Demokratie wurden nach 1930 weiter gestärkt, sodass später von einer „Republik ohne Demokraten" gesprochen wurde. Die Herrschaft der Nationalsozialisten ab 1933 bedeutete einen so tiefen Einschnitt in Deutschland und Europa, dass manche Historiker von einem „Zivilisationsbruch" sprechen.

Folgende Fragen leiten dich durch das Kapitel:

- ***Wie kam es zwischen 1930 und 1933 zur Zerstörung der Demokratie und „Machtergreifung" der Nationalsozialisten?***
- ***Welche Folgen hatten Ideologie und Politik der Nationalsozialisten?***
- ***Inwiefern war der Zweite Weltkrieg eine Konsequenz des NS-Systems?***
- ***Gibt es eine „Gegenwart des Vergangenen"?***

---

1 Beschreibt die Abbildungen und bringt sie in einen Zusammenhang.

2 Tragt eure Kenntnisse über die Zeit von 1933 bis 1945 zusammen und formuliert Fragen an diese Epoche.

Abfahrt Hitlers nach einer Jugendkundgebung im Berliner Lustgarten, Foto, 1. Mai 193

Revolutionäre Demonstranten vor dem Brandenburger Tor in Berlin, Foto, 9. November 1918

„Hitler führt alle in den Abgrund", französische Karikatur, 1938

Die Weimarer Republik – Gründung und Zerstörung

Wissen • Urteilen • Handeln • Methoden anwenden

Am Ende dieses Unterkapitels kannst du

- erklären, wie es 1918/19 zur Gründung der Weimarer Republik kam
- die wesentlichen Elemente der Weimarer Verfassung darstellen
- die politischen und wirtschaftlichen Belastungen und ihre Folgen für die Menschen beschreiben
- die Weltwirtschaftskrise und die antidemokratischen Kräfte als Faktoren für die Zerstörung der Demokratie unterscheiden
- Handlungsmöglichkeiten der Verteidiger und Gegner der Demokratie beurteilen
- Grundzüge der Außenpolitik der Weimarer Republik erläutern
- **Methode** Politische Plakate untersuchen

Deutschland zur Zeit der Weimarer Republik

Weimarer Republik

1918 bis 1933

Die Revolution 1918/19

Revolution und demokratische Staatsgründung

Der Erste Weltkrieg drohte für Deutschland im Sommer 1918 mit einer Niederlage zu enden. Die monarchische Autorität verfiel unter Kaiser Wilhelm II. (1859–1941) zusehends und die reformorientierten Bürgerlichen und die Sozialdemokraten erhöhten im Reichstag den Druck auf die Regierung: Diese sollte nicht mehr dem Kaiser, sondern dem Parlament verantwortlich sein. Angesichts der aussichtslosen militärischen und politischen Lage gab die Oberste Heeresleitung (OHL) Ende September 1918 einen ersten Anstoß zur Reform des monarchischen Systems. Auf diese Weise wollte die OHL vor allem die politische Verantwortung für die Folgen einer Niederlage auf eine zivile Regierung und das Parlament abschieben. Am 2. Oktober 1918 ernannte Kaiser Wilhelm II. den ersten dem Parlament verantwortlichen Reichskanzler Prinz Max von Baden. Die Einführung der parlamentarischen Monarchie wurde am 28. Oktober 1918 im Nachhinein durch eine Verfassungsänderung legalisiert.

Mit den politischen Reformen verstärkten sich im Herbst 1918 in der Bevölkerung die Forderungen, den Krieg zu beenden. Als sich am 28. Oktober 1918 in Wilhelmshaven Soldaten der deutschen Kriegsflotte weigerten, zu weiteren Einsätzen auszulaufen, gaben sie damit das Signal für Matrosenaufstände und Streiks. Die Proteste breiteten sich in kürzester Zeit in ganz Deutschland aus und führten zur spontanen Bildung von Arbeiter- und Soldatenräten*, die einen deutlichen Bruch mit der „alten Ordnung“ forderten. Ein Teil dieser Massenbewegung wollte eine Räterepublik errichten, eine direkte Demokratie, in der die Räte über Regierung und Gesetzgebung bestimmen sollten.

Auf der Reichsebene übertrug am 9. November 1918 Max von Baden das Amt des Reichskanzlers auf Friedrich Ebert, den Vorsitzenden der Sozialdemokraten. Dieser bildete als Übergangsregierung den „Rat der Volksbeauftragten“ aus je drei Politikern der (Mehrheits-)SPD und der USPD*, die sich Anfang 1917 von der SPD abgespalten hatte. Am selben Tag floh Kaiser Wilhelm II. in die neutralen Niederlande.

M1

Die Ausrufung der Republik

Am 9. November 1918 gegen 14.00 Uhr sprach der sozialdemokratische Politiker Philipp Scheidemann (1865–1939), Reichstagsabgeordneter und Staatssekretär in der Regierung, zu einer Menschenmenge vor dem Reichstag:

Arbeiter und Soldaten!
Furchtbar waren die vier Kriegsjahre, grauenhaft waren die Opfer, die das Volk an Gut und Blut hat bringen müssen. Der unglückselige Krieg ist zu Ende. Das Morden ist vorbei ... Der Kaiser hat abgedankt. Er und seine Freunde sind verschwunden. Über sie alle hat das Volk auf der ganzen Linie gesiegt! Der Prinz Max von Baden hat sein Reichskanzleramt dem Abgeordneten Ebert übergeben. Unser Freund wird eine Arbeiterregierung bilden, der alle sozialistischen Parteien angehören werden. Die neue Regierung darf nicht gestört werden in ihrer Arbeit für den Frieden, in der Sorge um Brot und Arbeit ... Arbeiter und Soldaten! Seid euch der geschichtlichen Bedeutung dieses Tages bewusst ... Seid einig und pflichtbewusst! Das Alte und Morsche, die Monarchie, ist zusammengebrochen. Es lebe das Neue! Es lebe die deutsche Republik!

Zit. nach Geschichte in Quellen, Bd. 6, bearb. v. Günter Schönbrunn, 3. Aufl., München (bsv) 1979, S. 114 f.

Biographie

Friedrich Ebert (1871–1925)

Stammte aus einer Schneidermeisterfamilie. Nach seiner Sattlerausbildung begann er, sich in der SPD zu engagieren, wurde Redakteur der Bremer Bürgerzeitung und war seit 1912 Reichstagsabgeordneter, ab 1913 Parteivorsitzender. Am 9. November 1918 übernahm er das Amt des Reichskanzlers. Von Februar 1919 bis zu seinem Tode (28. Februar 1925) war er Reichspräsident der Weimarer Republik. Seine Leistung lag vor allem darin, einen Ausgleich zwischen dem gemäßigten Teil der Arbeiterbewegung und bürgerlichen Kräften herbeigeführt zu haben.

1 Analysiere M1 mithilfe der Methode „Eine politische Rede untersuchen“ (siehe S. 210).

2 Formuliere mithilfe des Darstellungstextes und M1 einen Zeitungsartikel über die künftige politische Ordnung. Ziehe den Kasten heran.

Politische Plakate untersuchen

Plakate – Mittel politischer Werbung

Ein Plakat ist ein Anschlag mit werbender Absicht. Die Zuordnung von Bild und Text sowie seine Gestaltung sind so angelegt, dass das Dargestellte auffällig, schnell zu erfassen und zu verstehen ist und möglichst lange in der Erinnerung haften bleibt. Mit der Verbreitung des Buchdrucks seit dem 16. Jahrhundert wurden öffentliche Anschläge als Mitteilungen üblich. Neue Druck- und Gestaltungstechniken ermöglichten im 19. Jahrhundert eine vielfältige Verwendung, allerdings unterlag die politische – anders als die kommerzielle – Plakatwerbung bis zum Ende des Ersten Weltkriegs Einschränkungen und Verboten (politische Zensur). Die große Zeit der politischen Plakate begann in Deutschland in der Weimarer Republik, ermöglicht vor allem durch das Grundrecht auf Meinungsfreiheit und freie künstlerische Entfaltungsmöglichkeiten.

Die Wahlen zur Nationalversammlung 1919

Im Januar 1919 schien der Machtkampf um das politische System in Deutschland zugunsten einer parlamentarischen Demokratie entschieden. Die Wahl zur Konstituierenden (Verfassunggebenden) Versammlung wurde auf den 19. Januar 1919 festgesetzt. Mit der Herabsetzung des Wahlalters von 25 auf 20 Jahre und der Einführung des Frauenwahlrechts erhöhte sich die Zahl der Wahlberechtigten von 13,8 Mio. (1912) auf 36,8 Mio. (1919) Deutsche. Die Plakate auf dieser Doppelseite stammen aus diesem Wahlkampf.

M1

Wahlplakat der Regierung, Januar 1919

Arbeitsschritte

1. Schritt: Erste Eindrücke und Informationen festhalten

Was fällt unmittelbar auf? Wer ist der „Autor" (Zeichner), wer der Auftraggeber?

2. Schritt: Einzelne Elemente analysieren

Welche Details sind zu erkennen? Welche besonderen Merkmale enthält die Darstellung (Farben, Größe, Proportionen, Statik, Dynamik)? Lassen sich Symbole, Stereotypen, bildhafte Vergleiche finden? In welchem Verhältnis stehen Bild und Text? Welcher Texttyp liegt vor, welche Schriftarten? Wie sind die Beziehungen der Elemente zueinander (z. B. Fotomontage, Collage)?

3. Schritt: Eine Gesamtaussage formulieren und bewerten

Welcher Gesamteindruck ergibt sich? Wie lässt sich die Analyse zusammenfassen? Welche Wirkung soll erzielt werden (z. B. informierend, argumentierend, appellierend)? Wie lässt sich das Plakat in den historischen Zusammenhang einordnen?

M2 **Wahlplakat,** Januar 1919

M3 **Wahlplakat,** Januar 1919

M4 **Wahlplakat,** Januar 1919

M5 **Wahlplakat,** Januar 1919

1 Erarbeitet in Partnerarbeit M1 bis M5 mithilfe der Arbeitsschritte und stellt eure Ergebnisse der Klasse vor.

2 Übe das Untersuchen von Plakaten an einem Beispiel aus unserer Gegenwart. Bitte die Ortsverbände der Parteien bei der Suche um Hilfe.

Die politische Ordnung der jungen Demokratie

Eine neue Verfassung

Im November 1918 hatte Reichskanzler Friedrich Ebert den liberalen Staatsrechtler Hugo Preuß beauftragt, eine Reichsverfassung zu entwerfen. Nach mehrmonatigen Beratungen nahm die Nationalversammlung am 31. Juli 1919 das Verfassungswerk an, und zwar mit 262 gegen 75 Stimmen aus USPD, DVP* und DNVP*. Mit der Unterschrift des Reichspräsidenten am 11. August 1919 wurde Deutschland zu einer parlamentarischen Republik, die als Weimarer Republik* bezeichnet wird.

Weil der Reichstag ein getreues Abbild des Volkswillens sein sollte, gab es keine Sperrklausel gegenüber den kleinen Parteien und es konnten auch Splittergruppen ins Parlament einziehen. Die Verfassunggeber nahmen das bewusst in Kauf, denn dieser Wahlmodus galt als besonders gerecht und demokratisch.

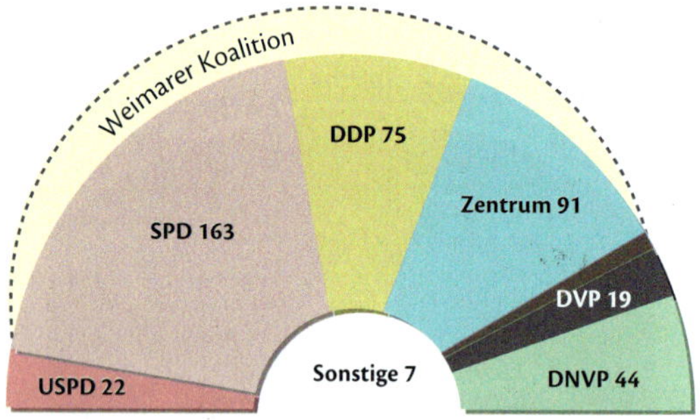

M1 **Sitzverteilung der Parteien nach der Wahl zur Nationalversammlung am 19. Januar 1919**

M2 **Das deutsche Volk ist frei**

Aus der Eröffnungsrede Friedrich Eberts am 6. Februar 1919 vor der Nationalversammlung, die wegen der unsicheren politischen Lage in Berlin in der thüringischen Stadt Weimar („Weimarer Republik") zum ersten Mal zusammentrat:

Die Reichsregierung* begrüßt durch mich die Verfassunggebende Versammlung der deutschen Nation. Besonders herzlich begrüße ich die Frauen, die zum ersten Mal gleichberechtigt im Reichsparlament erscheinen. Die provisorische Regierung verdankt ihr Mandat* der Revolution; sie wird es in die Hände der Nationalversammlung zurücklegen. (Bravo!)
In der Revolution erhob sich das deutsche Volk gegen eine veraltete zusammenbrechende Gewaltherrschaft. (Zustimmung links. – Lebhafter Widerspruch rechts). Sobald das Selbstbestimmungsrecht des deutschen Volkes gesichert ist, kehrt es zurück auf den Weg der Gesetzmäßigkeit. Nur auf der breiten Heerstraße der parlamentarischen Beratung und Beschlussfassung lassen sich die unaufschiebbaren Veränderungen auch auf wirtschaftlichem und sozialem Gebiete vorwärts bringen … Deshalb begrüßt die Reichsregierung in dieser Nationalversammlung den höchsten und einzigen Souverän in Deutschland.
Mit den alten Königen und Fürsten von Gottes Gnaden ist es für immer vorbei … Das deutsche Volk ist frei, bleibt frei und regiert in alle Zukunft sich selbst.

Verhandlungen der Verfassunggebenden Nationalversammlung. Stenographische Berichte, Berlin, 1919/20, Bd. 326, S. 1 ff.

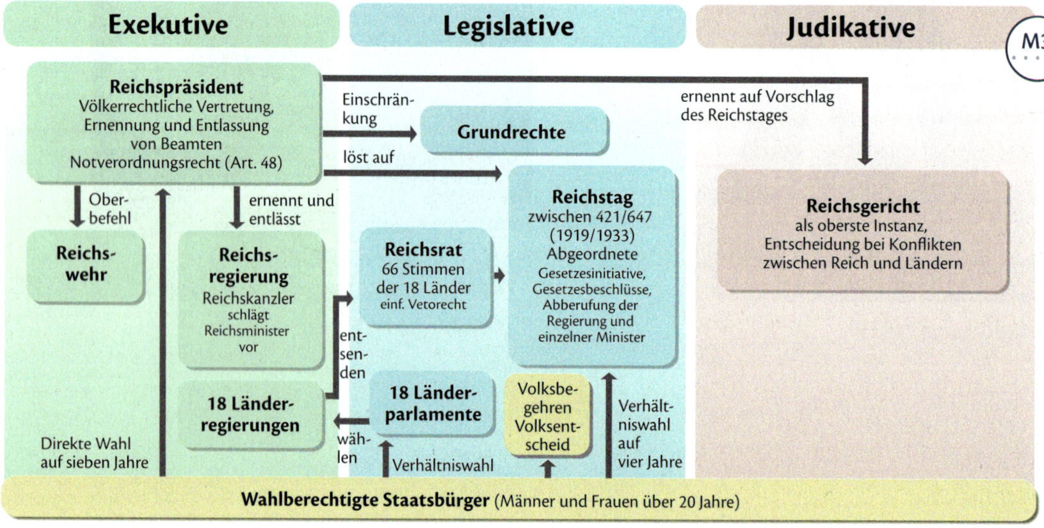

M3 **Die Weimarer Verfassung von 1919**

Begriffe und Daten

Die Parteien in der Weimarer Republik

Kernaussagen der Parteiprogramme:

Sozialdemokratische Partei Deutschlands (SPD)
- Bekenntnis zur parlamentarischen Demokratie
- gegen den Einfluss monarchistischer und militaristischer Kreise
- Räte nur im wirtschaftlichen Bereich (Betriebsräte)
- Verstaatlichung von Grund und Boden
- für Schulen unter Staatsaufsicht

Unabhängige Sozialdemokratische Partei Deutschlands (USPD)
- 1917 als Abspaltung von der SPD entstanden. 1920 trat die Mehrheit der USPD der KPD bei, der Rest 1922 der SPD
- Spaltung in Befürworter einer Rätedemokratie und Befürworter einer parlamentarischen Demokratie

Kommunistische Partei Deutschlands (KPD)
- Ablehnung der parlamentarischen Demokratie
- für ein Rätesystem*
- Sturz der „Kapitalisten" und Großgrundbesitzer
- Aufbau des Sozialismus, Bündnis mit Sowjetunion

Zentrum
- Bekenntnis zur parlamentarischen Demokratie
- für eine starke Exekutive
- Schutz des Privateigentums
- für nach Konfessionen getrennte Schulen
- für die internationale Gleichberechtigung Deutschlands

Deutsche Demokratische Partei (DDP)
- Bekenntnis zur parlamentarischen Demokratie
- für Privatwirtschaft (gegen Verstaatlichung)
- für das Selbstbestimmungsrecht Deutschlands

Deutsche Volkspartei (DVP)
- Ablehnung der parlamentarischen Demokratie, aber verantwortliche Mitarbeit im Parlament
- für eine gesetzmäßig einzurichtende Monarchie

Deutschnationale Volkspartei (DNVP)
- Ablehnung der parlamentarischen Demokratie
- für eine Monarchie mit starker Exekutive
- für ein „starkes deutsches Volkstum"

Nationalsozialistische Deutsche Arbeiterpartei (NSDAP)
- gegen Demokratie; Aufbau eines „Führerstaates"
- Großbetriebe und -warenhäuser in Gemeineigentum überführen
- Juden sollen keine Staatsbürgerschaft erhalten

M4

Die Weimarer Verfassung 1919

Auszüge aus dem Verfassungstext:

Art. 1 Das Deutsche Reich ist eine Republik. Die Staatsgewalt geht vom Volke aus …

Art. 20 Der Reichstag besteht aus den Abgeordneten des deutschen Volkes.

Art. 21 Die Abgeordneten sind Vertreter des ganzen Volkes. Sie sind nur ihrem Gewissen unterworfen und an Aufträge nicht gebunden.

Art. 22 Die Abgeordneten werden in allgemeiner, gleicher, unmittelbarer und geheimer Wahl von den über zwanzig Jahre alten Männern und Frauen nach den Grundsätzen der Verhältniswahl gewählt …

Art. 25 Der Reichspräsident kann den Reichstag auflösen, jedoch nur einmal aus dem gleichen Anlass. Die Neuwahl findet spätestens am sechzigsten Tag nach der Auflösung statt …

Art. 41 Der Reichspräsident wird vom ganzen deutschen Volke gewählt …

Art. 48 Der Reichspräsident kann, wenn … die öffentliche Sicherheit und Ordnung erheblich gestört oder gefährdet wird, … Maßnahmen treffen, erforderlichenfalls mithilfe der bewaffneten Macht einschreiten. Zu diesem Zwecke darf er vorübergehend die … Grundrechte … außer Kraft setzen …

Art. 109 Alle Deutschen sind vor dem Gesetze gleich. Männer und Frauen haben grundsätzlich dieselben staatsbürgerlichen Rechte und Pflichten …

[Weitere Artikel sichern u. a. die Freizügigkeit und Berufsfreiheit (111), die Freiheit der Person (114), die Unverletzlichkeit der Wohnung (115), das Briefgeheimnis (117) und die Meinungsfreiheit (118) zu.]

Zit. nach Dieter Kakis (Hg.), Deutsche Verfassungen, München (Goldmann) 1965, S. 77 ff.

1 Zeige, wie die Macht zwischen Exekutive, Legislative und Judikative verteilt war (M3, M4).

2 Erarbeite anhand von M2 die Demokratie-Auffassung Friedrich Eberts. Welche seiner Aussagen finden sich in M3 und M4 wieder?

3 Erörtere die These, die Politik Eberts sei zugleich eine „Politik der Kontinuität" und der „Revolution" gewesen.

4 Prüfe die Einstellungen der Parteien zur Weimarer Demokratie und nenne Möglichkeiten einer Zusammenarbeit/Koalitionsbildung (Kasten).

Der Vertrag von Versailles

Ein unbewältigter Friede?

Am 28. Juni 1919 unterzeichnete eine deutsche Delegation im Spiegelsaal des Schlosses von Versailles den Friedensvertrag. Seit Januar 1919 hatten die Siegermächte des Ersten Weltkriegs Friedenskonferenzen durchgeführt, in denen es um eine neue politische Ordnung für Mittel- und Osteuropa ging. Die unterlegenen Mächte waren an den Verhandlungen nicht direkt beteiligt. Die Friedensbedingungen lösten in Deutschland Entsetzen aus. Neben seiner Großmachtstellung verlor es seine Kolonien und seine Flotte sowie ein Siebtel seines Staatsgebiets und damit ein Zehntel seiner Bevölkerung. Vor allem sorgte der Artikel 231 des Friedensvertrages für allgemeine Empörung, denn Deutschland und seine Verbündeten sollten akzeptieren, dass sie „als Urheber für alle Verluste und Schäden verantwortlich" seien. Zur Wiedergutmachung sollten Reparationen gezahlt werden.

Die monarchische Herrschaft – mitverantwortlich für den Krieg – war zusammengebrochen und die Verantwortung fiel jetzt den demokratischen Politikern zu. Für den Fall der Ablehnung der Unterschrift drohten die Siegermächte in einem Ultimatum mit der Wiederaufnahme des Krieges und der Besetzung Deutschlands.

M2

Unterschreiben wir!

Reichskanzler Gustav Bauer (1870–1944), SPD, sagte am 23. Juni 1919 vor der Nationalversammlung:

Die Entente[1] … will uns das Schuldbekenntnis auf die Zungen zwingen, sie will uns zu Häschern unserer angeschuldigten Landsleute machen; es soll uns nichts, gar nichts erspart bleiben … Jetzt … kann und muss die ganze Welt sehen: Hier wird ein besiegtes Volk an Leib und Seele vergewaltigt wie kein Volk zuvor … Unterschreiben wir! Das ist der Vorschlag, den ich Ihnen im Namen des gesamten Kabinetts machen muss. Bedingungslos unterzeichnen! Ich will nichts beschönigen. Die Gründe, die uns zu diesem Vorschlag zwingen, sind dieselben wie gestern. Nur trennt uns jetzt eine Frist von knapp vier Stunden von der Wiederaufnahme der Feindseligkeiten. Einen neuen Krieg können wir nicht verantworten, selbst wenn wir Waffen hätten. Wir sind wehrlos. Wehrlos ist aber nicht ehrlos!

Verhandlungen der Verfassunggebenden Nationalversammlung. Stenographische Berichte, Berlin, 1919/20, Bd. 327, S. 1140 ff.

[1] (frz.) Einverständnis, Bündnis; hier: Siegermächte

M1

Deutschland nach dem Versailler Vertrag von 1919

M3

„Die letzte Schmach“

Folgender Leserbrief in Form eines Gedichtes erschien in den Düsseldorfer Nachrichten vom 14. Februar 1920:

Die letzte Schmach

Das war ein Hieb, der saß! Fühlst du's, mein Junge?
Ahnst du den Hass, die ganze Niedertracht,
Mit der uns hier die welsche[1] Lästerzunge
Vor aller Welt verhöhnt und ehrlos macht?
[...]
Wohl sind wir wund und arm und ohne Waffen
Und nur auf uns gestellt; doch ehrlos? Nein!
Das ganze Volk wird sich zusammenraffen:
Wir lassen uns nicht frech ins Antlitz spei'n.

Und sollte dennoch sich ein Judas[2] melden
Um Silberlinge für den Feindesbund
Und seine Hand ausstrecken nach den Helden,
Dann schlagt ihn tot wie einen räudigen Hund!

Denn unsre Ehre soll uns niemand rauben,
Es ist das Letzte, was uns blieb im Leid:
Des Volkes Ehre und der Väter Glauben
Und unsre Sprache – bis in Ewigkeit!

Düsseldorfer Nachrichten vom 14.2.1920. Morgenausgabe. In: Dokumentation zur Geschichte der Stadt Düsseldorf, Bd. 6, Düsseldorf (Pädagogisches Institut der Stadt Düsseldorf) 1985, S. 15.

[1] urspr. keltisch, später für romanisch, französisch
[2] Verrätergestalt aus dem Neuen Testament

1 Erarbeite mithilfe von M1 den territorialen Zustand Deutschlands 1919. Erläutere mögliche Folgen für die Bevölkerung.
2 Untersuche anhand von M3 und M4, wie der Versailler Vertrag bewertet wurde und welche Absicht der Autor bzw. der Zeichner wohl verfolgte.
3 Beschreibe, in welcher Situation sich die Reichsregierung vor der Unterzeichnung des Vertrages von Versailles befand, und erörtere ihren Handlungsspielraum (Darstellungstext, M2, Kasten).
4 Untersuche die Auffassung, die Marschall Foch vertritt (M5), und prüfe, ob sich seine Position in M1 wiederfinden lässt.
5 Begründe, inwiefern sich die demokratisch gewählte Regierung mit dem Vertrag von Versailles in einer „Zwickmühle“ befand.

Begriffe und Daten

Reparationen

Geldzahlungen oder Warenlieferungen, die der Besiegte an den (die) Sieger als Entschädigung für Kriegsaufwendungen und Kriegsschäden zahlen muss. Nach dem Ersten Weltkrieg wurden zwischen 1920 und 1929 unterschiedliche Beträge für den Verlierer Deutschland festgelegt, so nach dem Young-Plan (1929) 65 Milliarden Goldmark, zahlbar in 59 Jahresraten bis 1988. Angesichts der Weltwirtschaftskrise seit 1929 wurde 1932 in Lausanne eine einmalige Zahlung von 3 Milliarden Goldmark festgesetzt, die aber nicht mehr gezahlt wurde.

M4

Plakat von NSDAP und DNVP, 1929. Anlass war das Volksbegehren gegen den Youngplan.

M5

Deutschland aus französischer Sicht

Der französische Marschall Foch schrieb am 10. Januar 1919 an die verbündeten Alliierten:

Deutschland bleibt noch für lange Zeit, bis zu einer völligen Wandlung seiner Politik und seiner Weltanschauung, eine furchtbare Drohung für die Zivilisation. Unter solchen Umständen gebietet die elementarste Vorsicht den alliierten Nationen, die den ersten Ansatz zu einem Völkerbunde bilden, Deutschland gegenüber eine Gesamtheit von reinen Abwehrmaßnahmen und von grundlegenden Vorbereitungsmaßregeln zu ergreifen ... Wollen wir den Unternehmungen Deutschlands gegen den Westen Einhalt tun ..., so müssen wir, um die Entscheidung durch die Waffen mindestens aufzuschieben, von vornherein zu allen von der Natur gebotenen Mitteln greifen. Die Natur hat nur eine Schranke über den Weg des einbrechenden Feindes gezogen: den Rhein.

Die französischen Dokumente zur Sicherheitsfrage 1919 bis 1923. Amtliches Gelbbuch des Französischen Ministeriums der Auswärtigen Angelegenheiten, Berlin, 1924, S. 1 ff.

Politische und wirtschaftliche Belastungen

Begriffe und Daten

Die Krisenjahre 1920 bis 1923

1. Kapp-Lüttwitz-Putsch 1920
– Besetzung des Regierungsviertels in Berlin durch eine Marinebrigade unter dem Befehl des Generals von Lüttwitz und des Politikers Wolfgang Kapp (DNVP); Putsch scheitert

2. Besetzung des Ruhrgebiets 1923
– Einmarsch französischer und belgischer Truppen wegen ausstehender Reparationszahlungen*
– Abbruch des passiven Widerstands im September

3. Kommunistischer Putschversuch 1923
– in Sachsen und Thüringen; Putsch scheitert

4. Hitlerputsch in München 1923
– unter Führung Adolf Hitlers und des Generals Ludendorff; Putsch scheitert

5. Hyperinflation 1923
– durch Kriegsfolgen: Staatsverschuldung, Reparationszahlungen, Produktionsumstellungen, Verlust von Industrie- und Rohstoffgebieten

M2

Unser tägliches Brot, Zeichnung von Erich Schilling aus dem „Simplicissimus“, 1923. „Wird das Brot nicht endlich billiger?“ – „Dann müsst' ich's schlechter machen – und das ist nicht möglich.“

M1

„Generalstreik auf der ganzen Linie“

Aufruf der SPD am 13. März 1920:

Der Militärputsch ist da. Die Marinedivision Ehrhardt marschiert auf Berlin, um eine Umgestaltung der Reichsregierung zu erzwingen … Wir weigern uns, uns diesem militärischen Zwange zu beugen. Wir haben die Revolution nicht gemacht, um das blutige Landsknechtsregiment heute wieder anzuerkennen … Arbeiter, Genossen! Wir müssten uns vor euch schämen, wenn wir anders handeln würden. Wir sagen: Nein und noch einmal nein! Ihr müsst uns bestätigen, dass wir in eurem Sinne gehandelt haben. Wendet jedes Mittel an, um diese Wiederkehr der blutigen Reaktion zu vernichten.

Streikt, legt die Arbeit nieder und schneidet dieser Militärdiktatur die Luft ab. Kämpft mit jedem Mittel um die Erhaltung der Republik. Lasst alle Spaltung beiseite. Es gibt nur ein Mittel gegen die Wiederkehr Wilhelms II.: … Generalstreik auf der ganzen Linie.

Wolfgang Michalka/Gottfried Niedhart, Die ungeliebte Republik, 3. Aufl., München (dtv dokumente) 1984, S. 79.

M3

Die Wirtschaft nach „Versailles“

Der Wirtschaftswissenschaftler John Maynard Keynes (1883–1938) schrieb 1919:

Der Friedensvertrag enthält keine Bestimmungen zur wirtschaftlichen Wiederherstellung Europas, nichts, um die geschlagenen Mittelmächte wieder zu guten Nachbarn zu machen, nichts, um die neuen Staaten Europas zu festigen … Wiedergutmachung war ihr [der Siegermächte] Hauptinteresse auf wirtschaftlichem Gebiet und sie behandelten sie als eine Frage der Theologie, der Politik, der Wahltaktik, kurz, von jedem anderen Gesichtspunkt als dem der wirtschaftlichen Zukunft der Staaten, deren Schicksal in ihrer Hand lag … Die bezeichnenden Züge der gegenwärtigen Lage lassen sich in drei Gruppen zusammenfassen: 1. das vollständige Nachlassen der inneren Produktivität Europas, 2. der Zusammenbruch des Verkehrswesens und des Austausches …, 3. Europas Mangel an Kaufkraft zur Beschaffung der gewohnten Waren von Übersee.

John Maynard Keynes, Die wirtschaftlichen Folgen des Friedensvertrages, München/Leipzig (Duncker & Humblot) 1920, S. 184 ff.

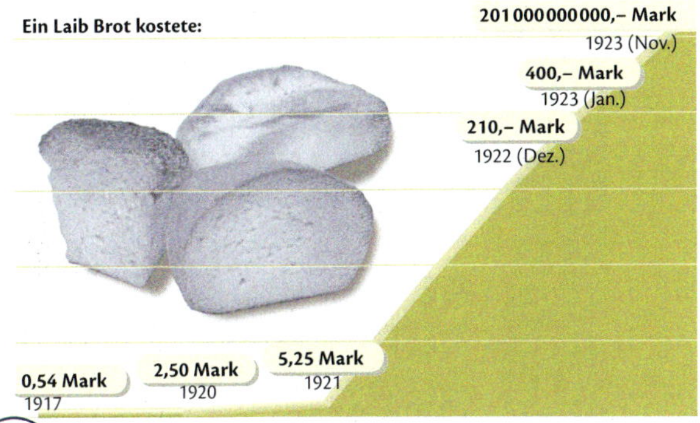

M4 Die Entwicklung des Brotpreises

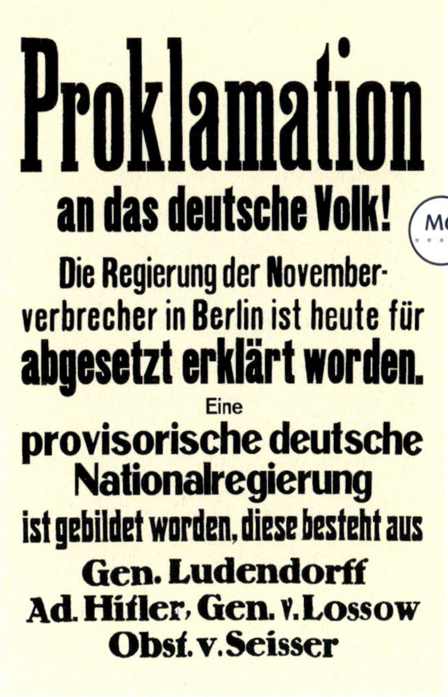
Proklamation
an das deutsche Volk!
Die Regierung der November-verbrecher in Berlin ist heute für abgesetzt erklärt worden.
Eine
provisorische deutsche Nationalregierung
ist gebildet worden, diese besteht aus
Gen. Ludendorff
Ad. Hitler, Gen. v. Lossow
Obst. v. Seisser

M6 **Die Proklamation der Putschisten vom 8./9. November 1923 in München.** „Novemberverbrecher" war ein diffamierendes Schlagwort für die demokratischen Politiker der Weimarer Republik. Der Begriff wurde seit September 1922 von Hitler verwendet.

M5

Gewinner und Verlierer in der Inflation

Der Historiker Heinrich August Winkler schrieb 1993:

Die eigentlichen Opfer der Inflation waren … die Sparer … Hart betroffen waren auch jene Akademikerfamilien, die das Studium ihrer Kinder traditionell aus Ersparnissen zu finanzieren pflegten … Haus- und Grundbesitzer wurden schuldenfrei … Unter den Hausbesitzern befanden sich zahlreiche selbstständige Handwerker, die Kerngruppe des gewerblichen Mittelstandes … Zu den Inflationsgewinnern gehörten die meist hoch verschuldeten Großgrundbesitzer … Dasselbe galt von den Besitzern großer industrieller Vermögen … Ein anderer Gewinner der Inflation war der Staat … Für die Arbeiter begann die Stabilisierung im Zeichen eines niedrigen Lohnniveaus und hoher Arbeitslosigkeit. Zwar stiegen die durchschnittlichen Realwochenlöhne von November bis Dezember 1923 von 53 % auf knapp 70 % des Vorkriegsstandes, aber das war noch immer erheblich weniger, als die Arbeiter im März 1923 verdient hatten – nämlich rund 79 % des Standes von 1913.

Heinrich August Winkler, Weimar 1918–1933, München (C. H. Beck) 1993, S. 244 f.

M7

„… eine bewaffnete Horde"

Aus dem Aufruf der Reichsregierung vom 9. November 1923:

An das deutsche Volk!

In der Zeit größter außen- und innenpolitischer Bedrängnis haben sich Verblendete ans Werk gemacht, um das Deutsche Reich zu zerschlagen. In München hat eine bewaffnete Horde die bayerische Regierung gestürzt … und sich angemaßt, eine Reichsregierung zu bilden … Es bedarf keines Hinweises darauf, dass diese Putschbeschlüsse null und nichtig sind. Wer diese Bewegung unterstützt, macht sich zum Hoch- und Landesverräter. Statt unseren Brüdern im Rheinlande und an der Ruhr zu helfen, die für Deutschland kämpfen, stürzt man Deutschland ins Unglück, gefährdet die Ernährung, bringt uns die Gefahr eines feindlichen Einmarsches und zerrüttet alle Aussichten auf die Anbahnung wirtschaftlicher Gesundung … In der Schicksalsstunde des deutschen Volkes und Deutschen Reiches fordern wir alle Freunde des Vaterlandes auf, sich einzusetzen für die Bewahrung der Reichseinheit, deutscher Ordnung und Freiheit.

Zit. nach Wolfgang Michalka/Gottfried Niedhart, Die ungeliebte Republik, 3. Aufl., München (dtv) 1984, S. 93 f.

1 Lege eine Tabelle an: Ordne M1 bis M7 den Ereignissen der Krisenjahre zu (Kasten) und fasse jeweils die politischen bzw. wirtschaftlichen Belastungen zusammen.

2 Nenne Folgen für die Bevölkerung, die sich aus der Wirtschaftskrise ergaben.

3 Beurteile den Hitlerputsch (Kasten, M6 und M7) aus verfassungsrechtlicher Sicht (siehe S. 220/221).

Gegner der Demokratie

Die gespaltene Gesellschaft

Der überraschende Tod des Reichspräsidenten Friedrich Ebert machte eine vorzeitige Neuwahl notwendig. Am 26. April 1925 wurde der vom „Reichsblock" (DVP, DNVP, Bayerische Volkspartei) nominierte kaiserliche Feldmarschall Paul von Hindenburg zum zweiten Reichspräsidenten der Weimarer Republik gewählt. Die demokratische Mitte und die Linke betrachteten seine nationalkonservative Einstellung und seine Nähe zur Kaiserfamilie der Hohenzollern misstrauisch. Zudem hatte Hindenburg zu denen gehört, die die so genannte „Dolchstoßlegende" verbreiteten. Dabei ging es um die Behauptung, dass das angeblich bis zuletzt siegreiche Heer im Ersten Weltkrieg durch die Revolution in der Heimat „von hinten erdolcht" worden sei. Zu Sündenböcken wurden die so genannten „Erfüllungspolitiker" gemacht: die demokratischen Politiker, die nach der Kriegsniederlage des Kaiserreichs die politische Verantwortung übernahmen und den Versailler Vertrag unter dem Druck der Siegermächte unterzeichnen mussten. Antidemokratische, nationalistische und antisemitische Kräfte und Strömungen machten sich zunehmend bemerkbar.

M2

„Stützen der Gesellschaft",
Gemälde von George Grosz, 1926

M1

Synagogenschändungen

Aus einer Erhebung des Centralvereins deutscher Staatsbürger jüdischen Glaubens von 1932:

Zwischen 1923 und 1932 (1. Halbjahr) gab es in Deutschland 125 Schändungen (Beschmutzungen, Verwüstungen) von Synagogen. 1930:

– Spandau bei Berlin: Mit ätzender Flüssigkeit eingebrannt: „Schlagt die Juden, wo ihr sie trefft!" und mehrere große Hakenkreuze.

– Berlin: In der Nacht vom 16. zum 17. Februar wurde die Synagoge Kottbuser Tor in einer Weise besudelt, wie dies bisher weder in Berlin noch im Reich der Fall war. 20 Hakenkreuze in Höhe von je einem Meter bedeckten die ganze Front des Gotteshauses und seine Türen. Über die ganze Breite der Fassade erstreckten sich die Worte „Juda, verrecke, Judas den Tod, die Rache naht."

Zit. nach Harry Pross (Hg.), Die Zerstörung der deutschen Politik, Frankfurt a. M. (Fischer) 1963, S. 261 f.

M3

Völkische Demokratiekritik

Der Schriftsteller Karl Nüse schrieb 1924:

Das Parteiwesen und der daraus resultierende Parlamentarismus sind durch und durch undeutsch und widervölkisch, weil sie nicht naturgesetzlich von unten heraufgewachsen sind, sondern gewaltsam nach fremden Vorbildern geschaffen wurden. Die Parteien zerreißen die Einigkeit der Volksgemeinschaft und lassen die Einheit von Volk und Staat nicht zu, weil jede nach Vorherrschaft und nach Besetzung von Ämtern strebt. Der auf dem Parteiwesen beruhende Parlamentarismus ist der verkörperte Volksbetrug, denn dem Volke wird vorgegaukelt, er verbürge die Volksherrschaft, während das Wesen des Parlamentarismus … Parteiherrschaft übelster Art ist.

Karl Nüse, Der völkische Neuaufbau Deutschlands, Leipzig (Weicher) 1924, S. 71.

M4

Neuer Nationalismus

Der Schriftsteller Arthur Moeller van den Bruck (1876–1925) schrieb 1923 in seinem Buch „Das Dritte Reich“:

Der deutsche Nationalismus ist Streiter für das Endreich ... Und es ist die besondere Verheißung des deutschen Volkes, die ihm alle anderen Völker streitig machen. Sie haben im Weltkrieg das Reich um des Reiches willen bekämpft, um der Weltherrschaft willen, an der wir unseren materiellen Anteil haben wollten ... Es gibt nur Ein Reich, wie es nur Eine Kirche gibt. Was sonst diesen Namen beansprucht, das ist Staat, oder das ist Gemeinde oder Sekte ... Der deutsche Nationalismus kämpft für das mögliche Reich ... Der deutsche Nationalist ... hat erfahren, dass im Umkreis der Zivilisation dieser Völker, die sich mit Selbstgefälligkeit die westliche nennt, ... der Mensch nicht stieg, sondern sank. In dieser sinkenden Welt, die heute die siegreiche ist, sucht der Nationalist das Deutsche zu retten.

Zit. nach Harry Pross (Hg.), Die Zerstörung der deutschen Politik, Frankfurt a. M. (Fischer) 1963, S. 354 f.

M5

Kommunistische Demokratiekritik

Ernst Thälmann (1886–1944), Vorsitzender der KPD, 1933 verhaftet und 1944 im Konzentrationslager Buchenwald ermordet, schrieb 1925:

Arbeiter! Ausgebeutete!

Nicht mit der Bourgeoisie – nur im Kampf gegen ihre schwarz-rot-goldenen Agenten könnt ihr die stärkste Ausbeutung und Unterdrückung, die Auslieferung als Kanonenfutter für neue Imperialistenkriege verhindern.

Nur das revolutionäre Proletariat, das die Monarchie im November 1918 zerschlagen, das den Kampf für die sozialistische Republik geführt hat und von Ebert und Hindenburg blutig niedergeschlagen wurde, ... kann die Schlacht gegen die reaktionäre Bourgeoisie schlagen. Diese Schlacht wird nicht mit dem Stimmzettel geschlagen ...

Heraus zur Massendemonstration gegen die monarchistische Reaktion, gegen ihre Schrittmacher, die schwarz-rot-goldenen Reaktionäre! Für die rote Klassenfront des Proletariats!

Die Rote Fahne, 12. April 1925, zit. nach Udo Margedant/Friedhelm Meyer zu Natrup (Hg.), Die Weimarer Republik, Frankfurt a. M. (Cornelsen Hirschgraben) 1988, S. 44 f.

M6

Das „Dritte Reich“ – ein Mythos

Der Historiker und Politikwissenschaftler Kurt Sontheimer stellte 1962 fest:

Das Buch Moellers hat in zwei verschiedenen Richtungen gewirkt. Der Titel des Werkes kam durch die Verwendung der Parole vom Dritten Reich* seitens der Nationalsozialisten zu einer besonderen Wirkung ... Die andere bleibende und nachhaltige Wirkung des Buches lag in der Verachtung der demokratischen und liberalen Institutionen ... Diese war mit der Wirksamkeit eines geschickt gehandhabten Propagandaslogans zwar nicht zu vergleichen, aber sie war von außerordentlicher Bedeutung für die politische Meinungsbildung eines großen Teiles der national eingestellten deutschen Intellektuellen[1], denn Moellers Drittes Reich war gleichsam die Bibel des jungen Nationalismus. Die Reichsidee ... gewann als Idee vom Dritten Reich eine mythische[2] Kraft ...; sie wurde zum Banner einer immer mächtiger anschwellenden nationalen Bewegung.

Kurt Sontheimer, Antidemokratisches Denken in der Weimarer Republik, München (dtv) 1978, S. 239 ff.

[1] an geistigen Dingen interessierte Person, meist mit Universitätsausbildung

[2] (griech.) Mythos = Wort, Sage; Eine nicht beweisbare Vorstellung mit dem Anspruch auf Wahrheit, z. B. Ursprungsgeschichten über Völker

1 Erkläre, was in der Überschrift des Darstellungstextes mit „gespaltene Gesellschaft“ gemeint ist.

2 Erarbeite an M3 bis M5 die Kritik an der Weimarer Demokratie und prüfe die Aussagen an M6.

3 Untersuche, wie sich Antisemitismus zeigte (M1).

4 a) Notiere die in M2 zu erkennenden Gegenstände.
b) Formuliere Sprechblasen zu den abgebildeten Figuren.
c) Stelle einen Zusammenhang zwischen M2 und der Überschrift dieser Doppelseite her.

5 Diskutiert gemeinsam einen möglichen Zusammenhang zwischen Kriegsniederlage, Vorstellungen vom „Dritten Reich“ und „deutschem Nationalismus“.

Weltwirtschaftskrise und Zerstörung der Demokratie

Die Krise 1929/30

Die wirtschaftliche Stabilisierung, die seit Mitte der 1920er-Jahre in Europa eingetreten war, erwies sich als brüchig. 1928 zeigten sich erste Krisenanzeichen: Der Massenkonsum ging zurück. Die Überproduktion in den Betrieben führte zu Entlassungen und die Kaufkraft der Bevölkerung sank weiter. Der „Börsenkrach" vom 25. Oktober 1929 an der New Yorker Börse war dann der sichtbare Beginn einer Krise, die ihren Ursprung in den USA hatte und die gesamte Weltwirtschaft erschütterte. Mit der Wirtschaftskrise spitzte sich die politische Lage in Deutschland zu. Bald wurde deutlich, dass die Sozialversicherung nicht mehr über ausreichende Geldmittel verfügte, um die ständig ansteigende Zahl von Arbeitslosen und Kranken zu versorgen. Weil sich die demokratischen Parteien nicht darüber einigen konnten, ob die Leistungen gekürzt oder die Beiträge für die Arbeitslosenversicherung erhöht werden sollten, zerbrach am 27. März 1930 die Große Koalition aus SPD, Zentrum, BVP, DDP und DVP. Damit hatte das gesamte parlamentarische System eine Niederlage erlitten, denn es gelang in den Folgejahren nicht mehr, eine im Reichstag mehrheitsfähige Koalition zu bilden. Die folgenden Regierungen, so genannte Präsidialkabinette, stützten sich auf die Macht des Reichspräsidenten von Hindenburg (1847–1934).

„Politik auf der Straße"

Nachdem der Reichstag im Juli 1930 sozialpolitisch einschneidende Maßnahmen der Regierung Brüning abgelehnt hatte, löste Reichspräsident von Hindenburg den Reichstag auf und setzte für den 14. September 1930 Neuwahlen an. Er berief sich dabei auf Artikel 48 der Weimarer Verfassung, der ein Notverordnungsrecht* des Reichspräsidenten ohne Beteiligung des Parlaments vorsah, und auf Artikel 52 (Recht zur Auflösung des Reichstags durch den Präsidenten). Die Gewinner der Wahl waren vor allem die Nationalsozialisten. In der Folgezeit geriet die politische Macht immer stärker in die Hände von Reichspräsident, (Präsidial-) Regierung und Bürokratie. Mit dem Machtverlust des Parlaments fanden die politischen Auseinandersetzungen immer häufiger auf der Straße statt. Zu einer besonderen Gefahr waren die militärähnlich organisierten Kampfverbände der Nationalsozialisten, SA und SS, geworden. Sie lieferten sich vor allem mit dem kommunistischen Rotfrontkämpferbund blutige Straßenkämpfe. Allein während des Reichstagswahlkampfes im Sommer 1932 gab es in der Republik über 300 Tote. Die Folge der Straßenkämpfe war die Verunsicherung der Bevölkerung und deren schwindendes Vertrauen in die Autorität und Gestaltungskraft des Staates. Die Strategie der Radikalen schien aufzugehen.

M1 **Arbeitslose Jugendliche in Hamburg.**
Gegen Bezahlung haben sie einen Schlafplatz an der Leine erhalten, Foto, 1931

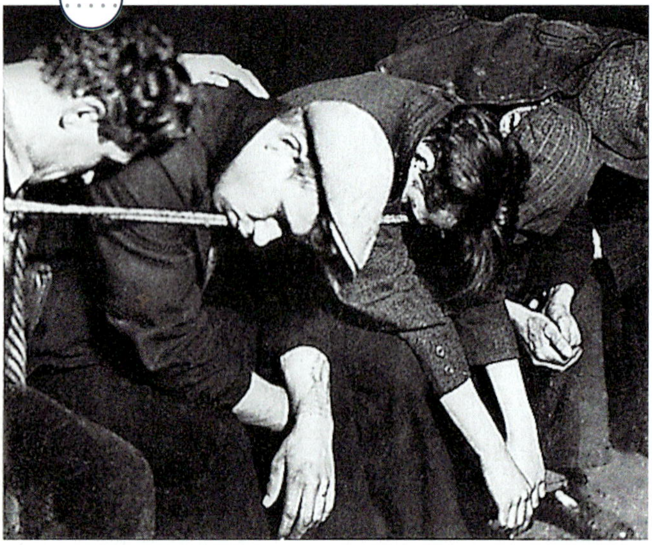

M2 **Arbeitslose und Kurzarbeiter 1928 bis 1932**
(in Prozent der erfassten Mitglieder von Freien, Christlichen und Hirsch-Dunckerschen Gewerkschaften)

Jahresdurchschnitt	1928	1929	1930	1931	1932
Arbeitslose	8,4	13,1	22,2	33,7	43,7
Kurzarbeiter	5,6	7,5	13,4	19,7	22,6

Zusammengestellt nach Statistisches Jahrbuch für das Deutsche Reich, Bd. 52, Berlin, 1933, S. 107 ff.

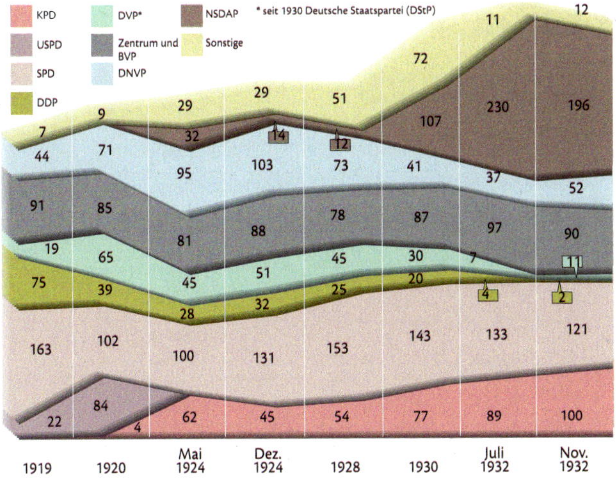

M3 **Sitzverteilung in der Nationalversammlung 1919 und im Deutschen Reichstag 1920 bis 1932**

Begriffe und Daten

Die Politik der Präsidialkabinette

Reichskanzler Heinrich Brüning (Zentrum), April 1930 bis Mai 1932:
Vom Reichspräsidenten eingesetzte Regierung mit einer Parlamentsmehrheit nur bei Tolerierung durch die SPD. Sparmaßnahmen in den öffentlichen Haushalten, Senkung der Beamtengehälter, Erhöhung von Steuern; Hinnahme einer Verschärfung der Wirtschaftskrise. Sturz durch Hindenburg nach politischen Intrigen von Interessenverbänden (ostelbische Grundbesitzer, Reichswehr).

Reichskanzler Franz von Papen (parteilos), Juni bis November 1932:
„Kabinett der Barone" (so genannt wegen zahlreicher adliger Minister); „Befreiung" des Staates von parteipolitischem Denken; Staatsstreich* in Preußen: Absetzung der demokratischen SPD-Regierung; Regieren mit Notverordnungen; Entmachtung des Reichstages durch Volksentscheid; Entlassung durch Hindenburg.

Reichskanzler General Kurt von Schleicher (parteilos), Dezember 1932 bis Januar 1933:
Ziel: Spaltung der NSDAP und Herstellung einer parlamentarischen Mehrheit durch die bürgerlichen Parteien und die SPD. Rücktritt nach Scheitern seiner Pläne. Hindenburg ernennt am 30. Januar 1933 Adolf Hitler zum Reichskanzler.

M4

Am „Zangengriff" gescheitert?

Der Historiker Hans-Ulrich Wehler schrieb 2003:
Die Zerfallsgeschichte der Weimarer Republik ist bisher geschildert worden, ohne dass die aggressivsten Zerstörungskräfte angemessen analysiert worden wären. Sie wurden durch den linkstotalitären[1] Kommunismus und den rechtstotalitären Nationalsozialismus verkörpert. Blickt man auf die … Kräftekonstellation, ist das Experiment der ersten deutschen Republik letztlich an ihrem Zangengriff gescheitert, wobei sich auf der Seite der Hitler-Bewegung die ungleich größere Destruktionsmacht[2] zusammenballte …
Ohne Hitler wäre der Nationalsozialismus aller Wahrscheinlichkeit nach eine ordinäre[3] autoritär-nationalistische Partei … geblieben … Hatte sich die NSDAP bisher an erster Stelle darauf konzentriert, die städtischen Arbeiter den Linksparteien abspenstig zu machen, verlegte sie sich jetzt zielstrebig auf den Stimmengewinn in den städtischen Mittel- und bäuerlichen Besitzklassen; sie öffnete sich aber überhaupt ohne jede Berührungsangst … neuen Sympathisanten, gleich welcher sozialen Herkunft … Ausschlaggebend blieb freilich, dass Hitler auf einen allgemeineren gesellschaftlichen Konsens traf, der nach einem „starken Führertum" … verlangte.

Hans-Ulrich Wehler, Deutsche Gesellschaftsgeschichte 1914 bis 1949, München (C. H. Beck) 2003, S. 534 ff.

[1] Herrschaftsanspruch, z. B. einer Partei, in allen Bereichen des privaten und öffentlichen Lebens
[2] Zerstörungskraft
[3] gewöhnlich, niedrig

1 Erkläre den Unterschied zwischen einer parlamentarischen Demokratie und einem Präsidialsystem (Darstellungstext, Kasten).
2 Setze M2 in Beziehung zu M1. Welche Entwicklungen werden deutlich?
3 Analysiere die Wahlergebnisse zwischen 1930 und 1932 und vergleiche sie mit den Ergebnissen aus den Vorjahren (M3).
4 Erarbeite anhand von M4 die wesentlichen Ursachen für das Scheitern der Weimarer Republik und prüfe, ob der Darstellungstext mit M4 vereinbar ist.
5 **Kurzvortrag:** Informiert euch in einem Kurzvortrag gegenseitig über die Ursachen für das Scheitern der Weimarer Republik und die Handlungsmöglichkeiten der Beteiligten.

Deutsche Außenpolitik in den 1920er-Jahren

Rückkehr in die Völkergemeinschaft

Die deutsche Außenpolitik nach dem verlorenen Ersten Weltkrieg wurde vor allem durch die Folgen des Versailler Vertrages bestimmt. Dabei gingen die Diskussionen darum, auf welche Art und Weise die in Deutschland allgemein als hart empfundenen Friedensbedingungen, wie Heeresbeschränkungen, Reparationslasten und erhebliche Gebietsverluste, gemildert bzw. rückgängig gemacht werden konnten. Begriffe wie Ausgleich, Verständigung und Revision (siehe Revisionismus*) spielten eine wichtige Rolle.

Außenminister Gustav Stresemann (1878–1929), Mitglied der Deutschen Volkspartei, übte sein Amt von 1923 bis zu seinem Tode 1929 aus und prägte die Außenpolitik entscheidend. Ihm gelang es, einige für Deutschland wichtige internationale Verträge zu schließen und die junge Weimarer Demokratie in die Gemeinschaft des Völkerbundes* zu führen.

Begriffe und Daten

Deutsche Außenpolitik 1922 bis 1929

16. April 1922: Vertrag von Rapallo zwischen Deutschland und Sowjetrussland: außenpolitische und wirtschaftliche Annäherung; gegenseitiger Verzicht auf Ersatz von Kriegsschäden; Ausbau der Wirtschaftsbeziehungen

29. August 1924: Dawesplan (nach dem amerik. Bankier Dawes): Festlegung von Höhe und Laufzeit der deutschen Reparationen nach dem Ersten Weltkrieg

5. bis 16. Oktober 1925: Konferenz von Locarno: Anerkennung der Grenzen zu Frankreich und Belgien durch Deutschland, wie in Versailles festgelegt; Verzicht auf Gewalt; Durchbrechen der außenpolitischen Isolierung Deutschlands

8. September 1926: Aufnahme Deutschlands in den Völkerbund

21. August 1929: Youngplan (nach dem amerik. Unternehmer Young): Neuregelung der Reparationen; Zahlungsaufschub durch den US-Präsidenten Hoover (1931) und das Lausanner Abkommen (1932)

M1 **Plakat der Deutschnationalen Volkspartei (DNVP) zur Reichstagswahl 1928**

1 Stelle anhand des Darstellungstextes und des Kastens die Grundzüge der deutschen Außenpolitik in den Zwanzigerjahren dar.

2 Untersuche an M1, welche außenpolitische Einstellung deutlich wird.

3 Beantworte die Frage in der Überschrift zu M2. Begründe und nenne Textbelege.

M2 **Verständigung oder Revision?**

Der Historiker Wolfgang Michalka schrieb 1988:

Die zentrale Aufgabe in dieser ersten Phase der Weimarer Außenpolitik bestand vor allem darin, eine akzeptable, d. h. erfüllbare Lösung des Reparationsproblems erreichen zu können ... Es war Stresemanns zentrales Ziel, dem Deutschen Reich zum Wiederaufstieg zur souveränen und im internationalen System gleichberechtigten Großmacht zu verhelfen. Voraussetzung dazu sollte ... das deutsche Wirtschaftspotenzial sein ... Damit verwarf er ausdrücklich machtpolitische Konzepte jener Gruppen in der Reichswehr, im Auswärtigen Amt und in der Industrie, die im Bündnis mit dem sowjetischen Russland mit kriegerischen Mitteln eine Revanchepolitik betreiben wollten, um letztlich wieder an die deutschen Kriegsziele anzuknüpfen.

Wolfgang Michalka, Deutsche Außenpolitik 1920–1933. In: Karl Dietrich Bracher u. a. (Hg.), Die Weimarer Republik 1918–1933, 2. Aufl., Bonn (BpB) 1988, S. 309 ff.

Die Weimarer Republik – Gründung und Zerstörung

M1 **Karikatur von Thomas Theodor Heine aus der Zeitschrift „Simplicissimus" von 1927.**
Die Bildunterschrift lautet: „Sie tragen die Buchstaben der Firma – aber wer trägt den Geist?"

Überprüfe, was du kannst

Sachkompetenz

1 Nenne die Kernaussagen von SPD, Zentrum, KPD, DDP, DNVP und NSDAP und ihre jeweilige Einstellung zur parlamentarischen Demokratie (S. 221).

2 Notiere stichwortartig die politischen und wirtschaftlichen Belastungen der Weimarer Republik (S. 224 f.).

3 Stelle die Vorstellungen der antidemokratischen Kräfte dar (S. 226 f.).

Urteilskompetenz

4 Analysiere M1 mithilfe der Methode „Karikaturen entschlüsseln" (siehe S. 102 f.) und bewerte die Aussage.

5 Beurteile die folgende These: Die Weimarer Republik war eine Demokratie ohne Demokraten.

Handlungskompetenz

6 Die Weimarer Republik ist nicht nur wegen ihrer Krisen in Erinnerung geblieben, sondern vor allem auch durch bedeutende Reformen und Neuerungen in vielen gesellschaftlichen Bereichen.
a) Recherchiert in Gruppen zu folgenden Themen und berichtet in der Klasse:
I. Sozialpolitische Reformen;
II. Die „Neue Frau";
III. Schulreformen;
IV. Neue Architektur; Kunst und Literatur der „Moderne".
Nutzt Lexika, Internet, Fachbücher.
b) Erörtert in einer Diskussionsrunde, was euch heute an der Weimarer Zeit modern erscheint.

1918 Ausrufung der Republik
1918 bis 1933 Weimarer Republik
1919 Weimarer Reichsverfassung
1923 Hitler-Putsch
1923 Inflation
1926 Aufnahme Deutschlands in den Völkerbund
1929 Weltwirtschaftskrise und Youngplan
1930 bis 33 Präsidialkabinette
Januar 1933 Hitler wird Reichskanzler

1915 1920 1925 1930 1935

Das nationalsozialistische Herrschaftssystem

Wissen • Urteilen • Handeln • Methoden anwenden

Am Ende dieses Unterkapitels kannst du

- Stationen der Machterlangung und -sicherung der Nationalsozialisten im Reich nennen
- die Machterlangung aus der Sicht der demokratischen Verfassungsgrundsätze beurteilen
- die Machtübernahme an einem regionalen Beispiel darstellen und mit den Reichsvorgängen vergleichen
- Merkmale der Weltanschauung der Nationalsozialisten beschreiben und bewerten
- Inhalte, Methoden und Funktion der NS-Propaganda beispielhaft darlegen
- die Machtstruktur des NS-Staates problematisieren und beurteilen
- **Methode** Propaganda-Medien analysieren

Die Machtstruktur des NS-Staates 1933 bis 1945

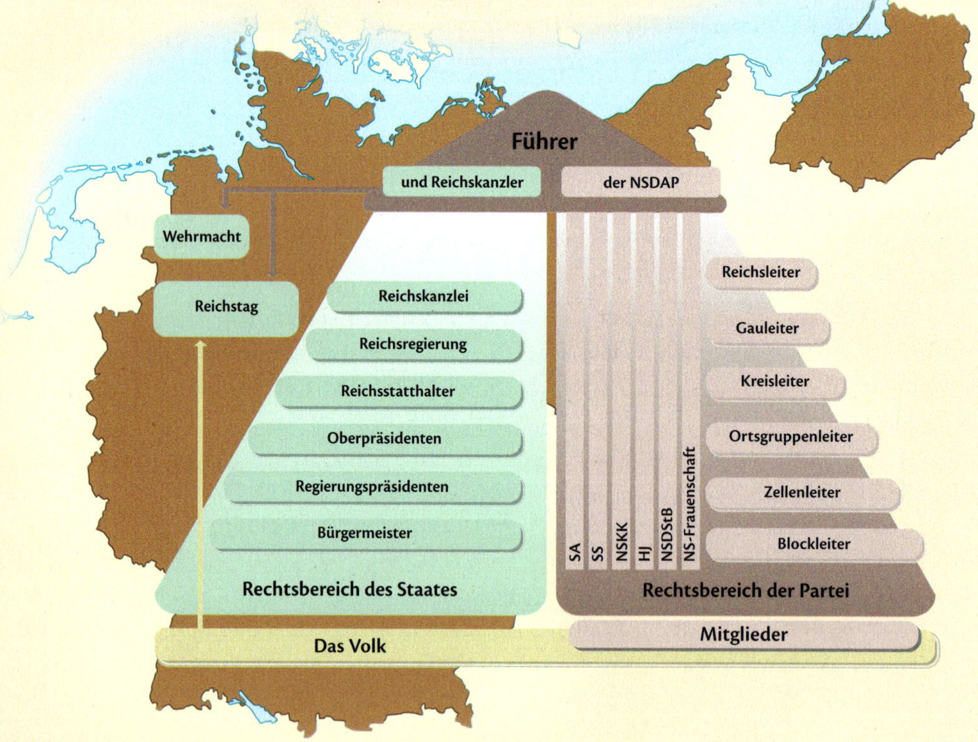

Nationalsozialistische Diktatur

Errichtung und Ausbau der Diktatur

M1 **Der Fackelzug der Nationalsozialisten am Abend des 30. Januar 1933 in Berlin,** Foto, 1936. Der Fackelzug wurde für einen Propagandafilm nachgestellt, da es keine brauchbaren authentischen Fotos gab. Mehr als fünf Stunden lang paradierten am 30. Januar 15 000 SA- und SS-Angehörige durch die Berliner Innenstadt bis zur Wilhelmstraße, dem Regierungssitz. Auch in anderen Städten gab es Feiern. Gegendemonstrationen waren verboten worden.

Adolf Hitler wird Reichskanzler

Der Ernennung Adolf Hitlers (1889–1945) zum Reichskanzler durch den Reichspräsidenten Hindenburg waren Beratungen der Reichsspitze mit führenden konservativen Politikern, aber auch Industriellen, Bankiers und Angehörigen der Reichswehr vorausgegangen. Sie wollten mit aller Macht den Staat, nicht jedoch die parlamentarische Demokratie, stärken. Als Hindenburg am 30. Januar 1933 dem Führer der stärksten Partei im Reichstag, der Nationalsozialistischen Deutschen Arbeiterpartei (NSDAP), die Macht übertrug, bedeutete das eine Schwächung des Parlaments. Denn die konservativen bzw. rechtsgerichteten Kräfte hofften, dass die Regierung nun Maßnahmen ergreifen würde, um in Zukunft nicht mehr von den Mehrheitsverhältnissen im Parlament, insbesondere dem Verhalten der SPD, abhängig zu sein.

In der Regierung Hitler saßen Deutschnationale und Nationalsozialisten. Die Nationalsozialisten befanden sich in der Minderheit, denn außer Hitler gehörten nur noch Wilhelm Frick (1877–1946) als Reichsinnenminister und Hermann Göring (1893 bis 1946) als Reichsminister ohne Geschäftsbereich der Regierung an. Joseph Goebbels (1897–1945) wurde erst im März 1933 Reichsminister für Volksaufklärung und Propaganda. Am 31. Januar 1933 beschloss das Kabinett Neuwahlen zum Reichstag für den März.

Stationen der Machterlangung 1933

Den Brand des Reichstagsgebäudes am 27. Februar nutzten Hitler und Göring als Vorwand, um Hindenburg davon zu überzeugen eine Verordnung „zum Schutze von Volk und Staat" (so genannte Reichstagsbrandverordnung) zu erlassen. Durch sie wurden wichtige Grundrechte (u. a. Meinungsfreiheit, Versammlungsfreiheit, Postgeheimnis) außer Kraft gesetzt. In einer Atmosphäre von Willkür und Terror fanden am 5. März die Reichstagswahlen statt, in denen die NSDAP 43,9 Prozent der Stimmen erhielt. Die Ausschaltung des Reichstags als Gesetzgeber gelang am 23. März mit dem so genannten Ermächtigungsgesetz. Das Gesetz wurde mit Zustimmung der bürgerlichen Fraktionen, aber gegen die SPD-Stimmen beschlossen. Damit konnte die Hitler-Regierung ohne Zustimmung des Reichstags Gesetze erlassen. Weitere Stationen zur Machtsicherung waren im selben Jahr: Gesetze zur Gleichschaltung der Länder mit dem Reich (31. März/ 7. April), die Auflösung der Gewerkschaften (2. Mai), Verbot der SPD und die Selbstauflösung der Parteien – außer der NSDAP (Juni/Juli).

1 Zeige anhand des Darstellungstextes das taktische Vorgehen der Hitler-Regierung im Februar und März 1933.

2 Analysiere M1 unter dem Gesichtspunkt der beabsichtigten Wirkung auf die Bevölkerung.

Machtsicherung und Gleichschaltung

Zerstörung von Demokratie und Freiheit

Die Maßnahmen der Regierung Hitler vom Machtantritt am 30. Januar 1933 bis 1934 setzten grundlegende Bestimmungen der Weimarer Verfassung außer Kraft. Dennoch wird heute für diese Periode anstelle des zeitgenössischen Schlagworts „Machtergreifung“ eher die Bezeichnung „Machtübertragung“ verwendet, um deutlich zu machen, dass der Regierungsantritt Hitlers nach damaligem Recht legal war. Ebenfalls aus dieser Zeit stammt das Schlagwort „Gleichschaltung“. Ziele der „Gleichschaltung“ waren, die Bevölkerung auf die Ziele der NSDAP einzuschwören und alle Lebensbereiche zu vereinheitlichen. Die Vielfalt in Staat und Gesellschaft sollte zugunsten einer einheitlichen „Volksgemeinschaft“ beseitigt werden. Maßnahmen waren u.a. das Verbot anderer Parteien und der Gewerkschaften bzw. ihre Eingliederung in bestehende oder neu gegründete NS-Organisationen.

M1

„Wie lange werde ich noch im Amt sein?“

Victor Klemperer (1881–1960), Professor für Romanistik an der Technischen Hochschule Dresden – 1935 wegen seiner jüdischen Herkunft entlassen –, notierte am 10. März 1933 in sein Tagebuch:

30. Januar: Hitler Kanzler. Was ich bis zum Wahlsonntag, 5.3., Terror nannte, war mildes Prélude[1] ... Acht Tage vor der Wahl die plumpe Sache des Reichstagsbrandes – ich kann mir nicht denken, dass irgendjemand wirklich [gesperrt gedr.] an kommunistische Täter glaubt statt an bezahlte [Hakenkreuz-]Arbeit. Dann die wilden Verbote und Gewaltsamkeiten. Und dazu durch Straße, Radio etc. die grenzenlose Propaganda. Am Sonnabend, 4., hörte ich ein Stück der Hitlerrede aus Königsberg. Eine Hotelfront am Bahnhof, erleuchtet, Fackelzug davor, Fackelträger und Hakenkreuz-Fahnenträger auf den Balkons und Lautsprecher. Ich verstand nur einzelne Worte. Aber der Ton! Das salbungsvolle Gebrüll ... Dann der ungeheure Wahlsieg der Nationalsozialisten ... Und alle Gegenkräfte wie vom Erdboden verschwunden ... Wie lange werde ich noch im Amt sein?

Victor Klemperer, Tagebücher 1933–1934, hg. von Walter Nowojski, Berlin (Aufbau TB) 1999, S. 8 f.

[1] Vorspiel

M2

„Wo gehobelt wird, fallen Späne“

Hermann Göring, 1933 Reichsminister und kommissarischer preußischer Innenminister, in einer Rede am 11. März 1933:

Ich habe erst angefangen zu säubern, es ist noch längst nicht fertig. Für uns gibt es zwei Teile des Volkes: der sich zum Volk bekennt, ein anderer Teil, der zersetzen und zerstören will. Ich danke meinem Schöpfer, dass ich nicht weiß, was objektiv ist. Ich bin subjektiv. Ich stehe einzig und allein zu meinem Volke, alles andere lehne ich ab. Wenn sie [Gegner der NS-Politik] sagen, die Bevölkerung ist in furchtbarer Erregung, weil jüdische Warenhäuser vorübergehend geschlossen waren, so frage ich: Ist es nicht natürlich, wenn wir Deutschen endlich erklären: Kauft nicht bei Juden, sondern beim deutschen Volk ... Wenn sie sagen, da und dort sei einer abgeholt worden, so kann man nur erwidern: Wo gehobelt wird, fallen Späne. Wir haben jahrelang die Abrechnung mit den Verrätern angekündigt ... Man klagt über die Unterdrückung von Zeitungen. Wundert euch das? Mich wundert, dass sie noch existieren. Ich würde pflichtwidrig handeln, wenn ich länger dieses Gift ins Volk hineinträufeln ließe. Wenn wir auch vieles falsch machen, wir werden jedenfalls handeln ... Lieber schieße ich ein paarmal zu kurz oder zu weit, aber ich schieße wenigstens.

Zit. nach Wolfgang Michalka (Hg.), Das Dritte Reich, Bd. 1, München (dtv) 1985, S. 29 f.

Begriffe und Daten

Nationalsozialismus

Rechtsradikale politische Bewegung und Ideologie, die 1933 zum Aufbau einer Diktatur und zum Verlust der demokratischen Freiheiten in Deutschland führte. Grundlegende Elemente sind ein extremer Nationalismus, Rassismus, Antisemitismus und Expansionismus.

„Drittes Reich“

Selbstbezeichnung des NS-Staats. Mit diesem Begriff wurde eine Beziehung zum Heiligen Römischen Reich Deutscher Nation (962–1806) und zum Deutschen Kaiserreich (1871–1918) hergestellt und damit eine Vollendung der deutschen Geschichte durch den Nationalsozialismus behauptet.

M3

Das Ermächtigungsgesetz im Deutschen Reichstag

Aus der Regierungserklärung Hitlers vom 23. März 1933, die er anlässlich der Abstimmung über das „Gesetz zur Behebung der Not von Volk und Reich" abgab:

3 A Männer und Frauen des Deutschen Reichstags! … Im November 1918 rissen marxistische Organisationen durch eine Revolution die vollziehende Gewalt an sich. Die „Errungenschaften der Revolution" waren im Gesamten genommen nur für kleinste Teile unseres Volkes angenehm … Die nationalsozialistische Bewegung … hat im Verein mit den anderen nationalen Verbänden nunmehr innerhalb weniger Wochen die seit dem November 1918 herrschenden Mächte beseitigt … Ihr [Reichsregierung] Ziel muss die Konstruktion einer Verfassung sein, die den Willen des Volkes mit der Autorität einer wirklichen Führung verbindet … [Die Regierung] bietet den Parteien des Reichstags die Möglichkeit einer ruhigen deutschen Entwicklung und einer sich daraus in der Zukunft anbahnenden Verständigung; sie ist aber ebenso entschlossen und bereit, die Bekundung der Ablehnung und damit die Ansage des Widerstands entgegenzunehmen. Mögen Sie, meine Herren, nunmehr selbst die Entscheidung treffen über Frieden oder Krieg.

M3A: Verhandlungen des Reichstags. VIII. Wahlperiode. Berlin, 1934, S. 25 ff., zit. nach Erhard Klöss (Hg.), Reden des Führers, München (dtv) 1967, S. 93 ff.; M3B: Zit. nach Wolfgang Michalka (Hg.), Das Dritte Reich, Bd. 1, München (dtv) 1985, S. 33 ff.

Aus der Reichstagsrede des Abgeordneten Otto Wels (SPD) zum Ermächtigungsgesetz, 23. März 1933:

3 B Nach den Verfolgungen, die die Sozialdemokratische Partei in der letzten Zeit erfahren hat, wird billigerweise niemand von ihr verlangen oder erwarten können, dass sie für das hier eingebrachte Ermächtigungsgesetz stimmt … Noch niemals, seit es einen Deutschen Reichstag gibt, ist die Kontrolle der öffentlichen Angelegenheiten durch die gewählten Vertreter des Volkes in solchem Maße ausgeschaltet worden, wie es jetzt geschieht … Wir haben gleiches Recht für alle und ein soziales Arbeitsrecht geschaffen. Wir haben geholfen, ein Deutschland zu schaffen, in dem nicht nur Fürsten und Barone, sondern auch Männern aus der Arbeiterklasse der Weg zur Führung des Staates offen steht … Wir stehen zu den Grundsätzen des Rechtsstaates, der Gleichberechtigung, des sozialen Rechts … Wir deutschen Sozialdemokraten bekennen uns … zu den Grundsätzen der Menschlichkeit und der Gerechtigkeit, der Freiheit und des Sozialismus. Kein Ermächtigungsgesetz gibt Ihnen die Macht, Ideen, die ewig und unzerstörbar sind, zu vernichten. Wir grüßen die Verfolgten und Bedrängten. Wir grüßen unsere Freunde im Reich. Ihre Standhaftigkeit und Treue verdienen Bewunderung.

1 Stelle fest, wie sich die politische Lage im März 1933 in M1 widerspiegelt.

2 Setze dich kritisch mit den Aussagen von M2 auseinander. Achte besonders auf Formulierungen, in denen Wertungen des Autors deutlich werden.

3 a) Analysiere M3A und M3B mithilfe der Methode „Textquellen analysieren" (siehe S. 114 f.).
b) Beurteile die politischen Grundeinstellungen der beiden Redner.

4 Vergleiche M2 und M3A hinsichtlich übereinstimmender Denkmuster.

M4

Sozialdemokraten und Kommunisten werden nach ihrer Festnahme durch die SA in der SA-Kaserne Friedrichstraße in Berlin zusammengetrieben, Foto, März 1933

Die „Machtergreifung" in der Stadt Hagen

Die Industriestadt Hagen vor 1933

Am Beispiel der Stadt Hagen lässt sich untersuchen, welche Voraussetzungen für die nationalsozialistische „Machtergreifung" bestanden und wie die Nationalsozialisten 1933 ihre Herrschaft auf lokaler Ebene durchgesetzt haben.
Die soziale und wirtschaftliche Struktur der Stadt Hagen war seit dem 19. Jahrhundert durch die Metallverarbeitung geprägt. Bereits Ende 1929 wurde die wirtschaftliche Lage in der Kleineisenindustrie sehr kritisch. Zwei bedeutende Stahlwerke der Stadt wurden stillgelegt und mehrere hundert Beschäftigte entlassen. Die übrigen Stahl- und Walzwerke verminderten ihre Beschäftigtenzahl in der Wirtschaftskrise um mehr als 50 Prozent. Bis Mai 1932 war ein Drittel der Hagener Erwerbstätigen arbeitslos geworden.

Das politische Leben seit 1930

In der wirtschaftlichen Krise verstärkten die Nationalsozialisten in Hagen ihre politischen Aktivitäten. Vorrangige Themen waren die Auseinandersetzungen um die Reparationen und die Rolle der jüdischen Bürger. Angesichts des Mitgliederzuwachses wurde seit 1928 die Organisationsstruktur der NSDAP so verändert, dass besser kontrollierbare, kleinere Einheiten (Ortsgruppen) entstanden. Bei der Reichstagswahl im September 1930 erhielt die KPD in Hagen 25 % (auf Reichsebene 13,1 %), die SPD 14,1 % (Reich: 24,5 %), das Zentrum 16,2 % (Reich: 14,8 %) und die NSDAP 21,8 % (Reich: 18,3 %) der Stimmen. Gewalttätige Auseinandersetzungen auf der Straße und auf Versammlungen („Saalterror") – vor allem zwischen Nationalsozialisten und Kommunisten – häuften sich vor und nach der Wahl.

Die Anfänge der „Machtergreifung"

Von der Ernennung des Nationalsozialisten Adolf Hitler zum Reichskanzler am 30. Januar 1933 erfuhren die Einwohner in Hagen erst am nächsten Tag aus der Zeitung. Am 27. Februar 1933 wurde in Hagen mit der Einstellung von „Hilfspolizeibeamten" aus den Kampfabteilungen der NSDAP, der SA (Sturmabteilung) und der SS (Schutzstaffel), begonnen. Sie waren ausgerüstet mit weißer Armbinde, Gummiknüppel und Pistole und nahmen Übergriffe und Verhaftungen im Dienst des Staates vor. Die sozialdemokratische Zeitung „Volksstimme" wurde am 28. Februar 1933 verboten, die kommunistische „Freiheit" durfte bereits seit dem 1. Februar 1933 nicht mehr erscheinen.
Nach dem Reichstagsbrand am 27. Februar 1933 in Berlin lief auch in Hagen eine Verhaftungswelle an: 32 Funktionäre der Hagener KPD wurden verhaftet.
Oberbürgermeister (Zentrum) und Bürgermeister (SPD) wurden von ihren Ämtern „beurlaubt". Durch die reichs- und länderrechtlichen Vorgaben gelang es den Nationalsozialisten bis Ende Dezember 1933, die städtischen Einrichtungen in Hagen unter ihre Kontrolle zu bringen und die demokratischen Kräfte auszuschalten.

Unterdrückung und Widerstand

Die Nationalsozialisten setzten ihren Alleinherrschaftsanspruch mit Androhung und Anwendung von Gewalt durch. Den Straßen- und Saalterror übten SA und SS aus, den bürokratisch organisierten Terror führte die neu gegründete „Geheime Staatspolizei" (Gestapo*) durch.

Vorschlag für eine Gruppenarbeit

Diese Doppelseite könnt ihr mithilfe folgender Aufgabenstellungen in Gruppen erarbeiten:
Gruppe 1: Analysiert das politische Leben in Hagen seit 1930 (Darstellungstext, M1).
Gruppe 2: Untersucht die „Machtergreifung" in Hagen und beurteilt die öffentlichen Reaktionen (Darstellungstext, M3).
Gruppe 3: Stellt die Methoden der Unterdrückung und Formen des Widerstandes dar und beurteilt die Chancen einer Rückkehr zu demokratischen Verhältnissen im Sommer 1933 (Darstellungstext, M2).

M1

Der „Deutsche Tag" in Hagen

Über die Abschlusskundgebung des so genannten „Deutschen Tages", zu dem am 16. November 1930 etwa 3000 Nationalsozialisten aus dem Rheinland nach Hagen gekommen waren, berichteten Hagener Zeitungen:

1A Hagener Zeitung (vertrat die Linie der Staatspartei/DDP): Am Nachmittag war ein großer Umzug vom Emilienplatz aus durch die Stadt nach Wehringhausen und dann zurück nach der Friedrichsluft. Von Kommunisten wurden verschiedene Zwischenfälle provoziert, bei denen es zahlreiche Verletzte gab ... Der zweite Zwischenfall ereignete sich ... in der mittleren Rembergstraße. Kommunisten warfen hier aus den Häusern schwere Steine in den Zug und griffen die Teilnehmer an.

1B Freiheit (vertrat die Linie der KPD): Naziprovokationen von der Arbeiterschaft erfolgreich abgewehrt ... Plötzlich gab einer der Nazis einen Schuss ab, was das Signal zum Losschlagen war. Man wollte den Unterberg stürmen. Die Proleten[1] hielten jedoch stand und auf die Provokationen wurde den Nazis gehörig heimgeleuchtet.

1C Volksstimme (vertrat die Linie der SPD): Der Umzug durch die Stadt ... verlief im Großen und Ganzen ruhig. Nur an drei Stellen wurden von Kommunisten Zwischenfälle provoziert, bei denen es zahlreiche Verletzte gab.

Zit. nach Jens Montenbruck, Zwischen Demokratie und Diktatur, Essen (Klartext) 1991, S. 53.

[1] verkürzende Bezeichnung für Proletarier (= Arbeiter)

M3

Reaktionen

Aus Hagener Stellungnahmen zur „Machtergreifung":

3A Lehrerverein Hagen (18. April 1933): Der Hagener Lehrerverein erklärt in rechter Erkenntnis der staatlichen und kulturellen Neuordnung seinen Rücktritt ... Damit ist der erste große Schritt zur Verwirklichung des hohen Zieles getan: Ein Volk, ein Lehrerstand, eine Schule.

3B Anwaltsverein Hagen (11. April 1933): Der Hagener Anwaltsverein stellt sich hinter die Regierung der nationalen Erhebung und erklärt seine Bereitwilligkeit, an der Erneuerung des Rechts mitzuarbeiten.

3C Oberrealschule Hagen (5. April 1933): Das Lehrerkollegium der Oberrealschule mit Reformrealgymnasium zu Hagen hat den Direktor beauftragt, einen Antrag an die städt. Körperschaften weiterzuleiten, in dem um die Benennung der Anstalt „Hitler Oberrealschule" nachgesucht wird.

Zit. nach Jens Montenbruck, Zwischen Demokratie und Diktatur, Essen (Klartext) 1991, S. 72.

M2

Festnahme und „Unschädlichmachung"

Der Erlass des Hagener Polizeipräsidenten an alle Polizeibeamten und die Reaktion der amtlichen Tageszeitung des Gaus Westfalen „Rote Erde" am selben Tag (27. Juli 1933):

2A Der Hagener Polizeipräsident: ... dass es Pflicht eines jeden Polizei- und Hilfspolizeibeamten ist, nicht nur alle Maßnahmen zur Festnahme und Unschädlichmachung kommunistischer Rechtsbrecher zu treffen, sondern auch durch rechtzeitiges Schussfertigmachen der Waffe an die eigene Sicherung zu denken. Bei jedem Einschreiten gegen derartige Elemente ist mit blitzschnellem Gegenangriff zu rechnen ... Ein Beamter, der dem Gegner die Vorhand lässt, schädigt nicht nur die Autorität des Staates, sondern gefährdet das eigene Leben und das der mit ihm vorgehenden Kameraden. Ein Beamter, der dem Gegner zuvorkommt ... darf der Anerkennung seiner Vorgesetzten gewiss sein.

2B Rote Erde: Und wenn der betreffende Kommunist, der da geschnappt wird, im Augenblick keinerlei Angriffsabsicht hegt, so ist es unseres Erachtens immer besser, dass ein Schuss zu viel getan wird als ein Schuss zu wenig. Denn darüber sollte man sich allmählich klar geworden sein, in einem nationalsozialistischen Staat gilt das Leben eines Polizeibeamten und eines SA- oder SS-Mannes mehr als das von hundert Kommunisten.

M2A und M2B Rote Erde, Generalanzeiger vom 27. Juli 1933, zit. nach Jens Montenbruck, Zwischen Demokratie und Diktatur, Essen (Klartext) 1991, S. 93.

Die Weltanschauung der Nationalsozialisten

Ideen und Ziele des Nationalsozialismus

Nach 1945 wurde immer wieder die Frage gestellt, warum die Nationalsozialisten in Deutschland so erfolgreich waren und am Ende nur durch das Eingreifen anderer Staaten niedergekämpft werden konnten. Mit welchen Ideen und Handlungen überzeugten die Nationalsozialisten die Mehrheit der Deutschen?

Die neueren Forschungen ergeben ein deutlicheres Bild von der nationalsozialistischen Bewegung. Dabei ist erkennbar geworden, dass die Grundelemente ihrer Ideologie in Deutschland, aber auch in Europa, seinerzeit weit verbreitet waren und sich an Vorstellungen orientierten, die in der österreichischen und deutschen Geschichte wurzelten.

Die Anschauungen Adolf Hitlers, die er bereits zwischen 1919 und 1924 niedergeschrieben hatte, erhielten mit dem Aufbau der NSDAP seit Mitte der 1920er-Jahre ein stärkeres politisches Gewicht. Welche Gedanken Hitlers bildeten das Zentrum der nationalsozialistischen Ideologie?

M1

Die Weltanschauung Hitlers

In seinem 1925 erschienenen Buch „Mein Kampf" schrieb Adolf Hitler:

1A „Volk und Rasse"

Demgegenüber erkennt die völkische Weltanschauung die Bedeutung der Menschheit in deren rassischen Urelementen ... Sie glaubt somit keineswegs an eine Gleichheit der Rassen, sondern erkennt mit ihrer Verschiedenheit auch ihren höheren oder minderen Wert und fühlt sich durch diese Erkenntnis verpflichtet, ... den Sieg des Besseren, Stärkeren zu fördern, die Unterordnung des Schlechteren und Schwächeren zu verlangen ... Sie sieht nicht nur den verschiedenen Wert der Rassen, sondern auch den verschiedenen Wert der Einzelmenschen ... Menschliche Kultur und Zivilisation sind auf diesem Erdteil unzertrennlich gebunden an das Vorhandensein des Ariers[1]. Sein Aussterben oder Untergehen wird auf diesen Erdball wieder die dunklen Schleier einer kulturlosen Zeit senken.

1B „Der Jude"

Wo immer wir in der Welt Angriffe gegen Deutschland lesen, sind Juden ihre Fabrikanten, gleich wie ja auch im Frieden und während des Krieges die jüdische Börsen- und Marxistenpresse den Hass gegen Deutschland planmäßig schürte ... Die Gedankengänge des Judentums dabei sind klar. Die Bolschewisierung Deutschlands, d. h. die Ausrottung der nationalen völkischen Intelligenz und die dadurch ermöglichte Auspressung der deutschen Arbeitskraft im Joch der jüdischen Weltfinanz, ist nur als Vorspiel gedacht für die Weiterverbreitung dieser jüdischen Welteroberungstendenz.

1C „Lebensraum im Osten"

Nur ein genügend großer Raum auf dieser Erde sichert einem Volk die Freiheit des Daseins ... Damit ziehen wir Nationalsozialisten bewusst einen Strich unter die außenpolitische Richtung unserer Vorkriegszeit. Wir setzen dort an, wo man vor sechs Jahrhunderten endete. Wir stoppen den ewigen Germanenzug nach dem Süden und Westen Europas und weisen den Blick nach dem Land im Osten. Wir schließen endlich ab die Kolonial- und Handelspolitik der Vorkriegszeit und gehen über zur Bodenpolitik der Zukunft. Wenn wir aber heute in Europa von Grund und Boden reden, können wir in erster Linie nur an Russland und die ihm untertanen Randstaaten denken.

1D „Führerprinzip"

Die junge Bewegung ist ihrem Wesen und ihrer inneren Organisation nach antiparlamentarisch, d. h., sie lehnt im Allgemeinen wie in ihrem eigenen inneren Aufbau ein Prinzip der Majoritätsbestimmung[2] ab, in dem der Führer nur zum Vollstrecker des Willens und der Meinung anderer degradiert wird. Die Bewegung vertritt im Kleinsten wie im Größten den Grundsatz der unbedingten Führerautorität, gepaart mit höchster Verantwortung ... Der völkische Staat hat ... keinen Vertretungskörper ..., sondern nur Beratungskörper, die dem jeweilig gewählten Führer zur Seite stehen.

M1A und M1C: Zit. nach Walther Hofer (Hg.), Der Nationalsozialismus, Frankfurt a. M. (Fischer) 1957, S. 31 ff.
M1B und M1D: Zit. nach Adolf Hitler, Mein Kampf, 11. Aufl., München (Franz Eher Nachfolger) 1932, 378 ff.

[1] Nach NS-Vorstellungen Völker der indoeuropäischen Sprachfamilie
[2] Mehrheitsprinzip

Biographie

Adolf Hitler

Hitler wurde am 20. April 1889 als Kind einer Zollbeamtenfamilie in Braunau/Inn geboren. Er verließ die Realschule ohne Abschluss und führte zwischen 1905 und 1914 in Linz und Wien ein ungeregeltes Leben. Nachdem er nicht in die Kunstakademie aufgenommen worden war, hielt er sich mit Gelegenheitsarbeiten als Kunstmaler über Wasser. 1914 meldete er sich als Kriegsfreiwilliger, wurde als Meldegänger eingesetzt und erhielt einen Tapferkeitsorden. 1919 trat er in München in die Deutsche Arbeiterpartei (DAP) ein, die auf seinen Vorschlag 1920 in „Nationalsozialistische Deutsche Arbeiterpartei" (NSDAP) umbenannt wurde. Nach dem Putsch 1923 und einem kurzen Gefängnisaufenthalt baute er ab 1925 die NSDAP auf. Sie erreichte den politischen Durchbruch in den Reichstagswahlen 1930 mit einer Steigerung von 3 auf 18 Prozent. 1933 wurde Hitler zum Reichskanzler ernannt. Unter seiner Führung wurde ein beispielloses Terrorsystem aufgebaut. Kurz vor der Kapitulation Deutschlands im Mai 1945 beging Hitler Selbstmord (30. April).

M2

„Ein Volk, ein Reich, ein Führer", Plakat für deutsche Behörden- und Schulräume seit 1938/39

M3

„Der ewige Jude", Plakat von H. Stalüter zur gleichnamigen Ausstellung, 1937

M4

„Warum ich Nationalsozialist bin"

Anhänger der Nationalsozialisten schilderten Anfang der 1930er-Jahre die Gründe ihrer politischen Orientierung:

4A Eine Hamburger Lehrerin (1932): Wie viele sehen zu ihm [Hitler] auf in ergreifender Gläubigkeit als dem Helfer, Erretter, als dem Erlöser aus übergroßer Not. – Zu ihm, der den preußischen Prinzen, den Gelehrten, den Geistlichen, den Bauern, den Arbeiter, den Erwerbslosen aus der Partei rettet ins Volk hinein.

4B Ein SA-Scharführer (1934): Unsere Gegner irrten sich daher grundsätzlich, wenn sie uns als Partei der Wirtschaftspartei, den Demokraten oder den marxistischen Parteien gleichsetzten. Alle diese Parteien waren nur Interessenverbände, ihnen fehlte die Seele, das geistige Band. Adolf Hitler kam mit einer neuen politischen Religion. Diese Religion ist geboren aus der Erhebung des deutschen Volkes am 4. August 1914 und dem großen Ringen unsres Volkes von 1914 bis 1918.

Zit. nach Michael Burleigh, Die Zeit des Nationalsozialismus, Frankfurt a. M. (Fischer) 2000, S. 143 f.

1 a) Beschreibe die Merkmale von Hitlers Weltanschauung (M1 und M3).
b) Beurteile seine Denkweise.

2 Erarbeite die Aussage von M2 mithilfe der Methode „Politische Plakate untersuchen" (siehe S. 218 f.).

3 Untersuche, wie sich Hitlers Ideologie in den Äußerungen seiner Zeitgenossen (M4) widerspiegelte.

Herrschaft durch Propaganda – die Reichserntedankfeste

Massenverführung und Überwältigung

Obwohl nicht bestritten werden konnte, dass die Nationalsozialisten ihr System auf Unterdrückung, Verfolgung und Terror gegründet hatten, verbanden viele Menschen nach 1945 auch positive Erinnerungen mit der NS-Zeit. Während Minderheiten wie die jüdischen Bürgerinnen und Bürger aus der „Volksgemeinschaft“ ausgeschlossen und verfolgt wurden, warb die NS-Führung unablässig um die Zustimmung der Mehrheit der Bevölkerung. Die wichtigsten Instrumente dafür waren Veranstaltungen und Erlebnisangebote, mit denen sie die Massen dauerhaft für ihre Politik mobilisieren konnte. Eine wichtige Rolle spielte z. B. die Freizeitorganisation der NSDAP „Kraft durch Freude“ (KdF), die dem „kleinen Mann“ und seiner Familie bisher nicht bekannte organisierte Pauschalurlaube in Deutschland und im Ausland ermöglichte.

Daneben stand die Propaganda, zu deren schärfster Waffe sich in den 1930er- und 1940er-Jahren die Radiorede entwickelte. Durch die Massenproduktion eines billigen Radiotyps („Volksempfänger“) konnte fast jeder Haushalt die Stimme Adolf Hitlers hören und Massenmedien, z. B. die Wochenschau und Kinofilme, wurden gezielt gefördert. Das Hören ausländischer Sender wurde dagegen hart bestraft. Die „Macht des Wortes“ zeigte sich besonders in alljährlich wiederkehrenden Feiern der Nationalsozialisten wie dem „Tag der Machtergreifung“ (30. Januar), Hitlers Geburtstag, dem 1. Mai als „Tag der nationalen Arbeit“ – ursprünglich ein Feiertag der Arbeiterbewegung – oder den Reichsparteitagen im September.

Die Bauern spielten in der NS-Politik eine wichtige Rolle, sollten sie doch eine vom Ausland unabhängige Ernährung der Bevölkerung sicherstellen. Wie andere Unternehmer waren die Bauern in der Weltwirtschaftskrise in eine schwierige Situation geraten. Mit der Machtübernahme der Regierung Hitler verbesserte sich zunächst ihre rechtliche und wirtschaftliche Position (Reichserbhofgesetz vom 29. September 1933). Der so genannte Reichsnährstand wurde im Rahmen der „Blut-und-Boden-Ideologie“ von den Nationalsozialisten propagandistisch stark umworben. Ein Beispiel inszenierter Feier-Propaganda waren die Reichserntedankfeste auf dem Bückeberg bei Hameln an der Weser. Zum ersten Mal wurde das Fest mit etwa 500 000 Menschen am 1. Oktober 1933 veranstaltet. Das deutsche Bauerntum – so die offizielle Losung – sollte an diesem Tag ein Bekenntnis zum neuen Reich ablegen und seine Bedeutung als „Volksernährer“ demonstrieren.

Welche Ziele verfolgten die NS-Machthaber mit diesem Fest? Mit welchen Mitteln versuchten sie, die Zustimmung der Menschen zu erreichen?

M1 **Gefechtsübungen während des Reichserntedankfestes,** Foto, 1935 oder später. Ein „Kulissendorf“ diente als Angriffsziel. Die Kreuze auf dem „Dorffriedhof“ trugen u. a. Namen wie Rosa Luxemburg und Ernst Thälmann.

M2

Zwischen Volkstanz und Führerrede

Aus dem Programm für den Staatsakt des Reichserntedankfestes auf dem Bückeberg am 6. Oktober 1935:

7 Uhr: Beginn des Aufmarsches der Teilnehmer.
Ab 8 Uhr: Darbietungen durch Volkstanzgruppen, Sing- und Spielgruppen, Massenchöre und Musik; 8000 bäuerliche Trachtenträger, Träger von Feldzeichen und Fahnen rücken zur Spalierbildung vor.
Gegen 12 Uhr: Eintreffen des Führers auf dem Kundgebungsgelände; Abfeuern von 21 Schuss Salut.
12.19 Uhr: 3 Knallbomben als Zeichen zur Eröffnung der Kundgebung; Überreichung einer Erntekrone an den Führer. Chor „Segnung".
12.25 Uhr: Eröffnungsansprache Reichsminister Dr. Goebbels. Begrüßungsflug von 7 Staffeln der Luftwaffe; Beginn der Gefechtsübung der Wehrmacht.
13.25 Uhr: Rede des Führers; danach Deutschland-Lied, Horst-Wessel-Lied; Abfahrt des Führers; Abschuss von 200 Fallschirmbomben (mit Hakenkreuzfähnchen); Beginn des Abmarsches der Teilnehmer.
19 Uhr bis 7. Okt., 7 Uhr: Abfahrt der Sonderzüge.
20 Uhr: Empfang der Bauernabordnungen durch den Führer in der Kaiserpfalz Goslar.
21.15 bis 21.25 Uhr: Großes Feuerwerk.

Zit. nach Bernhard Gelderblom, Die Reichserntedankfeste auf dem Bückeberg, Hameln (Niemeyer) 1998, S. 16 f.

M3

„Ist Deutschland nicht schön?"

Aus der Rede Hitlers auf dem Bückeberg von 1937:

Glauben Sie: Wir stehen schwereren Aufgaben gegenüber als andere Staaten …: zu viele Menschen auf einem zu kleinen Lebensraum, es mangelt an Rohstoffen, mangelt an Anbaufläche, und trotzdem: Ist Deutschland nicht schön? Ist Deutschland nicht trotzdem wunderbar? Lebt unser Volk nicht trotzdem so anständig? Mögen Sie alle mit irgendetwas anderem tauschen? (Stürmische „Niemals"-Rufe der Massen) … Wir haben keine Lust, mit irgendjemandem Händel anzufangen. Aber es soll auch jeder wissen: Den Garten, den wir uns bestellt haben, den ernten wir auch allein ab, und niemand soll sich einbilden, jemals in diesen Garten einbrechen zu können! Das können sich die internationalen jüdischen Bolschewistenverbrecher gesagt sein lassen: Wo immer sie auch hingehen – an der deutschen Grenze stoßen sie auf ein eisernes Stopp! (Lang anhaltende begeisterte Zustimmung).

Völkischer Beobachter vom 4. Oktober 1937.

M4

Hitler betritt nach Abschluss der Gefechtsübungen die Rednertribüne, Foto, 1936. Bei seiner Ankunft ging Hitler auf dem Mittelweg zunächst zur (oberen) Ehrentribüne („Aufstieg durch das Volk" – 45 Minuten für 500 Meter), zur Rede dann zur (unteren) Tribüne – „unter dem Volk". Das Fest erfreute sich bei der bäuerlichen Bevölkerung offensichtlich steigender Zustimmung, u. a. erkennbar an den zunehmenden Teilnehmerzahlen.

1. Versetze dich in die Lage eines Zuschauers (M1 und M2). Schreibe einen Brief an einen Freund, in dem du von deinen Erlebnissen beim Reichserntedankfest berichtest.
2. Erörtere, inwiefern die Begriffe „Massenverführung" und „Überwältigung" für die Reichserntedankfeste zutreffen.
3. Informiere dich über die Ursprünge des „Erntedankfests" (Lexikon, Internet) und seine Instrumentalisierung durch die Nationalsozialisten.
4. Untersuche die Rede M3. Notiere, welche Mittel (siehe Anhang „Historische Sachverhalte beschreiben") Hitler einsetzte, um die Zustimmung seiner Zuhörer zu erreichen. Nimm die Methode „Eine politische Rede untersuchen" (siehe S. 210) zu Hilfe.
5. **Recherche:** Recherchiert die Geschichte des Begriffs „Propaganda" und findet heraus, ob es einen Bedeutungswandel gegeben hat.

Propaganda-Medien analysieren

Herrschaft durch Propaganda

Ein wesentliches Mittel zur Verblendung und Verführung war die nationalsozialistische Propaganda. Die Nationalsozialisten nutzten von Anfang an die neuen medialen Möglichkeiten, die mit Rundfunk und Film gegeben waren. Bereits für ihren Aufstieg hatten sie neue Medien genutzt, um die Bevölkerung zu mobilisieren: Der Einsatz von Flugzeugen, großen Lautsprecheranlagen, Parteizeitungen und Plakaten zeigte Wirkung. Der Volksempfänger, ein einfaches Rundfunkgerät, wurde in Großserie hergestellt, um den Kauf für jedermann erschwinglich zu machen. So konnte der Führer „täglich ins Haus" kommen.

Allen Kinobesitzern wurde 1934 vorgeschrieben, im Vorprogramm wenigstens einen Kulturfilm und die „Wochenschau" zu zeigen. Die Filmberichterstattung, die dabei geboten wurde, sollte der Volksbildung dienen, musste aber gleichzeitig den Vorgaben der Reichskulturkammer entsprechen, einer Zwangsvereinigung, in der verschiedene Kulturbereiche, wie Rundfunk, Theater, Presse, Musik, bildende Künste, zusammengeschlossen waren.

Das Medium Film gehörte wohl zum wirksamsten Teil der Propaganda. In Kriegszeiten wurden unter dem Deckmantel von „Dokumentationen" Propagandafilme besonders gefördert, wie solche über die Reichsparteitage oder der von Leni Riefenstahl gedrehte Film über die Olympiade 1936. Hetzfilme wie „Jud Süß" oder „Der Ewige Jude" sollten einen aggressiven Antisemitismus vermitteln. Reichspropagandaminister und Führer der Reichskulturkammer Joseph Goebbels setzte vor allem im Krieg auf die Unterhaltungsfunktion des Films, um so von den Problemen der Gegenwart abzulenken. Besonders erfolgreich waren die Filme „Schwarze Rosen" (1936), „Mutterliebe" (1938), „Wunschkonzert" (1941) und „Der weiße Traum" (1944).

M1 **Propaganda für den Volksempfänger,** Plakat zur Rundfunkausstellung in Berlin 1936

Arbeitsschritte

1. Schritt: Historischen Kontext klären

- In welcher Zeit ist das Dokument entstanden?
- Nimmt es Bezug auf ein ganz konkretes historisches Ereignis oder behandelt es ein allgemeines Thema?
- In welchem Zusammenhang stehen die Entstehungszeit des Dokuments und das dargestellte Geschehen?

2. Schritt: Gattung festlegen und Funktion klären

- Handelt es sich z. B. um eine Rundfunkansprache, einen Nachrichtenbeitrag, Dokumentarfilm, Propaganda- bzw. Werbefilm?
- Welche Adressaten sollen erreicht werden?
- Welche Wirkung wird mit der Gattung generell angestrebt?

3. Schritt: Propagandistische Mittel untersuchen

Textanalyse:

- Wortwahl (z. B. Leerformeln, Schlagwörter, Superlative)
- Rhetorische Figuren (einschließlich Wirkung)
- Argumentationsstruktur (Behauptungen, Beweise/Begründungen)

Bildanalyse:

- Personendarstellungen (z. B. Auftreten, Gestus)
- Filmtechnische Mittel (Farbgebung, Kameraführung, Ton)

4. Schritt: Folgen von Propaganda bewerten

- Positive Selbstdarstellung (Überbewertung der eigenen Leistung)
- Abwertung anderer (Feindbilder)
- Mobilisierung von Massen

M2 Hitler spricht im Sportpalast

Bei der ersten öffentlichen Kundgebung der NSDAP nach der Machtübernahme hielt Adolf Hitler am 10. Februar 1933 im „Sportpalast", der größten Veranstaltungshalle in Berlin, die folgende Rede (Auszüge):

Deutsche Volksgenossen und -genossinnen!
Am 30. Januar dieses Jahres wurde die neue Regierung der nationalen Konzentration gebildet. Ich und damit die nationalsozialistische Bewegung traten in sie ein …
Und da erheben sich nun eine Anzahl von großen Aufgaben vor uns. Die erste und damit der erste Programmpunkt: Wir wollen nicht lügen und wollen nicht schwindeln! Ich habe deshalb es abgelehnt, jemals vor dieses Volk hinzutreten und billige Versprechungen zu geben … Immer und immer wieder predige ich, der Wiederaufstieg der deutschen Nation ist die Frage der Wiedergewinnung der inneren Kraft und Gesundheit des deutschen Volkes …
Und so komme ich zum zweiten Punkt dieses Programms. Ich will Ihnen nicht versprechen, dass diese Wiederauferstehung unseres Volkes von selbst kommt … Alles wurzelt nur im eigenen Willen, in der eigenen Arbeit.
Und drittens wollen wir unsere ganze Arbeit leiten lassen von einer Erkenntnis, von einer Überzeugung: Glaube niemals an fremde Hilfe, die außerhalb unserer eigenen Nation, unseres eigenen Volkes liegt! In uns selbst allein liegt die Zukunft des deutschen Volkes …
14 Jahre lang haben die Parteien des Verfalls, des Novembers, der Revolution das deutsche Volk geführt und misshandelt, 14 Jahre lang zerstört, zersetzt und aufgelöst. Es ist nicht vermessen, wenn ich heute vor die Nation hintrete und sie beschwöre: Deutsches Volk, gib uns vier Jahre Zeit, dann richte und urteile über uns! … Denn ich kann mich nicht lossagen von dem Glauben an mein Volk, kann mich nicht lossagen von der Überzeugung, dass diese Nation wieder einst aufstehen wird, kann mich nicht entfernen von der Liebe zu diesem, meinem Volk und hege felsenfest die Überzeugung, dass eben doch dann einmal die Stunde kommt, in der die Millionen, die uns heute verfluchen, hinter uns stehen und mit uns begrüßen werden dann das gemeinsam geschaffene, mühsam erkämpfte, bitter erworbene neue Deutsche Reich der Größe und der Ehre und der Kraft und der Herrlichkeit und der Gerechtigkeit. – Amen.

Mitschrift einer Rundfunkaufnahme vom 10. 2. 1933 (DRA). In: CD Forum Geschichte kompakt 2, Handreichung für den Unterricht (Cornelsen) 2008.

Alles herhören!
Reichskanzler
Adolf Hitler
spricht über das
Programm der Reichsregierung
in großangelegter Rede
Freitag, den 10. Februar, abends
über alle deutschen Sender
im Rundfunk.
Versäumen Sie nicht, den Retter Deutschlands zu hören. Wenn Sie keinen Apparat besitzen, dann gehen Sie zu Ihren Bekannten, Verwandten oder ins Gasthaus.
Nationalsozialistische Deutsche Arbeiter-Partei
(Hitlerbewegung).

M3 Flugblatt zur Rede Adolf Hitlers im Sportpalast am 10. Februar 1933

M4 Propaganda

Adolf Hitler schrieb 1924 in „Mein Kampf" zum Begriff Propaganda:

Die Aufnahmefähigkeit der großen Masse ist nur sehr beschränkt, das Verständnis klein, dafür jedoch die Vergesslichkeit groß. Aus diesen Tatsachen heraus hat sich jede wirkungsvolle Propaganda auf nur sehr wenige Punkte zu beschränken und diese schlagwortartig so lange zu verwerten, bis auch bestimmt der Letzte unter einem solchen Worte das Gewollte sich vorzustellen vermag.

Adolf Hitler, Mein Kampf, Volksausgabe, o. O., o. J., S. 198.

Vorschlag für eine Gruppenarbeit

1. a) Lest die Hitler-Rede M2 und das Flugblatt M3.
b) Beschafft das Tondokument zu M2 und hört es euch an.
c) Untersucht das Tondokument nach den Arbeitsschritten 1 bis 4.
2. Beschafft euch weitere Ton- oder Filmdokumente aus der NS-Zeit (z. B. Ausschnitte aus der Wochenschau oder einem Spielfilm) und untersucht sie.

Historische Urteile erkennen und formulieren

Was ist ein Urteil?

Neben der juristischen Bedeutung wird unter Urteil allgemein eine Aussage, ein Satz verstanden, der das Bestehen oder auch Nichtbestehen eines Sachverhalts behauptet. Im Alltag formulieren wir oft Urteile: Heute ist es kalt. – Du hast dich richtig verhalten. – Der Film war schlecht.

Urteile gelten dann als sicher, wenn sie gut begründet und für andere einsichtig sind. Ob ein Urteil anerkannt wird, ist also abhängig von den anderen, die das Urteil akzeptieren oder nicht.

Werturteil – Historisches Urteil

Bei Werturteilen wird von einer Norm ausgegangen und von dieser her eine Wertung vorgenommen. Beispielsweise wird bei dem Werturteil „Ein Staat, in dem Bürger- und Menschenrechte geachtet werden, ist höherstehend als ein Staat, in dem das nicht geschieht.“ von der Höherwertigkeit dieser Rechte ausgegangen. In der Geschichtswissenschaft sind Werturteile umstritten, da sie meist nur eine Sichtweise berücksichtigen.

Ein historisches Urteil dagegen betrachtet die historische Situation zunächst unter verschiedenen Gesichtspunkten: Unter welchen sozialen, wirtschaftlichen und politischen Voraussetzungen handelten die Beteiligten? Welche Interessen verfolgten sie? Welche Handlungsmöglichkeiten hatten sie? Wie beurteilten die Zeitgenossen die Situation? Wie beurteilen wir sie heute? Welche Aussagen sind belegbar, welche nur Vermutungen? Welchen Einflüssen unterliegt der Historiker selbst bei seinem Urteil? Durch sorgfältiges Abwägen und Vergleichen der Antworten kommt man schließlich zu einem historischen Urteil.

Zusammengefasst kann man festhalten, dass bei Werturteilen nur von einer Sichtweise ausgegangen wird, dagegen bei historischen Urteilen von mehreren.

M1 „Kreislauf“ des historischen Urteils

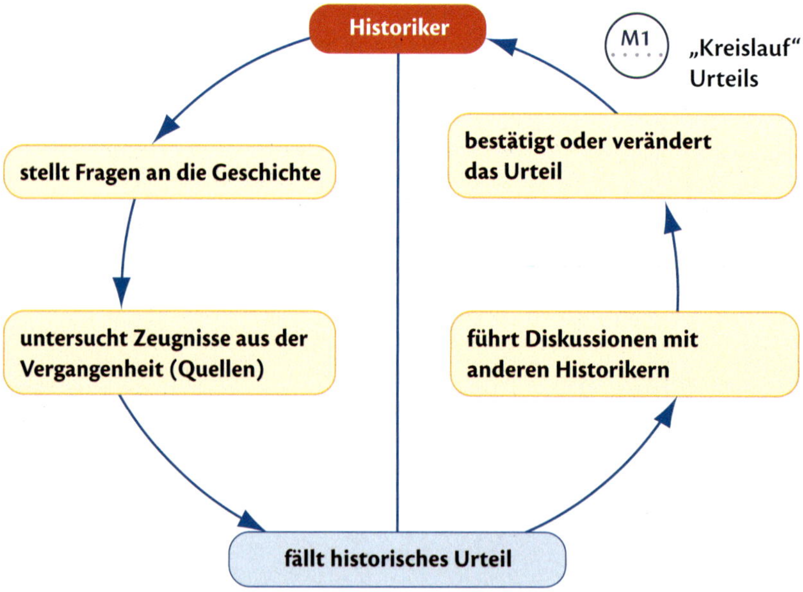

1 Erkläre anhand des Darstellungstextes die Unterschiede: Werturteil – historisches Urteil.

2 Vollziehe anhand von M1 nach, wie historische Urteile entstehen. Nenne Beispiele.

3 Zeige anhand von M4 (S. 229), welche historischen Urteile der Autor Hans-Ulrich Wehler fällt. Nenne Textbelege.

Das nationalsozialistische Herrschaftssystem

Überprüfe, was du kannst

Sachkompetenz

1 Erläutere die Begriffe: Nationalsozialismus (S. 234), Drittes Reich (S. 234) und Ermächtigungsgesetz (S. 235).

2 Stelle dar, wie Hitler die Macht erlangt hat und mit welchen Methoden er sie sicherte (S. 233–235).

3 Notiere Merkmale zu den Grundelementen der Weltanschauung Hitlers und der NS-Bewegung: „Volk und Rasse", „Der Jude", „Lebensraum im Osten", „Führerprinzip" (S. 238/239).

Methodenkompetenz

4 Recherchiert, wie politische Propaganda bzw. Werbung heute betrieben wird, z. B. in Wahlkämpfen oder bei umstrittenen Fragen der aktuellen Politik. Geht dabei von der Methode „Propaganda-Medien analysieren" (S. 242 f.) aus.

Urteilskompetenz

5 Begründe, warum in der Geschichtsforschung zum Nationalsozialismus von „Massenverführung" und „Überwältigung" gesprochen wird. Gib Beispiele.

Handlungskompetenz

6 Erschließe die Aussage der Karikatur M1, indem du zunächst zu den Biographien der abgebildeten Personen recherchierst. Berichte in der Klasse.

M1

Amerikanische Karikatur aus der Zeitschrift „The Nation", Februar 1936. Auf der Tribüne sind Werner von Blomberg, Joseph Goebbels, Hermann Göring, Heinrich Himmler, Adolf Hitler, Robert Ley, Viktor Lutze und Hjalmar Schacht abgebildet.

1933 bis 1945
Nationalsozialistische Diktatur

30. Januar 1933
Hitler wird Reichskanzler

27. Februar 1933
„Reichstagsbrandverordnung"

seit März 1933
Gleichschaltung der Länder und Bürokratie
Einsatz von Propagandamedien

23. März 1933
„Ermächtigungsgesetz"

Januar 1933 — Februar 1933 — März 1933

Leben in der nationalsozialistischen Diktatur

Wissen • Urteilen • Handeln • Methoden anwenden

Am Ende dieses Unterkapitels kannst du

- Ideal und Realität der „Volksgemeinschaft" unterscheiden
- die ideologisch und politisch bedingte Rollenverteilung von Männern, Frauen und Jugendlichen erklären
- die staatlich organisierte Freizeit und Erholung in ihrer Funktion und Bedeutung bewerten
- erkennen, dass der NS-Staat unangepasste Jugendliche verfolgte und bestrafte
- die systematische Ausgrenzung, Verfolgung und Entrechtung der Juden darlegen und beurteilen
- erkennen, dass die Euthanasie-Maßnahmen des Staates ein Teil der NS-Ideologie waren und Menschenrechte verletzten
- die Sprache der Verschleierung und Aggression der Nationalsozialisten analysieren

Leben in der NS-Diktatur 1933 bis 1945

Nationalsozialistische Diktatur

1933 bis 1945

Das Ideal der „Volksgemeinschaft"

„Starker Mann" und „schwache Frau"?

Im Zentrum der NS-Ideologie stand der Gedanke der „Volksgemeinschaft", in der alle gesellschaftlichen Gruppen verschmelzen sollten. Nicht in die „Volksgemeinschaft" gehörten diejenigen, die zum politischen Gegner erklärt oder aus rassistischen Gründen ausgegrenzt wurden.

Die Beziehung zwischen den Geschlechtern wurde als eine Rangordnung verstanden, die durch unterschiedliche Aufgaben in Staat und Gesellschaft festgelegt war. Der kämpfende, heroische und starke Mann sollte das Leitbild in jeder deutschen Familie sein. Die Frau wurde auf die Mutterrolle, also auf die „Erhalterin" des deutschen Volkes, reduziert.

In NS-Frauenorganisationen boten sich durchaus Aufstiegsmöglichkeiten an, jedoch durften Frauen keine politischen Ämter übernehmen. Die „Nationalsozialistische Frauenschaft" (NSF) verstand sich als Eliteorganisation, die die Frauen für den Nationalsozialismus gewinnen wollte. Sie organisierte z. B. Gesprächsgruppen und Seminare, in denen sich Frauen über hauswirtschaftliche Fragen, aber auch über die „Rassen- und Bevölkerungspolitik" austauschen sollten. Jüdische, andere „nichtarische", körperlich oder geistig behinderte und „sozial nicht angepasste" Frauen waren ausgeschlossen.

Begriffe und Daten

„Volksgemeinschaft"

Die Nationalsozialisten verstanden unter diesem Begriff eine „Bluts- und Schicksalsgemeinschaft", in der Standesgegensätze, Klassen, Parteien und Einzelinteressen aufgehoben werden sollten und sich die Gemeinschaft dem Willen eines Führers unterordnete. In ihrer Struktur war die Idee der „Volksgemeinschaft" antipluralistisch und antidemokratisch.

1 Beschreibe M1 und M2 und erkläre, wie die Frauenrolle dargestellt wird.

2 Überprüfe deine Ergebnisse aus Aufgabe 1 am Darstellungstext.

M1

„Hilf auch Du mit!", Plakat, 1943

M2

Verleihung des Mutterkreuzes, Foto, 1943

Vorschlag für eine Gruppenarbeit

Die Seiten 247 bis 257 könnt ihr auch in Gruppen erarbeiten. Jede Gruppe übernimmt eine Doppelseite. Nutzt die Aufgaben zur Erschließung der Teilthemen. Stellt eure Ergebnisse in der Klasse vor und erörtert gemeinsam: Die „Volksgemeinschaft" – zwei Gesichter?

Frauen in der „Volksgemeinschaft“

Opfer oder Täterinnen?

In der Diskussion um die Rolle der Frauen im Nationalsozialismus gab es in den vergangenen Jahrzehnten im Wesentlichen zwei Positionen: Entweder waren die Frauen „Opfer“ der Männerherrschaft im Nationalsozialismus oder die Frauen waren „Täterinnen“, weil sie die NS-Ideologie mit getragen und verbreitet haben.

M1

Vollgermane sucht Minne

Heiratsanzeigen in der Parteizeitung „Völkischer Beobachter“, 12. August 1934:

1A SA-Scharführer, Anfang 30, Blutordensträger, blonder Vollgermane, kernig und erbgesund, sucht auf diesem Weg die Mutter seiner kommenden Kinder und Wahrerin seines Hortes. Selbe muss Garantin rassischer Vollwertigkeit kommender Geschlechter sein. Stattliche Blondine bevorzugt, nachgedunkelte Schrumpfgermanin unerwünscht. Eigenes Heim vorhanden.

1B Deutsche Minne, blondes BDM-Mädel, gottgläubig, aus bäuerlicher Sippe, artbewusst, kinderlieb, mit starken Hüften, möchte einem deutschen Jungmann Frohwalterin seines Stammes sein (niedere Absätze – kein Lippenstift). Nur Neigungsehe mit zackigem Uniformträger.

Zit. nach Wochenschau I, Nr. 2: Der NS-Staat, März/April 1995, S. 74.

M2

Adolf Hitler zur Rolle der Frau

Auf einer Tagung der NS-Frauenschaft sagte Adolf Hitler am 8. September 1934:

Die deutsche Frau braucht sich in den wirklich guten Zeiten des deutschen Lebens nie zu emanzipieren. ... Wenn man sagt, die Welt des Mannes ist der Staat, die Welt des Mannes ist sein Ringen, die Einsatzbereitschaft für die Gemeinschaft, so könnte man vielleicht sagen, dass die Welt der Frau eine kleinere sei. Denn ihre Welt sind der Mann, ihre Familie, ihre Kinder und ihr Haus ... Was der Mann einsetzt an Heldenmut auf dem Schlachtfeld, setzt die Frau ein in ewig geduldiger Hingabe, in ewig geduldigem Leid und Ertragen.

Völkischer Beobachter Nr. 253 vom 10. Sept. 1934; zit. nach Max Domarus, Hitler. Reden und Proklamationen, Bd. 1, Wiesbaden (Löwit) 1973, S. 450 f.

M3

Frauenarbeit – Anspruch und Realität

Der Historiker Wolfgang Wippermann schrieb 1998:

Ein ... [rigider] Numerus clausus wurde an den Universitäten eingeführt. Nur zehn Prozent der Studierenden sollten Frauen sein [wurde schon 1935 aufgehoben]. Dass ... [1943] fast die Hälfte aller deutschen Studierenden an Universitäten Frauen waren, ... zeigt aber doch, dass die Nationalsozialisten bereit waren, einige ihrer ursprünglichen ideologischen Ziele den ökonomischen Zwängen unterzuordnen ... Von einer „gezielten Ausschaltung [der Frauen] aus dem Arbeitsprozess“ wird man ... kaum sprechen können. Dass nicht mehr Frauen in den Wirtschaftsprozess eingegliedert wurden, hatte [als wichtigsten Grund] die rücksichtslose Ausbeutung von „Fremdarbeitern“.

Wolfgang Wippermann, Umstrittene Vergangenheit, Berlin (Elefanten Press) 1998, S. 183 ff.

Biographie

Gertrud Scholtz-Klink (1902–1999)

Tochter eines Beamten. Sie verließ während des Ersten Weltkriegs vorzeitig das Gymnasium und arbeitete im Bahnhofsdienst und im Haushalt von Offizieren. Sie sympathisierte früh mit der NS-Bewegung, arbeitete ab 1930 aktiv in der NSDAP und wurde 1934 „Reichsfrauenführerin“ – ein symbolischer Titel, denn alle Frauenorganisationen unterstanden in finanzieller Hinsicht männlicher Kontrolle. Ihre Hauptaufgabe bestand darin, die Frauenrolle auf den „Dienst für den Mann“ auszurichten und junge Frauen vom Studium fernzuhalten. Die Gleichwertigkeit von Frauen den Männern gegenüber lehnte sie ab. Unter dem Eindruck des Arbeitskräftebedarfs in der Kriegszeit änderte sie ihre ablehnende Meinung über Frauenarbeit in Rüstungsbetrieben. Am Kriegsende 1945 tauchte sie unter, ließ sich unter falschem Namen entnazifizieren und wurde später zu einer Haftstrafe von 18 Monaten verurteilt. Sie blieb überzeugte Nationalsozialistin.

M4

Veranstaltung der NS-Frauenschaft für Mitarbeiterinnen eines Berliner Verlages, Foto, 15. Dezember 1937

M5

„Wir Frauen haben nicht abseits gestanden"

Marion Gräfin York von Wartenburg, geboren 1904 in Berlin, Jurastudium und Promotion, 1930 Heirat mit Peter Graf York von Wartenburg, einem führenden Mitglied der Widerstandsgruppe Kreisauer Kreis*, war seit 1952 Direktorin eines Landgerichts. Sie erinnerte sich nach 1945:

„Mein Kampf" habe ich damals nicht gelesen. Auch später nicht. Ich wusste aber sehr bald, dass viele Menschen eingesperrt wurden ... Man hat schon sehr bald nach der Machtergreifung Lager errichtet. Ich entsinne mich auch noch an unseren Schrecken über eine Zeitungsnachricht viele Jahre später, in der von einem Telegramm des Gauleiters Koch aus Ostpreußen die Rede war, der seinem Führer meldete, dass Ostpreußen nun „frei von Juden" sei. Damals haben wir noch lange im größeren Kreis über dieses entsetzliche organisierte Töten durch Deutsche gesprochen. Die Wehrlosigkeit gegenüber den Verbrechen im Dritten Reich quälte Peter am meisten. Deshalb beteiligte er sich eigentlich auch am 20. Juli ... Wir Frauen haben bei alledem [dem Widerstand des „Kreisauer Kreises"] nicht abseits gestanden. Peter hat nie etwas vor mir verheimlicht. Ich wusste immer, wann er weg war, bei wem er war, wie und wann er nach Hause kommen wollte. Er sagte mir eigentlich alles. Und auch an diesen Beratungen habe ich immer, wenn ich in Berlin war, teilgenommen. Ich habe den Männern oft gekocht und gehörte dazu. Ich musste auch Nachrichten überbringen.

Brigitte Löhr (Hg.), Frauen in der Geschichte, Bd. 2, Tübingen (Dt. Inst. f. Fernstudien a. d. Univ. Tübingen/© Hanser) 1994, S. 256 f.

1 Untersuche M1 und M2 a) nach den politischen Zielen und b) nach den ideologischen Grundlagen der Nationalsozialisten. Lies auf S. 238 f. nach.

2 Zeige anhand von M3 den Konflikt der nationalsozialistischen Führung zwischen ihrem Anspruch an die Rolle der Frauen und der tatsächlichen Entwicklung während der NS-Herrschaft.

3 Diskutiert in der Klasse über Person und Karriere der Gertrud Scholtz-Klink. Zieht auch M4 mit heran.

4 Setze M5 in einen Zusammenhang mit den Erwartungen der Nationalsozialisten an Frauen.

5 Beantworte die Frage in der Überschrift des Darstellungstextes.

6 Untersuche, inwieweit an den Materialien auf den Seiten 247 bis 249 die Rolle der Männer deutlich wird.

Freizeit im NS-Staat

„Kraft durch Freude"

Nach der Zwangsauflösung der Gewerkschaften im Mai 1933 wurde im Rahmen der nationalsozialistischen Gleichschaltungspolitik die Deutsche Arbeitsfront (DAF) gebildet. Als Verband der NSDAP war die DAF ein politisches und wirtschaftliches Instrument der Partei. Ihre sozialpolitischen Interessen konnte die Arbeitnehmerschaft deshalb nicht mehr unabhängig vom Staat vertreten.

Das Ziel der NS-Führung war es, die Leistungsbereitschaft der Arbeiterinnen und Arbeiter zu fördern. Dies sollte u.a. mit Verbesserungen der Arbeitsbedingungen, durch einen gesetzlichen Urlaubsanspruch und Freizeiteinrichtungen erreicht werden. Eine Sonderorganisation der DAF war die im November 1933 gegründete Gemeinschaft „Kraft durch Freude" (KdF). Sie wurde durch ihre Freizeitangebote und geplante, jedoch nur teilweise verwirklichte Großprojekte wie „KdF-Flotte", „KdF-Seebad" und „KdF-Wagen" (Volkswagen) zur populärsten Organisation der DAF.

Das „KdF-Seebad der Zwanzigtausend"

„Wir verloren den Krieg [gemeint ist der Erste Weltkrieg], weil wir die Nerven verloren haben ... Deshalb will der Führer, dass die Nerven des Volkes gesund und stark bleiben." So begründete Robert Ley, Chef der DAF, den Bauplan für das „Projekt Prora". Vier Kilometer von Binz entfernt sollte auf Rügen unmittelbar am Ostseestrand eine gigantische Badestadt gebaut werden. Der kasernenähnliche Bau mit Meeresterrassen, Theater, Kinos, Kuranlagen, Läden, zwei Schwimmhallen, dazu ein Festplatz von 40 000 Quadratmetern, Schule, Krankenhaus und Parkhaus sollte bis zu 20 000 Menschen und 2000 Beschäftigte beherbergen.

Doch der 1936 begonnene Großbau konnte bis Kriegsbeginn nur in Teilen fertiggestellt werden und blieb überwiegend im Rohbau. Als Seebad wurde Prora nie genutzt, sondern diente im Krieg als Ausbildungs- und Arbeitsstätte für Zwangsarbeiter und Kriegsgefangene, als Notunterkunft für Ausgebombte und Flüchtlinge sowie als Lazarett.

M1

Die Deutsche Arbeitsfront

Verordnung zur Errichtung der Deutschen Arbeitsfront (DAF) vom 24. Oktober 1934:

§ 1. Die Deutsche Arbeitsfront ist die Organisation der schaffenden Deutschen der Stirn und der Faust. In ihr sind insbesondere die Angehörigen der ehemaligen Gewerkschaften, der ehemaligen Angestelltenverbände und der ehemaligen Unternehmer-Vereinigungen als gleichberechtigte Mitglieder zusammengeschlossen ...

§ 2. Das Ziel der Deutschen Arbeitsfront ist die Bildung einer wirklichen Volks- und Leistungsgemeinschaft aller Deutschen. Sie hat dafür zu sorgen, dass jeder Einzelne seinen Platz im wirtschaftlichen Leben der Nation in der geistigen und körperlichen Verfassung einnehmen kann, die ihn zur höchsten Leistung befähigt und damit den größten Nutzen für die Volksgemeinschaft gewährleistet.

§ 3. Die Deutsche Arbeitsfront ist eine Gliederung der NSDAP im Sinne des Gesetzes zur Sicherung der Einheit von Partei und Staat vom 1. Dezember 1933.

Zit. nach Der Nationalsozialismus, Bd. 1 (1933–35), Machtergreifung und Machtsicherung, München (Bayerische Landeszentrale für politische Bildungsarbeit) 1944, S. 161.

M2

„Kraft durch Freude"

Aus einem Bericht der Sopade, einer von der SPD organisierten Widerstandsgruppe, 1936:

Der Gau München-Oberbayern ... hat im Mai 1936 neben Urlaubs- und Wanderfahrten folgende Veranstaltungen durchgeführt: Theateraufführungen, Frauennachmittage, Kinderfeste, fröhliche Samstagnachmittage, Gymnastikkurse, Leichtathletik (Sportabz.), Sportspiele (auch Tennis), Schwimmkurse, Reitunterricht, Segelsportfahrten an d. Ostsee, Führungen d. Museen usw., Bildungs- und Arbeitsgemeinschaften, Fachkurse (Stenografie, Deutsch, Rechnen, Musik usw.), Kochkurse ... Die KdF wird bei fast allen Volksgenossen als eine anerkennenswerte Leistung des Nationalsozialismus gewertet ... So nehmen z.B. viele unserer Genossen, die früher bei den Naturfreunden waren, heute die Gelegenheit wahr, die Reisen mit KdF zu machen ... Kraft durch Freude hat viel Zuspruch. Man kann doch für billiges Geld allerhand haben.

Deutschlandberichte der Sozialdemokratischen Partei Deutschlands 3/1936, Frankfurt a. M. (Verlag 2001) 1980, S. 880 ff.

M3

„Auch Du kannst jetzt reisen!“, Plakat der NS-Organisation „Kraft durch Freude“, 1937

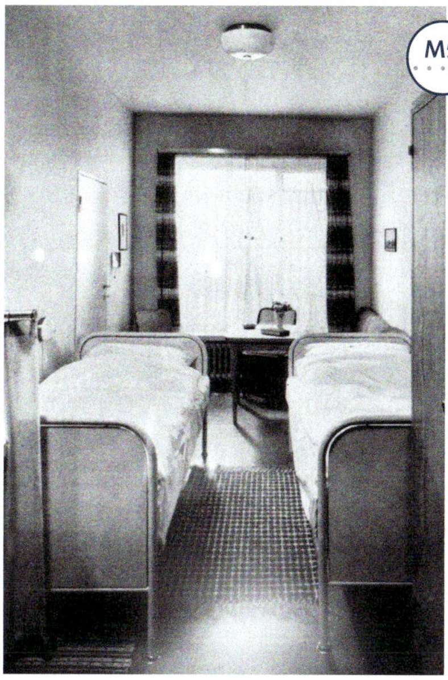

M5 **Wohn-Schlafeinheit des KdF-Bades,** Entwurf des Architekten Clemens Klotz. Alle Zimmer waren 2,50 × 5,00 Meter groß und enthielten einen kleinen Vorraum mit Waschbecken (fließend warmes und kaltes Wasser) und Zentralheizung. Die Skelettbauweise ließ auch die Verbindung zweier Zimmer für Familien zu.

M4 **Prora,** Foto des Modells, 1936

M6

Prora, Foto, 2001

1 Erschließe das Menschenbild, das M1 zugrunde liegt.

2 Formuliere einen möglichen Auftrag der DAF-Leitung an die Werbeagentur, die das Plakat M3 entworfen haben könnte.

3 Untersuche, wie die Verfasser von M2 die KdF-Maßnahmen bewerten. Begründe dein Ergebnis.

4 Erläutere mithilfe der Informationen auf dieser Seite die Bezeichnung „gefährliche Faszination“.

5 **Recherche:**

a) Was wurde aus Prora nach dem Zweiten Weltkrieg?

b) Wie wird die Anlage heute genutzt? Welche Pläne (Probleme) gibt es?

Tipp: www.dokumentationszentrum-prora.de

Jugend im Nationalsozialismus

Anspruch und Wirklichkeit

Bereits seit den 1920er-Jahren versuchten die Nationalsozialisten, Jugendliche an sich zu binden und im Sinn der Partei zu organisieren. Ende 1934 waren rund 3,5 Millionen Jugendliche im Alter von zehn bis achtzehn Jahren in der Hitler-Jugend (HJ) organisiert. Die Mädchen gehörten dem „Bund deutscher Mädel" (BDM) an. Da 1936 alle anderen Jugendorganisationen verboten worden waren und viele Eltern, Lehrer und Arbeitgeber zu dem Eintritt in HJ und BDM drängten, wuchsen beide Organisationen schnell.

Das Gesetz über die Hitler-Jugend vom 1. Dezember 1936 legte schließlich fest, dass alle Jugendlichen mit zehn Jahren in das „Jungvolk" bzw. in den „Jungmädelbund" eintreten mussten. Mit 14 wurde man Mitglied der HJ bzw. des BDM. Während in den NS-Jugendorganisationen eine massive Ideologisierung betrieben wurde, gelang eine totale Erfassung des Schulwesens durch die Partei nicht. So gab es durchaus Konflikte zwischen HJ-Führern und Schulleitern. Auch Industrie und Wirtschaft legten Wert darauf, nicht nur ideologisch, sondern auch fachlich gut ausgebildete Jugendliche zu bekommen.

Eine „Arisierung" der Schule gab es jedoch ebenso wie in anderen Gesellschaftsbereichen: Jüdische Lehrkräfte, jüdische Schülerinnen und Schüler sowie Kinder deutscher Roma und Sinti wurden zunehmend und 1938 ganz vom Unterricht an öffentlichen Schulen ausgeschlossen. Der Sportunterricht wurde ausgeweitet, die „Rassenkunde" zu einem fächerübergreifenden Unterrichtsprinzip erhoben. Der Druck auf die Eltern wuchs, ihre Kinder vom Religionsunterricht abzumelden. Trotz heftiger Proteste von evangelischen und katholischen Kirchenvertretern waren Ende 1939 alle kirchlich getragenen Schulen geschlossen worden.

M1 **Umgang mit Schusswaffen,** Foto, 1936

M2 **BDM-Plakat,** 1936

M3 **„Jugend dient dem Führer",** Plakat, um 1936

M4

Vom „Jungvolk" ausgeschlossen

Hans-Jürgen Massaquoi erinnerte sich 1999 an die Anwerbung für die Hitler-Jugend in seiner Hamburger Schule:

Unser neuer Klassenlehrer, Herr Schürmann … versuchte ununterbrochen, uns zum Beitritt ins Jungvolk zu bewegen. Kernstück seiner Rekrutierungsbemühungen war eine große Grafik, die er mit weißer Kreide auf die Tafel gemalt hatte: ein Rechteck, das in ebenso viele Quadrate unterteilt war, wie es Jungen in unserer Klasse gab. Jeden Morgen erkundigte sich Herr Schürmann als Erstes, wer der HJ beigetreten war, und trug dann die entsprechenden Namen in die Grafik ein … Allmählich gab einer nach dem anderen Schürmanns unerbittlichem Drängen nach und trat in die Hitler-Jugend ein. Eines Morgens nahm Herr Schürmann sich die letzten Zögerer zur Brust und wollte wissen, warum sie „nicht genug Liebe für Führer und Vaterland" empfanden … Als ich an die Reihe kam, öffnete ich den Mund, um etwas zu sagen, doch Herr Schürmann schnitt mir das Wort ab: „Schon gut, du bist ja sowieso vom Jungvolk ausgeschlossen." Ich war wie vom Donner gerührt … Herr Schürmann bemerkte meine Verwirrung und sagte mir, ich solle in der Pause zu ihm kommen … „Ich dachte, du wüsstest, dass du nicht ins Jungvolk darfst, weil du Nichtarier bist", fing er an. „Du weißt doch, dass dein Vater Afrikaner ist und dass Afrikaner und andere nichteuropäische Menschen als Nichtarier gelten. Nichtariern ist es untersagt, der Hitler-Jugend beizutreten." – „Aber ich bin doch Deutscher", schluchzte ich unter Tränen. „Meine Mutter sagt, dass ich Deutscher bin, so wie alle anderen."

Hans-Jürgen Massaquoi, „Neger, Neger, Schornsteinfeger!". Meine Kindheit in Deutschland, München (Scherz) 1999, S. 129 f.

M6

Erinnerungen an die Hitler-Jugend

Ein Abiturient erinnerte sich um 1948:

Diese Kameradschaft, das war es auch, was ich an der Hitler-Jugend liebte … Denn welcher Junge ist nicht entflammt, wenn ihm Ideale, hohe Ideale wie Kameradschaft, Treue und Ehre, entgegengehalten werden … Und dann die Fahrten! Gibt es etwas Schöneres, als im Kreis von Kameraden die Herrlichkeiten der Heimat zu genießen? Oft zogen wir am Wochenende in die nächste Umgebung von K. hinaus, um den Sonntag dort zu verleben. Welche Freude empfanden wir, wenn wir an irgendeinem blauen See Holz sammelten, Feuer machten und darauf dann eine Erbsensuppe kochten … Die Stunden waren wohl die schönsten, die uns die Hitler-Jugend geboten hat. Hier saßen dann Lehrlinge und Schüler, Arbeitersöhne und Beamtensöhne zusammen und lernten sich gegenseitig verstehen und schätzen.

Kurt Haß (Hg.), Jugend unterm Schicksal, Hamburg, 1950, S. 61 ff.

1 Stelle zusammen, welche Erwartungen die Nationalsozialisten an die Jugendlichen richteten (M1 bis M3).

2 Zeige, welche Erinnerung an die Hitler-Jugend in M6 erkennbar ist, und stelle einen Bezug zu den Zielen der Nationalsozialisten her.

3 Beurteile die Situation von Hans-Jürgen Massaquoi (M4, M5), indem du den Begriff „Volksgemeinschaft" kritisch verwendest.

4 Prüfe mithilfe von M1 bis M3 und M6, ob sich hier der Begriff „Verführung" verwenden lässt.

5 In einem Jugendbuch von 1936 sind die „7 Schwertworte": Härte, Tapferkeit, Treue, Haltung, Wahrheit, Kameradschaft, Ehre aufgeführt. Nenne mögliche Absichten, die die Nationalsozialisten damit verbanden.

6 Diskutiert in der Klasse: NSDAP – Partei der Jugend?

M5

Hans-Jürgen Massaquoi mit Klassenkameraden, Foto, 1933. Hans-Jürgen Massaquoi wurde 1926 in Hamburg als Sohn einer weißen Mutter und eines schwarzen Vaters geboren. Sein Großvater war liberianischer Generalkonsul in Deutschland. Hans-Jürgen Massaquoi überlebte den Nationalsozialismus, ging 1948 zunächst nach Liberia und 1950 in die USA. Dort wurde er Leitender Redakteur einer großen afroamerikanischen Zeitschrift.

Das Jugend-KZ Moringen

M1 **Hamburger Swing-Jugendliche,** Foto, 1940

„Asoziale" und „Kriminelle"

Sie wollten sich nicht dem anpassen, was die Nationalsozialisten unter Jugendleben verstanden. Sie waren nicht bereit, sich der Ideologie des Nationalsozialismus zu unterwerfen. So wurden sie als „Unerziehbare", „Asoziale" und „Kriminelle" abgestempelt und, wie es im Sprachgebrauch der Nationalsozialisten hieß, aus der „Volksgemeinschaft entfernt" – das hieß verschleppt in „polizeiliche Jugendschutzlager", spezielle Konzentrationslager, die 1940 in Moringen in Südniedersachsen und 1942 als Jugend-KZ „Uckermark" in Brandenburg eingerichtet wurden.

M2

Haftgründe für eine Einweisung

Aus Akten des Konzentrationslagers Moringen:

- Verweigerung des HJ- oder BDM-Dienstes bzw. Ausschluss aus der Hitler-Jugend
- „Arbeitsverweigerung", „Arbeitsbummelei" „Unerziehbarkeit", „Renitenz", Kriminalität
- „Sippenhaft", z. B. bei politischen Aktivitäten der Eltern (Opposition und Widerstand)
- Zugehörigkeit zur „Swing-Jugend"
- Homosexualität / „Strichjungen"
- Behinderte, psychisch Kranke, Zwangssterilisierte
- aus religiösen Gründen (z. B. Zeugen Jehovas)
- aus rassischen Gründen (Juden, Sinti und Roma)
- so genannte „Rassenschande" (siehe S. 257, M5).

Katalog zur Ausstellung „Wir hatten noch gar nicht angefangen zu leben", hg. von M. Guse / Lagergemeinschaft und Gedenkstätte KZ Moringen e. V., 3. Aufl., Moringen/Liebenau 1997, S. 26. Bearb. d. Verf.

M3

Als Swing-Anhänger verhaftet

Günter Discher, geboren am 20. März 1925 in Hamburg, wurde wegen illegalen Plattenhandels als 17-Jähriger verhaftet und in das KZ Moringen gebracht. Er erinnert sich:

Aufgrund meiner Musikleidenschaft bin ich ... langsam in Opposition gegen die Jugenderziehung der Nazis geraten. Bereits als 13-Jähriger hörte ich in der Volksschule von Mitschülern, die damals in der Hitler-Jugend waren, wie sie in den Wehrertüchtigungslagern behandelt worden sind. Die Jugendlichen wurden dort in scharfer Form gedrillt ..., um sie auf die Angriffskriege der Nazis vorzubereiten. Mir persönlich war dies zuwider, auch deswegen, weil die Jugendlichen von Gleichaltrigen herumkommandiert wurden ... Wir jugendlichen Swinger lehnten diese Marschmusik ab. Wir wollten – genau wie viele junge Leute heutzutage – eine andere Musik spielen und hören. Und zwar das, was populär war: Swing-Musik! Diese leichtere und heitere Musik, die von englischen und amerikanischen Orchestern gespielt wurde. Also zum Beispiel: Jack Hilton, Harry Roy, Louis Armstrong oder Duke Ellington mit ihren Bands ... In den folgenden Jahren wurde zunehmend gegen die Swing-Musik polemisiert und gehetzt ... Deshalb mussten wir uns auf Hausfeste zurückziehen und drinnen feiern, weil wir mit unseren Grammofonen nicht mehr in die Öffentlichkeit gehen durften ... So wurden wir mehr und mehr überwacht.

Zit. nach Katalog zur Ausstellung „Wir hatten noch gar nicht angefangen zu leben", hg. v. M. Guse / Lagergemeinschaft und Gedenkstätte KZ Moringen e. V., 3. Aufl., Moringen/Liebenau 1997, S. 24.

M4

Das Vorgehen gegen die Swing-Jugend

Anweisung Heinrich Himmlers, dem Reichsführer SS und Chef der Deutschen Polizei, an Heinrich Heydrich, den Leiter der Sicherheitspolizei (26. Januar 1942):

Anliegend übersende ich Ihnen einen Bericht, den mir der Reichsjugendführer Axmann über die „Swing-Jugend" Hamburg zugesandt hat.

... Meines Erachtens muss jetzt ... das ganze Übel radikal ausgerottet werden ... Alle Rädelsführer, und zwar die Rädelsführer männlicher und weiblicher Art, unter den Lehrern diejenigen, die feindlich eingestellt sind und die Swing-Jugend unterstützen, sind in ein Konzentrationslager einzuweisen. Dort muss die Jugend zunächst einmal Prügel bekommen und dann in schärfster Form exerziert und zur Arbeit angehalten werden. Irgendein Arbeitslager oder Jugendlager halte ich bei diesen Burschen und diesen nichtsnutzigen Mädchen für verfehlt ...

Der Aufenthalt im Konzentrationslager für diese Jugend muss ein längerer, 2–3 Jahre sein. Es muss klar sein, dass sie nie wieder studieren dürfen. Bei den Eltern ist nachzuforschen, wie weit sie das unterstützt haben. Haben sie es unterstützt, sind sie ebenfalls in ein KL zu verbringen und das Vermögen ist einzuziehen.

Nur, wenn wir brutal durchgreifen, werden wir ein gefährliches Umsichgreifen dieser anglophilen Tendenz in einer Zeit, in der Deutschland um seine Existenz kämpft, vermeiden können.

Zit. nach „Du bist nichts, dein Volk ist alles". Beilage zu Geschichte lernen, H. 24, 1991, S. 13.

Biographie

Otto Gruber, Lagerhäftling

Otto Gruber wurde am 20. Mai 1923 in Fülpmess/Tirol geboren. Aus familiären Gründen wurde er ab dem zweiten Lebensjahr im Heim erzogen.
Er lernte seine Eltern mit 15 Jahren kennen. Er verließ aber das Elternhaus und schloss sich jugendlichen Sinti an (Erntehelfer, Betteln) und wurde wegen „Landstreicherei" und „Entziehung von der Wehrpflicht" verurteilt. Nach 1½ Jahren Gefängnis wurde er in das KZ Moringen überstellt.
Otto Gruber berichtet 1992 über seinen Selbstmordversuch im KZ: „Ich habe keine Lust mehr gehabt. Da habe ich aufhören wollen. Für mich war es so schwer. Von der Jugendzeit habe ich nichts gehabt. Umhergerannt von Einem ins Andere. Aus – Feierabend! Da habe ich mir dann die Pulsadern aufgeschnitten. Dabei haben sie mich erwischt, weil das Blut vom Bett runtergelaufen ist ... Auf einmal rennst du davon. Weil du Schläge kriegst, und rennst davon, weil es wehtut. Und wie sie den draußen beim Eisenbahnbau erschossen haben, das habe ich ja selbst gesehen. Das bleibt im Menschen drin hängen. Da habe ich mir gesagt: Lieber hier weg!"

Biographie

Erna Brehm, Lagerhäftling

Die am 20. Juni 1924 in Calw geborene Erna Brehm arbeitete im Jahr 1941 als Haushaltshilfe in einer Konditorei. Sie lernte dort den polnischen Staatsangehörigen Marian kennen, die beiden verliebten sich ineinander. Der Arbeitgeber untersagte jeden weiteren Kontakt und informierte die Eltern des Mädchens. Um einer Anzeige des Konditors zu entgehen, meldete sich Erna selbst bei der Polizei. Sie war in dem naiven Glauben, das Verhältnis durch eine persönliche Vorsprache und Rechtfertigung aufrechterhalten zu können. Die Polizei nahm Erna sofort fest und inhaftierte auch den Freund. Auf dem Calwer Marktplatz wurde Erna kahl geschoren, anschließend in Stuttgart zu einer 8-monatigen Gefängnisstrafe wegen „Geschlechtsverkehrs mit einem Ausländer" verurteilt. Nach verbüßter Haft erfolgte im Herbst 1942 die Überstellung in das Jugend-KZ Uckermark. Erna Brehm starb am 19. August 1951 an den Folgen der KZ-Haft. Das Schicksal von Marian blieb unbekannt.

1 Erkläre mithilfe von M1 bis M3, warum die Swing-Jugend von den Nationalsozialisten verfolgt wurde.

2 Bewerte anhand von M4 und der Häftlingsporträts den Umgang der Nationalsozialisten mit Oppositionellen und „unerwünschten" Personen. Vergleiche mit deiner Situation in der heutigen Gesellschaft.

Propaganda und Politik gegen Juden

Diskriminierung, Ausgrenzung und Entrechtung

Wer die Äußerungen Hitlers und seiner Parteigenossen schon vor 1933 kannte, musste sich große Sorgen über den Umgang der Nationalsozialisten mit der jüdischen Bevölkerung nach der Machtübernahme machen. Konnten die antisemitischen Äußerungen der Anhänger Hitlers in Aufmärschen und Versammlungen vor 1933 als Drohgebärden abgetan werden? Würden die neuen Machthaber ihren offen gezeigten Antisemitismus in staatliche Maßnahmen umsetzen? Zu Beginn des Regierungsantritts Hitlers bekannte sich von den etwa 66 Millionen Einwohnern eine halbe Million, das waren 0,76 Prozent der Gesamtbevölkerung, zum Judentum. Trotz der teilweise verdeckten, teilweise offen gezeigten Judenfeindschaft, die auch im übrigen Europa zu finden war, erwiesen sich die Jahre der Weimarer Republik unter dem Schutz der demokratisch-liberalen Verfassung als vergleichsweise sicher – abgesehen davon, dass jüdische Bürgerinnen und Bürger von antisemitischer Propaganda und Aktionen nationalistischer und völkischer Gruppen immer wieder herabgewürdigt wurden. Dass das antisemitische Parteiprogramm der NSDAP zur staatlichen Politik erhoben würde, konnten sich Anfang 1933 selbst jüdische Organisationen nicht vorstellen.

M2

Ausschreitungen gegen Juden

Frieda Friedmann beklagte sich in einem Brief vom 23. Februar 1933 beim Reichspräsidenten über Ausschreitungen gegen Juden. Hindenburg ließ mitteilen, dass er die Ausschreitungen missbillige und bedauere. Der Brief wurde Hitler zur Kenntnis gebracht. Dieser schrieb an den Rand: „Die Behauptungen dieser Dame sind ein Schwindel! Es ist selbstverständlich nicht eine Aufforderung zum Pogrom [sic!] erfolgt."

Aus dem Brief:

Ich war 1914 verlobt, mein Verlobter fiel 1914. Zwei meiner Brüder, Max und Julius Cohn, fielen im Jahre 1916 und 1918. Mein letzter Bruder Willy kam erblindet durch Verschüttung aus dem Felde zurück … Ich habe 1920 einen Kriegsbeschädigten geheiratet, mit dem ich aufgrund seiner Beschädigung sehr unglücklich lebe, sodass ich daran mein ganzes Leben lang trage. Alle haben das Eiserne Kreuz für Verdienst am Vaterland. Jetzt jedoch ist es in unserem Vaterlande so gekommen, dass auf der Straße öffentlich Broschüren gehandelt werden „Juden raus!", öffentliche Aufforderung zu Pogromen und Gewalttaten gegen die Juden. Wir sind Juden und haben unsere vollste Pflicht für das Vaterland erfüllt. Sollte Ew. Exzellenz da nicht Abhilfe schaffen können und dessen eingedenk sein, was auch die Juden dem Vaterland geleistet haben? Ist Judenhetze Tapferkeit oder Feigheit, wenn es im deutschen Staat bei 60 Millionen 1 Prozent Juden gibt?

Zit. nach Wolfgang Benz (Hg.), Die Juden in Deutschland 1933–1945, 4. Aufl., München (C. H. Beck) 1996, S. 18.

M1 **Öffentliche Diskriminierung eines Paares in Cuxhaven,** Foto, 1933

M3

Schulerfahrungen unter dem Hakenkreuz

Marta Appel, deren Kinder in den 1930er-Jahren in Dortmund die Schule besuchten, berichtete in ihren Memoiren:

3 A Fast jede Unterrichtsstunde wurde für die jüdischen Kinder zu einer Quälerei. Es gab eigentlich kein Thema mehr, bei dem der Lehrer nicht über die „Judenfrage“ gesprochen hätte … Zum Muttertag hatten die Schüler im Chor Lieder eingeübt … Am Tag vor dem Fest mussten meine Töchter zur Musiklehrerin kommen. „Ihr müsst am Schulfest teilnehmen, aber mitsingen dürft ihr natürlich nicht, da ihr nicht arisch seid.“ … „Wieso können wir nicht mitsingen? Wir wollen doch auch für unsere Mutter singen!“ … „Ich weiß, dass ihr auch eine Mutter habt, aber sie ist ja nur eine jüdische Mutter.“

Ruth Wertheim berichtete über ihre Schulzeit bis 1934:

3 B Ich hatte immer gute Freundinnen, nahm bis zuletzt an Wandertagen teil, obwohl ich mich erinnere, dass ich mich bei einem der letzten Ausflüge zur Ludwigsburg sehr schlecht fühlte, weil ich wusste, dass ich als Jüdin dort unerwünscht war … Rassenkunde wurde bei uns noch nicht so unterrichtet, dass es mir unangenehm war. Es war mehr biologisch aufgebaut. Auch im Deutschunterricht gab die Lehrerin uns immer auch ein allgemeines Thema, über das auch ich schreiben konnte. Mein Klassenlehrer war voller Verständnis … Meine Klasse war anständig bis zuletzt … Ich verließ die Schule ohne Druck, aber weil ich wusste, dass man mich doch nicht zum Abitur zulassen würde.

Zit. nach Wolfgang Benz (Hg.), Die Juden in Deutschland 1933–1945, 4. Aufl., München (C. H. Beck) 1996, S. 334 f.

M4

Unterrichtsszene, Foto, um 1937. Auf der Tafel steht: „Der Jude ist unser größter Feind! Hütet euch vor den Juden!“ Stärker als die berufstätige jüdische Bevölkerung traf die Diskriminierung die jüdischen Jugendlichen. Ihnen wurden bereits ab Frühjahr 1933 viele schulische und berufliche Ausbildungsmöglichkeiten genommen – vor allem den Schülerinnen und Schülern höherer Schulen.

M5

Die Nürnberger Gesetze (1935)

Im September 1935 wurde neben dem „Reichsbürgergesetz“, das die Juden zu Bürgern zweiter Klasse machte, das „Gesetz zum Schutz des deutschen Blutes und der deutschen Ehre“ erlassen:

Durchdrungen von der Erkenntnis, dass die Reinheit des deutschen Blutes die Voraussetzung für den Fortbestand des deutschen Volkes ist, und beseelt von dem unbeugsamen Willen, die deutsche Nation für alle Zukunft zu sichern, hat der Reichstag einstimmig das folgende Gesetz beschlossen, das hiermit verkündet wird.

§ 1 Eheschließungen zwischen Juden und Staatsangehörigen deutschen und artverwandten Blutes sind verboten. Trotzdem geschlossene Ehen sind nichtig, auch wenn sie zur Umgehung dieses Gesetzes im Ausland geschlossen sind …

§ 2 Außerehelicher Geschlechtsverkehr zwischen Juden und Staatsangehörigen deutschen oder artverwandten Blutes ist verboten.

§ 3 Juden dürfen weibliche Staatsangehörige deutschen oder artverwandten Blutes unter 45 Jahren nicht in ihrem Haushalt beschäftigen …

§ 5 1. Wer dem Verbot des § 1 zuwiderhandelt, wird mit Zuchthaus bestraft.

2. Der Mann, der dem Verbot des § 2 zuwiderhandelt, wird mit Gefängnis oder Zuchthaus bestraft.

Zit. nach Der Nationalsozialismus, Bd. 2, Friedenspropaganda und Kriegsvorbereitung, hg. von der Bayerischen Landeszentrale für politische Bildungsarbeit, München, 1993, S. 165.

1 Zeige an M1 und M2 die Situation der jüdischen Bevölkerung und stelle einen Zusammenhang mit den Grund- und Menschenrechten her.

2 a) Erläutere anhand von M4 die außerschulische Situation in der Klasse. Ziehe M3 heran.
b) Erörtere, inwiefern sich in M4 die außerschulische NS-Gesellschaft widerspiegelt.

3 Zeige auf, inwieweit sich in den „Nürnberger Gesetzen“ (M5) Rassenideologie und der Unterdrückungsstaat ergänzten.

Der Novemberpogrom 1938

Staatliche Inszenierung des „Volkszorns"

Am 7. November schoss der 17-jährige Jude Herschel Grynszpan, dessen Eltern während der „Polenaktion" 1938 aus Deutschland ausgewiesen wurden, auf einen Angehörigen der deutschen Botschaft in Paris und verletzte ihn lebensgefährlich. Nach diesem Attentat eines Einzelnen sahen die Nationalsozialisten eine Gelegenheit, einen antijüdischen Pogrom im ganzen Reich zu inszenieren. Am Abend des 9. November war die NS-Führung wegen der Gedenkfeier zum Hitlerputsch von 1923 in München versammelt. Als die Nachricht vom Tod des Botschaftsangehörigen in München eintraf, gaben nach kurzen Beratungen die Parteispitzen an ihre Unterführer im ganzen Land die Weisung, jetzt gegen die Juden loszuschlagen. Dabei sollten die Mitglieder der Kampfverbände SA und SS nicht in ihren Uniformen auftreten, denn es sollte der Eindruck erweckt werden, es handle sich um den Ausbruch eines Volkszorns. In der Nacht vom 9./10. November wurden unzählige jüdische Geschäfts- und Wohnhäuser geplündert oder zerstört, zahlreiche Synagogen gingen in Flammen auf. Etwa 100 jüdische Bürger wurden ermordet und über 26 000 männliche Juden in Konzentrationslager verschleppt. Die angerichteten Schäden mussten die Juden selber bezahlen und dazu eine „Sühneleistung" von einer Milliarde Reichsmark.

Nach dem Pogrom ordneten die Nationalsozialisten unter anderem an, kulturelle Veranstaltungen für Juden zu verbieten, sie aus dem Wirtschaftsleben auszuschließen, ihre Bewegungs- und Wohnfreiheit einzuschränken und ihnen ihr Vermögen wegzunehmen.

M1

Die brennende Synagoge in Essen am Morgen des 10. November, Foto, 1938

M2

Erinnerungen der Betroffenen

Eine amerikanische Historikerin, selbst Tochter jüdischer Emigranten, schrieb 2001 über ihre Auswertung von Erinnerungen an die Pogromnacht:

Ein eindringliches Bild, das häufig in den Memoiren von Frauen vorkommt, ist das Bild fliegender Federn – Federn, die das Innere der Wohnungen, Flure, Vorgärten und Innenhöfe bedeckten … Man nahm den Juden ihre Betten und damit das körperliche und psychische Wohlbefinden, für das diese standen. Zerbrochenes Glas im Freien und verstreute Federn im Privaten zeigten überdeutlich, dass Juden in Deutschland nicht mehr sicher waren … Dies war wohl das erste, prägende Erlebnis, das der Novemberpogrom für Frauen mit sich brachte. Männer wurden verprügelt, misshandelt und verhaftet. Zwar wurden auch einige Frauen öffentlich gedemütigt, blutig geschlagen, verprügelt und ermordet, doch die meisten wurden gezwungen dabeizustehen und zuzusehen, wie ihre Wohnungen verwüstet und ihre Männer misshandelt wurden.

Marion Kaplan, Der Mut zum Überleben, Berlin (Aufbau) 2001, S. 182.

M3

Auswanderung oder Flucht?

Die Historikerin Juliane Wetzel schrieb 1996:

Die antisemitische Politik des NS-Staates wandte sich zuallererst gegen die jüdische Intelligenz. Bücherverbrennung, Schreib- und Lehrverbot führten schon bald nach der Ernennung Hitlers zum Reichskanzler zu einem Exodus aus Deutschland, dem sich … bedeutende Wissenschaftler … anschlossen … „Es war nie Auswanderung, immer nur Flucht." So beurteilte die jüdische Schriftstellerin Adrienne Thomas … die Reaktion der deutschen Juden auf die NS-Verfolgung. Die jüdischen Emigranten aus Deutschland können nicht mit den freiwilligen Auswanderern früherer Zeiten verglichen werden … Die Regierung eines Landes, das sie als Heimat betrachtet und geliebt haben, schob sie mit Schimpf und Schande ab … Die besondere Tragik für die deutschen Juden lag darin, dass die nationalsozialistische Machtübernahme gerade in eine Zeit fiel, in der die Auswanderungsmöglichkeiten wegen der Weltwirtschaftskrise so gering waren wie niemals zuvor.

Juliane Wetzel, Auswanderung aus Deutschland. In: Wolfgang Benz (Hg.), Die Juden in Deutschland 1933–1945, 4. Aufl., München (C. H. Beck) 1996, S. 413 ff.

Begriffe und Daten

Judenfeindliche Maßnahmen (Auswahl)

1933

1. April Aufruf zum Boykott jüdischer Geschäfte.

7. April Gesetz zur „Wiederherstellung des Berufsbeamtentums" (Entlassung jüdischer Beamter).

22. September Reichskulturkammergesetz: Berufsverbot für jüdische Schriftsteller und Künstler.

4. Oktober Schriftleitergesetz: Ausschaltung jüdischer Redakteure und Schriftleiter.

1935

Ab Sommer An Ortseingängen, Geschäften und Restaurants häufen sich Schilder mit der Aufschrift „Juden unerwünscht!".

15. September „Nürnberger Gesetze"

14. November Verordnung zum „Reichsbürgergesetz": Aberkennung des Wahlrechts und der öffentlichen Ämter für Juden; Entlassung aller jüdischen Beamten (einschl. ehemaliger Frontkämpfer).

1938

17. August Einführung der Zwangsvornamen „Israel" und „Sara" für jüdische Bürger.

9./10. November Pogromnacht

15. November Jüdische Kinder und Jugendliche dürfen keine öffentlichen Schulen mehr besuchen.

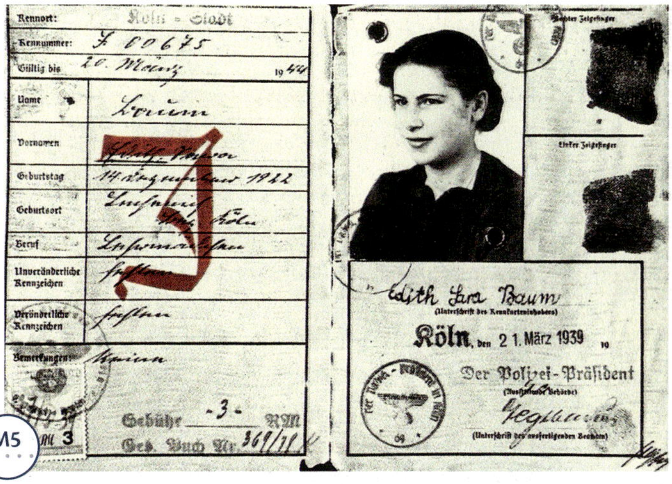

M5

Ausweis einer jüdischen Bürgerin, 1938. Seit Oktober 1938 wurden die Pässe deutscher Juden mit einem roten Stempelaufdruck „J" für „Jude" versehen.

Begriffe und Daten

Antisemitismus

Antijüdische Bewegung seit der zweiten Hälfte des 19. Jahrhunderts. Der Antisemitismus knüpfte an die religiös begründete antike und mittelalterliche Judenfeindschaft an, bekam aber durch die völkisch-rassische Komponente eine neue „Qualität". Nach diesem rassisch begründeten Antisemitismus, der Bestandteil der NS-Ideologie war, galten die Juden als „minderwertig".

M4

Ein Wendepunkt der Geschichte?

Der Historiker Wolfgang Benz schrieb 1988:

Der Novemberpogrom, als „Reichskristallnacht" im Umgangston verniedlicht, bedeutete den Rückfall in die Barbarei; in einer Nacht wurden die Errungenschaften der Aufklärung, der Emanzipation, der Gedanke des Rechtsstaats und die Idee von der Freiheit des Individuums zuschanden. Seit dem 15. Jahrhundert hatte es in Mitteleuropa solche Judenverfolgung nicht mehr gegeben, aber nicht nur dies, denn die mittelalterlichen Pogrome fanden statt als unkontrollierte Aggressionen zusammengelaufener Volkshaufen, in denen sich soziale und wirtschaftliche Spannungen auf dem Hintergrund religiös motivierter Judenfeindschaft entluden. Regelrecht programmiert und in Szene gesetzt von staatlichen Instanzen war vor dem 9. November 1938 kein einziger solcher antisemitischer Aufruhr gewesen.

Wolfgang Benz (Hg.), Die Juden in Deutschland 1933 bis 1945, 4. Aufl., München (C. H. Beck) 1996, S. 499.

1 Beschreibe mithilfe von M1, M2 und des Darstellungstextes den Pogrom vom 9./10. November 1938 und dessen Folgen.

2 Erläutere anhand der Abfolge judenfeindlicher Maßnahmen (Darstellungstext, M5, Kasten) die persönlichen, gesellschaftlichen, wirtschaftlichen und politischen Folgen für die Betroffenen.

3 a) Begründe, warum der NS-Staat sich zuerst vor allem gegen die „jüdische Intelligenz" wandte.
b) Untersuche, worin deutsche Juden die Tragik ihrer Situation sahen (M3).

4 Nimm unter Rückgriff auf M4 Stellung zu der These, der Pogrom sei ein Wendepunkt in der Judenverfolgung gewesen.

Eugenik und „Euthanasie“

Behinderte werden ermordet

Bereits Jahrzehnte vor der Zeit des Nationalsozialismus hatten sich Wissenschaftler in vielen Ländern mit der Frage beschäftigt, wie sich die industrielle Gesellschaft fortentwickeln würde. Ihre Aufmerksamkeit richteten sie besonders auf die „Volksgesundheit“ und auf die Vererbungs- und Rassenlehre (Eugenik). Die Erkenntnisse der Eugeniker benutzten die Nationalsozialisten für ihre bevölkerungspolitischen Maßnahmen, die mit Wissenschaft nichts mehr zu tun hatten: die Tötung von „lebensunwertem“ Leben („Euthanasie“). Wie begründeten die Täter ihr Handeln? Zu welchen Konsequenzen führte das Euthanasie-Programm?

Begriffe und Daten

Eugenik

(griech.: Lehre von der guten Erbveranlagung) Die Bezeichnung wurde Ende des 19. Jahrhunderts bedeutungsgleich mit dem Begriff „Rassenhygiene“ verwendet. Ziel war es, die Fortpflanzung „Erbgesunder“ zu fördern (positive E.), die Fortpflanzung „Erbkranker“ einzudämmen (negative E.).

Euthanasie

(griech.: leichter, schöner Tod; Sterbehilfe) Bei den Nationalsozialisten in neuer Verwendung: bewusste Herbeiführung des Todes; Vernichtung „lebensunwerten“ Lebens. Etwa 60 000 bis 80 000 Menschen wurden ermordet, bevor die Tötung 1941 nach Kirchenprotesten gestoppt wurde. Fortgesetzt wurden Einzeltötungen, Kindereuthanasie und Ermordung kranker KZ-Häftlinge bis zum Kriegsende.

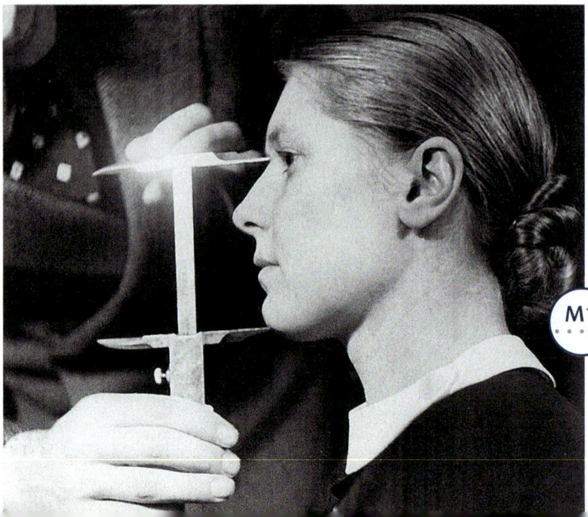

M1 **Rassenideologische Vermessung,**
Foto, 1940

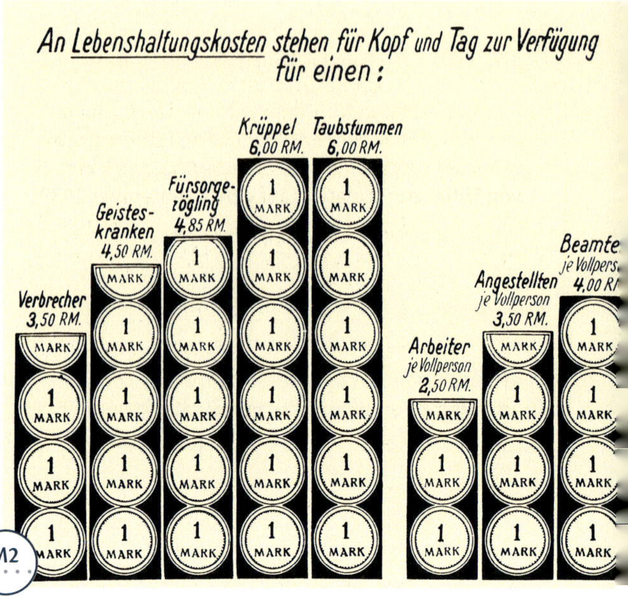

M2 **NS-Tabelle zu den Lebenshaltungskosten,** um 1938, verwendet im Rahmen einer Kampagne gegen „lebensunwertes Leben“

M3

Vorstellungen zur Eugenik

Alfred Ploetz (1860–1940), Vertreter der „Rassenhygiene“ in Deutschland, schrieb 1895:

Nach Beendigung der Erziehung … wird eine Prüfung der einzelnen Jünglinge und Mädchen vorgenommen, die sich besonders auf die intellectuellen und moralischen Qualitäten bezieht … Die Censuren dieser Prüfung lauten nicht bloß gut, genügend, ungenügend etc., sondern auch: darf keine, eins, zwei, drei oder mehr Kinder zeugen in der Ehe, die eventuell eingegangen wird … Stellt es sich … heraus, dass das Neugeborene ein schwächliches oder missgestaltetes Kind ist, so wird ihm von dem Ärzte-Collegium, das über den Bürgerbrief der Gesellschaft entscheidet, ein sanfter Tod bereitet, sagen wir durch eine kleine Dosis Morphium … „[H]umane Gefühlsduseleien“, wie Pflege der Kranken, der Blinden, Taubstummen, überhaupt aller Schwachen, hindern oder verzögern nur die Wirksamkeit der natürlichen Zuchtwahl.

Zit. nach Jürgen Reyer, Alte Eugenik und Wohlfahrtspflege, Freiburg i. B. (Lambertus) 1991, S. 52 f.

M4

Täter

Hitler beauftragte Reichsleiter Philipp Bouhler und den Arzt Dr. Brandt mit der Leitung des „Euthanasie"-Programms. Der Erlass wurde auf einem privaten Briefbogen Hitlers Oktober 1939 geschrieben, von Hitler zurückdatiert auf den 1. September 1939:

Reichsleiter Bouhler und Dr. med. Brandt sind unter Verantwortung beauftragt, die Befugnisse namentlich zu bestimmender Ärzte so zu erweitern, dass nach menschlichem Ermessen unheilbar Kranken bei kritischster Beurteilung ihres Krankheitszustandes der Gnadentod gewährt werden kann.

Zit. nach Wolfgang Michalka (Hg.), Das Dritte Reich, Bd. 2, München (dtv) 1985, S. 232.

M5

Protest

Aus dem Schreiben des Bischofs von Limburg, Dr. Hilfrich, an den Reichsminister der Justiz vom 13. August 1941:

Etwa 8 km von Limburg entfernt ist in dem Städtchen Hadamar ... eine Anstalt, in der nach allgemeiner Überzeugung oben genannte Euthanasie seit Monaten ... planmäßig vollzogen wird ... Öfter in der Woche kommen Autobusse mit einer größeren Anzahl Opfer ... an ... Nach der Ankunft solcher Wagen beobachten dann die Hadamarer Bürger den aus dem Schlot aufsteigenden Rauch ... Alle gottesfürchtigen Wesen empfinden diese Vernichtung hilfloser Wesen als himmelschreiendes Unrecht ... Es ist in der Bevölkerung unfasslich, dass planmäßige Handlungen vollzogen werden, die nach § 211 StGB mit dem Tode zu bestrafen sind!

Zit. nach Wolfgang Michalka (Hg.), Das Dritte Reich, Bd. 2, München (dtv) 1985, S. 236 f.

M6

Opfer

Aus dem Brief eines Körperbehinderten aus der Anstalt Stetten/Waiblingen (1940):

In diesem jammervollen Gefühl völliger Wehrlosigkeit klagte immer wieder R. W., der mit seinen lahmen Beinen im Selbstfahrerstuhl saß: „Wohin soll ich fliehen und wer will mich verstecken, wer kann für mich Einsprache einlegen? Bei mir sieht man ja schon von weitem, dass ich ein unnützer Brotesser bin und zu nichts tauge ..."

Zit. nach L. Schlaich, Lebenswert? Kirche und Innere Mission Württembergs im Kampfe gegen die „Vernichtung lebensunwerten Lebens", Stuttgart, 1947, S. 76.

M7

Angehörige

Brief eines Vaters an die Anstaltsleitung in Haar-Eglfing (1940), sprachlich unverändert:

Wir möchten Sie bitten, uns zu berichten, warum unser Sohn Alois R. so schnell gestorben [ist] ... und was fehlte ihm? Sie schreiben uns, dass er Nierenentzündung und Harnvergiftung hatte und warum ist er verbrannt worden und wie war er zuletzt ... Ich lege Ihnen eine Briefmarke bei und sind Sie so gut und berichten uns das.

Gerhard Schmidt, Selektion in der Heilanstalt 1933 bis 1945, Stuttgart, 1965, S. 89.

M8

Schatten der Vergangenheit?

Der Journalist Klaus Franke schrieb 2001:

Warum regte sich im ärztlichen Kollegenkreis kein Widerstand gegen das „Euthanasie"-Programm? Kein einziger deutscher Psychiater protestierte; kaum einer zögerte, die ihm anvertrauten Patienten ... zu selektieren und an die Tötungsanstalten auszuliefern ... Wo immer derzeit zwischen Rhein und Oder über Euthanasie und Sterbehilfe debattiert wird, tauchen unweigerlich die Schatten des Dr. Brandt und seiner ... Gehilfen auf ... 23 Angeklagte, darunter 20 Mediziner, standen 1946 im Nürnberger Ärzteprozess vor Gericht. Sieben von ihnen, darunter ... Karl Brandt, wurden gehängt, neun erhielten langjährige Freiheitsstrafen, sieben wurden freigesprochen ... Nur ein Industriestaat mit seiner komplexen Infrastruktur konnte ... den reibungslosen Lauf der Mordmaschinerie gewährleisten, eine Erkenntnis, die kaum hilft, die Furcht vor einer Wiederholung des Horrors zu dämpfen – zumal die moderne Gentechnik, wie ihre Kritiker warnen, eine Rückkehr eugenischer Zuchtphantasien fördere.

Klaus Franke, Reine Rasse. In: Spiegel special, Nr. 1, 2001, S. 133 ff.

1 a) Erarbeite an M1 bis M4 Motive, Ziele und Methoden der Eugenik und NS-Euthanasie.
b) Untersuche die Auswirkungen der NS-Euthanasie auf Opfer, Angehörige und Öffentlichkeit (M5 bis M7).

2 Diskutiert anhand von M8 Bezüge zwischen Eugenik/Euthanasie in der NS-Zeit und gegenwärtigen Diskussionen, z. B. über Gentechnik oder Sterbehilfe.

Die Sprache der Verschleierung und Aggression

Die „Gleichschaltung" der Sprache

Die Nationalsozialisten beabsichtigten, mit einer speziellen Sprache die Akzeptanz der eigenen Politik in der Bevölkerung zu erhöhen. Das Reichsministerium für Volksaufklärung und Propaganda überwachte mit seinen etwa 14 000 (1934) Beschäftigten Presse, Rundfunk, Film, Theater sowie Volkserziehung und gab verbindliche Sprachregelungen heraus. Welche Wirkungen und Ergebnisse die „Gleichschaltung" der Sprache erzielte, ist wissenschaftlich nicht zu ermitteln. Das „Vokabular des Nationalsozialismus" lässt sich vor allem an Quellen wie den Lageberichten der SS, vertraulichen Berichten der Geheimen Staatspolizei (Gestapo) und Presseanweisungen des Reichspropagandaministeriums untersuchen. Als Methode eignen sich Vergleiche, z. B. von Texten, Wörterbüchern und Lexika.

M2

Der Begriff „Sonderbehandlung"

Die Sprachforscherin Cornelia Schmitz-Berning untersuchte die Bedeutung dieses Begriffs (2000):

Der Begriff erscheint zuerst am 20. 9. 1939 in einem Runderlass des Chefs der Sicherheitspolizei und des Sicherheitsdienstes, Heydrich. Er forderte eine „Sonderbehandlung" für Personen, die während des Krieges die innere Sicherheit gefährdeten. Das Wort setzte sich im Sprachgebrauch der SS bald als Synonym für Einzelexekution und Massentötung durch. Die verschiedenen Dienststellen berichteten von „Sonderbehandlungen" von Juden, Partisanen, sowjetischen Kriegsgefangenen, polnischen Zwangsarbeitern u. a. Außerhalb der mit der „Sonderbehandlung" befassten Dienststellen scheint jedoch weiterhin die ursprüngliche (positive) Bedeutung von „besondere, bevorzugte Behandlung einer Person" üblich gewesen zu sein.

Cornelia Schmitz-Berning, Vokabular des Nationalsozialismus, Nachdruck der Ausg. 1998, Berlin/New York (de Gruyter) 2000, S. 584 ff. Bearb. und gekürzt.

M1

Wandel oder Manipulation der Sprache?

Von den Nationalsozialisten verwendete Begriffe (1936) und ihre Bedeutung nach Ausgaben von Meyers Konversationslexikon 1924:

Abstammungsnachweis
1924 → Viehzucht
1936 genealogischer Nachweis deutscher oder artverwandter Abstammung
Blutvergiftung
1924 Toxämie; Blutvergiftung
1936 Verfallserscheinung in Völkern und Rassen
rücksichtslos
1924 rücksichtslos, ohne Rücksicht
1936 zielstrebig, energisch …
Hass
1924 Hass
1936 „Der heldische Hass der nordischen Rasse" steht im stärksten Gegensatz zum „feigen Hass des Judentums" …

Zit. nach Martin Greiffenhagen (Hg.), Kampf um Wörter?, Bonn (Bundeszentrale für politische Bildung) 1980, S. 67 ff.

1 Analysiere M2 unter der Fragestellung, wie und mit welcher Absicht die Bedeutung des Begriffs „Sonderbehandlung" verändert wurde. Ziehe die Methode „Textquellen analysieren" (siehe S. 114 f.) heran.
2 Untersuche Quellentexte aus diesem Kapitel, indem du nach „Gleichschaltung" von Sprache fragst.
3 Victor Klemperer sprach von den Worten der Nationalsozialisten als „winzigen Arsendosen". Erläutere die Aussage.

Leben in der nationalsozialistischen Diktatur

M1 **Deutscher Ortseingang,** Foto, 1935

Überprüfe, was du kannst

Sachkompetenz

1 Erkläre die Begriffe Volksgemeinschaft (S. 247), Hitler-Jugend (S. 252), Novemberpogrom (S. 258), Antisemitismus (S. 259), KdF (S. 250 f.), Eugenik (S. 260) und Euthanasie (S. 260).

Urteilskompetenz

2 a) Zeige den Zusammenhang zwischen NS-Ideologie und politischem Handeln des NS-Regimes bei den antijüdischen Maßnahmen.
b) Beurteile die Folgen für die jüdischen Deutschen.

3 Begründe, warum die Euthanasiepolitik gegen Bürger- und Menschenrechte verstieß (S. 260).

Handlungskompetenz

4 Recherche:
a) Recherchiert – ausgehend von M1 –, ob an eurem Wohnort oder Schulort ähnliche Maßnahmen bzw. Aktionen ergriffen wurden. Fragt zunächst im Museum bzw. Archiv nach, ggf. auch nach Zeitzeugen.
b) Diskutiert gemeinsam, warum solche Aktionen in den Orten möglich waren.

- 1933 bis 1945 Nationalsozialistische Diktatur
- seit 1933 „Kraft durch Freude“ Judenfeindliche Maßnahmen
- 1935 Nürnberger Gesetze
- 1936 Verbot aller Jugendorganisationen außer NS-Organisationen
- 1938 Novemberpogrom
- 1940 Einrichtung von Jugend-Konzentrationslagern

1933 1935 1937 1939 1941

Vernichtungskrieg und Völkermord

Wissen • Urteilen • Handeln • Methoden anwenden

Am Ende dieses Unterkapitels kannst du

- Merkmale der NS-Wirtschaftspolitik nennen
- eine geschichtswissenschaftliche Kontroverse nachvollziehen
- Grundzüge der NS-Außenpolitik darlegen und beurteilen
- Ursachen, Verlauf und Ergebnis des Zweiten Weltkriegs darstellen
- Methoden der deutschen Besatzungs- und Vernichtungspolitik und ihre Folgen bewerten
- die Verfolgung und Vernichtung der Juden sowie anderer Minderheiten in Europa beschreiben und beurteilen
- die Bedeutung des Widerstands gegen den Nationalsozialismus begründen und bewerten
- Verlauf und Folgen von Flucht, Vertreibung und Umsiedlung in Mitteleuropa erläutern
- **Methode** Im Archiv recherchieren

Das weiteste Vordringen Deutschlands und seiner Verbündeten 1942

Zweiter Weltkrieg

1939 bis 1945

Nationalsozialistische Wirtschaftspolitik

Selbstversorgung und militärische Aufrüstung

Der nationalsozialistische Staat regierte in die wirtschaftliche Initiative und Freizügigkeit der Unternehmen hinein, tastete aber die unternehmerischen Besitzverhältnisse und die Gewinnanreize der Wirtschaftsunternehmen nicht an. Staatliche Eingriffe erfolgten nach der „Machtergreifung" 1933 in der Devisenbewirtschaftung und in den Außenhandelsbeziehungen. 1936 wurde ein Vierjahresplan verkündet, der die Wirtschaft auf eine schnelle militärische Aufrüstung und möglichst umfassende Selbstversorgung (Autarkie*) ausrichten sollte. Umstritten ist jedoch, ob die Bewirtschaftung der Rohstoffe, die Lenkung des Arbeitskräfteeinsatzes und die staatlichen Eingriffe die Marktwirtschaft beseitigten. Als unbestritten gilt dagegen eine fast zentrale Steuerung der Kriegswirtschaft ab 1942.

M2 Wahlplakat der NSDAP zur Reichstagswahl 1936

M1 Industrielle Produktion in Deutschland 1932 bis 1939

Jahr	Gesamtindex[1]	Produktionsgüter[2]	Investitionsgüter[3]	Konsumgüter
1932	59	46	35	78
1933	66	54	45	63
1934	83	77	75	85
1935	96	99	102	91
1936	107	113	117	98
1937	117	126	128	103
1938	125	136	140	107
Juni 1939	133	147	152	113

[1] Maßzahl, zur Darstellung der Veränderung einer statistischen Größe in einem bestimmten Zeitraum
[2] Rohstoffe, Maschinen, Werkzeuge usw.
[3] nur Maschinen und Werkzeuge

M3 Rüstungsausgaben und Volkseinkommen in Deutschland 1932 bis 1938
(in Mrd. Reichsmark)

Haushaltsjahr	Rüstungsausgaben	Volkseinkommen	Rüstungsausgaben in % des Volkseinkommens
1932	0,6	42,5	1,3
1933	0,7	46,5	1,5
1934	4,1	52,8	7,8
1935	5,5	59,1	9,3
1936	10,3	65,8	15,7
1937	11,0	73,8	15,0
1938	17,2[1]	82,1	21,0

[1] Die Steigerung der Rüstungsausgaben 1938 ist auch darauf zurückzuführen, dass Aufträge der Vorjahre erst 1938 erfüllt wurden, weil die Produktionskapazität der Rüstungsindustrie in den Anfangsjahren der NS-Herrschaft begrenzt war.

1 Erarbeite anhand des Darstellungstextes und M1 bis M3 Merkmale der NS-Wirtschaftspolitik.

2 Suche im Kapitel nach Zusammenhängen zwischen NS-Wirtschaftspolitik, NS-Ideologie und praktischer Politik (z. B. Motive für Judenverfolgung, Aufrüstung).

War die NS-Diktatur ein „Sozialstaat"?

Eine wissenschaftliche Kontroverse

In historischen Untersuchungen wurde bisher die Frage, warum die NS-Diktatur sich bis zum Zusammenbruch durch die Kriegsniederlage so stabil halten konnte, vor allem mit dem Unterdrückungsapparat des Staates bzw. der Anziehungskraft Hitlers („Führermythos") erklärt. Eine Forschungsarbeit von Götz Aly löste 2005 eine Debatte über das NS-Regime als „Sozialstaat" aus. Welche Bedeutung hatten Sozialleistungen für die Bindung der Deutschen an den NS-Staat?

M1

„Von Hitlers Raubzügen haben alle Deutschen profitiert"

Aus einem Interview des Mitteldeutschen Rundfunks mit dem Historiker und Journalisten Götz Aly vom 24. März 2006:

Frage: Im Zusammenhang mit der NS-Diktatur sprechen Sie von „Hitlers Volksstaat" – eine neue, ungewöhnliche Sicht ... Wie und warum hat dieser „Volksstaat" funktioniert?

Aly: Hitlers Diktatur, ich nenne das „Hitlers Volksstaat", hat deswegen so gut funktioniert, weil er von den allermeisten Deutschen nicht als Diktatur empfunden wurde. Und das nicht etwa, weil dieser Staat etwa demokratisch geworden wäre, ganz im Gegenteil. Aber 95 Prozent der Deutschen, die durchschnittlich verdienenden „Volksgenossen", wurden von diesem System begünstigt.

Frage: Worin bestanden diese Begünstigungen ...?

Aly: Ich spreche vom nationalen Sozialismus, um das klarzustellen. Nehmen Sie die Reichsfinanzreform von 1934. Da finden Sie die Einführung des Kindergeldes, des Ehegattensplittings, der Kilometerpauschale. Da finden Sie die Steuerklassen, die die Familien begünstigen und die Alleinstehenden benachteiligen ... Dann gibt es noch etwas, was das Regime im hohen Maße stabilisiert hat ... nämlich die Steuerlastenverteilung im Inneren. Erhöht hatte sich bis 1939 in Deutschland nur die Unternehmenssteuer. Und das führte zur Akzeptanz. Die Leute sahen: Hier wirkt ein Regime sozial gerecht, sozial ausgleichend ...

Frage: Wodurch wurden ... [die sozialen Wohltaten] finanziert?

Aly: Erst einmal durch völlig verantwortungsloses Schuldenmachen und dann durch ständige Expansion, durch die Ausplünderung ganz Europas und die Ausbeutung so genannter minderwertiger Völker und Rassen ... Die verbrecherische Dynamik des Nationalsozialismus erklärt sich gerade aus den sozialen Gefälligkeiten, die nach innen gerichtet worden sind. Die Zwangsarbeiter haben in den Jahren 1942 bis 44 die Hälfte der deutschen Sozialversicherungsbeiträge bezahlt, ohne jemals selber Leistungen zu empfangen. 1941 sind zum ersten Mal in der deutschen Geschichte alle Rentner krankenversichert worden. Zugleich wurde die Rente um 15 Prozent erhöht. Das sind Neuerungen, die nicht schlecht oder falsch sind, aber wir müssen uns klarmachen, wie es dazu kam ...

Und nicht zuletzt haben natürlich die Juden den Preis dafür bezahlt. Durch die „Arisierung", die Enteignung jüdischen Vermögens, haben auch sie den deutschen Sozialstaat finanziert ... Der wesentliche Teil des Vermögens der Juden landete in der Staatskasse. Und das hat dort bewirkt, dass man zum Beispiel den Deutschen im 2. Weltkrieg keine direkten Kriegssteuern auferlegen musste. Zu den Vermögen der enteigneten Juden kamen noch die Raubzüge in ganz Europa hinzu. Man hat die deutschen Soldaten regelrecht ermutigt, die anderen Länder zu plündern und leer zu kaufen. Täglich durften sie bis zu 20 Feldpostpäckchen nach Hause schicken. Und Görings so genannter „Schlepp-Erlass" von 1940 erlaubte deutschen Soldaten auf Heimaturlaub, bis zu einem Zentner Geschenke und Mitbringsel aus dem besetzten Europa nach Hause zu schleppen – geräucherte halbe Schweine, Wäsche, Kleidungsstücke ...

Frage: Sie haben für Ihr Buch viele neue Quellen ausgewertet. Zu welchen Erkenntnissen sind Sie gekommen?

Aly: Die wesentliche Erkenntnis meines Buches ist, dass die beispiellose, rücksichtslose Politik der Vernichtung, ihre Schubkraft dadurch erhält, dass man versucht, die recht gehobenen Grundbedürfnisse der deutschen Bevölkerung zu befriedigen. Abermillionen von Menschen werden ermordet, die Juden vergast, zwei Millionen sowjetische Kriegsgefangene lässt man binnen kurzer Zeit verhungern, um so die Deutschen dem Regime gegenüber bei Laune zu halten.

www.mdr.de/leipzig-liest/interview/1869183.html

M2

„Massenraubmord“ oder „radikalisierter Antisemitismus“?

Der Historiker Hans-Ulrich Wehler schrieb 2005:

Aly ... privilegiert materielle Interessen ... als dominante Antriebskräfte. Für die Erfassung der Bedingung des Holocaust ist dieser engstirnige Ansatz ganz unangemessen. Von seiner neuen Position aus kann Aly nicht erklären, warum zunächst einmal 14 Millionen Wähler die Hitler-Bewegung, wie sie sich seit 1928 offiziell nannte, ohne jede sozialpolitische Wohltat zur stärksten Partei im Reichstag machten, warum danach die erdrückende Mehrheit der Deutschen ihm als wahren Erlöser und Messias, auch als großen Integrator zugejubelt hat, erst recht nach den Siegen im Polen- und Frankreich-Krieg, als von Massenraub, massenhafter Bereicherung und Holocaust noch nicht die Rede war.

Es geht mithin um die freiwillige Loyalität, und um sie zu verstehen, muss man den Führermythos, die Sehnsucht nach dem „zweiten Bismarck“, die charismatische Herrschaft Hitlers mit ihrer weitreichenden Legitimationskraft bis hin zu Krieg und Holocaust in den Mittelpunkt rücken, wenn man jene erklärungskräftige Interpretation gewinnen will, die etwa der Hitler-Biograf Ian Kershaw geleistet hat ...

Das umstrittenste Thema von Alys Buch ist der jetzt als „Massenraubmord“ charakterisierte Holocaust, der zur Enteignung jüdischen Vermögens, aber auch von Sachgütern wie Möbeln, Pelzmänteln, Bildern, ja Zahngold führte ... Das entscheidende Motiv bleibt doch der radikalisierte Antisemitismus, der mithilfe der Staatsgewalt die „jüdischen Untermenschen“ als die vermeintlich tödliche Gefahr für die moderne Welt ausrotten wollte.

Hans-Ulrich Wehler, Engstirniger Materialismus. In: Der Spiegel Nr. 14 vom 4. April 2005.

M3

Das Wohlwollen der Massen erkaufen?

Der Historiker Hans Mommsen schrieb 2005:

Nachdrücklich betont Aly, dass die deutsche Bevölkerung privilegierter Nutznießer sowohl der Ausraubungspolitik im besetzten Europa als auch des Holocaust war. Der eindrucksvolle Überblick über die Verwertung jüdischen Hausrats und anderen Eigentums zugunsten der Volksgenossen belegt das ebenso wie eine Abschätzung der den Herkunftsländern aufgebürdeten Kosten der Zwangsarbeiter- und Kriegsgefangenenbeschäftigung. Nicht die Unternehmen und andere private Arbeitgeber, sondern die öffentliche Hand war hauptsächlicher Nutznießer der Zwangsarbeit ... Man wird sich daher von der Vorstellung trennen, dass die NS-Politik bloß auf die verhängnisvollen Einflüsse fanatisierter völkischer Minderheiten zurückgeht, und deren Zusammenwirken mit der konservativ eingestellten Funktionselite entscheidendes Gewicht beimessen. Für die Interpretation der Geschichte des Dritten Reiches setzt die Untersuchung von Götz Aly deutlich neue Akzente. Von der Weltkriegserfahrung wurde die Strategie abgeleitet, sich das Wohlwollen der Massen durch steuerliche und soziale Konzessionen zu erkaufen und die Kriegslasten zu größeren Teilen auf die unterworfenen Länder, auf Juden, Zwangsarbeiter und Kriegsgefangene abzuwälzen. Die vom NS-Regime entfesselte politische Dynamik ... unterband die Formierung von Gegenkräften ... Nicht so sehr langfristige ideologische Visionen als selbsterzeugte Zwänge führten zur Eskalation des Verbrechens, ohne bei der Funktionselite auf Widerstand zu stoßen.

Hans Mommsen, Die sozialpolitisch bestochenen Volksgenossen. In: Süddeutsche Zeitung vom 10. März 2005.

1. Notiere in Stichpunkten die Thesen Alys zu der Frage, welche Bedeutung der „Sozialstaat“ für die NS-Herrschaft hatte (M1).
2. Stelle anhand der Positionen Wehlers (M2) und Mommsens (M3) fest, worin das Neue bei Aly besteht.
3. Fasse deine Meinung zu dieser Kontroverse zusammen. Ziehe dieses Kapitel heran.
4. **Recherche:** Führt eine Internetrecherche zum aktuellen Stand der Kontroverse durch.

Begriffe und Daten

Kontroverse

Kontroversen (lat. contro-versus = entgegenstehend) sind ein wichtiger Teil der Geschichtsforschung (siehe S. 244). Gibt es zu einer Frage unterschiedliche Auffassungen, z. B. warum die deutsche Bevölkerung sich nicht stärker gegen die Hitlerherrschaft gewehrt hat, so wird diese weiter erörtert – bis sie beigelegt werden kann oder offen bleiben muss.

Nationalsozialistische Außenpolitik 1933 bis 1938

Ziele und Methoden

Hitlers Außenpolitik hatte im Wesentlichen drei Ziele: Sie sollte eine radikale Revision* des bei den Nationalsozialisten besonders verhassten Versailler Vertrages herbeiführen. Das zweite Ziel waren territoriale Eroberungen im Osten, vor allem auf Kosten Russlands, und die rücksichtslose „Germanisierung" der eroberten Gebiete. Sein drittes Ziel war die Weltmachtstellung eines „Großdeutschlands". Zur Durchsetzung dieser Ziele kalkulierte Hitler den Einsatz militärischer Mittel bewusst ein. Der Rüstungsstand der Reichswehr im Jahre 1933 stand jedoch einer schnellen Durchsetzung seiner Ziele entgegen. Eine Chance, die Aufrüstung nach außen zu rechtfertigen, bot ihm die 2. Internationale Abrüstungskonferenz vom 2. Februar bis 14. Oktober 1933 in Genf. Als Frankreich dort nicht bereit war, die grundsätzliche militärische Gleichberechtigung Deutschlands durch Abrüstung der Siegermächte des Ersten Weltkrieges mitzutragen, verließ Deutschland die Abrüstungskonferenz und den Völkerbund.

Der für die weltweite Öffentlichkeit überraschende Abschluss eines deutsch-polnischen Nichtangriffspaktes im Januar 1934 sollte nach außen den Friedenswillen Hitlers dokumentieren und zugleich die Spannungen mit dem Nachbarland entschärfen.

Das Ergebnis der nach dem Versailler Vertrag vorgesehenen Volksabstimmung vom Januar 1935 mit 91 Prozent Ja-Stimmen über die Rückkehr des Saargebiets in das Deutsche Reich wurde von der Hitler-Regierung als großer politischer Erfolg gefeiert. Er steigerte das Ansehen der Hitler-Regierung auch innenpolitisch.

Den öffentlichen Friedensbeteuerungen Hitlers standen jedoch interne Pläne und militärische Weisungen gegenüber. Im November 1937 kündigte er der Wehrmachtsspitze an, in absehbarer Zeit die Annexion Österreichs und eines großen Teils der Tschechoslowakei vorzunehmen. Seine Ziele setzte er im März 1938 mit dem „Anschluss" Österreichs durch. Mithilfe des Münchner Abkommens vom September 1938 gliederte Hitler das Sudetenland an Deutschland an.

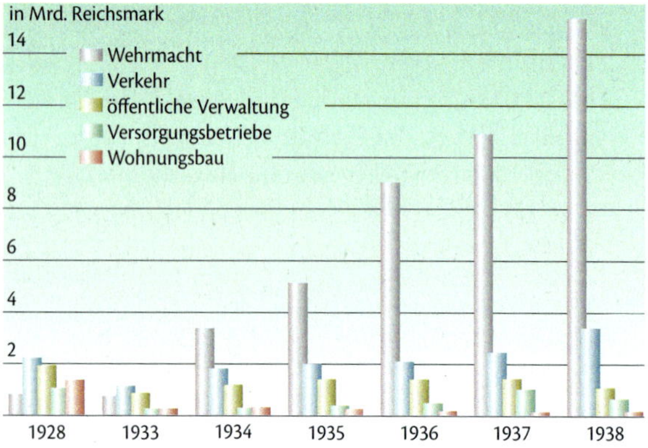

M1 **Die öffentlichen Ausgaben im Deutschen Reich 1928 bis 1938.** Dem Anfang 1934 veröffentlichten Reichshaushalt war zu entnehmen, dass die Rüstungsausgaben um rund 90 Prozent gesteigert werden sollten und auch Ausgaben für den verbotenen Aufbau einer Luftwaffe enthielten. Frankreich und Großbritannien kündigten angesichts der deutschen Aufrüstung eine Steigerung ihrer Rüstungsetats an. Die deutsche Regierung gab zwischen 1933 und 1938 mehr Geld für die Rüstung aus als Frankreich, Großbritannien und die USA zusammen. Nach 1934 veröffentlichte die Regierung Hitler keine Rüstungsausgaben mehr.

M2

Interne Weisung

Aus der ersten Ansprache Hitlers vor Generälen der Reichswehr nach seiner Ernennung zum Reichskanzler. Es handelt sich um handschriftliche Aufzeichnungen des Generalleutnants Liebmann vom 3. Februar 1933:

Ziel der Gesamtpolitik allein: Wiedergewinnung der pol. Macht. Hierauf muss gesamte Staatsführung eingestellt werden (alle Ressorts!).
1. Im Innern. Völlige Umkehrung der gegenwärt. innenpol. Zustände in D. Keine Duldung der Betätigung irgendeiner Gesinnung, die dem Ziel entgegensteht (Pazifismus!) …
2. Nach außen. Kampf gegen Versailles. Gleichberechtigung in Genf; aber zwecklos, wenn Volk nicht auf Wehrwillen eingestellt …
4. Aufbau der Wehrmacht wichtigste Voraussetzung für Erreichung des Ziels … Allg. Wehrpflicht muss wiederkommen … Wie soll pol. Macht, wenn sie gewonnen ist, gebraucht werden? … vielleicht … Eroberung neuen Lebensraumes im Osten u. dessen rücksichtslose Germanisierung.

Zit. nach Walther Hofer (Hg.), Der Nationalsozialismus, Frankfurt a. M. (Fischer) 1957, S. 180 f.

M3

Die Rede Hitlers am 17. Mai 1933 im Deutschen Reichstag, amerikanische Karikatur, 1933

M4

Öffentliche Rede

Aus der Regierungserklärung Hitlers vor dem Deutschen Reichstag am 23. März 1933:

Das deutsche Volk will mit der Welt in Frieden leben ... Die Begriffe von Siegernationen und von Besiegten können nicht als eine dauernde Basis freundschaftlicher Beziehungen der Völker untereinander gelten ... Die nationale Regierung ist bereit, jedem Volke die Hand zu einer aufrichtigen Verständigung zu reichen, das gewillt ist, die traurige Vergangenheit endlich einmal grundsätzlich abzuschließen ... Die Reichsregierung wird jede Bemühung unterstützen, die darauf gerichtet ist, einer allgemeinen Abrüstung wirksam zu dienen und den dabei schon längst fälligen Anspruch Deutschlands auf Gleichberechtigung sicherzustellen ... Wir sind ... der Überzeugung, dass ein solcher Ausgleich in unserem Verhältnis zu Frankreich möglich ist ... Gegenüber der Sowjetunion ist die Reichsregierung gewillt, freundschaftliche, für beide Teile nutzbringende Beziehungen zu pflegen.

Zit. nach Erhard Klöss (Hg.), Reden des Führers, München (dtv) 1967, S. 104 ff.

Begriffe und Daten

Deutsche Außenpolitik 1933 bis 1938

14. Oktober 1933: Deutschland tritt aus dem Völkerbund aus und verlässt die Abrüstungskonferenz.
26. Januar 1934: Nichtangriffspakt mit Polen.
13. Januar 1935: Volksabstimmung im Saargebiet: 91 Prozent für die Rückkehr nach Deutschland.
16. März 1935: Einführung der allgemeinen Wehrpflicht.
18. Juni 1935: Deutsch-britisches Flottenabkommen: Die deutsche Kriegsflotte darf eine Stärke bis zu 35 Prozent der britischen erreichen.
7. März 1936: Besetzung der entmilitarisierten Rheinlandzone durch deutsche Truppen.
25. Oktober 1936: Bündnis mit Italien: „Achse Berlin–Rom".
13. März 1938: „Anschluss" Österreichs an Deutschland, nachdem die Nationalsozialisten die innerösterreichischen Verhältnisse destabilisiert haben. Der Einmarsch deutscher Truppen trifft bei der Bevölkerung auf breite Zustimmung.

Münchner Abkommen

Der britische Premierminister Chamberlain und der französische Ministerpräsident Daladier stimmten bei einem Treffen in München am 29. September 1938 Hitler und Mussolini einer Abtretung der von Deutschen besiedelten Randgebiete der Tschechoslowakei (Sudetenland) an Deutschland zu. Ein tschechoslowakischer Vertreter war an diesem Abkommen nicht beteiligt. Großbritannien und Frankreich erhofften sich von diesem Zugeständnis, dass Deutschland nun keine weiteren Gebietsansprüche mehr erheben würde.

1 Vergleiche anhand von M1, M2 und M4 die internen Entscheidungen und Weisungen sowie die öffentlichen Äußerungen Hitlers.

2 Deute M3 mithilfe der Methode „Karikaturen entschlüsseln" (siehe S. 102 f.).

3 Erarbeite anhand der Materialien auf dieser Doppelseite einen Kurzvortrag: Hitlers Außenpolitik 1933 bis 1938.

Der Zweite Weltkrieg in Europa

Der Weg in den Weltkrieg

Am 15./16. März 1939 besetzten deutsche Truppen Teile der Tschechoslowakei, die als „Protektorat Böhmen und Mähren" ins Deutsche Reich eingegliedert wurden. Diese völkerrechtswidrige Annexion bewirkte in Großbritannien und Frankreich eine Wende in der Einschätzung der deutschen Politik. Bislang waren beide davon ausgegangen, dass Hitler nur den Versailler Vertrag ändern wollte. Nun setzte sich die Auffassung durch, Hitler wolle die Herrschaft über Europa.

Bis Anfang 1939 hatten die westeuropäischen Mächte, insbesondere England, eine Appeasementpolitik (engl. = Beschwichtigung) verfolgt, d. h. eine Politik des ständigen Nachgebens, um den Frieden aufrechtzuerhalten (wie z. B. 1938 im Münchner Abkommen über die Abtretung der sudetendeutschen Gebiete an Deutschland). Ende März 1939 änderte sich dies. Die westeuropäischen Mächte gaben eine Garantieerklärung für Polen ab und verfolgten jetzt eine Politik der Eindämmung. Polen konnte dadurch die Versuche Hitlers, das Land gefügig zu machen, vorläufig abwehren.

Hitler entschied sich bei seinen Alternativen „Ostpolitik mit Polen" oder „Ostpolitik nach völliger Unterwerfung Polens" für den zweiten Weg. Am 3. April 1939 wies er die Wehrmacht an, einen Feldzug gegen Polen bis zum 1. September vorzubereiten. Den deutsch-polnischen Nichtangriffsvertrag kündigte er am 28. April. Am 23. August schlossen das nationalsozialistische Deutschland und die kommunistische Sowjetunion völlig überraschend ein gegenseitiges Nichtangriffsabkommen – den so genannten Hitler-Stalin-Pakt. Die Sowjetunion sagte darin zu, wichtige Erze und Rohstoffe zu liefern, die Deutschland für die Kriegsführung benötigte. In einem geheimen Zusatzabkommen wurde u. a. eine künftige Aufteilung Polens zwischen Deutschland und der Sowjetunion geregelt.

Am 1. September griffen deutsche Truppen ohne Kriegserklärung Polen an. Mit dem Überfall auf Polen begann der Zweite Weltkrieg. Großbritannien und Frankreich hielten sich an die gegenüber Polen abgegebenen Garantien und erklärten Deutschland den Krieg, der rasch zu einem Weltkrieg wurde.

M1 **Deutsche Soldaten greifen eine polnische Ortschaft an,** Foto, September 1939

1 Kläre mithilfe des Darstellungstextes
a) die Politik Frankreichs und Großbritanniens gegenüber Deutschland und Polen,
b) die politische Taktik Hitlers bei der Kriegsvorbereitung,
c) die Gründe für das Scheitern der „Blitzkriegsstrategie".

2 Beschreibe anhand von M2 den Verlauf des Zweiten Weltkriegs.

3 Diskutiert in der Klasse die Frage der Kontinuität bzw. des Bruchs in der Außenpolitik Deutschlands vor und nach 1933. Lest auf S. 230 f. nach.

Vom „Blitzkrieg“ zum Vernichtungskrieg

Die militärische Strategie Hitlers, einen Staat zu überfallen und nach schnellen „Blitzkriegen“ zu besetzen, erschien bis Sommer 1941 durchaus erfolgreich: Weniger als fünf Wochen nach dem Einmarsch am 1. September 1939 war Polen besiegt und wurde entsprechend dem geheimen Zusatzabkommen zwischen Deutschland und der Sowjetunion aufgeteilt. Die Blitzkriegsstrategie gründete vor allem auf der Erkenntnis, dass die deutsche Rüstungswirtschaft einem länger andauernden Krieg nicht gewachsen sei. Trotz moderner Waffentechnik fehlten für eine massenhafte, umfassende Produktion die Rohstoffreserven und die Produktionskapazitäten. Um diese Nachteile auszugleichen, wurden in weiteren Feldzügen Dänemark und Norwegen besetzt (April 1940). So kontrollierte das Deutsche Reich die Nord- und Ostseeschifffahrt und gelangte an das schwedische Erz. Auch gegen Frankreich und auf dem Balkan führte die Blitzkriegsstrategie zum Erfolg. Dagegen schlug sie gegen England fehl, das durch den Luftkampf im Sommer und Herbst 1940 nicht wesentlich geschwächt werden konnte und von den USA zunehmend umfangreichere Rüstungslieferungen erhielt. Der von den USA wirksam unterstützte Widerstand Englands löste bei Hitler ein Umdenken aus. Am 21. Juli 1940 fasste er vor den Oberbefehlshabern der drei Wehrmachtsteile die baldige Zerschlagung der Sowjetunion ins Auge. Bereits am 31. Juli legte er fest, in einem für Mai 1941 geplanten „Blitzkrieg“ dieses Ziel zu erreichen. Am 22. Juni 1941 begann der Überfall auf die Sowjetunion. Der unter dem Decknamen „Unternehmen Barbarossa“ vorbereitete Feldzug wurde ein Vernichtungskrieg gegen die Armee und die Zivilbevölkerung.

Der Zweite Weltkrieg in Europa 1939 bis 1945 M2

Besatzungspolitik und Vernichtung

Kriegsverbrechen in den besetzten Gebieten

Der Krieg gegen die Sowjetunion galt in der Führung der Nationalsozialisten als Weltanschauungs- und Vernichtungskrieg. Die Aktionen während des Russlandfeldzuges werden in der Geschichtsforschung als Kriegsverbrechen beurteilt. Allgemein gehören dazu die Führung eines Angriffskrieges, Mord, Grausamkeiten gegen die Zivilbevölkerung, systematischer Terror, Misshandlung und Tötung von Gefangenen, Zwangsarbeit fremder Staatsangehöriger und Völkermord.

M1

Deutsche Besatzungspolitik im Osten

Aus dem Erlass Hitlers über „Die Ausübung der Kriegsgerichtsbarkeit im Gebiet ‚Barbarossa' und besondere Maßnahmen der Truppe" (13. Mai 1941):

1A Freischärler[1] sind durch die Truppe im Kampf oder auf der Flucht schonungslos zu erledigen … Auch alle anderen Angriffe feindlicher Zivilpersonen gegen die Wehrmacht … sind … auf der Stelle mit den äußersten Mitteln bis zur Vernichtung des Angreifers niederzukämpfen … Für Handlungen, die Angehörige der Wehrmacht … gegen feindliche Zivilpersonen begehen, besteht kein Verfolgungszwang, auch dann nicht, wenn die Tat zugleich ein militärisches Verbrechen oder Vergehen ist.

Aus den Richtlinien für die Behandlung „politischer Kommissare". Darunter fielen höherrangige Beamte der Roten Armee, die nicht als Soldaten anerkannt wurden (6. Juni 1941):

1B Im Kampf gegen den Bolschewismus ist mit einem Verhalten des Feindes nach den Grundsätzen der Menschlichkeit oder des Völkerrechts nicht zu rechnen … Die Truppe muss sich bewusst sein:
1. In diesem Kampfe ist Schonung und völkerrechtliche Rücksichtnahme diesen Elementen gegenüber falsch. Sie sind eine Gefahr für die eigene Sicherheit und die schnelle Befriedung der eroberten Gebiete.
2. Die Urheber barbarisch asiatischer Kampfmethoden sind die politischen Kommissare … Sie sind daher, wenn im Kampf oder Widerstand ergriffen, grundsätzlich sofort mit der Waffe zu erledigen.

M1A und M1B: Zit. nach Hamburger Institut für Sozialforschung (Hg.), Verbrechen der Wehrmacht. Dimensionen des Vernichtungskrieges 1941–1944, Hamburg (Hamburger Edition) 2002, S. 46 ff.

[1] Partisanen und Widerstandskämpfer

M2

Durchgeführte Hinrichtungen

(Aus dem Bericht der Einsatzgruppe[1] A [Baltikum] vom 15. Oktober 1941)

	Juden	Kommunisten	zusammen
Litauen	80311	860	81171
Lettland	30025	1843	31868
Estland	474	684	1158
Weißruthenien	7620	–	7620

[1] Einsatzgruppen waren Sonderkommandos der SS, die den kämpfenden deutschen Armeen folgten und die Aufgabe hatten, in den besetzten Ostgebieten die jüdische Bevölkerung, die kommunistische Führungsschicht der UdSSR, Partisanen sowie Sinti und Roma zu ermorden.

Zit. nach Wolfgang Michalka (Hg.), Das Dritte Reich, Bd. 2, München (dtv) 1985, S. 191.

M3

Aktionen der SS im besetzten Polen

Aus dem Bericht eines Wehrmachtbefehlshabers vom 23. November 1939 an den Befehlshaber des Ersatzheeres:

Die große Aufbauarbeit auf allen Gebieten wird nicht gefördert durch das Eingreifen von SS-Formationen, die mit „volkspolitischen Sonderaufträgen" eingesetzt … sind … Fast in allen größeren Orten fanden durch die erwähnten Organisationen öffentliche Erschießungen statt. Die Auswahl war dabei völlig verschieden und oft unverständlich, die Ausführung vielfach unwürdig … In mehreren Städten wurden Aktionen gegen Juden durchgeführt, die zu schwersten Übergriffen ausarteten. In Turck[1] fuhren am 30. 10. 39 drei SS-Kraftwagen unter Leitung eines höheren SS-Führers durch die Straßen, wobei die Leute auf der Straße mit … langen Peitschen wahllos über die Köpfe geschlagen wurden … Schließlich wurde eine Anzahl Juden in die Synagoge getrieben, musste dort singend durch die Bänke kriechen, wobei sie ständig von den SS-Leuten mit Peitschen geschlagen wurden.

gez. Petzel, General der Art.[2]

Günter Schönbrunn (Bearb.), Weltkriege und Revolutionen 1914–1945, München (bsv) 1961, S. 508 ff.

[1] polnische Stadt Turek
[2] Artillerie: mit Geschützen ausgerüstete Truppengattung

M5

Öffentliche Hinrichtung in Minsk, der heutigen Hauptstadt Weißrusslands, Foto, 26. Oktober 1941. An jenem Sonntag wurden zwölf Personen von Angehörigen der Wehrmacht öffentlich hingerichtet. Sie trugen Schilder mit der Aufschrift „Wir sind Partisanen und haben auf deutsche Soldaten geschossen". Das entsprach nicht der Wahrheit. Sie gehörten zu einer Widerstandsgruppe, die Rotarmisten unterstützte. Bisher ungeklärt ist die Identität der jungen Frau. Im Holocaust-Museum in Washington wird sie als jüdische Widerstandskämpferin Masha Bruskina verehrt; auf einem Denkmal in einem Dorf nahe Minsk wird an Alexandra Wasiljewna Linewitsch erinnert, die nach Aussagen von Verwandten die Hingerichtete sein soll.

M4

Weltanschauungs- und Beutekrieg

Der Historiker Ludolf Herbst schrieb 1996:

„Vernichtung" und „Ausrottung" wurden die Leitbegriffe für Hitlers Verständnis vom „Weltanschauungskrieg". Das sowjetische System und seine Träger sollten vernichtet und das Land mit Terror überzogen werden. Rücksicht auf die Zivilbevölkerung war nicht zu nehmen ... Die Wirtschaftsfachleute der Wehrmacht und der zuständigen Ministerien entwickelten eine explizite Hungerstrategie. Die agrarischen Überschussgebiete in Russland sollten von den Zuschussgebieten abgeschnitten werden, um auf diese Weise genügend Nahrungsmittel für die Wehrmacht bereitstellen und nach Deutschland schaffen zu können ... Zwar waren die ökonomischen Verluste der UdSSR erheblich, ... gleichwohl konnte die Rüstungsindustrie ihren Produktionsausstoß von 1940 auf 1942 insgesamt um 86 Prozent steigern ... Erreicht wurde diese Leistungssteigerung ... durch die Verlagerung von ca. 1500 Rüstungsbetrieben vom Westen in den Osten des Landes während des deutschen Angriffs im Jahre 1941, durch die Umstellung ziviler Bereiche auf die Rüstungsproduktion, durch den Neubau von Rüstungsbetrieben und durch die Steigerung der Produktion in den östlichen Landesteilen. Die Rechnung der deutschen Führung war nicht aufgegangen. Sie hatte ihr ebenso leichtfertiges wie gewagtes Spiel verloren und damit den gesamten Krieg.

Ludolf Herbst, Das nationalsozialistische Deutschland 1933 bis 1945, Frankfurt a. M. (Suhrkamp) 1996, S. 351 ff.

M6

Entscheidung eines Einzelnen

In der „Passauer Neuen Presse" erschien 1993 ein Bericht über den ehemaligen Major der Wehrmacht, Max Liedtke:

Max Liedtke war 1942 Ortskommandant der ostpolnischen Stadt Przemyśl. Als im Juli 1942 die „Judenaussiedlung" [Deportation in ein KZ] aus Przemyśl beginnen sollte, setzte sich Liedtke zur Wehr, indem er Straßen und Brücken sperren ließ, um die SS am Abtransport der jüdischen Bevölkerung zu hindern. Einige Stunden später musste er die Sperrung aufheben, konnte aber zusammen mit seinem Adjutanten Dr. Battel 80 bis 100 Juden mehrere Wochen vor dem Zugriff der SS schützen. Liedtke verstarb 1955 in sowjetischer Gefangenschaft. Seit 1993 wird er als einer der wenigen Wehrmachtsangehörigen als „Gerechter der Völker" in der Holocaust-Gedenkstätte Yad Vashem in Jerusalem geehrt.

Hamburger Institut für Sozialforschung (Hg.), Verbrechen der Wehrmacht. Dimensionen des Vernichtungskriegs 1941–1944, Hamburg (Hamburger Edition) 2002, S. 591. Bearb. d. Verf.

1 Untersuche anhand von M1 bis M5 die deutsche Besatzungspolitik im Osten.

2 Klärt in Partnerarbeit mithilfe der Seiten 268 bis 273 die Begriffe Revisions-, Lebensraum- und Appeasementpolitik.

3 Erörtere mithilfe von M6 die Frage, ob man von Kriegsverbrechen „der Wehrmacht" sprechen kann.

4 Informiere dich im Internet über die Ausstellung „Verbrechen der Wehrmacht" (www.verbrechen-der-wehrmacht.de). Berichte in der Klasse.

Die Deportation der Juden

Ghettos und Vernichtungslager

Mit dem Beginn des Zweiten Weltkriegs verschlechterte sich die Lage für die europäischen Juden dramatisch. Durch die deutsche Besetzung ihrer Heimatländer gerieten etwa sieben der insgesamt zehn Millionen in Europa lebenden Juden unter den Herrschaftseinfluss der Nationalsozialisten. Die Verfolgung begann mit der Besetzung Polens und war darauf gerichtet, die Juden zunächst in größeren Städten zu konzentrieren. Ghettos* wurden eingerichtet, die als Durchgangsstationen für eine Deportation* in spezielle Vernichtungslager dienten. In Deutschland hatte die Phase der Ghettoisierung 1939 mit der Einrichtung so genannter Judenhäuser begonnen. Unter unmenschlichen Bedingungen mussten Juden z. B. in Schulgebäuden oder jüdischen Gemeindehäusern wohnen. Selbst in der Leichenhalle des jüdischen Friedhofs in Hannover lebten zeitweilig 150 Juden. Damit verloren sie den letzten Rest häuslicher Geborgenheit, in die sie sich bisher zurückziehen konnten. Nur etwa 10 000 Juden gelang es, sich in Deutschland zu verstecken.

M1

„Selbstporträt im Versteck", Gemälde von Felix Nussbaum, 1943. Nussbaum malte sich im Gebetsmantel mit seiner Frau und seinem Sohn.

M2

Juden-Deportation aus Würzburg, Foto, 25. April 1942. 856 Männer, Frauen und Kinder wurden zum Güterbahnhof getrieben. Der Transport ging über das Sammellager Nürnberg und endete in den Vernichtungslagern Bełżec, Majdanek und Treblinka.

M3

Das Ergebnis der Wannsee-Konferenz

Aus dem Protokoll der Besprechung in Berlin-Wannsee am 20. Januar 1942, bei der die „Endlösung der Judenfrage" von hohen Regierungsbeamten und SS-Führern abgestimmt wurde:

Geheime Reichssache ... Anstelle der Auswanderung ist nunmehr als weitere Lösungsmöglichkeit ... die Evakuierung der Juden nach dem Osten getreten ... [Es] werden hier bereits jene praktischen Erfahrungen gesammelt, die im Hinblick auf die kommende Endlösung der Judenfrage von wichtiger Bedeutung sind. Im Zuge dieser Endlösung der europäischen Juden kommen rund 11 Millionen Juden in Betracht ...

Unter entsprechender Leitung sollen nun im Zuge der Endlösung die Juden in geeigneter Weise im Osten zum Arbeitseinsatz kommen. In großen Arbeitskolonnen, unter Trennung der Geschlechter, werden die arbeitsfähigen Juden Straßen bauend in diese Gebiete geführt, wobei zweifellos ein Großteil durch natürliche Verminderung ausfallen wird. Der ... verbleibende Restbestand wird, da es sich bei diesem zweifellos um den widerstandsfähigsten Teil handelt, entsprechend behandelt werden müssen.

Zit. nach Reinhard Rürup (Hg.), Topographie des Terrors, 13. Aufl., Berlin (Stiftung Topographie des Terrors) 2001, S. 144 f.

Begriffe und Daten

Shoah (Holocaust)

Auf die Phasen der Entrechtung (z. B. Nürnberger Gesetze 1935) und Verfolgung (z. B. Reichspogromnacht 1938) folgte die Ermordung von Millionen Juden in Vernichtungslagern. Das Lager Auschwitz wurde als ein Ort des systematischen Mordens zum Inbegriff der menschenverachtenden Rassenpolitik der Nationalsozialisten. Die Deportation der Juden in die Vernichtungslager begann 1941. Den Genozid (griech.-lat: Völkermord) haben die Nationalsozialisten mit dem Begriff „Endlösung" verschleiert. In der Geschichtsschreibung wird für den Völkermord häufig der Begriff Holocaust verwendet, der aus dem Griechischen stammt und auf die totale Verbrennung von Menschen hinweist. Die überlebenden Juden sprechen meist von der Shoah. Dieses hebräische Wort bedeutet so viel wie „einzigartiges Opfer, totale Zerstörung". Unbestritten stellt der Völkermord eine konsequente Umsetzung der NS-Rassenideologie dar. Die Auseinandersetzung mit der Frage nach Schuld und Verantwortung ist eine Aufgabe, mit der sich jede Generation befassen muss.

Judenfeindliche Maßnahmen (Auswahl)

1939

30. April: Zusammenlegung jüdischer Familien in „Judenhäusern" wird angeordnet.

1. September: Ausgangssperre für Juden: im Sommer ab 21 Uhr, im Winter ab 20 Uhr.

23. September: Rundfunkgeräte in jüdischen Haushalten werden beschlagnahmt.

Ab 12. Oktober: Erste Deportationen aus Österreich und Böhmen/Mähren nach Polen.

1941

1. September: Juden müssen in der Öffentlichkeit einen gelben Stern tragen.

17. Oktober: Beginn von Deportationen deutscher Juden aus dem „Altreich" nach Osten.

23. Oktober: Auswanderungsverbot für Juden.

25. November: Jüdisches Vermögen wird vor der Deportation eingezogen.

1942

20. Januar: „Wannsee-Konferenz"; Organisation der Ermordung der europäischen Juden.

Juni: Beginn der Massenvergasungen in Auschwitz.

M4

Abschied nehmen

Edith Wolff berichtete nach 1945 vom Besuch eines älteren Ehepaars, dessen Kinder bereits ausgewandert waren:

4A Eines Tages, Ende Februar 1943, erschienen Herr und Frau Kleinberger bei uns abends zu einem kurzen Besuch, um sich zu verabschieden – wie zu einer Reise. Sie teilten uns mit, dass sie noch ein sehr gutes Abendessen zu sich nehmen wollten ... Sie hatten „die Liste" bekommen und sich schon längst mit einem Gegenmittel versorgt. Wir verstanden sofort, dass dieses „Medikament" ein Gift war ... Wir aber konnten nichts dagegen tun ... Wir konnten den beiden Menschen nur stumm die Hand drücken – und ihnen im Herzen nur noch eine gute Reise ins Jenseits wünschen ... Erst nach drei Tagen fand man in der Wohnung die Leichen.

Am 19. Juli 1942 mussten Theodor Tuch und seine Frau Clara den Zug „in ein Lager" besteigen – auch für sie eine Fahrt in den Tod. Vor ihrer Abfahrt schrieb Theodor einen Brief:

4B 4. Juli 42. Meine geliebten Kinder. Das sind wohl die letzten Grüße aus Volksdorf. Meine ganze Hoffnung ist es, euch noch mal wiederzusehen. Es ist ganz schrecklich, nun in die Verbannung zu gehen, alles aufzugeben. Wir werden wohl in ein Lager kommen ... Wann werdet ihr diesen Brief erhalten, leben wir dann noch? Ich wünsche euch alles Gute, meine geliebten Kinder, bleibt alle gesund und habt viel Freude an euren Kindern und vergesst nicht eure Mutter, die sich so unbeschreiblich nach euch sehnt.

M4A und M4B: Zit. nach Wolfgang Benz (Hg.), Die Juden in Deutschland 1933–1945, 4. Aufl., München (C. H. Beck) 1996, S. 654, 659.

1 a) Charakterisiere mit je drei Adjektiven die Haltung und den Gesichtsausdruck der drei Figuren in M1.
b) Interpretiere M1 vor dem Hintergrund der Judenverfolgung.

2 Analysiere M3 und untersuche die Sprache. Ziehe S. 262 hinzu.

3 Zeige anhand der Materialien die Auswirkungen der NS-Todesmaschinerie auf die Lebensläufe ihrer Opfer.

Der Mord an den Juden Europas

M1

Auf der Rampe bei der Ankunft im KZ Auschwitz, Foto, 1944. An der Bahnrampe trennte ein SS-Arzt die Arbeitsfähigen von den für den Tod Bestimmten („Selektion").

M2

Häftlingskleid aus dem Frauen-KZ Ravensbrück. Nach der Ankunft im KZ erhielt jeder Häftling eine Nummer, die auf die Kleidung aufgenäht wurde und fortan seinen Namen ersetzte. Frauen erhielten ein Kleid, manchmal Jacke und Kopftuch, Männer Jacke, Hose und Mütze.

M3

„Ich hatte den Befehl"

Rudolf Höß (1900–1947) war Kommandant des Konzentrationslagers Auschwitz von 1940 bis 1943. 1947 wurde er als Kriegsverbrecher hingerichtet. 1946/47 sagte er:

Die „Endlösung" der Judenfrage bedeutete die vollständige Ausrottung aller Juden in Europa. Ich hatte den Befehl, Ausrottungserleichterungen in Auschwitz im Juni 1942 zu schaffen ... Als ich das Vernichtungsgebäude in Auschwitz errichtete, gebrauchte ich also Zyklon B, eine kristallisierte Blausäure ... Es dauerte 3 bis 15 Minuten, ... um die Menschen in der Todeskammer zu töten ... Nachdem die Leichen fortgebracht waren, nahmen unsere Sonderkommandos die Ringe ab und zogen das Gold aus den Zähnen der Körper.

Zit. nach Léon Poliakov / Josef Wulf, Das Dritte Reich und die Juden, Berlin (Arani) 1955, S. 128 f.

M4

Die Selektion überlebt

Ruth Klüger (geb. 1931) überlebte das KZ Auschwitz. Bei ihrer Ankunft gelang ihr eigentlich Unmögliches:

Neben dem amtierenden SS-Mann ... stand die Schreiberin, ein Häftling. Wie alt mag sie gewesen sein, neunzehn, zwanzig? ... Sie [verließ] ihren Posten, und fast in Hörweite des SS-Mannes ging sie schnell auf mich zu und fragte halblaut, mit einem unvergesslichen Lächeln ihrer unregelmäßigen Zähne: „Wie alt bist du"? „Dreizehn." Und sie, mich nachdrücklich mit den Augen fixierend, ganz eindringlich: „Sag, dass du fünfzehn bist." Zwei Minuten später war ich dran, schielte noch schnell zu der anderen Reihe hin, ängstlich, der zweite SS-Mann könnte zufällig hinüberschauen und mich als eine erkennen, die schon abgelehnt worden war ... Auf die Frage nach meinem Alter gab ich die entscheidende Antwort ... : „Fünfzehn bin ich." „Die ist aber noch sehr klein", bemerkte der Herr über Leben und Tod, nicht unfreundlich, eher wie man Kühe und Kälber besichtigt. Und sie, im gleichen Ton die Ware bewertend: „Aber kräftig gebaut ist sie. Die hat Muskeln in den Beinen, die kann arbeiten. Schaun Sie nur."
Das war eine, die arbeitete für diese Verwaltung und strengte sich an für mich, ohne mich überhaupt zu kennen. Dem Mann war sie vielleicht ein wenig weniger gleichgültig, als ich es ihm war, und er gab nach. Sie schrieb meine Nummer auf, ich hatte eine Lebensverlängerung gewonnen.

Ruth Klüger, weiter leben. Eine Jugend, Göttingen (Wallstein) 1992, S. 130 ff.

M5 **Die Vernichtung der europäischen Juden durch die Nationalsozialisten 1939 bis 1945**

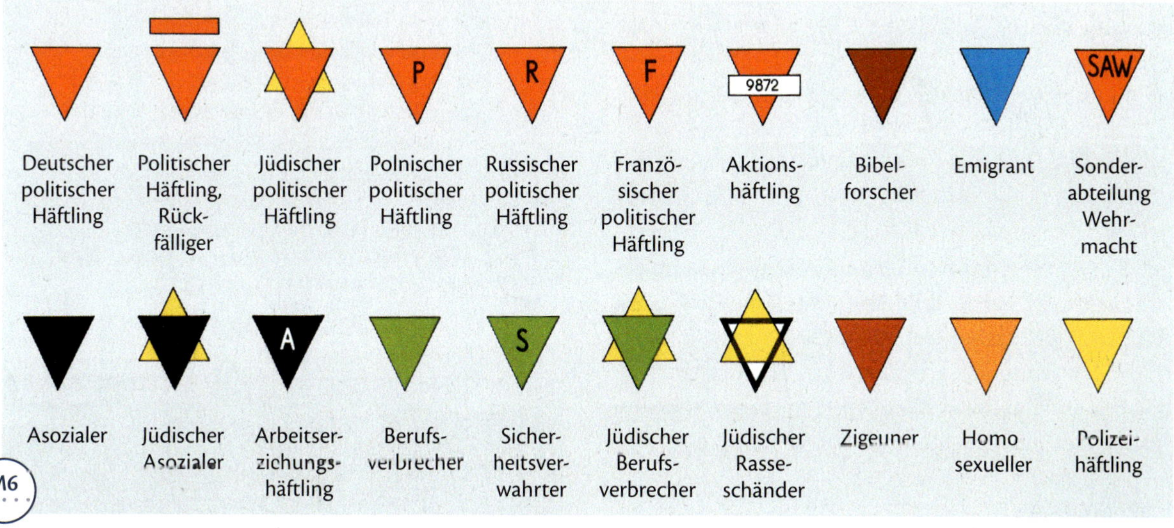

M6 **Kennzeichnung der KZ-Häftlinge durch die NS-Bürokratie**

1 Erläutere anhand von M1, M2 und M6 den Umgang mit den Deportierten.

2 Nimm zu M3 und M4 Stellung.

3 Stelle anhand der Karte M5 fest, welche Ergebnisse daraus abgeleitet werden können, welche Fragen sich ergeben und welche Vermutungen man anstellen kann.

4 **Recherche und Präsentation:** Führt eine Internet-Recherche zum Thema „Verfolgung und Vernichtung der Sinti und Roma zwischen 1933 und 1945“ durch. Berichtet in der Klasse.

Widerstand gegen den Nationalsozialismus

Gegen die Gewaltherrschaft

Gegen die politischen Ansprüche der Nationalsozialisten hat es von Anfang an Widerstand gegeben. Schon vor der Ernennung Hitlers zum Reichskanzler, aber insbesondere unmittelbar danach mussten opponierende Zeitgenossen schmerzlich erfahren, dass die neuen Machthaber mit brutaler Gewalt gegen jeglichen Widerspruch vorgingen. Auf Rückhalt in der Bevölkerung konnten sich Widerstandskämpfer nicht stützen. Es bestand immer die Gefahr, dass man von Sympathisanten des NS-Systems denunziert wurde.

Hinzu kam eine Rechtsprechung, die sich der „Gleichschaltung“ nicht entziehen konnte. Mit der Einführung von Sondergerichten konnten „politische Straftäter“ ohne förmliche juristische Verfahren verurteilt werden. 1934 wurde zudem der „Volksgerichtshof“ geschaffen, der mit NS-Richtern besetzt war und als oberste Instanz die Gegner der Nationalsozialisten aburteilte.

Diejenigen, die unter diesen Bedingungen Widerstand leisteten, setzten sich großen Gefahren aus. Das Fundament, auf dem ihr Widerstand beruhte, war nicht immer dasselbe: Patriotismus, demokratische Überzeugung, christlicher Glaube oder die Haltung, dass man Unrecht nicht hinnehmen darf. Dementsprechend unterschieden sich die Vorstellungen, wie eine zukünftige Ordnung Deutschlands aussehen könnte. Gemeinsam war den Widerstandsgruppen aber das konkrete Ziel, die nationalsozialistische Herrschaft zu beenden.

Seit Beginn des Krieges gab es auch in den von Deutschland besetzten Ländern Widerstandsgruppen, die mit unterschiedlichen Mitteln gegen die Besatzer kämpften. In der Sowjetunion, in Jugoslawien, in Griechenland, Italien und Frankreich gelangen Partisanenverbänden vor allem gegen Kriegsende militärische Erfolge.

Lesetipp

Sophie Scholl/ Fritz Hartnagel, Damit wir uns nicht verlieren. Briefwechsel 1937 bis 1943, Frankfurt a. M. (Fischer) 2005.

M1

Die „Weiße Rose“

Die Widerstandsgruppe „Weiße Rose“ war an der Universität München gegründet worden. Ihre Mitglieder verbreiteten vom Sommer 1942 bis Februar 1943 Flugblätter gegen das NS-Regime. Nach ihrer Verhaftung im Februar 1943 wurden sie vom Volksgerichtshof* zum Tode verurteilt und hingerichtet. Im vorletzten Flugblatt (Ende Januar 1943) hieß es:

Der Krieg geht seinem sicheren Ende entgegen ... Mit mathematischer Sicherheit führt Hitler das deutsche Volk in den Abgrund. Hitler kann den Krieg nicht gewinnen, nur noch verlängern. Seine und seiner Helfer Schuld hat jedes Maß unendlich überschritten. Die gerechte Strafe rückt näher und näher!

Was aber tut das deutsche Volk? Es sieht nicht und es hört nicht. Blindlings folgt es seinen Verführern ins Verderben ... Deutsche! Wollt ihr und eure Kinder dasselbe Schicksal erleiden, das den Juden widerfahren ist? Wollt ihr mit dem gleichen Maße gemessen werden wie eure Verführer? Sollen wir auf ewig das von aller Welt gehasste und ausgestoßene Volk sein? Nein! Darum trennt euch von dem nationalsozialistischen Untermenschentum! Beweist durch die Tat, dass ihr anders denkt! ... Der imperialistische Machtgedanke muss ... für allezeit unschädlich gemacht werden ... Freiheit der Rede, Freiheit des Bekenntnisses, Schutz des einzelnen Bürgers vor der Willkür verbrecherischer Gewaltstaaten, das sind die Grundlagen des neuen Europas.

Zit. nach Walther Hofer (Hg.), Der Nationalsozialismus. Dokumente 1933–1945, Frankfurt a. M. (Fischer) 1965, S. 327 f.

M2

Die Geschwister Hans und Sophie Scholl mit Christoph Probst aus der Widerstandsgruppe „Weiße Rose“, Foto, 1942

M3

Die Arbeiterbewegung

Anders als Anhänger der Kommunistischen Partei, die nach der Machtübernahme Hitlers den offenen, auf beiden Seiten gewalttätigen Kampf suchten, lehnten die Sozialdemokraten solche Auseinandersetzungen als antidemokratisch und totalitär ab. Der Historiker Peter Steinbach schrieb 2001 über den sozialdemokratischen Widerstand:

In Deutschland bildeten sich in vielen Hochburgen der SPD Zellen aus vier und fünf Mitgliedern, die Nachrichten sammelten und dem Exilvorstand [im Ausland] übermittelten, Druckschriften der „Sopade"[1] verteilten oder regionale Verbindungen knüpften ... Sozialdemokratischer Widerstand war in den ersten Jahren ... vor allem durch den Willen charakterisiert, den Zusammenhalt der Mitglieder zu erleichtern und die sozialdemokratische Gesinnung zu pflegen, um nach dem Sturz des Regimes politische Verantwortung übernehmen zu können ... Widerstand war konspirative[2] Pflege der Gesinnung und Schulung des Bewusstseins. Aller Machtmittel und Agitationsmöglichkeiten ledig, konnte es nur darum gehen, zu überleben und sich bereitzuhalten, still zu helfen, im kleinen Kreis des Betriebs und der Nachbarschaft ein Netz der Solidarität zu knüpfen ... Viele Sozialdemokraten fanden sich in den Konzentrationslagern wieder ... – manche fanden den Weg in den Umkreis des 20. Juli 1944.

Peter Steinbach, Widerstand im Widerstreit, 2. Aufl., Paderborn (Schöningh) 2001, S. 156 ff.

[1] Exil-SPD
[2] verschwörerisch, verdeckt

M4

Feldmarschall Erwin von Witzleben, „Verschwörer" des 20. Juli 1944, Foto, 8. August. Zur Demütigung musste er beim Prozess vor dem Volksgerichtshof seine Hose festhalten. Witzleben wurde am selben Tag verurteilt und hingerichtet.

M5

Das Militär

Am 20. Juli 1944 missglückte ein Bombenattentat auf Hitler, das eine Gruppe hochrangiger Wehrmachtsangehöriger geplant hatte. Graf Schenk von Stauffenberg, ein Oberst im Generalstab, konnte den Anschlag nicht erfolgreich zu Ende führen. Die Attentäter wurden verhaftet und teilweise noch am selben Tag erschossen. Im Aufruf der Widerstandskämpfer, der nach dem Anschlag auf Hitler verbreitet werden sollte, hieß es:

Deutsche!

Hitler ... hat die göttlichen Gebote verhöhnt, das Recht zerstört, den Anstand verfemt, das Glück von Millionen vernichtet. Er hat Ehre und Würde, Freiheit und Leben anderer für nichts erachtet. Zahllose Deutsche, aber auch Angehörige anderer Völker schmachten seit Jahren in Konzentrationslagern, den größten Qualen ausgesetzt und häufig schrecklichen Foltern unterworfen ... Durch grausame Massenmorde ist unser guter Name besudelt. Mit blutbefleckten Händen ist Hitler seinen Irrweg gewandelt ... Daher ist kein Soldat, kein Beamter, überhaupt kein Bürger ihm mehr durch Eid verpflichtet ... Unser Ziel ist die wahre, auf Achtung, Hilfsbereitschaft und soziale Gerechtigkeit gegründete Gemeinschaft des Volkes. Wir wollen Gottesfurcht anstelle von Selbstvergottung, Recht und Freiheit anstelle von Gewalt und Terror, Wahrheit und Sauberkeit anstelle von Lüge und Eigennutz ... Wir wollen mit besten Kräften dazu beitragen, die Wunden zu heilen, die dieser Krieg allen Völkern geschlagen hat, und das Vertrauen zwischen ihnen wieder neu beleben.

Zit. nach Bodo Scheurig (Hg.), Deutscher Widerstand 1938–1944, 2. Aufl., München (dtv) 1984, S. 278 ff.

1 Fasse anhand der Quellen M1, M3 und M5 die Zielsetzungen von Widerstandsgruppen im NS-Staat zusammen und erschließe Gründe, die diese Gruppen zum Widerstand führten.

2 In dem Münchner Professor Kurt Huber fanden die Mitglieder der „Weißen Rose" (M1 und M2) einen Universitätslehrer, der den Widerstandsgeist der Jugendlichen durch die Vermittlung seines tieferen Verständnisses der Zusammenhänge noch verstärkte. Recherchiere, wer Kurt Huber war (Bibliothek, Internet).

3 Erörtere anhand von M4, was die dargestellte Situation über die ethische Einstellung der Nationalsozialisten aussagt.

War der Widerstand umsonst?

M1

Martin Niemöller, Henryka Dembowska, Dietrich Bonhoeffer, Alfred Delp (von links nach rechts)

M2

Die Kirchen

Dietrich Bonhoeffer (1906 – hingerichtet am 9. April 1945) schrieb bereits 1933 in Abgrenzung zu den „Deutschen Christen", einer nationalsozialistisch orientierten Richtung innerhalb der Evangelischen Kirche Deutschlands:

2A Der Ausschluss der Juden-Christen aus der kirchlichen Gemeinschaft zerstört die Substanz der Kirche Christi ... In der Kirche bleibt Jude Jude, Heide Heide, Mann Mann, Kapitalist Kapitalist etc. Aber der Ruf Gottes beruft und sammelt alle zu einem Volk, zum Volk Gottes, zur Kirche, zu der sie alle in gleicher Weise und miteinander gehören ... Die Rasse, das Blut ist eine unter den Ordnungen, in die die Kirche eintritt, aber sie darf nie Kriterium für die Zugehörigkeit zur Kirche sein, dies ist allein das Wort Gottes und der Glaube ... Darum ist der Arierparagraph eine Irrlehre von der Kirche und zerstört ihre Substanz. Darum gibt es einer Kirche gegenüber, die den Arierparagraphen in dieser radikalen Form durchführt, nur noch einen Dienst der Wahrheit, nämlich den Austritt.

Die Haltung der Kirchenleitungen zum Nationalsozialismus schwankte zwischen Duldung des NS-Regimes und vereinzelten Protesten. Widerstand leisteten vor allem aktive Gemeindemitglieder, die dabei ihr Leben riskierten, wie der katholische Bischof Clemens August von Galen (1878–1946). In einer Predigt vom 13. Juli 1941 sagte er:

2B Der physischen Übermacht der Gestapo steht jeder deutsche Staatsbürger schutzlos und völlig wehrlos gegenüber! ... Keiner von uns ist sicher, und mag er sich bewusst sein, der treueste, gewissenhafteste Staatsbürger zu sein, dass er nicht eines Tages aus seiner Wohnung geholt, seiner Freiheit beraubt, in den Kellern und Konzentrationslagern der Gestapo eingesperrt wird ... Das Recht auf Leben, auf Unverletzlichkeit, auf Freiheit ist ein unentbehrlicher Teil jeder sittlichen Gemeinschaftsordnung ... Darum erhebe ich im Namen des rechtschaffenen deutschen Volkes, im Namen der Majestät der Gerechtigkeit, im Interesse des Friedens und der Geschlossenheit der inneren Front meine Stimme.

M2A: Zit. nach Georg Denzler/Volker Fabricius (Hg.), Die Kirche im Dritten Reich, Frankfurt a. M. (Fischer-TB) 1984, Bd. 2, Dokumente, S. 74 ff. M2B: Zit. nach Günther van Norden, Das Dritte Reich im Unterricht, Frankfurt a. M. (Hirschgraben) 1970, S. 49 ff.

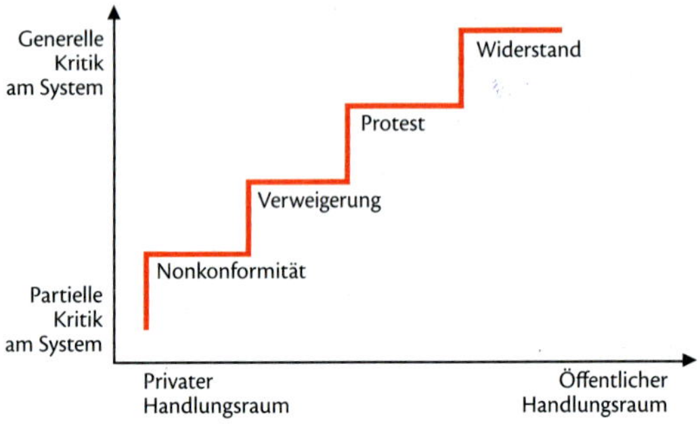

M3

Stufen abweichenden Verhaltens 1933 bis 1945 (entwickelt von dem Historiker Detlev Peukert)

M4

War der deutsche Widerstand umsonst?

Der Historiker Richard Löwenthal schrieb 1982 über die Bedeutung des Widerstands gegen das NS-Regime:

Der deutsche Widerstand ... war immer die Leistung einer Vielzahl zersplitterter ... Minderheiten – niemals eine Massenbewegung mit umwälzender Wirkung. Die totalitäre Diktatur Hitlers ... hat sich so je länger, je mehr verhärtet, bis die Niederlage im Weltkrieg ihrer Herrschaft ein Ende setzte. War der deutsche Widerstand also umsonst? Natürlich nicht. Die Entschlossenheit der Träger des Widerstandes, dass sich die unkontrollierte Herrschaft ... einer fanatisierten Bewegung niemals auf deutschem Boden wiederholen dürfe, teilte sich unter dem Eindruck der schließlichen nationalen Katastrophe und des Bekanntwerdens des vollen Umfangs der Verbrechen des Regimes der großen Mehrheit der Bevölkerung mit. Sie wurde die Grundlage für einen neuen demokratischen Konsens ... Die Menschen, die aus den Gefängnissen und Lagern kamen ..., leisteten einen entscheidenden Beitrag zum demokratischen Wiederaufbau.

Richard Löwenthal, Widerstand im totalen Staat. In: Ders./Patrik von zur Mühlen (Hg.), Widerstand und Verweigerung in Deutschland 1933 bis 1945, Bonn/Berlin (Dietz) 1982, S. 24.

Biographie

Liselotte Herrmann (1909–1938)

Mitglied der KPD, 1933 vom Studium ausgeschlossen; arbeitete für den geheimen Militärapparat der KPD und gab Informationen aus der Rüstungsindustrie weiter. Von Agenten verraten, wurde sie 1935 verhaftet und am 12. Juni 1937 vom Volksgerichtshof wegen „Landesverrats und Vorbereitung zum Hochverrat" zum Tode verurteilt, obgleich im Verfahren bestätigt wurde, dass die Unterlagen nicht als geheim eingestuft gewesen sind. Ihre Hinrichtung erfolgte am 20. Juni 1938 in Berlin-Plötzensee.

Begriffe und Daten

Widerstand

Im Mittelalter richtete sich der Widerstand vorwiegend gegen die Willkür monarchischer oder kirchlicher Gewalt. In der Neuzeit versteht man das Widerstandsrecht als Teil der Menschenrechte; es dient seit dem 20. Jahrhundert vor allem zur Rechtfertigung der Abwehr diktatorischer staatlicher Gewalt. Die Formen des Widerstands gegen die NS-Herrschaft waren vielfältig; unterschiedlich waren auch die Zielsetzungen der einzelnen Gruppen, die ebenso erfolglos blieben wie die Aktionen Einzelner. Neben der deutschen gab es zahlreiche Widerstandsbewegungen in den besetzten Gebieten. Einige Beispiele:

Die Resistenza (ital. Widerstand): Italienische Bewegung von Parteien und politischen Gruppierungen, die Widerstand gegen den Faschismus und die nationalsozialistischen Kräfte leisteten.

Die Résistance (frz. Widerstand): Französische Widerstandsbewegung gegen die deutsche und italienische Besatzungsmacht sowie gegen die mit diesen kollaborierenden französischen Institutionen und Teile der französischen Bevölkerung.

Der Aufstand im Warschauer Ghetto: Bewaffneter Aufstand ab dem 19. April 1943 im von der deutschen Besatzungsmacht errichteten Ghetto gegen die Deportation der Gefangenen in Vernichtungslager.

Der Warschauer Aufstand: Militärische Erhebung der polnischen Armee ab dem 1. August 1944 gegen die deutschen Besatzungstruppen in Warschau.

1 Erarbeite die Grundhaltungen in M2A und M2B.

2 **Recherche:** Klärt in Recherchen die Lebenswege der Personen in M1 und ihre Bedeutung für den Widerstand. Berichtet in der Klasse.

3 Ordne das Verhalten von Liselotte Herrmann (Kasten) einer Stufe in M3 zu. Begründe.

4 Untersuche, worin der Autor von M4 die Bedeutung des Widerstands gegen den Nationalsozialismus sieht.

5 Die Schlagzeile im „Völkischen Beobachter" zum Tod von zehntausenden deutschen Soldaten in Stalingrad vom 4. Februar 1943 lautete: „Sie starben, damit Deutschland lebe!" Diskutiert, ob diese Aussage auf die Soldaten passt. Geht auch auf den Widerstand ein.

„Totaler Krieg" und Niederlage

Die Ausweitung zum Weltkrieg

Der Angriff der deutschen Wehrmacht gegen die Sowjetunion kam Ende 1941 zum Stillstand. Hitlers „Blitzkriegsstrategie" war gescheitert. Im selben Jahr umrissen der Präsident der USA, Franklin D. Roosevelt, und der britische Premierminister Churchill in der „Atlantik-Charta"* vom 14. August 1941 ihre Vorstellungen von einer künftigen Weltordnung, zu der nach ihrer Auffassung u. a. der Verzicht auf Annexionen und Gewalt, die Anerkennung des Selbstbestimmungsrechts der Völker, die Freiheit des Handels und der Meere sowie eine Weltsicherheitsorganisation gehören sollten.

Als Japan, das nach der Vorherrschaft im pazifischen Raum strebte, am 7. Dezember 1941 den amerikanischen Militärstützpunkt Pearl Harbor angriff, erklärte die deutsche Führung vier Tage später den USA den Krieg. Sie meinte, damit die amerikanischen Kräfte zwischen dem asiatischen und dem europäischen Kriegsschauplatz aufteilen zu können. Das erwies sich jedoch als Fehleinschätzung. Roosevelt und Churchill beschlossen, ihre Anstrengungen gegen Hitler-Deutschland zu richten. Gemeinsam mit der Sowjetunion bildeten sie die „Anti-Hitler-Koalition".

Die letzte Mobilisierung

Die Niederlage der deutschen Armee in Stalingrad Ende Januar 1943 wird allgemein als Symbol für die Wende des Krieges gesehen. Von 250 000 deutschen Soldaten, die an den Kämpfen teilnahmen, kamen etwa 90 000 um, fast ebenso viele gingen in Kriegsgefangenschaft, aus der nur etwa 6000 zurückkehrten. Am 18. Februar 1943 rief Reichspropagandaminister Joseph Goebbels im Berliner Sportpalast unter dem Jubel der Anhänger des NS-Regimes zum „totalen Krieg"* auf.

Entgegen der NS-Ideologie wurden immer mehr Frauen zu Verwaltungsaufgaben, als „Luftwaffenhelferinnen" bei der Flugabwehr oder in der Rüstungsindustrie dienstverpflichtet. Etwa sieben Millionen Arbeiterinnen und Arbeiter, die aus den besetzten Gebieten Europas nach Deutschland verschleppt worden waren, eine halbe Million KZ-Häftlinge und die meisten Kriegsgefangenen mussten in der Landwirtschaft, dem Handwerk und der Industrie Zwangsarbeit leisten.

M1

Die zerstörte Innenstadt Dresdens, Foto, 1945

M2 **Die Toten des Zweiten Weltkriegs**
(in Klammern der Anteil an Zivilisten)

Gesamtverluste: rund 55 Millionen Tote
(Erster Weltkrieg: rund 10 Millionen Tote)

Deutschland	5 250 000	(500 000)
Sowjetunion	20 600 000	(7 000 000)
USA	259 000	
Großbritannien	386 000	(62 000)
Frankreich	810 000	(470 000)
Polen	4 250 000	(4 200 000)
ferner 1,5 Mio. in den von der Sowjetunion 1939 annektierten polnischen Ostgebieten		
Italien	330 000	
Rumänien	378 000	
Ungarn	420 000	(280 000)
Jugoslawien	1 690 000	(1 200 000)
Finnland	84 000	
Norwegen	10 000	
Dänemark	1400	
Bulgarien	20 000	
Griechenland	160 000	(140 000)
Belgien	88 000	(76 000)
Niederlande	210 000	(198 000)
Japan	1 800 000	(600 000)

Ploetz, Geschichte der Weltkriege. Mächte, Ereignisse, Entwicklungen. 1900–1945, hg. von Andreas Hillgruber und Jost Dülffer, Freiburg (Ploetz) 1981, S. 151.

Bombenkrieg und Kapitulation

Mit dem Vorrücken der sowjetischen Armee nach Westen und der Invasion amerikanischer und britischer Truppen in der Normandie im Sommer 1944 wurde ein Ende des Krieges absehbar. Die deutsche Zivilbevölkerung litt unter den Bombenangriffen der Briten und Amerikaner, die seit 1943 fast täglich auf deutsche Städte geflogen wurden. Zum Jahreswechsel 1944/45 standen die Truppen der drei Alliierten an den Reichsgrenzen. Im Osten begann die Flucht von Millionen Deutschen. Nach erbitterten Kämpfen erreichten amerikanische und sowjetische Truppen am 25. April 1945 die Elbe bei Torgau.

Der Krieg in Asien

Japan hatte 1937 nach zahlreichen Zusammenstößen einen offiziellen Krieg gegen China begonnen. Die Erfolge des Bündnispartners Deutschland 1939/40 ermutigten die japanischen Militärs zur weiteren Ausdehnung des Krieges. Damit waren die Interessen der USA im Pazifik berührt. Die Abhängigkeit Japans vom Erdöl und anderen Rohstoffen nutzten die USA, indem sie im Juli 1941 die Erdölausfuhr nach Japan sperrten und einen Rückzug der Japaner aus den seit 1931 eroberten Gebieten in China forderten. Die Antwort war der Überraschungsangriff auf Pearl Harbor. In einem verlustreichen Seekrieg errang das amerikanische Militär entscheidende Siege. Am 6. und 9. August 1945 warfen amerikanische Flugzeuge über den japanischen Städten Hiroshima und Nagasaki jeweils eine Atombombe ab. Die Waffe forderte in wenigen Minuten über einhunderttausend Tote und langfristig zehntausende Opfer durch Verstrahlung und Verbrennungen. Wenige Tage später kapitulierte die japanische Regierung.

Begriffe und Daten

Bedingungslose Kapitulation 8./9. Mai 1945

Nach der Umklammerung Berlins durch sowjetische Truppen beging Hitler am 30. April 1945 im Bunker der Reichskanzlei Selbstmord. Die Führung der deutschen Wehrmacht unterzeichnete in der Nacht vom 8./9. Mai 1945 die bedingungslose Kapitulation.

M3

Gefallene Angehörige der Hitler-Jugend, die als Soldaten in Nordfrankreich kämpften, Foto, 1944/45

M4

Ein Überlebender des KZ Buchenwald hat von seinen Befreiern, US-amerikanischen Soldaten, Essen erhalten, Foto, 1945

Filmtipp

Krücke

Regie: Jörg Grünler, Literaturverfilmung nach dem gleichnamigen Jugendroman von Peter Härtling, 2001.

Der zwölfjährige Thomas hat auf der Flucht seine Mutter verloren und findet in dem einbeinigen Krüppel, Krücke, einen Freund und Ersatzvater.

1 Schreibe einen Zeitungsartikel „Kriegsende 1945" mithilfe der Materialien auf dieser Doppelseite und in diesem Kapitel.

Flucht, Heimkehr und Vertreibung

Schicksale 1945

„Unterwegs", antwortete eine Zeitzeugin auf die Frage, wo sie am Ende des Zweiten Weltkriegs gewesen sei, „wie die meisten ..." Nach Schätzungen war 1945 tatsächlich die Mehrheit der Deutschen nicht zu Hause. Neben Evakuierten, Kriegsgefangenen und Kriegsheimkehrern waren vor allem Flüchtlinge und Vertriebene unterwegs. Die Städte und Gemeinden im Gebiet der heutigen Bundesrepublik bemühten sich, die Neuankömmlinge unterzubringen und zu versorgen. Dies war jedoch in den zerbombten Städten nicht einfach. Die mit der eigenen Existenzsicherung beschäftigten Einheimischen teilten häufig nur ungern das, was sie gerettet oder auf dem Schwarzmarkt organisiert hatten. Hinzu kam, dass die Flüchtlinge und Vertriebenen aus einem ganz anderen kulturellen Umfeld stammten, häufig einer anderen Konfession angehörten, fremde Dialekte sprachen und sich mit neuen gesellschaftlichen Strukturen konfrontiert sahen, die es ihnen erschwerten, sich heimisch zu fühlen. Vier Millionen Flüchtlinge und Vertriebene musste der Osten Deutschlands aufnehmen, acht Millionen die drei Westzonen bis 1950. Im Rückblick wird die Eingliederung als Beispiel für eine gelungene Integration der in ihrer neuen Heimat angekommenen Menschen gesehen.

M1

Plädoyer für die Vertreibung Deutscher

Der britische Premierminister Winston Churchill sprach sich am 15. Dezember 1944 vor dem Unterhaus für die Vertreibung Deutscher aus Ostpreußen und anderen osteuropäischen Gebieten aus:

Die Vertreibung ist, soweit wir in der Lage sind, es zu überschauen, das befriedigendste und dauerhafteste Mittel. Es wird keine Mischung der Bevölkerung mehr geben, wodurch endlose Unannehmlichkeiten entstehen ...

Ich sehe auch nicht ein, warum in Deutschland kein Platz für die Bevölkerung Ostpreußens und der anderen von mir erwähnten Gebiete sein sollte. Schließlich wurden bereits sechs bis sieben Millionen Deutsche in diesem schrecklichen Kriege getötet, in den sie zum zweiten Male in einer Generation Europa ohne Zaudern gestürzt haben ... Überdies ist zu erwarten, dass noch mehr Deutsche in den Kämpfen des kommenden Frühjahrs und Sommers getötet werden.

Zit. nach Claudia Kraft, Vertreibungen und Umsiedlungen in, aus und nach Polen, Geschichte lernen, H. 105, 2005, S. 35.

M2

Zusammengetriebene Deutsche in Prag,
Foto, 1945

M3

Rückkehr einer Zwangsarbeiterin

Der folgende übersetzte und zusammengefasste Text basiert auf 1993 geführten Interviews mit Anna P. (geb. 1926), die mit 16 Jahren aus dem russischen Taganrog als Zwangsarbeiterin nach Deutschland verschleppt wurde und nach Kriegsende über Brest-Litowsk ihren Heimweg antrat:

Ein Offizier setzte sich für Anna P. ein und schrieb ihren Namen auf eine Familienliste. So konnte sie schon bald zurück nach Taganrog fahren. Dort erfuhr sie, dass ihre Stiefmutter inzwischen verstorben war. Der Vater hatte ein drittes Mal geheiratet. Ein Studium wurde Anna P. verwehrt, da sie in Deutschland gewesen war. So entschloss sie sich, zu ihrer Schwester nach Baku, Aserbaidschan, zu ziehen, wo sie dann als Friseuse arbeitete. Später arbeitete sie als Pflegerin in einem Krankenhaus und besuchte die Abendschule. Als man dort jedoch erfahren habe, dass sie eine ehemalige Fremdarbeiterin war, sei sie sofort entlassen worden. In Baku lernte Anna P. „den Mann ihres Lebens" kennen, der an der Militärhochschule studierte. Eine Freundin riet ihr, den Mann in Ruhe zu lassen, da alle wussten, dass Anna P. in Deutschland gewesen war. Eine Frau mit dem Stigma[1] „Fremdarbeit in Deutschland" hätte seine Karriere zerstört. So entschloss sich Anna P., den Mann zu verlassen, und kehrte zurück nach Taganrog, wo sie einen Mann heiratete, der auch in Deutschland gewesen war.

Zit. nach Alexander von Plato/Almut Leh, „Ein unglaublicher Frühling". Erfahrene Geschichte im Nachkriegsdeutschland 1945–1948. Bonn (Bundeszentrale für politische Bildung) 1997, S. 221 f.

[1] negativ bewertetes Merkmal

M4

Flüchtlingslager in München, Foto, 1950

M5

Ankunft im Westen

Eine Frau, die aus Oberschlesien geflohen war, erinnerte sich 1996 an ihre Ankunft in Helmstedt 1946:

Ein Teil von uns, das haben wir nachher erst gehört, kam nach Oldenburg, welche nach Bayern, welche hier mehr in den Westen, ins Rheinland. Alle wurden verteilt. Wir waren überall. Das konnten wir gar nicht fassen. Wir saßen da auf einem Schulhof und haben uns immer nur angeguckt und wussten gar nicht: Wo sind die, wo sind die, wo sind die? Die haben wir gar nicht mehr wiedergesehen. Aber dann haben wir erfahren, wie das aufgeteilt worden ist ... Wir kamen nach Niedersachsen und haben da unsere Ausweise bekommen. Damit hatten wir aber nicht die Möglichkeit, sagen wir mal, jetzt nach Bayern herunterzufahren ... Ohne Zuzugsgenehmigung durften wir in kein anderes Bundesland ... Die Angehörigen waren ganz verstreut, das hat uns sehr wehgetan. Wir waren eine große Familie. Wir waren nicht alle in einem Ort gewesen, aber immer in der Nähe, und wenn was war, waren wir immer zusammen. Von Wendessen aus, wo wir dann ankamen, habe ich gleich den Suchdienst[1] in Anspruch genommen.

Franz-Josef Jakobi und Roswitha Link (Hg.), Geschichte im Gespräch: Kriegsende 1945 und Nachkriegszeit in Münster. Berichte von Zeitzeuginnen und Zeitzeugen, bearb. von Sabine Heise, Münster (Agenda) 1997, S. 334 f.

[1] Einrichtung des Roten Kreuzes, die über eine Kartei die Suche nach vermissten Familienangehörigen unterstützte.

1 Berichte in der Klasse von deinen Kenntnissen über Flucht und Vertreibung nach dem Zweiten Weltkrieg.

2 Beschreibe anhand des Darstellungstextes die Probleme von Flucht und Vertreibung aus der Sicht der Vertriebenen und der Einheimischen.

3 Schildere deine Eindrücke von M2 und M4 und formuliere die zentralen Bildaussagen.

4 Zeige an M5, wie die „Ankunft im Westen" empfunden wurde.

5 Stelle am Beispiel der Anna P. (M3) die persönlichen Folgen der Zwangsarbeit in Deutschland dar.

6 Setze dich kritisch mit Churchills Argumenten (M1) zur Vertreibung auseinander.

Die Neuordnung Mitteleuropas

Ein „Völkerkarussell“

Flucht, Vertreibung, Umsiedlung waren die zentralen Begriffe des Kriegsendes und der Nachkriegszeit. Menschenmassen kämpften auf Planwagen, in überfüllten Zügen und überbesetzten Schiffen um ihr Leben. Mit dem Ende der nationalsozialistischen Herrschaft sollen zwischen 11 und 18 Millionen Menschen vor der Roten Armee geflohen oder, entsprechend den Vereinbarungen zwischen der Sowjetunion und Polen sowie dem Potsdamer Abkommen 1945, aus- oder umgesiedelt worden sein. Auf den Weg – zumeist in die entgegengesetzte Richtung – machten sich aber auch viele der ehemaligen Zwangsarbeiterinnen und Zwangsarbeiter, die nun auf eine Rückkehr in ihre Heimatländer hofften. Ihre Zahl soll bei Kriegsende zwischen 9 und 11 Millionen gelegen haben: u. a. 2,4 Millionen aus der Sowjetunion, 1,5 Millionen aus Polen und 1,1 Millionen aus dem Baltikum. In den Zahlen drückt sich eine bis dahin beispiellose Völkerverschiebung aus. Karten zeigen, um die Übersicht zu erhalten, in Pfeilen meist nur die wichtigsten Bewegungen.

M2 Von der „Bevölkerungsverschiebung“ betroffene Polen zwischen 1939 und 1947

Schätzung (in Mio.)	Jahr	Betroffene
1,5	1939/40	Polnische Bürger, die von sowjetischen Behörden deportiert wurden
0,5	1930/40	Polen, die ins Generalgouvernement vertrieben wurden
2,0	1939–1944	Polen, die zur Zwangsarbeit ins Reich deportiert wurden
1,7	1945–1947	Polen, die aus der UdSSR „reportiert“ oder vertrieben wurden
1,5	1945–1948	Polnische Heimkehrer aus Deutschland und Österreich
3,5	nach 1945	Polnische Umsiedlungskampagnen

Zit. nach Spiegel special, H. 2, 2002, S. 78.

M1 Flucht, Vertreibung und Umsiedlung 1945 bis 1950

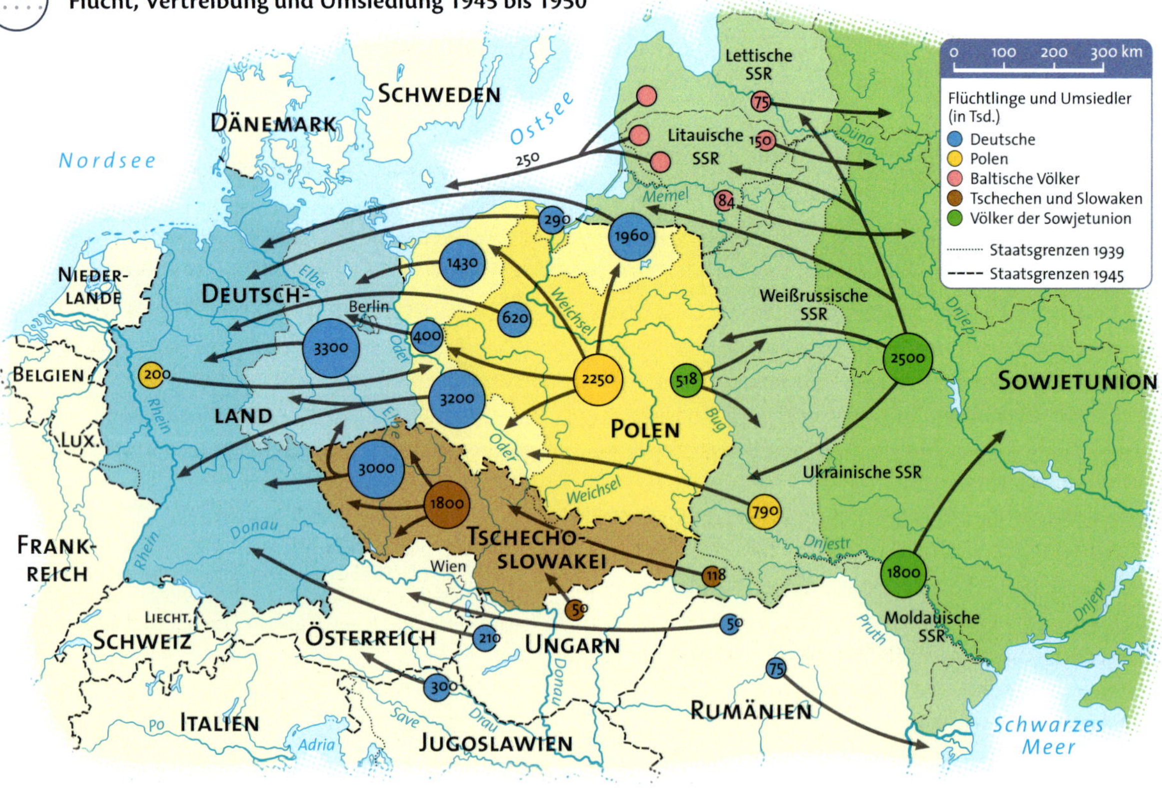

M3

Verspätete Aufarbeitung?

Der Historiker Hans-Ulrich Wehler äußerte sich in einem Interview 2002 u. a. über die Frage, warum das Thema „Vertriebene" in der Bundesrepublik erst in unserer Gegenwart wieder aufgenommen wurde:

Es gab … eine tief sitzende Scheu, die Vertreibung nach dem Zusammenbruch des Dritten Reiches gleichgewichtig mit den anderen großen Fragen der Zeit zu behandeln. Die Deutschen sollten sich erst einmal ihren eigenen Verbrechen stellen, was Völker denkbar selten tun. Das wollte man nicht relativieren durch den offenen Blick auf die Tragödie von Millionen Menschen, die ganz überwiegend weder den Zweiten Weltkrieg verursacht hatten noch an den Verbrechen der Nazis beteiligt waren …

Für die Überlebenden der Trecks war es eine jahrelang andauernde Zumutung, dass sie ihr Leid privatisieren mussten … [D]ie Botschaft der bundesdeutschen Mehrheit hieß: Ihr müsst mit eurem Leid allein fertig werden. Wenn das jetzt im Abstand von gut einem halben Jahrhundert neu aufgerollt wird, kann das nicht schaden … Im Augenblick besteht der Gewinn einer Debatte darin, dass ein abgesunkenes Stück der kollektiven Leidensgeschichte des Zweiten Weltkriegs hochtransportiert wird und ruhig besprochen werden kann …

Was bleibt, sind Erinnerungen wie die, dass der selige Immanuel Kant im fernen Königsberg die geistige Welt verändert hat. Mehr nicht. Diese Gebiete, die jahrhundertelang von Deutschen besiedelt waren, sind für uns verloren. Das ist der Preis dafür, dass ein Land zweimal einen totalen Krieg riskiert.

Hans-Ulrich Wehler, „Die Debatte wirkt befreiend". In: Spiegel special, H. 2, 2002, S. 19 ff.

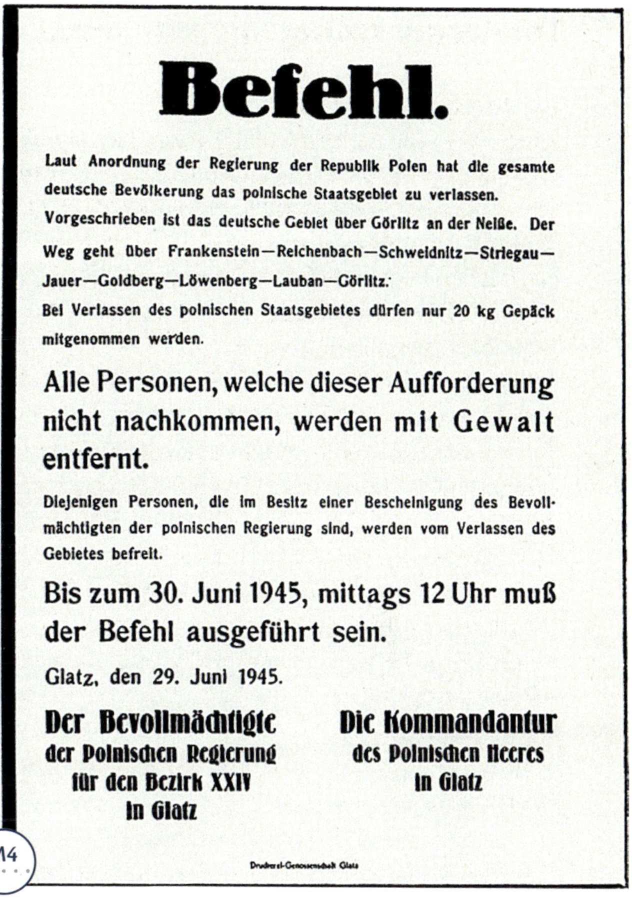

Befehl.

Laut Anordnung der Regierung der Republik Polen hat die gesamte deutsche Bevölkerung das polnische Staatsgebiet zu verlassen.

Vorgeschrieben ist das deutsche Gebiet über Görlitz an der Neiße. Der Weg geht über Frankenstein—Reichenbach—Schweidnitz—Striegau—Jauer—Goldberg—Löwenberg—Lauban—Görlitz.

Bei Verlassen des polnischen Staatsgebietes dürfen nur 20 kg Gepäck mitgenommen werden.

Alle Personen, welche dieser Aufforderung nicht nachkommen, werden mit Gewalt entfernt.

Diejenigen Personen, die im Besitz einer Bescheinigung des Bevollmächtigten der polnischen Regierung sind, werden vom Verlassen des Gebietes befreit.

Bis zum 30. Juni 1945, mittags 12 Uhr muß der Befehl ausgeführt sein.

Glatz, den 29. Juni 1945.

Der Bevollmächtigte der Polnischen Regierung für den Bezirk XXIV in Glatz

Die Kommandantur des Polnischen Heeres in Glatz

M4

Ausweisungsbefehl der polnischen Regierung, 1945

Lesetipp

Peter Härtling, Große, kleine Schwester,
München (dtv), 2000.
Die Schwestern Lea und Ruth leiden unter den Folgen ihrer Vertreibung aus Brünn in Mähren (heute Teil der Tschechischen Republik) nach 1945.

1 Beschreibe anhand von M1 die Bevölkerungsbewegungen 1945 bis 1950. Ziehe den Darstellungstext heran.

2 Erläutere mithilfe von M2, in welcher Weise und in welchem Umfang die polnische Bevölkerung von den Bevölkerungsbewegungen betroffen war.

3 a) Zeige an M4, welche Folgen der „Befehl" für die Betroffenen hatte.
b) Beurteile die Überschrift eines deutschen Zeitschriftenartikels von 2002: „Hass auf Befehl".

4 Erarbeite anhand von M3, wie der Autor die „verspätete Aufarbeitung" der Flüchtlings- und Vertriebenenfrage nach 1945 erklärt und beurteilt.

5 Beurteile die Überschrift „Völkerkarussell" Mitteleuropa.

Im Archiv recherchieren

An sicherem Ort aufbewahren

Archiv ist von dem griechischen Wort „archeion“ (= Regierungsgebäude in der griechischen Polis) abgeleitet, wo wichtige Schriftstücke aufbewahrt wurden. Auch in heutigen Archiven werden viele wichtige und interessante Dokumente verwahrt, die belegen, wie Menschen zu früheren Zeiten gelebt haben. Sie lagern sicher in so genannten Magazinräumen. Wer mit ihnen arbeiten möchte, muss sie bestellen und kann sie im Lesesaal des Archivs einsehen, aber nicht entleihen.
Während bei privaten Archiven eine besondere Erlaubnis für die Benutzung notwendig ist, hat bei öffentlichen Archiven jeder Zutritt. Oft drückt sich schon im Namen des Archivs aus, was dort gesammelt wird. In einem Stadtarchiv finden sich Dokumente zur Stadtgeschichte, z. B. Akten der städtischen Ämter, Ratsprotokolle, Stadtpläne, Fotos und Zeitungen. Um den Zugang zu interessanten Archivmaterialien als historische Quellen zu erleichtern, werden im Internet zunehmend „virtuelle Archive“ eingerichtet, die Teile eines Archivbestandes aufnehmen, in unserer gegenwärtiges Schriftbild umsetzen und auch thematisch ordnen.

M1

Schreiben vom 10. September 1946 an das Flüchtlingsamt Pelkum/Kreis Hamm, leicht gekürzt, sprachlich unverändert, kein Originalabdruck

Pelkum, den 10.09.1946

Herrn Amtsdirektor in Pelkum!

Erlaube mir Ihnen nachstehendes Schreiben zu unterbreiten und bitte meine Angelegenheit als dringend zu erledigen ... Nachdem ich treppauf treppab die Amtsstellen abgelaufen bin ... wende ich mich an Sie werter Herr Amtsdirektor. Im April d.J. kam ich mit meiner Familie mit 4 Kindern als Ostflüchtling hier nach Pelkum. Vollständig abgerissen und nur das Nötigste am Leibe. Wir haben schon vor Monaten Anträge gestellt über das was uns am nötigsten fehlt. Ich habe kein Arbeitsanzug nachdem ich nun schon 5 Monate arbeite mit einem Anzug den ich wochentags trage und auch zur Arbeit ... Meine Frau braucht ganz dringend ein Paar Schuhe ... Für das kleinste Kind 5 Jahre sind auch Schuhe beantragt die sehr sehr nötig fehlen da dieses Kind nur noch mit ganz zerrissenen Schuhen herumläuft und bei diesem Wetter überhaupt nicht die Wohnung verlassen kann. Der älteste Junge der aus Gefangenschaft gekommen ist und 8 Tage gearbeitet hat muss die Arbeit wieder einstellen da er keine Schuhe und kein Arbeitszeug besitzt. Er schläft auf dem Fußboden und besitzt nicht mal eine Schlafdecke. Die ganze Familie hat nur 5 Schlafdecken also für jede Person eine Decke. Wir können doch nicht dauernd als Zigeuner herumlaufen man muss uns doch wenigstens das geben was man tatsächlich am nötigsten braucht. Ebenso haben wir Antrag gestellt über eine Waschwanne das ist auch schon einige Monate her trotzdem es inzwischen schon Wannen gegeben hat. Unsere Wäsche wird in demselben Topf gekocht auf dem wir das Essen kochen.

M1 und M2: Stadtarchiv Hamm, Pelkum 4C 13

1 Stelle mithilfe des Arbeitsschritts 4 die beiden Quellen M1 und M2 vor. Fasse deine Ergebnisse unter dem Gesichtspunkt „Lebenssituation von Flüchtlingen und Vertriebenen in der Nachkriegszeit“ zusammen.

2 Führt unter Beachtung der Arbeitsschritte eine Recherche im Stadtarchiv zur Lebenssituation von Flüchtlingen und Vertriebenen nach 1945 in eurer Region durch.

M2

Bericht über die Prüfung des Antrags der Flüchtlingsfamilie in Pelkum vom 10. September 1946, leicht gekürzt, kein Originalabdruck

Amt Pelkum
- Flüchtlingsamt -
Betrifft: Flüchtlingsfamilie, Pelkum
Bericht über die Prüfung des Antrages vom 10.9.46

...

Nach meinen Feststellungen werden dringend benötigt:
Für die Ehefrau: 1 Paar Schuhe, 1 Kleid
Für den Ehemann: 1 Arbeitsanzug
Für den Sohn Horst, 22 Jahre alt: 1 Arbeitsanzug, 1 Paar Schuhe
Für die Töchter Jutta, 12 Jahre und Renate, 6 Jahre alt sowie für den Sohn Klaus, 9 Jahre alt: Unterwäsche und Strümpfe.
An Hausgeräten fehlen: 1 Herd, 1 Wanne, 1 Waschkessel, 1 Bettstelle und acht Schlafdecken.

Das Flüchtlingsamt kann z.Zt. von den beantragten Bekleidungsgegenständen nichts zur Verfügung stellen, da die hier inzwischen vorrätig gewesenen und jetzt benötigten Bekleidungsgegenstände und Schuhe restlos ausgegeben wurden.
Von dem beantragten Hausgerät wird das Flüchtlingsamt sofort den Waschkessel (Einkochkessel) und eine Bezugsmarke für eine Bettstelle abgeben.
Ich bitte das Wirtschaftsamt zu prüfen, ob von dort aus dem Antrage im übrigen entsprochen werden kann.

Pelkum, den 13. September 1946
Dienststelle 4
I.A. Wiethaus
Leiter des Flüchtlingsamtes

Arbeitsschritte

1. Schritt: Eingrenzung des Themas

Vor dem Archivbesuch solltet ihr das Thema der Recherche inhaltlich und zeitlich genau eingrenzen, damit ihr im Archiv gezielt suchen könnt.

2. Schritt: Archivbesuch vorbereiten

Erkundigt euch nach den Öffnungszeiten des Archivs und versucht bereits telefonisch herauszufinden, ob dort Material zu eurem Thema zu finden ist. Vielleicht legt euch der Archivar die gesuchten Dokumente zu einem bestimmten Termin heraus. Ansonsten könnt ihr im Archiv mithilfe von Findbüchern, in denen alle Akten aufgelistet sind, die Schriftstücke in den Lesesaal bestellen. Plant dafür entsprechend Zeit ein.

3. Schritt: Archivalien sichten und auswählen

Bei der Arbeit mit Archivalien handelt es sich um einmalige Originale. Geht entsprechend sorgsam damit um. Fragt nach, ob ihr die für euch interessanten Schriftstücke kopieren dürft (bei Quellen aus dem 20. Jahrhundert z. T. möglich). Ansonsten notiert interessante Sachverhalte und schreibt ggf. das Schriftstück ab. Notiert immer die vollständige Quellenangabe und den Fundort.

4. Schritt: Ergebnisse auswerten und präsentieren

Tragt eure Ergebnisse zusammen und stellt die gefundenen Quellen der Klasse vor. Geht dabei ein auf: Fundort, Quellenart (z. B. Brief, Urkunde), Autor, Adressat, Entstehungszeit, Inhalt, Besonderheiten wie Unterstreichungen usw.; Aussagewert der Quelle, bezogen auf euer Thema / eure Untersuchungsfragen. Berichtet auch, was bei der Suche ergiebig war und wo Probleme lagen (z. B. Lesbarkeit von Quellen). Mögliche Formen der Präsentation: Wandzeitung, Ausstellungstafeln für das Schulfoyer, Computerpräsentation.

Rechtsextremismus heute

Ein Erbe des Nationalsozialismus?

Die Zeit des Nationalsozialismus ist seit über 60 Jahren vorüber – und dennoch wirkt diese Epoche bis in unsere Gegenwart hinein. Fragen, wie es Hitler gelingen konnte, eine solch verbrecherische Diktatur zu errichten, oder warum es heute noch Menschen gibt, die die NS-Vergangenheit verharmlosen oder gar glorifizieren, sind immer noch aktuell. Eine Verherrlichung der NS-Diktatur wird dem Denken des „Rechtsextremismus" zugeordnet. Welche Merkmale kennzeichnen rechtsextremistisches Denken darüber hinaus?

Begriffe und Daten

Grundeinstellungen des Rechtsextremismus

1. „Natürliche Ungleichheit"
- Die nordeuropäische („arische") Rasse sei wertvoller als andere Menschen (Rassismus).
- Auf Deutschland und das deutsche Volk könne man extrem stolz sein (Nationalismus).
- Der Stärkere habe das Recht, sich gegenüber dem Schwachen durchzusetzen (Sozialdarwinismus*).
- Die Gleichberechtigung und Gleichstellung von Männern und Frauen sei „unnatürlich".

2. „Volksgemeinschaft"
- Das – „ethnisch reine" – Volk sei von besonderem Wert und bilde die Volksgemeinschaft.
- Unterschiedliche Interessen seien zu unterdrücken, um dem Ideal der „homogenen Volksgemeinschaft" nahezukommen.

3. „Führerprinzip und Gewalt"
- Herrschaft sei am besten durch das „Führerprinzip" bzw. einen autoritären Staat auszuüben.
- Demokratische Wahlen und Parlamente seien abzulehnen, ebenso die Gewaltenteilung und -kontrolle.
- Gewaltanwendung sei die einfachste Lösung (innen- und außen-)politischer Probleme.
- Für die noch mangelhafte Verwirklichung der eigenen Ziele seien „innere und äußere Feinde" verantwortlich, wie Andersdenkende, Minderheiten, Verschwörungen in Politik, Wirtschaft, Gesellschaft.
- Die Verbrechen des NS-Staates werden relativiert oder geleugnet, bis hin zum offenen Bekenntnis zur NSDAP.

M1 **Geschändeter jüdischer Friedhof in Schwäbisch-Hall,** Foto, 2000

M2 **Vergangenheitsbewältigung,** Karikatur von Walter Hanel, um 1980

1 Schildere deinen Eindruck von M1.

2 Prüfe mithilfe des Kastens, welche Einstellungen des Rechtsextremismus sich im Nationalsozialismus wiederfinden lassen. Ziehe dieses Kapitel heran.

3 Formuliere die Aussage von M2 und nimm Stellung.

Internettipp

http://www.im.nrw.de/sch/29.htm (Internetseite des Innenministeriums von Nordrhein-Westfalen)

Vernichtungskrieg und Völkermord

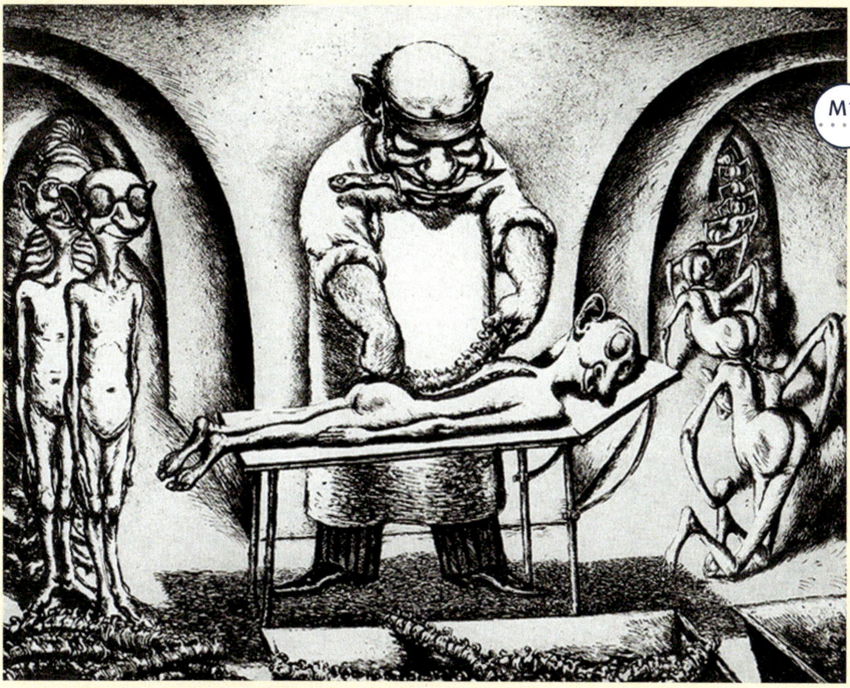

M1 **„Rückgrat raus!"**, Karikatur von A. Paul Weber, 1934

Überprüfe, was du kannst

Sachkompetenz

1 Kläre die Begriffe: Autarkie (S. 265), Münchner Abkommen (S. 269), Shoah (Holocaust) (S. 275), Widerstand (S. 278 ff.), Attentat auf Hitler 1944 (S. 281) und bedingungslose Kapitulation 1945 (S. 283).

2 Beschreibe die NS-Außenpolitik 1933 bis 1939. Verwende die Begriffe „interne Weisung" und „öffentliche Rede" (S. 268 f.).

3 Stelle Ursachen, Verlauf und Ergebnis des Zweiten Weltkriegs dar. Berücksichtige die Besatzungs- und Vernichtungspolitik des NS-Regimes.

Methodenkompetenz

4 Analysiere M1 mithilfe der Methode „Karikaturen entschlüsseln" (S. 102 f.).

Urteilskompetenz

5 a) Ordne den Massenmord an den europäischen Juden in die Ideologie und Politik der NS-Diktatur ein.
b) Erörtere, inwiefern die Vernichtung im Zusammenhang mit dem Krieg steht.

6 Beurteile die These, dass sich Flucht und Vertreibung als Reaktion auf Krieg und Kriegsverbrechen der deutschen Seite rechtfertigen lassen.

Handlungskompetenz

7 Organisiert eine Podiumsdiskussion mit Zeitzeugen, Vertretern der politischen Parteien und lokalen Geschichtsforschern zum Thema: Die Gegenwart der Vergangenheit – Wie zeigt sich heute Rechtsextremismus?

- 1935 Einführung der allgemeinen Wehrpflicht
- 1936 Vierjahresplan zur Wiederaufrüstung
- 1938 Annexion Österreichs und Münchner Abkommen
- März 1939 Zerschlagung der Tschechoslowakei
- 1. September 1939 Deutscher Überfall auf Polen
- 1939 bis 1945 Zweiter Weltkrieg
- 20. Januar 1942 Wannsee-Konferenz
- 20. Juli 1944 Attentat auf Hitler
- 8./9. Mai 1945 Bedingungslose Kapitulation

1935 1936 1937 1938 1939 1940 1941 1942 1943 1944 1945 1946

Nationalsozialismus und Zweiter Weltkrieg

Die Zeit der ersten deutschen Demokratie – der Weimarer Republik – steht zwischen dem 1918 gescheiterten Deutschen Kaiserreich und der nationalsozialistischen Diktatur ab 1933. Mit der Machtübertragung an die Hitler-Bewegung hatten die Feinde der Demokratie die Möglichkeit, den ersten demokratischen Verfassungs- und Rechtsstaat in Deutschland zu zerstören.

Gründung und Zerstörung der Weimarer Republik

Als der Krieg offensichtlich verloren war, protestierten die Matrosen. Dieser Aufstand führte Ende Oktober 1918 zu einer Bewegung, die sich innerhalb weniger Tage über ganz Deutschland ausbreitete. Im Oktober 1918 wurde aus der konstitutionellen eine parlamentarische Monarchie. Mit der Wahl von Friedrich Ebert, einem gemäßigten SPD-Politiker, zum Reichskanzler am 9. November 1918 begann die Weimarer Republik. Das Wahlergebnis zur Nationalversammlung im Januar 1919 bestätigte, dass politisch gemäßigte Kräfte die Mehrheit hatten und die Regierung stellen konnten. Mit den Stimmen der „Weimarer Koalition“ wurde die Verfassung angenommen, die Deutschland zu einer parlamentarischen Republik machte – mit einem Reichspräsidenten an der Spitze. Jedoch war die junge Demokratie durch politische und wirtschaftliche Krisen zeitweise schwer belastet: Im Versailler Vertrag waren Deutschland und seine Verbündeten zu den alleinigen Urhebern des Krieges erklärt und zu hohen Reparationszahlungen verurteilt worden. Für den von der deutschen Bevölkerung abgelehnten Vertrag wurden die unterzeichnenden demokratischen Politiker verantwortlich gemacht. Dies stärkte nationalistische Revanchegelüste (Kapp-Lüttwitz-Putsch 1920, Krisenjahr 1923). Eine andauernde Gefahr für die Republik stellten ihre Gegner dar: antiparlamentarische Gruppen der radikalen Rechten und Linken, nationalistische, monarchistische, antisemitische und kommunistische Kräfte.

Mit der weltweiten Wirtschafts- und Sozialkrise ab 1929 radikalisierten sich große Teile der Bevölkerung, sodass KPD und NSDAP starken Zulauf erhielten. Schließlich zerbrach 1930 die Koalition der demokratischen Partei-

Von der Weimarer Republik zur NS-Herrschaft

Weimarer Republik
- „Novemberrevolution“: Sturz der Monarchie, Ausrufung der Republik im Herbst 1918
- Weimarer Verfassung (1919): parlamentarisch-demokratische Verfassung mit Bürger- und Menschenrechten
- Versailler Vertrag: hohe Reparationszahlungen belasten die junge Demokratie
- politische und soziale Krisen in den 1920er-Jahren
- links- und rechtsradikale Gegner der Republik bekämpfen die parlamentarische Demokratie
- zunehmende Radikalisierung und soziale Probleme durch die Weltwirtschaftskrise ab 1929
- 1930 bis Anfang 1933: Präsidialkabinette, (Selbst-)Entmachtung des Reichstags
- faktisches Ende der Republik 1933

NS-Diktatur: Ideologie und Politik
- Errichtung der Diktatur ab 30. Januar 1933 mit der Ernennung Hitlers zum Reichskanzler
- Ausschaltung der Verfassung (Reichstagsbrandverordnung, Ermächtigungsgesetz, Gleichschaltung der Länder)
- Merkmale des Systems: extremer Nationalismus, Rassismus und Antisemitismus; aggressive Außenpolitik mit anfänglicher Friedensbeteuerung und geheimer Aufrüstung
- Volksgemeinschaft und Führerkult mit dem Ziel, Zustimmung in der Bevölkerung zu erhalten
- Entrechtung, Verfolgung, Bestrafung, Vernichtung von Einzelnen und Minderheiten aus politischen und rassistischen Gründen

Vernichtungskrieg und Völkermord
- seit 1933 zunehmend aggressives Auftreten Deutschlands in der internationalen Politik: Bruch von Verträgen, Anschluss Österreichs an das „Reich“, Zerschlagung der Tschechoslowakei
- Überfall deutscher Truppen auf Polen (1. September 1939) leitet den Zweiten Weltkrieg ein
- Krieg gegen die Sowjetunion (ab 1941), geführt als Weltanschauungs- und Vernichtungskrieg der NS-Diktatur
- systematische Ermordung von Millionen Juden in Vernichtungslagern
- Kapitulation Deutschlands im Mai 1945
- Millionen Menschen sind von Flucht und Vertreibung betroffen

en, und die Phase der „Präsidialkabinette" – gestützt auf die Macht des Reichspräsidenten – begann. Während dieser Zeit wurde die parlamentarische Verfassung weitgehend außer Kraft gesetzt, und Gewaltanwendung auf der Straße wurde zunehmend als Mittel zur Lösung der Probleme gesehen. Mit der Übertragung der Macht an Adolf Hitler am 30. Januar 1933 endete faktisch die Weimarer Republik.

Errichtung des NS-Herrschaftssystems

Zu erklären ist die Gewaltherrschaft der Nationalsozialisten nicht nur mit der wirtschaftlichen Krise. Manche Historiker weisen auf die Machtstrukturen hin, die sich im Deutschen Kaiserreich herausgebildet hatten und das Untertanenbewusstsein verfestigten. Dazu hatte der Weimarer Demokratie ein breiter demokratischer Konsens zwischen den Parteien und gesellschaftlichen Gruppen gefehlt. In dieser Situation stiegen die Chancen der nationalsozialistischen Bewegung, die von führenden konservativen Politikern, Industriellen, Bankiers und Reichswehrangehörigen unterstützt wurde.
Die ersten einschneidenden Maßnahmen der Regierung Hitler, die „Reichstagsbrandverordnung" vom 28. Februar und das „Ermächtigungsgesetz" vom 24. März, dienten als Grundlage für die antidemokratische nationalsozialistische Machtsicherung des „Dritten Reiches". Die „Gleichschaltung" erstreckte sich in der Folgezeit auf alle politischen Ebenen und viele Lebensbereiche. Rassismus und Antisemitismus waren die Kernbestandteile der nationalsozialistischen Weltanschauung. Mit scheinwissenschaftlichen Begriffen wie „Rasse", „Arier" und „Nichtarier" wurde eine Überlegenheit der so genannten arischen Menschen behauptet und ein ausgeprägter Führerkult überhöhte die Person Adolf Hitlers. Massenveranstaltungen dienten der Selbstinszenierung des totalitären Systems.

Die Politik der nationalsozialistischen Diktatur

Die rassistische Politik der Nationalsozialisten wurde ab 1933 umgesetzt. Sie begann mit Boykottmaßnahmen, führte zu der Entrechtung und Verfolgung der deutschen Juden (Nürnberger Gesetze von 1935, Pogrom vom 9. November 1938) und ab 1942 mit dem Vernichtungskrieg im Osten zur systematischen Ermordung von Millionen europäischer Juden in Konzentrations- und Vernichtungslagern (hebr. Shoah/engl. Holocaust). Auch mehrere hunderttausend Sinti und Roma sowie zehntausende Behinderte fielen dem Rassenwahn zum Opfer.
Gleichzeitig zu der Verfolgungspolitik bauten die Nationalsozialisten die Gesellschaft nach ihren Vorstellungen um: Sie propagierten das Ideal einer Volksgemeinschaft, in der angeblich alle Gegensätze beseitigt werden sollten. Widerstand von Gruppen oder Einzelnen gegen das Unrechtsregime, wie die Flugblattaktion der „Weißen Rose" und das Attentat vom 20. Juli 1944, wurde mit Hinrichtungen in rechtswidrigen Schnellverfahren geahndet.

Weltkrieg und Niederlage

Die deutsche Außenpolitik, die unter Kaiser Wilhelm II. den Anspruch einer Weltpolitik erhoben hatte, wandelte sich in der Weimarer Republik zu einer „Verständigungs- und Revisionspolitik". Die langfristige Politik der Nationalsozialisten richtete sich dagegen auf die kriegerische Eroberung von „Lebensraum" im Osten. Die aggressive Außenpolitik Hitlers zeigte sich im Bruch internationaler Abkommen, im Anschluss Österreichs an das „Reich" und in der Zerschlagung der Tschechoslowakei.
Die anfängliche Appeasementpolitik der Westmächte endete mit dem Vorgehen Hitlers gegen die Tschechoslowakei im März 1939. Nach dem Überfall deutscher Truppen auf Polen am 1. September 1939 standen die Westmächte zu ihren Bündnisverpflichtungen und traten in den Krieg gegen Deutschland ein. Während sich Frankreich bald geschlagen geben musste, leistete Großbritannien dauerhaften Widerstand. Mit dem deutschen Angriff auf die Sowjetunion und dem Kriegseintritt der USA (1941) wurde der Krieg zu einem Weltkrieg, in den auch der asiatische Raum einbezogen wurde (Krieg zwischen Japan und den USA). Die verlorene Schlacht um Stalingrad im Januar 1943 leitete die totale Niederlage Deutschlands ein, die mit der bedingungslosen Kapitulation vom 8./9. Mai 1945 besiegelt wurde. In Asien endete der Zweite Weltkrieg nach dem Abwurf von zwei Atombomben auf Hiroshima und Nagasaki durch US-Flugzeuge mit der Kapitulation Japans im August 1945.
Bereits während des Krieges begannen in der Geschichte bisher nicht bekannte Bevölkerungsbewegungen in Mitteleuropa, die sich nach Kriegsende fortsetzten. Millionen Menschen begaben sich auf die Flucht, wurden vertrieben, umgesiedelt oder versuchten heimzukehren.

7. Die Neuordnung Europas und der Welt nach 1945

Schon in der ersten Hälfte des 20. Jahrhunderts waren Spannungen zwischen den USA und der Sowjetunion deutlich geworden. Nach 1945 verstärkten sie sich so, dass vom „Kalten Krieg" gesprochen wurde. Bis zur Herstellung der deutschen Einheit 1990 und zur Auflösung der Sowjetunion 1991 bestimmte der Ost-West-Konflikt – die Gegnerschaft zwischen dem westlichen Bündnissystem um die USA und dem östlichen unter Führung der Sowjetunion – die Weltpolitik. Die 1945 gegründete UNO (United Nations Organization) und die europäische Einigungsbewegung erlangten weltpolitische Bedeutung, später auch eine Entwicklung, die als „Globalisierung" bezeichnet wird.

Folgende Fragen leiten dich durch das Kapitel:

- ***Welche Ursachen hatte der Kalte Krieg?***
- ***Wie wirkte sich der Kalte Krieg weltweit aus und wie wurde er überwunden?***
- ***Welche Folgen hatte die deutsche Einheit in Deutschland und auf europäischer Ebene?***
- ***Was ist „Globalisierung"? Welche Ursachen und Auswirkungen hat sie?***

1 Erläutere, welche Informationen über die Welt nach 1945 du den Abbildungen entnehmen kannst.

2 Manche Menschen behaupten, dass die Weltpolitik in der Zeit des Ost-West-Konflikts übersichtlicher gewesen sei als heute. Was könnte mit der Aussage gemeint sein? Notiert eure Vermutungen und überprüft sie in diesem Kapitel.

„Schwerter zu Pflugscharen", Skulptur des russischen Künstlers Jewgenij Wutschetitsch von 1957 vor dem Gebäude der UNO in New York.

„Wir – Sie“, Karikatur, 1981

„Einheit“, Karikatur von Burkhard Mohr, 1995

Kalter Krieg und Entspannung – Internationale Politik seit 1945

Wissen • Urteilen • Handeln • Methoden anwenden

Am Ende dieses Unterkapitels kannst du

- Anfänge und Ursachen des Kalten Krieges beschreiben
- die Entstehung der Militärblöcke darstellen und die weltpolitischen Folgen bewerten
- die Entstehung von NATO und Warschauer Pakt als Ausdruck des Kalten Krieges erläutern
- Zielsetzungen und Grenzen der Bewegung blockfreier Staaten darstellen
- den Prozess der Entkolonialisierung erläutern und Folgeprobleme benennen
- das Scheitern des kommunistischen Herrschaftssystems in der UdSSR und in Osteuropa erklären

Militärische Blöcke im Kalten Krieg 1956

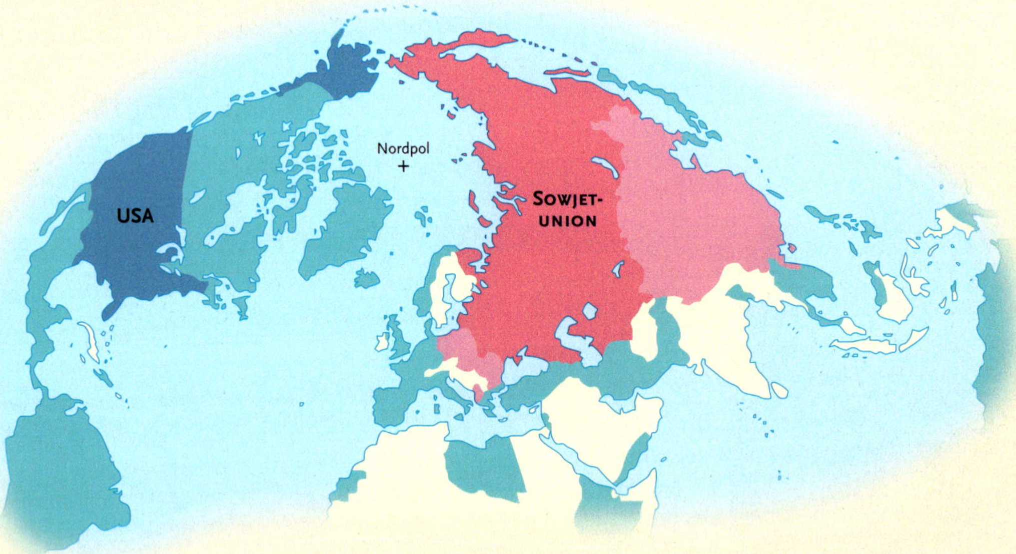

Kalter Krieg

1947 bis 1991

Die Anfänge des Kalten Kriegs

Ursachen und Stationen der Konfrontation

Das zur Niederschlagung des Hitlerregimes geschlossene Zweckbündnis zwischen den USA, Großbritannien und der UdSSR hatte mit der Niederlage Deutschlands seine gemeinsame Grundlage verloren. Die schon seit der Russischen Revolution von 1917 bestehenden politischen, wirtschaftlichen und gesellschaftlichen Gegensätze zwischen dem „Osten“ und dem „Westen“, mit der UdSSR und den USA als Führungsmächte, traten wieder stärker hervor. Tatsächlich verschlechterte sich das Verhältnis zwischen den USA und der Sowjetunion rapide, als die sowjetische Führung Gebiete in Ost- und Südosteuropa, die die Rote Armee befreit und besetzt hatte, zu einem Schutzgürtel gegen eventuelle Angriffe der USA ausbaute. Dazu wurden diese Staaten nach sowjetischem Muster umgestaltet. Als die Sowjetregierung auch auf Staaten wie die Türkei, Griechenland und den heutigen Iran Druck ausübte, werteten die USA unter Präsident Harry S. Truman dies als Bedrohung für die westliche Welt und setzten eine Politik der Eindämmung (engl. containment) dagegen. Für fast ein halbes Jahrhundert bestimmte seit etwa 1947 der so genannte Kalte Krieg die Weltpolitik, dessen frühe Höhepunkte die Berlin-Blockade* (1948/49), der Koreakrieg* (1950–1953) und die Kuba-Krise* (1962) waren.

M1

„Kann dir die Hand nicht geben …“, Karikatur, 1950

1 Beschreibe anhand des Darstellungstextes und der Karte auf S. 296 die Anfänge des Kalten Krieges.

2 Untersuche anhand von M2A und M2B, welche Vorstellungen die eine Seite von der anderen hatte.

3 Entschlüssle die Karikatur M 1.

M2

Politische Konfrontation

Der amerikanische Präsident Harry S. Truman äußerte sich am 12. März 1947 in einer Botschaft an den Kongress über die Weltlage:

2 A In einer Anzahl von Ländern waren den Völkern kürzlich gegen ihren Willen totalitäre Regime aufgezwungen worden. Die Regierung der USA hat mehrfach gegen Zwang und Einschüchterung bei der Verletzung des Jalta-Abkommens in Polen, Rumänien und Bulgarien protestiert … Im gegenwärtigen Abschnitt der Weltgeschichte muss fast jede Nation ihre Wahl in Bezug auf ihre Lebensweise treffen. Die eine Lebensweise gründet sich auf den Willen der Mehrheit und zeichnet sich durch freie Einrichtungen, freie Wahlen, Garantie der individuellen Freiheit, Rede- und Religionsfreiheit und Freiheit vor politischer Unterdrückung aus. Die zweite Lebensweise gründet sich auf den Willen einer Minderheit, der der Mehrheit aufgezwungen wird. Terror und Unterdrückung, kontrollierte Presse und Rundfunk, fingierte Wahlen und Unterdrückung der persönlichen Freiheit sind ihre Kennzeichen … Ich glaube, dass wir den freien Völkern helfen müssen, sich ihr eigenes Geschick nach ihrer eigenen Art zu gestalten.

Das im September 1947 auf Initiative Stalins gegründete Kommunistische Informationsbüro (Kominform) gab im selben Monat die folgende Erklärung zur internationalen Lage bekannt:

2 B Infolge des Zweiten Weltkriegs und in der Nachkriegsperiode sind wesentliche Änderungen in der internationalen Lage eingetreten … So sind zwei Lager entstanden: das imperialistische, antidemokratische Lager, dessen Hauptziel darin besteht, die Weltvormachtstellung des amerikanischen Imperialismus zu erreichen und die Demokratie zu zerstören, und das antiimperialistische, demokratische Lager, dessen Hauptziel es ist, den Imperialismus zu überwinden, die Demokratie zu konsolidieren und die Überreste des Faschismus zu beseitigen. Der Kampf zwischen den beiden entgegengesetzten Lagern … vollzieht sich unter den Bedingungen einer weiteren Verschärfung der allgemeinen Krise des Kapitalismus, des Niedergangs der Kräfte des Kapitalismus und der Festigung der Kräfte des Sozialismus und der Demokratie.

M2A: Zit. nach Europa-Archiv, 1947, S. 820. M2B: Zit. nach Boris Meissner (Hg.), Das Ostpakt-System. Dokumentation, Frankfurt a. M. (Metzner) 1955, S. 97.

Blockbildung im Kalten Krieg

Machtinteressen in Ost und West

Die Ereignisse des Jahres 1948 gaben der Entstehung der beiden Machtblöcke Antrieb: der gewaltsame Sturz der bürgerlich-demokratischen Regierung in der Tschechoslowakei und die sowjetische Blockade Berlins. Für die westlichen Politiker waren beide Ereignisse ein Beweis für den Expansionsdrang der Sowjetunion, vor dem sich der Westen gemeinsam militärisch absichern müsse. Während die UdSSR ihren Machtbereich durch zweiseitige (bilaterale) „Freundschafts- und Beistandsverträge“ mit allen osteuropäischen Staaten absicherte, entstand im Westen mit dem Brüsseler Vertrag (März 1948) zwischen Großbritannien, Frankreich und den Benelux-Staaten das erste Verteidigungsbündnis in Europa. Weitere westeuropäische Staaten drängten auf eine Verbesserung ihrer Sicherheitsbasis durch eine Anbindung an die amerikanische Atomstreitmacht.

M1

Der Kalte Krieg – Erklärungsversuche

Der deutsche Historiker Bernd Stöver schrieb 2006:

In der historischen Forschung wurden in den 45 Jahren der Auseinandersetzung drei Hauptdeutungen präsentiert:

(1) Nach der traditionellen Vorstellung, der frühesten Erklärung, war für die Entstehung und Forcierung des Kalten Krieges die marxistisch-leninistische Ideologie mit ihrem Anspruch auf die Weltrevolution verantwortlich. Diese habe die Sowjetunion prinzipiell auf einen aggressiven Kurs gegenüber dem Westen festgelegt …

(2) Die revisionistische Erklärung betonte seit den Sechzigerjahren die amerikanische Verantwortung für die Entstehung des Kalten Krieges … Die Ursache des Konflikts müsse man … in der politisch-wirtschaftlichen Struktur der Vereinigten Staaten sehen, die auf permanente Erschließung neuer Absatz- und Rohstoffmärkte ausgerichtet sei …

(3) Beide Positionen haben sich seit den Siebzigerjahren in der postrevisionistischen Interpretation des Kalten Krieges angenähert: Sie geht davon aus, dass die Fehlinterpretation beider Seiten für die rasante Entstehung der bedrohlichen Entwicklung der Auseinandersetzung maßgeblich war. Kontinuierlich habe die verfehlte Wahrnehmung falsche Entscheidungen produziert.

Bernd Stöver, Der Kalte Krieg, München (C. H. Beck) 2006, S. 9 ff.

M2

Die Haltung der UdSSR zum Marshallplan

Aus der Verlautbarung über die Gründung des Rates für gegenseitige Wirtschaftshilfe (RGW*), dem die UdSSR, Bulgarien, Ungarn, Polen, Rumänien und die Tschechoslowakei angehörten (25. Januar 1949):

Die Konferenz stellte bemerkenswerte Erfolge in den zwischen den erwähnten Ländern [RGW*-Staaten] herrschenden wirtschaftlichen Beziehungen fest … Die Konferenz hat weiter festgestellt, dass die Regierungen der Vereinigten Staaten und Großbritanniens sowie die Regierungen verschiedener anderer westeuropäischer Staaten dem Sachverhalt nach einen wirtschaftlichen Boykott gegen die volksdemokratischen Länder und gegen die UdSSR verhängt haben, weil es diese Länder nicht für möglich erachten, sich dem Diktat des Marshallplans* zu unterwerfen, da dieser Plan die Souveränitätsrechte der Länder sowie die Interessen ihrer nationalen Wirtschaft verletzen würde.

Boris Meissner (Hg.), Das Ostpakt-System, Frankfurt a. M., 1955, S. 108 f. zit. nach Geschichte in Quellen, Bd. 7, bearb. v. Helmut Krause und Karlheinz Reif, München (bsv) 1980, S. 463.

M3

Grundzüge der US-Außenpolitik

Der amerikanische Außenminister Dean Acheson erklärte in einer Radioansprache am 18. März 1949:

Wir haben erfahren, dass die freien Nationen eine nach der anderen einem Angriff zum Opfer fallen, wenn sie sich nicht zusammenschließen. Die Strategie des Angreifers bezweckt die Aufrechterhaltung der Spaltung zwischen seinen möglichen Opfern … Die Regierung der Vereinigten Staaten und die freien Völker Europas sind entschlossen, eine Wiederholung dieser Erfahrungen der Weltgeschichte nicht zuzulassen … In der heutigen Welt kann die Sicherheit der Vereinigten Staaten nicht im Rahmen ihrer Grenzen gewährleistet werden. Jede ernste Bedrohung des internationalen Friedens und der Sicherheit in der ganzen Welt interessiert unmittelbar die Vereinigten Staaten. Unsere Politik besteht nun darin, den freien Völkern zu helfen, ihre Integrität und ihre Unabhängigkeit aufrechtzuerhalten. Das bezieht sich nicht nur auf Westeuropa oder auf den amerikanischen Kontinent, sondern auf alle Staaten, wo die Hilfe der Vereinigten Staaten wirksam sein kann.

Zit. nach Geschichte in Quellen, Bd. 7, bearb. v. Helmut Krause und Karlheinz Reif, München (bsv) 1980, S. 387.

M4

Politisch-militärische Zusammenschlüsse in Europa 1945 bis 1990

M5

Der Kalte Krieg – unvermeidlich?

Der Historiker Wilfried Loth schrieb 2002 über die „Formation der Blöcke", wobei er neue Quellen nach der teilweisen Öffnung der Archive in Russland und anderen osteuropäischen Staaten seit 1990/91 berücksichtigte:

[Die] Auseinandersetzung zwischen Ost und West wurde [seit 1947] nicht länger als bloßes machtpolitisches Ringen um Einflusssphären und Sicherheitsansprüche verstanden, sondern immer mehr als existenzieller Kampf zwischen gegensätzlichen Gesellschaftsordnungen und Lebensformen … Die Gesamtaussage kann daher im Wesentlichen unverändert bleiben: Der Kalte Krieg war angesichts der machtpolitischen Konstellation, zu der der Zweite Weltkrieg im Ergebnis geführt hatte, durchaus wahrscheinlich, aber er war nicht unvermeidlich. Eine kooperativere Nachkriegsordnung war denkbar, sie lag im Sicherheitsinteresse der Sowjetunion ebenso wie im Interesse an der Durchsetzung westlicher Prinzipien. Dass sie nicht gelang, ist in erster Linie den Kurzsichtigkeiten westlicher Politik zu verdanken, doch hat auch die Politik Stalins … höchst aktiv zum Scheitern der Kooperation beigetragen.

Wilfried Loth, Die Teilung der Welt, 10. Aufl., München (dtv) 2002, S. 224 ff.

Begriffe und Daten

Kalter Krieg

Bezeichnung für eine Phase des Ost-West-Konflikts zwischen 1947 und 1991. Im Kern wird der Kalte Krieg als Auseinandersetzung („Nicht-Frieden") zwischen zwei unvereinbar erscheinenden Weltanschauungen mit ihren politischen, gesellschaftlichen und wirtschaftlichen Systemen gesehen.

1 Erarbeite anhand des Darstellungstextes und M1, wie die Entstehung der Machtblöcke bzw. des Kalten Krieges erklärt wird.

2 Fasse die Grundzüge der amerikanischen Außenpolitik mit eigenen Worten zusammen (M3).

3 Stelle fest, wie die Haltung der sowjetischen Politik zum Marshallplan begründet wurde (M2).

4 Beschreibe anhand von M4 die Bündnisstruktur in Europa zwischen 1945 und 1990.

5 Beantworte die Frage in der Überschrift zu M5. Ziehe M1 heran.

Bündnisse in einer geteilten Welt

NATO und Warschauer Pakt

Die während der Berlin-Krise 1948/49 begonnenen Verhandlungen über ein westliches Verteidigungsbündnis führten am 4. April 1949 in Washington zur Gründung der NATO (North Atlantic Treaty Organization), der die USA, Kanada und zehn westeuropäische Staaten beitraten. 1952 kamen die Türkei und Griechenland, 1955 die Bundesrepublik Deutschland hinzu. Die USA sahen ihre Strategie bestätigt, als die Atombombenversuche der Sowjets erfolgreich waren und die Kommunistische Partei unter Mao Zedong in China an die Macht gekommen war.

Als die Sowjetunion 1955 mit sechs osteuropäischen Ländern und der DDR den Warschauer Pakt als Gegenstück zur NATO bildete, war dies die sichtbare „Zementierung" der beiden Blöcke und der Beginn eines jahrzehntelangen Wettrüstens.

Der Konflikt eskalierte 1950, als nordkoreanische Truppen Südkorea angriffen. Die von China und der UdSSR unterstützten Nordkoreaner brachen damit die amerikanisch-sowjetische Vereinbarung über die Teilung Koreas. Im Auftrag der UNO griffen US-Truppen ein und drängten die nordkoreanischen Streitkräfte hinter den 38. Breitengrad zurück. 1953 wurde schließlich der ursprüngliche Zustand der Teilung wiederhergestellt. Im Zuge des Koreakriegs* gewannen die Verbündeten der USA an Bedeutung. Für die Bundesrepublik bedeutete dies eine Beschleunigung der Westintegration und der politischen Souveränität.

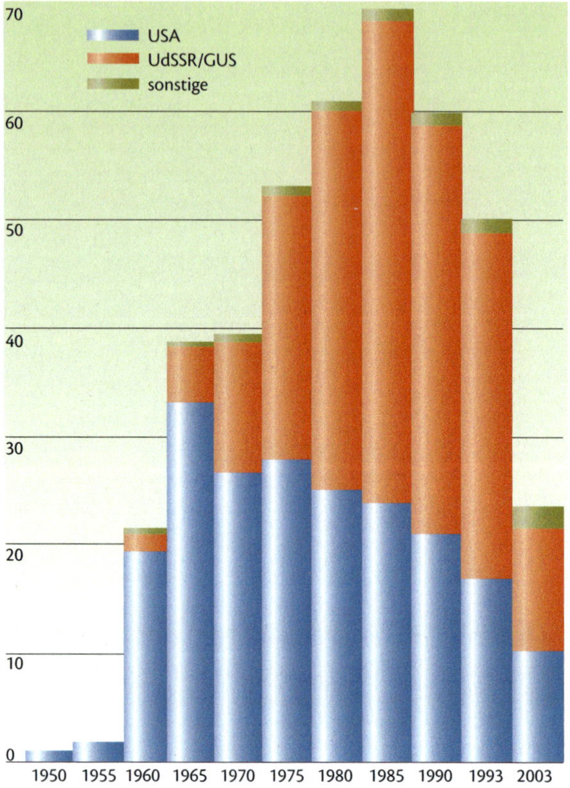

M1 **Zahl der weltweit vorhandenen nuklearen Sprengköpfe 1945 bis 2003**

M2 **„Them and us"**, Gemälde des amerikanischen Künstlers Neil Jenney, 1969

M3

NATO-Vertrag und Warschauer Pakt

Aus der Präambel (feierliche Erklärung als Einleitung) des NATO-Vertrags vom 4. April 1949:

3A Die vertragschließenden Parteien erklären von neuem ihren Glauben an die Ziele und Grundsätze der Satzung der Vereinten Nationen und ihren Wunsch, mit allen Völkern und allen Regierungen in Frieden zu leben. Sie sind entschlossen, die Freiheit, das gemeinsame Erbe und die Zivilisation ihrer Völker zu sichern, die sich auf die Grundsätze der Demokratie, der individuellen Freiheit und der Herrschaft des Rechts begründet …

Artikel 1. Die Parteien verpflichten sich, … jegliche internationale Streitigkeiten, in die sie verwickelt werden könnten, durch friedliche Mittel … beizulegen …

Artikel 5. Die vertragschließenden Parteien sind sich darüber einig, dass ein bewaffneter Angriff auf eine oder mehrere von ihnen in Europa oder Nordamerika als ein Angriff gegen sie alle betrachtet werden soll, und demzufolge haben sie sich dahin geeinigt, dass jede von ihnen im Falle eines solchen bewaffneten Angriffs … der Partei oder den Parteien, die derart angegriffen werden, beistehen wird.

Zit. nach Geschichte in Quellen, Bd. 7, bearb. v. Helmut Krause und Karlheinz Reif, München (bsv) 1980, S. 386.

Aus dem Warschauer Vertrag vom 15. Mai 1955:

3B *Artikel 1.* Die vertragschließenden Parteien verpflichten sich in Übereinstimmung mit der Satzung der Organisation der Vereinten Nationen, sich in ihren internationalen Beziehungen der Drohung mit Gewalt oder ihrer Anwendung zu enthalten und ihre internationalen Streitfragen mit friedlichen Mitteln so zu lösen, dass der Weltfrieden und die Sicherheit nicht gefährdet werden …

Artikel 4. Im Falle eines bewaffneten Überfalls in Europa oder auf einen oder mehrere Teilnehmerstaaten des Vertrages seitens irgendeines Staates oder einer Gruppe von Staaten wird jeder Teilnehmerstaat des Vertrages in Verwirklichung des Rechtes auf individuelle oder kollektive Selbstverteidigung … sofortigen Beistand individuell und in Verbindung mit den anderen Teilnehmerstaaten des Vertrages mit allen Mitteln … erweisen.

Zit. nach Geschichte in Quellen, Bd. 7, bearb. v. Helmut Krause und Karlheinz Reif, München (bsv) 1980, S. 464 f.

Begriffe und Daten

NATO

Der Bündnisvertrag der NATO-Staaten wurde am 4. April 1949 geschlossen und besitzt bis heute Gültigkeit. Die Unterzeichner betonen ihren Wunsch nach weltweitem Frieden, zeigen sich aber auch entschlossen, die demokratischen Grundrechte sowie das kulturelle Erbe und den Wohlstand ihrer Länder gemeinsam zu verteidigen.

Im Vertrag verpflichten sie sich, den Frieden in der Welt nicht zu gefährden und internationale Konflikte ohne Gewaltanwendung zu lösen. Um die einzelnen Mitgliedsstaaten gegen Angriffe schützen zu können, wollen sie einzeln, aber auch gemeinsam ihre militärische Stärke so ausbauen, dass die nationale Sicherheit wie auch die der Bündnispartner gewährleistet ist. Falls einer der Staaten angegriffen werden sollte, unterstützen ihn die anderen.

Warschauer Pakt

Der „Vertrag über Freundschaft, Zusammenarbeit und gegenseitigen Beistand“ wurde am 15. Mai 1955 zwischen der Sowjetunion und den meisten osteuropäischen Staaten geschlossen und existierte bis 1992. Er wurde – im Gegensatz zur NATO – ergänzt durch bilaterale Freundschafts- und Beistandspakte der einzelnen Mitgliedsstaaten.

Die Unterzeichner versicherten, dass sie zum Weltfrieden beitragen und Streitfragen auf diplomatischem Weg klären würden. Sie erklärten sich zu internationaler Zusammenarbeit im Sinne der Friedenssicherung bereit. Wenn eines der Mitglieder angegriffen würde, so verpflichteten sich alle anderen, diesem beizustehen. Die Staaten des Warschauer Paktes beschickten aus ihren nationalen Streitkräften ein gemeinsames Kommando. Darüber hinaus wurde vereinbart, alle Maßnahmen zu unterstützen, die das Bündnis stark machten.

1 Vergleiche die Aussagen von M2 (S. 300) und M1 (S. 297). Beachte bei beiden das Entstehungsjahr.

2 Führe einen inhaltlichen und sprachlichen Vergleich von M3A und M3B durch. Notiere Gemeinsamkeiten und Unterschiede. Ziehe den Kasten heran.

3 Diskutiert gemeinsam, inwieweit sich an M1 Bedrohungspotenziale erkennen lassen.

Feindbilder im Kalten Krieg

Bilder und Worte als Waffen

Als in den 1980er-Jahren zwischen Ost und West wieder über Abrüstung verhandelt wurde, schrieb der Schweizer Historiker und Politikwissenschaftler Daniel Frei in seinem Buch „Feindbilder und Abrüstung“: „Die meisten Kommentatoren befassen sich mit der Zahl und Leistungsfähigkeit der Waffen – ... Doch wichtiger als die Sprengköpfe sind die Köpfe der Menschen ... Das Bild, das jede Seite sich vom Gegner macht, bestimmt auch den Gang der Verhandlungen.“ Mit der politischen Teilung Deutschlands und Europas nach 1945 und der Einschränkung und Verhinderung des gegenseitigen Informationsaustausches, z. B. durch Pressemedien, verfestigten sich die „Bilder“ vom Gegenüber. Ungenaue Kenntnisse und vorschnelle Bewertungen – gesteigert durch gezielte Propaganda auf beiden Seiten – förderten in der Phase des Kalten Krieges die Entstehung von Feindbildern. Die Ursachen für die Verzerrung und Verfälschung von Wahrnehmungsmustern im historisch-politischen Bereich sind bislang unzureichend erforscht. Offensichtlich werden in politischen Konfliktsituationen vereinfachende und verfälschende Wahrnehmungen ausgelöst, die ein bestimmtes Bild vom Gegner hervorbringen. Im Fall des Ost-West-Konflikts muss von tieferen Konfliktursachen ausgegangen werden, die in den Feindbildern oft nicht mehr erkennbar oder verdeckt sind. Feindbilder können ein Eigenleben entwickeln.

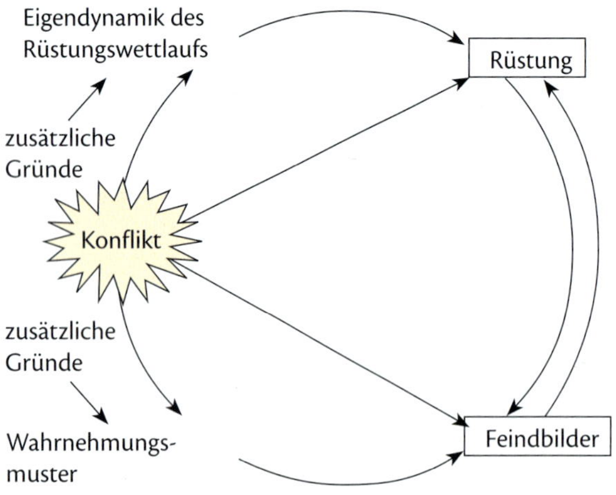

M1 **Der Zusammenhang zwischen Konflikt, Rüstung und Feindbild**

M2 **„Spiegelbildlichkeit der Argumente“**

Der Historiker Wolfgang Bickel schrieb 1991:

Hervorstechendes Merkmal des Vorgangs [der Entstehung von Feindbildern] ist die Spiegelbildlichkeit der Argumente. Schematisch erfolgt eine Zuordnung, die sich selbst Rechtschaffenheit, Friedensliebe, Reinheit, die Vorstellung, unschuldig bedroht zu sein, zuspricht, im jeweiligen anderen den Vertreter des Bösen, der Feindseligkeit, des Todes sieht. Auffallend ist das hohe Maß an Aggressivität, das sich mit der Versicherung, unschuldig zu sein, schlecht verträgt ... Die einzelnen Denkoperationen im Rahmen des Freund-Feind-Gefüges von der Konstruktion einer Rakete bis zur Kalkulation der Wirkung eines Erstschlages mögen von rationaler Klarheit sein – die Grundstruktur ist total irrational. Die Sicht ist dermaßen beschränkt, dass es nicht auffällt, in welchem Maße die Zuteilung der Attribute des Bösen „an den Gegner“ und die Vorbereitung seiner Vernichtung doch den Tatbestand der Bosheit bereits erfüllen ... Im Zentrum jenes globalen Vorgangs, des Kalten Krieges ..., stehen also psychische Prozesse. Und von entscheidender Bedeutung ist hierbei die mangelnde Fähigkeit und Bereitschaft, das Unakzeptable in sich zu erkennen und die Verantwortung dafür zu übernehmen. Akzeptabel werden Arglist und Aggressivität erst, wenn sie im Dienst einer so genannten guten Sache als Gutes getarnt aufsteigen dürfen – und hierzu braucht man den Feind. Im Kampf für die gute Sache ist es verdienstvoll, zu töten – was ja dann auch legalisiert und im tiefsten Sinne sanktioniert ist ...
Es muss generell davon ausgegangen werden, dass, soweit menschliche Überlieferung zurückreicht, Gefühle sozialer Solidarität und gesellschaftlicher Zugehörigkeit immer auch durch Feindbilder aufgebaut werden. Dies scheint sich zudem ohne bewusste Steuerung zu vollziehen. Dabei bietet sich als Feind jemand an, der nicht zur Gruppe gehört, dessen Aussehen als fremd, dessen Verhalten als unberechenbar erscheint ... Kommt nun eine lebhafte Vorstellung hinzu, dieses Fremde bedränge die Gruppe und hindere sie in ihrem Lebensraum, dann werden ungewöhnliche Energien freigesetzt mit dem Ziel, koste es, was es wolle, sich der Bedrohung zu entledigen.

Wolfgang Bickel, „Seien wir doch ehrlich ...“. Vom Bild des Feindes im Kalten Krieg. In: Praxis Geschichte, H. 5, 1991, S. 28.

M3 **Plakat aus der Bundesrepublik Deutschland,** 1952

M5 **Plakat aus der DDR.** Die DDR beschuldigte die USA, die sozialistische Kartoffelernte vernichten zu wollen.

M4 **Plakat aus der Bundesrepublik Deutschland,** 1951. Herr „Ohne-mich" ist ein Gegner der Wiederaufrüstung in Westdeutschland.

1 Erarbeite anhand von M3 bis M5 die hier dargestellten Feindbilder im Kalten Krieg. Achte auf die einzelnen Bildelemente und deren (symbolische) Bedeutung und formuliere zu jedem Bild eine zusammenfassende Aussage.

2 Erläutere die „Spiegelbildlichkeit der Argumente" (M2) und untersuche, wie der Autor die Entstehung von Feindbildern erklärt.

3 Stelle einen Bezug zwischen M2 und den Plakaten (Aufgabe 1) her. Nimm den Darstellungstext zu Hilfe.

4 Beschreibe anhand von M1 den Zusammenhang von Konflikt, Rüstung und Feindbild.

5 Nenne Beispiele, wo sich in der Gegenwart Ansätze für Feindbilder zeigen. Bedenke deine eigene Sichtweise.

6 Diskutiert, welche Möglichkeiten ihr seht, Feindbilder in der Politik abzubauen.

Die Bewegung der blockfreien Staaten

Das Beispiel Jugoslawien

Als ein Ergebnis des Zweiten Weltkrieges wurde Jugoslawien, ein aus sechs Republiken bestehender Bundesstaat, in seinen Vorkriegsgrenzen wiederhergestellt. Das Land hatte sich unter dem Anführer der kommunistischen Partisanenbewegung Josip Broz („Tito") mit nur geringer sowjetischer Unterstützung vom deutschen und italienischen Eroberungsregime befreit. Obwohl Jugoslawien zunächst dem sowjetischen Machtblock (Kominform) angehörte, kam es im Frühjahr 1948 wegen sowjetischer Einmischungen in die Innenpolitik zum Bruch mit Moskau. Im Juni 1949 beschloss die Kominform formal den Ausschluss Jugoslawiens. Dem Druck der UdSSR setzte Tito ein eigenes Sozialismusmodell entgegen und sicherte seine unabhängige Politik durch Kontakte zum Westen und Zusammenarbeit mit blockfreien Staaten ab. Trotz Aussöhnung mit der sowjetischen Führung nach Stalins Tod 1953 hielt sich Tito dem sowjetischen Militärblock fern. Das ermöglichte ihm, sich als einer der Führer der Bewegung der blockfreien Staaten zu profilieren.

Die Bewegung entsteht

Den ersten Schritt zur Organisierung der Bewegung der blockfreien Staaten bildete die Bandung-Konferenz in Indonesien 1955. An ihr nahmen 340 Delegierte aus 23 Ländern Asiens, aber erst sechs Länder Afrikas teil, da die Welle der Entkolonialisierung Afrika erst in den 1960er-Jahren erfasste. Die Vertreter der Blockfreien repräsentierten zusammen rund 1,4 Milliarden Menschen, das waren ca. 55 Prozent der Weltbevölkerung. Die Bewegung wurde vom ägyptischen Präsidenten Gamal Abdel Nasser (1918–1964), dem indonesischen Präsidenten Sukarno (1901–1970), dem indischen Ministerpräsidenten Jawaharlal Nehru (1889–1964) und dem jugoslawischen Präsidenten Josip Broz Tito (1892 bis 1980) angeführt. An der 1. Gipfelkonferenz der Blockfreien in Belgrad 1961 nahmen 28 Staatsoberhäupter teil. Bedeutend war ihr Einfluss auf die Bemühungen um Entspannung, Frieden, Konfliktlösung und Entkolonialisierung. Wegen eines fehlenden institutionellen Rahmens blieb ihre Handlungsfähigkeit jedoch begrenzt.

M1

Bilanz der blockfreien Bewegung

Auf der 4. Konferenz der Staats- und Regierungschefs nichtpaktgebundener Länder in Algier (1973) zog Tito die folgende Bilanz zur Bewegung der blockfreien Staaten:

Die ständig zunehmende Zahl der Länder, die sich für die Politik der Nichtpaktgebundenheit entschieden haben, ist ein überzeugender Beweis für die Tatsache, dass diese Politik einen machtvollen Durchbruch in der Welt erzielt hat …

Wenn wir in diesem Augenblick auf die vergangene Periode und den Beitrag der nichtpaktgebundenen Länder bei der Lösung der brennenden Probleme der Gegenwart zurückschauen und den Blick in die Zukunft richten, so werden in unseren Gedanken und Erinnerungen die Gestalten der großen Baumeister des Friedens und Pioniere der Nichtpaktgebundenheit wieder lebendig …, die in der Politik der Nichtpaktgebundenheit den Weg zu einer besseren und gerechteren Welt sahen …

Ich glaube, wir sind uns darüber einig, dass die nichtpaktgebundenen Länder die Entwicklung der internationalen Beziehungen nicht als Beobachter verfolgen, sondern an ihnen als aktive Mitgestalter und oft auch als Initiatoren wertvoller Lösungen teilnehmen.

Erinnern wir uns der Tatsache, dass die Belgrader Konferenz [1961] an die durch den Kalten Krieg entzweiten Großmächte den Appell richtete, sich zumindest zusammenzusetzen und Verhandlungen aufzunehmen. Das war ein Ausdruck der Besorgnis der Menschheit und eine Stimme ihres Gewissens, die nicht ohne Widerhall blieb.

Wenn in der Zwischenzeit der Kalte Krieg seine Schärfe verloren hat, wenn in den Beziehungen zwischen den Großmächten die Konfrontation in vieler Hinsicht durch Verhandlungen und Übereinkommen abgelöst wurde, wenn sich die Situation in einigen Teilen der Welt verbessert hat, dann sind in diesen Prozess auch unsere Bemühungen mit eingeflossen …

Die bedeutendste Verbesserung der Situation wurde in Europa erzielt.

Josip Broz Tito, Ausgewählte Reden, Berlin (Dietz) 1976, S. 177 f.

M3

Die „Großen Drei" der Bewegung der blockfreien Staaten: Ägyptens Staatspräsident Gamal Abdel Nasser, Indiens Premier Jawaharlal Nehru und Josip Broz Tito (von links), Foto, 1956

M2

Die Konferenz von Bandung

Aus der Abschluss-Erklärung der Konferenz von Bandung (Indonesien) 1955:

Auf der Konferenz wurden Mittel und Wege erörtert, mit deren Hilfe die Völker Asiens und Afrikas beste wirtschaftliche, kulturelle und politische Zusammenarbeit erzielen können …

1. Die Asiatisch-Afrikanische Konferenz erklärte ihre volle Unterstützung für die fundamentalen Prinzipien der Menschenrechte, wie sie in der Charta der Vereinten Nationen festgelegt sind … Die Konferenz äußerte ihre volle Unterstützung für die Prinzipien der Selbstbestimmung der Völker und Nationen …

2. Die Asiatisch-Afrikanische Konferenz bedauert die Politik und Praxis von Rassentrennung und -diskriminierung, die in großen Teilen Afrikas und anderen Teilen der Welt die Grundlage der Regierungspolitik und der menschlichen Beziehungen darstellt …

Die Konferenz kam überein zu erklären,

a) dass der Kolonialismus in allen seinen Formen ein Übel ist, das so schnell wie möglich ausgerottet werden muss;

b) dass die Unterwerfung von Völkern unter fremdes Joch, unter ausländische Herrschaft und Ausbeutung eine Verleugnung der fundamentalen Menschenrechte darstellt …;

c) die Sache der Freiheit und Unabhängigkeit all dieser Völker zu unterstützen;

d) dass sie an die betreffenden Mächte appelliert, all diesen Völkern Freiheit und Unabhängigkeit zu gewähren.

Zit. nach Geschichte in Quellen, Bd. 7, bearb. v. Helmut Krause und Karlheinz Reif, München (bsv) 1980 S. 619 f.

M4

Indien und die Gefahr des Kommunismus

Den so genannten Neutralismus Indiens begründete ein indischer Politiker für nordamerikanische Leser (Januar 1954):

Indien meint genauso bestimmt wie die USA, dass der Kommunismus eine Gefahr sei, aber es fühlt, dass die Gefahr nur dann bedrohlich werden wird, wenn die freien Nationen Asiens unfähig sind, ihr wirtschaftliches und politisches Leben auf einer gesunden, tragfähigen Grundlage zu organisieren. Der Wettlauf zwischen Demokratie und Kommunismus muss im inneren Gefüge eines jeden Staates ausgefochten werden. Falls Indien und die Nationen Südasiens ihren Lebensstandard verbessern können, den Aufbau ihrer jeweiligen Gesellschaft modernisieren, ihre Rohstoffquellen am vorteilhaftesten nutzen, den breiten Massen Erziehung und Gesundheit bieten, dann werden sie fähig sein, den Kommunismus zu besiegen. In diesem Kampf befindet sich Indien, und es will ihn nicht verlieren.

Zit. nach Heinrich Bodensieck, Der Kalte Krieg, Weltpolitik 1945–1962, 3. Aufl., Stuttgart (Klett) 1981, S. 91.

1 Beschreibe anhand des Darstellungstextes die Position Jugoslawiens zwischen Ost und West.

2 Fasse mithilfe von M2 in Stichworten die Ziele der Konferenz von Bandung zusammen und nimm Stellung.

3 Prüfe, warum in der Bildunterschrift zu M3 von den „Großen Drei" die Rede ist. Nimm den Darstellungstext zu Hilfe.

4 Untersuche, wie Tito im Rückblick die Politik der blockfreien Länder bewertet und worin er vor allem die Leistungen der Bewegung sieht (M1).

5 Vergleiche die Position des indischen Politikers zur Einschätzung des Kommunismus mit der US-amerikanischen Position der 1950er-Jahre. Ziehe die Seiten 297/298 heran.

6 Erörtere zusammenfassend, welche Faktoren einer weltpolitisch bedeutenderen Rolle der Bewegung der Blockfreien in den 1950er und 1960er-Jahren entgegenstanden.

Entkolonialisierung und Nord-Süd-Konflikt

Aus Kolonien werden Staaten

In Lateinamerika waren es die Napoleonischen Kriege zu Beginn des 19. Jahrhunderts, in Asien und Afrika der Erste und vor allem der Zweite Weltkrieg, die in den Kolonien die Menschen zur Befreiung ihres Landes mobilisierten. Auch hofften die Menschen auf das 1941 in der Atlantik-Charta festgeschriebene Selbstbestimmungsrecht der Völker. Gebildete gesellschaftliche Gruppen in den Kolonien machten sich die Menschen- und Bürgerrechtsideale der „Mutterländer" zu eigen. Beschleunigt wurde die Entkolonialisierung im Kalten Krieg, um die Kolonien nicht der sich antikolonialistisch gebenden Sowjetunion zu überlassen. Was zunächst als Befreiung und durch die UN-Mitgliedschaft als Anerkennung ihrer Selbstständigkeit erschien, brachte bald neue Probleme und enttäuschte Hoffnungen: Oft blieb die wirtschaftliche Abhängigkeit der jungen Staaten von ihren ehemaligen Kolonialmächten oder von ausländischer Hilfe (z. B. Entwicklungshilfe) erhalten. Aus der willkürlichen Grenzziehung der Kolonialzeit ergeben sich bis heute immer wieder ethnische Konflikte. Innergesellschaftliche Spannungen belasten die Entwicklung und Stabilität vieler ehemaliger Kolonien.

Der Nord-Süd-Konflikt

In Anlehnung an den Ost-West-Konflikt entstand unter dem Eindruck der spannungsreichen Unterschiede zwischen den ehemaligen Kolonien („Entwicklungsländer") und den Kolonialmächten („Industrieländer") der Begriff Nord-Süd-Konflikt. Er leitete sich von der Tatsache ab, dass die Industrieländer überwiegend auf der nördlichen Erdhalbkugel, die Entwicklungsländer dagegen auf der südlichen Halbkugel liegen.

Die Staaten der Dritten Welt versuchten, angesichts der übermächtig erscheinenden Ost-West-Mächte zu kooperieren und sich gegenseitig zu unterstützen. Zusammenschlüsse wie die „Bewegung der blockfreien Staaten", die „Organization of African Unity" (OAU, gegründet 1963) und die Zusammenarbeit in der UNO erwiesen sich jedoch als zu schwach, um die eigenen Interessen zu bündeln und wirksam durchsetzen zu können.

Die drängendsten Probleme der Entwicklungsländer, ihre gefährdete staatliche Einheit, die schwache Stellung auf dem Weltmarkt, Armut, unzureichende Ernährung und unwürdige soziale Lebensbedingungen, dürften wohl nur mittels Anstrengungen aller Staaten, gemeinsam mit der UNO, zu lösen sein.

M1 **Die Entkolonialisierung 1945 bis 1990**

M2 Ein „afrikanischer Weg"?

Aus der Botschaft des Präsidenten der afrikanischen Republik Senegal, Leopold Sedar Senghor, zum Unabhängigkeitstag am 5. April 1961:

Die Regierung Mamadu Dia hat sich 1957 an die Arbeit gemacht. Sie versuchte, die Nation zu bilden auf dem afrikanischen Weg zum Sozialismus. Ich sage „afrikanischer Weg". Es handelt sich darum, aus den Wolken der Ideologien zu den konkreten Realitäten des Landes herabzusteigen ... Es geht um einen Sozialismus, der sich stützt auf die afrikanischen, die senegalesischen Realitäten ... Der Mensch ist Grundlage und Ziel unserer Politik. Daher die überragende Bedeutung der kulturellen Entwicklung und der Elitenbildung. In fünf Jahren hat sich die Zahl der Schüler in Volksschulen, höheren Schulen und technischen Schulen verdoppelt; an der Universität Dakar hat sie sich verdreifacht ...

Es ist heute Mode, auf das alte Europa zu schelten, auf West und Ost. Senegal weigert sich, diese Mode mitzumachen, so sehr wir auch in der Vergangenheit zu denen gehört haben, die am leidenschaftlichsten und erfolgreichsten gegen den Kolonialismus gekämpft haben. Wir werden uns weiter aus Europa die Instrumente unserer Befreiung holen: einige seiner Werte und seiner Techniken, vor allem seine Methoden des Sozialismus ... Der Kolonialismus ist verurteilt, lassen wir ihn sterben ... Genauer: Wir haben die Bindungen umgewandelt, die uns mit dem alten Mutterland verbanden. Aus den Bindungen der Abhängigkeit haben wir Bindungen der Gleichheit in der Kooperation gemacht.

Zit. nach Geschichte in Quellen, Bd. 7, bearb. v. Helmut Krause und Karlheinz Reif, München (bsv) 1980, S. 627 f.

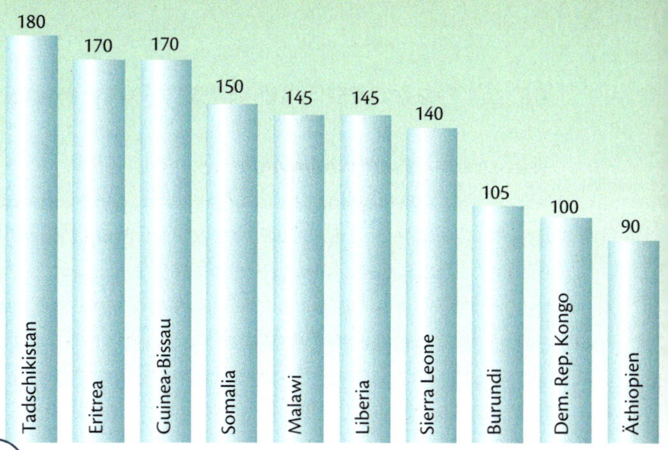

M3 Aufstellung der zehn ärmsten Länder der Erde (in Bruttosozialprodukt pro Kopf und Jahr, US-Dollar). Stand: 2006. Zum Vergleich: Das Bruttosozialprodukt pro Kopf beträgt in der EU etwa 25 000 US-Dollar.

M4 Wiedergeburt Asiens?

Der indische Ministerpräsident und Außenminister Jawaharlal Nehru (1889–1964) sagte in einer Rede vor der Universität von Kalifornien am 31. Oktober 1949:

Auf der Weltbühne hat sich ein äußerst wichtiger Wandel vollzogen: die Wiedergeburt Asiens ... Die Welt ist voller ungelöster Probleme. Vielleicht lassen sie sich alle als Teile eines einzigen Problems betrachten. Dieses Problem ist nicht zu lösen, wenn man sich nicht die volle Bedeutung der asiatischen Wiedergeburt vor Augen hält, denn Asien wird unvermeidlicherweise eine wachsende Rolle in der Weltpolitik spielen. Asien, in seinem Wachstum gehemmt, hat es mit zwei der wichtigsten Seiten des Weltproblems zu tun – mit der politischen und mit der wirtschaftlichen ... der Kampf um die politische Freiheit, hat eine gewisse Priorität ... Aber da die politische Befreiung sich verzögert, ist das wirtschaftliche Problem genauso wichtig und dringend geworden. An erster Stelle steht also die nationale Freiheit. Die meisten asiatischen Länder haben sie bereits erkämpft, aber einige sind noch immer der kolonialen Herrschaft unterworfen ... Ebenso wichtig ist die Versorgung der breiten Masse, in ihrem eigenen Interesse und im Interesse des Weltfriedens und der Stabilität. Dazu gehört eine allmähliche Industrialisierung dieser Länder, bei der die Vereinigten Staaten eine wesentliche Rolle spielen können.

Zit. nach Geschichte in Quellen, Bd. 7, bearb. v. Helmut Krause und Karlheinz Reif, München (bsv) 1980, S. 624 f.

1 Beschreibe mithilfe von M1, in welchen Phasen bzw. Regionen die Entkolonisation ablief.

2 a) Kläre anhand des Darstellungstextes, welche Folgen die Entkolonialisierung für die unabhängig gewordenen Staaten hatte.
b) Nenne die drängendsten Probleme der ehemaligen Kolonien. Ziehe M3 mit heran.

3 Stelle anhand von M2 und M4 dar, welche Perspektive für ihre Kontinente die Autoren entwerfen, und vergleiche. Stelle einen Bezug zur Gegenwart her.

Das Ende des Ost-West-Konflikts

Reformdruck und Misserfolge in der UdSSR

Seit etwa 1980 stagnierte die Wirtschaft in der Sowjetunion. Der Versuch, nach dem Rücktritts Chruschtschows (1963) unter seinem Nachfolger Leonid Breschnew (1906–1982) die Leistungskraft der Planwirtschaft zu erhöhen, ohne das Prinzip der Zentralverwaltungswirtschaft zu beseitigen, führte nach anfänglichen Erfolgen nicht weiter. Da die Konsumgüterindustrie zugunsten einer hohen Rüstungsproduktion vernachlässigt wurde, lag der Lebensstandard der Bevölkerung weit unter dem der westlichen Industrieländer. Als im März 1985 der Reformpolitiker Michail Gorbatschow zum Generalsekretär der KPdSU gewählt wurde, waren die Erwartungen in der Bevölkerung hoch. Gorbatschow beschrieb seine Politik mit den Schlagworten Offenheit („Glasnost") und Umbau („Perestroika"). Unter seiner Führung wurde in der Sowjetunion der Wandel zur parlamentarischen Demokratie und zur Marktwirtschaft eingeleitet, zugleich aber auch das Ende des Sowjetreiches 1991. Mit dem Ende des kommunistischen Systems erklärten zahlreiche Sowjetrepubliken ihre Unabhängigkeit.

Biographie

Michail S. Gorbatschow

geboren 1931 im Nordkaukasus als Sohn eines Bauern. 1946 bis 1950 war Gorbatschow Arbeiter in einer Traktorenstation. Nach dem Studium der Rechts- und Agrarwissenschaften wurde er 1978 Sekretär im Zentralkomitee der KPdSU. Er machte eine steile politische Karriere und 1985 wählte ihn die Partei zu ihrem Generalsekretär. 1988 bis 1990 war Gorbatschow Präsident des Obersten Sowjets (Parlament), 1990/91 sowjetischer Staatspräsident. Für seine Politik, die zur Beendigung des Kalten Krieges führte, erhielt er 1990 den Friedensnobelpreis. Gleichzeitig begann Gorbatschows Macht zu schwinden (Putschversuch 1991). Nach der Auflösung der Sowjetunion 1991 und der Gründung der Gemeinschaft Unabhängiger Staaten (GUS) verzichtete Gorbatschow Ende 1991 auf alle politischen Ämter.

Wandel in Osteuropa – das Beispiel Polen

Die Ziele und Ergebnisse der Reformanstrengungen in Ostmitteleuropa lassen sich beispielhaft an den Entwicklungen in Polen erkennen. Hier führten, lange vor Gorbatschow, Mängel in der Konsumversorgung zu Widerständen in der Bevölkerung. Als 1980 die Preise für Fleisch drastisch erhöht wurden, kam es landesweit zu Arbeitsniederlegungen. Die Organisatoren der Streiks gründeten die unabhängige Gewerkschaft „Solidarność" (Solidarität), die bald ein Sammelbecken vieler Proteströmungen wurde – mit etwa 10 Millionen Mitgliedern bei 38 Millionen Einwohnern. Im Dezember 1981 wurde sie unter Erklärung des Kriegszustands von der kommunistischen Regierung verboten. Acht Jahre später jedoch, als sich zeigte, dass die wirtschaftliche Stagnation in Polen ohne einen breiten gesellschaftlichen Konsens nicht zu überwinden war, begann die Regierung Verhandlungen mit den Vertretern der weiterhin illegalen „Solidarność" zu führen. Vereinbart wurden die Anerkennung der Gewerkschaft und ein Termin für Parlamentswahlen (4. Juni 1989), bei denen sich neben der kommunistischen Vereinigten Arbeiterpartei zum ersten Mal auch Kandidaten der Opposition zur Wahl stellen durften.

M1 **Wirtschaftsentwicklung in der Sowjetunion während der ersten fünf Jahre der Reformpolitik Gorbatschows 1985 bis 1990**

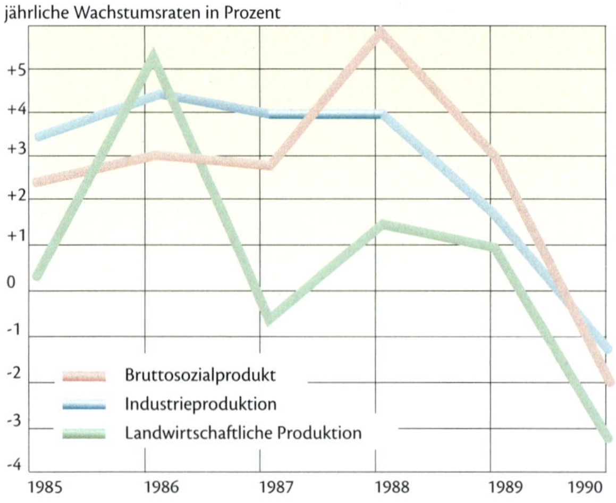

M2

Neues Denken in der Gesellschaft

Michail Gorbatschow beschrieb 1987 sein politisches Programm in einem Buch, das in viele Sprachen übersetzt und in der ganzen Welt bekannt wurde:

Perestroika bedeutet, sich auf die schöpferische Kraft der Massen zu verlassen, Entwicklung einer umfassenden Demokratie sozialistischer Selbstverwaltung, Ermutigung eigener Initiativen und Selbstständigkeit, Stärkung von Ordnung und Disziplin, mehr Offenheit, mehr Kritik und Selbstkritik in allen Bereichen des gesellschaftlichen Lebens. Sie bedeutet ein hohes Maß an Achtung des Individuums und seiner persönlichen Würde.

Perestroika bedeutet die allseitige intensive Entwicklung der sowjetischen Wirtschaft ..., die durchgängige Einführung ökonomischer Methoden, die Abkehr von der Kommandowirtschaft und von bürokratischen Methoden, die Ermutigung zu Innovationen und sozialistischem Unternehmergeist.

Das Wesen der Perestroika besteht darin, dass sie Sozialismus und Demokratie miteinander verbindet und das leninsche Konzept des sozialistischen Aufbaus sowohl in der Theorie als auch in der Praxis wieder einführt.

... Nötig ist eine weit greifende Demokratisierung des gesamten gesellschaftlichen Lebens.

Ohne Offenheit (Glasnost) kann es keine Demokratie geben. Und ohne Demokratie kann es keinen zeitgemäßen Sozialismus geben.

Man muss den Massen die Wahrheit sagen ...

Universale Sicherheit beruht in unserer Zeit auf der Anerkennung des Rechts jeder Nation, den Weg ihrer sozialen Entwicklung selbst zu bestimmen, auf dem Verzicht der Einmischung in die inneren Angelegenheiten anderer Staaten ... Eine Nation mag sich entweder für den Kapitalismus oder für den Sozialismus entscheiden ... Nationen können und sollen ihr Leben nicht nach dem Muster der USA oder der Sowjetunion ausrichten. Politische Positionen sollen deshalb frei sein von ideologischer Intoleranz.

Es gibt heute keine Sicherheit mehr durch militärische Überlegenheit, sondern nur noch durch Partnerschaft.

Michail Gorbatschow, Perestroika und neues Denken für unser Land und die Welt, Moskau (Izd. Polit. Lit.) 1997, S. 30 ff. Übers. d. Verf.

M3

Politischer Umbau und Wirtschaftskrise

In seiner Regierungserklärung sagte Tadeusz Mazowiecki, der erste nichtkommunistische polnische Ministerpräsident seit 42 Jahren, am 12. September 1989:

Heute steht Polen vor zwei Hauptaufgaben, den Staat politisch umzubauen und das Land aus der Wirtschaftsmisere herauszuführen. Der Ernst der Lage ist mir bewusst, und ich weiß, wie schwer es sein wird, die beiden Ziele in Einklang zu bringen und sie gleichzeitig zu realisieren. Die neue Regierung wird unter dem Druck handeln müssen, dass der gerade eingeleitete Aufbau der Demokratie infolge des Wirtschaftskollapses jeden Augenblick zusammenbrechen kann.

Das Parlament vom 10. 8. 1990, S. 13.

M4

Arbeiterführer Lech Wałesa spricht in Danzig vor Anhängern der Gewerkschaft „Solidarność", Foto, Herbst 1988. Übersetzung des Transparents: „Keine Freiheit ohne Gott und Solidarność."

1 Beschreibe anhand des Darstellungstextes, M1, M3 und M4 die politische und wirtschaftliche Entwicklung in der Sowjetunion und in Polen bis 1990. Ziehe den Biographiekasten heran.

2 Formuliere mithilfe von M2 und des Kastens einen Lexikonartikel über Michail S. Gorbatschow und sein politisches Programm.

3 **Recherche:** Informiert euch
a) über den polnischen Arbeiterführer Lech Wałesa,
b) über den gegenwärtigen Stand der politischen und wirtschaftlichen Entwicklung in Russland und in Polen. Berichtet in der Klasse.

Von der Bipolarität zur Multipolarität?

Der Ost-West-Konflikt ist zu Ende – was nun?

Am Ende des 20. Jahrhunderts schien für einen Augenblick die Epoche eines echten und andauernden Friedens möglich zu werden. Ideologien wie der Nationalsozialismus und Kommunismus, die das Jahrhundert geprägt hatten, waren gescheitert. Die Beilegung des Ost-West-Konflikts hatte dazu geführt, dass die Welt nicht mehr in zwei gegensätzliche Machtblöcke geteilt war (Bipolarität*). Nach Auffassung vieler Zeitgenossen schien jetzt eine einheitliche Weltordnung greifbar, und zwar auf der Grundlage der westlich-liberalen Demokratie. Diese Sichtweise wurde aber bereits nach 1990 durch den Balkankonflikt* widerlegt. Auch in anderen Regionen entbrannten alte kulturelle und religiöse Konflikte neu, die der Kalte Krieg zeitweise überlagert hatte. Mit den Terroranschlägen in den USA vom 11. September 2001 wurde deutlich, dass der global agierende Terrorismus die künftige Weltpolitik und Weltordnung stark beeinflussen könnte.

1 Entschlüssle M1. Kläre: GUS.

2 a) Formuliere für die Abschnitte a) bis g) in M2 jeweils eine Überschrift.
b) Trage in einer Internetrecherche Informationen zur gegenwärtigen weltpolitischen Lage zusammen.
c) Diskutiert, welche der Abschnitte am meisten auf die weltpolitische Lage zutreffen.

M1

„Neue Weltordnung", Karikatur von Felix Mussil, 1995

M2

Neue Strukturen des internationalen Systems

Der Politikwissenschaftler Wichard Woyke schrieb 1997:

Mit dem Ende des Ost-West-Konflikts sind Verhältnisse entstanden, die von Komplexität, Unsicherheit sowie rapidem Wandel geprägt werden wie nie zuvor ...

a) Es gibt die Fortexistenz von National- und Territorialstaaten ... So überziehen heute fast 200 Staaten – 1945 waren bei der Gründung der Vereinten Nationen 50 Staaten zugegen – den Globus ...

b) Eine immer größer werdende Anzahl internationaler Organisationen ... tritt als Akteur in der internationalen Politik auf. Diese internationalen Organisationen übernehmen bestimmte Steuerungsfunktionen für Politikbereiche, die von den National-/Territorialstaaten nicht mehr geleistet werden können ...

c) In den beiden letzten Jahrzehnten ist eine immer größere Globalisierung der internationalen Politik festzustellen. Scheinbar noch so bedeutungslose Entwicklungen in einem weit entfernten Land sind nicht mehr nur für dieses oder seine unmittelbare Umgebung von Bedeutung ...

d) In der Welt macht sich eine Tendenz zur Regionalisierung und Multipolarisierung bemerkbar. Nicht mehr die Konfliktfigur des Ost-West-Konflikts ist strukturbestimmend, sondern regionale Zusammenschlüsse wie die Europäische Union (EU) ...

e) Das internationale System wird weiter durch den Nord-Süd-Konflikt geprägt. Er gründet sich auf die unterschiedlichen politischen und wirtschaftlichen Entwicklungschancen von Industrie- und Entwicklungsländern ...

f) In den industrialisierten Ländern – nicht in der Dritten Welt – hat das Militär einen Bedeutungswechsel erfahren. Es hat als klassisches Zeichen der Macht und der Souveränität eines Staates viel von seinem Stellenwert verloren ...

g) Kriege sind nach dem Ende des Ost-West-Konflikts wieder führbar geworden; immer mehr ethnosoziale Auseinandersetzungen führen zu Massenelend und bestialischen Grausamkeiten.

Wichard Woyke, Von der Orientierungslosigkeit zur Konzeption – die Außenpolitik im vereinten Deutschland. In: Politische Bildung, Heft 1 (1997), S. 9 f.

Kalter Krieg und Entspannung – Internationale Politik seit 1945

Überprüfe, was du kannst

Sachkompetenz

1 Erläutere: Blockbildung (S. 298), Kalter Krieg (S. 299), NATO (S. 301), Warschauer Pakt (S. 301) und Entkolonialisierung (S. 306).

2 Nenne Ziele und Motive der beiden Führungsmächte USA und UdSSR in der Zeit des Kalten Krieges (S. 297).

Urteilskompetenz

3 Nimm zu folgenden Thesen Stellung:
a) Der Kalte Krieg ist auf die Gründung der NATO und des Warschauer Paktes zurückzuführen.
b) Die Probleme der vom Kolonialismus befreiten Länder sind Folgen der Kolonialzeit.

Handlungskompetenz

4 Beschreibe M1 und stelle einen Zusammenhang mit dem Thema „Kalter Krieg" her.

5 **Gruppenarbeit:**
a) Recherchiert zu den so genannten Spionagefilmen aus der Zeit des Kalten Krieges. Nutzt (Film-)Lexika und das Internet. Zieht die Methode „Plakate untersuchen" (siehe S. 218 f.) heran. Berichtet in der Klasse.
b) Erörtert, welche Feindbilder damals konstruiert wurden, welche politische Funktion sie hatten und warum diese Filme heute noch beliebt sind.

M1 **Filmplakat zum Film „Liebesgrüße aus Moskau"** mit Sean Connery alias „James Bond". Mit diesem Film kam 1963 der „Kalte Krieg" ins Kino.

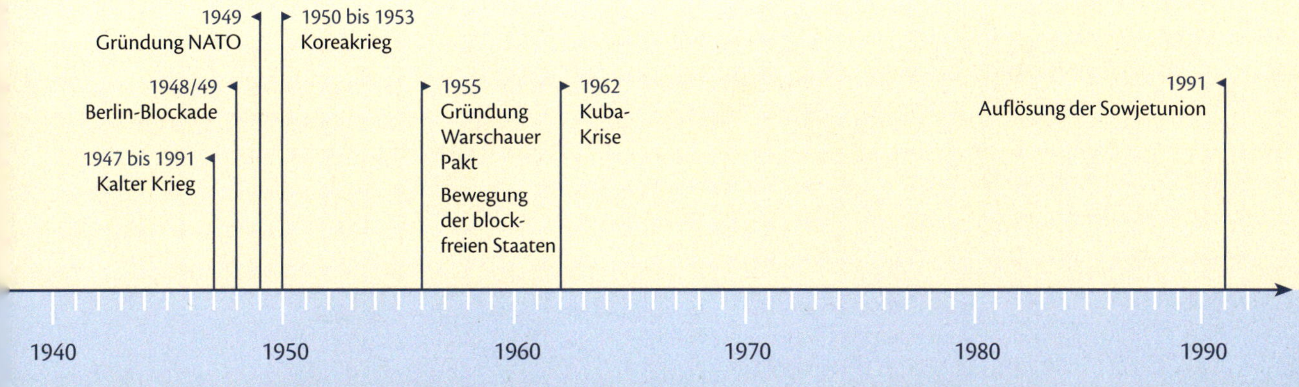

Deutschland – geteilt und vereint

Wissen • Urteilen • Handeln • Methoden anwenden

Am Ende dieses Unterkapitels kannst du

- die Lebensbedingungen der Menschen bei Kriegsende beschreiben
- Ziele und Motive der alliierten Besatzungspolitik darstellen und bewerten
- Besatzung und staatlichen Neubeginn am Beispiel Nordrhein-Westfalen darstellen
- Faktoren der Gründung der beiden deutschen Staaten nennen und vergleichen
- Merkmale sozialer Marktwirtschaft und sozialistischer Planwirtschaft vergleichen und beurteilen
- den Wandel von der Politik des Kalten Krieges zur Entspannungspolitik darstellen
- Bedingungen der staatlichen Einheit Deutschlands und ihre Folgen darlegen und problematisieren
- **Methode** Mit fremdsprachigen Quellen umgehen
- **Methode** Zeitzeugen befragen

Die beiden deutschen Staaten 1949 bis 1990

Deutsche Teilung

1949 bis 1990

Neubeginn in Trümmern und Not

Zusammenbruchsgesellschaft

Am Ende des Krieges standen die Deutschen im wahrsten Sinne des Wortes vor den Trümmern der NS-Diktatur. Ein großer Teil der Verkehrswege und Industrieanlagen war zerstört und etwa 25 Prozent des Wohnraumes lagen in Schutt und Asche. In Groß- und Mittelstädten betrug die Zerstörungsrate sogar zwischen 50 und 90 Prozent. 7,5 Millionen Menschen waren obdachlos geworden. Der Wiederaufbau der Städte verlief schleppend, weil es an Materialien und Arbeitskräften mangelte. Die Versorgung der deutschen Bevölkerung mit Lebensmitteln lag in den Händen der Besatzungsmächte. Lebensmittel und andere Waren wurden nur auf Bezugsscheine ausgegeben. Geld war zwar vorhanden, besaß aber keinen Wert mehr. Die Frauen trugen die Hauptlast, da sich Millionen Männer in Kriegsgefangenschaft befanden. Sie standen stundenlang für Lebensmittel Schlange, machten „Hamsterfahrten“ aufs Land, leisteten Schwerstarbeit als „Trümmerfrauen“ und erzogen die Kinder. In vielen Städten bildeten sich seit 1945 Frauenausschüsse, die mit Selbsthilfe zur Linderung der Not beitragen wollten. Sorgen bereiteten zusätzlich die etwa 12 Millionen Flüchtlinge und Vertriebenen aus den ehemals deutschen Gebieten Ostmitteleuropas. Sie kamen in provisorischen Quartieren unter oder lebten übergangsweise bei Verwandten. Viele ehemalige Zwangsarbeiter, KZ-Häftlinge („Displaced Persons“) und Kriegsgefangene warteten auf die Rückführung in ihre Heimat.

M1

Carepaket mit Inhalt, um 1946. Die Amerikanische Wohltätigkeitsorganisation CARE (Co-operative for American Remittances to Europe) verteilte bis Januar 1947 fünf Millionen Lebensmittelpakete in Deutschland.

M2

Trümmerfrauen, Foto, 1946

M3

Versorgung durch Rationierung

Aus amtlichen Bekanntmachungen der Stadt Göttingen (1947/48):

14. September 1947: Für jedes Kilogramm abgelieferter trockener Bucheckern wird ein Berechtigungsschein zum Bezug von 160 g Öl ausgegeben …

25. September 1947: Die aufgerufenen Lebensmittel mit einem Wert von täglich 1431 Kalorien sind zur Verteilung gekommen, mit Ausnahme der Ration für entrahmte Frischmilch. Infolge der sinkenden Milchablieferung wurde in der laufenden Zuteilungsperiode die Milchration von 3000 g auf 2000 g herabgesetzt, sodass sich dadurch der Kalorienwert auf etwa 1420 ermäßigte …

21. Oktober 1947: In der 107. Zuteilungsperiode (13. 10. – 9. 11.) ist an alle Versorgungsberechtigten über 18 Jahre eine Schachtel Zündhölzer abzugeben …

26. Juni 1948: Auch im August wird die Waschmittelzuteilung wie in den Monaten April bis Juni ausfallen, gibt die Wirtschaftsverwaltung bekannt.

Zusammengestellt nach Thomas Berger/Karl-Heinz Müller, Lebenssituationen 1945–1948, 2. Aufl., Frankfurt a. M. (Hirschgraben) 1984, S. 59 f.

1 Beschreibe, unter welchen Bedingungen die Menschen nach 1945 ihren Alltag organisieren mussten (Darstellungstext, M2 und M3).

2 Diskutiert, welche Wirkung die amerikanische Hilfe (M1) auf die Bevölkerung gehabt haben könnte.

Alliierte Besatzungspolitik 1945 bis 1948

Was soll aus Deutschland werden?

Nach der Kapitulation Deutschlands am 8./9. Mai 1945 trafen sich im Sommer 1945 die Staatsführer der drei alliierten Siegermächte in Potsdam, um sich über die europäische Nachkriegsordnung und das zukünftige Vorgehen im besetzten Deutschland zu einigen. Obwohl auf der Potsdamer Konferenz die unterschiedlichen politischen Vorstellungen der Sowjetunion und der westlichen Staaten bereits aufeinanderprallten, einigten sich die Alliierten auf folgende vier „D“ als Leitlinie: „Demilitarisierung“, „Denazifizierung“, „Dezentralisierung“ und „Demokratisierung“. Außerdem vereinbarten sie, Deutschland als eine wirtschaftliche Einheit zu betrachten. Bald jedoch zeigte sich, dass die Besatzungsmächte, abgesehen von der „Demilitarisierung“, nämlich der Auflösung des deutschen Militärs und der Zerstörung der deutschen Waffenmacht, unterschiedliche Vorstellungen von den anderen drei „D“ hatten. Die alleinige Zuständigkeit in ihrer Zone ermöglichte den vier Besatzungsmächten, die Bestimmungen von Potsdam unterschiedlich umzusetzen. Schon bald entwickelten sich daher die westlichen Zonen einerseits und die Sowjetische Besatzungszone (SBZ) andererseits auseinander.

Neubeginn des politischen Lebens

Die Besatzungsmächte versuchten unmittelbar nach Kriegsende, das öffentliche Leben und die Wirtschaft in Gang zu bringen. Auf deutscher Seite bemühten sich spontan entstandene antifaschistische Ausschüsse, Betriebsräte, Gewerkschaften, Parteien und kirchliche Gruppen um den Wiederaufbau. In den Westzonen wurden Parteien und Verbände zunächst nur auf örtlicher Ebene zugelassen. Neben den traditionellen Arbeiterparteien KPD und SPD und der liberalen Partei FDP (Freie Demokratische Partei) entstand mit der Christlich-Demokratischen Union (CDU) eine Partei, die – anders als das frühere Zentrum – katholische und evangelische Christen politisch vereinigte.

Die von den westlichen Alliierten eingesetzten Verwaltungen auf Gemeinde- und Länderebene begannen 1945/46 zu arbeiten. Dagegen waren bereits 1945 in der SBZ Zentralverwaltungen geschaffen worden, die den Aufbau des politischen Lebens bestimmten. Die KPD erhielt hier von Anfang an eine bevorzugte Stellung. Im April 1946 wurden KPD und SPD zur SED (Sozialistische Einheitspartei Deutschlands) zwangsvereinigt.

M1 Mitteleuropa 1945 bis 1949

Begriffe und Daten

Potsdamer Konferenz

Auf der Potsdamer Konferenz (17. Juli bis 2. August 1945) hielten die Sowjetunion, die USA und Großbritannien folgende Vereinbarungen fest:

- Deutschland wird in vier Besatzungszonen geteilt, Berlin in vier Sektoren.
- Die jeweiligen Militärbefehlshaber haben in den Zonen die oberste Gewalt. Ein Alliierter Kontrollrat fällt Entscheidungen, die Deutschland als Ganzes betreffen.
- Reparationen entnimmt jede Besatzungsmacht aus ihrer Zone (Demontage*, Geldleistungen aus Guthaben oder laufender Produktion).
- Umsiedlung der deutschen Bevölkerung aus den Gebieten östlich der Oder-Neiße-Grenze* (polnische Verwaltung) und Nordostpreußen (sowjetische Verwaltung) nach Deutschland.
- In begrenztem Umfang ist ein politisches Leben erlaubt (Parteien, Gewerkschaften und Verbände). Voraussetzung ist die Entnazifizierung der Bevölkerung.

Hilfsprogramme und Währungsreform

Angeregt von US-Außenminister Marshall stellten die USA im Frühjahr ein Hilfsprogramm (Marshallplan*) zur Verfügung. Dagegen protestierte die sowjetische Besatzungsmacht mit dem Vorwurf, die USA zögen sich aus der gemeinsamen Deutschlandpolitik zurück, und untersagte in ihrer Zone diese Wirtschaftshilfe. Der Konflikt verschärfte sich, als in den Westzonen am 21. Juni 1948 eine Währungsreform mit der Einführung der „Deutschen Mark" (DM) durchgeführt wurde. Die Sowjetunion antwortete mit einer eigenen Währungsreform in der SBZ am 24. Juni 1948. Der Versuch der UdSSR, durch eine Blockade der Westsektoren Berlins (24. Juni 1948 bis Mai 1949) ihren Einfluss auf die gesamtdeutsche Politik zu erhalten, scheiterte an der Versorgung der Stadt durch eine Luftbrücke der Amerikaner, die zum Freiheitssymbol wurde. Wirtschaftliche Weichenstellungen waren eine Bodenreform* und die Verstaatlichung wichtiger Industriebetriebe in der SBZ. Damit war die Voraussetzung für die spätere Planwirtschaft* geschaffen. Amerikaner und Briten legten am 1. Januar 1947 ihre beiden Zonen zusammen. Frankreich schloss sich 1949 an.

M2

Ankunft eines amerikanischen „Rosinenbombers" während der Berlin-Blockade, Foto, 1948

M3

Eingliederung in den Westen

Der spätere Außenminister der USA, John Foster Dulles, äußerte sich vor einem Ausschuss des amerikanischen Senats zum Marshallplan* (1948):

Ich finde mich nicht notwendigerweise mit einer permanenten Teilung Deutschlands ab, sondern sage, dass der einzige Weg, Deutschland unter Bedingungen zusammenzubringen, die für uns und die westlichen Staaten akzeptabel sind, der ist, mit der Eingliederung des westlichen Deutschlands in die so gesunde und kraftvolle Wirtschaft Westeuropas zu beginnen, sodass die Bewohner des östlichen Deutschlands einfach sagen werden: „Gut, diesen Weg gehen wir nicht mehr weiter. Wir wollen ein wesentlicher Bestandteil des Westens sein."

Zit. nach Joachim Hoffmann/Werner Ripper (Hg.), Deutschland im Spannungsfeld der Siegermächte, Frankfurt a. M. (Diesterweg) 1982, S. 178.

1 **Präsentation:** Erarbeitet anhand der Informationen auf dieser Doppelseite, welche Entscheidungen die Siegermächte des Zweiten Weltkriegs über die Zukunft Deutschlands trafen. Unterscheidet nach Regelungen über das Territorium und über den politischen Aufbau. Berichtet in der Klasse.

2 Diskutiert, ab wann Anzeichen für eine künftige Teilung Deutschlands erkennbar waren.

Staatsgründung und Wiederaufbau in Nordrhein-Westfalen

Nordrhein-Westfalen – ein neues Land

Als die deutschen Streitkräfte am 8./9. Mai 1945 kapitulierten, lebten die Menschen an Rhein und Ruhr schon einige Wochen unter alliierter Besatzung. Amerikanische und britische Truppen hatten bereits im März die linksrheinischen Gebiete erobert.

Innerhalb der britischen Besatzungszone wurde am 23. August 1946 aus der preußischen Provinz Westfalen und dem nördlichen Teil der preußischen Rheinprovinz das Land Nordrhein-Westfalen gebildet. Das Land Lippe-Detmold wurde am 21. Januar 1947 eingegliedert.

Da die Kriegsschäden im Ruhrgebiet besonders groß waren, erlaubten die Alliierten die Zuwanderung von Evakuierten und Flüchtlingen aus dem Osten sowie von Kriegsgefangenen erst seit Ende 1946. Vor allem im Bergbau fanden die Zuwanderer schnell eine Arbeit. Schwieriger war es, Wohnraum zu finden. Mitte der 1950er-Jahre lebten etwa einhunderttausend Menschen in Barackenlagern und Notunterkünften.

M1

Zerstörtes Haus in Düsseldorf, Foto, nach 1945

M2

„Operation Marriage"

Aus einem Interview des Westdeutschen Rundfunks (wdr) mit dem Historiker Christoph Nonn, Professor für Neueste Geschichte, über die Gründung des Landes Nordrhein-Westfalen (2006):

Frage: Beim Besuch der britischen Queen 2004 in Düsseldorf wurde es immer wieder betont: Die Engländer haben unser Land geschaffen. Warum hatten sie die Idee zur „Operation Marriage" von Rheinländern und Westfalen?

Nonn: Die Gründung von NRW war im Grunde ein Nebenprodukt des schon beginnenden Kalten Krieges. Die Briten rechneten damit, dass sich die amerikanischen Truppen wie nach dem Ersten Weltkrieg bald aus Europa zurückziehen würden. Deshalb fürchteten sie die Russen und brauchten die Franzosen. Die wollten Deutschland zunächst gern aufteilen. Das Rheinland und das Ruhrgebiet von Deutschland abtrennen, wie es nach dem Ersten Weltkrieg geschah. Die Engländer waren dagegen. Ihre Lehre aus der Geschichte hieß: Keinen Hass und Nationalismus schüren. Die „Operation Marriage" war also ein Kompromiss: Das neue Land war ein so großes Territorium, dass man es theoretisch – im Sinne der Franzosen – immer noch als eigenen Staat etablieren konnte. Die Bundesrepublik gab es ja noch nicht. Es konnte aber auch – im Plan der Engländer – in einem künftigen Bundesstaat die Zentralgewalt schwach halten. Hier lebte ja fast ein Viertel der deutschen Bevölkerung.

Frage: Das Ruhrgebiet spielte bei diesem Interessenausgleich die entscheidende Rolle?

Nonn: NRW ist um das Ruhrgebiet herum gebildet worden. Das Ruhrgebiet war gewissermaßen die Perle und das Land darum herum das Schmuckkästchen. Als Waffenschmiede des Deutschen Reiches wollten Franzosen und Russen das Industriegebiet zunächst zerstören. Sie hatten am meisten unter der deutschen Aggression zu leiden und wollten diese Gefahr für die Zukunft ausschließen. Außerdem wollte man sich bei der Kohle bedienen. Die Briten ließen auch einiges demontieren, sahen aber die künftige Gefahr mehr in der Sowjetunion, gegen die man auch Deutschland einbinden wollte. Dafür musste man die Demokratie aufbauen, nicht die Industrie zerschlagen.

www.wdr.de/themen/politik/nrw02/60_jahre_nrw/gruendung/index.jhtml

M3

Hüttenwerk Oberhausen AG,
Foto, 1952

M4

Landtags- und Kommunalwahlergebnisse in NRW 1946 bis 1950

	Stadt- und Landkreiswahlen[1]		Landtagswahlen		Bundestagswahl
	13. 10. 1946	17. 10. 1948	20. 4. 1947	18. 6. 1950	14. 8. 1949
Wahlberechtigte	7,159 Mio.	8,395 Mio.	7,860 Mio.	8,892 Mio.	8,507 Mio.
Wahlbeteiligung	74,4	69,0	67,3	72,3	79,2
Ungültige Stimmen[2]	4,3	5,7	4,9	3,6	2,7
CDU	46,0	37,6	37,5 (92/92)[3]	36,9 (93/93)[3]	36,9
SPD	33,4	35,9	32,0 (64/53)	32,3 (68/52)	31,4
KPD	9,4	7,8	14,0 (28/3)	5,5 (12/–)	7,6
FDP	4,3	6,9	5,9 (12/–)	12,1 (26/5)	8,6
Zentrum	6,1	9,7	9,8 (20/2)	7,5 (16/–)	8,9
Sonstige	0,8	2,1	0,8 –	5,7 –	6,6

[1] Wahlen zu den Vertretungen der Gemeinden und Ämter fanden zusätzlich am 15. 9. 1946 und am 17. 10. 1948 statt.
[2] Ungültige Stimmen in % von allen abgegebenen Stimmzetteln.
[3] (gewählte Vertreter insgesamt/direkt gewählte Vertreter)

Zit. nach Martin Tabaczek/Johannes Altenberend, Deutschland nach 1945, Paderborn (Schöningh) 1993, S. 52.

Vorschlag für eine Gruppenarbeit

NRW in der Nachkriegszeit

a) Informiert euch – ausgehend von den Materialien auf dieser Doppelseite – in Gruppen bei Erwachsenen, die ihr kennt, wie sie die Jahre 1945 bis 1955 erlebt haben. Fragt nach der Wohnsituation, der Suche nach Arbeit und dem Familienleben. Lasst euch Fotos, Gegenstände usw. zeigen, die aus dieser Zeit stammen.

b) Recherchiert im Museum und im Archiv nach Ereignissen an eurem Wohnort und Reaktionen der Behörden und der Bevölkerung darauf. Präsentiert eure Ergebnisse in der Klasse (siehe Methode S. 78).

Mit fremdsprachigen Quellen umgehen

Quellentexte in fremder Sprache

Quellentexte liegen im Schulbuch meistens in deutscher Übersetzung vor. Die Vorarbeit des Übersetzens haben die Herausgeber von Quellensammlungen bzw. Übersetzer schon geleistet, sodass nur noch die inhaltliche Analyse zu erarbeiten ist.
Auf dieser Doppelseite könnt ihr mit fremdsprachigen Quellentexten umgehen üben. Dafür könnt ihr das Analyseverfahren für deutschsprachige Quellentexte verwenden, müsst aber die Übersetzungsarbeit noch erledigen. Eine fächerübergreifende Arbeit mit Englisch bietet sich an.

Vokabelliste

keep your distance	*halten Sie Abstand*
bound by military terms	*durch die militärischen Bedingungen verpflichtet*
repentant	*reuevoll*
firmly entrenched in power	*in unangefochtener Machtposition*
conquest	*Eroberung*
gangster racket	*Verbrecherbande*
to carry a chip on your shoulder	*hier: einen Groll hegen*
errand	*Mission, Auftrag*

M1

„Pocket Guide to Germany"

Auszüge aus der Broschüre von der US-Regierung für ihr Militärpersonal (1944–1947):

1A Keep your Distance
You are in enemy country!
These people are not our allies or our friends. They are bound by military terms. However friendly and repentant, however sick of the Nazi party, the Germans have sinned against the laws of humanity and cannot come back into the civilized fold by merely sticking out their hands and saying – "I'm sorry."
It is up to the people to prove they deserve a place once more among respectable nations. Don't forget that eleven years ago, a majority of the German people voted the Nazi Party into power. The German people had all read Hitler's "Mein Kampf". They knew what Hitler meant to do to the minorities and the world. This book told them and a majority of them voted for the Nazis knowing this would give the Nazi Party absolute control, with Hitler as Chancellor. With Hitler firmly entrenched in power the plan in "Mein Kampf" began to come true – the bullying of races, the destruction of peaceful nations, the march toward world conquest. And this gangster racket was enthusiastically and energetically supported by the German people – as long as it seemed to succeed. Remember the record. You are not in Germany, however, to carry a chip on your shoulder or to brutalize the inhabitants. We are not like the Nazis. But you are not there on a good will errand either.

Pocket Guide to Germany, first published 1944, published 2006 by Foxley Books, London, S. 4 f.

1B German propaganda against America indicates that the most powerful weapon wielded by the Nazi state, before and during the war, was the lie. This weapon will not be relinquished when the German soldier is defeated and shooting stops.
The defeated German enemy may play for sympathy. He displayed this tendency after the last war in 1918, and may be expected to do it again on a larger and grander scale.
Having lost the war, you may be sure he will make every effort to win the peace. He may have a whole series of "alibis" at the tip of his tongue; they will not be good "alibis". Not to lead yourself into argument with the enemy, but to know the truth about your country's position in the war, read a few typical German propaganda lines, and some American answers to them: German line: "Germany did not start this war." American answer: "Germany declared war on the Unites States in December, 1941, five days after Germany's ally, Japan, had attacked us at Pearl Harbor. As for Britain und France, they went to war in September 1939 in fulfillment of their pledge to Poland when the German armies ruthlessly invaded Poland. Previous to that, England and France, like practically everyone else, had done their best to appease Hitler and Mussolini and avoid war. (Remember what happened at Munich in September 1938.) As for Russia, she went to war against Germany in June 1941, because she was invaded by the Germans in flagrant violation of the German-Soviet non-aggression pact."

M2

„Achtung vor den Verlierern"

Der Journalist Sven Felix Kellerhoff schrieb am 1. Juni 2004 über den „Pocket Guide to Germany":

Es dokumentiert den unbedingten Willen, auch besiegte Gegner menschenwürdig zu behandeln – und zwar ebenso aus Achtung vor den Verlierern als auch aus Respekt vor den eigenen Werten. Zugleich illustriert der Pocket Guide die Probleme, mit der eine auf Demokratisierung zielende Besatzungsarmee zwangsläufig konfrontiert wird. Damit sind nicht die Verständigungsprobleme gemeint ... Viel wichtiger sind die direkten Handlungsanweisungen ... Zugleich versucht der Guide, der gefürchteten Verbrüderung („fraternization") vorzubeugen ... Der eigentliche Kern des Pocket Guide to Germany sind jedoch die Argumentationshilfen, die den Soldaten für Gespräche mit Deutschen an die Hand gegeben werden – obwohl es an anderen Stellen mehrfach heißt, GIs* sollten mit ihnen nicht diskutieren. Die vorgegebenen Antworten sind erstaunlich präzise und im Gegensatz zu anderen Passagen historisch korrekt. Vor allem aber vermitteln sie ein Gefühl der argumentativen Überlegenheit, das den Soldaten so viel Selbstbewusstsein geben sollte, dass sie auf Demonstrationen ihrer Macht verzichten konnten. Tatsächlich ist aus der Zeit der US-Besatzung in Deutschland mit wenigen Ausnahmen kein Fehlverhalten von amerikanischen Soldaten und Offizieren bekannt.

Sven Felix Kellerhoff, Soldaten, seid nett zu den Deutschen! In: Die Welt vom 1. Juni 2004, zit. nach www.welt.de/data/2004/06/01/285192.html

M3

Ein amerikanischer Besatzungssoldat mit seiner deutschen Freundin auf der Rollschuhbahn, Foto, 1948

M4

Titelblatt der Broschüre „Pocket Guide to Germany", Foto

1 Analysiere M1A und M1B anhand der Arbeitsschritte. Nimm die Vokabeln und M3 zu Hilfe.

2 Stelle einen Zusammenhang zwischen M1A, M1B und M2 her.

3 Beurteile zusammenfassend das durch M1 und M2 vermittelte „Amerikabild".

Arbeitsschritte

1. Schritt: Textquelle übersetzen und Ergebnisse vergleichen
- Welche Hilfe wird benötigt? (z. B. Wörterbücher)

2. Schritt: Textquelle analysieren
- siehe S. 114 f.

3. Schritt: Übersetzung überprüfen
- Ist die Übersetzung stimmig mit der historischen Einordnung?

4. Schritt: Bezug zwischen Textquelle und Gegenwart herstellen
- Auf welche Frage(n) suchen wir eine Antwort?
- Welches Wissen bringen wir in die Analyse und Beurteilung ein?

Entnazifizierung und Nürnberger Prozesse

Abrechnung mit dem Nationalsozialismus

Die Beseitigung von Militarismus und Nationalismus* gehörte 1945 zu den wichtigsten Zielen der Alliierten. Als erste Maßnahme und Teil der „Umerziehung" („Reeducation") der deutschen Bevölkerung wurden z. B. die deutschen Anwohner über die Gelände der befreiten Konzentrationslager geführt und die Bevölkerung durch Dokumentarfilme über die Verbrechen der Nationalsozialisten aufgeklärt. Die Alliierten ließen die alten Schulbücher vernichten und genehmigten nur Unterrichtsmaterialien, die ihren jeweiligen politischen Vorstellungen entsprachen.

In der sowjetischen Zone wurde klar unterschieden zwischen aktiven Nazis und Mitläufern. Unter der Parole „Ausrottung der Überreste des Faschismus" wurden bis 1948 etwa 520000 Personen aus ihren Stellungen entfernt, in der Justiz beispielsweise etwa 85 Prozent des bisherigen Personals. „Kleinere" ehemalige NSDAP-Mitglieder wurden von Bestrafungen ausgenommen, wenn sie sich zum kommunistischen System bekannten.

In den Westzonen wurden etwa 12 Millionen ehemalige Mitglieder der NSDAP oder ihrer Unterorganisationen anhand eines umfangreichen Fragebogens überprüft, in dem nach der politischen Einstellung und Tätigkeit gefragt wurde. Spruchkammern stellten daran den Grad der Verantwortung fest. Tatsächlich verurteilt wurden nur etwa 10 Prozent der Angeklagten.

Die Nürnberger Prozesse

Gegen die Hauptkriegsverbrecher Nazi-Deutschlands gingen die Alliierten im Rahmen der Nürnberger Prozesse* gemeinsam vor. Hier wurden vor einem internationalen Militärtribunal zwischen November 1945 und Herbst 1946 die Verbrechen von 24 NSDAP-Prominenten (z. B. Göring) und knapp 700 SS-Ärzten, Juristen, hohen Offizieren, SS-Führern und Mitgliedern von KZ-Wachmannschaften verhandelt. Viele der Angeklagten wurden hingerichtet oder mit hohen Freiheitsstrafen belegt. Nach den Nürnberger Prozessen ging die Strafverfolgung auf deutsche Gerichte über.

Den Angeklagten wurden in den Nürnberger Prozessen Verbrechen gegen den Frieden, Kriegsverbrechen und Verbrechen gegen die Menschlichkeit zur Last gelegt. Juristisch war sowohl die Einrichtung dieses Tribunals als auch die Begründung der Anklagepunkte nicht unumstritten. Bisher gab es noch kein völkerrechtlich abgesichertes Verbot von Angriffskriegen. Kriegsverbrechen und Verbrechen gegen die Menschlichkeit konnten auch den Siegermächten vorgeworfen werden, und die Richter stellten nur die Siegermächte. Allerdings wurden hier zum ersten Mal in der Geschichte durch einen internationalen Gerichtshof Verbrechen gegen die Menschenrechte verurteilt – mit einer Vorbildwirkung für unsere Zeit, wie das UN-Kriegsverbrechertribunal für das ehemalige Jugoslawien zeigt.

Das Ende der Entnazifizierung

Als sich der Ost-West-Konflikt verschärfte, regte sich in den USA und in Deutschland Widerstand gegen die Entnazifizierung; bis Mitte der 1950er-Jahre wurde sie durch „Schlussgesetze" beendet. Nicht nur Mitläufer, sondern auch viele, die in leitenden Positionen lebensvernichtende Entscheidungen getroffen, verbrecherische Urteile gefällt oder Menschen zu Tode gequält hatten, wurden entlastet oder gar nicht mehr verfolgt. Einigen ehemaligen Nationalsozialisten gelang es, in der Bundesrepublik (wie auch in der DDR) erneut Karriere zu machen und in wichtige Ämter aufzusteigen.

M1 **Die Angeklagten im Nürnberger Prozess gegen die Hauptkriegsverbrecher des Zweiten Weltkriegs,** Foto, 1946

M2

Rechtfertigung eines Beteiligten

Auszug aus einem Gerichtsverfahren gegen einen Zugführer der Reichsbahn (1945):

Ankläger: Ist es wahr, dass bei dem sechstägigen Bahntransport von Nordhausen nach Belsen ... zweiundvierzig Menschen tatsächlich am Durst gestorben sind?

Angeklagter: Wir hatten eine Portion Tote, aber mich ging es nichts an. Ich war nicht Dienstältester.

Ankläger: Es ist überhaupt nicht zu verstehen, dass Sie die Gefangenen verdursten ließen ... Sie konnten doch den Zug halten und Wasser holen lassen.

Angeklagter: Ich meine, das geht ja nicht, dass jeder über einen Zug bestimmen kann, wie er will. Es ist doch so, dass der Zugführer seinen bestimmten Plan hatte, nach dem er fahren musste ... Die Gefangenen hatten es auf dem Transport ganz gemütlich. Je hundert Stück Häftlinge auf einem Waggon.

Ankläger: Warum haben Sie auf den Bahnhöfen kein Wasser für die Gefangenen geholt?

Angeklagter: Diese Bahnhöfe, dieses Wasser ... es gibt da Bestimmungen, das ist nur für die Lokomotiven da. Auch hatte ich ja gar nicht das Kommando.

Zit. nach Eike Geisel (Hg.), Vielleicht war das alles erst der Anfang. Tagebuch aus dem KZ Bergen-Belsen 1944–1945, Berlin (Rotbuch) 1982.

M3

War die Entnazifizierung erfolgreich?

Der Historiker Konrad von Zwehl schrieb 1986 zum Spruchkammerverfahren in der US-Zone:

Insgesamt verfehlte das von den Amerikanern aufgenötigte Verfahren sein Ziel, einen Gesinnungswandel herbeizuführen. Die Spruchkammern bearbeiteten mit Vorrang die „kleinen" Fälle, da die schwebenden Verfahren für die Betroffenen und vor allem für ihre Familien eine große Härte bedeuteten; die „großen" Fälle kamen, wenn überhaupt, erst in einer Zeit zur Verhandlung, als die Besatzungsmacht die Zügel lockerte, um den Aufbau des Weststaates nicht zu gefährden. Die Spruchkammern wurden so zu „Mitläuferfabriken", die am Fließband niedrige Einstufungen hervorbrachten. Außer den strafrechtlich Verurteilten kamen die meisten Angeklagten wieder in ihren alten Positionen unter.

„Angesichts des Trümmerfeldes ...". Begleitheft zur Ausstellung anlässlich des 40. Jahrestages der Bayerischen Verfassung, hg. von Susan Boenke und Konrad v. Zwehl, München (Haus der Bayerischen Geschichte) 1986, S. 66.

M4

Filmplakat „Die Mörder sind unter uns", 1946

Begriffe und Daten

Entnazifizierung

Nach dem Zweiten Weltkrieg versuchten die Siegermächte, die deutsche Gesellschaft vom Nationalsozialismus zu säubern. Maßnahmen waren neben der gerichtlichen Verfolgung von Kriegsverbrechern (Nürnberger Prozesse) u. a. die Entfernung ehemaliger Nationalsozialisten aus einflussreichen Positionen und die Umerziehung der Bevölkerung durch Schule und Medien. Der Erfolg der Entnazifizierung ist in der Geschichtswissenschaft umstritten.

1 Erarbeite aus den Materialien der Doppelseite Ziele und Maßnahmen der Entnazifizierung nach dem Zweiten Weltkrieg.

2 Zeige, mit welchen Problemen der Entnazifizierungsvorgang verbunden war.

3 Diskutiert in der Klasse, ob die Beseitigung von Militarismus und Nationalismus sowie die Umerziehung zur Demokratie in Deutschland nach dem Zweiten Weltkrieg langfristig erfolgreich war.

Die Gründung der Bundesrepublik Deutschland

Souveränität und Westbindung als Ziel

Die drei westlichen Alliierten entschieden angesichts der Bildung kommunistischer Staaten in Mittel- und Osteuropa, die Gründung eines westdeutschen Staates voranzutreiben. Dazu waren zwei Fragen am vordringlichsten zu klären: Wie sollte die künftige Verfassung dieses neuen Staates aussehen? Sollte der Staat souverän sein, d. h. über seine innen- und außenpolitischen Angelegenheiten selbst entscheiden können? Hinter beiden Fragen stand jedoch das Problem, wie zukünftig der Weg zur staatlichen Einheit ganz Deutschlands offengehalten werden konnte.

Am 1. September 1948 trat in Bonn der Parlamentarische Rat* zusammen, dem 61 Männer und 4 Frauen angehörten. Diese Abgeordneten waren von den Parlamenten der westdeutschen Bundesländer gewählt worden. Die Verfassung wurde am 8. Mai 1949 mit 53 gegen 12 Stimmen verabschiedet und trat am 23. Mai 1949 in Kraft (Gründungsdatum der Bundesrepublik Deutschland). Die beiden Abgeordneten Reimann und Renner (beide KPD) sowie Heile (Deutsche Partei), der das Grundgesetz wegen der seiner Meinung nach zu starken Zentralgewalt gegenüber den Bundesländern ablehnte, blieben nach der Verkündung des Ergebnisses demonstrativ sitzen. Bei den ersten Wahlen zum Deutschen Bundestag im August 1949 erhielten die beiden stärksten Parteien etwa gleich viele Stimmen: Die CDU/CSU als eine neue Sammlungsbewegung der konservativ-christlichen, vorwiegend bürgerlichen Wählerschaft kam auf 31 Prozent der Stimmen. Die traditionsreiche Arbeiterpartei SPD, die sich am „demokratischen Sozialismus“ orientierte, erhielt 29,2 Prozent der Stimmen. Die FDP zog mit 11,9 Prozent der Stimmen in den Bundestag ein.

Begriffe und Daten

Konrad Adenauer

Geboren 1876 in Köln als Sohn eines Kanzleirats. Nach dem Jurastudium arbeitete Adenauer beim Landgericht. Als Mitglied der Zentrumspartei wurde er 1917 Oberbürgermeister von Köln. 1933 wurde er von den Nationalsozialisten abgesetzt. Im Mai 1945 setzten ihn die Amerikaner wieder als Oberbürgermeister von Köln ein. 1946 wurde Adenauer zum Vorsitzenden der CDU in der britischen Zone gewählt. Von September 1948 bis Mai 1949 war er Präsident des Parlamentarischen Rates. Der Bundestag wählte Adenauer im September 1949 zum Bundeskanzler. Er wurde mehrfach wiedergewählt, bis er 1963 zurücktrat. Er prägte als Kanzler so sehr die Politik seiner Zeit, dass man von der „Ära Adenauer“ spricht. 1967 starb Adenauer in Rhöndorf bei Bonn.

M1

Eine Verfassung für Westdeutschland

Die Militärgouverneure der drei westlichen Zonen erteilten den Ministerpräsidenten in ihrem Bereich am 1. Juli 1948 in Frankfurt a. M. die folgende Weisung („Frankfurter Dokumente“):

In Übereinstimmung mit den Beschlüssen ihrer Regierungen autorisieren die Militärgouverneure der amerikanischen, britischen und französischen Besatzungszone in Deutschland die Ministerpräsidenten der Länder ihrer Zonen, eine verfassunggebende Versammlung einzuberufen, die spätestens am 1. September 1948 zusammentreten sollte … Die verfassunggebende Versammlung wird eine demokratische Verfassung ausarbeiten, die für die beteiligten Länder eine Regierungsform des föderalistischen Typs[1] schafft, die am besten geeignet ist, die gegenwärtig zerrissene deutsche Einheit schließlich wiederherzustellen, und die [die] Rechte der beteiligten Länder schützt, eine angemessene Zentralinstanz schafft und Garantien der individuellen Rechte und Freiheiten enthält.

Ursachen und Folgen. Eine Urkunden- und Dokumentensammlung zur Zeitgeschichte, hg. von Herbert Michaelis und Ernst Schraepler, Bd. 26, Berlin (Dokumenten-Verlag Dr. Herbert Wendler & Co) o. J., S. 148 f.

[1] Gliederung des Staates in mehrere gleichberechtigte Einheiten (z. B. Bundesländer) im Gegensatz zum zentralistischen Staat

M2

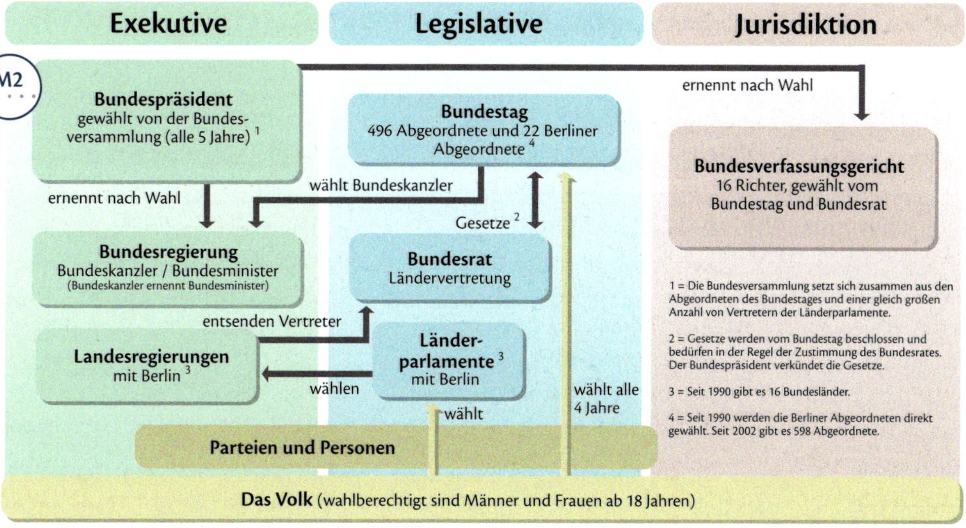

Der Staatsaufbau der Bundesrepublik Deutschland von 1949 bis 1990. Die Bezeichnung „Grundgesetz" wurde gewählt, um deutlich zu machen, dass nur eine vorläufige „Verfassung" ohne Zustimmung zu einer endgültigen Teilung Deutschlands beschlossen wurde.

M3

Das Grundgesetz beschließen? – Eine Streitfrage

Auf der letzten Sitzung des Parlamentarischen Rates am 8. Mai 1949 sollte das von den Abgeordneten erarbeitete Grundgesetz beschlossen werden. Der kommunistische Abgeordnete Heinz Renner stellte den Antrag, auf diese Abstimmung zu verzichten und stattdessen mit dem „Deutschen Volksrat" zusammenzuarbeiten, der parallel zum Parlamentarischen Rat in der sowjetisch besetzten Zone gebildet worden war:

3 A *Heinz Renner (KPD):* Heute stehen wir erneut vor der Tatsache, dass das Präsidium des Deutschen Volksrats … noch einmal mit einer Einladung an uns herangetreten ist, in den nächsten Tagen in Braunschweig oder an irgendeinem von uns zu bestimmenden Ort zusammenzukommen … Ich bin der Meinung, dass in diesem Augenblick jeder, der die Interessen des deutschen Volkes höher stellt als die Interessen einer Partei, … verpflichtet ist, unserem Antrag zuzustimmen, umso mehr, als wir wissen, dass auf der Gegenseite uns deutsche Hände entgegengereckt werden, die mit uns zusammen ganz Deutschland und unserem Volke gesunde Lebensbedingungen und den Frieden schaffen wollen.

M3A und M3B zit. nach Der Parlamentarische Rat 1898–1948. Akten und Protokolle, Bd. 9, bearb. von Wolfram Werner, München (Harald Boldt) 1996, S. 505 ff.

3 B *Carlo Schmid (SPD)* antwortete: Das drängendste Anliegen aller Deutschen ist heute die Wiederherstellung der Einheit ihres Vaterlandes … Aber eine solche Einigung wäre vor der Geschichte sinnlos, wenn sie nicht die Voraussetzungen für eine Einheit Deutschlands in der Freiheit, in der Freiheit des Ganzen und in der Freiheit der Individuen, schaffte. Diese Einigung muss zum Gegenstand haben die Schaffung gleicher demokratischer Lebensbedingungen überall in Deutschland, im Westen wie im Osten … Wir wollen nicht ein Deutschland, in dem [das ehemalige KZ] Buchenwald sich wieder mit Häftlingen füllt[1] … Wir wollen nicht ein Deutschland, in dem die Polizei … allmächtig ist. Und wir wollen nicht ein Deutschland, in dem es politisch nur eine Einheitsmeinung in einer Einheitspartei geben darf.

[1] In der SBZ wurden einige ehemalige Konzentrationslager als geheime Internierungslager für deutsche Kriegsgefangene, NS-Verbrecher oder aus anderen Gründen Verhaftete weitergeführt.

1 Untersuche anhand des Darstellungstextes und M1, die Voraussetzungen zur Gründung eines westdeutschen Staates. Welche Vorgaben machten die Alliierten?

2 Kläre in M3 die Position Renners und Schmids.

3 a) Untersuche M2 mithilfe der Methode „Ein Verfassungsmodell interpretieren" (siehe S. 111).
b) Vergleiche mit der Weimarer Verfassung (S. 220 f.). Nenne Gemeinsamkeiten und Unterschiede.

Die Gründung der Deutschen Demokratischen Republik

Staatsgründung im Osten

Während in Westdeutschland die Staatsgründung auf entstehende demokratische Strukturen in den Kommunen und Ländern aufbauen konnte, hatte in der sowjetischen Besatzungszone die SED* ihre Vorherrschaft gefestigt. Seit 1948 berief sie „Volkskongresse" ein, deren Delegierte aus Parteien und Gewerkschaften von der SED benannt wurden und als „gesamtdeutsches Vorparlament" einen Friedensvertrag und die deutsche Einheit vorbereiten sollten. Seit März 1948 beriet ein „Deutscher Volksrat" einen Verfassungsentwurf der SED. Mehr als ein Jahr vor der Gründung der Bundesrepublik Deutschland war damit klar erkennbar, dass der Verfassungsentwurf eine Vorarbeit für den Fall war, dass man sich genötigt sah, auf eine Weststaatsgründung zu reagieren.

Als Reaktion auf die Entstehung der „Bundesrepublik Deutschland" im Mai 1949 veranlasste die Sowjetunion in der SBZ die Gründung der „Deutschen Demokratischen Republik": Der Zweite Deutsche Volksrat setzte am 7. Oktober die Verfassung in Kraft und erklärte sich zur Provisorischen Volkskammer der DDR. In der Volkskammer war die führende politische Kraft die SED, die unter dem Einfluss der sowjetischen Kommunisten stand. Die Anteile anderer Parteien und der Massenorganisationen (z. B. Gewerkschaften) waren schon vor der Wahl festgelegt, sodass das Übergewicht der SED und der von ihr abhängigen Gruppen von vornherein gesichert war. So lag ihr Anteil in dem zur Volkskammer umgewandelten, im Mai 1949 gewählten Dritten Deutschen Volkskongress bei 77,5 Prozent.

Bereits im Januar 1949 war die SED zu einer „Partei neuen Typs" umgewandelt worden: Als marxistisch-leninistische Partei war sie zentral-hierarchisch aufgebaut, alle Parteigliederungen waren einer absoluten Parteidisziplin unterworfen, die Parteiführung bekannte sich zur „führenden Rolle" der Sowjetunion.

Bindung an die Sowjetunion

Stalin verfolgte in der Deutschlandfrage eine Doppelstrategie: Mit Blick auf die USA verband er das langfristige Ziel, die amerikanischen Truppen aus Europa hinauszudrängen, um die Machtfrage auf dem alten Kontinent in seinem Sinne zu klären. Kurzfristig kam es ihm darauf an, einen möglichst großen Einfluss auf Gesamtdeutschland zu sichern. Dazu gehörte offensichtlich auch die „vorsichtige" Politik, die 1948/49 noch den „offenen Kampf" gegen oppositionelle bürgerliche und sozialdemokratische Kräfte vermied. Mit der Staatsgründung der DDR wurde die „Sowjetisierung" verstärkt. 1950 trat die DDR dem Rat für gegenseitige Wirtschaftshilfe (RGW*), 1955 dem Militärbündnis Warschauer Pakt bei. Die DDR war damit nicht nur politisch an der Sowjetunion orientiert, sondern auch wirtschaftlich und militärisch an den kommunistischen Ostblock gebunden.

M1

Das Präsidium des III. Parteitages der Sozialistischen Einheitspartei Deutschlands in Berlin (Ost), Foto, 1950. In der vorderen Reihe von links nach rechts stehend Wilhelm Pieck (erster Präsident der DDR), Walter Ulbricht (der auf diesem Parteitag zum Generalsekretär gewählt wurde, später Vorsitzender des Staatsrates), Otto Grotewohl (erster Ministerpräsident der DDR) und Erich Honecker (SED-Generalsekretär 1971–1989).

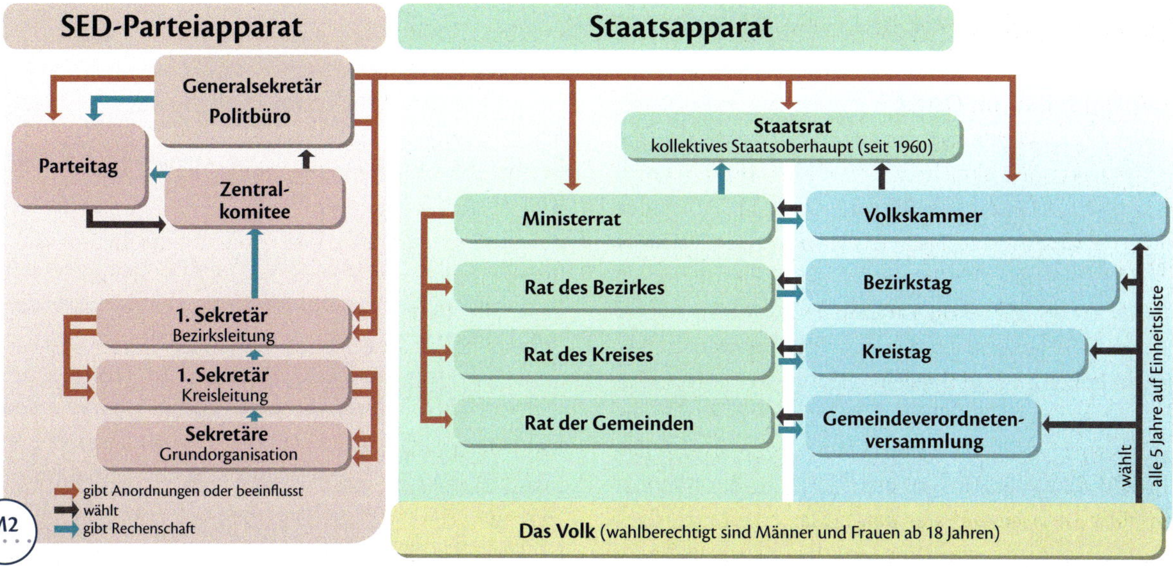

M2

Staatsaufbau und Herrschaftsverhältnisse in der Deutschen Demokratischen Republik bis 1989

M3

Politischer Druck und persönliche Freiheit

Aus einem anonymen Brief aus der DDR an „Kameraden“:

Ich glaube, im Westen kann man sich überhaupt keine richtige Vorstellung davon machen, unter was für Umständen und unter welchem politischen Druck wir hier vegetieren, welch mehr als unverschämten Lug und Trug wir uns täglich in Rundfunk und Presse bieten lassen müssen und welcher Gefahr für die persönliche Freiheit wir stündlich ausgesetzt sind … Die Sozialistische Einheitspartei (SED) beherrscht, von Russen gestützt und befohlen, natürlich zusammen mit den Massenorganisationen, die, wie z. B. FDGB, Demokratischer Frauenbund und Freie Deutsche Jugend, alle selbstverständlich auf dem Papier „überparteilich“ sind, vollkommen das politische Leben … Das allgemeine Spitzeltum ist eine Landplage, vor allem unter Arbeitskollegen in den Betrieben. In Geschäften und in der Bahn wird zwar viel geschimpft, aber jeder muss ständig gegenwärtig sein, dass er 1 Stunde später oder auf der nächsten Station von der schönen Volkspolizei abgeholt wird.

Zit. nach Manfred Overesch, Die Deutschen und die Deutsche Frage 1945–1955, Hannover (Niedersächsische Landeszentrale für politische Bildung) 1985, S. 130 f.

Biographie

Walter Ulbricht (1893–1973)

1912 trat er in die SPD ein, 1919 wechselte er in die KPD. 1924 besuchte er die Parteischule in Moskau, wo er im Sinne der kommunistischen Weltanschauung ausgebildet wurde. 1928 bis 1933 war er Abgeordneter im deutschen Reichstag. 1933 emigrierte er nach Frankreich und siedelte 1938 nach Moskau über. 1945 kehrte er mit einer Gruppe deutscher Kommunisten nach Deutschland zurück, um in sowjetischem Auftrag den Aufbau der Berliner Stadtverwaltung zu organisieren. 1950 bis 1971 Generalsekretär bzw. Erster Sekretär des Zentralkomitees der SED. 1960 bis 1971 war er Vorsitzender des Staatsrates und des Nationalen Verteidigungsrates.

1 Fasse Stationen der Gründung der DDR und ihre außenpolitische Orientierung zusammen (Darstellungstext).

2 Untersuche M2 mithilfe der Methode „Ein Verfassungsmodell interpretieren“ (siehe S. 111). Achte besonders auf die Beziehung von SED-Parteiapparat und Staatsapparat. Vergleiche mit der Bundesrepublik.

3 Analysiere M3 und zeige an Beispielen aus dem Text, worin sich die undemokratische Struktur des entstehenden Herrschaftssystems DDR zeigte.

4 Formuliere zu der in M1 abgebildeten Szene jeweils einen Kommentar eines Befürworters und eines Kritikers der DDR-Regierung.

Staatssicherheit als Machtinstrument

M1

Stasi-Observanten, fotografiert aus der Ständigen Vertretung der Bundesrepublik Deutschland in Ostberlin, Foto, 1982

M2

„Zersetzungsmaßnahmen" der Stasi

Dem DDR-Schriftsteller und Psychologen Jürgen Fuchs (1950–1999) wurden Verleumdung und Herabsetzung der Staats- und Gesellschaftsordnung der DDR vorgeworfen. In einer Aktennotiz des Ministeriums für Staatssicherheit für den Zeitraum von August bis September 1982 hieß es:

F. wurde kontinuierlich, vor allem in den Nachtstunden, in seiner Wohnung angerufen, ohne dass sich der Anrufer meldete. Gleichzeitig wurde jeweils der Fernsprechanschluss zeitweilig blockiert.

Im Namen von F. wurde eine Vielzahl von Bestellungen von Zeitungen, Zeitschriften, Prospekten, Offerten u. dgl. aufgegeben, darunter auch Bestellungen, die zur Kompromittierung[1] des F. geeignet sind.

Mehrfach wurden Taxis und Notdienste (Schlüsselnotdienste, Abflussnotdienst, Abschleppdienst) vorwiegend nachts zur Wohnung des F. bestellt.

Zit. nach Jens Gieseke, unter Mitarbeit von Doris Hubert, Die DDR-Staatssicherheit, Bonn (Bundeszentrale für politische Bildung) 2000, S. 64.

[1] kompromittieren: bloßstellen

Das Spitzelsystem der SED-Diktatur

Die SED-Regierung, die sich freien Wahlen durch die Bevölkerung nicht gestellt hatte, richtete 1950 zur Sicherung ihres Machtmonopols eine politische Geheimpolizei nach dem Vorbild der Sowjetunion ein. Das „Ministerium für Staatssicherheit" (MfS) wurde in der Bevölkerung ironisierend „VEB (d. h. Volkseigener Betrieb) Horch und Greif" oder Stasi* genannt.

Es unterstand dem Generalsekretär des Zentralkomitees der SED, begann mit etwa 1000 hauptamtlichen Mitarbeitern und hatte 1989 etwa 91 000 Beschäftigte. Dazu kamen – nach dem Stand beim Zusammenbruch der SED-Herrschaft 1989 – etwa 173 000 so genannte „inoffizielle Mitarbeiter" (IM). Sie verpflichteten sich – in aller Regel in schriftlichen Bereitschaftserklärungen – Informationen über Personen zu liefern, die „die Sicherheit des Staates" gefährdeten. Das MfS förderte ein elitäres Bewusstsein seiner Mitarbeiter. Ihre Loyalität sollte z. B. dadurch gestärkt werden, dass sie bei der Versorgung mit Konsumartikeln oder bei der Berufswahl bevorzugt wurden.

Folgende Aufgabenbereiche waren definiert:

- Bestrebungen gegen die sozialistische Gesellschaftsordnung der DDR aufdecken, politisch aktive Personen überprüfen, überwachen und einschätzen;
- „nicht legale" Gruppierungen ausspionieren, „unterwandern" und Aktivitäten in der Öffentlichkeit verhindern;
- „Straftaten gegen die Staatsgrenze" vereiteln, den Transitverkehr (Durchreise durch die DDR) überwachen;
- die Volkswirtschaft gegen Sabotage und Kriminalität schützen;
- Pläne und Aktivitäten anderer Staaten und ausländischer Organisationen aufklären, wissenschaftlich-technische Informationen beschaffen;
- Tätigkeiten fremder Geheimdienste unterbinden;
- „faschistische Kriegsverbrechen" aufdecken.

Mit dem Zusammenbruch der SED-Herrschaft 1989/90 endete auch das Stasi-Spitzelsystem. Das Ministerium für Staatssicherheit wurde am 11. Januar 1990 aufgelöst. Die Akten der Staatssicherheit werden seitdem von einem Bundesbeauftragten an zentraler Stelle verwahrt, wo sie Stasi-Opfer, Wissenschaftler oder Journalisten auf Antrag einsehen können.

M3

Spitzeldienste

Aus dem Bericht eines in die Bundesrepublik desertierten Leutnants des Staatssicherheitsdienstes von 1979:

Mitte 1958 wurde im Amtssitz des evangelischen Bischofs Noth in Dresden vom Staatssicherheitsdienst ein Abhörgerät eingebaut. Den Einbau leitete der Chef der Bezirksverwaltung ... Die Angelegenheit ging folgendermaßen vor sich: Oberleutnant Löffler beantragte den Einbau eines Abhörgerätes mit der Begründung, „in der evangelischen Kirche gibt es nicht genügend Informationen, wir brauchen deshalb andere Quellen, um Auskunft über die Tätigkeit der Kirche zu erhalten". Man nahm Verbindung auf zu einem im Landeskirchenamt tätigen Heizer, der sich früher einmal selbst für Spitzeldienste angeboten hatte. Dieser Heizer verschaffte den Mitarbeitern der Bezirksverwaltung Zutritt zu den Räumen des Landeskirchenamtes, und zwar in den Nachtstunden. Außerdem lieferte er den Inhalt der Papierkörbe, den er verbrennen sollte, bei Leutnant Jänicke ... ab. Der Heizer erhielt für seine Tätigkeit Geldbeträge in Höhe von 100,– bis 150,– DM. Er gab der Bezirksverwaltung Gelegenheit, sich Nachschlüssel für alle Räume des Landeskirchenamtes anfertigen zu lassen. So war es möglich, das kleine Abhörgerät direkt an den Telefonanschluss des Bischofs anzuschließen und mit einer Leitung zum Büro von Leutnant Jänicke zu verbinden. Dort wurden Telefongespräche auf Band aufgenommen und dann ausgewertet.

Zit. nach Christoph Kleßmann/Georg Wagner, Das gespaltene Land, München (C. H. Beck) 1993, S. 430.

M4

Tücher als „Geruchsspurenträger" in Weckgläsern, um 1985. Mit der „Geruchs-Konserven-Methode" wurde der Individualgeruch von Bürgern konserviert. So konnten Spürhunde (so genannte Geruchsdifferenzierungshunde) verdächtige Personen identifizieren, wenn sie an einer „Tatortgeruchskonserve" Witterung erhalten hatten.

M5

„Unendlich wichtiger sind die Opfer"

Konrad Weiß, Dokumentarfilmer, Sprecher der Bürgerbewegung „Demokratie jetzt" in der ehemaligen DDR und zeitweiliger Bundestagsabgeordneter von Bündnis 90/Die Grünen, schrieb 1993:

Alles, was Stasi-Leute erschnüffelten, und alles, was sie zu Protokoll gaben, diente dem einen Zweck: der Partei die Macht zu erhalten und sich das eigene Stück vom Kuchen zu sichern ... Dem ordneten sie alles unter, alle Fakten, alle Daten, alle Befunde ... Unendlich wichtiger sind die Opfer: ihre Tapferkeit und ihre Angst, ihr Schweigen, ihre Verwirrung, ihr Hass. Sie allein wissen, wie es war. Denn sie haben den Staatssicherheitsdienst erlitten: in der Einsamkeit der kalten Zellen, bei stundenlangen Verhören, in den Nächten voller Angst. Sie wurden gefoltert und geschändet, bespitzelt und observiert, wurden bis ins Intimste belauscht. Ihnen wurden Freundschaft und Liebe, Kameradschaft und Mitmenschlichkeit vorgetäuscht, sie wurden erpresst und betrogen, wurden kalt und berechnend verletzt ... Ich habe mein Leben lang gewusst, dass meine Post gelesen, meine Telefonate abgehört, meine Gespräche belauscht wurden. Es gab immer Menschen, zu denen ich auf Distanz gegangen bin, weil ich hinter ihrer Freundlichkeit den Spitzel vermutet habe.

Konrad Weiß, „Wir müssen uns der Wahrheit stellen". In: Spiegel special, Nr. 1, 1993, S. 7 ff.

Filmtipp

Das Leben der Anderen

Regie: Florian Henckel von Donnersmarck, Spielfilm, 2006

1. Erarbeite anhand der Materialien dieser Doppelseite die Ermittlungsmethoden der Staatssicherheit.
2. Nenne mögliche Folgen, die die Stasi-Aktivitäten für den Umgang der Menschen untereinander hatten.
3. Untersuche, welche der in den Materialien genannten Ziele und Methoden der Stasi sich im Darstellungstext wiederfinden lassen.
4. Prüfe anhand der Informationen auf dieser Doppelseite die These vom „Machterhalt der Partei" (M5, Zeile 3 ff.) als Zweck der Staatssicherheit.

Markt und Plan: zwei Wirtschaftsmodelle

„Wirtschaftswunder" mit sozialer Marktwirtschaft?
„Wir sind wieder wer" – so kennzeichnete Ende der 1950er-Jahre der Bundeswirtschaftsminister und spätere Bundeskanzler Ludwig Erhard (1897–1977) die Stimmung in der Bundesrepublik. 1949 hätte eine solche Bilanz sicherlich niemand vorherzusagen gewagt: Bombenschäden, Reparationsforderungen der Alliierten, die finanzielle Belastung des Staates durch die Versorgung von Witwen, Waisen und Kriegsversehrten ließen nicht auf eine positive Wirtschaftsentwicklung hoffen. Mit der Einführung der sozialen Marktwirtschaft* kam es in der Ära Adenauer jedoch zu einem rasanten Wirtschaftsaufschwung. Die Grundidee dieses Wirtschaftssystems bestand darin, dass der sich an Angebot und Nachfrage ausrichtende freie Wettbewerb durch Gesetze überwacht wird, z. B. durch das Verbot von Firmenzusammenschlüssen, wenn dadurch der Wettbewerb gefährdet würde, oder durch Sozialgesetze (Arbeitslosenhilfe, Lohnfortzahlungen bei Krankheit).
Auch wenn Ludwig Erhard bis heute als „Vater" der sozialen Marktwirtschaft gilt, hing der schnelle wirtschaftliche Aufstieg der Bundesrepublik doch eng mit ihrer Integration in das westliche Bündnissystem zusammen. Der Marshallplan und die Einbeziehung der Bundesrepublik in Montanunion und EWG führten dazu, dass die deutsche Wirtschaft ganz wesentlich von der steigenden Nachfrage nach Exportgütern (vor allem Kohle und Stahl, Maschinen, Autos) profitierte. Ein wichtiger Grund für den Aufschwung in der Bundesrepublik waren auch die niedrigen Löhne und die hohe Arbeitsleistung, die deutsche Produkte auf dem Weltmarkt billig machten. Der wachsende Bedarf an Arbeitskräften konnte bis Ende der 1950er-Jahre durch die große Zahl der Vertriebenen und der Übersiedler aus der DDR gedeckt werden.
Bei den Bundesdeutschen wuchs der Wunsch nach Konsum: Haushaltsgeräte, Motorroller, Autos und Reisen gelten heute als Kennzeichen des „Wirtschaftswunders". Nicht jeder konnte sich diese Dinge leisten und gerade hier wurden Armut und soziale Ungerechtigkeit deutlich. Der Ausbau der Bundesrepublik zum Sozialstaat erlaubte allerdings mehr Bürgern als je zuvor, an der Konsumgesellschaft Teil zu haben: So wurden z. B. 1957 die Renten an die allgemeine Lohnentwicklung angepasst, damit die Rentner vom wirtschaftlichen Aufschwung profitieren konnten.

M1 Soziale Marktwirtschaft (Bundesrepublik)

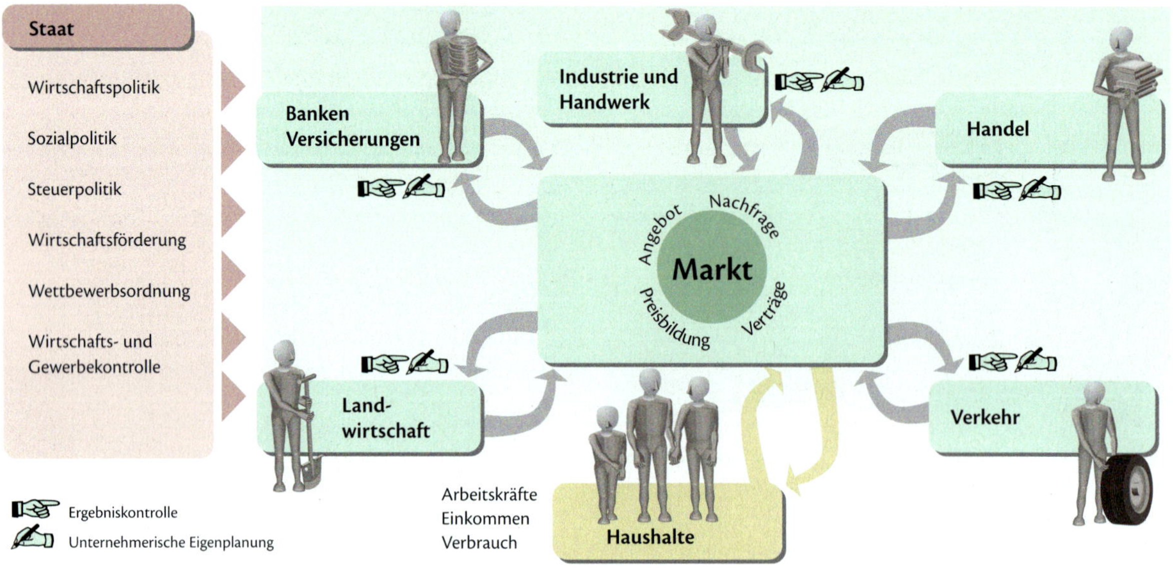

Aufbau des Sozialismus mithilfe der zentralen Planwirtschaft?

Nach der Bodenreform und der Verstaatlichung vieler Industrieanlagen in der SBZ führte die DDR-Regierung in den 1950er-Jahren die Umgestaltung der Wirtschaft konsequent weiter: Sie löste private Unternehmen und landwirtschaftliche Betriebe auf und wandelte sie in „Volkseigene Betriebe" (VEB*) und „Landwirtschaftliche Produktionsgenossenschaften" (LPG*) um. Nach dem Vorbild der Sowjetunion wurde die zentrale Planwirtschaft* eingeführt: Auf der Grundlage von Fünfjahresplänen bestimmten staatliche Behörden, welche Waren und Güter in welchem Betrieb hergestellt werden sollten. Vorgeschrieben war die Produktionshöhe innerhalb eines bestimmten Zeitlimits.

Die Ausgangsbedingungen waren schwieriger als in der Bundesrepublik: Zum einen hatte die sowjetische Besatzungsmacht die meisten Industriebetriebe demontiert und mehr Reparationen entnommen als die Besatzungsmächte in den westlichen Zonen. Zum anderen wanderten viele qualifizierte Arbeitskräfte in den Westen ab.

Bei der im Gebiet der DDR angesiedelten Industrie handelte es sich vorwiegend um weiterverarbeitende Industrie, die auf Zulieferungen aus der westdeutschen Schwerindustrie angewiesen war. Diese Situation führte dazu, dass in der DDR der Bereich der Schwerindustrie verstärkt ausgebaut wurde – auf Kosten der Leicht- und Konsumgüterindustrie.

DDR-Unternehmen waren im internationalen Wettbewerb bald benachteiligt: So stellte die DDR zwar Mitte der 1960er-Jahre nach der Sowjetunion die zweitstärkste Wirtschaftsmacht im RGW dar, aber im Weltvergleich fiel sie immer weiter zurück.

Da die Löhne staatlich festgelegt waren, konnten gute Arbeitskräfte kaum mit finanziellen Vorteilen rechnen. Um sinkender Arbeitsleistung zu begegnen, mussten deshalb neue Anreize geschaffen werden, z. B. mit Prämien verbundene Auszeichnungen wie „Held der Arbeit" oder bevorzugte Wohnungszuteilung.

1 a) Erläutere anhand von M1, M2 und der Darstellungstexte die Grundzüge der sozialen Marktwirtschaft und der zentralen Planwirtschaft.
b) Stelle in einer Liste die wichtigsten Merkmale der beiden Wirtschaftsmodelle gegenüber und halte die aus deiner Sicht entscheidenden Unterschiede fest. Berichte in der Klasse.

M2 Zentrale Planwirtschaft (DDR)

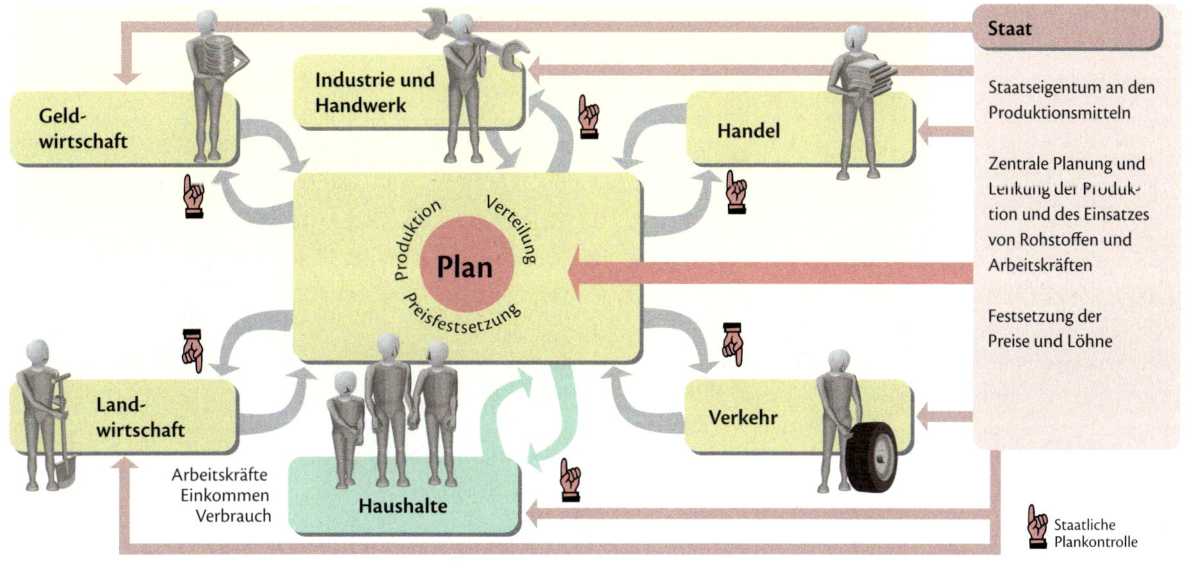

Leben in der Wirtschaftsgesellschaft West und Ost

M1 **Kundgebung des Deutschen Gewerkschaftsbundes,** Foto, 1. Mai 1956

M2 Ausstattung mit Konsumgütern in beiden deutschen Staaten 1969 bis 1978

Erzeugnis	Von 100 Haushalten besaßen			
	in der Bundesrepublik Deutschland		in der DDR	
	1969	1978	1969	1978
Pkws	45	62	11	34
Krafträder	6	9	36	54
Rundfunkgeräte	83	99	89	98
Fernsehgeräte	74	94	60	87
Kühlschränke	85	98	37	99
Waschmaschinen	61	82	38	79

In den amtlichen Berichten der DDR wurde bis 1989 regelmäßig erwähnt, dass Schwierigkeiten und Ausfälle im Angebot von Obst und Frischgemüse auftraten. In Wirklichkeit gab es fast alle Produkte zu kaufen, allerdings nicht zu jeder Zeit und an jedem Ort.

Zusammengestellt nach Zahlenspiegel, hg. v. Bundesministerium für innerdeutsche Beziehungen, Bonn, 1982.

M3 Eine eigene Wohnung

Der Bergmann Walter Schaefer verließ 1946 das Ruhrgebiet und wechselte zu VW. Er berichtete 1988:

Zwischen 1950 und 1960, das war für mich einmal, wie soll ich sagen, wieder zu etwas zu kommen. Das heißt, wieder Eigentum zu besitzen. Nicht große Gelder anzulegen, aber eine eigene Wohnung zu haben. Ja, sich einigermaßen kleiden zu können. Ein ruhiges und glückliches Familienleben zu führen, mit den Kindern, mit der Frau. Ich bin ja 1946 hier angekommen praktisch mit nix, mit gar nichts. Ich habe einen Anzug gehabt, das heißt eine Hose, ein Hemd und eine Jacke, die ich umgebaut hatte … 1947 hab ich geheiratet. Dann hab ich zur Miete gewohnt in einem Zimmer. Möbel waren nicht da. Dann 1955 kam ich [in die eigene Wohnung] nach Wolfsburg … Man ging dazu über, hat Möbel gekauft. Ja, Geld war nicht da. Also dann hieß es abzahlen, abzahlen, abzahlen … Ich habe viele Stunden gemacht damals im Werk. Die Möglichkeit war da bei uns ab 1950, dass wir kaum einen Sonnabend/Sonntag gehabt haben. Es sind Monate gewesen, wo ich 300 und 360 Stunden gemacht habe. Einmal, weil das Geld fehlte, und zum anderen eben, weil man sich was anschaffen wollte, aber auch, weil es eben nötig war, um im Werk wieder mit aufzubauen.

Monika Uliczka, Berufsbiographie und Flüchtlingsschicksal. VW-Arbeiter in der Nachkriegszeit, Hannover (Hahnsche Buchhandlung) 1993, S. 233.

M4 **Mit dem VW Käfer nach Italien.** Eine westdeutsche Familie macht Urlaub am Gardasee, Foto, 1955

M5

Planwirtschaft vor Ort

Der beim Werksverkehr des Eisenhüttenkombinats (EKO) beschäftigte Lothar Ritter erinnerte sich 1994 an die Parteisitzungen:

Ich war mehrere Jahre in der Zentralen Parteileitung im EKO, und der damalige Produktionsdirektor Kurt Schröder, der musste so am 25./26. jedes Monats über den Stand der Planerfüllung berichten. Ich saß als Vorzeigearbeiter mit da drin, damals war ich Lokführer und hab von der Ökonomie nicht allzu viel verstanden. Aber ich wusste: Wenn drei, vier Tage vor Ultimo noch 10 000 Tonnen Roheisen gefehlt hatten und am 31. wurde dann Planerfüllung gemeldet, dann war da irgendwas manipuliert worden! Das hat sich dann permanent gesteigert, und nach dem Amtsantritt von Honecker, muss man sagen, noch potenziert. Da stimmte die gemachte Erfahrung nicht mehr mit dem überein, was als Ideologie verkündet wurde.

Zit. nach Eisenhüttenstädter Lesebuch, hg. von Dagmar Semmelmann u. a., Berlin (edition bodoni) 2001, S. 95.

M7

Schaufenster in Eisenhüttenstadt, Foto, 1967.
Die Pkws konnten nur bestellt werden, oft mit einer Wartezeit von 12 bis 15 Jahren.

M6

Mehrarbeit – wofür?

Hellmut Schönstädt, früher Diplomgartenbauingenieur, berichtete 1999 über das VEG* Gartenbau Eisenhüttenstadt:

Wenn im Betrieb Not am Mann war, haben in den Anfangsjahren die Frauen am Tage ihre eigentliche Arbeit gemacht und kamen nachmittags, wenn die Männer Feierabend hatten, mit ihren Männern und haben mit der Schubkarre die Erde in die Gewächshäuser reingekarrt … Sie haben mit Duldung des Betriebes Leistungen erbracht, die ihre Frauen nach dem Leistungsprinzip vergütet bekamen. Sie haben es nur gemacht, weil die Familie sich eben auch eine Waschmaschine, einen Fernseher, einen Trabbi anschaffen wollte. In unserem Betrieb wurde ja nur durch Leistungsvergütung Geld verdient, die Grundlöhne waren ja gering. Durch die spätere Möglichkeit, Jahresendprämien zu zahlen, konnten gute Arbeitsleistungen zusätzlich belohnt werden.

Zit. nach Eisenhüttenstadt, hg. von der Arbeitsgruppe Stadtgeschichte, Berlin (be.bra) 1999, S. 207.

M8

Bekanntmachung einer LPG im Kreis Meißen (Sachsen), Foto, undatiert

1 Beschreibe die Entwicklung des Lebensstandards in Westdeutschland (M1 bis M4).
2 Stelle das Zahlenmaterial von M2 graphisch dar.
3 Erläutere mithilfe des Darstellungstextes (S. 329) die Ziele der EKO-Gründung (M5).
4 Untersuche die in M5 und M6 dargestellten Arbeits- und Produktionsbedingungen.
5 Zeige, welche Probleme der Planwirtschaft in den Materialien deutlich werden. Beachte M7.

Jugend in der Nachkriegszeit

Anpassung oder Rock 'n' Roll?

Die SED sah seit ihrer Herrschaft in der DDR die Jugendlichen als wesentlichen Baustein zum Aufbau des Sozialismus. So hieß es im Jugendgesetz von 1974: Die Jugendlichen seien „zu Staatsbürgern zu erziehen, die die Ideen des Sozialismus stärken und gegen alle Feinde zuverlässig schützen". 1946 war die Freie Deutsche Jugend (FDJ) gegründet worden. Als einziger zugelassener Jugendverband organisierte die FDJ Treffen mit Jugendlichen aus anderen Städten und Ländern. Aufmärsche und Kampfdemonstrationen dienten der Mobilisierung und Motivierung für die Ziele der SED. 1987 waren etwa 87 Prozent der DDR-Jugendlichen Mitglied in der FDJ.

Allerdings gelang es der FDJ nicht, deren ganze Freizeitgestaltung zu erfassen. So entstand z. B. eine Musikszene, die von Gruppen wie den Puhdys, Karat und Lift geprägt wurde. Diese „Jugend-Subkulturen" gehörten zum Alltag wie die Punks, die Heavy Metals und Skinheads. Sie alle wurden von der Staatssicherheit misstrauisch überwacht.

Im Gegensatz zur DDR gab es in der Bundesrepublik keine staatliche Jugendorganisation. Neben den „angepassten" Jugendlichen fielen hier vor allem diejenigen auf, die schwarze Lederjacken, Jeans, bunte Hemden mit Schlägermützen und großkarierte Sakkos trugen. In ihrer Freizeit trafen sie sich „an der Ecke", ließen die Mopeds im Stand aufheulen und fuhren Rennen um die Häuserblocks. Die „Halbstarken" genossen die wiedergewonnene Freiheit der Nachkriegsjahre. Ihre Gründungshymne „Rock around the Clock" des amerikanischen Sängers Bill Haley und Filme wie „Außer Rand und Band" nahmen sie zum Anlass, aus der als prüde und spießig empfundenen Erwachsenenwelt auszubrechen und einfach nur Spaß zu haben. Weltanschaulich-politische Gründe spielten keine Rolle. Von vielen Erwachsenen wurde diese Entwicklung als bedrohliche „Amerikanisierung" der westdeutschen Gesellschaft empfunden. Als Rahmenbedingungen für die Konflikte zwischen den „Halbstarken" und den Erwachsenen werden heute die zunehmende Freizeit, die neuen Konsummöglichkeiten und die sich verbreitenden Massenmedien (Zeitschriften, Rundfunk, Fernsehen) gesehen.

M1

FDJ-Aufmarsch, Foto, 1985

M2

Zuschauer bei einem Konzert von Bill Haley in der Bundesrepublik, Foto, 1958

1 Erläutere M1 und M2 mithilfe des Darstellungstextes.

2 a) Bewerte den Begriff „Halbstarke".
b) Vergleicht die „Halbstarken" im Klassengespräch mit euch selbst.

Zeitzeugen befragen

Geschichte aus erster Hand?
Zeugen der Vergangenheit können oft ein anschaulicheres Bild ihrer Erlebnisse zeichnen, als es schriftliche Quellen vermögen. Durch gezielte Befragung von Zeitzeugen können wir Quellen „erzeugen“, ein Verfahren, das Wissenschaftler „Oral History“ nennen. Der Umgang mit Zeitzeugenberichten erfordert allgemeine historische Kenntnisse über das Thema, denn aus der subjektiven Erfahrung einer einzelnen Person können wir nicht schließen, dass ihr Erleben typisch für die Zeit war. Oft können oder wollen Zeitzeugen sich nicht mehr an alles erinnern oder sie vermischen ihre Erinnerung mit Dingen, die sie erst später erfahren haben.

1 Führt eine Zeitzeugenbefragung mit Personen durch, die ihre Jugendzeit in den vierziger und fünfziger Jahren erlebt haben. Versucht sowohl Zeitzeugen zu finden, die ihre Jugend im „Westen“ als auch solche, die ihre Jugend im „Osten“ verbracht haben. Nehmt die Arbeitsschritte und bei Zeitzeugen aus dem Osten M1 zu Hilfe.

M1 **Motive für die Mitgliedschaft in der FDJ**
Eine Untersuchung 1992 ergab folgende Ergebnisse:

1	Weil es für die schulische und berufliche Entwicklung nötig war.	76,0 %
2	Weil fast alle Mitglieder waren.	62,5 %
3	Weil ich keinen Ärger wollte.	59,9 %
4	Weil ich gern unter Gleichaltrigen war.	44,9 %
5	Weil hier eine interessante Freizeitgestaltung möglich war.	30,4 %
6	Weil die FDJ meine Interessen vertrat.	29,5 %
7	Weil interessante politische Diskussionen möglich waren.	20,6 %

Jugend 92. Jugendwerk der Deutschen Shell, Opladen, 1992, S. 63, zit. nach Praxis Geschichte, H. 3, 2000, S. 26.

Arbeitsschritte

1. Schritt: Befragung vorbereiten
- Thema der Befragung klären und einen inhaltlichen Überblick verschaffen (Schul-/Sachbücher, Internet).
- Zeitzeugen finden (Familie, Bekannte, über die Stadtverwaltung, im Stadtarchiv, bei Kirchen).
- Ort, Zeit und Ablauf des Gesprächs klären (mehrere Zeitzeugen gleichzeitig einladen?).
- Fragen vorbereiten. Entscheiden, ob eher offene Fragen („Bitte erzählen Sie uns etwas über ...“) gestellt oder nach einer festen Fragenanordnung vorgegangen werden soll.

2. Schritt: Befragung durchführen
- Für eine angenehme Atmosphäre sorgen, Begrüßung; Gesprächsleitung und Dauer der Befragung absprechen. Fotos (mit Einverständnis!) machen.
- Je nach Absprache und Vereinbarung Aufnahmegeräte starten und/oder Protokoll führen.
- Die Befragung von einer Kleingruppe durchführen lassen.
- Kurze Fragen stellen, nicht mehrere hintereinander.
- Reine Entscheidungsfragen (Ja- oder Nein-Antwort) möglichst vermeiden, damit differenziertere Antworten möglich sind (teils, teils; sowohl – als auch ...).
- Dank, Verabschiedung.

3. Schritt: Ergebnisse auswerten, bewerten und präsentieren
- Die Auswertung geschieht am besten in Gruppen.
- Eindrücke austauschen (Verständlichkeit, Glaubwürdigkeit der Aussagen/Erzählung).
- Informationen mit den bisherigen Kenntnissen vergleichen.
- Stimmen Antworten und Hypothesen bzw. Fakten überein?
- Welchen Erkenntnisgewinn gibt es nach der Befragung?
- Eigene Gesprächsführung (Fragen, Gesprächsführung) kritisch bewerten.
- Auf Präsentation einigen (Text- und/oder Bilddokumentation, Ausstellung, Mappe).

Deutsch-deutsche Politik

Der Kalte Krieg vertieft die Gegensätze

Die Einbindung der beiden deutschen Staaten in unterschiedliche Machtblöcke war ein zentraler Bestandteil des Kalten Krieges. So vertiefte sich mit der weltpolitischen Konfrontation der Supermächte USA und Sowjetunion in den 1950er-Jahren die innerdeutsche Abgrenzung. Verstärkt wurde sie durch die Wiederbewaffnung der Bundesrepublik und deren NATO-Beitritt 1955. Der Anspruch der Regierung Adenauer, die Bundesrepublik allein vertrete das untergegangene Deutsche Reich, machte sinnvolle Gespräche mit der Regierung in Ostberlin unmöglich. Ebenso deutlich war zu erkennen, dass die sowjetische Besatzungsmacht von vornherein ein Staatsmodell durchsetzen wollte, das mit den Grundsätzen einer parlamentarischen Demokratie unvereinbar war. Während sich in der Bundesrepublik das demokratisch-parlamentarische System stabilisierte, zeigten sich in der DDR bereits Anfang der 1950er-Jahre instabile Tendenzen der auf die Unterdrückung politischer Vielfalt setzenden SED-Herrschaft. Inwiefern wirkten sich diese Entwicklungen auf die Beziehung zwischen den beiden deutschen Staaten aus?

M1 **Karikatur von Hanns Erich Köhler,** 1949

Der 17. Juni 1953 – eine gescheiterte Revolution?

Im Juli 1952 rief die SED den „planmäßigen Aufbau des Sozialismus“ in der DDR aus. Bauern, Handwerker und Kaufleute wurden gewaltsam zur Aufgabe ihrer wirtschaftlichen Selbstständigkeit gezwungen. Die Versorgungslage der Bevölkerung verschlechterte sich. Am 16. Juni 1953 legten die Bauarbeiter der Berliner Stalinallee, eines Aushängeschildes der Regierung für den Wiederaufbau der DDR, die Arbeit nieder. Sie zogen zum Sitz der Regierung, um gegen die Erhöhung ihrer Arbeitsnormen um zehn Prozent zu protestieren. Am folgenden Tag kam es nicht nur in Berlin, sondern auch in über 270 anderen Orten der DDR zu Streiks und Massendemonstrationen, an denen mindestens 300 000 Menschen teilnahmen. Nur durch den Einsatz sowjetischer Panzer konnte die Protestbewegung gestoppt werden. Es gab Dutzende von Toten und Tausende von Verhaftungen.

M2 **Die Forderungen der Streikenden**

Die Streikleitung mehrerer großer Betriebe in Bitterfeld schrieb am 16. Juni 1953 an die Regierung der DDR:

Wir Werktätigen des Kreises Bitterfeld fordern von Ihnen:

1. Rücktritt der so genannten Deutschen Demokratischen Regierung, die sich durch Wahlmanöver an die Macht gebracht hat,
2. Bildung einer provisorischen Regierung aus den fortschrittlichen Werktätigen,
3. Zulassung sämtlicher großer demokratischer Parteien Westdeutschlands,
4. freie, geheime, direkte Wahlen in vier Monaten,
5. Freilassung sämtlicher politischer Gefangener (direkt politischer, so genannter Wirtschaftsverbrecher und konfessionell Verfolgter),
6. sofortige Abschaffung der Zonengrenze und Zurückziehung der Vopo [Volkspolizei],
7. sofortige Normalisierung des sozialen Lebensstandards,
8. sofortige Auflösung der so genannten Nationalarmee,
9. keine Repressalien gegen einen Streikenden.

Zit. nach Der Aufstand vom 17. Juni 1953, Bonn (Bundesministerium für innerdeutsche Beziehungen) 1983, S. 14 f.

M3

Die Sicht der SED

In einem Bericht der SED-Kreisleitung Stalinstadt (seit 1961 Eisenhüttenstadt) hieß es am 17. Juni 1953 mittags:

Die Schicht, die heute früh um 6.00 Uhr begann, brachte die Diskussion vom Streik der Bauarbeiter in Berlin mit in unser Werk ... Die Kollegen waren verärgert über die nicht termingemäße Zahlung der Löhne. (Haben noch Geld von April zu bekommen, von 1000,– bis 8000,–). Diese Kraftfahrer nahmen heute früh die Arbeit nicht auf. Es wurde früh ein Lkw über die Gleise geschoben, um den Ringverkehr in der Stalinstadt zu unterbrechen. Es wurden sofort Diskussionsgruppen [der SED] eingesetzt. Die Kraftfahrer haben ihre Arbeit wieder aufgenommen ...

Im Raum des Hochofens V entstanden, insbesondere bei den Arbeitern der dortigen Baufirmen, beim Schichtwechsel um 14.00 Uhr Gruppenbildungen. Die Arbeiter legten die Arbeit nieder und forderten andere Arbeiter ebenfalls dazu auf ... Der Demonstrationszug zog zur Sinterei[1], insgesamt ca. 150–200 Arbeiter. Diese waren mit ihren Werkzeugen, Hämmern und Äxten bewaffnet. Genossen demonstrierten am Anfang der Demonstration nicht ... Bei Beginn der Demonstration waren von einzelnen Baustellen die verantwortlichen Leiter von der zentralen Bauleitung zu einer Besprechung abberufen worden. Deshalb gelang es auch teilweise den Provokateuren so leicht, die Bauarbeiter zu veranlassen, die Baustellen zu verlassen.

Zit. nach Eisenhüttenstadt, hg. von der Arbeitsgruppe Stadtgeschichte, Berlin (be.bra) 1999, S. 139 f.

[1] Anlage zur Kalk- und Mineralstoffgewinnung

M4

Auf dem Potsdamer Platz in Berlin fliehen Aufständische vor den Schüssen sowjetischer Panzer, Foto, 17. Juni 1953

M5

„Die Lösung“

Der Schriftsteller Bertolt Brecht verfasste 1953 folgendes Gedicht:

Nach dem Aufstand des 17. Juni
Ließ der Sekretär des Schriftstellerverbands
In der Stalinallee Flugblätter verteilen,
Auf denen zu lesen war, daß das Volk
Das Vertrauen der Regierung verscherzt habe
Und es nur durch verdoppelte Arbeit
Zurückerobern könne. Wäre es da
Nicht einfacher, die Regierung
Löste das Volk auf und
Wählte ein anderes?

Bertolt Brecht, Gesammelte Werke, Bd. 10, Frankfurt a. M. (Suhrkamp) 1967, S. 1009 f.

Internettipp

www.17juni53.de
Website mit umfangreichem Material: z. B. einer Chronik, Bild-, Text- und Tondokumenten sowie Zeitzeugenberichten.

1 Interpretiere M1 mithilfe der Methode „Karikaturen entschlüsseln“ (siehe Anhang).

2 Vergleiche die Forderungen in M2 mit dem ursprünglichen Anlass des Streiks (Darstellungstext). Welche Entwicklung lässt sich erkennen?

3 Untersuche an M3, wie die SED auf das Verhalten der Arbeiter in Eisenhüttenstadt reagierte.

4 Analysiere mithilfe der Methode „Politische Dichtung deuten“ (siehe S. 124 f.), welche Wertung über die Ereignisse am 17. Juni 1953 in M5 deutlich wird. Berücksichtige die Quellenart.

Der Mauerbau 1961

„Abstimmung mit den Füßen"

Der Aufstand vom 17. Juni 1953 hatte gezeigt, dass die SED-Herrschaft nicht gegen den Willen der sowjetischen Führung in Moskau gestürzt werden konnte. Walter Ulbricht verhinderte in der DDR eine öffentliche Diskussion über eine Reform des sozialistischen Systems. Anders als in der Sowjetunion, so behauptete er, sei eine „Entstalinisierung" nicht notwendig, weil es Personenkult und Massenunterdrückung in der DDR nicht gebe.

Solange die Grenze zwischen den beiden deutschen Staaten nicht befestigt war, hatte jeder Unzufriedene die Möglichkeit, in die Bundesrepublik zu fliehen, vor allem über die offene Grenze zwischen den Westsektoren und dem Ostsektor von Berlin. Auf diese Weise verlor die DDR-Wirtschaft viele junge und qualifizierte Arbeitskräfte. Es dauerte nicht lange und „Republikflucht" wurde als schwerer Straftatbestand in das DDR-Strafrecht aufgenommen.

Nachdem ein Plan des Generalsekretärs der KPdSU Chruschtschow 1958 gescheitert war, die Westalliierten ultimativ zum Abzug aus Westberlin zu bewegen und Berlin zu einer „freien und entmilitarisierten Stadt" zu machen, begannen in den Warschauer-Pakt-Staaten geheime Überlegungen, Ostberlin von den Westsektoren abzuriegeln. In der Nacht vom 12. zum 13. August 1961 begannen Angehörige der Volkspolizei, Betriebskampfgruppen und Soldaten, völlig überraschend für die Bevölkerung, quer durch Berlin und entlang der DDR-Westgrenze Grenzanlagen zu errichten. Die Abschottung gegenüber der Bundesrepublik verband die SED-Führung mit einer technologischen und wirtschaftlichen Modernisierung der DDR. Tatsächlich zeigten sich um 1970 Erfolge in einer verbesserten Produktivität und einem höheren Lebensstandard. Diese Entwicklung wurde auch dadurch gefördert, dass der Anteil der erwerbstätigen Frauen stark anstieg (1960: 70 Prozent; 1980: 90 Prozent).

M1 **Mauerbau in Berlin-Neukölln/Treptow,** Foto, 1961

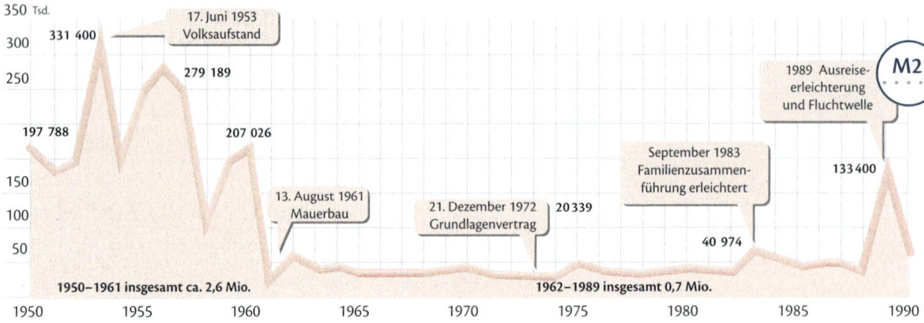

M2 **Flüchtlingszahlen** (aus der DDR in die Bundesrepublik), 1950 bis 1990

M3 Der Schießbefehl

Albert Norden, der von 1958 bis 1981 Mitglied des Politbüros der SED war, erklärte 1963 vor Grenzsoldaten in Berlin:

Ich sage, jeder Schuss aus der Maschinenpistole eines unserer Grenzsicherungsposten zur Abwehr solcher Verbrechen rettet in der Konsequenz Hunderten von Kameraden, rettet Tausenden Bürgern der DDR das Leben und sichert Millionenwerte an Volksvermögen. Ihr schießt nicht auf Bruder und Schwester, wenn ihr mit der Waffe den Grenzverletzer zum Halten bringt. Wie kann der euer Bruder sein, der die Republik verrät, der die Macht des Volkes antastet! Auch der ist nicht unser Bruder, der zum Feinde desertieren will. Mit Verrätern muss man sehr ernst sprechen. Verrätern gegenüber menschliche Gnade zu üben heißt, unmenschlich am ganzen Volk handeln.

Zit. nach Die Volksarmee, 1963, Nr. 41.

M5

Mittwoch, 16. August 1961 • 10 Pf

Bild Zeitung

Der Osten handelt – was tut der Westen?

...denn Zigarren raucht der Mann!

Enttäuscht

Der Westen tut NICHTS!

Präsident Kennedy schweigt...

Macmillan geht auf die Jagd...

...und Adenauer schimpft auf Willy Brandt

rb. Berlin, 16. August

Die Berlin-Krise hat sich zugespitzt. Pankow hat Maßnahmen zur völligen Sperrung der Sektorengrenze eingeleitet. Sowjetische Truppen haben einen Ring um Berlin gezogen.

Die alliierten Stadtkommandanten haben gestern scharf gegen die Abschnürung des Sowjetsektors protestiert. Die Maßnahmen Pankows werden als ein schwerer Bruch der Vier-Mächte-Vereinbarungen über Berlin … ergänzt wurden, können trotzdem nicht jede Fluchtmöglichkeit beseitigen. Die „Volkspolizei" hat Befehl erhalten, auf jeden, der flieht, zu schießen.

Unter der Berliner Bevölkerung …

Mehr über das Thema Berlin auf der letzten Seite

Aufmacher der Bild-Zeitung, 16. August 1961

M4 Alltag im Schatten der Mauer

Klaus W., der 1961 in einem Vorort von Berlin lebte, erinnert sich 1999:

Wir sind 1961 im September nach Glienicke gezogen, also genau nach der Zeit, als die Mauer gebaut wurde. Unser Grundstück lag genau an der Mauer ... Die Nachbarn auf der Westseite kannten wir nicht mehr. Man konnte zwar rübergucken oder auch mit Steinen schmeißen, kennen gelernt haben wir sie aber erst nach dreißig Jahren ... Meine ganze Kindheit und Jugend habe ich also an der Mauer verbracht. Das war nicht immer einfach, wir durften zum Beispiel keine Kinder mit nach Hause bringen, mein eigener Kumpel, mein Klassenkamerad, konnte mich nicht besuchen, weil unser Haus im Grenzgebiet lag ... Die Verwandtschaft musste, wenn Geburtstag oder Ähnliches war, vier bis sechs Wochen vorher einen Antrag stellen ... Die Grenzer sind sogar jeden Sonnabend gekommen, um im Keller die Wände abzuklopfen, ob irgendwo ein Tunnel gegraben wurde.

Aufgezeichnet von Frank Schirrmeister, Student an der Humboldt-Universität Berlin. In: PZ: DDR intern, Nr. 97, März 1999, S. 26.

M6 Die Mauer im Kopf

Die Journalistin Margret Boveri schrieb 1962:

Ebenso schlimm wie die Mauer aus Steinen, Mörtel und Zement, die am 13. August quer durch Berlin gebaut worden ist, scheint mir die Mauer zu sein, die sich im Laufe der letzten fünfzehn Jahre fast unmerklich in der Vorstellungswelt der Deutschen auf beiden Seiten der Trennungslinie gebildet hat. Vielleicht ist sie sogar noch schlimmer, weil die Steinmauer sich einmal, wenn die politischen Voraussetzungen gegeben sein werden, ... von einem Tag auf den anderen abtragen lässt ... Dagegen die immaterielle und doch so undurchdringliche Mauer, von der hier die Rede sein soll, kann nicht aufgrund von Beschlüssen der verantwortlichen Regierenden einfach abgebaut werden. Sie hat keinen geografischen Ort und ist doch in der Landschaft des Kalten Krieges in ihrer Doppelseitigkeit allgegenwärtig ... Es wird schwer sein, sie abzutragen; denn in jeder Seele weist sie ihre eigene erlebnisbedingte Struktur auf.

Zit. nach Christoph Kleßmann, Zwei Staaten, eine Nation, Bonn (BpB) 1988, S. 502 f.

1 Erarbeite Ursachen und Folgen des Mauerbaus 1961 und nimm Stellung (Darstellungstext, M1, M2, M4 bis M6).

2 Beurteile die Haltung der DDR-Führung in M3.

3 **Recherche:** Im Jahre 2007 gab es eine Debatte über die Existenz eines schriftlichen Schießbefehls in der DDR. Recherchiert den neuesten Diskussionsstand (Internet).

4 Versuche ausgehend von M5 das Verhalten „des Westens" zu erklären.

Die 68er-Bewegung

Protest – Aufbruch – Umbruch?

Das Jahr 1968 wird gleichgesetzt mit Protest und Revolte einer Bewegung junger Erwachsener, die in der ganzen (westlichen) Welt an den Grundfesten der politischen Ordnung rüttelten. In der Bundesrepublik zeigte sich der Protest z. B. in der „Außerparlamentarischen Opposition" (APO), in der sich sozialistische Studenten- und Schülergruppen zusammengeschlossen hatten. Mit politischen Aktionen und ihrer Anti-Haltung, die sich z. B. in der Kleidung, im Musik- und Drogenkonsum und in der Suche nach alternativen Lebensformen ausdrückte, wandten sich die „68er" gegen Erstarrung und Verkrustung der Gesellschaft. Als soziale und kulturelle Bewegungen strebten sie nach Veränderungen in der Kindererziehung, im Verhältnis der Geschlechter zueinander, nach sexuellen Freiheiten und erprobten neue Wohnformen wie die Wohngemeinschaft. Sie wandten sich gegen den „Muff" in Hochschulen, Schulen und ihren Elternhäusern, wo man die NS-Vergangenheit nicht aufgearbeitet hatte.

M1 **Wertewandel in der Bevölkerung der Bundesrepublik Deutschland von 1951 bis 1995**

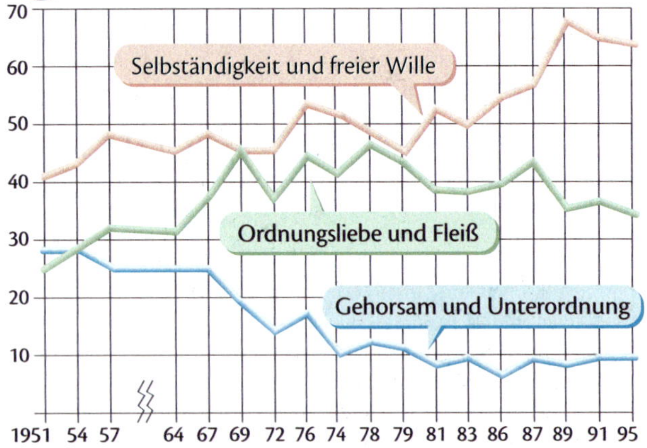

M2 **Wohngemeinschaft in Hamburg,** Foto, 1968

Internationale Solidarität

Ein Ziel des politischen Engagements der 68er war die Solidarität mit internationalen Befreiungsbewegungen und der Protest gegen die Machtpolitik der Supermächte. So kritisierte die Studentenbewegung den Krieg der USA gegen das kommunistische Vietnam und stellte sich auf die Seite der mittelamerikanischen Befreiungsbewegungen, die z. B. in Kuba zu einer kommunistischen Revolution geführt hatten. Der Bundesregierung (seit 1966 eine Große Koalition aus CDU/CSU und SPD) warf sie u. a. vor, diktatorische Unrechtssysteme wie das Schah-Regime in Persien zu unterstützen.
Demonstrationen, Regelverstöße und Provokationen gegen die „Staatsmacht" dienten den 68ern als Aktionsmethoden.
In der DDR gab es ebenfalls Versuche, zu einem neuen Lebensstil zu finden, jedoch in viel geringerem Maße als in Westdeutschland, da die SED rigoros gegen nichtstaatliche Organisationsformen und Proteste vorging. Als 1968 Truppen des Warschauer Paktes in die Tschechoslowakei einmarschierten, um die demokratischen Reformen des Ministerpräsidenten Aleksander Dubcek zu beenden, kam es in der DDR zu einzelnen Protestaktionen.

Folgen der 68er-Bewegung

Die Ideen und Aktionsformen der 68er beeinflussten die bundesrepublikanische Gesellschaft: An die Erfahrung, durch Protest auf die Politik Einfluss zu nehmen, knüpfte die Friedens- und Umweltbewegung der 1970er- und 1980er-Jahre an. Die Partei Die Grünen entstand als Zusammenschluss von Bürgerinitiativen, die ihre politischen Ziele in dem bisherigen Parteiensystem nicht vertreten sahen. Ein kleiner Teil der 68er-Bewegung radikalisierte sich und erklärte dem westdeutschen Staat den bewaffneten Kampf. Die Terrororganisaton RAF („Rote-Armee-Fraktion") wird zu den Splittergruppen der Studentenbewegung gezählt.

M3 Eine ähnliche Bewegung wie im Westen?

Erika Berthold wurde 1950 in Gera-Langenberg als Tochter eines renommierten DDR-Historikers geboren. 1968 verliebte sie sich in Frank Havemann, Sohn des damals prominentesten DDR-Regimegegners Robert Havemann. Sie erinnerte sich 2001:

Damals nahmen wir sehr intensiv Anteil an den Entwicklungen in der ČSSR. Demokratischer Sozialismus war etwas, das uns gefiel ... Am 21. August war der Einmarsch in Prag ... Am ... 22. August gingen wir abends im Dunkeln in Grüppchen los ... und verteilten unsere selbst gemalten Flugblätter, steckten sie in Briefkästen und legten sie in Telefonzellen. Die Stasi ... verfolgte uns, was wir nicht bemerkten. In der Marienstraße in Mitte wurden Rosita und ich eingefangen ... Wir wurden alle so um die zwei Jahre verknackt ... Kurze Zeit später wurde entschieden, dass alle Strafen zur Bewährung ausgesetzt werden ... Unsere Eltern kamen auch nicht ungeschoren davon. Braschs Vater, der stellvertretender Kulturminister war, trat erst einmal in den Hintergrund. Mein Vater flog aus Amt und Würden ...

Im Frühjahr 1969 stellte sich heraus, dass ich schwanger war ... Ein befreundetes Ehepaar ... befand sich damals in einer Ehekrise ... Angeregt durch die Kommunen in Westberlin, beschlossen wir ... zusammenzuziehen ... Nun waren wir also zwei Paare und drei Kinder, dazu ein Kreis von Freunden und von Gästen. Florian Havemann, der Bruder von Frank, verabscheute diese Lebensform ... Rosita und Florian Havemann sind Anfang der Siebzigerjahre in den Westen gegangen. Es war interessant: Entweder begaben sich die aus unserer Gruppe wieder zurück in die Strukturen der DDR und sagten, wir wollen hier etwas verändern, oder sie gaben diesen Gedanken auf und gingen in den Westen. Dazwischen gab es nichts ... Von den frauenemanzipatorischen Aktionen haben wir in der DDR nur wenig mitgekriegt.

Im Osten gab es keine Studentenbewegung. Das hängt damit zusammen, dass die Universitäten bei uns nach klaren Hierarchien gegliedert und zugleich sehr kontrolliert waren ... Es gab ein Potenzial an kritisch und reformerisch Gesinnten und auch an religiösen Leuten, aber eben keine Studentenbewegung ... Man darf auch nicht vergessen, dass die Themen, derentwegen die Fronten im Westen stark aufeinanderprallten, im Osten zum Teil Staatsdoktrin waren.

Zit. nach Ute Kätzel, Die 68erinnen, Berlin (Rowohlt) 2002, S. 223 ff.

M4 **Studentendemonstration in München, mit Bildern von Marx, Che Guevara, Castro und Ho Chi Minh,** Foto, 1968

M5 Ziele und Zerfall der 68er-Bewegung

Die Historikerin Ingrid Gilcher-Holtey schrieb 2003:

Die vergleichende Analyse [in Europa und den USA] zeigt, dass die 68er-Bewegung ... eine auf Ausweitung von Partizipationschancen ausgerichtete Bewegung war ... [Die] zentralen Forderungen ... zielten auf die Erlangung und Ausweitung von Teilhabe- und Mitwirkungsrechten. Erstrebt wurde ...[ein] Abbau von Herrschaft und Hierarchien, durch Selbstbestimmung und Selbstverwaltung ... Die „direkte" Aktion wurde Teil [des politischen Handelns] ... Die Aktionen verselbstständigten sich, und die Trägergruppen verloren die Chance, sie zu kontrollieren. Die Eskalation der Gewalt führte zum Zerfall der 68er-Bewegung ... Einzelne Gruppen begannen sich zu radikalisieren, ... tauchten ... in den Untergrund ab und nahmen den militanten, bewaffneten Kampf auf.

Ingrid Gilcher-Holtey, Die 68er-Bewegung, 2. Aufl., München (C. H. Beck) 2003, S. 113 u. 122.

1 Erarbeite Ziele und Verlauf der 68er-Bewegung in der Bundesrepublik Deutschland und der DDR (Darstellungstext, M3).

2 Beschreibe M2. Was war das Neue an dieser Wohnform?

3 Erörtere anhand von M5 die weitere Entwicklung der 68er-Bewegung. Ziehe M1 heran.

4 **Befragung:**

a) Informiert euch über die Biographien der in M4 abgebildeten Personen und stellt einen Zusammenhang zur 68er-Bewegung her.

b) Befragt Erwachsene über die Jahre 1960 bis 1970. Fragt nach Fotos, Gegenständen, Kleidung usw. Berichtet in der Klasse.

Entspannungspolitik und Krise des DDR-Systems

Entspannungspolitik in Ost und West?

Seit 1969 regierte in der Bundesrepublik mit Willy Brandt erstmals ein sozialdemokratischer Bundeskanzler. Vor dem Hintergrund der Entspannungspolitik zwischen den Großmächten USA und Sowjetunion verfolgte er eine neue Politik gegenüber der DDR und den übrigen Ostblockstaaten. Die SPD/FDP-Regierung wollte die gegenseitigen Beziehungen normalisieren und erkannte damit faktisch die nach dem Zweiten Weltkrieg geschaffenen Grenzen zwischen Deutschland, Polen und der Sowjetunion an.

Das zweite Ziel der Außenpolitik Brandts war die wirtschaftliche, kulturelle und politische Annäherung zwischen der DDR und der Bundesrepublik. 1971 einigten sich die vier Alliierten auf ein Berlin-Abkommen, das die Transitwege zwischen dem eingeschlossenen Westteil der Stadt und der Bundesrepublik sicherte. Der Grundlagenvertrag* zwischen der Bundesrepublik und der DDR erleichterte ab 1972 briefliche, telefonische und persönliche Kontakte der Deutschen in beiden Staaten. Die Ostverträge* waren in der Bundesrepublik hart umkämpft. Die Politik Willy Brandts und seiner Regierung wurde jedoch in der Bundestagswahl im November 1972 klar bestätigt.

Biographie

Willy Brandt (1913–1992)

Geboren 1913 in Lübeck (ursprünglicher Name Herbert Karl Frahm), Sohn einer Verkäuferin. Als Schüler schloss sich Brandt der Sozialistischen Arbeiter-Jugend an und wurde 1930 SPD-Mitglied. 1933 emigrierte er nach Norwegen. Nach seiner Ausbürgerung durch die Nationalsozialisten 1938 wurde Brandt norwegischer Staatsbürger. 1947 wurde er unter dem Schriftstellernamen Willy Brandt wieder eingebürgert. 1949 bis 1957 und seit 1969 war er Bundestagsabgeordneter, 1957 bis 1966 Regierender Bürgermeister von Berlin. 1966 wurde Brandt Vizekanzler und Außenminister in einer CDU/SPD-Koalition, 1969 bis 1974 Bundeskanzler der SPD/FDP-Koalition. 1971 erhielt Brandt den Friedensnobelpreis für seine Entspannungspolitik.

Die DDR als „Auslaufmodell"?

Die auf „Glasnost" (Offenheit) und „Perestroika" (Umgestaltung) ausgerichtete Politik des sowjetischen Generalsekretärs Michail Gorbatschow hatte ab 1985 in der Sowjetunion und einigen Ländern des Ostblocks zu umfassenden gesellschaftlichen Reformen geführt – nicht jedoch in der DDR. Die SED-Führung machte deutlich, dass sie auch kleinste Ansätze von Reformdiskussionen unterdrücken würde. In dieser angespannten Lage fanden am 7. Mai 1989 in der DDR Kommunalwahlen statt, deren Ergebnisse – wie üblich – gefälscht wurden. Diesmal aber bildeten sich oppositionelle Gruppen, die offen dagegen protestierten und Strafanzeige erstatteten. In Leipzig und anderen Städten fanden von Woche zu Woche mehr Menschen den Mut, für die Verbesserung der Verhältnisse in der DDR zu demonstrieren.

Ein zweites Ereignis, das ebenfalls im Mai stattgefunden hatte, ermutigte viele Bürgerinnen und Bürger: Ungarn, „sozialistisches Bruderland" und Urlaubsziel der DDR-Bürger, hatte seine Grenze zu Österreich geöffnet. Immer mehr Ostdeutsche flohen nun über die „grüne Grenze" in den Westen. Tausende, die im September die Botschaft der Bundesrepublik in Prag belagerten, durften nach Westdeutschland ausreisen.

Die SED-Führung war auf eine solche Massenbewegung nicht vorbereitet. Innerhalb weniger Monate brach das stabil erscheinende politische System in sich zusammen.

1 a) Kläre den Begriff Entspannungspolitik.
b) Stelle die Folgen der Entspannungspolitik dar (Darstellungstext, M3, M4 und Kasten).

2 **Befragung:** Fragt im Verwandten- und Bekanntenkreis nach Erlebnissen bei Fahrten über die innerdeutsche Grenze. Berichtet in der Klasse.

M1

Argumente aus Moskau

Der Leipziger Kabarettist Bernd-Lutz Lange erinnerte sich 1992:

Der Hauptgrund für das politische Aufbegehren war einfach die Fassungslosigkeit darüber, dass mit der Ära Gorbatschow eben nicht die Reform bei uns begann. In dem Moment, wo man Gorbatschow abgelehnt hat, war eigentlich die DDR doch schon verloren, denn plötzlich hatten Leute Mut, die vorher nie Mut gehabt hätten ... Nun hatten wir erstmalig Fakten und Überlegungen, wie man Politik, wie man Reformen machen müsste, aus Moskau ... Nachdem abzusehen war, dass man also das abblockte, da begann das ja auch bei vielen Genossen ..., dass man sagte, so, das trage ich nicht mehr mit. Und dann ... der Zustand dieses Landes, die unheimlichen Menschenmassen, die im Sommer das Land verließen, wo sollte das enden? ... Also Gründe, um dieses System ändern zu wollen, gab's genug.

Zit. nach Ekkehard Kuhn, Der Tag der Entscheidung. Leipzig, 9. Oktober 1989, Berlin, Frankfurt a. M. (Ullstein) 1992, S. 28.

M2

Ausreise und „Republikflucht“ – warum?

Aus einem Lagebericht des Ministeriums für Staatssicherheit (1989):

Als wesentliche Gründe [für das Verlassen der DDR] ... werden angeführt:

- Unzufriedenheit über die Versorgungslage;
- Verärgerung über unzureichende Dienstleistungen;
- Unverständnis für Mängel in der medizinischen Betreuung und Versorgung;
- eingeschränkte Reisemöglichkeiten innerhalb der DDR und nach dem Ausland;
- unbefriedigende Arbeitsbedingungen und Diskontinuität im Produktionsablauf;
- Unzulänglichkeiten/Inkonsequenz bei der Anwendung/Durchsetzung des Leistungsprinzips sowie Unzufriedenheit über die Entwicklung der Löhne und Gehälter;
- Verärgerung über bürokratisches Verhalten von Leitern und Mitarbeitern staatlicher Organe, Betriebe und Einrichtungen sowie über Herzlosigkeit im Umgang mit den Bürgern;
- Unverständnis über die Medienpolitik der DDR.

Dieter Grosser u. a. (Hg.), Deutsche Geschichte in Quellen und Darstellungen, Bd. 11, Stuttgart (Reclam) 1996, S. 320 ff.

M3

Bundeskanzler Brandt (links) und der Vorsitzende des DDR-Ministerrats Stoph während des ersten deutsch-deutschen Gipfeltreffens in Erfurt (DDR), Foto, 1970

M4

Reiseverkehr zwischen Ost und West

Nach einer Meinungsumfrage hatten etwa 38 Prozent der Westdeutschen Verwandte und Bekannte in der DDR.

Reisende	1971	1972	1977	1979	1986
aus der BRD in die DDR (in Mio.)	1,27	1,54	2,98	2,92	3,79
aus Westberlin nach Ostberlin und in die DDR (in Mio.)	0,09	2,0	3,4	3,1	1,8
aus der BRD nach Ostberlin von Westberlin aus (geschätzt in Mio.)	2,7	2,0	2,0	1,4	1,1
aus der DDR nach Westberlin und in die BRD[1] (in Mio.)	1,05	1,08	1,32	1,37	1,76
davon: Reisende, die nicht im Rentenalter sind[2]	0	11 400	41 600	41 000	244 000

Zusammengestellt nach Zahlenspiegel, hg. vom Bundesministerium für innerdeutsche Beziehungen, Bonn, 1982 und 1988.

[1] Seit 1964 möglich [2] Seit 1972 möglich

Schritte zur Einheit 1989/90

Weichenstellungen für die deutsche Einheit?

Nach dem Fall der Mauer am 9. November 1989 zeigte sich auf drei Ebenen die Notwendigkeit, politisch zu handeln: Innenpolitisch versuchte die SED-Führung, durch angekündigte Reformen ihre Machtstellung zu halten. Dagegen stand die Bürgerbewegung in der DDR, die eine schnelle Demokratisierung des Staates forderte. Auf der deutsch-deutschen Ebene versuchte die Bundesregierung, geführt von Bundeskanzler Helmut Kohl (CDU) und Hans-Dietrich Genscher (FDP), mit einem 10-Punkte-Programm Einfluss auf die weitere Entwicklung zu nehmen. Es sah die stufenweise Vereinigung über eine Vertragsgemeinschaft zu einem Bundesstaat vor. Die SPD unterstützte die Idee der baldigen Konföderation. Teile der Parteiführung warnten aber aus wirtschaftlichen und finanziellen Gründen vor einer zu raschen Vereinigung beider Staaten. Auf internationaler Ebene mussten nun die ehemaligen vier Siegermächte des Zweiten Weltkriegs ihre Positionen zur „deutschen Frage“ klären.

Im Winter 1989/90 spitzte sich die Krise in der DDR weiter zu: Täglich verließen Tausende Bürgerinnen und Bürger das Land. In der Volkskammer, dem Parlament der DDR, saßen weiterhin die durch manipulierte Wahlen ins Amt gekommenen Abgeordneten. Im Ministerium für Staatssicherheit arbeiteten die Beschäftigten auf Hochtouren daran, die Akten, Spuren jahrzehntelanger Bespitzelung, zu vernichten. In dieser Situation wurde auf Initiative der Bürgerbewegung der DDR ein Runder Tisch eingerichtet, dem Vertreter der oppositionellen Gruppen, aber auch der alten Blockparteien angehörten. Ende Januar 1990 wurde in diesem Gremium beschlossen, am 18. März 1990 die ersten freien Volkskammerwahlen stattfinden zu lassen.

M1

Montagsdemonstration in Leipzig, Foto, 4. Dezember 1989. Am 25. September 1989 formierten sich die Menschen zur ersten Montagsdemonstration. 6000 bis 8000 Menschen zogen mit dem Ruf „Keine Gewalt!“ über den Leipziger Ring. Am 2. Oktober löste die Polizei den Zug mit 20 000 Menschen auf. Am 9. Oktober wurden Tausende Einsatzkräfte um Leipzig zusammengezogen. Bekannte Persönlichkeiten konnten die Lage beruhigen. Die Losung der Demonstranten war „Wir sind das Volk!“. Am 6. November demonstrierten 250 000 Menschen. Am 13. November tauchte auf der Montagsdemonstration zum ersten Mal ein Transparent mit dem Text „Deutschland einig Vaterland“ auf.

M2 **Der Berliner Grenzübergang Checkpoint Charlie** am Morgen nach der Maueröffnung, Foto, 10. November 1989

Begriffe und Daten

Die DDR im Herbst 1989

30. September DDR-Flüchtlinge in den bundesdeutschen Botschaften in Prag und Warschau dürfen in die Bundesrepublik ausreisen.

6./7. Oktober Die DDR begeht den 40. Jahrestag ihrer Gründung. Anwesend ist der sowjetische Staats- und Parteichef Michail Gorbatschow.

18. Oktober Staats- und Parteichef Honecker (SED) muss zurücktreten. Nachfolger wird Egon Krenz (SED).

7./8. November SED-Regierung und Politbüro treten zurück.

9. November Das Politbüromitglied Günter Schabowski löst durch eine Presseerklärung über Reisefreiheit die Öffnung der DDR-Grenze aus.

13. November Der als „Reformer" geltende Hans Modrow (SED) wird von der Volkskammer zum Ministerpräsidenten gewählt.

7. Dezember Der „Runde Tisch" (Vertreter der alten Blockparteien und der Oppositionsgruppen wie „Neues Forum" und „Demokratischer Aufbruch") übernimmt die Kontrolle der DDR-Regierung.

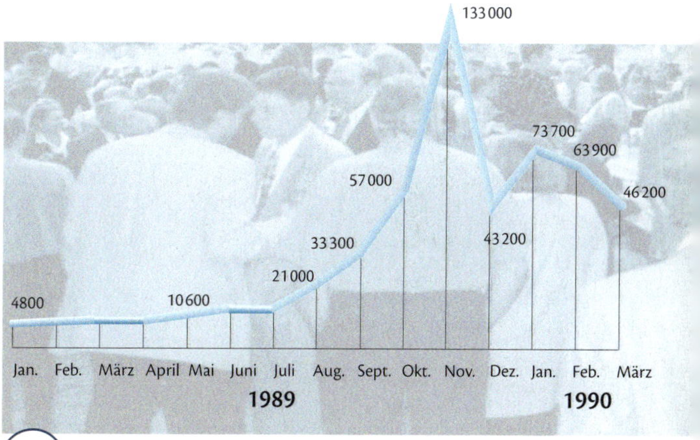

M3 **Fluchtbewegung aus der DDR,** Januar 1989 bis März 1990

1 Beschreibe die Ereignisse und Vorgänge, die in M1 und M2 dokumentiert sind. Ziehe M3 und den Kasten hinzu.

2 a) Stelle anhand des Darstellungstextes fest, welche „Weichenstellungen" 1989/90 sichtbar wurden.
b) Formuliere eigene Vermutungen über politische Handlungsspielräume auf den drei Ebenen.

Staatliche Einheit, aber eine gespaltene Gesellschaft?

„Jetzt wächst zusammen, was zusammen gehört." Diese Feststellung machte der frühere Bundeskanzler Willy Brandt am 10. November 1989 bei einer Kundgebung in Berlin. Der Jubel über die Einheit wich schnell der Ernüchterung. Bald wurde erkennbar, wie schwierig sich das Zusammenwachsen von Ost und West gestalten würde. Das galt besonders für die Menschen in Ostdeutschland, die sich – wenngleich mehrheitlich gewollt – „über Nacht" in einem anderen politischen, gesellschaftlichen und wirtschaftlichen System wiederfanden. Besonders kompliziert war der Wandel von der Plan- zur Marktwirtschaft. Die Privatisierung der staatlichen Betriebe und Kombinate übernahm die im März 1990 gegründete Treuhandanstalt. Sie suchte nach Käufern für rentable Unternehmen und legte unrentable Betriebe still. Mit diesem Wandel wurde die ostdeutsche Bevölkerung schnell mit dem für sie in dieser Form nicht bekannten Problem der Arbeitslosigkeit konfrontiert. Die Einführung der bundesrepublikanischen Sozialversicherung, die Modernisierung der Infrastruktur und der Arbeits- und Wohnbedingungen sowie die Umweltschutzmaßnahmen erforderten finanzielle Mittel in enormer Höhe, zeigten aber auch schnell positive Wirkungen auf die Lebensqualität. Gesicherte Bürgerrechte, umfassende Konsummöglichkeiten, freie Medien, Reisefreiheit und persönliche Entfaltungsmöglichkeiten wurden wegen der vorhandenen Probleme häufig nicht mehr bewusst wahrgenommen.

Begriffe und Daten

Die Verträge zur deutschen Einheit

1. Juli 1990 „Staatsvertrag zur Wirtschafts-, Währungs- und Sozialunion". Die Bundesrepublik und die DDR vereinbaren die Einführung der sozialen Marktwirtschaft in der DDR. Die D-Mark wird dort alleiniges Zahlungsmittel.

31. August 1990 „Einigungsvertrag". Die beiden deutschen Staaten beschließen die Einführung der bundesrepublikanischen Rechtsordnung in den neu gegründeten Bundesländern. Der Beitritt der DDR erfolgt nach Art. 23 des Grundgesetzes.

12. September 1990 „Zwei-plus-Vier-Vertrag". Die vier Siegermächte stimmen der Vereinigung der beiden deutschen Staaten zu. Deutschland erkennt die Oder-Neiße-Grenze zu Polen völkerrechtlich verbindlich an.

M1 **Staatsvertrag zur Wirtschafts-, Währungs- und Sozialunion,** 1. Juli 1990

Staatsvertrag BR Deutschland – DDR. Die wichtigsten Vertragsinhalte

Währungsunion
- DM einzige Währung
- Deutsche Bundesbank alleinige Zentralbank
- Mark der DDR : DM
  1:1 für Löhne und Gehälter, Renten, Mieten, Pachten, Stipendien, Guthaben von natürlichen Personen (Höchstgrenze 5000 Mark)
  2:1 für alle übrigen Forderungen und Verbindlichkeiten

Wirtschaftsunion

Die DDR schafft die Voraussetzungen für die soziale Marktwirtschaft.
- Privateigentum
- Freie Preisbildung
- Wettbewerb
- Gewerbefreiheit
- Freier Verkehr von Waren, Kapital und Arbeit
- Ein mit der Marktwirtschaft verträgliches Steuer-, Finanz-, und Haushaltswesen
- Einfügung der DDR-Landwirtschaft in das EG-Agrarsystem

Sozialunion

Die DDR schafft Einrichtungen entsprechend denen in der BR Deutschland
- Rentenversicherung
- Krankenversicherung
- Arbeitslosenversicherung
- Unfallversicherung
- Sozialhilfe

Die DDR schafft und gewährleistet nach dem Vorbild der BR Deutschland
- Tarifautonomie
- Koalitionsfreiheit
- Streikrecht
- Mitbestimmung
- Betriebsverfassung
- Kündigungsschutz

Die BR Deutschland gewährt für die Anschubfinanzierung der Sozialsysteme Mittel aus dem Bundeshaushalt und für den Haushaltsausgleich der DDR Finanzzuweisungen aus dem Sonderfonds „Deutsche Einheit" in Höhe von 115 Mrd. DM.

M2 „Signal der Hoffnung und der Ermutigung"

Bundeskanzler Helmut Kohl sagte am 13. Februar 1990 nach Gesprächen mit dem DDR-Ministerpräsidenten Modrow:

Ich habe ... das Angebot unterbreitet, sofortige Verhandlungen zur Schaffung einer Währungsunion und Wirtschaftsgemeinschaft aufzunehmen ... Aus unserer Sicht besteht dieses Angebot aus zwei Teilen:

1. An einem Stichtag wird die Mark der DDR ... durch die D-Mark ersetzt.

2. Zeitgleich müssen von der DDR die notwendigen rechtlichen Voraussetzungen für die Einführung einer sozialen Marktwirtschaft geschaffen sein ... In dieser Situation – und das sage ich mit Bedacht – geht es um mehr als ökonomische Fragen, so wichtig sie sind. Es muss uns darum gehen, ein klares, ein unmissverständliches Signal der Hoffnung und der Ermutigung für die Menschen in der DDR zu setzen ... Für uns, für die Bundesrepublik Deutschland, bedeutet dies, dass wir in diesem Angebot unseren stärksten wirtschaftlichen Aktivposten einbringen – das ist die D-Mark.

Presse- und Informationsamt der Bundesregierung, Bulletin, 13. Februar 1990.

M3 Ergebnis der Wahlen zur Volkskammer der DDR

vom 18. März 1990. Die Wahlbeteiligung lag bei 93,2 Prozent. Die „Allianz" (CDU, Demokratischer Aufbruch und DSU), die SPD und die Liberalen einigten sich auf eine „Große Koalition" unter Lothar de Maizière als Ministerpräsident.

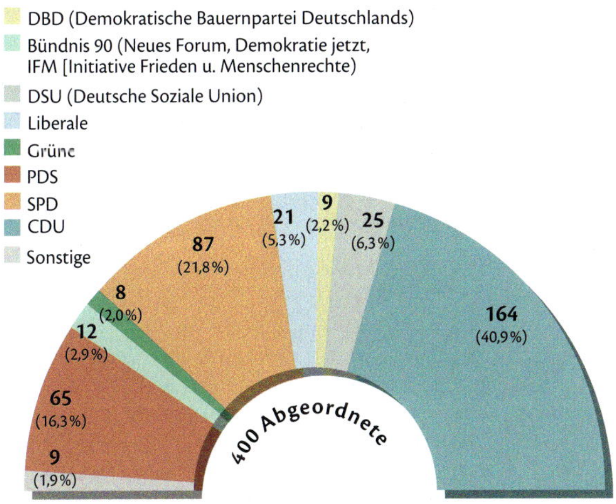

19 = Anzahl der Mandate, 5 % = Stimmenanteil in Prozent

M4 Die Sicht der ehemaligen Siegermächte

Die Zeitung „Die Zeit" druckte im März 1990 die Stellungnahmen der Regierungschefs der ehemaligen Siegermächte des Zweiten Weltkriegs zur Frage der deutschen Einheit ab:

4 A Margaret Thatcher (Großbritannien): Im Unterschied zu George Bush war ich von Anfang an gegen die deutsche Wiedervereinigung ... Deutschland zu vereinigen hieß, es zur beherrschenden Nation in der Europäischen Gemeinschaft zu machen ... Ich hielt es auch für falsch, dass Ostdeutschland, gegen das wir schließlich gekämpft hatten, sich als erstes [Land] der Europäischen Gemeinschaft anschließen sollte, während Polen und die Tschechslowakei, für die wir in den Krieg gezogen waren, noch warten mussten.

4 B George Bush (USA): Um ganz ehrlich zu sein: Wir hatten unsere Differenzen mit Lady Thatcher und François Mitterrand, vielleicht weil Amerika weit entfernt ist und für sich liegt. Aber ich hatte das Gefühl, die deutsche Wiedervereinigung wäre im fundamentalen Interesse des Westens ... Ich war auch überzeugt, dass Helmut Kohl ein vereintes Deutschland nicht aus der NATO herausführen würde.

4 C M. Gorbatschow (Sowjetunion): Wie Kanzler Kohl nahmen wir ursprünglich an, es werde eine Art Assoziation deutscher Staaten geben, eine Konföderation vielleicht ... Wir hatten den Kalten Krieg beendet ... Sollte all das aufs Spiel gesetzt werden für den Versuch, das aufzuheben, was die Deutschen selbst wollten, indem wir Truppen einmarschieren ließen? Nein!

Die Zeit vom 8. März 1990.

1 Deute das Ergebnis der Wahlen zur Volkskammer (M3) und stelle einen Zusammenhang zur Politik Kohls her (M2).

2 Erläutere M1 und beschreibe die weiteren Schritte zur Einheit (Kasten).

3 a) Erarbeite die Positionen der Großmächte zur Einheit (M4).
b) Beurteile die politischen Motive.

4 a) Stelle anhand des Darstellungstextes die wichtigsten Probleme der Teilung und der Einheit zusammen.
b) Prüfe, an welchen Stellen der Text Wertungen enthält.

5 Die „innere Einheit" ist noch nicht hergestellt. Erörtert diese Aussage in der Klasse.

Jüdisches Leben in Deutschland

Die jüdische Remigration seit 1945

Im Frühjahr 1945 wurden ca. 50000 Jüdinnen und Juden aus den Konzentrationslagern befreit. Sie lebten weiterhin in Lagern, nun als „Displaced Persons“ (DPs). Hinzu kamen in den folgenden Jahren Juden aus Osteuropa. Auf eine Einwanderung in die USA oder in das britisch verwaltete Palästina mussten sie mehrere Jahre warten. Dies änderte sich mit der Gründung des Staates Israel 1948. Die Zahl der jüdischen DPs betrug 1947 in den Westzonen 182000, bis 1952 war sie auf 12000 zurückgegangen. In der 1949 gegründeten DDR ließen sich meist kommunistisch eingestellte Juden nieder, die Mehrzahl jedoch zog in die Bundesrepublik.

Zusammen mit einer etwa gleich großen Zahl deutscher Juden, die die Shoa überlebt hatten, bildeten die vorwiegend aus Osteuropa stammenden DPs neue jüdische Gemeinden in ganz Deutschland. 1950 entstand ihr Dachverband, der „Zentralrat der Juden in Deutschland“. Die Bundesregierung unter Kanzler Adenauer bemühte sich früh um die Aussöhnung mit den Juden im In- und Ausland, vor allem mit dem Staat Israel, mit dem Anfang der 1950er-Jahre Wiedergutmachungszahlungen vereinbart wurden. Auch in der DDR erhielten Jüdinnen und Juden als Opfer des Faschismus eine gesetzlich geregelte Rente und sozialpolitische Vergünstigungen. Trotz dieser Entwicklung rissen aber in West- und Ostdeutschland antisemitische Ausschreitungen, wie die Schändung jüdischer Friedhöfe, nicht ab und dauern – in unterschiedlicher Intensität – in der Gegenwart an.

Bis 1990 war in der DDR die Zahl der jüdischen Gemeindemitglieder von 3100 (1945) auf 350 (1990) kontinuierlich zurückgegangen, vor allem wegen der Überalterung der Gemeinden. In der Bundesrepublik verteilten sich 1990 etwa 30000 Jüdinnen und Juden auf 90 Gemeinden. Seit der deutschen Einheit und dem politischen Umbruch in der ehemaligen Sowjetunion stehen die jüdischen Gemeinden vor der Aufgabe, Zuwanderer aus Osteuropa zu integrieren. Vielfältige Angebote der Gemeinden fördern den kulturellen Austausch mit der nichtjüdischen Bevölkerung.

M1

Kinder jüdischer Einwanderer in Sachsen-Anhalt, Foto, 1998. 1995 gründeten zehn jüdische Einwanderer in einem Flüchtlingsheim in Dessau die erste jüdische Gemeinde der Stadt nach 1945. Die Gemeinde hat inzwischen über 500 Mitglieder.

M2

„Deutscher Jude oder jüdischer Deutscher“

Michael Wolffsohn, Geschichts- und Politikwissenschaftler, wurde 1947 als Sohn deutsch-jüdischer Emigranten in Tel Aviv geboren. Er lebt seit 1954 in der Bundesrepublik. In einem Interview im Juni 1999 sagte er:

Ich bin deutscher Jude oder jüdischer Deutscher … Beides gehört für mich unauflöslich zusammen … Im Vergleich zu Umfragen vor zwanzig Jahren haben sehr viel mehr Juden der dritten Generation und ein Teil der zweiten gesagt, dass sie sich auch als Deutsche fühlen. Das war früher eine ganz kleine Minderheit … Die zweite, dritte und vierte Generation lebt nicht zwangsweise hier. Dass die Generation der unmittelbar Überlebenden den Weg nicht gefunden hat, hat viele Gründe. Für die zweite oder dritte Generation gibt es keine Ausrede. Man kann, wenn man nicht nach Israel will, in andere Länder gehen. Es ist aber fraglich, ob in anderen westlichen Demokratien – von ehemaligen kommunistischen Staaten ganz zu schweigen – die Lebensbedingungen für Juden besser sind … Man lebt relativ gut, nicht nur materiell, auch ideell. Die große Mehrheit der Deutschen meint es ernst mit der Vokabel „neues Deutschland“, „liberales Deutschland“.

Zit. nach Ingrid Wiltmann, Jüdisches Leben in Deutschland, Frankfurt a. M. (Suhrkamp TB) 1999, S. 222.

1 Erarbeite anhand des Darstellungstextes die Situation der Juden im Nachkriegsdeutschland.

2 Informiert euch bei einer jüdischen Gemeinde über ihre Entwicklung und Aktivitäten (www.zentralratdjuden.de).

Deutschland – geteilt und vereint

M1

Friedensdemonstration in Bonn, 10. Oktober 1981, Foto. An der bis dahin größten Friedensdemonstration nahmen etwa 300 000 Menschen teil.

Überprüfe, was du kannst

Sachkompetenz

1 Kläre folgende Begriffe: Potsdamer Konferenz (S. 315), Marshallplan (S. 315), Währungsreform (S. 315), Entnazifizierung (S. 320 f.), Staatssicherheit der DDR (S. 326 f.), Marktwirtschaft (S. 328 f.), Planwirtschaft (S. 328 f.).

2 Vergleiche wesentliche Merkmale des Staatsaufbaus der Bundesrepublik und der DDR (S. 322 ff.).

3 Erläutere die Schritte zur Einheit Deutschlands (S. 342 f.).

Methodenkompetenz

4 Analysiere M1 mithilfe der Methode „Fotos analysieren“ (S. 156 f.) und ordne es historisch ein.

Urteilskompetenz

5 Nimm zu folgender These Stellung: Die Unterschiedlichkeit der Wirtschaftssysteme hatte keinen nennenswerten Einfluss auf den „Untergang“ der DDR.

Handlungskompetenz

6 **Recherche:**
a) Recherchiert zum Thema: Jugend in Ost und West in den 1960er- bis 1980er-Jahren – zwischen Anpassung und Opposition. Nutzt die Methoden „Zeitzeugen befragen“ (S. 333) und „Im Archiv recherchieren“ (S. 288 f.). Berichtet.
b) Erörtert gemeinsam, wie bzw. ob sich das Verhalten von Jugendlichen verändert hat.

- 1945 Potsdamer Konferenz
- 1945 bis 1948 Flucht und Vertreibung
- 1946 Nürnberger Prozesse
- 1948 Währungsreform
- 1948/49 Berlin-Blockade
- 1949 Gründung der Bundesrepublik Deutschland und DDR
- 1949 bis 1990 Deutsche Teilung
- 1953 Volksaufstand in der DDR
- 1961 Mauerbau
- 1970 bis 1972 Ostverträge
- 1989 Friedliche Revolution in der DDR und Fall der Mauer
- 1990 Verträge zur deutschen Einheit; Beitritt der neuen Länder zur Bundesrepublik

1945 1950 1960 1970 1980 1990

Transnationale Kooperationen: UNO und EU

Wissen • Urteilen • Handeln • Methoden anwenden

Am Ende dieses Unterkapitels kannst du

- die Organisation und Zielsetzung der UNO darstellen
- die Bedeutung der UNO in der Weltpolitik beurteilen
- Schritte zur Einigung Europas darlegen
- den Vertrag von Maastricht hinsichtlich seiner Bedeutung für die wirtschaftliche und politische Einigung Europas bewerten
- die Etappen der EU-Erweiterung beschreiben
- die Organisation der EU heute erläutern
- **Methode** Informationen aus dem Internet bewerten

UNO und EU 2008

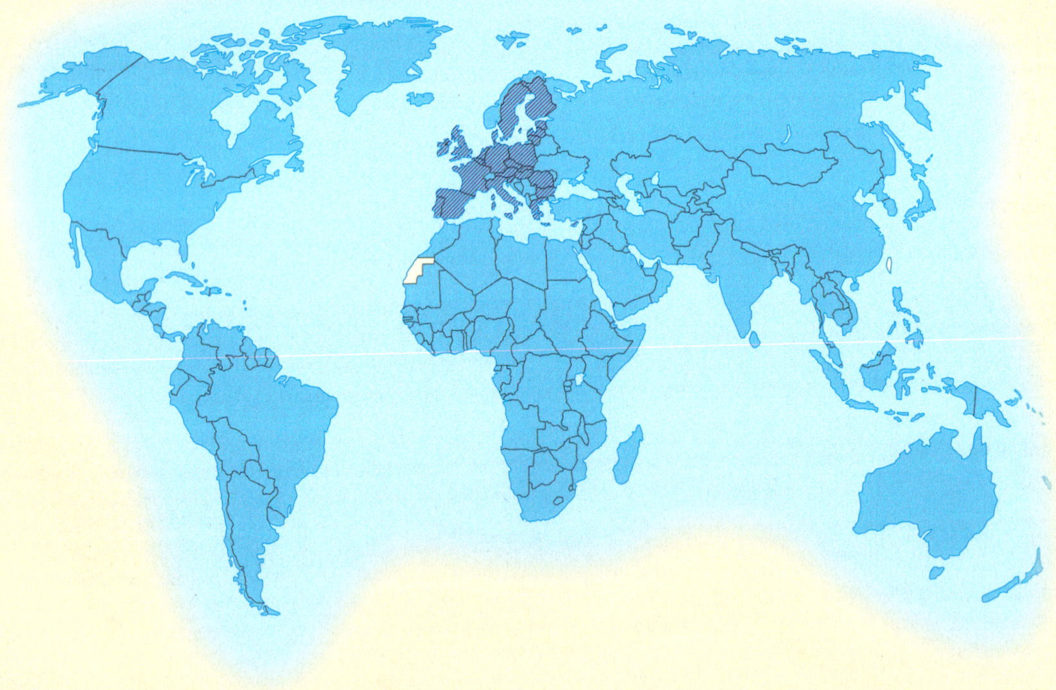

1945 – Gründung der UNO

seit um 1950 – Anfänge der wirtschaftlichen und politischen Einigung Europas

Die Vereinten Nationen – Gründung und Ziele

Anspruch und Wirklichkeit

1945 gründeten in San Francisco Delegationen von 51 Staaten die „United Nations Organization“ (UNO). Als Vorbild diente ihnen der Völkerbund*, in dem sich 1920 die Siegermächte des Ersten Weltkriegs zusammengeschlossen hatten, um zukünftig internationale Konflikte friedlich zu lösen. Der Einfluss des Völkerbundes war allerdings gering gewesen, da die Großmächte weiterhin ihre eigene Machtpolitik betrieben. So wurden die USA z. B. nie Mitglied. Die UNO sollte eine stärkere Stellung erhalten. Folglich wurde ein Sicherheitsrat geschaffen, in den neben Frankreich, Großbritannien und China beide Supermächte, USA und Sowjetunion, als ständige Mitglieder berufen wurden. Allerdings hatten schon die Vorgespräche der fünf Mitglieder unterschiedliche bis gegensätzliche Auffassungen über eine künftige Weltfriedensordnung erkennen lassen. Deshalb wurde bestimmt, dass alle Entscheidungen des Sicherheitsrats einstimmig getroffen werden müssen. Doch in den Jahrzehnten des Kalten Krieges war der Sicherheitsrat kaum handlungsfähig: Über 270-mal legte einer der fünf Staaten sein Veto ein davon 82-mal die USA und 124-mal die Sowjetunion.
Seit Ende der 1980er-Jahre stieg die Zahl der Einsätze von UN-Friedenstruppen, den so genannten Blauhelmen, deutlich an. Heute müssen sich die Gremien der UNO vor allem mit regionalen Konflikten, Bürgerkriegen und Menschenrechtsverletzungen befassen.

1 Erarbeite mithilfe der Informationen auf dieser Seite die Ziele und die Organisationsstruktur der UNO.

M2

Die Gründungscharta der UNO

Am 26. Juni 1945 unterzeichneten 51 Staaten die Charta:

Artikel 1 Die Vereinten Nationen setzen sich folgende Ziele:
1. den Weltfrieden und die internationale Sicherheit zu wahren …
2. freundschaftliche, auf der Achtung vor dem Grundsatz der Gleichberechtigung und Selbstbestimmung der Völker beruhende Beziehungen zwischen den Nationen zu entwickeln …
3. eine internationale Zusammenarbeit herbeizuführen, um internationale Probleme … zu lösen und die Achtung vor den Menschenrechten und Grundfreiheiten für alle ohne Unterschied der Rasse, des Geschlechts, der Sprache oder der Religion zu fördern und zu festigen.

Artikel 2 Die Organisation und ihre Mitglieder handeln … nach folgenden Grundsätzen:
1. Gleichheit aller … Mitglieder …
3. Alle Mitglieder legen ihre internationalen Streitigkeiten durch friedliche Mittel so bei, dass der Weltfriede, die internationale Sicherheit und die Gerechtigkeit nicht gefährdet werden.
4. Alle Mitglieder unterlassen … jede gegen die territoriale Unversehrtheit oder die politische Unabhängigkeit eines Staates gerichtete … Androhung oder Anwendung von Gewalt.
5. Alle Mitglieder leisten den Vereinten Nationen jeglichen Beistand bei jeder Maßnahme, welche die Organisation im Einklang mit dieser Charta ergreift.

Zit. nach Günther Unser, Die UNO, 4. Aufl., München (C. H. Beck/dtv) 1988, S. 232.

M1

Organisation der UNO (Stand: 2008)

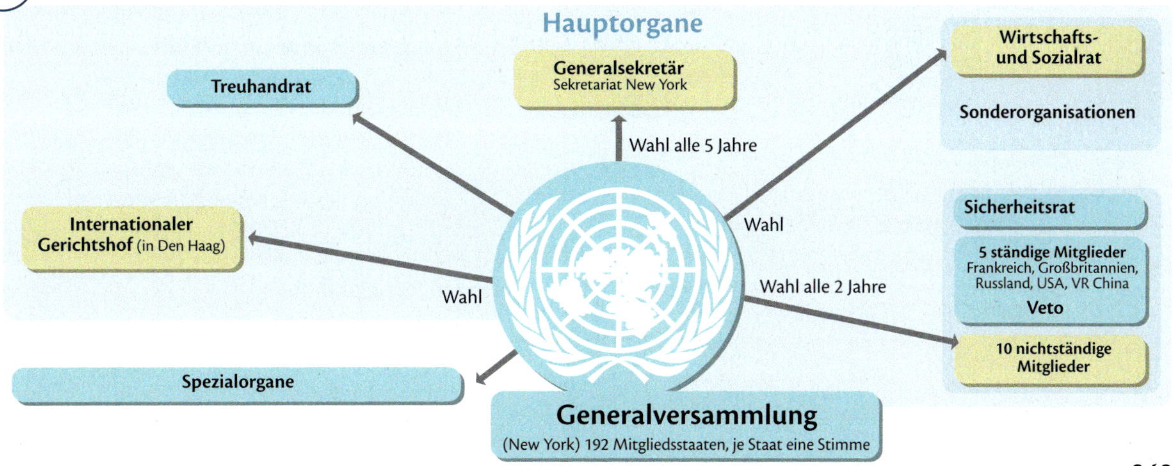

Die UNO – Macht oder Ohnmacht?

Die Rolle der UNO in der Weltpolitik

Ob der UNO eine ähnliche Entwicklung wie dem gescheiterten Völkerbund droht, ist gegenwärtig so umstritten wie in der Zeit des Kalten Krieges. Die Hoffnungen und Erwartungen sind jedoch groß, dass sie in der Weltpolitik künftig eine bedeutendere Rolle einnehmen wird als in der Vergangenheit. Welche Funktionen hatte die UNO bislang in der Weltpolitik? Welche Probleme gab und gibt es?

M2

Jubiläums-Konzert, Karikatur von Fritz Behrendt, 1995

M1

Mehrheitsbeschlüsse – ein Problem?

In der englischen Zeitschrift „The Times" hieß es über die Einrichtung von Mehrheitsbeschlüssen in der UNO, 9. Dezember 1949:

Der in der Tat revolutionäre Gedanke in den Satzungen der Vereinten Nationen ist die Anwendung des Mehrheitsbeschlusses bei der Entscheidung grundsätzlicher Fragen ... Der Missbrauch des Vetorechts durch die Sowjetunion im Sicherheitsrat hat der Vollversammlung eine weit schwerere Last aufgebürdet, als dies jemals beabsichtigt war, obwohl viele der kleineren Nationen sehr dafür waren, sie diese versuchsweise tragen zu lassen ... Die Gefahren einer solchen Entwicklung blieben aber den Westmächten auch aus dem Grunde verborgen, weil die Mehrheit der Vollversammlung in den meisten Fragen immer auf ihrer Seite gegen die Sowjetunion und ihre Vasallen stand. Heute wird jedoch deutlich, dass es nicht nur eine Art der Mehrheit gibt. Es steht z. B. eine Mehrheit der kleineren Nationen den Großmächten, eine Mehrheit derjenigen Länder, die über keine Kolonien verfügen, den Kolonialmächten und ... eine recht beachtenswerte Mehrheit nichteuropäischer Länder den alten Nationen Europas gegenüber ... Man kann wohl sagen, dass dies schließlich nur ein demokratisches Verfahren und dass es die Pflicht der Minderheit ist, sich dem Willen der Mehrheit zu fügen. Die Vollversammlung der Vereinten Nationen indessen ist kein Parlament, sondern eine Konferenz souveräner Staaten, die außerhalb ihres eigenen Hoheitsgebiets keine Verantwortlichkeit oder Befugnis besitzen.

Zit. nach Heinrich Bodensieck, Der Kalte Krieg, Stuttgart (Klett) 1981, S. 25.

M3

Zum Jubiläum: Kein Grund zum Jubeln?

1995 konnten die Vereinten Nationen auf 50 Jahre Bestehen zurückblicken. Der Journalist Axel Veiel zog am 24. Juni 1995 in der „Stuttgarter Zeitung" Bilanz:

Wenn die Geladenen am Montag in San Francisco auf die Weltorganisation anstoßen ..., wird man darüber hinwegsehen, dass die 185 Mitgliedsstaaten der UN ... die Organisation am Rande der Zahlungsunfähigkeit dahinvegetieren lassen ... Die Vereinten Nationen sind reformbedürftig. In einer gründlich veränderten Welt müssen sie noch immer mit dem Handwerkszeug auskommen, mit dem ihre Väter sie einst ausstatteten ... [In der Charta] ist etwa verankert, dass die Siegermächte des Zweiten Weltkriegs im UN-Sicherheitsrat das Privileg ständiger Mitgliedschaft und eines Vetorechts genießen, was 50 Jahre später in einem veränderten Kräftefeld nicht recht einleuchten will. Und auch die in der Praxis freilich zunehmend missachtete Selbstbeschränkung, wonach sich die Vereinten Nationen nicht in innerstaatliche Konflikte einmischen dürfen, passt schlecht in eine Zeit, da Kriege fast ausschließlich Bürgerkriege sind. Während man solchen Regelungen anmerkt, dass sie aus einer anderen Epoche stammen, trifft dies für das vornehmste Ziel der Völkergemeinschaft nicht zu: Die ... Verpflichtung, gemeinsam Maßnahmen zur Wahrung des Weltfriedens und der internationalen Sicherheit zu treffen, hat nichts von ihrer Aktualität eingebüßt.

Stuttgarter Zeitung vom 24. Juni 1995.

Planspiel

Das Schüler-Planspiel United Nations

Das Planspiel SPUN ist 1997 von der Friedrich-Ebert-Stiftung und der Universität Siegen als landesweites Projekt gestartet worden. Dabei können Schülerinnen und Schüler einmal im Jahr eine Sitzungswoche der Vereinten Nationen nachvollziehen. Sie übernehmen dazu die „Patenschaft" für Mitgliedsländer der UNO oder für NGOs (Non-Governmental Organizations), die zwar nicht abstimmen dürfen, aber in den Ausschüssen Mitspracherecht haben. Die Jugendlichen vertreten in Delegationen von bis zu fünf Personen „ihre" Länder in den Ausschüssen (z. B. der Abrüstungskommission, der Menschenrechtskommission, im Sicherheitsrat) und in der Generalversammlung. Das Regelwerk der Sitzungen wie auch das Entscheidungsverfahren insgesamt entsprechen denen der UNO. Im Unterschied zur UN-Versammlung ist bei SPUN Deutsch die Konferenzsprache. Wer am Planspiel teilnimmt, lernt nicht nur Fakten und Daten über die UNO kennen, sondern sammelt vielfältige Erfahrungen: im Umgang mit Multimedia, bei der Recherche, Aufarbeitung und Präsentation von Informationen, bei „Redegefechten" (Argumentation, Rhetorik) oder auch in der Pressearbeit. An dem Planspiel können Schülerinnen und Schüler (mindestens 16 Jahre alt) aus Gymnasien in Deutschland und deutschen Schulen im Ausland teilnehmen. Die Anmeldung erfolgt über die SPUN-Homepage: www.spun.de.

M4

Frieden schaffen – aber wie?

Als der damalige Generalsekretär der UNO, Kofi A. Annan, am 10. Dezember 2001 in Oslo den Friedensnobelpreis entgegennahm, sagte er:

In diesem neuen Jahrhundert müssen wir von der Erkenntnis ausgehen, dass der Friede nicht nur Staaten und Völkern, sondern jedem einzelnen Mitglied dieser Gemeinschaften gehört. Die Souveränität der Staaten darf nicht länger als Schutzschild für schwere Menschenrechtsverletzungen missbraucht werden. Der Friede muss in der täglichen Existenz jedes Menschen in Not real und greifbar werden. Um den Frieden muss man sich vor allem deshalb bemühen, weil er für jedes Mitglied der Menschheitsfamilie die Voraussetzung für ein Leben in Würde und Sicherheit ist …
Aus dieser Vision der Rolle der Vereinten Nationen im nächsten Jahrhundert ergeben sich drei entscheidende Prioritäten für die Zukunft: die Beseitigung der Armut, die Verhinderung von Konflikten und die Förderung der Demokratie. Nur in einer Welt frei von Armut können alle Männer und Frauen das Beste aus ihren Fähigkeiten herausholen. Nur wo die Rechte des Einzelnen geachtet werden, können Meinungsverschiedenheiten politisch behandelt und friedlich beigelegt werden. Nur in einem demokratischen Umfeld, das auf der Achtung der Vielfalt und auf Dialog beruht, können individuelle Selbstverwirklichung und Selbstregierung gesichert und die Vereinigungsfreiheit garantiert werden.

Zit. nach UNIC-Bonn – Pressemitteilungen Nr. 439.

Begriffe und Daten

UNO

Der UNO gehören 192 Mitglieder an (Stand: 2008). Ihr Hauptsitz ist New York. Wichtigste Ziele sind die Erhaltung des Weltfriedens und der internationalen Sicherheit, die Schlichtung von Streitigkeiten, die freundschaftliche Zusammenarbeit ihrer Mitglieder und der Schutz der Menschenrechte und Grundfreiheiten. Die Mitgliedsstaaten bekennen sich zur Gleichheit aller Staaten, zu Gewaltverzicht, Vertragstreue und zum Selbstbestimmungsrecht der Völker.

1 Beantworte die Überschrift in M1.

2 Fünfzig Jahre UNO 1995: Erarbeitet arbeitsteilig, welche Bilanz in M2 und M3 jeweils gezogen wird. Haltet die Positionen der Autoren fest, bewertet sie und berichtet in der Klasse.

3 Vergleiche die Ziele der UNO heute (M4) mit denen der UNO-Charta von 1945 (M2, S. 349).

„Blauhelm"-Soldaten im Libanon

Einsatz für den Frieden

Die Mittel, die dem UNO-Sicherheitsrat zur Schlichtung von Konflikten zur Verfügung stehen, reichen unterschiedlich weit: Zunächst kann er Verhandlungen fordern, dann politische und wirtschaftliche Strafen verhängen und schließlich UNO-Friedenstruppen („Blauhelme") in die Krisengebiete schicken. Der Erfolg der „Blauhelm"-Einsätze für die Friedenssicherung ist jedoch umstritten.

M1

Hilflose „Blauhelm"-Soldaten?

Im Auftrag der UNO sollten Blauhelmsoldaten den Frieden in der Krisenregion Südlibanon sichern. Spiegel online berichtete 2006:

Bisher ist nur klar, dass die 2000 Mann starke Uno-Interimstruppe (Unifil) – seit 1978 im Libanon – auf bis zu 15 000 Mann aufgestockt werden soll. Ihr Auftrag: „einen ständigen Waffenstillstand sichern zu helfen". Um dies zu leisten, sollten „alle notwendigen Maßnahmen" ergriffen werden. Was sich wie ein Persilschein[1] anhört, heißt in Wahrheit, dass den Uno-Soldaten die Hände gebunden sein werden. Denn die Resolution sieht ... kein „robustes Mandat" vor. Nur dieses gäbe den Uno-Truppen die Freiheit, nicht nur sich selbst, sondern auch die Ziele ihrer Mission mit Waffengewalt durchzusetzen ...

Jan Fischer, stellvertretender Direktor des regionalen Informationszentrums der Vereinten Nationen für Westeuropa in Brüssel, bringt das Dilemma gegenüber SPIEGEL ONLINE auf den Punkt: „Bevor es kein klares Mandat[2] gibt, werden sich einige Länder sträuben, Truppen zur Verfügung zu stellen. Und solange es keine Truppen gibt, ist es schwer, einen Auftrag zu formulieren. Es ist wie mit der Henne und dem Ei."

Je stärker (robuster) ein Mandat sei, desto schwerer falle es Staaten, sich zu beteiligen, so Fischer. Sofort gehe die innenpolitische Diskussion darüber los, „warum unsere jungen Männer ihr Leben riskieren sollten". Andererseits: Stünden gut ausgestattete und gut trainierte Truppen für einen Einsatz zur Verfügung, so könne auch das Mandat entsprechend stark ausgerichtet werden.

www.spiegel.de/politik/ausland/0,1518,432231,00.html

[1] Freibrief
[2] Auftrag

M2

Ein UN-„Blauhelm"-Soldat im Südlibanon, Foto, 2006

M3

„Blauhelme" sichern Frieden

Spiegel online berichtete anlässlich des Internationalen Tages der UNO-Friedenstruppen 2004:

Die Zahl der Blauhelm-Einsätze der Vereinten Nationen ist so hoch wie nie zuvor ... Annan[1] erinnerte an die 115 UN-Mitarbeiter, die bei Friedenssicherungseinsätzen im Jahr 2004 getötet wurden ... Die 81 000 Mitarbeiter in Friedenssicherungseinsätzen weltweit sichern Waffenstillstände, beobachten Grenzen, entwaffnen ehemalige Kämpfer, fördern die Versöhnung, ermöglichen humanitäre Hilfe und helfen Flüchtlingen.

www.epo.de, Zahl der UNO-Blauhelmeinsätze so hoch wie nie zuvor, Artikel vom 27.5.2005.

[1] damaliger UNO-Generalsekretär

1 Erarbeitet anhand von M1, welche Aufgabe die „Blauhelm"-Soldaten haben und wodurch die Handlungsfähigkeit der UNO eingeschränkt wird.

2 **Recherche:** Recherchiert aktuelle Mandate und Einsatzorte der „Blauhelme". Berichtet in der Klasse.

Informationen aus dem Internet bewerten

Die UNO – reformfähig?

Zum Thema UNO wird immer wieder die Forderung nach eigenen Soldaten erhoben, wenn sie in Zukunft erfolgreich Friedenssicherung betreiben soll. Die Suche nach gedruckter Fachliteratur zur aktuellen Situation erweist sich zumeist als schwierig und die Beschaffung als langwierig.

Eine Internetrecherche bietet die Möglichkeit, den gegenwärtigen Stand zu ermitteln. Voraussetzung dafür ist jedoch, geeignete Internetadressen mit gesicherten Informationen zu erhalten. Die Arbeitsschritte auf dieser Methodenseite sollen dir helfen, zu einer Fragestellung Informationen auszuwählen und zu bewerten.

1 Überprüfe die Internetquellen von M1 und M3 (S. 352) mithilfe der Arbeitsschritte.

2 Führe mithilfe der Arbeitsschritte eine Internetrecherche zum Thema „UNO – Instrument der Friedenssicherung“ durch. Stelle deine Ergebnisse in der Klasse vor.

Internettipp

www.uno.de
www.un.org.

M1

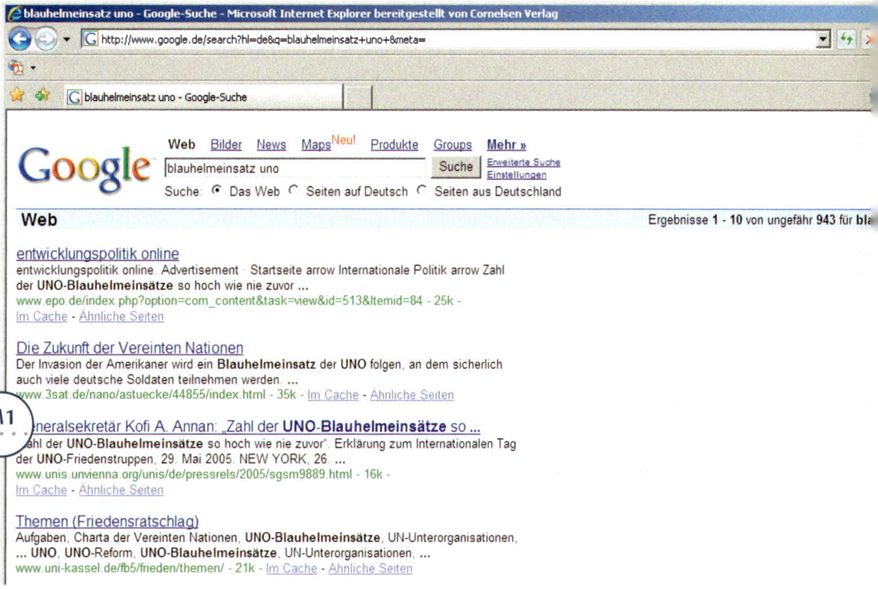

Ausschnitt aus der Liste mit Internetlinks bei Google unter dem Suchwort „Blauhelmeinsatz“

Arbeitsschritte

1. Schritt: Fragen zum Urheber (Autor)

- Ist der Urheber (Autor) der Information (des Materials) angegeben?
- Steht eine bestimmte Institution (z. B. eine Universität) dahinter?
- Lässt sich das Verhältnis des Autors zum Sachverhalt erkennen (z. B. eine wissenschaftliche Arbeit)?
- Wird eine bestimmte Position vertreten?

2. Schritt: Fragen zum Material

- Ist ein Datum der Erstellung (Aktualisierung) angegeben?
- Entspricht das Material fachlichen (wissenschaftlichen) Ansprüchen?
- Ist die Information schlüssig oder widersprüchlich?
- Enthält das Material Quellen als Belege für die Aussagen?
- Gibt es weiterführende Hinweise (Quellen, Literatur, Links)?

3. Schritt: Fragen zum User

- Werden Empfänger oder Zielgruppen genannt?
- Ist die wiederholte Erreichbarkeit des Servers, bei dem das Material liegt, gewährleistet?
- Steht die Ladezeit in einem gerechtfertigten Verhältnis zum Informationsumfang?

Erste Schritte zur Einigung Europas

Der Europarat – eine beratende Versammlung

Nachdem die Gründung eines westdeutschen Staates realisiert war, unternahmen westeuropäische Politiker, unter ihnen vor allem französische, den ersten Versuch einer politischen Einigung Europas. Mit der Gründung des Europarats 1949, in dem auch die Bundesrepublik Deutschland vertreten war, sollten die Weichen für eine politische Neuordnung Europas gestellt werden. Als es jedoch darum ging, den Europarat mit Machtbefugnissen auszustatten, waren die meisten Mitgliedsstaaten nicht bereit, auf nationale Souveränitätsrechte zu verzichten. So blieb der Europarat eine beratende Versammlung – ohne Durchsetzungskraft und politische Einigungsperspektive.

Der Weg zur wirtschaftlichen Einigung

Stärkere Impulse für Einigungsbestrebungen gingen im Nachkriegseuropa von wirtschaftlichen Faktoren aus: Weil die Vergabe der amerikanischen Hilfsgelder koordiniert werden musste, ergab sich für die Staaten, die am so genannten Marshallplan* teilnahmen, die Notwendigkeit zusammenzuarbeiten. Deshalb wurde 1948 die OEEC (Organization for Economic European Co-Operation) eingerichtet. Sie förderte den Einigungsprozess, z. B. die 1951 von den Beneluxländern, Frankreich, Italien und der Bundesrepublik Deutschland gegründete Europäische Gemeinschaft für Kohle und Stahl (EGKS). Die Idee für diese Montanunion hatte der französische Außenminister Robert Schuman (1886–1963). Unter der Aufsicht und Leitung einer internationalen Behörde sollte ein gemeinsamer Markt für Kohle, Eisenerz und Stahl geschaffen werden.

Mit den „Römischen Verträgen“ entstand 1957 die „Europäische Wirtschaftsgemeinschaft“ (EWG). Zugleich wurde eine Zusammenarbeit in der Atomenergie beschlossen (Europäische Atomgemeinschaft – EURATOM). Schließlich wurden EGKS, EWG und EURATOM 1967 zur Europäischen Gemeinschaft (EG) zusammengefasst.

Der deutsche Bundeskanzler Konrad Adenauer (1876 bis 1967) setzte sich sehr für den europäischen Zusammenschluss ein, hoffte er doch, dass die Bundesrepublik auf diesem Wege gleichberechtigt in die westeuropäische Staatengemeinschaft integriert werden könnte.

M1

Deutsch-französische Grenze, Foto. Am 7. August 1950 trafen sich dort 300 Jugendliche aus acht Ländern. Sie rissen Grenzpfähle heraus, verbrannten sie und forderten eine europäische Regierung.

M2

„Vereinigte Staaten von Europa“?

Der britische Politiker Winston Churchill (1874 bis 1965, Premierminister 1940–1945 und 1951–1955) sagte in einer Rede am 19. September 1946 in Zürich:

Wir müssen etwas wie die Vereinigten Staaten von Europa schaffen. Nur so können Hunderte von Millionen schwer arbeitender Menschen wieder die einfachen Freuden und Hoffnungen zurückgewinnen, die das Leben lebenswert machen ... Ich spreche jetzt etwas aus, das sie in Erstaunen setzen wird. Der erste Schritt bei der Neugründung der europäischen Familie muss eine Partnerschaft zwischen Frankreich und Deutschland sein. Nur auf diese Weise kann Frankreich die moralische Führung Europas wiedererlangen. Es gibt kein Wiederaufleben Europas ohne ein geistig großes Frankreich und ein geistig großes Deutschland. Die Struktur der Vereinigten Staaten von Europa ... muss so sein, dass die materielle Stärke eines einzelnen Staates von weniger großer Bedeutung ist. Kleine Nationen zählen ebenso viel wie große und erwerben sich ihre Ehre durch ihren Beitrag zu der gemeinsamen Sache.

Einigung und Spaltung Europas 1942–1965, hg. von C. Gasteyger, Frankfurt a. M. (Fischer) 1965, S. 41 f.

M3

Die Europäische Gemeinschaft für Kohle und Stahl (EGKS)

Die Präambel (Einleitung) des am 18. April 1951 ausgefertigten Vertrags führte die Vertreter der sechs beteiligten Staaten auf und nannte als deren Ziele:

In der Überzeugung, dass der Beitrag, den ein organisiertes und lebendiges Europa für die Zivilisation leisten kann, zur Aufrechterhaltung friedlicher Beziehungen unerlässlich ist,
In dem Bewusstsein, dass Europa nur durch konkrete Leistungen, die zunächst eine tatsächliche Verbundenheit schaffen, …
In dem Bemühen, durch die Ausweitung ihrer Grundproduktionen zur Hebung des Lebensstandards und zum Fortschritt der Werke des Friedens beizutragen,
Entschlossen, an die Stelle der jahrhundertealten Rivalitäten einen Zusammenschluss ihrer wesentlichen Interessen zu setzen, durch die Errichtung einer wirtschaftlichen Gemeinschaft den ersten Grundstein für eine weitere und vertiefte Gemeinschaft unter Völkern zu legen, … und die institutionellen Grundlagen zu schaffen, die einem nunmehr allen gemeinsamen Schicksal die Richtung weisen können,
Haben [wir] beschlossen, eine Europäische Gemeinschaft für Kohle und Stahl zu gründen.

Zit. nach Europa-Recht, 11. Aufl., München (dtv) 1991, S. 164.

M5

Über die Wirtschaft nach Europa?

Auszug aus den „Römischen Verträgen", mit denen 1957 die Europäische Wirtschaftsgemeinschaft (EWG) gegründet wurde:

Artikel 3: Die Tätigkeit der Gemeinschaft … umfasst:
a) die Abschaffung der Zölle und mengenmäßigen Beschränkungen bei der Ein- und Ausfuhr von Waren sowie aller sonstigen Maßnahmen gleicher Wirkung zwischen den Mitgliedsstaaten;
b) die Einführung eines gemeinsamen Zolltarifs und einer gemeinsamen Handelspolitik gegenüber dritten Ländern;
c) die Einführung einer gemeinsamen Politik auf dem Gebiet der Landwirtschaft; …
e) die Einführung einer gemeinsamen Politik auf dem Gebiet des Verkehrs;
f) die Errichtung eines Systems, das den Wettbewerb innerhalb des Gemeinsamen Marktes vor Verfälschungen schützt; …
h) die Angleichung der innerstaatlichen Rechtsvorschriften, soweit dies für das ordnungsgemäße Funktionieren des Gemeinsamen Marktes erforderlich ist;
i) die Schaffung eines Europäischen Sozialfonds, um die Beschäftigungsmöglichkeiten der Arbeitnehmer zu verbessern und zur Hebung der Lebenshaltung beizutragen.

Zit. nach Europa. Verträge und Gesetze, Bonn, 1972, S. 75 f.

M4

„Hier baut die EWG",
Karikatur aus der Zeitschrift „Die Zeit", 1972

1 Schildere deinen Eindruck von dem Vorgang, den M1 wiedergibt, und zeige den geschichtlichen Hintergrund der Aktion auf.
2 Beschreibe anhand des Darstellungstextes die Anfänge der westeuropäischen Einigung. Achte auf die Motive der Beteiligten.
3 Beurteile die Position Churchills (M2) zur Frage der europäischen Einigung. Beachte die Datierung der Rede.
4 Untersuche, welche „Lehren" aus der bisherigen Geschichte Europas in M3 gezogen werden.
5 Beschreibe, welche Weiterentwicklung in der Zusammenarbeit der EWG-Staaten (M5) gegenüber der EGKS (M3) festzustellen ist.
6 Untersuche M4 mithilfe der Methode „Karikaturen entschlüsseln" (siehe S. 102 f.).

Über die wirtschaftliche zur politischen Einigung?

Auf dem Weg zur politischen Einigung

Während die Römischen Verträge die wirtschaftliche Integration vorantrieben, galt das nur bedingt für die politische Einigung. Zwar hatte man mit dem Europarat 1949, in dem auch die Bundesrepublik Deutschland vertreten war, erste Grundprinzipien auf dem Weg zur politischen Einigung festgelegt. Ein militärisches Bündnis schien im Zuge der Verschärfung des Ost-West-Konflikts jedoch dringlicher: Bereits 1948 hatten sich die Benelux-Staaten, Frankreich und Großbritannien im Brüsseler Vertrag zusammengeschlossen, der späteren WEU (Westeuropäische Union).

Seit dem Vertrag über die deutsch-französische Zusammenarbeit 1963 verbesserten sich die Beziehungen zwischen Frankreich und der Bundesrepublik, aber zwischen allen anderen Mitgliedern der EG gab es Spannungen.

Erst 1985 begann eine neue Phase der europäischen Integration: Mit dem Schengener Abkommen entfielen die Kontrollen an den Grenzen der beteiligten europäischen Staaten, während die Außengrenzen verstärkt wurden. Die Pläne einer Wirtschafts- und Währungsunion sowie einer politischen Zusammenarbeit bekamen erst mit dem Vertrag von Maastricht 1992 einen praktischen Umsetzungsplan (siehe Kasten). Der niederländische Ort Maastricht wurde damit zum Symbol für eine neue Phase der europäischen Integration, denn er schrieb als Ziel sowohl die wirtschaftliche als auch die politische Union fest.

Die Integration Osteuropas

Als zwischen 1989 und 1991 die kommunistischen Regime in Osteuropa zusammenbrachen, versuchten Staaten wie Polen, die Tschechoslowakei, Ungarn und die baltischen Staaten Kontakte zur EU herzustellen, um (langfristig) dort Mitglied zu werden. Seit 1998 wurden den Beitrittsverhandlungen mit zehn osteuropäischen Staaten geführt, die 2004 schließlich der EU beitraten (siehe S. 359).

M1 Die Europäische Union (EU) seit 2007

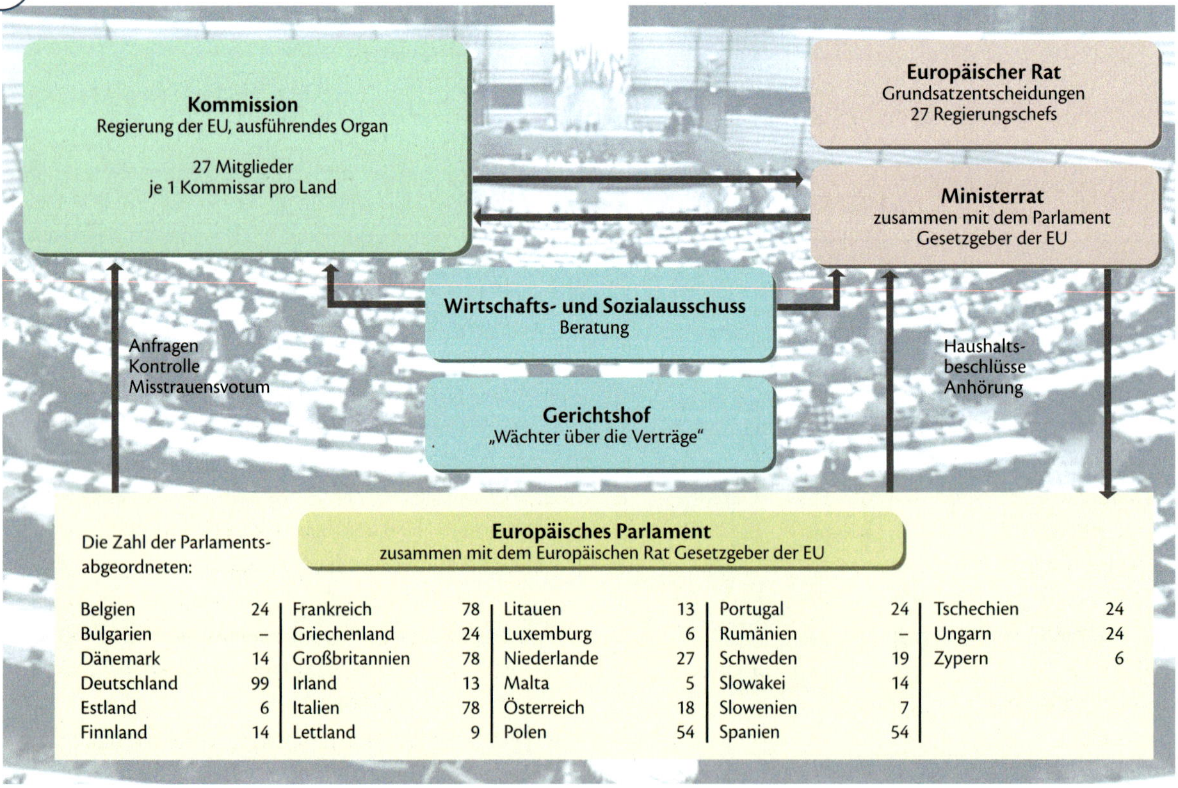

Belgien	24	Frankreich	78	Litauen	13	Portugal	24	Tschechien	24
Bulgarien	–	Griechenland	24	Luxemburg	6	Rumänien	–	Ungarn	24
Dänemark	14	Großbritannien	78	Niederlande	27	Schweden	19	Zypern	6
Deutschland	99	Irland	13	Malta	5	Slowakei	14		
Estland	6	Italien	78	Österreich	18	Slowenien	7		
Finnland	14	Lettland	9	Polen	54	Spanien	54		

M2

Deutsch-französische Zusammenarbeit

Aus dem deutsch-französischen Vertrag über Zusammenarbeit vom 22. Januar 1963:

I. Organisation:

1. Die Staats- und Regierungschefs geben nach Bedarf die erforderlichen Weisungen und verfolgen die Ausführung des im Folgenden festgelegten Programms. Sie treten zu diesem Zwecke zusammen, sooft es erforderlich ist und grundsätzlich mindestens zweimal im Jahr.
2. Die Außenminister tragen für die Ausführung des Programms in seiner Gesamtheit Sorge. Sie treten mindestens alle drei Monate zusammen ...
3. Zwischen den zuständigen Behörden beider Staaten finden regelmäßige Zusammenkünfte auf den Gebieten der Verteidigung, der Erziehung und der Jugendfragen statt.

II. Auswärtige Angelegenheiten:

1. Die beiden Regierungen konsultieren [beraten] sich vor jeder Entscheidung in allen wichtigen Fragen der Außenpolitik und in erster Linie in den Fragen von gemeinsamem Interesse, um so weit wie möglich zu einer gleichgerichteten Handlung zu gelangen ...

4. Die beiden Regierungen prüfen gemeinsam die Mittel und Wege dazu, ihre Zusammenarbeit im Rahmen des Gemeinsamen Marktes und in anderen wichtigen Bereichen der Wirtschaftspolitik, zum Beispiel der Land- und Forstwirtschaftspolitik, der Energiepolitik, der Verkehrs- und Transportfragen, der industriellen Entwicklung ..., zu verstärken.

Zit. nach Walter Wulf, Geschichtliche Quellenhefte, Heft 11c, 4. Aufl., Frankfurt a. M. (Diesterweg) 1974, S. 82 f.

M3

Estland vor dem EU-Beitritt

Aus einem Interview mit dem Ministerpräsidenten von Estland, Mart Laar (2000):

Spiegel: Estland war ... über die Jahrhunderte hin fremdbestimmt. Warum wollen Sie die mit dem Zusammenbruch der Sowjetunion gerade errungene Souveränität wieder an Brüssel abgeben?

Laar: Eigentlich ist es das erste Mal, dass diese Nation selbst entscheiden kann, wohin sie geht und was sie macht ... Für mich ist wichtig, dass Europa nicht nur ein wirtschaftlicher Bund ist, sondern auch eine kulturelle und historische Identität hat. Ich denke, Europa sollte sich so viel wie möglich um seine Grundlagen kümmern, sodass für die Menschen Europäische Union nicht nur heißt: ein Euro-Geld. Es muss auch eine Idee, ein Traum sein ... Denn die Idee des Europa hat christliche Grundlagen ... Zugleich stimmt auch, dass nirgendwo sonst auf der Welt in einem so kleinen Territorium so viele verschiedene Kulturen zusammenleben. Es geht darum, dieses Mosaik als Ganzes noch schöner wirken zu lassen.

Der Spiegel vom 30. September 2000, S. 182 ff.

Internettipp

www.europa.eu.int
Dokumente und Informationen zur Geschichte der europäischen Einigung

Begriffe und Daten

Der Vertrag von Maastricht

Im Februar 1992 unterzeichneten die 12 Mitgliedsstaaten der Europäischen Gemeinschaft in Maastricht den „Vertrag über die Europäische Union" (EU-Vertrag). Vereinbart wurden:

1. Binnenmarkt, Zollunion, gemeinsame Agrarpolitik, Wirtschafts- und Währungsunion,
2. eine gemeinsame Außen- und Sicherheitspolitik,
3. eine Zusammenarbeit in der Innen- und Rechtspolitik.

1 Erstelle mithilfe des Darstellungstextes eine Zeitleiste mit dem Titel „Schritte zur politischen Einigung Europas".

2 Erarbeite, wie die deutsch-französische Zusammenarbeit organisiert und gestaltet werden sollte (M2). Unterscheide zwischen Gesprächen (Treffen), Konsultationen und Zielen künftiger Zusammenarbeit.

3 Arbeite die Motive des estnischen Ministerpräsidenten für den EU-Beitritt heraus (M3).

4 Erläutere anhand von M1 die Kompetenz- und Machtverteilung zwischen den EU-Organen.

5 a) Erörtert in der Klasse, warum die politische Integration Westeuropas langsamer voranging als die wirtschaftliche. Nutzt dazu die Informationen und Materialien der Seiten 354 bis 357.
b) Bewertet vor diesem Hintergrund den Vertrag von Maastricht (Kasten).

Die Zukunft der EU

Vertiefung und Erweiterung?

Nach dem Vertrag von Maastricht, der Vollendung des Binnenmarktes und der Einführung einer einheitlichen Währung stellt sich die Frage, wie die innere Ordnung der EU künftig gestaltet werden soll. Die EU ist gegenwärtig bereits mehr als ein Bund selbstständiger Staaten, denn die Mitgliedsländer haben Teile ihrer Souveränitätsrechte, z. B. in der Gesetzgebung, an die EU abgegeben. Die weitere innere Entwicklung wird vor allem vom Willen der Mitgliedsstaaten abhängen, mehr einzelstaatliche Rechte auf die EU zu übertragen und beispielsweise den Einfluss des Europäischen Parlaments zu stärken. Eine Stärkung oder Begrenzung der „EU-Macht" wird dabei immer auch von den nationalen Interessen der Einzelstaaten abhängen. Seit Februar 2002 wird über eine Verfassung bzw. einen verfassungsähnlichen Vertrag beraten. Dabei ist vor allem zu klären, was in die Zuständigkeit der Einzelstaaten fällt und wie die Interessen der EU-Bürger besser gewahrt werden können. Neben dieser Vertiefung der EU ist ihre Erweiterung eine bedeutende Aufgabe, zu der auch die Frage nach den Grenzen der Erweiterung gehört.

M1

Soll die Türkei der EU beitreten?

Der damalige bayerische Ministerpräsident Edmund Stoiber äußerte sich dazu 2002:

1A Der EU-Beitritt der Türkei wäre das Ende der politischen Union Europas, weil er die Integrationskraft übersteigt. Wir wollen eine EU, die eine echte politische Union ist, keine bloße Freihandelszone ... Die neuen Mitglieder haben eine Wirtschaftskraft, die bei über 45 Prozent des EU-Durchschnitts liegt. Schon diese Aufgabe stellt die EU vor eine enorme Herausforderung. Die Türkei verfügt aber bloß über rund 20 Prozent der mittleren EU-Wirtschaftskraft. Die Gemeinschaft würde sich ganz eindeutig politisch und finanziell übernehmen. Und die Türkei hat einen anderen historischen und kulturellen Hintergrund als die jetzigen Beitrittskandidaten ... Die Türkei ist kein Teil der Wertegemeinschaft Europas. Sie nahm nicht teil am Ringen der Völker Europas um Freiheit, Eigenverantwortung und Solidarität ...
Wir plädieren doch für eine privilegierte Beziehung zur Türkei nicht nur in der Sicherheitspolitik. Wir sollten eine spezielle Freihandelszone zwischen der EU und der Türkei anstreben. Aber man kann gravierende Entscheidungen wie einen EU-Beitritt nicht gegen den Mehrheitswillen unserer Bürger durchsetzen.

Der Grünen-Politiker Cem Özdemir sagte 2002:

1B Jeder weiß, dass die Türkei noch einen langen Weg vor sich hat ... Wer sagt, die Tür ist für die Türkei zu, riskiert, dass sie sich in eine Richtung entwickelt, die in niemandes Interesse sein kann ... Mit Erdogan ist hier jemand gewählt worden, der zumindest das Versprechen zu einem Neubeginn gegeben hat ... Vor allem an zwei Punkten muss er noch beweisen, dass er sich von der Politik der Fundamentalisten abgewandt hat: Zum einen bei der Gleichstellung der Frauen, zum anderen beim Verhältnis zu den religiösen Minderheiten ...
[Das Europäische an der Türkei] ist das, was ... viele Menschen, vor allem in den Großstädten in der Türkei, als Vision haben: Werte, die auch die Menschen innerhalb der EU verbinden ... Aber eine Türkei, die mit sich selbst im Frieden ist und es schafft, Demokratie und Rechtsstaatlichkeit mit einer mehrheitlich muslimischen Bevölkerung unter einen Hut zu bringen, hätte eine Magnetfunktion für die gesamte Region ... Warum sollen die arabischen Massen nicht sagen: Das, was in Afghanistan beginnt, was in der Türkei seit Jahren mit dem Parlamentarismus praktiziert wird, das wollen wir auch.

M1A: Der Spiegel 50/2002. M1B: Spiegel online, 28. November 2002.

1 Vergleiche die Positionen in M1A und M1B. Zeige, wo beide Politiker von unterschiedlichen Behauptungen ausgehen und wie dadurch ihr Urteil beeinflusst wird.

2 **Recherche:** Recherchiert zum aktuellen Stand der Erweiterung und Vertiefung der EU. Berichtet in der Klasse.

Transatlantische Kooperationen: UNO und EU

M1 **Die Europäische Union** (Stand 2008)

Überprüfe, was du kannst

Sachkompetenz

1 Kläre die Begriffe Völkerbund (S. 349) und UNO (S. 351).

2 Beschreibe die Entwicklung der Europäischen Einigung von 1949 bis heute. Unterscheide dabei zwischen wirtschaftlicher und politischer Einigung (S. 354 ff.). Ziehe M1 heran.

Methodenkompetenz

3 Führe eine Internetrecherche mit dem Suchbegriff „EU-Verfassung" durch. Wähle eine Seite aus und bewerte die Informationen nach der Methode „Informationen aus dem Internet bewerten" (S. 353).

Handlungskompetenz

4 Recherche und Präsentation:
a) Wählt ein Mandat aus dem Arbeitsauftrag 2 (S. 352) aus.
b) Recherchiert Ursachen, Verlauf und aktuellen Stand des Konflikts im Krisengebiet.
c) Fasst die (bisherigen) Ergebnisse und Folgen des UN-Einsatzes zusammen. Präsentiert eure Ergebnisse der Klasse.
d) Diskutiert gemeinsam, welche Voraussetzungen eurer Einschätzung nach für einen erfolgreichen „Blauhelm"-Einsatz vorhanden sein müssen.

- 26. Juni 1945 Unterzeichnung der Gründungscharta der UNO
- seit um 1950 Anfänge der wirtschaftlichen und politischen Einigung Europas
- 1951 Montanunion (EGKS)
- 1958 Inkrafttreten der Europäischen Wirtschaftsgemeinschaft (EWG)
- 1967 Europäische Gemeinschaft (EG)
- 1992 Vertrag von Maastricht
- 1993/94 EG wird Europäische Union (EU)
- 1999 Einführung des Euros als Recheneinheit
- 2002 Umtausch nationaler Scheine und Münzen in Euro

1945 1960 1975 1990 2005

Leben in der Zeit der Globalisierung

Wissen • Urteilen • Handeln • Methoden anwenden

Am Ende dieses Unterkapitels kannst du

- den Begriff Globalisierung erläutern
- wirtschaftliche Merkmale der Globalisierung nennen und kritisch bewerten
- Folgen der kulturellen Globalisierung aufzeigen
- die historische Dimension der Globalisierung darstellen

Die Wirtschaftswelt um 2005

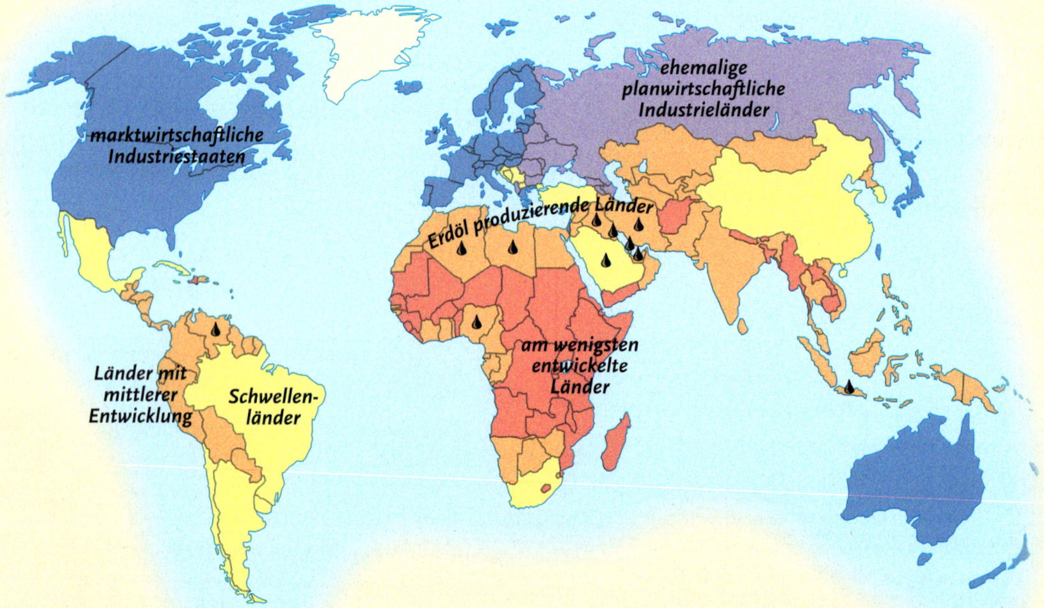

Beginn einer neuen Phase der Globalisierung nach dem Ost-West-Konflikt

um 1990

Was ist Globalisierung?

Wandel zu einer „neuen Welt"?

Politiker, Journalisten und Wissenschaftler sehen seit einiger Zeit einen tief greifenden Wandel in der Welt: zum einen das Ende des industriellen Zeitalters, des Kommunismus, der Nachkriegszeit und des Kalten Krieges, zum anderen ein Wiederaufleben des Nationalismus, die Entstehung eines globalen Terrorismus, ethnische und religiöse Konflikte, Migrationsströme und eine wachsende Macht der Wirtschaft gegenüber der Politik. Dieser Wandel wird unter dem Begriff Globalisierung zusammengefasst. Sie weckt bei manchen Ängste oder Aggression, andere begrüßen sie als Epoche des Fortschritts. Welche Ursachen und Folgen hat diese Globalisierung?

M1

Ursachen der Globalisierung

Der Politikwissenschaftler Johannes Varwick schrieb 1998:

Im Dickicht der ... Ursachenforschung lassen sich vereinfachend zwei Extrempositionen ausmachen. Die eine sieht in der Globalisierung einen exogenen[1] Prozess ... Triebfedern sind dabei vor allem der technologische Fortschritt der Produktivkräfte[2] und die tief greifende Veränderung der Produktionsverhältnisse einschließlich der Entstehung transnationaler Konzerne, die Ausdifferenzierung der internationalen Arbeitsteilung sowie der grundlegende soziale und kulturelle Wandel. So verstanden ist Globalisierung Bestandteil eines „Modernisierungs-" bzw. „Verwestlichungsprozesses", bei dem sich ein tendenziell globaler Übergang von „traditionalen" zu „modernen" Gesellschaften vollzieht ... Eine zweite Extremposition betont, dass Staaten die Rahmenbedingungen geschaffen haben, unter denen sich Globalisierung vollzieht. Sie ist demnach kein „Naturgesetz", sondern folgt einer politischen Logik in Tradition der ... Theorie der internationalen Beziehungen, die ... auf einen universalen Weltstaat zielt. Die Vernetzung der Märkte etwa wäre ... nicht ohne die politisch gewollte Deregulierung[3] möglich gewesen.

Johannes Varwick, Globalisierung und „Global Governance". In: Gegenwartskunde 1/1998, S. 49 ff.

[1] außen entstehend
[2] zum Beispiel Gebäude, Werkzeuge, Maschinen
[3] „Rückzug" des Staates aus der Wirtschaft

M2

Was ist Globalisierung?

Eine Gruppe von Wissenschaftlern beschrieb 1997 die Globalisierung und ihre mögliche Entwicklung:

1. Finanzen und Kapitalbesitz
- internationale Kapitalmobilität
- Deregulierung der Finanzmärkte (Liberalisierung)
- Firmenverschmelzungen und -aufkäufe

2. Märkte
- weltweite Integration der Geschäftsabläufe und Zusammenarbeit in Forschung und Entwicklung

3. Technologien und Wissen
- Entwicklung der Informationstechnologie und Telekommunikation als Schlüsseltechnologien
- Aufbau globaler Netzwerke, z. B. bei Firmen

4. Kulturformen
- Lebensweisen und Konsumverhalten gleichen sich an; die Bedeutung der Medien nimmt zu

5. Politische Steuerung
- abnehmende Bedeutung nationaler Parlamente und Regierungen
- neue Regeln und Institutionen zur globalen Steuerung

6. Politische Einigung
- Integration der Staaten in ein globales wirtschaftlich-politisches System unter der Leitung einer Zentralmacht

7. Wahrnehmungen und Bewusstsein
- Prozesse, die sich am „Eine-Welt-Modell" und dem „Weltbürgertum" orientieren.

Zusammengestellt nach Die Gruppe von Lissabon (Hg.), Grenzen des Wettbewerbs, München, 1997, S. 49.

Vorschlag für eine Gruppenarbeit

Die Seiten 362 bis 368 sind als Einstieg zu einzelnen Themen der Globalisierung gedacht. Ihr könnt sie in Partner- oder Gruppenarbeit bearbeiten und als Ausgangspunkt für weitere Recherchen nutzen (Fachliteratur, Internet, Presse- u.a. Medien; Experten aus Wissenschaft, Gewerkschaft, Unternehmer; Kritiker wie attac usw.). Zur Präsentation eurer Ergebnisse könnt ihr ein Referat, eine Klassenzeitung oder eine Ausstellung gestalten. Nutzt die entsprechenden Methoden.

Globale Wirtschaft – Folgen und Kritik

Globalisierungsgegner – das Beispiel „attac"

Attac (franz. „Association pour une Taxation des Transactions financières pour l'Aide aux Citoyens" = Vereinigung zur Besteuerung der Finanztransaktionen zur Hilfe der Bürgerinnen und Bürger) ist ein Netzwerk von Einzelpersonen, Nichtregierungsorganisationen wie z. B. Umweltgruppen und Gewerkschaften, die sich kritisch mit der Globalisierung auseinandersetzen. Das Netzwerk, das sich aus Mitgliedsbeiträgen und Spenden finanziert, entwickelt Kampagnen und bereitet Treffen von Globalisierungskritikern vor. Nach eigenen Angaben setzt attac ausschließlich auf friedliche Protestformen und lehnt Gewalt ab. Die Mitgliederzahl ist seit der Gründung 1998 rapide angestiegen. Sie betrug Ende 2001 weltweit 55 000, in Frankreich 31 000, in Deutschland 2100 Menschen. Zu den wichtigsten Forderungen von attac gehören:

- die Einführung einer Spekulationssteuer auf internationale Finanztransaktionen,
- das Verbot hochspekulativer Börsengeschäfte,
- eine strengere Banken- und Börsenaufsicht,
- die Schließung der so genannten „Steuerparadiese",
- keine Privatisierung der sozialen Sicherungssysteme,
- ein Schuldenerlass für die Entwicklungsländer,
- eine umfassende Reform des nach Ansicht von attac ungerechten Welthandelssystems.

Attac betrachtet Frieden und Demokratie als unabdingbare Voraussetzungen für den eigenen Erfolg.

1 Fasse mithilfe der Methode „Sachtexte exzerpieren" (siehe S. 170 f.) die Aussagen des Autors in M3 zusammen.

2 Erläutere die Forderungen von attac (Darstellungstext).

3 Nenne Argumente, mit denen die Mitglieder von attac ihre Forderungen verteidigen könnten. Ziehe dazu M1 und M2 heran.

4 Setze dich kritisch mit den Organisationen der Weltwirtschaft auseinander. Berücksichtige dabei verschiedene Sichtweisen: der Industriestaaten, der Entwicklungsländer und der Globalisierungsgegner.

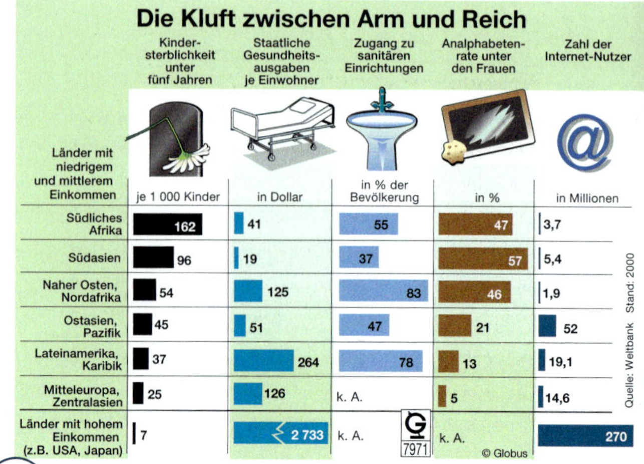

M1 **Lebensbedingungen in verschiedenen Regionen der Erde, 2000**

M2 **Diebstahl der Kulturen?**

Der Journalist Ulrich Schäfer schrieb 2001 über die indische Globalisierungskritikerin Vandana Shiva:

Shivas Geschichte handelt von den Reisbauern ihrer Heimat, von Männern und Frauen, deren Felder kaum Erträge abwerfen, weil die Dürre Teile der Ernte und der Weltmarkt die Preise verdorben hat. Sie handelt zugleich von amerikanischen Saatgutunternehmen wie RiceTec, einer Firma in Texas, die sich 1997 ein weit reichendes Patent auf Basmati-Reis gesichert hat, der in Indien seit Ewigkeiten angebaut wird. „Solche Bio-Piraten versuchen unsere Kultur zu stehlen", schimpft Shiva … Wenn solche Beispiele Schule machen, dann, so fürchtet sie, werde die traditionelle Landwirtschaft noch schneller zurückgedrängt. Dann würden die Saatgutpreise weiter steigen und noch mehr Kleinbauern in den Ruin getrieben. „Die Globalisierung", seufzt sie, „hat uns wenig Gutes und viel Schlechtes gebracht." … In ihrer Heimat ist die … Physikerin der führende Kopf der Anti-Globalisierungs-Bewegung. Sie ist ähnlich populär wie in Frankreich der Bauer José Bové, der mit seinem Traktor ein halb fertiges McDonald's Restaurant verwüstete … Sie kämpft gegen das Vordringen westlicher Multis – und für den naturverbundenen Ackerbau … Und inzwischen hat Shiva einen ersten Erfolg errungen: In den USA musste RiceTec kürzlich den Großteil seiner einst 20 Patente aufgeben, nachdem Indiens Regierung geklagt hatte.

Der Spiegel vom 23. Juli 2001, S. 126.

Begriffe und Daten

Organisationen der Weltwirtschaft

Welthandelsorganisation (WTO)
Die WTO (World Trade Organization) wurde am 1. Januar 1995 als Sonderorganisation der Vereinten Nationen gegründet. Ihre wichtigsten Ziele sind, die Handelspolitik der Mitgliedsländer zu überwachen, den Welthandel weiter zu liberalisieren und Handelskonflikte zu regeln. Die Vereinbarungen der WTO sollen sicherstellen, dass Produkte ausländischer Hersteller nicht diskriminiert und keine Dumpingpreise festgesetzt werden, um ausländische Konkurrenz auszuschalten. In den Gremien der WTO hat jedes Land eine Stimme.

Der Internationale Währungsfonds (IWF)
Die wichtigsten Aufgaben des IWF sind das Krisenmanagement im Finanzsektor, Beratung in der Wirtschaftspolitik, die Sammlung und Auswertung von Daten und die Kreditgewährung für Entwicklungs- und Reformländer. Der IWF wird durch Einlagen der Mitgliedsländer finanziert. Der Stimmenanteil in den Gremien richtet sich nach der Höhe der Kapitaleinlage des jeweiligen Landes, was den USA, der EU und Japan die Kontrolle über die Entscheidungsprozesse sichert.

Die Weltbank
Sie wurde 1944 gegründet und umfasst zurzeit 184 Mitglieder. Die Weltbank gewährt langfristige Kredite an Entwicklungs- und Schwellenländer sowie zinsfreie Kredite an die ärmsten Entwicklungsländer. Der Präsident wird von den USA als dem größten Anteilseigner gestellt. Der Stimmenanteil der Mitglieder ist wie beim IWF geregelt.

Internettipp

www.attac.de
www.bundesregierung.de (Suchbegriff „WTO")
www.weltpolitik.net
Die Website enthält Informationen und Beiträge zu Fragen der internationalen und europäischen Politik.

M3

Globalisierung hat eine Geschichte

Aus einem Artikel, den der Journalist Thomas Fischermann unter der Überschrift „Weltliga der Wirtschaft" für die Wochenzeitung Die Zeit verfasst hat (2000):

Grenzüberschreitende Unternehmen sind nicht so neu, wie man manchmal denkt: Schon im 13. und 14. Jahrhundert organisierten von Florenz aus die Kaufmannshäuser Bardi und Peruzzi Finanzströme, Handel und gelegentlich gar die Produktion quer durch Europa. In ihre Fußstapfen traten später Familien wie die Medici oder die Augsburger Fugger – die vom Bergbau in Tirol bis zum Handel mit Gewürzen die Globalisierung ihrer Epoche vorantrieben. Wirklich interkontinentale Unternehmungen entstanden mit der Entdeckung und Kolonisierung der Welt. Die ersten „Weltkonzerne" waren die Ostindien-Gesellschaften der Kolonialmächte, die auch in die Verwaltung der Überseeterritorien mit eingespannt waren. Im 19. und frühen 20. Jahrhundert trieb die Suche nach Rohstoffen und preiswerten Nahrungsmitteln vor allem US-amerikanische Firmen in die weite Welt. Die Erschließung neuer Märkte war ein weiterer Grund. Investitionen flossen nach Lateinamerika, Asien, Afrika und in den Nahen Osten … In der Ölbranche und im Agrobusiness entstanden Konzerngiganten wie der Plantagenmulti United Fruit Company. Er kontrollierte zur Jahrhundertwende [19./20. Jh.] 90 Prozent der US-Bananenimporte.

Nach dem Zweiten Weltkrieg traten auch immer mehr europäische und japanische Konzerne auf die Weltbühne. Langsam begann, was viele als die jüngste Phase der „Globalisierung" bezeichnen: Transportpreise fielen drastisch, das Fernmeldewesen wurde immer besser, gesetzliche Schranken fielen – und so konnten die Konzerne das beginnen, was der US-Ökonom Paul Krugman die „Zersplitterung der Produktionskette" genannt hat. Produkte und Zwischenprodukte wurden um die ganze Welt verschifft und einzelne Arbeitsschritte dort erledigt, wo es besonders günstig erschien. Große US-Konzerne wie die Automobilbauer General Motors und Ford zogen nach Europa und Japan aus, rollten die dortigen Märkte auf und prägten Konsumgewohnheiten und wirtschaftliche Entwicklung mit.

Die Zeit vom 15. Juni 2000.

Globalisierung der Kulturen?

M1 **Kundinnen an einem Imbissstand in Bangkok,** Foto, 1999

„Weltkultur" oder „Verwestlichung"?

McDonald's in Singapur, Pizza Hut in Lagos, IKEA in Peking, MTV als globaler Musiksender, Coca-Cola als „Weltgetränk", der Marlboro-Mann an sibirischen Straßen – sie alle stehen auf den ersten Blick für eine kulturell globalisierte Welt. Wie die wirtschaftliche und technische Globalisierung ist auch die „kulturelle Globalisierung" kein wissenschaftlich exakt zu bestimmender Begriff. Häufig wird er mit Verwestlichung gleichgesetzt, und zwar im Sinne einer Verbreitung westlicher Lebensart über Staaten und Regionen der Erde. In der Diskussion über kulturelle Globalisierung gibt es die weit verbreitete Auffassung, die Einflüsse westlicher Kultur verdrängten nationale, regionale und lokale Kulturen zugunsten einer weltweiten Einheitskultur. Die Annahme, Kulturen existierten gewissermaßen mosaikartig wie abgeschlossene Inseln, ist jedoch nicht haltbar. Vielmehr kann in geschichtlicher Sicht eher von Austausch, Vermischung, Kombination und Fluss der Kulturen gesprochen werden. Gegenwärtig wird kulturelle Globalisierung vor allem sichtbar in der „Eine-Waren-Welt" (z. B. internationale „Seifenopern", Barbiepuppen, Textilmode, Essgewohnheiten), in der Wiederbesinnung auf lokale Kulturen als Bestandteil des Globalen (z. B. lokale „Tourismuskultur", regionalspezifische MTV-Sender) und in der Vermischung verschiedener Kulturen, z. B. in Einwanderungsländern.

M2

Kulturkampf im Kinderzimmer?

Der Islamwissenschaftler Heiko Wimmen schrieb 1996:

Generationen von Mädchen sollte sie Vorbild für eine Frauenrolle im Himmel der Konsumwelt sein: Barbie, die blonde, langbeinige Anziehpuppe der amerikanischen Spielzeugfirma Mattel. Selbst in der Islamischen Republik Iran fanden die stummen Botschafterinnen westlichen Lifestyles so viele Liebhaberinnen, dass sich der Staat nun zum Gegenangriff genötigt sah: Sara, eine dunkelhaarige Puppe in Tschador und traditioneller iranischer Tracht, soll den Einfluss der „verwestlichten Barbie-Kultur" zurückdrängen. „Wir müssen unsere eigenen Modelle haben, um den westlichen Stereotypen etwas entgegenhalten zu können", erklärt Madjid Ghaderi vom staatlichen „Zentrum zur Verbreitung von Kultur für Kinder", das auch schon Kontakte zu Einrichtungen in Indien, Pakistan und Malaysia geknüpft hat. Ob Sara gegen Barbie bestehen wird, haben nun die Konsumentinnen zu entscheiden – in Sachen Lieblingsspielzeug machen Kinder schließlich keine Kompromisse.

Heiko Wimmen, Kulturkampf im Kinderzimmer. In: Der Überblick, Nr. 4, 1996, S. 59.

M3

Durchsetzung der westlich-amerikanischen Kultur?

Der Politikwissenschaftler Franz Nuscheler über die Globalisierung der Kultur:

Die Tatsache, dass die Menschen in den verschiedensten Gesellschaften ... zunehmend die gleichen Musiker hören, die gleichen Automarken fahren oder zumindest gern fahren würden, die gleiche Soap-Opera sehen, ist zugleich ein ökonomischer Tatbestand und ein kultureller. ... Viele der Symbole kultureller Globalisierung ... stammen aus den USA und den anderen Ländern des Nordens. Erleben wir also wirklich ... die allgemeine Durchsetzung der westlich-amerikanischen Kultur?

Ingomar Hauchler/Franz Nuscheler, Globale Trends 2002, 3. Aufl., Frankfurt a. M. (Fischer) 2001, S. 143.

1 a) Erarbeite anhand von M2 bis M6 jeweils Argumente, die für eine „Weltkultur" oder für eine „Verwestlichung" sprechen. Halte deine Ergebnisse in einer Tabelle fest.
b) Diskutiert in der Klasse die Frage der Überschrift des Darstellungstextes.

M4

Kampf der Kulturen

Der Politikwissenschaftler Samuel Huntington sagte 1996 in einem Interview über die künftige Bedeutung der Kulturen in der internationalen Politik:

Huntington: Ich bin … der festen Überzeugung, dass die Weltpolitik künftig nicht mehr primär von konkurrierenden Ideologien oder von Nationalstaaten oder Wirtschaftsblöcken bestimmt wird, sondern vom Zusammenprall verfeindeter Kulturen (Zivilisationen) …

Frage: Wie definieren Sie Zivilisation?

Huntington: Als die größte kulturelle Einheit, mit der sich die Menschen identifizieren. Gemeinsame Sprache, Geschichte, Gebräuche gehören dazu. Der schnelle soziale Wandel und die weltweite wirtschaftliche Modernisierung lassen die Menschen nach neuen Gemeinsamkeiten suchen; das schwächt den Nationalstaat als Quelle der Identität. Oft tritt die Religion an seine Stelle: Eine Person kann zur Hälfte französisch, zur Hälfte arabisch sein – aber nicht halb katholisch, halb moslemisch. Deshalb gewinnen die Fundamentalisten des Islams, aber auch die Fundamentalisten des Christentums und Hinduismus an Boden.

Frage: Wie viele Zivilisationen unterscheiden Sie?

Huntington: Die Welt wird künftig hauptsächlich durch die Wechselbeziehungen zwischen sieben oder acht großen Kulturen … geprägt: die westliche, die islamische, die chinesische, die japanische, die hinduistische, die slawisch-orthodoxe, die lateinamerikanische und möglicherweise die afrikanische. Die Fronten zwischen diesen Kulturen … ersetzen die ideologischen Grenzlinien des Kalten Krieges als Brennpunkte für Krisen und Blutvergießen …

Frage: Wo liegen die großen Bruchlinien zwischen den Kulturen …, an denen ihrer Meinung nach die Kriegsgefahr am größten ist?

Huntington: Entlang der islamischen Welt, die blutige Grenzen hat. Im Balkan, im Kaukasus, in Zentralasien, in Nahost, quer durch Nordafrika; aber auch in Südostasien existieren Kontroversen zwischen moslemischen Fanatikern und ihren Nachbarn – verstärkt durch den demografischen Druck: Islamische Gesellschaften haben extrem hohe Geburtenraten.

Der Spiegel, Nr. 48, 1996, S. 178 ff.

M5

500 Jahre kulturelle Globalisierung?

Der Journalist Dietrich Heißenbüttel schrieb 2001 zu Huntingtons These (siehe M4):

Wie unterscheiden sich die verschiedenen Kulturen der Welt? Und in welchem Verhältnis stehen sie zueinander? Nur wenig können die groben Vereinfachungen des Harvard-Professors Samuel P. Huntington zu dieser Fragestellung beitragen. Ohne den Golfkrieg und die Anschläge vom 11. September wären seine Thesen von einem „Kampf der Kulturen" wohl schon längst in der Versenkung verschwunden … „Deutschländer", also in Deutschland geborene Kinder türkischer Immigranten, binationale Ehen, Afroamerikaner in den USA, jamaikanische oder indische Bürger des britischen Commonwealth – solche zusammengesetzten … Identitäten … lassen sich mit dem groben Raster Huntingtons von acht klar getrennten, unveränderlichen Kulturkreisen überhaupt nicht erfassen … [D]ie Globalisierung hat nicht erst heute, sie hat vor mindestens fünfhundert Jahren begonnen, als spanische und portugiesische Seefahrer die Antillen entdeckten … Spätestens seit dieser Zeit sind Kulturen nicht mit Territorien zu identifizieren, die sich auf der Landkarte säuberlich unterscheiden. Sie sind vielmehr das Ergebnis von Prozessen weltweiter Begegnungen und historischer Transformationen [Umwandlung zu einer neuen Gesellschaftsordnung], aus denen niemand, weder Kolonisator noch Kolonisierte, unverändert hervorgeht.

Stuttgarter Zeitung vom 3. November 2001.

M6

Menschenrechte als Teil der Weltkultur?

Aus dem Buch „Globale Trends 2002":

Vor allem in den vergangenen zwei oder drei Jahrzehnten hat es beträchtliche Fortschritte bei der Herausbildung globaler Werte gegeben. Das klassische Beispiel besteht in der Kodizierung [gesetzliche Festlegung] der Menschenrechte, seitdem die Vereinten Nationen 1948 die Allgemeine Erklärung der Menschenrechte verabschiedeten. Das … war nur möglich, weil das Konzept der Menschenrechte zunehmend zu einem gemeinsamen Wertebestand mit globaler Akzeptanz wurde.

Ingomar Hauchler/Franz Nuscheler, Globale Trends 2002, 3. Aufl., Frankfurt a. M. (Fischer) 2001, S. 189.

Globaler Terrorismus?

Islam und Islamismus

Der Terroranschlag des 11. September 2001 wurde von vielen als Herausforderung und Bedrohung der westlichen Zivilisation durch den Islam verstanden. Schnell war das inzwischen verblasste Schwarz-Weiß-Bild des Kalten Krieges mit der Teilung in Ost und West durch die Aufteilung der Welt in Christentum und Islam oder Demokratie und Gottesstaat ersetzt. Behauptungen vom „Kampf der Kulturen" schienen sich kurzfristig zu bewahrheiten. Nüchterne Analysen und die Suche nach tieferen Ursachen des Terroranschlags führen jedoch zu der Erkenntnis, dass die Weltreligion Islam nicht mit den Formen und Strömungen des „Islamismus" gleichgesetzt werden darf. Dieser wird als Teil eines religiösen Fundamentalismus gesehen, der die Einstellung eines Gläubigen beschreibt, für den die Religion als etwas Absolutes existiert. Religiöser Fundamentalismus kommt in allen Weltreligionen vor und ist meist verbunden mit einer ablehnenden Haltung, die sich z. B. in einer „Weltflucht" oder dem Wunsch nach „Weltbeherrschung" äußern kann. Islamistischer Terrorismus wird als eine Variante des islamistischen Fundamentalismus gesehen.

M2

Islamismus – viele Gesichter

Der Journalist Albrecht Metzger schrieb 2002:

Der Islamismus, oder der politische Islam, wie er auch genannt wird, glaubt durch Rückgriff auf die Urquellen des Islams die Probleme der heutigen Zeit lösen zu können. Er verlangt von seinen Anhängern, aktiv auf die Errichtung eines islamischen Staates hinzuarbeiten, in dem Gott und nicht der Mensch der Souverän ist. Wie dieser Staat genau aussehen soll, ist vielfach unklar. Klar ist jedoch, dass diese Bewegung totalitäre Ansätze hat. Grundsätzlich lehnt der politische Islam Pluralismus, Individualismus und Demokratie ab. In seiner verblendeten Form läuft er Gefahr, in den Terrorismus abzugleiten – nämlich dann, wenn seine Anhänger glauben, die Errichtung der göttlichen Ordnung verlange einen permanenten Dschihad[1], in dem die vermeintlichen Feinde des Islams mit allen Mitteln bekämpft werden müssten. Der 11. September war die schreckliche Manifestation dieses verblendeten Islamismus.

Albrecht Metzger, Die vielen Gesichter des Islamismus. In: Aus Politik und Zeitgeschichte, Nr. 3/4 vom 18. Januar 2002, S. 8.

[1] Sichanstrengen, Sichbemühen für die Sache des Glaubens unter Einsatz von Besitz und Leben; umstrittene Bedeutung: Heiliger Krieg

1 Kläre mithilfe eines Lexikons oder des Internets den Begriff „Fundamentalismus".

2 a) Erläutere anhand des Darstellungstextes den Unterschied zwischen Islam und Islamismus.
b) Recherchiere im Internet die Haltung der Vertreter des Islams in Deutschland (Kasten) zu Islamismus und Fundamentalismus.

Internettipp

www.islamrat.de
www.islam.de

M1

Islamistische Fundamentalisten verbrennen eine amerikanische Fahne im pakistanisch-afghanischen Grenzgebiet, Foto, 23. September 2001

Globale Migration

Migration – ein neues Phänomen?

Das 20. Jahrhundert wird häufig als das „Jahrhundert der Flüchtlinge“ bezeichnet, da allein als Folge der beiden Weltkriege in Europa über 50 Millionen Menschen ihre Heimat verloren. Migration (von lat. migratio = Wanderung) – auch die von Massen – stellt jedoch keine historische Ausnahmesituation dar. In allen Phasen der Menschheitsgeschichte gab es freiwillige und erzwungene Wanderungen Einzelner oder Gruppen in andere Regionen als Reaktion z. B. auf Bevölkerungswachstum, politische oder religiöse Verfolgung, Vertreibung, infolge von Kriegen oder wirtschaftlicher Not. Seit Beginn der industriellen Revolution in Europa und der europäischen Siedlungskolonisation in Übersee ist räumliche Mobilität sogar zu einem Kennzeichen moderner Gesellschaften geworden. Allerdings haben sich neben Möglichkeiten und Bedingungen der Migration in einer zunehmend globalisierten Welt die Richtungen der Wanderungsströme verändert. Während im 19. und frühen 20. Jahrhundert noch mehr als 50 Millionen Europäer den Kontinent aus ökonomischen und politischen Gründen Richtung Übersee verließen, ist heute der Umfang der Zuwanderung in Europa größer als der der Abwanderung.

M1

Illegale Einwanderung nach Europa, Foto, 2002. Das Flüchtlingsschiff traf im Januar 2002 mit überwiegend kurdischen Frauen, Männern und Kindern vor der Südküste Italiens ein. Die meisten Flüchtlinge werden wieder in ihr Heimatland abgeschoben.

1 Vergleiche die Migrationsströme im 19. und frühen 20. Jahrhundert mit denen seit 1990 bis 2000 (Darstellungstext, M2).

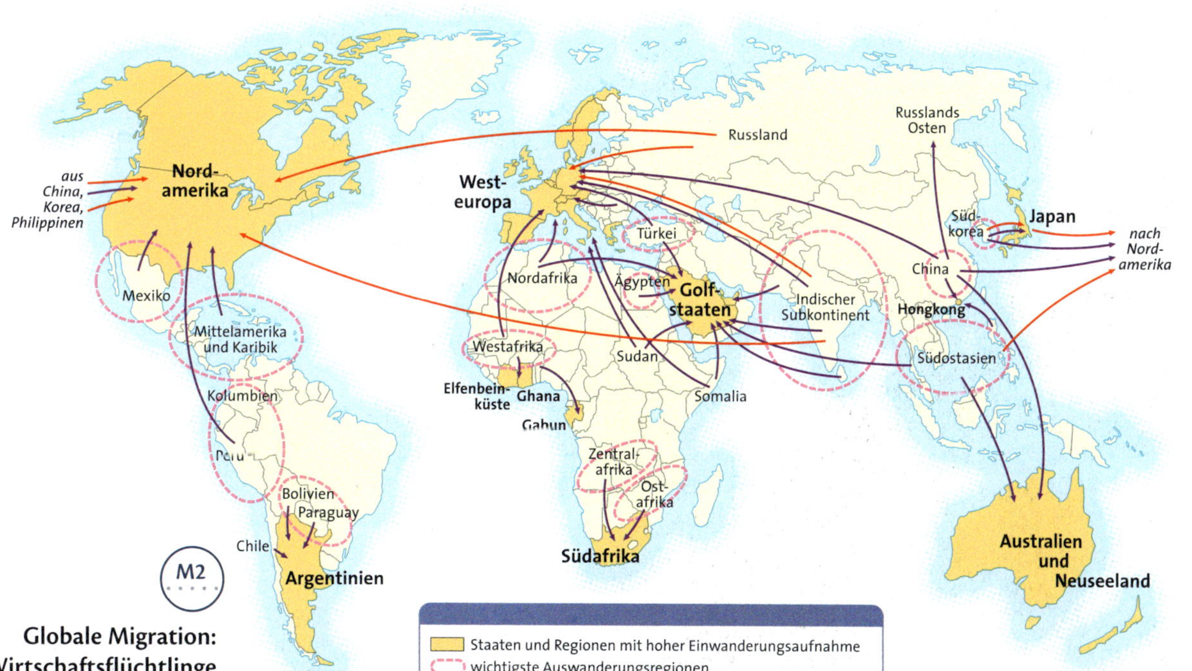

M2

Globale Migration: Wirtschaftsflüchtlinge 1990 bis 2000

Globale Konflikte – das Beispiel Naher Osten

Palästina: zwei Völker in einem Land?

Gegenwärtig ist kaum eine Region der Erde so konfliktbeladen wie der Nahe Osten. Hass und Angst, Starrsinn und Misstrauen bestimmen das Denken vieler Menschen und das Handeln der politisch Verantwortlichen. In diesem Raum stoßen verschiedene Konfliktfelder aufeinander, wie religiöse, ethnische und nationale Ansprüche, aber auch Großmachtinteressen. Eine Heimat in Palästina finden – dieser Gedanke bestimmte das ganze 20. Jahrhundert hindurch einen Konflikt, der Tausende von Juden und Arabern das Leben gekostet hat und der bis heute nicht beigelegt ist.

Eine große Zahl von Juden, die sich vom Antisemitismus in den europäischen Staaten bedroht fühlten, wanderte seit Ende des 19. Jahrhunderts nach Palästina ein, um nach der Idee ihres Vordenkers Theodor Herzl einen eigenen Staat im „Land ihrer Väter“ zu gründen. Auf der anderen Seite gab es die Hoffnungen und Erwartungen der in Palästina lebenden arabischen Bevölkerung auf Unabhängigkeit und nationale Selbstbestimmung. Nachdem ein Teilungsplan der UNO von 1947 gescheitert war, riefen 1948 führende jüdische Politiker den Staat Israel aus. Die Folge der Staatsgründung war der (erste) Nahost-Krieg mit den arabischen Nachbarn Israels. Hunderttausende Palästinenser wurden aus ihrer Heimat vertrieben. Neben machtpolitischen Interessen geht es im israelisch-palästinensischen Konflikt z. B. um die Wasserversorgung und den wirtschaftlichen Ertrag. Wichtig sind auch religiöse Fragen, wie z. B. wem die heilige Stätte Tempelberg in Jerusalem gehört.

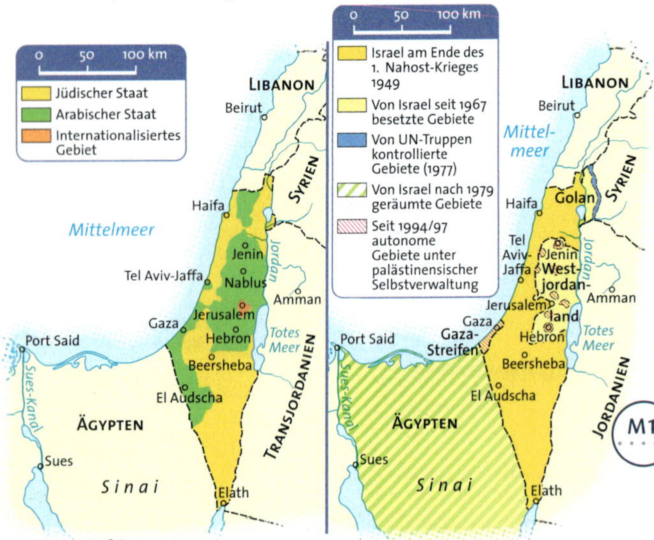

M1 **UNO-Teilungsplan für Palästina von 1947 (links), Israel 1948 bis 1997 (rechts)**

M2 **„Versetzt euch in unsere Lage“**

Schülerinnen einer deutsch-arabischen Schule in Ostjerusalem und junge Israelis schrieben sich gegenseitig Aufsätze in Briefform (um 1989):

2 A *Die 17-jährige Palästinenserin Lara an israelische Schüler:* Es gibt einiges, was wir gemeinsam haben, du und ich: Jeder von uns hat seine eigenen Träume, seine eigenen Wünsche und Erwartungen an die Zukunft. Dennoch – uns trennen Welten. Du hast alle Möglichkeiten, dir deine Wünsche zu erfüllen ... Du hast einen Staat, eine Fahne, einen Pass ... du hast deine Freiheit: Du hast ein Leben! ... Ich habe kein Zuhause, keinen Staat, keine Freiheit ... ich habe nichts ... Du lebst, aber lässt andere nicht leben. Du lernst, aber lässt andere nicht lernen. Du atmest reine Luft und erfüllst unsere Luft mit Tränengas und Giften ... Die Welt bleibt stehen, sieht zu, wie wir sterben, wie unsere Tränen fließen, wie wir weinen. Helft uns doch, versetzt euch in unsere Lage ... Auch wir haben Rechte und wir haben das Recht zu kämpfen!

2 B *Ella, auch 17 Jahre alt, antwortet darauf:* Auch ich bin deiner Meinung, es ist nicht richtig, dass ihr keinen Staat, keinen Ausweis, keine Fahne und keine Hymne haben dürft (obwohl eure Fahne und eure Hymne bereits existieren). Doch was die geschlossenen Universitäten und Schulen betrifft, so möchte ich dir sagen, dass es bei euch vor der israelischen Besetzung gar keine Universitäten gab, und heute habt ihr sechs Universitäten. Außerdem ist der Ausbildungsstand an den Grundschulen bei euch heute wesentlich höher als früher ... Du schreibst von deinem Wunsch nach einem eigenen Staat, aber du sprichst nicht von deinem Wunsch nach Frieden und das wundert mich. Willst du denn einen Staat und keinen Frieden?

Roswitha Benda, „... dann werden die Steine schreien“, München (Kindler) 1990, S. 153 ff.

1 Erkläre anhand des Darstellungstextes und M1 Ursachen und Verlauf des Nahostkonflikts.

2 Zeige die Einstellung der Verfasserinnen von M2A und M2B gegenüber ihren Adressaten.

3 Diskutiert: Kann es Frieden im Nahen Osten geben?

Leben in der Zeit der Globalisierung

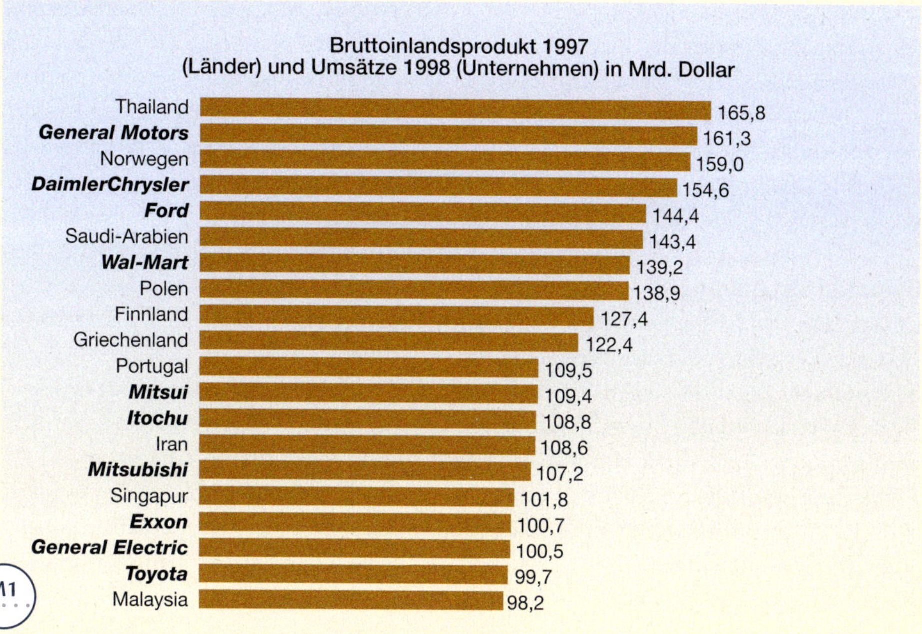

M1

Unternehmen und Volkswirtschaften im Vergleich

Überprüfe, was du kannst

Sachkompetenz

1 Kläre den Begriff „Globalisierung" (S. 361).

2 Stelle dar, worin die Globalisierung der Weltwirtschaft besteht (S. 362 f.).

3 Nenne Beispiele für die Globalisierung der Kultur (S. 364 f.).

Urteilskompetenz

4 Nimm zu der These Stellung, die Kulturen befänden sich in einem Kampf gegeneinander.

5 Erörtere, welche Rückschlüsse sich aus M1 zur Frage der Globalisierungsfolgen ziehen lassen.

Handlungskompetenz

6 Schreibe einen Kommentar zur Frage „Wem gehört die Welt?". Ziehe deine Kenntnisse aus dem Deutschunterricht heran. Gehe auch kurz auf die geschichtliche Seite der Globalisierung ein. Tragt eure Texte vor und vergleicht.

um 1990
Beginn einer neuen Phase der Globalisierung nach dem Ost-West-Konflikt

1995
Gründung der Welthandelsorganisation (WTO)

1998
Gründung des Netzwerks attac

11. September 2001
Terroranschlag auf das World Trade Center in New York

1990 — 1995 — 2000 — 2005

Die Neuordnung Europas und der Welt nach 1945

Das 20. Jahrhundert wird in der Geschichtswissenschaft auch als das Jahrhundert der Extreme oder der Ideologien bezeichnet. War die Weltpolitik in der ersten Hälfte des 20. Jahrhunderts noch von den europäischen Großmächten bestimmt worden, so dominierten in der zweiten Hälfte die beiden Weltmächte USA und Sowjetunion das Geschehen.

Kalter Krieg und Entspannung

Über vier Jahrzehnte wurde die Weltpolitik durch den Kalten Krieg, das Wettrüsten und die Angst vor einem Atomkrieg bestimmt. Die USA zogen die demokratischen Staaten (West-)Europas in ihren Einflussbereich, indem sie diese Verbindung erst durch finanzielle und wirtschaftliche Hilfe, später durch politische und militärische Zusammenarbeit (NATO) förderten und sicherten. Die Sowjetunion band – ohne demokratische Legitimation – die Staaten Osteuropas und die DDR in das sozialistische Bündnissystem (Warschauer Pakt) ein. Als wesentliche Ursachen des Kalten Krieges gelten in der Geschichtsforschung die Fehleinschätzung der Interessen und Motive der jeweils anderen Seite und die Verfestigung konstruierter Feindbilder.
Die Bewegung blockfreier Staaten ging von der Bandung-Konferenz (1955) aus und repräsentierte in den sechziger Jahren mehr als die Hälfte der Weltbevölkerung. Ihre Ziele (Konfliktlösung, Entspannung, Frieden und Entkolonialisierung) konnte sie wegen ihrer begrenzten Macht jedoch nur unvollkommen erreichen.
Die Entkolonialisierungsbewegung fand ihre moralische und völkerrechtliche Legitimation in der Forderung der Atlantik-Charta von 1941 (Selbstbestimmungsrecht aller Völker). Die Wege zur Befreiung vom Kolonialismus waren unterschiedlich, in der Mehrzahl jedoch geprägt von Unruhen und Kämpfen rivalisierender Volks- und Bevölkerungsgruppen oder Parteien.

Die Welt nach 1945

Kalter Krieg und Entspannungspolitik

Anfänge und Ursachen
- Zerfall der Kriegskoalition nach 1945
- Fehleinschätzung der unterschiedlichen Interessen und Motive
- Aufbau von Feindbildern
- ideologische Gegensätze

Blockbildung und Blockfreie
- Bildung eines West- bzw. Ostblocks infolge des Kalten Krieges mit den Führungsmächten USA bzw. UdSSR
- Bewegung der Blockfreien ab 1955 mit geringem weltpolitischen Einfluss

Wandel
- Entkolonialisierung
- Entspannungspolitik
- Rüstungsbegrenzungen
- Auflösung des Ostblocks
- Ende der Bipolarität

Deutschland – geteilt und vereint

Ursachen der Aufteilung
- alliierte Beschlüsse zur Aufteilung Deutschlands nach Kriegsende: Zerschlagung der NS-Diktatur
- Differenzen zwischen Westalliierten und UdSSR führen zu getrennter Entwicklung in den Besatzungszonen

Teilung und Einheit
- 1949 Gründung der Bundesrepublik Deutschland und der DDR
- Wirtschaftssysteme: soziale Marktwirtschaft und zentrale Planwirtschaft
- Konfrontationspolitik
- Massenflucht, 1961 Mauerbau
- Entspannung in den 1970er-Jahren
- Fall der Berliner Mauer (9. November 1989)
- Sturz des DDR-Regimes, freie Wahlen
- Deutsche Einheit (3. Oktober 1990)

Kooperation und Globalisierung

Vereinte Nationen (UNO)
- Ziele: Sicherung des Weltfriedens und der internationalen Sicherheit, Einsatz für Gleichberechtigung und Selbstbestimmung der Völker

Einigung Europas
- Motive: Überwindung des Nationalismus und Vermeidung neuer Kriege
- Ziele: Zusammenarbeit auf wirtschaftlichem und politischem Gebiet, Schaffung eines gemeinsamen Binnenmarktes, politische Integration, Aufnahme ost- und südosteuropäischer Staaten in die EU

Globalisierung
- Vorgänge der Vernetzung und Zusammenarbeit auf vielen Feldern, wie Wirtschaft, Technik, Wissen, Politik

Erst zu Beginn der 1970er-Jahre begannen die USA und die Sowjetunion, sich über eine mögliche Rüstungsbegrenzung zu verständigen. Das Ende des Ost-West-Konflikts brachten schließlich ab 1985 die Reformen des sowjetischen Politikers und Generalsekretärs der KPdSU, Michail Gorbatschow, und – davon beeinflusst – die Revolutionen in Osteuropa 1989/90 mit dem Ende der kommunistischen Regime. Die Auflösung der Sowjetunion folgte 1991.
Nach dem Ende der „Bipolarität" in der Weltpolitik ist eine neue Weltordnung bisher nicht zu erkennen.

Deutschland – geteilt und vereint
1945 übernahmen die Siegermächte USA, UdSSR, Großbritannien und Frankreich zunächst die oberste Staatsgewalt in Deutschland. Ihr Ziel war die Entmilitarisierung und Entnazifizierung Deutschlands. Unter den Vorzeichen des Kalten Krieges kam es im Alliierten Kontrollrat jedoch schon bald zu Spannungen. Schließlich zeichnete sich die Spaltung Deutschlands ab, als die USA und Großbritannien ihre Zonen 1947 zu einem Wirtschaftsgebiet zusammenlegten und die Westalliierten 1948 in ihren Zonen sowie in Berlin (West) eine Währungsreform durchführten, auf die die Sowjetzone mit einer eigenen Währung reagierte. Während in den Westzonen demokratische Strukturen von unten nach oben aufgebaut wurden, bestimmte in der sowjetischen Zone die Sozialistische Einheitspartei Deutschlands (SED) unter der Kontrolle der sowjetischen Besatzungsmacht das politische Geschehen.
Im Westen wie im Osten Deutschlands entstand auf Weisung und mit Unterstützung der Siegermächte 1949 jeweils ein eigener Staat: die Bundesrepublik Deutschland als parlamentarischer Parteienstaat mit sozialer Marktwirtschaft und die Deutsche Demokratische Republik unter der Vorherrschaft der SED mit einer zentral gelenkten Planwirtschaft.
Um die seit Jahren andauernde Massenflucht von Ost nach West zu stoppen, entschied sich die SED 1961 zum Bau einer Mauer an der Berliner Sektorengrenze. Die seit 1969 in Bonn regierende SPD/FDP-Koalition unter Willy Brandt leitete eine Entspannungspolitik ein, durch die u. a. Kontakte zwischen den Einwohnern beider Staaten erleichtert wurden.
Die Reformpolitik in der Sowjetunion seit 1985 ermutigte kritische DDR-Bürger, von der SED größere politische Freiheit, vor allem Reisefreiheit, zu verlangen. Als im Sommer 1989 die Grenze zwischen Ungarn und Österreich durchlässig wurde, flüchteten tausende DDR-Bürger in den Westen. In der Folge fanden in der DDR Massendemonstrationen gegen die Regierung statt. Ohne Unterstützung der Sowjetunion wagte es die SED nicht, mit Waffengewalt gegen die Protestierenden vorzugehen. Nachdem die Berliner Mauer am 9. November 1989 unerwartet geöffnet worden war, zeichnete sich bald eine Tendenz zur Vereinigung mit der Bundesrepublik ab. Denn bei den ersten freien Wahlen in der DDR siegten die Parteien, die für eine schnelle Einheit plädierten. Am 3. Oktober 1990 wurde schließlich auf Beschluss der Volkskammer der DDR und des Bundestages sowie mit der Erlaubnis der ehemaligen Alliierten die staatliche Einheit Deutschlands hergestellt.

Transnationale Kooperationen – UNO und EU
Die Ziele der 1945 gegründeten Vereinten Nationen (UNO) sind vor allem, den Weltfrieden zu sichern und internationale Sicherheit sowie die Gleichberechtigung und Selbstbestimmung aller Völker zu erreichen.
Die Einigung (West-)Europas richtete sich nach dem Zweiten Weltkrieg vor allem darauf, einen neuen Krieg zu verhindern und den Nationalismus zu überwinden. Erste Einigungsschritte waren die Gründung des Europarates (1949) und die Vereinigung von sechs westeuropäischen Staaten zur Europäischen Gemeinschaft für Kohle und Stahl (EGKS) 1951, die 1957 mit den Römischen Verträgen zur „Europäischen Wirtschaftsgemeinschaft" (EWG; ab 1967 „Europäische Gemeinschaft"/EG) weiterentwickelt wurde. Die Ziele der EG mündeten 1992 im Vertrag von Maastricht über die Europäische Union (EU). Neben die Erweiterung der EU um Staaten in Ost- und Südosteuropa (zuletzt mit Rumänien und Bulgarien am 1. Januar 2007) tritt verstärkt die Frage einer Vertiefung der EU, z. B. durch eine europäische Verfassung oder ähnliche Verträge.

8. Kommunikationsmedien gestern und heute

Die mittelalterliche Ständegesellschaft kann – mit einem modernen Begriff formuliert – in verschiedene Öffentlichkeiten eingeteilt werden: Burg, Stadt, Dorf, Kloster, Kirche. Innerhalb dieser Bereiche und zwischen ihnen gab es verschiedene „menschliche Kommunikationsmedien": Hofnarren, Sänger, Erzählerin, Magister, Prediger, Theaterakteure. Das (handgeschriebene) Buch spielte hingegen keine besondere Rolle. Das änderte sich grundlegend, als Johannes Gutenberg, den Buchdruck erfand. Von diesem „revolutionären" Ereignis wird häufig eine direkte Linie zur so genannten digitalen Revolution in unserer Zeit gezogen. Geräte wie Computer, Scanner und Digitalkamera haben eine weite Verbreitung gefunden und beeinflussen das Leben der Menschen in vielen Bereichen.

Regie-Raum eines TV-Senders, Foto, undatiert

Folgende Fragen leiten dich durch das Kapitel:

- ***Welche Auswirkungen hatte die Erfindung Gutenbergs in der frühneuzeitlichen Gesellschaft auf die Kommunikation der Menschen untereinander?***
- ***Welche Folgen der „digitalen Revolution" können vermutet werden?***
- ***Wie lässt sich die gegenwärtige Entwicklung im Vergleich zur „Gutenberg-Revolution" beurteilen?***

---

1 Beschreibe die Abbildungen und stelle sie in einen Zusammenhang.

2 Erörtert gemeinsam, wie sich ein Wandel der Medien auf das Leben der Menschen auswirken könnte.

Abbildung aus der Gutenberg-Bibel, ca. 1454

Gedrucktes Flugblatt über die Neuheit des Postboten, Mitte 17. Jh.

Die Erfindung des Buchdrucks und die „digitale Revolution"

Wissen • Urteilen • Handeln • Methoden anwenden

Am Ende dieses Unterkapitels kannst du

- die Erfindung des Buchdrucks durch Gutenberg darstellen und gegenüber älteren Medien abgrenzen
- Folgen der „Medienrevolution" für die Menschen in der Frühen Neuzeit erläutern und Kritik daran bewerten
- die gegenwärtige Digitalisierung und Globalisierung der Medien mit denen der Frühen Neuzeit vergleichen und in ihren Folgen beurteilen

Nutzung des Internets 2005

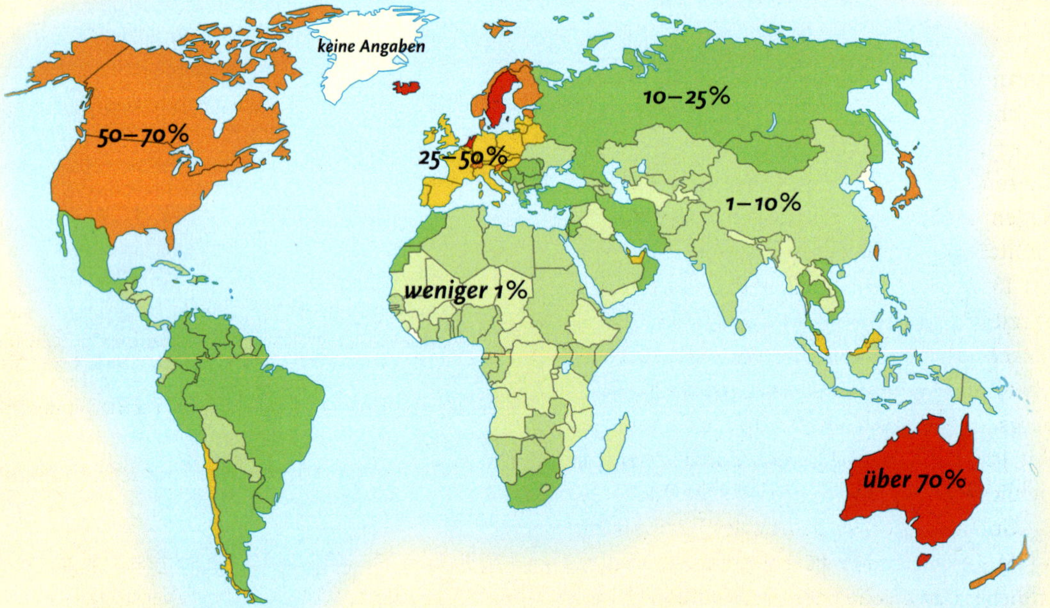

- **1400 bis 1830:** Druckmedien
- **1830 bis 1900:** Druckmedien und elektronische Medien (Foto, Film, Telefon)
- **20. Jahrhundert:** Dominanz der elektronischen Medien
- **seit Beginn des 21. Jh.:** Übergang von elektronischen zu digitalen Medien

Der Buchdruck – eine „Medienrevolution"?

Druckerwerkstatt, Kupferstich, 16. Jh. Für den Druckvorgang waren immer mehrere Personen zuständig. Bücher wurden nicht Seite für Seite gedruckt, sondern viele Seiten nebeneinander auf einem großen Bogen, der dann auseinandergeschnitten wurde.

Medienwandel in der Frühen Neuzeit

Die Menschen der Antike und des Mittelalters schrieben Bücher mit der Hand ab. Im 14. Jahrhundert lernten die Europäer ein chinesisches Druckverfahren kennen, bei dem seitenweise Schriftzeichen in Holztafeln eingeschnitzt und gedruckt wurden. Johannes Gutenberg (um 1397–1468), ein Mitglied der Mainzer Goldschmiedezunft, entwickelte ein ganz neues Verfahren: das Drucken mit einzelnen beweglichen Lettern aus einem Blei-Zinn-Gemisch und einer Druckerpresse.
Gutenbergs Drucktechnik verbreitete sich innerhalb von zehn Jahren in ganz Europa. Zunächst wurden hauptsächlich theologische und juristische Bücher hergestellt – Gutenbergs erstes gedrucktes Buch war eine Bibel (1455) –, doch immer stärker drängten naturwissenschaftliche, historische oder philosophische Werke auf den Markt. Aktuelle Nachrichten fanden nun durch Flugblätter, die mit Holzschnitten illustriert waren, ihre Verbreitung. Wichtig für den Medienwandel waren auch die Entwicklung der Papiermacherei in Italien, die ersten Papiermühlen in Deutschland im 14. Jahrhundert und die Gründung der Post durch Franz von Taxis (1490).

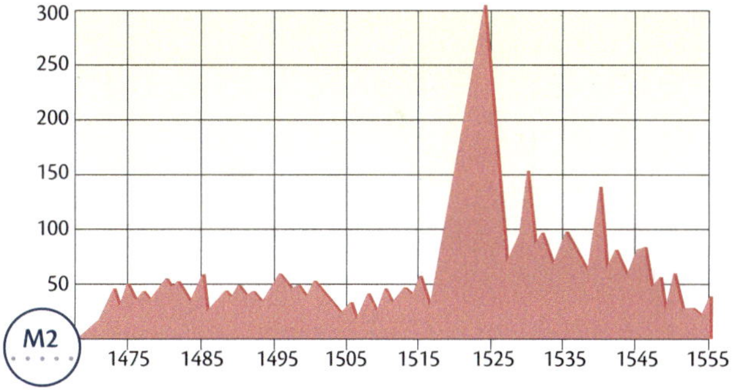

Anzahl der pro Jahr in Augsburg erschienenen Drucke 1465 bis 1555

1. Skizziere mithilfe von M1 die Buchherstellung im 16. Jahrhundert. Ordne dabei folgende Tätigkeiten den Nummern in M1 zu: Setzen, Sortieren, Korrektur lesen, Trocknen, Drucken, Schwärzen, Einlegen.
2. Beschreibe anhand des Darstellungstextes den Wandel der Informationsvermittlung in der Frühen Neuzeit.
3. Kläre anhand von M2, welche Ursache die Veränderung der Anzahl der Drucke nach 1500 haben könnte. Lies im Kapitel 2 nach.

Neue Medien in der Frühen Neuzeit

„Medienrevolution“ und Reformation

Reformation und Gegenreformation lassen die politische, gesellschaftliche und kulturelle Bedeutung der neuen Medien, die auf der Technik des Buchdrucks beruhten, besonders deutlich werden. Die traditionellen Medien, wie der Prediger, erlebten in der Reformationszeit zwar einen starken Aufschwung, wurden jedoch zunehmend an die Druckmedien, wie Bibel und religiöse Schriften, gebunden. Die Predigt wurde zur Auslegung der Bibel. Das Druckmedium Blatt, in der Sammlung als Gesangbuch, übernahm die Funktion des Speicherns und der Weitergabe religiöser Lieder.

Vielleicht das wichtigste Medium der Reformation war die Flugschrift, eine aus mehreren Blättern bestehende Druckschrift. Sie wurde als Massenkommunikationsmittel verwendet und hatte eine propagandistische Funktion. Für die Zeit zwischen 1518 und 1525 werden etwa 3 Millionen Exemplare angenommen. Noch fehlende Lesefähigkeit in weiten Teilen der Bevölkerung, vor allem auf dem Land, wurde durch das Vorlesen ersetzt. Dadurch war die Verbreitung durchaus standesübergreifend und an die gesamte Gesellschaft gerichtet. Die Vertreter der Gegenreformation setzten dagegen noch verstärkt auf den Prediger und auf das Theater, z. B. auf das Jesuitendrama. Zielgruppen waren der Klerus, der Adel und gebildete Schichten, weniger das „einfache Volk“.

M1

„Gedrucktes … wie lange wird es halten?“

Der Abt Johannes Trithemius schrieb 1494:

Geschriebenes, wenn man es auf Pergament bringt, wird an die tausend Jahre Bestand haben; Gedrucktes aber, da es auf Papier steht, wie lange wird es halten? Wenn Gedrucktes in einem Band aus Papier 200 Jahre Bestand haben wird, wird es hoch kommen, indessen gibt es viele, die der Meinung sind, dass durch den Stoff an sich der Druck sich verbrauche. Das wird die Zukunft entscheiden. Aber wenn auch viele Bücher gedruckt vorliegen sollten, so werden sie doch niemals in dem Umfang gedruckt werden, dass man nicht immer etwas zum Schreiben finden könne, was noch nicht gedruckt ist … Wer dem Buchdruck zuliebe die Tätigkeit des Handschreibens aufgibt, ist kein echter Freund des handschriftlich Tradierten: da er höchstens den Blick auf die Gegenwart richtet, sich aber keine Mühe gibt, die Nachfahren zu erbauen … Mit geschriebenen Büchern nämlich lassen sich gedruckte niemals auf die gleiche Stufe stellen. Denn um die Rechtschreibung und sonstige Ausstattung der Bücher kümmern sich die Drucker gewöhnlich nicht. Wer aber abschreibt, verwendet darauf große Mühe.

Johannes Trithemius, De laude scriptorum, 1494, zit. nach Stephan Füssel, Gutenberg und seine Wirkung, Darmstadt (Wissenschaftliche Buchgesellschaft) 1999, S. 73.

M2

Der Plakatkleber, Lithographie von Carle Vernet, um 1820. Die Wand gehört als Informations-(Massen-)medium zu den ältesten Medien (bemalte Höhlenwände aus der Vorgeschichte, bemalte Wände mittelalterlicher Kirchen, Fassadenmalerei an bürgerlichen Rathäusern) mit dekorativer, ästhetischer, belehrender, informativer oder werbender Funktion. Wand und Plakat werden als „symbiotisches Medium“ gesehen.

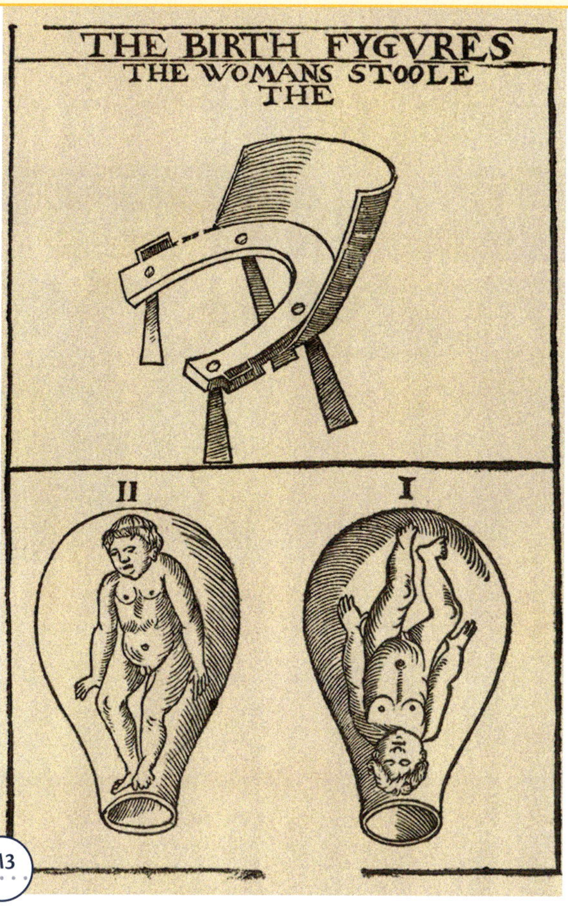

M3

Anleitung zur Geburtshilfe, 1513. Aus einem Hebammen-Ratgeber des Stadtarztes von Frankfurt und Worms, Eucharius Rößlin. Neben theologischen und wissenschaftlichen Fachbüchern für die Universitäten fanden Ratgeber und Sachbücher in der Bevölkerung eine rasche Verbreitung. Da sich die Ärzte allgemein nicht um Geburten kümmerten, war eine Geburtshilfe ein wichtiger Ratgeber für Hebammen.

1 Beschreibe M2 und stelle einen Zusammenhang mit der Gutenberg-Erfindung her.

2 Zeige am Beispiel von Reformation und Gegenreformation die Bedeutung der neuen Druckmedien wie Blatt und Flugschrift auf (Darstellungstext).

3 Setze dich kritisch mit den Thesen in M1 auseinander.

4 Erörtere die Bedeutung von M3 für Aufklärung und Bildung der Bevölkerung. Lies im Kapitel 2 nach.

5 a) Erstelle anhand von M4 eine Liste der neuen Medien und notiere ihre jeweilige Funktion.
b) Entwirf ein Schaubild, in dem du Zusammenhänge zwischen den Medien und Veränderungen in Gesellschaft und Wirtschaft darstellst. Ziehe Kapitel 2 heran.

M4

Medienwandel im 15. und 16. Jahrhundert

Der Medienwissenschaftler Werner Faulstich schrieb 2006:

Die wichtigsten Medien dieser Epoche waren der *Brief* (erst als handschriftliche Mitteilung, dann als gedruckter Ablassbrief und schließlich als Vorform der Zeitung); das *Flugblatt* im politischen Bereich; die *Flugschrift* im religiös-kirchlichen Sektor; der *Kalender* auf dem Land; und – gesamtgesellschaftlich – die *Zeitung* … Indem traditionelle Medien ihre Funktionen an neue Medien abgaben, verloren sie vielfach ihren genuinen [echt, rein] Mediencharakter und bildeten sich zurück … Was sich änderte, waren einmal die Medien selbst und dann vor allem ihre zentralen Funktionen … Neue Leitbilder waren angesagt: der individuelle Künstler, der singuläre Händler und Unternehmer, der Erfinder und Entdecker, der einzelne Gläubige in seiner direkten persönlichen Beziehung zu Gott, der absolutistische Herrscher und Fürst, nicht zuletzt auch der frühbürgerliche Zeitungsleser … Der *Brief* schließlich, längst Medium individueller Korrespondenz oder privat-intimer Kommunikation, wurde in Gestalt des lateinischen Humanistenbriefs für eine begrenzte Zeit zum Schlüsselmedium für den Meinungsaustausch der Renaissance-Gelehrten …
Die Ausweitung des Fernhandels, die Erschließung neuer Märkte, die Ausbildung internationaler Messen und die Entstehung weit ausgreifender Handelsgesellschaften … erforderten ein Kommunikationssystem, das mit einem auf Teilöffentlichkeit beschränkten Botenwesen allein nicht mehr zu bewältigen war … Mit diesem neuen Bedarf entwickelte sich der Handels- und Kaufmannsbrief … Schließlich institutionalisierte sich zur Wende vom 15. zum 16. Jahrhundert die Post als privatkapitalistisches Gewerbe … Auf der Grundlage neuer Wegkarten entstand ein europaweit funktionierendes Netz für den Brief-, Zeitungs- und Personentransport mit Relaisstationen alle fünf Meilen.

Werner Faulstich, Mediengeschichte von den Anfängen bis 1700, Göttingen (Vandenhoeck & Ruprecht) 2006, S. 123 ff.

Digitalisierung und Globalisierung

Ein neues Zeitalter?

Heute behaupten Wissenschaftler, dass mit dem Vordringen des Internets ein neues Zeitalter eröffnet werde. Bereits 1969 mit der Verbreitung der Fernsehgeräte sprach der Amerikaner Marshall McLuhan davon, dass nun das Ende der „Gutenberg-Galaxie" gekommen sei. Damit meinte er das Ende der „Epoche des Buches". Am Internet loben die einen die Fülle an Informationen, die nahezu unendlichen Möglichkeiten von Kontakten und Kommunikation, andere kritisieren die unüberschaubare Informations- und Bilderflut. Die damit verbundene Oberflächlichkeit hindere die Menschen am (Nach-)Denken. Sie lehnen auch die „freiwillige Selbstentblößung" und den rüden Umgang z. B. in sogenannten Blogs, Online-Tagebüchern, ab.

M2

„Das Fenster zur Welt", indische Kinder vor einem PC mit Joystick, Foto, 2001

M1

Das „Loch-in-der-Wand-Experiment"

Der Journalist Walter Wüllenweber schrieb 2001 im Magazin Stern:

„Ich nenne es das Loch-in-der-Wand-Experiment", sagte Sugata Mitra, der Mann, der die Idee dazu hatte. Die Wand ist eine für Indien typische Mauer. Haarscharf trennt sie zwei Welten. An die eine Seite branden die Ausläufer des berüchtigten Kalkaj-Slums. Hier wurde Satish Kumar geboren, hier lebt er: eine Kloake, in der die Menschen in Hütten hausen, unter Plastikplanen oder unter freiem Himmel. Schweine durchwühlen Müllberge. Keine Wasserleitung, keine Toiletten ... Auf der anderen Seite der Mauer arbeitet der Wissenschaftler Sugata Mitra. Hier plätschern Springbrunnen. Der Duft frisch gemähten Rasens mischt sich mit dem Slumgestank. Männer in Anzügen stehen beisammen mit Teetassen in der Hand. In den Jacketts fiepen Handys. Unmittelbar an der Mauer steht eine Ganesh-Statue, der Gott des Erfolgs, dahinter das palastartige Hauptquartier von NIIT, einem der großen Softwareproduzenten Indiens und dem weltweit größten Entwickler von Computer-Lernprogrammen. Rund 5000 Mitarbeiter beschäftigt der Konzern in 37 Ländern ... Im Frühjahr 1999 verblüffte Sugata Mitra seinen Chef mit einem Vorschlag ... Wenige Tage später beobachteten die „Anzüge" im Garten, wie sich Handwerker an der Mauer zu schaffen machten. Dicht neben der Ganesh-Statue stemmten sie ein Loch in die Wand und installierten darin ein Computer-Terminal plus einen Joystick, der wie eine Maus funktioniert. Den Computer schlossen sie ans Internet an. Fertig. Das Experiment hatte begonnen. Mit einer versteckten Videokamera zeichnete Sugata Mitra damals die ersten Momente auf – ein beeindruckendes Dokument. Am unteren Bildrand läuft eine eingeblendete Uhr. Die Blechklappe, die den Bildschirm vor Regen schützt, wird hochgeklappt:

1. Minute: Ein etwa 12-jähriger Junge steht vor dem Bildschirm und fummelt am Joystick.

2. Minute: Er hat verstanden, wie er den Cursor steuern kann.

5. Minute: Durch Doppelklick öffnet er eine Datei.

8. Minute: Er ist im Internet ...

Schon zwei Minuten später beginnt der Junge aus dem Slum das Gelernte seinen Freunden beizubringen. Seit diesem Moment hängt vor dem Loch in der Wand eine Kindertraube. Sie hängt dort bis heute. Von Sonnenaufgang bis in die Nacht ... Die meisten Kinder sprechen nur Hindi. Statt zur Schule zu gehen, betteln sie. Sie können nicht lesen, schon gar keine lateinischen Schriftzeichen. Doch nur wenige Wochen nachdem sich die Klappe zum ersten Mal öffnete, fanden sich die Kinder problemlos im weltweiten Netz zurecht ... Inzwischen wird das Experiment auch im Ausland beobachtet. Das Londoner Institute für Social Inventions verlieh dem „Hole in the Wall" den Preis „Soziale Erfindung des Jahres".

Stern, Heft 42, 11. Oktober 2001.

M3

„Mit Meinung, Mut und Modem“

Der Journalist Dieter Bednarz schrieb 2007 über Online-Tagebücher (Blogs):

Politische oder gesellschaftliche Bedeutung haben ... nur die wenigsten Internet-Tagebücher ... die meisten Blogs sind eher krude [grob, roh] Sammelsurien von Eindrücken, Äußerungen und Ansichten zu allen erdenklichen Themen vom Atomkrieg bis zur Zypressenzucht. Nur eine vergleichsweise kleine, aber rasant steigende Zahl von Weblogs bedient auf hoch professionelle Weise die immer spezielleren Informationsbedürfnisse der „Community“ im Netz und entwickelte so etwas wie ernstzunehmenden Bürgerjournalismus ...
Die politische Macht, die ... Bloggern zuwachsen könnte, deutet sich am ehesten in Ländern mit autoritärer Regierung an. Mit Meinung, Mut und Modem schreiben sich hier nicht nur aufmüpfige Untertanen ihren Frust von der Seele, berichten über Gängelei, Korruption und Misswirtschaft; um der Unterdrückung oder Zensur zu entgehen, flüchten auch Journalisten und Schriftsteller ins Netz – bis die Regime ihre Seiten mit der neuesten Software herausfiltern und schließen.

Dieter Bednarz, Mit Meinung, Mut und Modem. In: Spiegel special, Nr. 3, 2007, S. 30 f.

M4

Nutzer werden zu Akteuren

Der Journalist Frank Hornig schrieb 2007:

Zeitungsmacher hatten einst Angst vor dem Radio, dieses fühlte sich vom Fernsehen attackiert – das Aufkommen neuer Medien hat immer für Unruhe gesorgt, doch im Prinzip hat sich seit Gutenbergs Erfindung der modernen Druckerpresse Mitte des 15. Jahrhunderts kaum etwas geändert. Stets gab es wenige – professionelle – Sender und viele, viele Empfänger. An dieser Grundregel wird kräftig gerüttelt. Denn das Internet 2007 ist mehr als nur Vertriebskanal. Es ist zu einem Ort geworden, an dem die Leute sich unterhalten und darstellen, an dem sie ihr Wissen und ihre Interessen organisieren – oder ganz einfach mit Freunden herumhängen. Es steht für eine Demokratisierung der Massenkommunikation ... Projekte wie Wikipedia, MySpace und YouTube animieren alle zum Mitmachen ... Der „gläserne Mensch“, in der Vergangenheit für viele eine Schreckensvision, wird zunehmend zur Realität.

Frank Hornig, Ein bunter, chaotischer Marktplatz. In: Spiegel special, Nr. 3, 2007, S. 10 f.

M5

„Lieber ein Zoo für jede Schule“

Der Erziehungswissenschaftler Hartmut von Hentig sagte 2001 in einem Interview:

So berichtet die Bertelsmann-Stiftung begeistert von einem Medien-Mustergymnasium, an dem sich eine Klasse 6 einen virtuellen Zoo erschafft: Die Kinder tippen „Hellabrunn“ ein und erfahren, dass eine solche Rechneradresse nicht existiert. Dann wählen sie eine Suchmaschine an, unterwerfen sich den Ergebnissen und erhalten jede Menge bunter Bilder. Stattdessen sollte die Klasse in die Straßenbahn steigen und in den Zoo fahren ... Unser Feind ist die Fülle der Bilder. Die Welt beherrscht uns zu stark über das Auge. Und wenn wir die Bilderflut noch weiter vermehren, reduzieren wir die Chance auf Nachdenklichkeit ...
Der Computer ist eine wunderbare Erfindung, hat aber eine Tücke. Er gaukelt vor, man könne mit seiner Hilfe echte Erfahrungen machen ...
Bei allem Bemühen: Die Begabten, Neugierigen, Aktiven werden auch durch die neuen Medien mehr gefördert als die anderen. Dass alle irgendwann gleich gut informiert sein werden, ist nicht zu erwarten. Jeder kennt Haushalte, in denen der Vater den ganzen Abend am Computer ziellos umhersurft, während andere Familien dieses Medium intelligent einsetzen und trotzdem Zeit haben, sich gegenseitig etwas vorzulesen, miteinander zu reden, sich um den Hund zu kümmern ...
Die Kommunikationstechniken drohen unsere Bewertungen der Wirklichkeit zu verändern und Dinge falsch zu gewichten ...
[Das Internet] verführt zur Flucht in virtuelle Welten ... Ein Zoo für jede Schule wäre hilfreicher als ein Computerraum.

Hartmut von Hentig. In: GEO Wissen, Nr. 7, 2001, S. 45 ff.

1 Diskutiert anhand von M1 und M2 die Absicht des Experiments und nehmt Stellung.

2 a) M3, M4 und M5 setzen sich aus unterschiedlichen Perspektiven mit dem Internet auseinander. Arbeite jeweils die Behauptungen heraus und formuliere Stellungnahmen zu den Positionen der Autoren.
b) Diskutiert eure Ergebnisse in der Klasse.

3 Schreibe eine zusammenfassende Beurteilung zu Chancen und Gefahren des Internets.

4 Bei der globalen Verbreitung des Internets wird von einer „digitalen Kluft“ gesprochen. Kläre diese Bezeichnung mithilfe der Karte S. 374.

Folgen der „digitalen Revolution“ erforschen

Globale Vernetzung

Die gegenwärtige Entwicklung von den elektronischen zu den digitalen Medien lässt noch nicht genau erkennen, welche Folgen dieser Wandel haben wird. Sicher ist wohl, dass sie das Wissen der Menschen voneinander verändern und – wie auch die Medien des 20. Jahrhunderts – die Lebensweisen der Menschen beeinflussen werden. Festzustellen sind u.a. bereits: die Zunahme und Verdichtung von Informationen und deren schnellere Verbreitung, gesteigerte Speichermöglichkeiten von Informationen, die Schaffung von „künstlichen Medienwelten“ und eine grenzenlose, globale Vernetzung der Teilnehmer.

M1

Schüler im Internetcafé, Foto, 1998

Vorschlag für eine Gruppenarbeit

Zur Erforschung der Geschichte der Medien im 20. und ihrer Entwicklung im beginnenden 21. Jahrhundert könnt ihr ein „Web-Quest“ durchführen. Dabei geht ihr von bestimmten Fragen aus und holt möglichst alle Informationen aus dem Internet. Die Ergebnisse werden als Website präsentiert, von der andere lernen und sie als Anlass für weitere Untersuchungen nehmen können.

- Legt gemeinsam das Thema fest: Geht von Rahmenfragen aus und grenzt eure Fragestellung weiter ein (z. B. die Geschichte der Zeitung, des Radios, Anfänge der Computernutzung.).
- Stellt eure „Quellen“ zusammen (Web-Adressen, z. B. über Suchmaschinen, wie www.google.de).
- Bildet Interessengruppen und führt mithilfe der Methode „Eine Internetrecherche durchführen“ (siehe Anhang) eine Recherche durch. Achtet dabei auf die Fragestellung und die Einhaltung des Themas. Bewertet innerhalb der Gruppen eure Ergebnisse auf Verwendbarkeit.
- Entwickelt auf einem Plakat ein Schaubild, wie ihr die Informationen der einzelnen Gruppen auf einer Website darstellen möchtet. Erstellt aus euren Ergebnissen Textdokumente, sammelt Grafiken und Abbildungen.
- Erarbeitet gemeinsam mit „Fachleuten“ an eurer Schule eine Web-Präsentation.

M2

Das Radio – Ablösung durch Fernsehen und Internet auch in Afrika?, Foto, 2000. Bisher spielte der Rundfunk in vielen Entwicklungsländern eine zentrale Rolle als Informationsquelle und zur Aufklärung, zum Beispiel in gesundheitlichen Fragen. Das Internet wird vermutlich bald die „einseitige“ Kommunikation ablösen und neue Formen des Informationsaustausches und der Einbindung in die globale Kommunikation schaffen, wie sie in den Industrieländern bereits stärker verbreitet sind.

Kommunikationsmedien gestern und heute

M1 **Internetbrillen-Nutzer – eine Vision?** Foto, 2007

Überprüfe, was du kannst

Sachkompetenz

1 Beschreibe die Gutenberg'sche Drucktechnik und grenze sie von vorherigen Medien ab (S. 375).

2 Nenne zeitgenössische Argumente für bzw. gegen die neuen Medien der Frühen Neuzeit und der Gegenwart (S. 376 f.).

Urteilskompetenz

3 Beurteile die folgende These: Die neuen Medien der Frühen Neuzeit verdrängten die alten Medien.

4 Erörtere die Bedeutung der Medien der Frühen Neuzeit und unserer Gegenwart unter der Fragestellung, inwieweit sie das Wissen der Menschen voneinander verändert haben.

Handlungskompetenz

5 Analysiere M1 mit Hilfe der Methode „Fotos analysieren" (siehe S. 156 f.).

6 Diskutiert gemeinsam, ob M1 eine grundlegend andere Mediennutzung und -wirkung zeigt.

7 **Ein Szenario entwerfen:**
a) Entwerft – ausgehend von M1 – eigene Szenarien, in denen die digitalen Medien im Alltag der Menschen eine zentrale Rolle spielen könnten.
b) Erörtert mögliche Folgen für das menschliche Zusammenleben. Zieht eure eigenen Kenntnisse und Erfahrungen im Umgang mit den digitalen Medien heran.

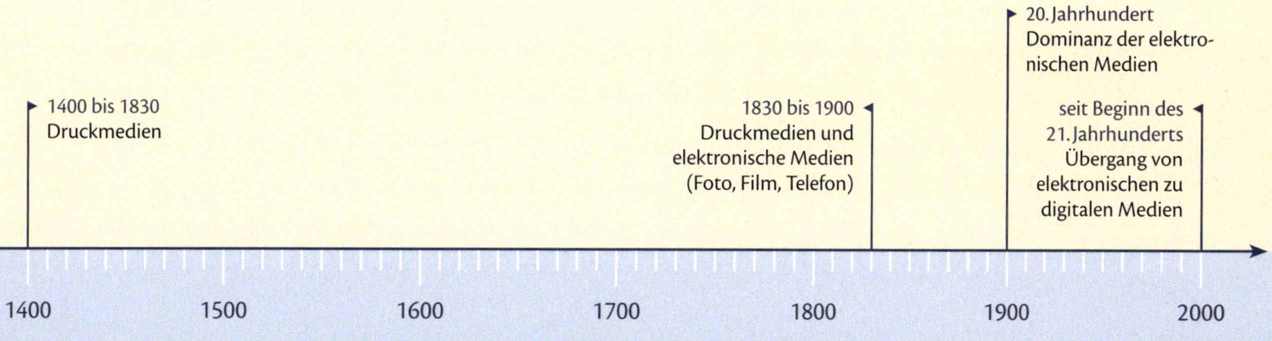

Kommunikationsmedien – gestern und heute

Der Philosoph Karl Popper (1902–1994) hat in einem Vortrag ein berühmt gewordenes Gedankenspiel angestellt:

„Experiment 1. Alle unsere Maschinen und Werkzeuge werden zerstört, ebenso unser ganzes subjektives Wissen einschließlich unserer subjektiven Kenntnis der Maschinen und Werkzeuge und ihres Gebrauchs. Doch die Bibliotheken bleiben erhalten sowie unsere Fähigkeit, aus ihnen zu lernen. Es ist klar, dass unsere Welt nach vielen Widrigkeiten wieder in Gang kommen kann.

Experiment 2. Wie vorhin werden Maschinen und Werkzeuge zerstört sowie unser subjektives Wissen einschließlich unserer subjektiven Kenntnis der Maschinen und Werkzeuge und ihres Gebrauchs. Aber dieses Mal werden alle Bibliotheken ebenfalls zerstört, sodass unsere Fähigkeit, aus Büchern zu lernen, nutzlos wird. Im zweiten Fall wird unsere Zivilisation jahrtausendelang nicht wieder erstehen."

Die Erfindung des Buchdrucks

Johannes Gutenberg entwickelte in jahrelanger Arbeit ein Druckverfahren mit beweglichen Lettern. Diese Drucktechnik verbreitete sich in kürzester Zeit in ganz Europa. Das Verfahren wurde nicht nur für den Buchdruck genutzt, sondern auch für die Verbreitung aktueller Nachrichten, z. B. durch Flugblätter. Ratgeber und Sachbücher fanden rasche Verbreitung.

Mit dem neuartigen Druckverfahren wuchsen bzw. entstanden weitere Industrien im Bereich der Papierherstellung. Ebenso regte der Medienwandel die Entstehung von Dienstleistungen an, wie z. B. das Postgewerbe.

Neue Medien und Reformation

Die bedeutendsten Medien des 15. und 16. Jahrhunderts waren der Brief, das Flugblatt, die Flugschrift, der Kalender und die Zeitung.

Die Druckmedien ergänzten im kirchlichen Bereich das mündliche Wort, die Predigt, durch Text- und Liedblätter. Wo es an Lesefähigkeit fehlte, wurde sie durch das Vorlesen ersetzt. Druckschriften erreichten so alle gesellschaftlichen Gruppen, also auch das so genannte einfache Volk.

Zeitgenössische Kritik gegen das Gedruckte richtete sich gegen die vermutete geringere Haltbarkeit des Papiers im Vergleich zum Pergament und gegen die Flüchtigkeit und Oberflächlichkeit des Gedruckten gegenüber dem Handgeschriebenen.

Gedrucktes war zugleich Ausdruck der „neuen Zeit", der Renaissance und des Humanismus, in der z. B. der Brief das zentrale Medium für den Gedanken- und Meinungsaustausch der Gelehrten war.

In der Wirtschaft wurde der Handels- und Kaufmannsbrief zum wichtigsten Kommunikationsmedium. Es entstand ein europaweit ausgerichtetes Kommunikationsnetz für den Brief-, Zeitungs- und Personentransport.

Die „digitale Revolution"

Mit der Erfindung und globalen Verbreitung der modernen Medien wie Fernsehen, Computer und Internet sehen Wissenschaftler das Ende der „Epoche des Buches", der „Gutenberg-Galaxie", gekommen. Positiv werden im Allgemeinen die umfassenden Informationsmöglichkeiten, die Geschwindigkeit des Informationsaustauschs und die Möglichkeiten für Kontakte und Kommunikation gesehen.

Andere kritisieren dagegen die Informationsüberflutung, die Oberflächlichkeit der Informationen und die Gefahren, das Internet zu unsittlichen und ungesetzlichen Zwecken zu nutzen.

Aus der Sicht von Erziehungswissenschaftlern wird u. a. bemängelt, dass sich durch die neuen Kommunikationsmedien unser Verhältnis zur Wirklichkeit verändere: Das Internet verführe zur Flucht in künstliche Welten und berge die Gefahr, die Wirklichkeit anders wahrzunehmen, als es durch die „originale Begegnung" geschehe. Viele Fragen, z. B. ob und wie sich unsere Sicht der Wirklichkeit und unsere Beziehungen zu anderen Menschen durch die digitalen Medien verändern, sind bisher noch nicht zu beantworten.

Geschichte der Medien – ein Überblick

2800 v. Chr.

Archaische Periode

Mensch als Medium:
- Leitmedium Frau (Göttin, Mutter, Heilige), Fest, Opferritual, Tanz, Priester

Gestaltungsmedien:
- Wand als erstes Schreibmedium; Relief, Pyramide, Stele

2500 v. Chr.

Hochkulturelle Periode

Mensch als Medium:
- Schamane, Lehrer, Sänger, Seherin; Fest, Theater, Tanz

Gestaltungsmedien:
- Wand, Brief, Rolle, Tafel, Kodex (Schreib-, Gesetzestafel), Ostrakon (Scherbe)
- Zunahme der Schreibmedien

800

Christliches Mittelalter

Mensch als Medium:
- Magister, Sänger, Hofnarr, Erzähler

Gestaltungsmedien:
- Wand, Brief, Buch, Blatt, Glasfenster (Kathedrale)

1400

Frühe Neuzeit/Bürgerliche Gesellschaft

Vorrang der Druckmedien vor den „Menschmedien":
- Zeitung, Blatt, Buch, Plakat, Flugschrift, Kalender, Brief

1830

Industrielle Gesellschaft

Ergänzung der Druckmedien durch elektronische Medien:
- Fotografie, Film, Telegraf, Telefon, Schallplatte
- Reproduktion von Wirklichkeit als Pseudo-Wirklichkeit

1900

Die neue elektronische Welt

Dominanz der elektronischen Medien:
- Fernsehen als Leitmedium; Fotografie, Film, Telefon/Handy, Tonträger, Radio, Video;
- ökonomische und politische Funktion der Medien

2000

Ausblick: Globalisierung und Digitalisierung

Übergang von den elektronischen zu den digitalen Medien:
- Schlüsselmedium: Computer; Multimedia, World Wide Web, Intranet/Extranet, E-Mail, Chat

2100

Im Lexikon werden Fremdwörter, Ereignisse und historische Begriffe erläutert. Sie sind in den Darstellungstexten dieses Buches mit einem * versehen. Die Begriffe, die auf den Themenseiten in Kästen erklärt sind, haben einen Verweis auf die jeweilige Seite.

A

Absolutismus, siehe S. 87
Allegorie, bildliche Darstellung eines ganzen Gedankenganges
Antisemitismus, siehe S. 259
Arbeiter- und Soldatenräte, Vereinigung von Arbeitern und Soldaten, die ab dem 9. Novem ber 1918 in deutschen Fabriken und Kasernen die politische Macht übernahm. Mit dem Ende der Revolution lösten sich die Arbeiter- und Soldatenräte auf.
Arbeiterbewegung, siehe S. 161
Arier, eigentlich Angehöriger der indoeuropäischen Sprachfamilie; seit dem 19. Jahrhundert rassistische Bezeichnung für die sog. germanischen „Lichtmenschen" als überlegene Menschenrasse.
Atlantik-Charta, am 14. August 1941 von dem britischen Premierminister Churchill und dem amerikanischen Präsidenten Roosevelt beschlossene Erklärung der gemeinsamen Kriegs- und Nachkriegspolitik, die zu einem Grunddokument der UNO wurde. Gefordert wurden u. a. Verzicht auf Gebietsgewinn, Anerkennung des Selbstbestimmungsrechts der Völker bezüglich der Regierungsform, territorialer Veränderungen, der Gleichberechtigung im Welthandel, der Freiheit der Meere, des Verzichts auf Waffengewalt.
Attentat auf Hitler, siehe S. 281
Aufklärung, siehe S. 93
Autarkie, Bezeichnung für die wirtschaftliche Unabhängigkeit vom Ausland.

B

Balkankonflikt, der Konflikt war das Vorspiel zum Ersten Weltkrieg. 1908 hatte Österreich-Ungarn Bosnien und Herzegowina annektiert. Russland protestierte zwar, scheute aber vor einem Krieg zurück, Deutschland hielt zu Österreich. 1912 führten Serbien, Bulgarien, Griechenland und Montenegro den ersten Balkankrieg gegen die Türkei. 1913 führte Serbien, Griechenland und Rumänien in den zweiten Krieg gegen Bulgarien. Als Sieger fühlte sich Serbien (mithilfe von Russland) ermutigt, die Slawen des Balkans unter seiner Führung zu vereinigen – gegen Österreich. So waren Österreich und Russland tief in den Balkankonflikt verstrickt.
Bedingungslose Kapitulation, siehe S. 283
Berlin-Blockade, Juni 1948 bis Mai 1949, Auslöser der Blockade war die Währungsreform in den Westzonen. Die Sowjetunion sperrte die Zonengrenzen, sodass Westberlin nur noch über einen Luftkorridor erreichbar war. Die Amerikaner versorgten die Bevölkerung durch eine Luftbrücke. Die Sowjetunion verfolgte mit der Blockade vor allem ein Ziel: Die Gründung eines westdeutschen Staates sollte verhindert werden. Doch die Gründung der Bundesrepublik wurde durch diese Maßnahme noch beschleunigt.
Bipolarität, bezeichnet die Struktur des internationalen Staatensystems, bei dem zwei antagonistische Machtzentren (zwei Führungsmächte) allein bestimmend sind und das internationale Geschehen kontrollieren. Den Gegensatz dazu bildet ein System der Multipolarität, bei dem es mehrere Machtzentren bzw. Führungsmächte gibt.
Bodenreform, Neuverteilung landwirtschaftlicher Flächen, entschädigungslose Enteignung des Großgrundbesitzes. Ihr folgte in den sozialistischen Staaten nach 1945 meist die Kollektivierung.
Bolschewismus, Bolschewiki, russ. bolsche = mehr, auf dem Parteikongress von 1903 kam es bei der Frage der zukünftigen Organisation der Sozialdemokratischen Partei zur Spaltung. Eine knappe Minderheit (Menschewiki) trat für eine demokratisch organisierte Massenpartei ein und wollte verschiedene Formen der politischen Entwicklung zulassen. Die Mehrheit der Abgeordneten (Bolschewiki) entschied sich für den revolutionären Kurs Lenins. Danach musste eine revolutionäre Partei eine Kaderpartei sein, d. h. streng von oben nach unten gegliedert, mit dem Anspruch, dass ihre Mitglieder wichtige Posten in allen Massenorganisationen innehaben, um die verschiedenen gesellschaftlichen Gruppen (Arbeiter, Bauern, Jugend, Frauen usw.) auf den Weg zum Sozialismus* zu führen. Innerhalb der russischen Arbeiterbewegung (Sozialrevolutionäre, Menschewiki, Bolschewiki u. a.) blieben die Vertreter des Bolschewismus allerdings in der Minderheit.
Bourgeoisie, frz. Bürger, in Frankreich entstandene Bezeichnung für die soziale Schicht zwischen Adel und Bauernschaft; bezeichnet besonders im Marxismus eine Schicht des Bürgertums, die über die entscheidenden Produktionsmittel und das Finanzkapital verfügt.
Bundesstaat, bezeichnet den Zusammenschluss mehrerer Staaten zu einem übergeordneten Gesamtstaat.

D

Demokraten, siehe S. 130
Demontage, Abbau von Industrie- oder Verkehrsanlagen durch Siegerstaaten in besiegten Ländern als Reparationsleistung, z. B. nach dem Ersten und Zweiten Weltkrieg in Deutschland.
Deportation, Zwangsverschleppung z. B. ausländischer Arbeitskräfte, auch politischer Gegner oder feindlicher Bevölkerungsgruppen, z. B. während des Nationalsozialismus.
Deutsche Ostsiedlung, siehe S. 29
Deutscher Bund, siehe S. 121
Deutscher Orden, 1190 in Jerusalem als Krankenpflegerorden gegründet, wurde er 1198 in einen Ritterorden umgewandelt. 1225 rief Herzog Konrad von Masowien die Deutschherren gegen die heidnischen Preußen zu Hilfe. Bis 1402 eroberten sie das Land der Pruzzen über Danzig bis Estland und gründeten den Deutschen Ordensstaat. Dann kamen in Kriegen gegen die Litauen und Polen Niederlagen wie in der Schlacht bei Tannenberg 1410. 1525 schloss sich der letzte Hochmeister des Ordens der Reformation an und verwandelte den Ordensstaat in das weltliche Herzogtum Preußen.
DNVP (Deutschnationale Volkspartei), siehe S. 221
„Drittes Reich", siehe S. 234
DVP (Deutsche Volkspartei), siehe S. 221

E

Emanzipation, der Begriff bezeichnet die Befreiung von Gruppen, die aufgrund ihrer Rasse, Ethnie, Geschlecht, Klassenzugehörigkeit usw. diskriminiert und von politischen Entscheidungsprozessen ausgeschlossen waren.

Entdeckungen, siehe S. 59
Entnazifizierung, siehe S. 321
Erster Weltkrieg, siehe S. 189
Eugenik, siehe S. 260
Euthanasie, siehe S. 260

F

Französische Revolution, siehe S. 107
Frühkapitalismus, siehe S. 49

G

Generalstände, in Frankreich vor 1789 die ständige Vertretung des Königreichs durch Geistliche, Lehnsfürsten und Abgeordnete königlicher Städte. Die wichtigsten Aufgaben waren Steuerbewilligung und Vorlage von Beschwerden. Nach 1614 wurden sie erst wieder 1789 einberufen.
Gestapo (Geheime Staatspolizei), die 1933 von Göring aufgestellte politische Polizei, 1936 unter Himmler reichseinheitlich organisiert und unter Heydrich mit der Kriminalpolizei zur Sicherheitspolizei zusammengefasst.
Gewaltenteilung, siehe S. 95
Ghetto, ital., abgeschlossenes Judenquartier, im Mittelalter zuerst 1179 in Italien, dann auch in einigen deutschen Städten, in der Zeit der Aufklärung abgeschafft, von den Nationalsozialisten wieder eingeführt, v. a. in den polnischen Gebieten.
GI, der Ursprung der Abkürzung liegt bei den damals verwendeten Metallmülleimern, auf die „GI“ für „galvanized iron“ (galvanisiertes Eisen) gestempelt war. Später nahm man an, dass die Abkürzung für „government issue“ (Regierungseigentum) steht, und übertrug sie auf die Soldaten.
Grundlagenvertrag, Grundvertrag über die Verbesserung der Beziehungen zwischen der Bundesrepublik Deutschland und der DDR 1972. Er enthält Gewaltverzicht, Unverletzlichkeit der Grenzen, Achtung der Selbstständigkeit, Verbesserung des Verkehrs, Austausch ständiger Vertretungen, Verbesserung der kulturellen Beziehungen, der Arbeitsmöglichkeiten für Journalisten u. a. m.

H

Humanismus, siehe S. 51

I

Ideologie, der Begriff bezeichnet eine Weltanschauung oder ein System von Wertvorstellungen.
Imperialismus, siehe S. 172
Industrialisierung, siehe S. 145
IWF (Internationaler Währungsfonds), siehe S. 363

K

Kalter Krieg, siehe S. 299
Kolchos, durch Kollektivierung Zusammenschluss mehrerer Höfe oder Gemeinden zu gemeinsamer landwirtschaftlicher Bewirtschaftung unter vom Staat bestimmten Bedingungen in Bezug auf Arbeitsleistung, Produktion, Verwaltung usw.
Kolonialismus, Errichtung von Handelsstützpunkten und Siedlungskolonien in militärisch und politisch schwächeren Ländern (vor allem Asien, Afrika und Amerika) sowie die Inbesitznahme durch überlegene Staaten (insbesondere Europas) seit dem 16. Jahrhundert.
Kommunismus, von Marx begründete Lehre eines revolutionären Sozialismus, der auf eine kollektive Herrschaft des Proletariats durch Umsturz der bürgerlich-kapitalistischen Gesellschaftsordnung zielt.
Kontroverse, siehe S. 267
Konzil von Trient, siehe S. 74
Koreakrieg (1950–1953), 1948 überfielen Streitkräfte des kommunistischen Nordkorea den Süden. Die westliche Welt sah darin einen Beweis für die Aggressivität des kommunistischen Lagers und der UN-Sicherheitsrat schickte unter amerikanischem Oberbefehl Truppen nach Südostasien. Sie eroberten Südkorea zurück. Nach Verhandlungen wurde die alte Grenze zwischen Nord- und Südkorea wieder bestätigt.
Kreisauer Kreis, eine Gruppe der Widerstandsbewegung im Dritten Reich, die nach dem Ort ihrer Zusammenkünfte auf dem Gut Kreisau (Schlesien) des Grafen von Moltke benannt wurde.
Kreuzzug, siehe S. 25
Kuba-Krise, sie war eine äußerst ernste Konfrontation zwischen den Vereinigten Staaten von Amerika und der Sowjetunion im Jahr 1962. 1962 erfolgte die Stationierung sowjetischer Truppen und Waffen auf Kuba. Damit erreichte das Wettrüsten eine neue Qualität, da die Sowjetunion erstmals Truppen und atomar bestückbare Waffensysteme auf einem Gebiet außerhalb des Warschauer Paktes, in unmittelbarer Nähe der USA stationierte. Gleichzeitig gilt die Kuba-Krise als Wendepunkt in der Geschichte des Kalten Krieges. Niemals zuvor war ein Atomkrieg so wahrscheinlich wie zu diesem Zeitpunkt.

L

Liberalismus, Liberale, siehe S. 127
LPG (Landwirtschaftliche Produktionsgenossenschaft), seit 1952 in der DDR eingeleitete, seit 1960 erzwungene Zusammenfassung bäuerlicher Betriebe zu Großgenossenschaften.

M

Mandat, lat. mandare = beauftragen, als Mandat bezeichnet man einen Auftrag oder eine Ermächtigung, die jedoch keine genaue Handlungsanweisung beinhaltet.
Manufaktur, lat. manus – Hand, factura – das Machen, sie ist eine Übergangsform von einem Handwerksbetrieb zu einer Fabrik.
Marktwirtschaft, Wirtschaftsordnung mit freiem Wettbewerb, d. h. ohne staatliche Eingriffe, mit freier Wahl der Verbrauchsgüter, freier Preisbildung entsprechend Angebot und Nachfrage, mit unbehindertem Gewinnstreben. In der sozialen Marktwirtschaft wird der freie Wettbewerb durch den Staat überwacht, der den wirtschaftlichen Rahmen mitbestimmt und wirtschaftliche Störungen durch marktgerechte Mittel zu beheben sucht, indem er z. B. durch Kredite oder Krediteinschränkungen, Steuerbegünstigungen, Subventionen, Maßnahmen der Sozialpolitik (Umverteilung des Volkseinkommens) den Geldumlauf zu beschleunigen oder zu bremsen versucht.
Marshallplan, auf den US-Außenminister Marshall zurückgehendes amerikanisches Hilfsprogramm für Europa nach dem Zweiten Weltkrieg. Die Marshallplan-Hilfe war die Grundlage für die rasche wirtschaftliche Gesundung Westeuropas.
Menschenrechte, siehe S. 108

Menschewiki, zahlenmäßig stärkerer Flügel der russischen Sozialdemokratischen Arbeiterpartei. Nach einer zufälligen Abstimmungsniederlage 1903 so benannt: Minderheitler, im Gegensatz zu den Bolschewiki (siehe dort). Endgültige Spaltung 1912.
Merkantilismus, siehe S. 91
Migration, siehe S. 288
Mittelalterliche Weltbilder, siehe S. 13
Mittelstand, soziale Gruppen einer Industriegesellschaft, die nicht zu den Kapitaleignern und ihren Führungskräften (Oberschicht) und nicht zur Arbeiterschaft (Unterschicht) gehören.
Monarchie, konstitutionelle, in einer konstitutionellen Monarchie ist die Macht des Monarchen nicht mehr absolut, also uneingeschränkt, sondern von der Verfassung geregelt. Die Regierung wird aber weiterhin vom Monarchen und nicht von einer Volksvertretung gelenkt.
Münchner Abkommen, siehe S. 269

N

Nationalismus, übersteigertes, meist kämpferisches und mit Unduldsamkeit oder Überheblichkeit gegenüber anderen Völkern verbundenes Eintreten für das eigene Volk oder den eigenen Staat. Als Zeitalter des Nationalismus wird das 19. Jahrhundert wegen der Bildung zahlreicher Nationalstaaten bezeichnet.
Nationalsozialismus, siehe S. 234
NATO, siehe S. 301
nautische Kenntnisse, für die Seefahrt notwendige Kenntnisse.
New Deal, siehe S. 209
Notverordnung, durch die Weimarer Verfassung garantiertes Recht des Reichspräsidenten, ohne Einwilligung des Parlaments Regierungsverordnungen mit Gesetzeskraft zu erlassen, die einzelne Grundrechte vorübergehend außer Kraft setzen können.
Nürnberger Prozesse, Gerichtsverfahren, die 1945–1949 vor dem Internationalen Militärtribunal in Nürnberg zur Ahndung von nationalsozialistischen Kriegsverbrechen durchgeführt wurden.

O

Oder-Neiße-Grenze, von Stettin entlang der Oder und der Görlitzer Neiße bis zur böhmischen Grenze verlaufend, auf der Jalta-Konferenz beraten, 1945 in Potsdam bis zur endgültigen Regelung durch einen Friedensvertrag von den Westmächten als vorläufige Westgrenze Polens zugestanden. Sie wurde 1950 von der DDR als endgültige Staatsgrenze anerkannt. 1970 verpflichtete sich die Bundesrepublik Deutschland im deutsch-polnischen Vertrag, sie als unantastbare Grenze zu achten. 1990 als Grenze zu Polen von Deutschland endgültig anerkannt.
Ostverträge, Sammelbezeichnung für den Moskauer Vertrag 1970, den Warschauer Vertrag mit Polen 1970, das Berlinabkommen 1971 und den Grundlagenvertrag mit der DDR 1972.

P

Parlamentarischer Rat, 1948/49 verfassunggebende Versammlung zur Ausarbeitung des Bonner Grundgesetzes im Auftrag der westlichen Militärgouverneure. Die 65 Mitglieder wurden von den Landtagen der Bundesländer delegiert.
Pauperismus, lat. pauper – arm, bezeichnet die katastrophale Massenarmut zur Zeit der Frühindustrialisierung, und hier besonders die Situation in Deutschland in den 30er- und 40er-Jahren des 19. Jahrhunderts.
Planwirtschaft, im Gegensatz zur freien oder sozialen Marktwirtschaft eine gelenkte Staatswirtschaft, die alle Bereiche der Wirtschaft durch genaue Planung festlegt.
Potsdamer Konferenz, siehe S. 315
Präsidialkabinette, siehe S. 229
Proletariat, nach marxistischer Lehre Angehörige einer sozialen Schicht, die nichts als ihre Arbeitskraft besitzen und diese gegen Lohn zur Verfügung stellen müssen.

R

Rassismus, der Rassismus teilt die Menschheit in Gruppen oder Rassen ein, die als gleichartig betrachtet werden, und unterstellt diesen unveränderliche Merkmale. Anhand dieser Einteilung bewertet der Rassismus die Menschen, stellt sie als miteinander unvereinbar und konkurrierend dar. Die Menschen werden nicht als Individuen beurteilt und behandelt, sondern als Stellvertreter der Gruppe. Dabei werden die jeweiligen Eigenschaften ihnen zugeschrieben. Rassistische Theorien dienen der Rechtfertigung von Ausgrenzung und Feindseligkeit. Sie fördern das Überlegenheitsgefühl von Mitgliedern einer Gruppe.
Rätesystem, Regierungssystem, bei dem die in Fabriken und Kasernen gewählten Vertreter der Arbeiter und Soldaten direkt regieren. Die übrige Bevölkerung ist nicht an der Regierung beteiligt, siehe Sowjet.
Rechtsextremismus, siehe S. 290
Reformation, siehe S. 72
Reichsacht, die Verhängung der Reichsacht im Mittelalter durch den Kaiser bedeutete, dass der Geächtete im ganzen Reich aus der Gemeinschaft ausgeschlossen war, weder unterstützt noch aufgenommen und von jedem straflos getötet werden durfte. Verhängt wurde die Strafe bei Landfriedensbruch, Nichtbefolgung einer Vorladung oder Nichtzahlung von Steuern. Meist ging die Acht mit dem Kirchenbann einher.
Reichsregierung, im Deutschen Reich 1919–1945 das zentrale Organ der vollziehenden Gewalt.
Renaissance, siehe S. 41
Reparationen, siehe S. 223
Revisionismus, das Bemühen, bestehende Zustände durch Verhandlungen zu ändern. In der Weimarer Republik z. B. das Bestreben, die Regelungen des Versailler Vertrages für Deutschland abzumildern bzw. rückgängig zu machen.
Revolution von 1848/49, siehe S. 133
RGW (Rat für gegenseitige Wirtschaftshilfe), Gegengründung der Sowjetunion gegen die OEEC. Seit 1950 war die DDR Mitglied, 1990 Selbstauflösung.
Russische Revolution, siehe S. 201

S

SED (Sozialistische Einheitspartei Deutschlands), führende Staatspartei der DDR, 1946 gegründet, nachdem die KPD der SBZ nicht die erwartete Zustimmung erreicht hatte. Mitglieder

waren etwa 15 % der wahlberechtigten DDR-Bürger. 1990/91 umgewandelt in die PDS.
Shoah, siehe S. 275
Sowchos, Sowjetwirtschaft: Staatsgut, nach der Kollektivierung eingerichteter Spezialbetrieb der Landwirtschaft.
Sowjet, russ., Rat, urspr. spontan gewählte Arbeitervertretungen, deren Ausschüsse die gesetzgebende und vollziehende Gewalt ausübten. Erstmalig in der russischen Revolution von 1905. Arbeiter-, Soldaten- und Bauernräte bildeten den wichtigsten Faktor in den beiden russischen Revolutionen von 1917, sanken dann aber zu Instrumenten der kommunistischen Parteiführung herab. Die staatliche Gewalt auf höchster, d. h. Landesebene wurde in der Sowjetunion offiziell bis zu ihrer Auflösung von dem aus zwei Kammern bestehenden Obersten Sowjet ausgeübt.
Sozialdarwinismus, siehe S. 172
Soziale Frage, siehe S. 161
sozialimperialistisch, als sozialimperialistisch wird eine Außenpolitik oder ein Denkmodell dann bezeichnet, wenn versucht wird durch imperialistische Bestrebungen von innenpolitischen Problemen abzulenken.
Sozialismus, siehe S. 161
Sozialrevolutionäre, 1901 gegründete und 1922 von den Bolschewiki ausgeschaltete russische Partei, die den Zarismus bekämpfte und für einen bäuerlichen Sozialismus eintrat.
Staatenbund, ein Zusammenschluss souveräner Staaten (Mitgliedsstaaten, Bundesglieder) mit eigener Organisation auf Bundesebene.
Staatsstreich, überraschende, oft gewaltsame Aktion einer Gruppierung, meist einer gesellschaftlichen Minderheit, mit dem Ziel, die Regierung zu stürzen und die Macht im Staat zu übernehmen.
Stalinismus, siehe S. 201
Stände, im Mittelalter und in der Frühen Neuzeit bestimmte die Geburt, zu welchem gesellschaftlichen Stand ein Mensch gehörte. Während sich im frühen Mittelalter die Gesellschaft in Adlige sowie Freie und Unfreie teilte, setzte sich die Kirche seit dem 11. Jahrhundert mit ihrer „Dreiständelehre" (Klerus, Adel und Bauern) durch. Im Laufe des Mittelalters kamen die Bürger in den entstehenden Städten zum dritten Stand hinzu. Zu keinem Stand gehörten z. B. Arme, Tagelöhner und die Minderheit der Juden. Die Zugehörigkeit zu einem Stand galt als gottgewollt. Sie bestimmte den Zugang zu Berufen, Rechten und Bildungsmöglichkeiten, aber auch die Möglichkeiten politischer Macht. Nur in seltenen Ausnahmefällen konnte man in einen anderen Stand wechseln. Ein wichtiges Merkmal einer ständischen Gesellschaft ist die große politische und soziale Ungleichheit zwischen den einzelnen Ständen.
Stasi, Bezeichnung der DDR-Bevölkerung für die Mitarbeiter des Ministeriums für Staatssicherheit (MfS), die große Teile der Bevölkerung bespitzelten und überwachten.

T

Totaler Krieg, Vernichtungskrieg, der sich auch gegen die Zivilbevölkerung des Feindes richtet.

U

UN/UNO siehe S. 351
USPD (Unabhängige Sozialdemokratische Partei Deutschlands), siehe S. 221

V

VEB (Volkseigener, sozialisierter, in Gemeineigentum überführter Betrieb) in der SBZ bzw. DDR.
VEG (Volkseigenes, sozialisiertes, in Gemeineigentum überführtes Gut) in der SBZ bzw. DDR.
Verlag, im Verlag leitet ein Händler (Verleger) oder eine Handelsgesellschaft die Herstellung eines Produkts und dessen Verkauf. Er „legt" die Materialien und Arbeitsgeräte „vor", die für die Produktion einer Ware notwendig sind, und beauftragt Handwerker oder Heimarbeiter (oft ganze Familien) mit der Anfertigung der Waren. Für ihre Arbeit bekommen die Familien nur sehr wenig Geld.
Verleger → Verlag
Vertrag von Maastricht, siehe S. 357
Völkerbund, erste internationale Organisation zur Sicherung des Weltfriedens, bestand 1920–1946. Vorläuferorganisation der UNO.
Völkerrecht, Gesamtheit der Rechtsgrundsätze, die die Beziehungen der Staaten untereinander regeln. Sie kommen vor allem durch Verträge, Abkommen und Gewohnheitsrecht zustande. Dem Völkerrecht fehlt – trotz UNO – bis heute eine übergeordnete Stelle, die seine Einhaltung erzwingen könnte.
„Volksgemeinschaft", siehe S. 247
Volksgerichtshof, Sondergericht der Nationalsozialisten für die Verurteilung politischer Gegner.

W

Warschauer Pakt, siehe S. 301
Weimarer Republik (1918–1933), die erste deutsche Republik erhielt ihren Namen nach dem Tagungsort der Nationalversammlung.
Weltbank, siehe S. 363
Westfälischer Friede, siehe S. 75
Widerstand, siehe S. 281
Wiener Kongress, siehe S. 121
WTO (Welthandelsorganisation), siehe S. 363

Z

Zensur, historisch leitet sich der Begriff Zensur vom Amt des römischen Zensors ab. Der Zensor überprüfte im Auftrag des Staates oder der Kirche, ob eine Druckschrift den politischen oder moralischen Vorstellungen derer entsprach, die die Macht ausübten. Aufgrund der Zensur wurden missliebige Bücher verboten oder ihre Verbreitung eingeschränkt. Die Zensur steht im Gegensatz zur Pressefreiheit. Ihre Beseitigung war ein wichtiges Ziel der liberalen, demokratischen und sozialistischen Kräfte seit der Aufklärung.
Zollverein, Deutscher, gegen den Widerstand Österreichs gelang es ab 1834 mit dem Deutschen Zollverein, ein Wirtschaftsgebiet ohne Handelsschranken zwischen den deutschen Bundesstaaten aufzubauen. Über den Zollverein konnte Preußen seine Vormachtstellung ausbauen und Österreich als Konkurrenten zurückdrängen. Der Zollverein war damit eine wichtige Weichenstellung für die Reichsgründung 1871.

Inhalt der Methodenübersicht

Informationen beschaffen

Die Methoden aus diesem Band:

Im Archiv recherchieren S. 288 f.
Informationen aus dem Internet bewerten S. 353

Die Methoden aus Band 1:

Eine Internet-Recherche durchführen

1. Schritt: Suchziel festlegen und Adressen bereitstellen
Formuliere das Suchziel nicht zu breit. Ein Suchbegriff wie „Europa" führt zu einer Fülle von Adressen, deren Auswahl und Sichtung viel Zeit kostet. Eine Kombination der Begriffe „Europa" und „Schule" grenzt die Möglichkeiten schon ein. Eine weitere Beschränkung wäre z. B. die Suche nach Projekten an Europa-Schulen.

2. Schritt: Suche durchführen und Informationen auswählen
Am besten wählst du vor der Online-Recherche eine Suchmaschine aus. Grenze die Suchbegriffe ein und bilde Wortfelder zum Thema. Oft hilft auch die fremdsprachige Schreibweise eines Suchbegriffs weiter (Europa – europe). Notiere die „abgehakten" Adressen, um eine unnötige Mehrfachsuche zu vermeiden. Kläre, wie du die Informationen sichern willst (z. B. sofort ausdrucken, speichern, über E-Mail schicken lassen, handschriftliche Notizen anfertigen).

3. Schritt: Ergebnisse ordnen und auswerten
Nicht alle Informationen, die du erhältst, sind auf dem neuesten Stand. Achte auf das Datum der letzten Bearbeitung der Webseiten („Infomüll" aussortieren!). Entscheide, wie du die wichtigsten Informationen ordnen willst.

4. Schritt: Ergebnisse bewerten und präsentieren
Die Ergebnisse der Recherche können im Austausch mit den anderen in der Klasse bewertet werden. Was war ergiebig? Wo lagen die Probleme (Zeitaufwand/Ergebnis)? Formen der Präsentation: Dokumentation erstellen (Broschüre, Intranet); Wandzeitung gestalten; Referat halten.

Eine Umfrage durchführen

1. Schritt: Thema eingrenzen und Fragen sammeln
Klärt, worüber ihr etwas erfahren möchtet. Beispiel für eine Grundfrage: Welche Empfindungen sind mit dem ... (Datum, Ereignis) verbunden? Grenzt die Personen-(Ziel-)gruppe ein und sammelt „vorläufige" Fragen.
2. Schritt: Fragebogen erstellen
Legt die Anzahl der Fragen fest. (Beachtet den Zeitaufwand!) Entscheidet: mündliche oder schriftliche Befragung? Legt die Frageformen fest. Gestaltet den Fragebogen.
3. Schritt: Befragung durchführen
Welche Zielgruppe wird wann, wo und von wem befragt? (Beispiele: zuerst Mitschülerinnen, Mitschüler; dann Bürgerinnen und Bürger am Schul- oder Wohnort) Vermeidet Doppelbefragungen!
4. Schritt: Daten auswerten, interpretieren und Ergebnisse kritisch reflektieren
Auszählung und Kontrolle (Computereinsatz?) – Was kann aus den Ergebnissen gefolgert werden? Gibt es Probleme bei der Interpretation?
5. Schritt: Aufbereitung und Präsentation der Daten
Bearbeitet die Daten in Kleingruppen und/oder teilt sie nach Themen auf. Entscheidet euch für die graphische Darstellung (z. B. Computergraphik; Wandzeitung, Broschüre, Schülerzeitung, regionale Presse).

Orte erkunden

Die Methoden aus diesem Band:

Die Methoden aus Band 1:

Eine Exkursion durchführen

1. Schritt: Informationen besorgen
Beschafft euch zunächst Übersichtspläne und Informationsmaterial von der Einrichtung, die ihr besuchen wollt.
2. Schritt: Organisation
Klärt, welcher Termin infrage kommt und ermittelt Fahrzeiten und Fahrpreise der günstigsten Verkehrsmittel. Stellt vor der endgültigen Entscheidung fest, was die Fahrt wohl insgesamt kosten wird.
3. Schritt: Themen in der Schule vorbereiten
Sichtet das Informationsmaterial, entscheidet über die Arbeitsschwerpunkte, teilt euch in Gruppen ein. Jede Gruppe bereitet ein Teilthema vor und bearbeitet es vor Ort. Formuliert Einzelfragen, die ihr bearbeiten wollt. Bleibt aber auch offen für Unbekanntes.
4. Schritt: Orientierung und Entdeckungen
Verschafft euch vor Ort gemeinsam bei einem Rundgang einen ersten Überblick. Die einzelnen Gruppen können als Experten schon Informationen geben.
Anschließend gehen die Gruppen an die Arbeit: Notizen, Skizzen, Fotos (Video?) anfertigen.
5. Schritt: Befunde auswerten und dokumentieren
Wertet eure Arbeitsergebnisse in der Schule aus. Jede Gruppe berichtet. Entscheidet, wie ihr eure Ergebnisse dokumentieren wollt. Einige Anregungen:
- ein Exkursionsbuch anlegen,
- eine Wandzeitung erstellen,
- Spielszenen/Hörspiel produzieren,
- eine Reportage für die Schülerzeitung erstellen.

Ein Museum besuchen

1. Schritt: Museumsbesuch vorbereiten
Klärt zunächst die organisatorischen Fragen:
- Wann wollt ihr fahren, wie lange soll der Ausflug dauern (halber Tag, ganzer Tag, im Rahmen einer mehrtägigen Klassenfahrt)?
- Lasst euch vom Museum Informationsmaterial schicken und informiert euch über Verkehrsverbindungen, Öffnungszeiten, Eintrittspreise, Arbeitsräume, Verpflegungsmöglichkeiten, Übersichtspläne oder Arbeitsblätter des Museums. Gibt es Tage mit besonderen Vorführungen?

2. Schritt: Vorerfahrungen und Erwartungen aufschreiben
Schreibe deine Erwartungen an das Museum auf: Welche Museen hast du schon einmal besucht? Was hat dir dabei (nicht) gefallen? Was müsste ein Museum bieten, damit es dir gefällt?

3. Schritt: Themen festlegen und „Expertengruppen" einteilen
Sucht euch Themen, über die ihr euch im Museum informieren wollt (Vorschläge siehe unten). Teilt euch in Gruppen ein und bereitet euer Thema vor (Schulbuch, Lexika). Formuliert Fragen.

4. Schritt: Museumsbesuch durchführen
Verschafft euch einen Überblick über die Ausstellungsstücke (einzeln oder mit einer Führung). Bildet anschließend Gruppen und untersucht die Ausstellungsstücke nach Arbeitsschwerpunkten.

5. Schritt: Ergebnisse präsentieren
Eure Ergebnisse könnt ihr entweder mündlich im Museum präsentieren oder anschließend in der Schule (kleine Ausstellung, Beitrag für die Schülerzeitung).

6. Schritt: Museumsbesuch in der Kritik
Diskutiert darüber, was euch der Museumsbesuch gebracht hat.
War er geeignet, um neue Informationen zu sammeln, oder vielleicht eher, um Bekanntes zu veranschaulichen?

Interviews führen

Die Methoden aus diesem Band:

Die Methoden aus Band 1:

Experten befragen

1. Schritt: Fragen sammeln
- Notiert alle Fragen, die euch einfallen.
- Stellt sie zu einem Fragenkatalog zusammen. Überlegt dabei, welche sich einem gemeinsamen Thema zuordnen lassen (z. B. Motive für den Klostereintritt, Tagesablauf, Zusammenleben im Kloster usw.).

2. Schritt: Kontakt aufnehmen
- Besprecht, wen und wie viele Personen ihr einladen wollt (z. B. Mönch oder Nonne, junges Ordensmitglied oder Äbtissin).
- Nehmt telefonisch oder brieflich Kontakt auf und übergebt euren Fragenkatalog, damit die Experten sich vorbereiten können.

3. Schritt: Befragung vorbereiten
- Einigt euch mit den Experten auf Termin und zeitlichen Rahmen des Treffens (eine Befragung sollte nicht länger als zwei Stunden dauern!).
- Legt vorher fest, wer die Gesprächsführung übernimmt (Schüler/-in oder Lehrkraft).
- Bereitet den Raum vor (Stuhlkreis, Anordnung der Tische in U-Form).

4. Schritt: Befragung durchführen
- Die Gesprächsleitung begrüßt die Gäste und stellt sie vor. Jeder von euch stellt ein Namensschild vor sich oder nennt seinen Namen, wenn er sich zum ersten Mal meldet.
- Die Gesprächsleitung achtet darauf, dass der Fragenkatalog beantwortet wird. Wenn etwas unklar bleibt, könnt ihr nachfragen.
- Am Ende dankt ihr dem Experten (evtl. mit einem kleinen Geschenk).
- Wenn der Gast einverstanden ist, könnt ihr das Gespräch auf Tonband oder Video aufzeichnen. Für die Auswertung genügt es allerdings, wenn zwei von euch Protokoll führen.

5. Schritt: Antworten auswerten
Überprüft anhand des Fragenkatalogs, welche Antworten ihr erhalten habt. Sind Lücken geblieben? Warum? Diskutiert anschließend in der Klasse, ob sich der Expertenbesuch gelohnt hat.

Texte, Bilder, Karten, Kunstwerke untersuchen

Die Methoden aus diesem Band:

Die Methoden aus Band 1:

Textquellen vergleichen

1. Schritt: Jede Quelle einzeln erschließen
Siehe Methode S. 114.

2. Schritt: Glaubwürdigkeit der Texte überprüfen
Kläre folgende Fragen:
- Wann sind die Texte geschrieben worden? Wie groß ist der zeitliche Abstand zwischen Ereignis und Bericht? Waren die Autoren Augenzeugen? Wenn nicht: Wen geben sie als Informanten an?
- Ist eine Wertung (durch die Autoren oder deren Informanten) zu erkennen?

3. Schritt: Inhalte vergleichen
Stelle fest,
- welche Informationen übereinstimmen,
- ob es Einzelheiten gibt, die nicht in allen Texten erscheinen bzw. unterschiedlich genau oder ausführlich wiedergegeben werden,
- ob das, was berichtet wird, logisch ist oder Unstimmigkeiten enthält.

4. Schritt: Weitere Informationen sammeln
Um die Aussagen der Texte zu überprüfen bzw. Fragen zu klären, musst du weitere Quellen und wissenschaftliche Informationen (z. B. Lexika, Sachbücher) heranziehen.

5. Schritt: Ergebnisse formulieren
Vergleiche die Notizen aus den einzelnen Arbeitsschritten miteinander. Ergänze dann die Ergebnisse durch Sachinformationen. Nenne die Widersprüche und Unklarheiten, die du bei der Textarbeit festgestellt hast und nicht beseitigen konntest. Prüfe, ob sie für die Wertung der Ergebnisse von Bedeutung sind.

Publizistische Texte hinterfragen

1. Schritt: Den Text analysieren
Lies zunächst den Text und kläre unbekannte Begriffe. Erarbeite dann den Text mithilfe des Modells zur Analyse von Textquellen (siehe Umschlag). Beachte, dass sich nicht alle Fragen des Modells anwenden bzw. beantworten lassen.

2. Schritt: Die Textaussage beurteilen
Prüfe anhand der folgenden Fragen, welche Erkenntnisse sich aus dem Text gewinnen lassen:
- Welchen Standort lässt die Argumentation des Autors erkennen? Vertritt er eine bestimmte politische, gesellschaftliche Position? Wenn ja, woran lässt sich diese festmachen (Textbelege)?
- Versucht der Text, die Meinung der Leser zu beeinflussen? Wenn ja, wie? Ist die Beeinflussung auffällig oder versteckt?
- Spiegelt die Textaussage die Meinung vieler oder nur weniger Leser? Wie und wo kann dies überprüft werden?

Eine Bildquelle entschlüsseln

1. Schritt: Einzelne Bildelemente erfassen
- Welche Personen und Gegenstände sind dargestellt? Wie sind sie dargestellt (Gestaltung, Größe, Kleidung, Farben)?
- Wo befinden sich die Personen und Gegenstände?

2. Schritt: Bildelemente zusammenfügen
- Lassen sich die Bildelemente in einen sinnvollen Zusammenhang bringen?
- Welche erste Deutung ergibt sich beim Zusammenfügen der Elemente?
- Welche Fragen bleiben offen?

3. Schritt: Zusätzliche Informationen heranziehen
- Wo gibt es weitere Informationen (z. B. Bildunterschrift, weitere Abbildungen, schriftliche Quellen, wissenschaftliche Darstellungen)?
- Was lässt sich über den Künstler bzw. Auftraggeber und seine Absicht herausfinden?

4. Schritt: Gesamtdeutung des Bildes formulieren
- Formuliere mithilfe der Bildelemente und Zusatzinformationen eine zusammenfassende Aussage.
- Bleiben Fragen in der Gesamtdeutung offen?

Symbole und Gesten deuten

1. Schritt: Einzelne Elemente beschreiben
- Was ist dargestellt (Personen, Gegenstände)? Wie sind sie dargestellt?
- Wie lässt sich die Situation beschreiben?

2. Schritt: Zusätzliche Informationen heranziehen
- Welche Hinweise gibt die Bildunterschrift?
- Evtl. Symbollexikon heranziehen.

3. Schritt: Symbolische Bedeutung der Bildelemente klären
- Welche Gegenstände und Handlungen lassen sich symbolisch deuten? Was sollen sie bedeuten?

4. Schritt: Eine Gesamtdeutung formulieren
- Welche Gesamtaussage lässt sich formulieren? Gibt es mehrere Deutungen?

Eine Geschichtskarte lesen

1. Schritt: Grundelemente erkennen
Orientiere dich über den dargestellten Raum und das Thema der Karte. Beachte den Maßstab!
Kläre mithilfe der Legende, welche Farben und Symbole verwendet werden und welche Bedeutung sie haben.

2. Schritt: Veränderungen untersuchen
Prüfe, welcher Zeitraum dargestellt und in welche Phasen er gegliedert ist. Werden Gründe für die Veränderung deutlich (z. B. Kriege, Katastrophen, Wanderungen, Stadtgründungen o. Ä.)?

3. Schritt: Glaubwürdigkeit prüfen
Wie Textquellen oder Bilder sind auch Karten mit einer bestimmten Absicht verfasst. Prüfe mithilfe ergänzender Informationen, ob die verwendeten Symbole, Farben, Ortsbezeichnungen oder Begriffe geeignet sind, die geschichtliche Entwicklung deutlich zu machen.

4. Schritt: Ergänzende Informationen beschaffen
Sammle Informationen über die abgebildete Region (Lexika, Schul- und Sachbücher, Internet).
Du kannst dir auch eine moderne Karte von dem Gebiet beschaffen und z. B. Vermutungen anstellen, wie die Vergangenheit sich auf die Gegenwart auswirkt.

Kunstwerke entschlüsseln

1. Schritt: Künstlerische Auswertung
- Was ist dargestellt? Aus welchem Material wurde es geschaffen?
- Wie wirkt das Dargestellte auf dich? Warum gefällt es dir (nicht)?
- Was wirkt fremd, was kommt dir bekannt vor?
- Wie bildet der Künstler die Natur ab? Achte auf Einzelheiten des menschlichen Körpers und der abgebildeten Gegenstände.

2. Schritt: Historische Auswertung
- Wann, wo und für welchen Zweck ist das Kunstwerk entstanden? Beachte die Bildlegende.
- Welche Informationen vermittelt das Dargestellte über den Alltag, die Wirtschaft oder die Politik der damaligen Zeit? Beachte die Kleidung, Frisur, Einrichtungsgegenstände, Waffen, Tiere usw.
- In welcher Beziehung stehen die dargestellten Personen zueinander?

Politische Aussagen untersuchen

1. Schritt: Fragen zum Verfasser (Auftraggeber)
- Von wem und wann wurde die Quelle verfasst bzw. gezeichnet?
- Welche Perspektive nimmt der Autor bzw. Künstler ein?
- Welche Absicht ist zu erkennen?

2. Schritt: Fragen zum Material
- Welche Quellenart liegt vor?
- Welches sind die „Schlüsselbegriffe"?
- Worin besteht die Kernaussage?
- Wird sachlich oder einseitig dargestellt?
- Werden Argumente gebracht?

3. Schritt: Fragen zum Adressaten
- Wer soll erreicht werden (Privatperson, Öffentlichkeit, Nachwelt)?
- Welche Wirkung auf den Adressaten könnte erzielt werden?

4. Schritt: Ergebnisse beurteilen und reflektieren
- Wie können Interessen und Position zusammenfassend formuliert werden?
- Welche Bewertung der Position ist möglich?
- Welche Rolle spielt der eigene Standpunkt bei der Bewertung?
- Sind weitere Informationen heranzuziehen?

Informationen auswerten und darstellen

Die Methoden aus diesem Band:

Die Methoden aus Band 1:

Einen Dokumentarfilm analysieren

1. Schritt: Thema und Inhalt des Filmes erfassen
Schau dir den Film mindestens einmal aufmerksam an und mache dir anschließend Notizen. Schreibe auch auf, von wem und wann der Film produziert worden ist.

2. Schritt: Schwerpunkte finden
Überlege, welche inhaltlichen Schwerpunkte der Film hat und wie dir, dem Zuschauer, das deutlich gemacht wird.

3. Schritt: Einen Filmausschnitt analysieren
Untersuche eine Sequenz aus dem Film genauer, indem du das Zusammenspiel von Bildinhalt, Kameraeinsatz und akustischen Mitteln mithilfe eines Beobachtungsbogens protokollierst.

4. Schritt: Wertungen untersuchen
Prüfe, inwiefern durch den Einsatz der filmischen Gestaltungsmittel Wertungen getroffen werden. Wer profitiert davon?
Tipp: Untersuche dazu die Sequenz dreimal: 1. indem du nur die Bilder anschaust, den Ton abdrehst, 2. indem du nur zuhörst, 3. indem du Bild und Ton auf dich wirken lässt. Vergleiche die Aussagen und deine Eindrücke.
Achte darauf, ob bzw. wie der Kommentar die Bildaussagen unterstützt, abschwächt oder infrage stellt.

5. Schritt: Die Filmaussage kritisch bewerten
Erörtere anhand deiner Ergebnisse abschließend, welche Rolle du dem Film zuweist: Zeuge, Berichterstatter, Ankläger, Agitator usw. Überlege bzw. informiere dich, ob dies der Absicht des Produzenten entsprach.

6. Schritt: Den Film als Zeitdokument beurteilen
Vergleiche den Film mit weiteren Filmen, die das Thema behandeln und zur gleichen Zeit entstanden sind. Wo gibt es Übereinstimmungen, wo Unterschiede? Wie erklärst du dir dies im Einzelnen?

Sich mit anderen auseinandersetzen

Die Methoden aus Band 1:

Eine Diskussion führen

1. Schritt: Gruppen bilden für verschiedene Positionen
Stellt das Thema vor und teilt die Klasse in mehrere Gruppen (mindestens zwei), die gegensätzliche Ansichten (pro – kontra) haben oder unterschiedliche Interessen vortragen.

2. Schritt: Argumente/Gegenargumente
Die Gruppen stellen mithilfe von Quellen und Informationsmaterial Argumente und Gegenargumente zusammen. Letztere sind wichtig, um auf die Argumente des Diskussionspartners angemessen zu reagieren.

3. Schritt: Gruppensprecher bestimmen
Bestimmt für jede Gruppe mindestens einen Gruppensprecher und setzt Beobachter ein, die die Diskussion verfolgen.
Legt gemeinsam fest, welcher Gruppensprecher was und wie vorträgt. Schreibt die einzelnen Argumente auf Karteikarten, sodass sie bei Bedarf schnell zur Hand sind.

4. Schritt: Die „Talkrunde“ durchführen
Platziert nach einer festgelegten Vorbereitungszeit im Klassenzimmer die Diskussionsgruppe und die Beobachter. Legt den Zeitrahmen für die Diskussionsrunde fest (ca. 20 Minuten). Sie kann entweder moderiert werden (Schüler, Lehrer) oder ohne Moderation stattfinden.

5. Schritt: Beobachter/Publikum einweisen
Es gibt zwei Varianten der Diskussionsrunde, die sich in der Aufgabenstellung für die Beobachter unterscheiden:
Variante A: Die Beobachter haben die Aufgabe, je ein Mitglied der „Talkrunde“ zu beobachten und sein Gesprächsverhalten anhand eines vorher vereinbarten Rasters zu bewerten (z. B. beteiligt sich gut – beteiligt sich kaum; ist bei der Sache – hört nicht zu; redet überzeugend – macht unverständliche Aussagen).
Variante B: Die Beobachter schreiben die Argumente auf, die sie für wichtig halten (von allen Gesprächsteilnehmern).

6. Schritt: Die Diskussionsrunde öffnen
Nach Ende der „Talkrunde“ dürfen alle Schüler mitdiskutieren bzw. Fragen stellen.

7. Schritt: Diskussion und Beobachtungen auswerten
Bei Variante A teilen die Beobachter ihrem jeweiligen „Talkrunden“-Mitglied ihre Ergebnisse mit; er bzw. sie nimmt dazu Stellung.

Hier findest du Anregungen und Hilfen, wie du bei der Bearbeitung der Arbeitsaufträge historische Sachverhalte angemessen darstellen kannst.

Beschreiben/Darstellen eines Vorgangs

- Die Sprache ist knapp und sachlich. Die einzelnen Schritte werden in ihrer Reihenfolge genau wiedergegeben.
- Das Tempus ist bei Vorgängen in der Vergangenheit das Präteritum.

Sprachliche Hilfen

Präteritum:

z. B.

- Er trug ein Gewand aus Samt und saß auf einem Thron.
- Sie überlegten lange, bevor sie sich entschieden.

Konjunktionen:

Sie leiten einen Nebensatz ein, der

- einen Grund formuliert: weil; da; zumal
- eine Absicht formuliert: damit; auf dass
- eine Folge formuliert: sodass; so…, dass; als dass
- eine Art und Weise formuliert: indem; wie; (anders) als; ohne dass; als ob; je…, desto
- eine zeitliche Abfolge formuliert: als; während; nachdem; bevor; ehe; seitdem; sobald; wenn; bis

Berichten

- Beim Berichten gibt man Antworten auf die W-Fragen: Wer? Was? Wo? Wann? Wie? Warum? Welche Folgen?
- Man gibt nur Tatsachen wieder, keine Vermutungen.
- Tempus ist meist das Präteritum.
- Persönliche Berichte, die an einen bestimmten Adressaten gerichtet sind, können auch Eindrücke und Reaktionen einbeziehen.

Sprachliche Hilfen

Präteritum:

z. B.

- Ich zeichnete die Figur ab und übertrug den Text in meinen Hefter.
- Sie recherchierten in der Bibliothek und fanden mehrere Bücher über die Französische Revolution.

Konjunktionen:

Sie leiten einen Nebensatz ein, der

- einen Grund formuliert: weil; da; zumal
- eine Absicht formuliert: damit; auf dass
- eine Folge formuliert: sodass; so…, dass; als dass
- eine Art und Weise formuliert: indem; wie; (anders) als; ohne dass; als ob; je…, desto
- eine zeitliche Abfolge formuliert: als; während; nachdem; bevor; ehe; seitdem; sobald; wenn; bis

Eindrücke und Reaktionen schildern

- Unser Eindruck war …
- Meiner Ansicht / Meinung nach …
- Es schien, als ob …
- Wir waren überrascht / verwundert / beeindruckt / enttäuscht …

Wiedergeben einer wörtlichen in indirekter Rede

Eine wörtliche Rede kann in der indirekten Rede wiedergegeben werden als:

- indirekte Rede im Konjunktiv: „Der Kaiser sagte, dass er die Steuern anheben werde, weil die Ausgaben höher seien als geplant."
- geraffte Redewiedergabe (der Inhalt wird in eigenen Worten zusammengefasst): „Der Kaiser wollte die Steuern anheben."
- Umschreibung (Paraphrase): „Nach Aussage des Kaisers werden die Steuern angehoben."
- dass-Satz im Indikativ oder Konjunktiv: „Der Kaiser teilte mit, dass er die Steuern anheben werde/wird."

Sprachliche Hilfen

Indikativ:

- Befehlen – Er schrie, dass er den Angriff befehlen werde.
- Raten – Er sagte, dass du ihm dazu rätst.

Konjunktiv:

- Befehlen – Er schrie, dass er den Angriff befehle.
- Raten – Er sagte, dass du ihm dazu rietest.

Erörtern einer These (Behauptung)

- Alle Gesichtspunkte, die wichtig erscheinen, notieren und sortieren.

Eine Erörterung besteht aus Einleitung, Haupt- und Schlussteil:

- Einleitung: Bedeutung der These aufzeigen.
- Hauptteil: Argumente in eine Reihenfolge bringen, sodass das stärkste am Ende steht.
- Schlussteil: Hier werden die Argumente abgewogen und ein eigenes Urteil gefällt. Man kann einen Ausblick auf künftige Fragen geben und auf offene hinweisen.

Sprachliche Hilfen

Argumentation:

Sie besteht aus zwei Teilen:

- These (Behauptung): „Unsere Vergangenheit geht uns alle an …" und
- Argument (Begründung): „…, weil ihre Folgen bis heute nachwirken."

Konjunktionen:

Sie leiten einen Nebensatz ein, der

- eine Bedingung formuliert: wenn; falls; sofern; unter der Bedingung, dass
- einen Grund formuliert: weil; da; zumal
- eine Absicht formuliert: damit; auf dass
- eine Folge formuliert: sodass; so…, dass; als dass
- eine Art und Weise formuliert: indem; wie; (anders) als; ohne dass; als ob; je…, desto
- eine Zugeständnis formuliert: obwohl; obgleich; obschon; wenngleich; wenn auch
- einen Gegensatz formuliert: außer dass; wohingegen; während
- eine zeitliche Abfolge formuliert: als; während; nachdem; bevor; ehe; seitdem

Formulieren einer begründeten Stellungnahme

- Sich bewusst machen, an wen sich die Stellungnahme richtet (Adressat).
- Die eigene Meinung als These (Behauptung) in einem Satz formulieren.
- Argumente sammeln, die die These stützen.
- Die Argumente in eine Reihenfolge bringen, sodass das stärkste Argument am Ende steht.

Sprachliche Hilfen

Argumentation:

Sie besteht aus zwei Teilen:

- These (Behauptung): „Unsere Vergangenheit geht uns alle an …" und
- Argument (Begründung): „…, weil ihre Folgen bis heute nachwirken."

Konjunktionen:

Sie leiten einen Nebensatz ein, der

- eine Bedingung formuliert: wenn; falls; sofern; unter der Bedingung, dass
- einen Grund formuliert: weil; da; zumal
- eine Absicht formuliert: damit; auf dass
- eine Folge formuliert: sodass; so…, dass; als dass
- eine Art und Weise formuliert: indem; wie; (anders) als; ohne dass; als ob; je…, desto
- ein Zugeständnis formuliert: obwohl; obgleich; obschon; wenngleich; wenn auch
- einen Gegensatz formuliert: außer dass; wohingegen; während
- eine zeitliche Abfolge formuliert: als; während; nachdem; bevor; ehe; seitdem; sobald; wenn; bis

Schreiben eines Essays

- Bezeichnung für einen kürzeren Text, in dem Fragen aus verschiedenen kulturellen und gesellschaftlichen Bereichen behandelt werden.
- Der Schreiber teilt darin seine persönliche Ansicht mit, spielt Denkmöglichkeiten durch (z. B. provokante Behauptungen).
- Ziel ist kein konkretes Ergebnis, sondern vielmehr, dem/der Leser/in Denkanstöße zu geben.
- Um den Text interessant und unterhaltsam zu gestalten, können verschiedene sprachliche Mittel verwendet werden: z. B. Vergleiche, Verharmlosung, Übertreibung, Ironie usw.

Sprachliche Hilfen

Sprachliche Mittel:

- Vergleich: „So stark wie ein Löwe"
- Metapher (ein Vergleich ohne „wie"): „Welle der Empörung"
- Personifikation (Vermenschlichung eines Gegenstandes): „die Stadt trauert"
- Anapher (mehrere Sätze beginnen mit gleichem Wort/gleicher Wortgruppe: „Wir werden kämpfen wie … Wir werden siegen, weil … Wir werden heimkehren als …"
- Klimax (Steigerung): „Sie waren berühmt für ihre Großzügigkeit, ihre Opferbereitschaft, ihre Selbstaufgabe …"
- Akkumulation (Anhäufung): „Als Vater, als Politiker, als denkender Mensch erachte ich es als richtig …"
- Rhetorische Frage (Scheinfrage, deren Antwort bereits feststeht): „Muss denn ein Volk so leiden?"

Die mit einem * versehenen Begriffe werden im Lexikon näher erklärt.

A

B

C

D

E

F

G

akg-images: 3, 4, 21, 25, 35, 42, 44/M1, 44 o. r., 47, 49, 55/M1, 56, 57/M4, 59, 76, 83, 85, 88 (Erich Lessing), 89 (Erich Lessing), 93, 94 o. l, 94 o. r; 94 u. l., 107; 108; 112; 116; 119 (1) (Erich Lessing), 122, 124, 136, 137, 139, 176, 184, 226 (© VG Bild-Kunst, Bonn 2008), 246 l., 251/M3, 259, 269, 316 (Erich Lessing), 319/M3 (Tony Voccaro), 320/M1, 321, 322, 325, 335, 373 o., 376; A. Paul Weber-Museum, Ratzeburg/© VG Bild-Kunst, Bonn 2008: 290/M1; Archiv der sozialen Demokratie der Friedrich-Ebert-Stiftung, Bonn: 161; Archiv Westermann, Braunschweig: 197; Artothek: 31; 113 u. l. (Erich Lessing); Badisches Landesmuseum, Karlsruhe: 133; Bayerische Staatsbibliothek, München: 34; Behrendt/ CCC,www.c5.net: 350; aus: Belzer, Leonardo da Vinci, Stuttgart 1985: 44/M2; Bergbaumuseum Bochum: 152 o., M.; Biblioteca Estense Modena/Scala: 15; Bild, Axel Springer Verlag: 337; Bildarchiv Bruckmann KG, München: 51; bpk: 11 u.r. (RMN/ Thierry Ollivier), 18 (Kartenabteilung), 38/39, 50, 55 o., 57/M5, 62, 64, 65, 92, 94 M. l. (Gerard Le Galle), 94 M. r., 94 u. r., 96, 105, 106, 128, 129, 134 r., 181, 182 u., 188, 189, 214/215, 215 o., 224, 231 (© VG Bild-Kunst, Bonn 2008), 239/ M3, 240, 241, 243/M3, 248, 252/M1, M2, 260, 263, 282, 315, 324, 330/M4, 338; Bridgeman Giraudon: 103/M4, 104, 109, 110, 113/M2, 119 (3); Bridgeman-art.com: 117, 119 (1); Bundesarchiv Koblenz: 247/M2, 273; Bundesbildstelle, Berlin: 340 (Engelbert Reineke); Cliché Bibliothèque nationale de France, Paris: 29, 82/83, 86, 103/M2, 119 (1), 174; Corbis: 33/M2 (© Bettmann), 205 (© Cristies Images); Daniels-Bootmann: 152 u.; Foto: Frank Darchinger: 326; David King Collection, London: 293; Der Spiegel, Hamburg: 182 o., 191, 287; Deutsches Museum, München: 142, 154, 375; DHM, Berlin: 5 o. (© VG Bild-Kunst, Bonn 2008), 160, 173, 186, 218, 219/M2, 223, 274/M1 (© VG Bild-Kunst, Bonn 2003), 313/M1; Dokumentationszentrum Prora: 251/M4, M5; DTM, Bochum: 150, 153/M4; aus: Josef Eberle, Im Trüben gefischt. Turmhaus Verlag, Stuttgart 1970: 297; Focus, Hamburg: 52 o. l., 201 (© Ferdinando Scianna.magnum), 381 (Peter Menzel, 2007); Forschungs- & Gedenkstätte Normannenstraße, Berlin. 327; Fretz & Wasmuth Verlag, Bern: 253; Friedrich Verlag; Velber: 69; Fürstlich und Gräflich Fuggersches Familien und Stiftungsarchiv, Privatbesitz: 43; aus: Stephan Füssel, Gutenberg und seine Wirkung, Darmstadt, Wissenschaftliche Buchgesellschaft 1999: 377; Gerhard Gäbler, Leipzig: 342; Gedenkstätte Deutscher Widerstand: 281; Getty Images: 68, 209 (Time Life Pictures/ Margaret Bourke-White); Germanisches Nationalmuseum, Nürnberg: 134; Foto: Franz Hafner, Berlin: 99; Hanel/CCC,www.c5.net: 290/M2; Haus der Geschichte, Axel Thünker: 319/M4; Dietrich Hecht, Aschaffenburg: 130; Heimatmuseum Crimmitschau: 163; Heinemann Education, Oxford: 144; aus: Heiß und Kalt, Elephanten Press: 330/M1; Historisches Archiv Krupp: 157; Historisches Museum Frankfurt a. M.: 123; Hoesch-Archiv, Außenstelle Stiftung Westfälisches Wirtschaftsarchiv: 151; Imperial War Museum London: 187; Interfoto: 17/ M1, 52 o.r. (Karger-Decker), 311; Jürgens Ost- und Europa-Photo: 332/M1; Foto: Volker Junker: 27; aus: Katalog der Nationalen Mahn- und Gedenkstätte Buchenwald, 1990: 277/M5; aus: Katalog zur Ausstellung: Wir hatten noch gar nicht angefangen zu leben. Lagergemeinschaft und Gedenkstätte KZ Moringen e.V., Moringen/ Liebenau, 1997: 255 (l.); Prof. Dr. Peter Kaupp: 121; Keystone Pressedienst: 313; aus: Bettina Klingel, B. Schaber, S. Sprengler, G. Taubert, Fremdarbeiter & Deutsche, Bad Libenzell, 1984: 255 r.; KNA-Bild: 278; Erich Köhler: 334; Körber-Stiftung Hamburg: 190; laif: 380/M2; Landesbibliothek Mecklenburg-Vorpommern, Schwerin: 72; Langewiesche-Brandt, Ebenhausen: 215/M3-M5, 239/ M2, 247/M1, 252/M3, 265; Library of Congress, Washington D.C.: 194; Mahn- und Gedenkstätte Ravensbrück, Fürstenberg: 276/M3; Mairie de Paris: 102; Moor/CCC, www.c5.net: 295 u.; Münchner Stadtmuseum, Plakatsammlung: 303/M3, 303/M4 (Foto: Wolfgang Pulfer); Murschetz/CCC,www.c5.net: 355; Museum für Gestaltung Zürich, Plakatsammlung: 195; Mussil/ CCC,www.c5.net: 310; NASA: 11 o.; National Archives, College Park, MD/USA: 283/M4; Nationalmuseum Stockholm: 71; Opera della Metropolitana – Foto Lensini, Archivio di Opere d' Arte: 53; Pallaske: 22; picture-alliance/akg-images: 10/11, 39/39, 47/M2, 77; picture-alliance/ASA: 372/373; picture-alliance/dpa: 33 o.r., 179, 284, 290/M1, 294/295 (© dpa-Bildarchiv), 305, 308 (© dpa-Fotoreport), 309 (© dpa-Bildarchiv), 346, 347/M1, 352, 354, 364, 366, 367; picture-alliance/EPA: 33/M4 (Olivier Matthys); picture-alliance/OKAPIA KG: 251/M5 (© Nils Reinhard/ OKAPIA); Picture Library: 23 (Robert Harding); Photo Scala, Florenz: 16; Pressebilderdienst Kindermann: 270; Foto: RIA „Nowosti“: 198, 199; aus: Salmoral, Manuel, Amerika 1492, Südwest Verlag, München 1990: 60/M2; Schirmer & Moser, München: 155/M5; Sebastian Seibel/pz-news: Umschlagbild l.; Stadtbildstelle Essen: 258; Karl Stehle, München: 183; aus: Stillig/Wippermann, Der NS: 245; Wilhelm Stöckle, Filderstadt: 166/167, 167 o.; SV-Bilderdienst: 5 u., 167 u. r., 202/M1, M2, 217, 228, 235 (Scherl), 246 r., 249, 256, 274/M2, 279, 283/M3, 285 (H. Hering), 332/M2, 339, 373 u.; Terra Vista/Look-foto: Umschlagbild (Hintergrund); the art archive: 14, 19/M2, 30; The Bridgeman Art Library: 46, 91; ThyssenKrupp Konzernarchiv: 317; Tretjakow-Galerie, Moskau: 200; Jay Ullal, Stern: 378; ullstein bild: 7, 74 (Granger Collection), 155/M6, 156, 159, 230, 233, 242, 276/M1, 280/M1, 336, 341, 343; ullstein – Archiv Gerstenberg: 126, 153/M6; Wilhelmshavener Zeitung Bilderdienst: 177